Nomos Universitätsschriften

Recht

Band 1002

Marc-Philipp Bittner

Manipulative Maschinen

Strafrechtliche Regulierung des Einsatzes von Social Bots zur Manipulation der öffentlichen Meinungsbildung im Internet

Nomos

Onlineversion
Nomos eLibrary

Die Deutsche Nationalbibliothek verzeichnet diese Publikation in der Deutschen Nationalbibliografie; detaillierte bibliografische Daten sind im Internet über http://dnb.d-nb.de abrufbar.

Zugl.: Hamburg, Bucerius Law School, Diss., 2022

ISBN 978-3-8487-7456-2 (Print)
ISBN 978-3-7489-3248-2 (ePDF)

1. Auflage 2022

Meinen Eltern

Vorwort

Diese Arbeit wurde im Frühjahrstrimester 2022 an der Bucerius Law School als Dissertation angenommen. Die mündliche Prüfung fand am 2. März 2022 statt. Die Literatur ist auf dem Stand von Juni 2021.

Meinem Doktorvater und Erstgutachter, Herrn Professor Dr. Karsten Gaede, danke ich sehr für seine Förderung und Betreuung. Die schönen und lehrreichen Jahre an seinem Lehrstuhl werden mir in wertvoller Erinnerung bleiben.

Herrn Professor Dr. Paul Krell danke ich für die zügige Anfertigung des Zweitgutachtens. Herrn Professor Dr. Hans-Bernd Schäfer und dem Interdisziplinären Programm für rechtswissenschaftliche Forschung der Bucerius Law School danke ich für die Förderung meiner Reise zur International Conference on Computational Social Science 2019 in Amsterdam. Herrn Mirco Schmedicke und der IT-Abteilung der Bucerius Law School danke ich für die Ausstattung meiner Feldforschung. Für technische Erläuterungen danke ich den Herren Dr. Amir Ebrahimi Fard, Martin Fuchs, Tim Großmann und Gian-Luca Savino. Frau Elisabeth Strack danke ich für ihr Coaching.

Für langjähriges Mentoring danke ich den Herren André Delarue, Dr. Stephan Kuntner, Conrad Wandt und Henning Peters. Ihnen und meinen anderen Freunden danke ich für die fruchtbaren Gespräche auch über andere Themen.

Feena, meiner lieben Frau, danke ich für die bedingungslose Unterstützung bei diesem und allen anderen Vorhaben. Schließlich danke ich meiner Familie für die Unterstützung in all den Jahren. Meiner Mutter Roswitha und meinem Vater Lutz-Burkhard ist dieses Buch gewidmet.

Hamburg, im Frühjahr 2022 *Marc-Philipp Bittner*

Inhaltsverzeichnis

Abkürzungsverzeichnis 23

Einführung 25

A. Social Bots in gesellschaftlicher und rechtlicher Debatte 25

B. Gang der Abhandlung 27

C. Anmerkungen zu Sprache, Darstellung und nicht-juristischen Quellen 28

D. Begriffsbestimmungen 29

I. Account 29
II. Algorithmus 29
III. Automatisierung 30
IV. Computerprogramm 30
V. Daten, Datum und Datei 31
VI. Information 32
VII. Internet 32
VIII. Kommunikation 32
IX. Manipulation 33
X. Server 34
XI. Soziale Medien 34
XII. Soziale Netzwerke 35
XIII. Social Bots 35
XIV. Social Bot Software 36
XV. Profil 36

1. Kapitel: Technische Grundlagen von Social Bots 37

A. Definition 37

I. Etymologie 38
II. Bisherige Formulierungsvorschläge 38
1. § 18 Abs. 3 Satz 1 des Medienstaatsvertrages vom 28. April 2020 38
2. Antrag der Fraktion BÜNDNIS 90/Die GRÜNEN 39
3. Wissenschaftliche Veröffentlichungen 40
a) Auftreten als Mensch 40

b) Automatisierung 41
c) Computerprogramme, Algorithmen, Software 42
d) Internetverbindung 43
e) Kommunikation 43
f) Manipulation von Meinungen 44
g) Soziale Netzwerke 44
III. Maßstab der Begriffsbildung 45
1. Funktionsorientierung 45
2. Strafrechtliche Besonderheiten 45
3. Formale Anforderungen 46
IV. Stellungnahme und eigene Definition 47
V. Abgrenzung von Social Bots und Social Bot Software 49
B. Feldforschung „@RustavGadbruch" 50
I. Forschungsinteresse 51
II. Arbeitsmaterial 52
III. Programmierung 53
1. Zufallsgenerierte Kommentare 53
2. Authentifizierung bei Twitter 56
3. Automatische Einwahl auf Twitter 57
4. Automatische Kommunikation auf Twitter 58
5. Ständige Aktivität 60
6. Programmstart bzw. Beginn der automatischen Aktivität 61
IV. Auswertung 61
V. Fazit 62
C. Verbindungsmöglichkeiten 64
I. Zugang über ein Application Programming Interface 65
II. Zugang über ein User Interface 68
III. Zwischenergebnis 72
D. Empirie 73
I. Selbsteinschätzung der Plattformbetreiber 73
1. Alphabet, Inc. 76
2. Facebook, Inc. 77
3. Twitter, Inc. 78
4. Zusammenfassung 79
II. Wissenschaftliche Untersuchungen 80
1. Überblick über die Forschungsmethoden 81
2. Quantitative Methode 83
a) Forschungsstand 83
b) Kritik 84

3. Scoring-Methode 85
a) Forschungsstand 85
b) Kritik 87
4. Quellen-Methode 89
a) Forschungsstand 89
b) Kritik 90
5. Heuristische Methode 90
a) Forschungsstand 90
b) Kritik 91
6. Zusammenfassung 91
III. Staatliche Stellen 93
1. Legislative 93
2. Exekutive 94
a) Bundesregierung 94
b) Bundesamt für Verfassungsschutz 95
c) Bundeswahlleiter 95
d) Europäische Kommission 96
3. Zusammenfassung 97
IV. Zwischenergebnis 97

E. Anwendungsszenarien 98
I. Skalierbarkeit 99
II. Manipulationshandlungen 100
1. Veränderung von Statistiken 100
2. Verbreitung von Inhalten 101
3. Vernetzung von Profilen 101
III. Manipulationserfolge 102
1. Beeinflussung der Debattenkultur 102
2. Beeinflussung der politischen Agenda 102
3. Astroturfing 103
4. Beeinflussung von Wahlen und Abstimmungen 103
IV. Zwischenergebnis 104

F. Ergebnis 104

2. Kapitel: Strafbarkeitsrisiken beim Einsatz von Social Bots nach geltendem Recht 107

A. Bestimmung des zu subsumierenden Verhaltens 107

B. Eingrenzung der zu prüfenden Sachgebiete 110

C. Inhaltsverbreitungsdelikte 111
I. Inhalte i.S.d. § 11 Abs. 3 StGB n.F. 113
II. Schriften i.S.d. § 11 Abs. 3 StGB a.F. 115
1. Schrift 115
2. Ton- und Bildträger, Abbildungen 116
3. Datenspeicher 116
a) Wortlaut 118
b) Systematik 119
c) Sinn und Zweck 119
d) Historie 120
e) Zwischenergebnis 122
4. Andere Darstellungen 123
a) Wortlaut 124
b) Systematik 124
c) Historie: Das Körperlichkeitskriterium in der Rechtsprechungsgeschichte 125
d) Begrenzung des Darstellungsbegriffes: Dauerhaftigkeit 128
e) Zwischenergebnis 129
5. Zwischenergebnis 129
III. Tathandlungen der Inhaltsverbreitungstatbestände 130
1. Verbreiten 130
a) (Körperliche) Weitergabe 130
aa) Subsumtion 133
bb) Bestimmung der verbreiteten Inhalte 134
b) Weitergabe an einen größeren Personenkreis 135
c) Zwischenergebnis 136
2. Zugänglichmachen 136
3. Weitere Tathandlungen 138
4. Zwischenergebnis 139
IV. Zusätzliche Voraussetzungen der konkreten Inhaltsverbreitungstatbestände 139
1. Verbreitung krimineller Inhalte 140
2. Straftatfördernde Delikte 141
3. Zwischenergebnis 143
V. Regelungstechnik und Strafzweck 144
VI. Zwischenergebnis 144

D. Ehrdelikte 145
I. § 185 StGB (Beleidigung) 145
1. Kundgabe eigener Missachtung in sozialen Netzwerken 147
a) Likes 147
b) Sharing 150
c) Zusammenfassung 151
2. Kundgabe eigener Missachtung beim Einsatz von Social Bots 151
3. Qualifikationstatbestand und Internetbeleidigung 154
4. Zwischenergebnis 155
II. § 186 StGB (Üble Nachrede) 156
1. Tatsachen 156
2. Eignung zur Verächtlichmachung oder Herabwürdigung 156
3. Tathandlungen 158
a) Behaupten 158
b) Verbreiten 159
c) Drittbezug 160
4. Unwahrheit der Tatsache 161
5. Zwischenergebnis 161
III. § 187 StGB (Verleumdung) 161
IV. § 188 StGB (Gegen Personen des politischen Lebens gerichtete Beleidigung, üble Nachrede und Verleumdung) 162
1. Jüngste Entwicklung und kriminalpolitische Kritik 163
2. Geschützter Personenkreis 164
3. Tathandlung 165
4. Eignung zur Erschwerung des öffentlichen Wirkens 165
5. Zwischenergebnis 166
V. Einwirkungen der Meinungsfreiheit 167
1. Restriktive Auslegung von Äußerungen auf Tatbestandsebene 167
2. Wahrnehmung berechtigter Interessen gemäß § 193 StGB 169
a) Grundsätze 169
b) Wahrnehmung eines berechtigten Interesses 170
c) Verhältnismäßige Wahrnehmung im Einzelfall 172
d) Schmähungen, Formalbeleidigungen und Menschenwürdeverletzungen 177
VI. Zwischenergebnis 179
E. Straftaten bei Wahlen und Abstimmungen 179

F. Computerstrafrecht 181
I. § 202a StGB (Ausspähen von Daten) 181
1. Daten 181
2. Nicht für den Täter bestimmte Daten 182
a) Reale Accounts 184
b) Fiktive Accounts 185
c) Zwischenergebnis 186
3. Besondere Sicherung der Daten 186
4. Zugang zu Daten verschaffen 186
5. Überwindung einer Zugangssicherung 187
6. Zwischenergebnis 187
II. § 303a StGB (Datenveränderung) 188
1. Löschen, Unterdrücken, Unbrauchbarmachen oder Verändern von Daten 188
2. Rechtswidrigkeit der Datenveränderung 189
3. Zwischenergebnis 192
III. § 303b Abs. 1 Nr. 2 StGB (Computersabotage) 193
1. Datenverarbeitung 193
2. Wesentliche Bedeutung der Datenverarbeitung 194
3. Datenübermittlung 195
4. Erhebliche Störung 196
5. Zwischenergebnis 198
IV. Zwischenergebnis 199

G. Urheberrecht 199

H. Urkundsdelikte 200

I. Ergebnis 201

3. Kapitel: Möglichkeiten und Überzeugungskraft einer Neukriminalisierung 203

A. Leitlinien kriminalpolitischer Beratung 203
I. Korridor zulässiger Kriminalisierung 204
1. Herleitung zwingender Kriminalisierungsmaßstäbe 204
b) Strafrechtsautonome Kriminalisierungsmaßstäbe, insbesondere die Rechtsgutstheorie 205
c) Verfassungsrechtliche Kriminalisierungsmaßstäbe 208
d) Stellungnahme zu verfassungsrechtlichen Kriminalisierungsmaßstäben 210
aa) Interdisziplinäre Erwägungen 211
bb) Sonderrolle der Kriminalstrafe 212

e) Zusammenfassung 215
2. Gegenstand der Verhältnismäßigkeitsprüfung von Strafnormen 215
a) Abweichende Begriffsbestimmungen von Verhaltens- und Sanktionsnorm 216
b) Normative Bestandteile von Strafgesetzen 219
c) Grundrechtseingriffe durch Strafgesetze 222
d) Kongruenter Normzweck von Strafgesetzen 223
e) Zusammenfassung 226
3. Verhältnismäßigkeit eines Strafgesetzes 227
a) Legitimer Zweck 228
b) Geeignetheit 231
c) Erforderlichkeit 232
aa) Ultima ratio-Prinzip 233
bb) Besondere Sozialschädlichkeit und dringlicher Schutz 234
cc) Vergleichsobjekte, Vergleichsperspektive und „Strafrecht als milderes Mittel?" 235
dd) Abstrakte Gefährdungsdelikte 238
d) Angemessenheit 239
4. Prozedurale Anforderungen 241
a) Darlegungs- und Beweislast des Strafgesetzgebers 242
b) Einschätzungsprärogative 244
5. Andere strafrechtliche Verfassungsgarantien, insbesondere der Bestimmtheitsgrundsatz 245
6. Beachtung des allgemeinen Gleichheitssatzes 247
a) Grundsätze 247
b) Kohärenzgebot 248
7. Zusammenfassung 250
II. Kriterien rechtspolitischer Bewertung 251
1. Beständigkeit 253
2. Klarheit 254
3. Bestimmtheit 256
4. Kohärenz 256
5. Vollzugstauglichkeit 257
6. Ausschluss: Gesetzesfolgenabschätzung 258
III. Ergebnis 259

B. Abstraktes Gefährdungsdelikt 259
I. Verfassungsrechtliche Zulässigkeit 260
1. Verhältnismäßigkeitsprüfung 260
a) Schutzbereich 261
aa) Allgemeines Persönlichkeitsrecht 261
bb) Meinungsfreiheit 261
(1) Persönlicher Schutzbereich 262
(2) Meinungscharakter von Handlungsformen in sozialen Netzwerken 262
(a) Verändern von Statistiken 263
(b) Verbreiten von Inhalten 264
(c) Vernetzen von Profilen 264
(d) Zwischenergebnis 265
(3) Schutz von Kommunikationsmodalitäten 265
(4) Zurechnung von Meinungsäußerungen beim Einsatz von Social Bots 267
(5) Schutzbereichsausschluss aufgrund von Anonymität und Pseudonymität 269
(6) Zwischenergebnis 270
cc) Informationsfreiheit 271
dd) Rundfunkfreiheit 271
ee) Pressefreiheit 273
ff) Fernmeldegeheimnis 273
gg) Versammlungsfreiheit 274
hh) Informationelle Selbstbestimmung und Gewährleistung der Vertraulichkeit und Integrität informationstechnischer Systeme 274
ii) Grundrechtskonkurrenzen 275
jj) Zwischenergebnis 276
b) Eingriff 277
c) Verfassungsrechtliche Rechtfertigung des Eingriffs 278
aa) Legitimer Zweck 279
(1) Charakterisierung der gesuchten Rechtsposition 279
(2) Analyse anerkannter Strafrechtsgüter 282
(a) Beleidigungsdelikte 283
(aa) Ehre 283
(bb) Politisches Klima 285
(cc) Zwischenergebnis 286
(b) Wahlstrafrecht 286

(c) Computerstrafrecht 290
(d) Staatsschutzstrafrecht 291
(e) Friedensschutzdelikte 294
(f) Zwischenergebnis 295
(3) Neuprägung einer gewichtigen, elementaren Rechtsposition 295
(a) Verfassungsrechtlicher Schutz der öffentlichen Meinungsbildung 296
(b) Die öffentliche Meinungsbildung im Internet, insbesondere in sozialen Netzwerken 298
(c) Zwischenergebnis 301
(4) Zwischenergebnis 301
bb) Geeignetheit 301
(1) Grundsätzliche Förderung des Schutzzweckes 302
(2) Erreichbarkeit der Normadressaten 303
(3) Zwischenergebnis 304
cc) Erforderlichkeit 304
(1) Regelungsalternativen 305
(a) Kennzeichnungspflicht 305
(aa) Problemfeld Popularity Cues 306
(bb) Begrenzung legitimer rechtlicher Verpflichtungen durch den Stand der Technik 308
(b) Meldepflicht 311
(c) Löschpflicht 312
(d) Klarnamenpflicht 312
(e) Politische Parteien 313
(f) Ordnungswidrigkeitenrecht 313
(aa) Rechtliche Determination des repressiven Regelungsregimes 313
(bb) Gleiche Eignung i.S.d. Erforderlichkeitsprüfung 315
(cc) Zwischenergebnis 316
(g) Zwischenergebnis 316
(2) Besondere Sozialschädlichkeit und dringlicher Schutz 316
dd) Zwischenergebnis 319
2. Zwischenergebnis 320

II. Ergebnis 320

C. Eignungsdelikt 320

I. Verfassungsrechtliche Zulässigkeit 322
1. Verhältnismäßigkeitsprüfung 322
a) Eingriff in den Schutzbereich 322
b) Verfassungsrechtliche Rechtfertigung 322
aa) Legitimer Zweck 323
bb) Geeignetheit 323
cc) Erforderlichkeit 324
dd) Angemessenheit 325
(1) Abstrakte Wertigkeit der betroffenen Grundrechte 325
(2) Konkrete Intensität der Beeinträchtigung 326
ee) Zwischenergebnis 328
2. Bestimmtheitsgrundsatz 328
a) Bestimmtheit einzelner Normbestandteile 329
aa) Strafbewehrter Einsatz von Social Bots 329
bb) Integrität der öffentlichen Meinungsbildung im Internet 329
cc) Eignung zur Gefährdung 330
b) Möglichkeiten der Konkretisierung 332
aa) Quantitatives Element 332
bb) Qualitatives Element 333
cc) Akzessorietät 334
II. Ergebnis 335

D. Qualifikationstatbestand 335

I. Verfassungsrechtliche Zulässigkeit 336
1. Verhältnismäßigkeitsprüfung 337
a) Eingriff in den Schutzbereich 337
b) Verfassungsrechtliche Rechtfertigung 337
aa) Legitimer Zweck 337
bb) Geeignetheit 338
cc) Erforderlichkeit 339
dd) Angemessenheit 341
c) Zwischenergebnis 342
2. Bestimmtheitsgrundsatz 342
3. Kohärenzgebot 342
a) Gemeinsames Rechtsgut 343
b) Deliktscharakter 343

c) Zwischenergebnis 344
II. Rechtspolitische Bewertung 344
1. Beständigkeit 344
2. Klarheit 346
3. Bestimmtheit 347
4. Kohärenz 347
5. Vollzugstauglichkeit 348
a) Vollzugstauglichkeit des Qualifikationstatbestandes 349
aa) Allgemeine Ausstattung der Exekutive im Bereich Cybercrime 349
bb) Besonderheiten bei der Identifizierung von Social Bots 350
(1) Top-Down-Detektierung 350
(2) Bottom-Up-Detektierung 352
cc) Zwischenergebnis 353
b) Lediglich symbolische Gesetzgebung? 353
aa) Charakterisierung symbolischer Gesetzgebung 354
bb) Bewertung symbolischer Gesetzgebung 356
cc) Subsumtion des Qualifikationstatbestandes 358
c) Zwischenergebnis 360
6. Zwischenergebnis 360
II. Ergebnis 360

E. Strafzumessungslösung 360
I. Rechtliche Zulässigkeit 361
1. Strafzumessungstatsachen und der Einsatz von Social Bots 361
2. Verbot der Doppelverwertung und Inhaltsverbreitung 364
3. Zwischenergebnis 365
II. Rechtspolitische Bewertung 365
1. Beständigkeit 365
2. Klarheit 366
3. Bestimmtheit 366
4. Kohärenz 367
5. Vollzugstauglichkeit 369
6. Zwischenergebnis 369
III. Ergebnis 369

4. Kapitel: Zusammenfassung der Ergebnisse 370

Anhang 375

A. § 88 StGB i.d.F. des 1. StrÄndG 375
B. § 93 StGB i.d.F. des 1. StrÄndG 376
C. § 93 StGB i.d.F. des 3. StrÄndG 376
D. Grafik: Darüber spricht der Bundestag – Stichwort „Internet“ 377
E. NASDAQ Composite Index – 1990 bis 2020 378
F. E-Mail von Herrn Amir Ebrahimi Fard v. 4.8.2019 379
G. E-Mail von Herrn Tim Großmann v. 2.10.2019 380
H. E-Mail des Bundeswahlleiters v. 5.11.2019 381
I. Reaktionen auf Tweets von @RustavGadbruch 383
J. Rohdaten zu @RustavGadbruch 385

Literaturverzeichnis 393

*„Die Welt, in der dieses Strafgesetzbuch entstanden ist, besteht nicht mehr. Seitdem haben sich grundsätzliche Änderungen vollzogen [...]. Diese Wandlungen des Lebens verlangen auch eine Anpassung der Rechtsordnung an die veränderten Verhältnisse. [...] Wir müssen auf strafrechtlichem Gebiete alle Vorkehrungen treffen, um die Freiheit, die wir gewählt haben und der wir uns verpflichtet fühlen, zu erhalten.“**

* Auszüge einer Rede des ersten Bundesministers der Justiz *Thomas Dehler* vor dem Deutschen Bundestag während der Ersten Beratung des Entwurfs eines Gesetzes zur Änderung des Strafgesetzbuches (1. Strafrechtsänderungsgesetz von 1950), Plenarprotokoll Nr.: 01/83 v. 12.09.1950, S. 3105.

Abkürzungsverzeichnis

ACM	Association for Computing Machinery
Commun. ACM	Communications of the ACM
COMPROP	The Computational Propaganda Project
DIN	Deutsches Institut für Normung
IEC	International Electrotechnical Commission
IJOC	International Journal of Communication
ISO	International Organization for Standardization
JIPITEC	Journal of Intellectual Property, Information Technology and E-Commerce Law
Sci Rep	Scientific Reports
TAB	Büro für Technikfolgenabschätzung beim Deutschen Bundestag
WIPO	World Intellectual Property Organization

Einführung

A. *Social Bots in gesellschaftlicher und rechtlicher Debatte*

Social Bots sind Profile in sozialen Netzwerken, die durch Computerprogramme automatisiert werden, aber den Anschein erwecken, dass ein menschlicher Nutzer kommuniziere.[1] Sie zählen zu den Phänomenen, die unter dem Schlagwort der *Desinformation* kritisch betrachtet werden. Größeres Aufsehen erregten Social Bots erstmals nach der US-amerikanischen Präsidentschaftswahl 2016.[2] In Informatik, Soziologie und Politikwissenschaft wurde untersucht, ob und wie Social Bots den Wahlausgang beeinflusst haben könnten.[3] Die Debatte erweiterte sich bald auf andere Wahlakte, bald auf andere Regionen.[4] In Deutschland beschäftigten Social Bots wenig später nicht nur die mediale und politische Öffentlichkeit,[5] sondern auch die Rechtswissenschaft.[6]

In der Rechtswissenschaft sind Social Bots bisher vielfach aus öffentlich-rechtlicher Perspektive untersucht worden. Insbesondere ist diskutiert worden, mit welchen öffentlich-rechtlichen Instrumenten die schädlichen

---

1 Siehe ausführlich 1. Kap. A. Definition.

2 Vgl. *Bessi/Ferrara*, First Monday 21 (2016); *Bovet/Morone/Makse*, Sci Rep 8 (2018), 8673; *Howard/Kollanyi/Woolley*, COMPROP Data Memo 2016.4, 17.11.2016; Zwischenzeitlich sind Social Bots schon zum politischen Kampfbegriff avanciert. Siehe z.B. den Twitternutzer @CarmineSabia in seiner Profilbeschreibung: „Christian conservative. Managing editor. Yankees fan. NRA member. Israel supporter Do not forget to call me a fake Christian, bot, fascist, racist and Nazi," (Herv. d. *Verf.*), nur noch archiviert abrufbar unter https://t1p.de/cr5n (zuletzt abgerufen am 27.1.2021); *BBC News* v. 1.11.2019, The real people pretending to be 'Boris bots' on Facebook, abrufbar unter https://t1p.de/d0z2 (zuletzt abgerufen am 27.1.2021).

3 Eine ausführliche Auseinandersetzung mit dem Forschungsfeld findet sich unter 1. Kap. D.II Wissenschaftliche Untersuchungen.

4 Mit weltweiten Beispielen *Ferrara/Varol/Davis* u.a., Commun. ACM 59 (2016), 96 f. und *Woolley*, First Monday 21 (4/2016), S. 5 ff.; siehe für Deutschland z.B. *Keller/Klinger*, Political Communication 36 (2019), 171.

5 Siehe aus der politischen Debatte z.B. BT-Drs. 18/11856 (näher dazu unten 1. Kap. A. Definition) oder die Arbeit des Ausschusses Digitale Agenda des Deutschen des Deutschen Bundestages (näher unten 1. Kap. D.III.1 Legislative); mit einem Überblick der Medienlandschaft *Kreil*, The social bot research of Oxford and Co. is flawed, abrufbar unter https://t1p.de/1hjf (zuletzt abgerufen am 27.1.2021).

6 Hierzu sogleich Fn. 7 und 8.

Effekte von Social Bots reguliert werden sollten und – angesichts konfligierender Grundrechtspositionen – könnten.[7] Vereinzelt sind auch mögliche Strafbarkeitsrisiken bereits ausgeleuchtet worden.[8] Diese Abhandlung soll die rechtswissenschaftliche Debatte um einen kriminalpolitischen Beitrag ergänzen. Sie widmet sich der Frage, ob eine spezifische strafrechtliche Regulierung von Social Bots zulässig und empfehlenswert wäre. Damit einher geht die Überlegung, wie eine solche Regulierung in die bestehende Systematik des StGB eingebettet werden könnte. Dabei ist insbesondere zu klären, ob sich überhaupt ein spezifisches strafbares bzw. strafwürdiges Unrecht ausmachen lässt, wenn die öffentliche Meinungsbildung durch den Einsatz von Social Bots manipuliert wird.

Bevor aber eine Neuregulierung erwogen wird, sollen der Sachverhalt und die Entscheidungsgrundlagen ermittelt werden.[9] Dazu gehören die tatsächlichen Verhältnisse (hier: Stand der Technik) und die bestehende Rechtsordnung (hier: aktuelle Strafbarkeitsrisiken).[10] In manchen der frühen rechtswissenschaftlichen Abhandlungen ist eine gewisse (teils: erhebliche) empirische Relevanz von Social Bots vorausgesetzt worden.[11] Anderenorts sind schon früh Vorbehalte und Zweifel geäußert worden.[12] Die Frage, welche Verbreitung von Social Bots empirisch nachweisbar ist, wird hier ausführlich beantwortet.[13]

Zusammengefasst lautet die Forschungsfrage dieser Abhandlung: Wäre es rechtlich zulässig und empfehlenswert, den Einsatz von Social Bots zur Manipulation der öffentlichen Meinungsbildung im Internet strafrechtlich zu regulieren?

---

7 Siehe etwa *Drexl*, ZUM 2017, 529, 543; vgl. *Grandjean*, ZUM 2017, 565, 571 f.; *Holznagel*, MMR 2018, 18, 22; *Jülicher/Röttgen*, InTeR 2018, 15, 17; *Lewke*, InTeR 2017, 207, 211, 214; *Libertus*, ZUM 2018, 20, 22; *Milker*, InTeR 2017, 199, 205 ff.; *Milker*, ZUM 2016, 221; *Schröder*, DVBl 2018, 465, 471 f.; *Steinbach*, ZRP 2017, 101, 104 f.

8 *Libertus*, ZUM 2018, 20 ff.; *Rückert*, in: Strafrecht und Politik, S. 167, 184; *Volkmann*, MMR 2018, 58 ff.; siehe jüngst auch *Beck*, in: FG Digitalisierung, S. 430 ff.; *Reinbacher*, in: FG Digitalisierung, S. 457 ff.

9 Vgl. *Kluth*, in: Gesetzgebung, § 1 Rn. 140; *Lücke*, ZG 2001, 1, 26 ff.; *Müller/Uhlmann/Hofstetter*, Rechtssetzungslehre, Rn. 113 ff.; *Smeddinck*, in: Gesetzgebung, § 3 Rn. 6 f.

10 Vgl. *Müller/Uhlmann/Hofstetter*, Rechtssetzungslehre, Rn. 114; *Schneider*, Gesetzgebung, S. 65.

11 Siehe etwa *Libertus*, ZUM 2018, 20; *Rückert*, in: Strafrecht und Politik, S. 167, 184; *Volkmann*, MMR 2018, 58.

12 Vgl. z.B. *Milker*, InTeR 2017, 199, 203 f.; eher zurückhaltend auch *Steinbach*, ZRP 2017, 101, 102.

13 1. Kap. D. Empirie.

B. Gang der Abhandlung

Im ersten Kapitel werden die technischen Grundlagen von Social Bots dargelegt. Zu Beginn wird eine Definition ermittelt. Sodann wird der Verlauf einer Feldforschung geschildert, die durchgeführt wurde, um technische Grundlagen selbstständig zu erarbeiten. Außerdem wird gezeigt, wie Social Bots mit sozialen Netzwerken interagieren und welche Folgen das für ihre Detektierbarkeit durch Netzwerkbetreiber hat. Besonderes Gewicht wird auf die Frage gelegt, welche Verbreitung von Social Bots empirisch nachweisbar ist. Dabei werden auch sozialwissenschaftliche und informatische Quellen kritisch gewürdigt. Schließlich wird gezeigt, wie Social Bots angewendet werden können, um die öffentliche Meinung zu manipulieren. In diesem Kapitel werden auch Gespräche und Schriftwechsel mit Experten aus Informatik und Politik ausgewertet.

Im zweiten Kapitel wird geprüft, inwieweit Strafbarkeitsrisiken schon nach geltendem Recht bestehen, wenn Social Bots eingesetzt werden. Die Prüfung wird nach Deliktsgruppen getrennt. Geprüft werden die Ehrdelikte, die Inhaltsverbreitungsdelikte (vgl. § 11 Abs. 3 StGB), das Computerstrafrecht, das Urheberrecht und die Urkundsdelikte. Hier liegen Schwerpunkte auf einer Diskussion des Inhalts- bzw. vormaligen Schriftenbegriffs des § 11 Abs. 3 StGB, der Frage nach der Kundgabe „eigener" Missachtung sowie Einwirkungen der Meinungsfreiheit im Rahmen der §§ 185 ff. StGB und der Subsumtion der Tatbestandsmerkmale der §§ 202a, 303a f. StGB.

Im dritten Kapitel werden Maßstäbe hergeleitet, anhand derer eine mögliche zukünftige Regulierung von Social Bots geprüft werden kann. Einerseits wird dargestellt, ob und wie die Gestaltungsfreiheit des Strafgesetzgebers zu begrenzen ist – im Ergebnis wird dieser Korridor des verfassungsrechtlich Zulässigen durch die verfassungsrechtliche Verhältnismäßigkeitsprüfung bestimmt werden. Andererseits wird ein Maßstab entwickelt, um all diejenigen Regulierungsoptionen rechtspolitisch zu bewerten, die innerhalb dieses Korridors liegen. In den nachfolgenden Abschnitten werden vier unterschiedliche Regulierungsoptionen darauf hin untersucht, ob sie eine zulässige und empfehlenswerte strafrechtliche Regulierung von Social Bots darstellen. Geprüft werden (in dieser Reihenfolge) ein abstraktes Gefährdungsdelikt, ein Eignungsdelikt, ein Qualifikationstatbestand und eine Strafzumessungslösung.

Dieser Teil der Abhandlung ist einheitlich strukturiert. Dies dient einer klaren Gedankenführung, bedingt aber auch, dass interessante Fragestellungen nicht dramaturgisch angeordnet werden können, sondern dort diskutiert werden müssen, wo sie entscheidungserheblich werden. Für Leser, die sich für bestimmte Themenkreise interessieren, sei folgendes gesagt: Die Frage, inwieweit der Einsatz von Social Bots dem Schutzbereich von Grundrechten unterfällt, wird zu Beginn der Verhältnismäßigkeitsprüfung des abstrakten Gefährdungsdelikts diskutiert. Die Suche nach einem – in strafrechtlicher Terminologie – Rechtsgut, das durch eine strafrechtliche Regulierung von Social Bots geschützt werden könnte, erfolgt innerhalb der Prüfung des legitimen Zwecks des abstrakten Gefährdungsdelikts. Welche – insbesondere öffentlich-rechtlichen – Regelungsalternativen (z.B. eine Kennzeichnungspflicht) zu erwägen sind, wird bei der Erforderlichkeitsprüfung des abstrakten Gefährdungsdelikts aufgefächert. Eine Stellungnahme zum Schlagwort der symbolischen Gesetzgebung findet sich innerhalb der rechtspolitischen Bewertung des Eignungsdelikts, genauer bei der Prüfung seiner Vollzugstauglichkeit.

Die Ergebnisse werden abschließend zusammengefasst.

C. Anmerkungen zu Sprache, Darstellung und nicht-juristischen Quellen

Die Abhandlung enthält zahlreiche Anglizismen. Zum einen folgt das aus dem technischen Anschauungsgegenstand, der dominant auf Englisch diskutiert wird. Zum anderen sind die Betreiber der untersuchten sozialen Netzwerke ausschließlich US-amerikanische Unternehmen. Es wird darauf verzichtet, englische Begriffe, die im Jargon des Internets gängig sind, ins Deutsche zu übersetzen. Diese englischen Begriffe werden nach den deutschen Regeln der Groß- und Kleinschreibung geschrieben; bei der ersten Nennung werden sie zur Hervorhebung kursiv gesetzt und einmal sinngemäß übersetzt. Für Fremdworte, die bereits ins Deutsche übernommen worden sind, gilt das nicht.

Die Untersuchung verweist häufig auf Internetquellen. Um Platz zu sparen und die Fußnoten leserlich zu halten, werden nur kurze Top-Level Domains in den Fußnoten ausgeschrieben. Längere Top-Level Domains und Sub-Level-Domains werden über einen Linkverkürzer abgekürzt.

Die Betreiber sozialer Netzwerke werden mit vollständiger Firma bezeichnet. Die jeweiligen Plattformen selbst, also die Produkte dieser Betreiber, werden nur mit ihrer umgangssprachlichen Bezeichnung genannt.[14]

In der Untersuchung werden viele nicht-juristische Quellen verwendet. Diese können für Juristen teilweise schwer zu erhalten sein. Empfehlens-

14 Beispiel: Facebook, Inc. als Betreiberin der Plattformen Facebook und Instagram.

wert ist die Quellenrecherche über das Portal „Google Scholar".[15] Dort sind die meisten Dokumente im Open Access verfügbar. Es kann vorkommen, dass dort nicht die offizielle Veröffentlichung hinterlegt ist und Seitenzahlen abweichen.

D. Begriffsbestimmungen

Einführend ist eine Reihe von (meist technischen) Begriffen zu klären.[16] Für gebrauchte Abkürzungen wird grundsätzlich auf die 9. Auflage des *Kirchners* verwiesen. Spezielle Abkürzungen – z.B. aus der Informatik – werden im Abkürzungsverzeichnis am Ende der Abhandlung erläutert.

I. Account

Ein *Account* (dt. Konto) wird verstanden als ein persönlicher Zugang zu einem Netzwerk, Dateisystem oder einer Dienstleistung, der Nutzungsrechte festlegt, Nutzungsmöglichkeiten eröffnet und von der Eingabe bestimmter Zugangsdaten, etwa Benutzernamen und Passwörtern, abhängen kann.[17] Die gängigen sozialen Netzwerke setzen alle voraus, dass Nutzer sich einen passwortgeschützten Account anlegen.[18]

II. Algorithmus

Der Begriff des Algorithmus wird verstanden als „eine endliche und eindeutige Vorschrift, wie elementare Handlungen nacheinander durchzuführen sind, um eine Klasse von Problemen zu lösen".[19] Algorithmen zeichnen sich dadurch aus, dass sie dazu *geeignet sind,* von einem Compu-

15 Abrufbar unter https://scholar.google.com/ (zuletzt abgerufen am 27.8.2020).
16 Einige der folgenden Definition werden erst im Haupttext ausführlich hergeleitet. Sie werden hier zur Förderung der Verständlichkeit vorweggenommen. Soweit dies der Fall ist, wird ausdrücklich darauf hingewiesen.
17 *Klußmann,* Lexikon der Kommunikations- und Informationstechnik, S. 13.
18 Näher unten 2. Kap. F.I.2 Nicht für den Täter bestimmte Daten und Fn. 804.
19 *Stetter,* Grundbegriffe Informatik, S. 4.

terprogramm verarbeitet zu werden.[20] Sie *müssen* aber nicht durch ein Computerprogramm verarbeitet werden.[21]

III. Automatisierung

Als automatisch wird ein Prozess oder Gerät verstanden, der bzw. das unter bestimmten Voraussetzungen ohne menschliches Eingreifen funktioniert.[22] Automatisierung bedeutet, dass Prozesse oder Geräte auf eine automatische Funktionsweise umgestellt werden.[23]

IV. Computerprogramm

Der Begriff des Computerprogrammes wird definiert als eine zielgerichtete Datenverarbeitung durch ein informationstechnisches System, die auf Arbeits- oder Befehlsanweisungen beruht. Der Begriff Software wird synonym verwendet. Diese Begriffsbestimmung ist eine Synthese aus unterschiedlichen Ansätzen in der rechtlichen und nicht-juristischen Literatur:

Das Kernstrafrecht kennt den Begriff des Computerprogrammes in § 149 Abs. 1 Nr. 1 Var. 7 StGB, § 202c Abs. 1 Nr. 2 StGB und § 263a Abs. 3 StGB. Er taucht beispielsweise auch in § 69a UrhG auf. Eine Legaldefinition des Begriffes fehlt aber auf nationaler[24] und europäischer[25] Ebene. Auch eine einheitliche Rechtsprechung hat sich noch nicht herausgebildet. Teils wird ein Computerprogramm definiert als „ein Satz von Anweisungen an ein informationsverarbeitendes Gerät und an den mit diesem Gerät arbeitenden Menschen zur Erzielung eines Ergebnisses."[26] Teils ist die Rede von

---

20 *Ehses*, in: Taschenbuch Informatik, S. 171.

21 Nach dem hier gewählten Verständnis kann ein Algorithmus auch von einem Menschen ausgeführt werden, vgl. *Müller/Weichert*, Vorkurs Informatik, S. 16 mit dem alltäglichen Beispiel eines Kochrezeptes; ähnlich *Klußmann*, Lexikon der Kommunikations- und Informationstechnik, S. 27.

22 ISO/IEC 2382:2015 Art. 2121282.

23 ISO/IEC 2382:2015 Art. 2121284.

24 *Dreier*, in: Dreier/Schulze, § 69a Rn. 12; *Kaboth/Spies*, in: BeckOK-UrhR, § 69a Rn. 2 m.w.N. zur Begründung: die Vorschrift soll „technikoffen" gehalten werden, um spätere Schutzlücken zu vermeiden.

25 *Heinze*, JIPITEC 2 [2011], 97, 98 f.; *Wiebe*, in: Spindler/Schuster, § 69a UrhG Rn. 3, jeweils m.w.N. zur Begründung.

26 OLG Hamburg, Urt. v. 12.3.1998 – 3 U 226/97 = NJW-RR 1999, 483; vgl. *Dreier*, in: Dreier/Schulze, § 69a Rn. 12; *Kaboth/Spies*, in: BeckOK-UrhR, § 69a Rn. 2.

„eine[r] Reihe von Befehlsanweisungen an einen Computer zur Erzielung einer Wirkung.“[27] Die rechtswissenschaftliche Kommentarliteratur knüpft verbreitet an externe Quellen an, um den Begriff zu definieren:[28] An die ISO-Norm 2382:2015,[29] an die DIN-Norm 44300[30] und an die Mustervorschriften der WIPO aus dem Jahr 1978.[31] In der Kommentierung zu § 263a StGB finden sich verschiedene eigenständige Ansätze.[32]

V. Daten, Datum und Datei

Daten (Einzahl: Datum) werden verstanden als „Informationen, die verarbeitet oder übertragen werden sollen.“[33] Das Wort Datei ist dem Begriff Kartei entlehnt[34] und wird verstanden als „eine von einem Betriebssystem als Einheit betrachte, über einen Dateinamen in ihrer Gesamtheit

---

27 KG, Urt. v. 17.3.2010 – 24 U 117/08 = CR 2010, 424.

28 Mit diesem Befund *Kaboth/Spies*, in: BeckOK-UrhR, § 69a Rn. 2.

29 Vgl. *Kochheim*, Cybercrime, Rn. 758 ff. Die ISO-Definition lautet: „Syntactic unit that conforms to the rules of a particular programming language and that is composed of declarations and statements or instructions needed to solve a certain function, task, or problem,“ ISO/IEC 2382:2015 Art. 2121372.

30 *Dreier*, in: Dreier/Schulze, § 69a Rn. 12; *Heinrich*, Vervielfältigung von Standardsoftware, S. 45 m.w.N. in dortiger Fn. 69; *Kaboth/Spies*, in: BeckOK-UrhR, § 69a Rn. 2; *Wiebe*, in: Spindler/Schuster, § 69a UrhG Rn. 3. Die DIN-Definition lautet: „Eine zur Lösung einer Aufgabe vollständige Anweisung zusammen mit allen erforderlichen Vereinbarungen.“

31 *Dreier*, in: Dreier/Schulze, § 69a Rn. 12; *Gercke*, in: Spindler/Schuster, § 202c StGB Rn. 3; *Heinrich*, Vervielfältigung von Standardsoftware, S. 45 m.w.N. in dortiger Fn. 71; *Kaboth/Spies*, in: BeckOK-UrhR, § 69a Rn. 2. Die WIPO-Definition lautet: „Eine Folge von Befehlen, die nach Aufnahme in einen maschinenlesbaren Träger fähig sind zu bewirken, dass eine Maschine mit informationsverarbeitenden Fähigkeiten eine bestimmte Funktion oder Aufgabe oder ein bestimmtes Ergebnis anzeigt, ausführt oder erzielt.“

32 „Sämtliche durch Daten fixierte Arbeitsanweisungen,“ *Fischer*, § 263a Rn. 6 m.w.N., vgl. dort auch Rn. 3; *Spindler/Schuster*, § 263a Rn. 4 i.V.m. Rn. 12; „abgeschlossene Folge von mindestens zwei Kommandos und Variablen, mit der eine informationstechnische Aufgabe selbsttätig von einem itS [„informationstechnischen System“, *d. Verf.*] verarbeitet werden kann,“ *Kochheim*, Cybercrime, Rn. 758; „Folge von […] festgelegten Arbeitsbefehlen an [eine] Datenverarbeitungsanlage,“ *Perron*, in: Schönke/Schröder, § 263a Rn. 4 f.

33 *Klußmann*, Lexikon der Kommunikations- und Informationstechnik, S. 174.

34 *Dudenredaktion*, „Datei“ auf Duden online, abrufbar unter https://t1p.de/ikc5 (zuletzt abgerufen am 26.8.2019); *Klußmann*, Lexikon der Kommunikations- und Informationstechnik, S. 173.

ansprechbare und speicherbare Datenmenge."[35] Eine Datei nach diesem Begriffsverständnis existiert allein im virtuellen Raum.

VI. Information

Eine Information wird definiert als „eine geordnete Folge von Zeichen bzw. Symbolen, die für die an der Kommunikation beteiligten Akteure etwas – aber nicht notwendig dasselbe – bedeutet."[36]

VII. Internet

Das Internet ist kaum abschließend zu definieren.[37] Für die Zwecke dieser Untersuchung ausreichend wird der Begriff – vereinfachend und zusammenfassend – verstanden als das wichtigste globale Computernetzwerk, das auf der Grundlage standardisierter und international anerkannter Protokolle den Austausch von Informationen ermöglicht.[38] Es wird darauf verzichtet, Geschichte und Entwicklung des Internets darzustellen; auf die umfangreiche bestehende Literatur wird verwiesen.[39]

VIII. Kommunikation

Kommunikation wird vereinfachend als die Übermittlung von Informationen definiert.[40] Der außerrechtliche Forschungsstand zum Kommunikationsbegriff ist bereits juristisch aufgearbeitet worden. In den Untersuchungen *Pilles* und *Oermanns* ist festgestellt worden, dass eine einheitliche

---

35 *Klußmann*, Lexikon der Kommunikations- und Informationstechnik, S. 173.

36 *Oermann*, Gewährleistung internetbasierter Kommunikation, S. 40 f. (vertiefend S. 41 ff.).

37 Vgl. *Klußmann*, Lexikon der Kommunikations- und Informationstechnik, S. 383 f.

38 *Klußmann*, Lexikon der Kommunikations- und Informationstechnik, S. 383 f.; *Piazena*, Straftaten unter Nutzung des Internets, S. 27 m.w.N.; *Wiacek*, Cyberkriminalität in sozialen Netzwerken, S. 31 m.w.N.

39 *Ihwas*, Strafverfolgung in Sozialen Netzwerken, S. 31 ff.; *Piazena*, Straftaten unter Nutzung des Internets, S. 27 ff.; *Pille*, Meinungsmacht sozialer Netzwerke, S. 51 ff.; *Wiacek*, Cyberkriminalität in sozialen Netzwerken, S. 31 ff.

40 Im Anschluss an *Pille*, Meinungsmacht sozialer Netzwerke, S. 29 m.w.N.

Definition für den Begriff der Kommunikation infolge der heterogenen Forschungsansätze auch in denjenigen Wissenschaften fehlt, die dedizierte Kommunikationsforschung betreiben.[41] Der Begriff wird dort näherungsweise als „Übermittlung von Informationen“[42] oder als ein „Prozess [...] von Informationsvermittlung im Sinne des Erzeugens von Unterschieden, die einen Unterschied machen“ beschrieben.[43]

IX. Manipulation

Unter dem Begriff der Manipulation wird ein „undurchschaubares, geschicktes Vorgehen verstanden, mit dem sich jemand einen Vorteil verschafft oder etwas Begehrtes gewinnt.“[44]

Das Kernstrafrecht kennt mit § 265d StGB seit kürzerer Zeit eine Vorschrift, welche den Begriff der Manipulation ausdrücklich gebraucht und die „Manipulation von berufssportlichen Wettbewerben“ unter Strafe stellt.[45] Der Manipulationsbegriff des § 265d StGB ist aber derart spezifisch auf berufssportliche Sachverhalte zugeschnitten,[46] dass er nicht gewinnbringend auf diese Untersuchung übertragen werden kann. Davon abgesehen finden sich im Nebenstrafrecht Vorschriften, welche den Begriff der (Markt-)Manipulation verwenden.[47] Indes sind die dort bereitgestellten

---

41 *Oermann*, Gewährleistung internetbasierter Kommunikation, S. 39; *Pille*, Meinungsmacht sozialer Netzwerke, S. 28 f.

42 *Pille*, Meinungsmacht sozialer Netzwerke, S. 29 m.w.N.; ähnlich *Fischer*, § 238 Rn. 13 f. Das Kernstrafrecht kennt den Begriff der Kommunikation ausdrücklich nur in § 238 Abs. 1 Nr. 2 Var. 2 StGB („sonstige Mittel der Kommunikation“). Die Kommentierung bestimmt den Begriff aber, mit Ausnahme *Fischers*, überwiegend nicht abstrakt, sondern diskutiert konkrete Fallbeispiele, vgl. *Eisele*, in: Schönke/Schröder, § 238 Rn. 13; *Gericke*, in: MüKo-StGB, § 238 Rn. 24; *Krupna*, in: HandK-GStrR, § 238 StGB Rn. 6; *Sonnen*, in: NK-StGB, § 238 Rn. 36; *Valerius*, in: BeckOK-StGB, § 238 Rn. 6.

43 *Oermann*, Gewährleistung internetbasierter Kommunikation, S. 43 f. (mit einer interessanten Abgrenzung zur bloßen Informations- bzw. Datenübertragung), siehe dort auch S. 39 m.w.N.

44 *Dudenredaktion*, „Manipulation“ auf Duden online, abrufbar unter https://t1p.de/34fw (zuletzt abgerufen am 1.7.2019).

45 51. Gesetz zur Änderung des Strafgesetzbuches (StÄndG) v. 11.4.2017, BGBl. I 2017, S. 815; siehe m.w.N. nur *Bittmann/Nuzinger/Rübenstahl*, in: BeckOK-StGB, § 265d Rn. 1 bis 6.

46 Vgl. BTDrs. 18/8831, S. 18 ff.; vgl. auch *Perron*, in: Schönke/Schröder, § 265d Rn. 8; *Schreiner*, in: MüKo-StGB, § 265d Rn. 18.

47 Vgl. Art. 12, 15 MAR i.V.m. § 119 f. WpHG.

Legaldefinitionen (vgl. Art. 12 MAR) spezifisch kapitalmarktrechtlich ausgerichtet, sodass auch sie nicht übertragbar sind.

Angesichts dessen wird das Alltagsverständnis des Begriffs vorgezogen und auf den allgemeinen Sprachgebrauch nach dem *Duden* zurückgegriffen.[48]

X. Server

Unter Server wird eine zentrale Einheit in einem Computernetzwerk verstanden, die Dienste für Nutzer (sog. „Clients") übernimmt.[49]

XI. Soziale Medien

Soziale Medien werden definiert als internetbasierte Plattformen, die es Nutzern ermöglichen, Inhalte zu erstellen und auszutauschen.[50]

Für den Begriff der sozialen Medien hat sich noch keine allgemeingültige Definition herausgebildet.[51] *Pille* hat den Diskussionsstand disziplinübergreifend ausgewertet und fasst soziale Medien zusammen als „internetbasierte Plattformen […], die auf den ideologischen und technischen Grundlagen des Web2.0 basieren und die Erstellung und den Austausch von UGC [„user-generated content", *d. Verf.*] ermöglichen."[52] Unter den „technischen Grundlagen des Web2.0"[53] versteht er ein erhöhtes „Maß an Interaktivität und [die] nutzerseitige Einstellung von Webinhalten."[54]

48 *Dudenredaktion*, „Manipulation" auf Duden online, abrufbar unter https://t1p.de/34fw (zuletzt abgerufen am 1.7.2019).

49 ISO/IEC 2382:2015 Art. 2120558; *Klußmann*, Lexikon der Kommunikations- und Informationstechnik, 684.

50 Im Anschluss an *Pille*, Meinungsmacht sozialer Netzwerke, S. 69. Siehe auch *Henning*, in: Taschenbuch Informatik, S. 390: „Teilnahmemedien" statt „Veröffentlichungsmedien".

51 *Pille*, Meinungsmacht sozialer Netzwerke, S. 73 m.w.N.; *Wiacek*, Cyberkriminalität in sozialen Netzwerken, S. 39 ff.

52 *Pille*, Meinungsmacht sozialer Netzwerke, S. 74 m.w.N.

53 Zur Entstehung des Begriffes *Ebersbach/Glaser/Heigl*, Social Web, S. 24 ff.; pointiert auch *Henning*, in: Taschenbuch Informatik, S. 390: „Software zur sozialen Interaktion von Menschen".

54 *Pille*, Meinungsmacht sozialer Netzwerke, S. 69, 74.

XII. Soziale Netzwerke

Aus diesem Verständnis des Begriffs der sozialen *Medien* folgt, dass dieser mit dem des sozialen *Netzwerkes* nicht synonym gebraucht werden kann. Soziale Netzwerke stellen nach zutreffendem Verständnis vielmehr einen – wenn auch bedeutenden – Teilbereich sozialer Medien dar.[55]

§ 1 Abs. 1 Satz 1 Netzwerkdurchsetzungsgesetz (nachfolgend: „NetzDG") enthält eine Legaldefinition für den Begriff des sozialen Netzwerkes. Diese wird übernommen.[56] Sie lautet:

> „Telemediendiensteanbieter, die mit Gewinnerzielungsabsicht Plattformen im Internet betreiben, die dazu bestimmt sind, dass Nutzer beliebige Inhalte mit anderen Nutzern teilen oder der Öffentlichkeit zugänglich machen (soziale Netzwerke)."

Der Begriff soziales Netzwerk wird stellvertretend für alternative Formulierungen wie *Online Social Network* oder *Social Network Services* verwendet.[57] Eine Abkürzung, wie etwa „SNS", wird aus Gründen der Lesbarkeit nicht verwendet.[58]

XIII. Social Bots

Social Bots werden definiert als durch Computerprogramme automatisierte Profile in sozialen Netzwerken, die wie menschliche Nutzer solcher Netzwerke kommunizieren. Diese Defintion wird unten ausführlich hergeleitet und begründet.[59]

---

55 Vgl. *Pille*, Meinungsmacht sozialer Netzwerke, S. 88.

56 Dafür überzeugend *Wiacek*, Cyberkriminalität in sozialen Netzwerken, S. 40 f.; siehe frühere Ansätze bei *Ihwas*, Strafverfolgung in Sozialen Netzwerken, S. 45 (insoweit enger); *Malek/Popp*, Strafsachen im Internet, Rn. 44; *Piazena*, Straftaten unter Nutzung des Internets, S. 59 ff.; *Pille*, Meinungsmacht sozialer Netzwerke, S. 88 ff.

57 M.w.N. zu den englischsprachigen Formulierungen unten 1. Kap. A.II.3.g) Soziale Netzwerke. Vereinzelt wird der Begriff hier auch im *Wortsinn* verwendet werden. Darauf wird gesondert hingewiesen.

58 Vgl. anders *Pille*, Meinungsmacht sozialer Netzwerke, S. 89 und *passim; Wiacek*, Cyberkriminalität in sozialen Netzwerken, S. 38 und *passim.*

59 Siehe unten B.I.3 Stellungnahme und eigene Defintion.

XIV. Social Bot Software

Unter Social Bot Software wird ein Computerprogramm verstanden, das einen oder mehrere Social Bots steuert. Auch dieser Begriff wird unten näher diskutiert.[60]

XV. Profil

Der Begriff wird im Zusammenhang mit sozialen Netzwerken gebraucht. So verstanden ist das Profil eine mit einem Account verknüpfte, virtuelle Identität. Das Profil ist für Nutzer sozialer Netzwerke zentral.[61] Nutzer kommunizieren über ihr Profil miteinander und knüpfen von ihm ausgehend Beziehungsgeflechte.[62] Sie geben persönliche Daten ein, die dazu führen, dass sie sich mit ihrem Profil identifizieren und für andere identifizierbar werden.[63] Zu diesen persönlichen Daten zählen etwa der Name, Kontaktdaten (Telefonnummer, E-Mail-Adressen, Websites usw.), Aufenthalts- und bzw. oder Geburtsort, das Alter, der Beruf, der Bildungsweg, Vereinszugehörigkeiten, Hobbies, Interessen und meist ein Profilbild.[64]

Der Begriff wird mit dem des Accounts nicht synonym verwendet, weil es *einerseits* viele allgemeine Anwendungsbeispiele für Accounts gibt, die nichts mit einem Profil in sozialen Netzwerken zu tun haben und *andererseits* ein einzelner Account in manchen sozialen Netzwerken mehrere Profile steuern kann (z.B. ein privates Profil und ein Firmenprofil).

---

60 Siehe unten B.I 4 Abgrenzung von Social Bots und Social Bot Software.

61 *Ihwas*, Strafverfolgung in Sozialen Netzwerken, S. 42; *Piazena*, Straftaten unter Nutzung des Internets, S. 60; *Pille*, Meinungsmacht sozialer Netzwerke, S. 127 f.

62 *Pille*, Meinungsmacht sozialer Netzwerke, S. 127 f.

63 Vgl. *Ihwas*, Strafverfolgung in Sozialen Netzwerken, S. 42 f.

64 *Ihwas*, Strafverfolgung in Sozialen Netzwerken, S. 42 f.; knapp *Malek/Popp*, Strafsachen im Internet, Rn. 44; *Piazena*, Straftaten unter Nutzung des Internets, S. 61 f.

1. Kapitel: Technische Grundlagen von Social Bots

„Wenn [die Strafrechtswissenschaft] Aussagen über das Strafrecht und die Kriminalpolitik dieser Gesellschaft treffen will, muss ihre Arbeit […] mit der Betrachtung der Wirklichkeit beginnen.“[65]

In diesem Kapitel werden die Eigenschaften und die Funktionsweise von Social Bots – soweit für die Fragestellung relevant – für die Strafrechtswissenschaft erschlossen. Zu Beginn wird der Begriff „Social Bot“ definiert (A. Definition). Anschließend werden die technischen Hintergründe von Social Bots anhand eines konkreten Feldversuchs durchleuchtet (B. Feldforschung „@RustavGadbruch"). Sodann wird erläutert, wie Social Bots sich mit den betroffenen Plattformen verbinden können (C. Verbindungsmöglichkeitenn). Danach wird untersucht, wie verbreitet Social Bots nach empirischen Erkenntnissen sind, und welchen Einfluss sie nach diesen Erkenntnissen entfalten (D. Empirie). Schließlich wird dargestellt, wie Social Bots verwendet werden können, um die öffentliche Meinung im Internet zu manipulieren (E. Anwendungsszenarien).

A. *Definition*

Social Bots sind ein neues Phänomen und Forschungsfeld. Eine einheitliche Definition des Begriffes „Social Bot“ hat sich bisher weder in der rechtswissenschaftlichen noch in der nicht-rechtswissenschaftlichen, also etwa informatischen, soziologischen oder politikwissenschaftlichen (nachfolgend „außerrechtlichen“) Literatur herausgebildet.[66] Diese Untersuchung ist auf eine solche Definition aber zwingend angewiesen. Sie wird darum zunächst die unterschiedlichen Definitionsvorschläge überblicken und ordnen, um anschließend eine eigene Definition festzusetzen.[67]

---

65 *Kubiciel*, in: Strafrechtspolitik, S. 115.

66 Vgl. schon *Jülicher/Röttgen*, InTeR 2018, 15; *Steinbach*, ZRP 2017, 101, 102; *TAB*, TA-Vorstudie, S. 11 ff. und 19 ff.

67 Festsetzende Definition nach *Pawlowski*, Begriffsbildung und Definition, S. 18 ff., 24; siehe sogleich III Maßstab der Begriffsbildung.

I. Etymologie

Die Wortherkunft des Begriffes „Social Bot“ ist geklärt. Der Begriffsteil „Bot“ ist die Kurzform des englischen Begriffes „*Robot*“[68] bzw. „*Software Robot*“[69]. Der Begriffsteil „*Social*“ drückt aus, dass diese Art von Bots in sozialen Netzwerken („*Social Networks*“) eingesetzt werden.[70]

Die Schöpfung des Begriffes ist schwerer zurückzuverfolgen. In der Sache bahnbrechend war wohl das „Project Realboy“ von *Coburn/Marra* aus dem Jahr 2008.[71] Dort sprechen die Autoren selbst noch von „Twitter bots“. Erst in einem späteren Artikel verwendet *Marra* den Begriff des Social (Ro-)Bots.[72]

II. Bisherige Formulierungsvorschläge

In Gesetzgebung und Wissenschaft finden sich zahlreiche Vorschläge, wie Social Bots zu definieren sind.

1. § 18 Abs. 3 Satz 1 des Medienstaatsvertrages vom 28. April 2020

§ 18 Abs. 3 Satz 1 des Medienstaatsvertrages in der Fassung vom 28. April 2020 (Medienstaatsvertrag) enthält eine Kennzeichnungspflicht für Social Bots.[73] Social Bots werden darin aber nicht legaldefiniert, sondern lediglich umschrieben:

> „[1]Anbieter von Telemedien in sozialen Netzwerken sind verpflichtet, bei mittels eines Computerprogramms automatisiert erstellten Inhal-

---

68 *Howard/Woolley*, IJOC 10 (2016), 4882, 4883. Diese weisen darauf hin, dass der englische Begriff „robot“ wiederum auf das tschechische Wort für Zwangsarbeit oder Sklave zurückgehe. Erstmalig verwendet wurde der Begriff wohl in dem 1920 veröffentlichten Theaterstück „R.U.R. – Rossumovi Univerzální Roboti“ des tschechischen Autors *Karel Čapek*.

69 *Ferrara/Varol/Davis* u.a., Commun. ACM 59 (2016), 96; *Volkmann*, MMR 2018, 58, 59 m.w.N. (dortige Fn. 15).

70 *Volkmann*, MMR 2018, 58, 59 (siehe auch dortige Fn. 16).

71 Der Projektbericht ist abrufbar unter https://t1p.de/4ivh (zuletzt abgerufen am 23.04.2019).

72 Siehe dazu *Marra*, Social Robots, SXSW, and the future, 09.03.2011, abrufbar unter https://t1p.de/36wd (zuletzt abgerufen am 23.04.2019).

73 Siehe etwa HmbGVBl. Nr. 46, Anlage 1, S. 434 ff.

> ten oder Mitteilungen den Umstand der Automatisierung kenntlich zu machen, sofern das hierfür verwandte Nutzerkonto seinem äußeren Erscheinungsbild nach für die Nutzung durch natürliche Personen bereitgestellt wurde. [2]Dem Inhalt oder der Mitteilung ist der Hinweis gut lesbar bei- oder voranzustellen, dass dieser oder diese unter Einsatz eines das Nutzerkonto steuernden Computerprogrammes automatisiert erstellt und versandt wurde. [3]Ein Erstellen im Sinne dieser Vorschrift liegt nicht nur vor, wenn Inhalte und Mitteilungen unmittelbar vor dem Versenden automatisiert generiert werden, sondern auch, wenn bei dem Versand automatisiert auf einen vorgefertigten Inhalt oder eine vorprogrammierte Mitteilung zurückgegriffen wird."

Diese Umschreibung von Social Bots in § 18 Abs. 3 Satz 1 Medienstaatsvertrag ist inhaltlich vollständig und bestimmt formuliert. Sie kann zwar für die hiesigen Zwecke nicht unmittelbar übernommen werden, weil es sich eben nicht um eine Definition, sondern lediglich um eine Umschreibung handelt. Gleichwohl enthält sie bereits wertvolle Anregungen für die Begriffsbildung. Die Merkmale des Computerprogramms, der Automatisierung und des Erscheinens als menschlicher Nutzer werden näher betrachtet werden.

2. Antrag der Fraktion BÜNDNIS 90/Die GRÜNEN

Gleich zwei Definitionsvorschläge lassen sich in einem älteren Antrag mehrerer Bundestagsabgeordneter (und) der Fraktion BÜNDNIS 90/DIE GRÜNEN finden.[74] Zuerst werden Social Bots dort definiert als „[Computerprogramme], die menschliche Identität und Kommunikation vortäuschen und zu Zwecken der Manipulation oder Desinformation eingesetzt werden können."[75] Kurz darauf werden sie als „automatisiertes elektronisches Kommunikationssystem, das Informationen erzeugt" beschrieben.[76] Anzumerken ist, dass die Definitionen dem Wortlaut des Antrages nach

74 BT-Drs. 18/11856 („Transparenz und Recht im Netz – Maßnahmen gegen Hasskommentare, ‚Fake News' und Missbrauch von ‚Social Bots'").

75 BT-Drs. 18/11856, S. 2. Die Antragssteller forderten eine plattform- und nutzerseitige Kennzeichnungspflicht und Meldesysteme für Social Bots, BT-Drs. 18/11856, S. 2 f., zur Kennzeichnungspflicht näher unten 3. Kap. B.I.1.c)cc)(1) Regelungsalternativen. Der Antrag wurde mit den Stimmen der Fraktionen CDU/CSU, SPD und DIE LINKE abgelehnt, BT-Drs. 18/13013, S. 2 f.

76 BT-Drs. 18/11856, S. 2 f.

nicht zueinander in Beziehung gesetzt werden, sondern nebeneinander stehen.[77]

Trotz dieser methodischen Ungenauigkeit enthalten beide Vorschläge vielversprechende Ansätze. Die erste Definition nennt die Begriffsmerkmale Computerprogramm, Kommunikation, Manipulationsabsicht und Vortäuschen menschlicher Identität. Diese Merkmale werden sämtlich noch ausführlich diskutiert. Die zweite Definition fügt mit dem Begriff der Automatisierung ein Merkmal hinzu, das ebenfalls noch von Interesse sein wird. Sie ist im Übrigen allerdings zu unbestimmt. Aus der zweiten Definition folgt nicht deutlich, dass sie Social Bots beschreiben soll. Um nur ein Beispiel zu nennen: ein elektronisches Kommunikationssystem, das Informationen erzeugt, könnte ebenso gut die Sprachassistentenfunktion auf einem Apple iPhone („Siri") sein.

3. Wissenschaftliche Veröffentlichungen

Es sind zahlreiche rechtliche und außerrechtliche Untersuchungen erschienen, die Definitionen für Social Bots vorschlagen. Sie unterscheiden sich in den konkreten sprachlichen Formulierungen bisweilen erheblich, obwohl sie inhaltlich oft nah beieinander liegen. Um Gemeinsamkeiten offenzulegen, ohne Unterschiede einzuebnen, werden die einzelnen Bestandteile der unterschiedlichen Definitionsansätze den untenstehenden Kategorien zugeordnet.

a) Auftreten als Mensch

In zahlreichen rechtswissenschaftlichen Quellen wird der heimliche Einsatz[78] von Social Bots bzw. deren äußeres Auftreten wie ein oder als

77 BT-Drs. 18/11856, S. 2 f.

78 *Elsaß/Labusga/Tichy*, CR 2017, 234, 235 „in einigen Fällen"; *Gasser/Kraatz*, VerfBlog 2017/1/16, 1; *Libertus*, ZUM 2018, 20; *Milker*, InTeR 2017, 199, 200: „in der Regel"; *Steinbach*, ZRP 2017, 101, 102; *Volkmann*, MMR 2018, 58.

Mensch[79] als Definitionsbestandteil verwendet. Auch in außerrechtlichen Definitionen lässt sich dieses Merkmal häufig finden.[80]

b) Automatisierung

Social Bots werden in zahlreichen rechtlichen Definitionen als automatisch[81] bzw. selbstständig[82] beschrieben. In außerrechtlichen Definitionen wird die automatische Funktionsweise ebenfalls häufig verwendet, um Social Bots zu charakterisieren.[83] Im Einzelnen werden dabei unterschiedliche Akzente gesetzt. Social Bots werden als „(semi)automatisierte Agenten", die „vordefinierte Aufgaben wahrnehmen können"[84] oder als automatische bzw. automatisierte Software[85] bezeichnet. Anderenorts wird die Fähigkeit hervorgehoben, automatisch zu kommunizieren[86], Newsstreams zu „fluten"[87], automatisch Inhalte zu erstellen und (mit realen

79 *Elsaß/Labusga/Tichy,* CR 2017, 234, 235; *Gasser/Kraatz,* VerfBlog 2017/1/16, 1: „fiktive Identität"; *Libertus,* ZUM 2018, 20; *Milker,* InTeR 2017, 199, 200: „in der Regel"; *Milker,* ZUM 2017, 216; *Steinbach,* ZRP 2017, 101, 102; *Volkmann,* MMR 2018, 58.

80 *Bessi/Ferrara,* First Monday 21 (11/2016), Introduction; *Ferrara/Varol/Davis* u.a., Commun. ACM 59 (2016), 96 f.; *Howard/Kollanyi/Woolley,* COMPROP Data Memo 2016.4, 17.11.2016, S. 1; *Howard/Woolley,* IJOC 10 (2016), 4882, 4885; *Kollanyi,* IJOC 10 (2016), 4933; *Murthy/Powell/Tinati u.a.,* IJOC 10 (2016), 4952; *TAB,* Thesenpapier, S. 4; *TAB,* TA-Vorstudie, S. 11; *Wagner/Mitter/Körner u.a.,* in: WWW'12, S. 41; *Woolley,* First Monday 21 (4/2016), S. 1.

81 *Elsaß/Labusga/Tichy,* CR 2017, 234, 235; *Gasser/Kraatz,* VerfBlog 2017/1/16, 1; *Libertus,* ZUM 2018, 20; *Milker,* InTeR 2017, 199, 200; *Paal/Hennemann,* ZRP 2017, 76, 77; *Volkmann,* MMR 2018, 58.

82 *Gasser/Kraatz,* VerfBlog 2017/1/16, 1; *Libertus,* ZUM 2018, 20; *Volkmann,* MMR 2018, 58.

83 *Bessi/Ferrara,* First Monday 21 (11/2016), Introduction; *Boshmaf/Muslukhov/Beznosov* u.a., in: ACSAC 11, S. 93; *Ferrara/Varol/Davis* u.a., Commun. ACM 59 (2016), 96 f.; *Howard/Kollanyi/Woolley,* COMPROP Data Memo 2016.4, 17.11.2016, S. 1; *Howard/Woolley,* IJOC 10 (2016), 4882, 4885; *Kollanyi,* IJOC 10 (2016), 4933; *TAB,* Thesenpapier, S. 4; *TAB,* TA-Vorstudie, S. 11; *Wagner/Mitter/Körner u.a.,* in: WWW'12, S. 41; *Woolley,* First Monday 21 (4/2016), S. 1.

84 *TAB,* TA-Vorstudie, S. 11; ähnlich *Wagner/Mitter/Körner u.a.,* in: WWW'12, S. 41.

85 *Boshmaf/Muslukhov/Beznosov* u.a., in: ACSAC 11, S. 93: „automation software"; *Howard/Woolley,* IJOC 10 (2016), 4882, 4885: „automated computer scripts".

86 *TAB,* Thesenpapier, S. 4.

87 *Woolley,* First Monday 21 (4/2016), S. 1.

Menschen) sozial zu interagieren[88] bzw. ohne menschliche Einmischung zu handeln[89].

c) Computerprogramme, Algorithmen, Software

Social Bots werden in vielen rechtswissenschaftlichen Definitionen im Ausgangspunkt als Computerprogramme beschrieben.[90] Teilweise erwähnen Autoren separat, dass Social Bots auf Algorithmen beruhen.[91] Auch in außerrechtlichen Definitionen werden Social Bots als Computer-[92] bzw. Softwareprogramme[93] oder Algorithmen[94] bezeichnet. Teilweise werden die Begriffe kombiniert.[95] Ebenso wie in der rechtswissenschaftlichen Literatur wird teilweise ergänzt, dass Social Bots algorithmisch angetrieben bzw. gesteuert werden.[96]

88 *Bessi/Ferrara*, First Monday 21 (11/2016), Introduction: „automatically producing content or engaging in social interactions"; *Ferrara/Varol/Davis u.a.*, Commun. ACM 59 (2016), 96 f.: „automatically produces content and interacts with humans on social media"; *Howard/Kollanyi/Woolley*, COMPROP Data Memo 2016.4, 17.11.2016, S. 1: „social media accounts that automate interaction with other users".

89 *Kollanyi*, IJOC 10 (2016), 4933: „act without human intervention".

90 Implizit *Elsaß/Labusga/Tichy*, CR 2017, 234, 235; *Libertus*, ZUM 2018, 20; *Milker*, InTeR 2017, 199, 200; *Milker*, ZUM 2017, 216; *Paal/Hennemann*, ZRP 2017, 76, 77; *Steinbach*, ZRP 2017, 101, 102; *Volkmann*, MMR 2018, 58.

91 *Gasser/Kraatz*, VerfBlog 2017/1/16, 1; *Milker*, ZUM 2017, 216; *Steinbach*, ZRP 2017, 101, 102.

92 *Boshmaf/Muslukhov/Beznosov* u.a., in: ACSAC 11, S. 93; *Howard/Woolley*, IJOC 10 (2016), 4882, 4885; *Kollanyi*, IJOC 10 (2016), 4932 f.; *Murthy/Powell/Tinati u.a.*, IJOC 10 (2016), 4952, 4955; *TAB*, Thesenpapier, S. 4; *TAB*, TA-Vorstudie, S. 11; *Wagner/Mitter/Körner u.a.*, in: WWW'12, S. 41.

93 *Guilbeault*, IJOC 10 (2016), 5003; *Woolley*, First Monday 21 (4/2016), S. 1.

94 *TAB*, TA-Vorstudie, S. 11; *Ferrara/Varol/Davis u.a.*, Commun. ACM 59 (2016), 96 f.; *Murthy/Powell/Tinati u.a.*, IJOC 10 (2016), 4952, 4955.

95 *TAB*, TA-Vorstudie, S. 11 f.; *Murthy/Powell/Tinati u.a.*, IJOC 10 (2016), 4952, 4955.

96 *Bessi/Ferrara*, First Monday 21 (11/2016), Introduction: „algorithmically controlled"; *Howard/Woolley*, IJOC 10 (2016), 4882, 4885: „algorithmically driven".

d) Internetverbindung

Sowohl in rechtswissenschaftlichen[97] als auch in außerrechtlichen[98] Definitionen wird nur selten separat festgehalten, dass Social Bots im Internet agieren.

e) Kommunikation

In vielen rechtswissenschaftlichen Definitionen wird erwähnt, dass Social Bots kommunizieren können.[99] Teilweise werden die Kommunikationshandlungen, die Social Bots vornehmen können, eher allgemein beschrieben.[100] Vereinzelt wird die Beschreibung schon konkreter auf die Ausgestaltung der einzelnen Plattformen bezogen.[101] An anderer Stelle wird zwischen der automatischen Erstellung eigener Beiträge und der Interaktion mit Inhalten Dritter (dort mit dem Beispiel von „Retweets" oder „Likes") differenziert.[102] Auch in außerrechtlichen Definitionen wird das Kriterium der Kommunikationsfähigkeit angeführt.[103]

---

97 *Drexl*, ZUM 2017, 529, 530; *Libertus*, ZUM 2018, 20; *Schröder*, DVBl 2018, 465; *Steinbach*, ZRP 2017, 101, 102.

98 *Kollanyi*, IJOC 10 (2016), 4932; *TAB*, Thesenpapier, S. 4; *TAB*, TA-Vorstudie, S. 11.

99 *Elsaß/Labusga/Tichy*, CR 2017, 234, 235; *Gasser/Kraatz*, VerfBlog 2017/1/16, 1; *Libertus*, ZUM 2018, 20; *Milker*, InTeR 2017, 199, 200; *Milker*, ZUM 2017, 216; *Paal/Hennemann*, ZRP 2017, 76, 77; *Steinbach*, ZRP 2017, 101, 102.

100 *Elsaß/Labusga/Tichy*, CR 2017, 234, 235: „Beiträge [...] abgegeben"; *Gasser/Kraatz*, VerfBlog 2017/1/16, 1: „automatisch erzeugte Meinungs- und Nachrichtenbeiträge verbreiten"; *Libertus*, ZUM 2018, 20: „suchen [...] nach Themen, verbreiten Beiträge weiter und geben Kommentare ab".

101 *Milker*, InTeR 2017, 199, 200: „nutzen [...] Funktionen des Profils [...] indem sie Beiträge verfassen, liken oder teilen".

102 *Jülicher/Röttgen*, InTeR 2018, 15 f.

103 *Bessi/Ferrara*, First Monday 21 (11/2016), Introduction; *Boshmaf/Muslukhov/Beznosov* u.a., in: ACSAC 11, S. 93; *Ferrara/Varol/Davis* u.a., Commun. ACM 59 (2016), 96 f.; *Guilbeault*, IJOC 10 (2016), 5003; *Howard/Kollanyi/Woolley*, COMPROP Data Memo 2016.4, 17.11.2016, S. 1; *Howard/Woolley*, IJOC 10 (2016), 4882, 4885; *Kollanyi*, IJOC 10 (2016), 4933; *TAB*, Thesenpapier, S. 4; *TAB*, TA-Vorstudie, S. 11; *Woolley*, First Monday 21 (4/2016), S. 1.

f) Manipulation von Meinungen

Die Möglichkeit, durch den Einsatz von Social Bots Meinungen zu beeinflussen[104] oder zu manipulieren[105] wird von zahlreichen Rechtswissenschaftlern und Autoren außerrechtlicher Quellen[106] explizit als Definitionsbestandteil genannt.

g) Soziale Netzwerke

Sowohl in rechtswissenschaftlichen,[107] als auch außerrechtlichen Definitionen wird häufig auf einen Bezug zu sozialen Netzwerken hingewiesen.[108] Dies geschieht vereinzelt implizit, indem von „algorithmically controlled *accounts* (Herv. *d. Verf.*)“[109] gesprochen wird. Im Übrigen wird das Merkmal explizit genannt: Ein Social Bot kontrolliere „a profile in an OSN (online social network),“[110] interagiere „with humans on social media,“[111] verwende „social networking services such as Facebook or Twitter,“[112] steuere „social media accounts“[113] bzw. „accounts on social media“[114] oder

104 *Milker*, InTeR 2017, 199, 200; *Milker*, ZUM 2017, 216.

105 *Gasser/Kraatz*, VerfBlog 2017/1/16, 1 (implizit); *Libertus*, ZUM 2018, 20; *Maas*, K&R 2017, Editorial; *Steinbach*, ZRP 2017, 101, 102; *Volkmann*, MMR 2018, 58.

106 *Bessi/Ferrara*, First Monday 21 (11/2016), Introduction; *Ferrara/Varol/Davis* u.a., Commun. ACM 59 (2016), 96 f.; *Guilbeault*, IJOC 10 (2016), 5003; *Howard/Woolley*, IJOC 10 (2016), 4882, 4885; *TAB*, Thesenpapier, S. 4; *TAB*, TA-Vorstudie, S. 11; *Wagner/Mitter/Körner u.a.*, in: WWW'12, S. 41.

107 *Elsaß/Labusga/Tichy*, CR 2017, 234, 235; *Gasser/Kraatz*, VerfBlog 2017/1/16, 1; *Libertus*, ZUM 2018, 20; *Milker*, ZUM 2017, 216; *Paal/Hennemann*, ZRP 2017, 76, 77; *Steinbach*, ZRP 2017, 101, 102; *Volkmann*, MMR 2018, 58.

108 *Bessi/Ferrara*, First Monday 21 (11/2016), Introduction; *Boshmaf/Muslukhov/Beznosov* u.a., in: ACSAC 11, S. 93; *Ferrara/Varol/Davis* u.a., Commun. ACM 59 (2016), 96 f.; *Guilbeault*, IJOC 10 (2016), 5003; *Howard/Kollanyi/Woolley*, COMPROP Data Memo 2016.4, 17.11.2016, S. 1; *Howard/Woolley*, IJOC 10 (2016), 4882, 4885; *Kollanyi*, IJOC 10 (2016), 4933; *Murthy/Powell/Tinati u.a.*, IJOC 10 (2016), 4952; *TAB*, TA-Vorstudie, S. 11; *Wagner/Mitter/Körner u.a.*, in: WWW'12, S. 41; *Woolley*, First Monday 21 (4/2016), S. 1.

109 Implizit *Bessi/Ferrara*, First Monday 21 (11/2016), Introduction: „accounts“.

110 *Boshmaf/Muslukhov/Beznosov* u.a., in: ACSAC 11, S. 93.

111 *Boshmaf/Muslukhov/Beznosov* u.a., in: ACSAC 11, S. 93.

112 *Guilbeault*, IJOC 10 (2016), 5003.

113 *Howard/Kollanyi/Woolley*, COMPROP Data Memo 2016.4, 17.11.2016, S. 1.

114 *Murthy/Powell/Tinati u.a.*, IJOC 10 (2016), 4952, 4955.

„in online social networks."[115] Vereinzelt wird darauf hingewiesen, dass Social Bots nicht auf soziale Netzwerke limitiert seien, sondern auch auf anderen Plattformen im Internet eingesetzt werden könnten (beispielsweise in Kommentarspalten von Nachrichtenportalen bzw. Zeitungen).[116]

III. Maßstab der Begriffsbildung

Der Blick auf den Forschungsstand hat gezeigt, dass eine Vielzahl abweichender Definitionen existiert. Kein Definitionsvorschlag kann als vorherrschend bezeichnet werden.[117] Bei einem solchen Diskussionsstand sollte nicht ohne weitere Überlegungen schlicht einer der bestehenden Vorschläge übernommen werden. Die Varianten sind vielmehr zu bewerten und um eine eigene Stellungnahme zu ergänzen. Die Begriffsbildung soll anhand des folgenden Maßstabes erfolgen.

1. Funktionsorientierung

Die Maßstabsbildung orientiert sich an den Funktionen, die die Definition erfüllen soll. Die Definition von Social Bots wird einerseits benötigt, um Tatbestände des geltenden Rechts zu subsumieren. Dazu muss das zu subsumierende Verhalten eindeutig bestimmt sein. Andererseits wird die Definition gebraucht, um zu durchdenken, wie Social Bots zukünftig reguliert werden könnten. Auch dies erfordert einen klar formulierten, eindeutigen Bezugspunkt.

2. Strafrechtliche Besonderheiten

„Anders als etwa in der Physik, wo Definitionen reinen Zweckmäßigkeitserwägungen genügen, wirken sich Definitionen in der Rechtswissenschaft normativ aus."[118] Insbesondere bei einer *strafrechtlichen* Begriffsbestim-

115 *Wagner/Mitter/Körner u.a.*, in: WWW'12, S. 41; noch spezieller *Kollanyi*, IJOC 10 (2016), 4932: „Twitterbots" kontrollierten „Twitter accounts."

116 *Woolley*, First Monday 21 (4/2016), S. 1 f.

117 In diesem Fall könnte man mit einer feststellenden Definition operieren, vgl. *Pawlowski*, Begriffsbildung und Definition, S. 18 ff., 22 f.

118 *Rüthers/Fischer/Birk*, Rechtstheorie, § 5 Rn. 168.

mung ist zu reflektieren, dass eine Definition eine mögliche spätere Strafbarkeit und damit empfindliche Freiheitsbeschränkungen vorzeichnet.[119] Es liegt daher nahe, Anleihen beim Bestimmtheitsgrundsatz i.S.d. Art. 103 Abs. 2 GG zu nehmen.[120] Nach diesem sind Strafgesetze so bestimmt zu formulieren, „wie dies nach der Eigenart der zu ordnenden Lebenssachverhalte mit Rücksicht auf den Normzweck möglich ist."[121] Die strafrechtliche Normsetzung sollte – einerseits – *so konkret wie möglich* erfolgen. Zugleich ist anerkannt, dass der Gesetzgeber „auch im Strafrecht in der Lage bleiben" muss, „der Vielgestaltigkeit des Lebens Herr zu werden."[122] Daher darf – andererseits – die strafrechtliche Normsetzung *so abstrakt wie nötig* bleiben. Überträgt man diese Grundsätze auf einzelne Begriffe, ergibt sich für die strafrechtliche Begriffsbestimmung in dieser Arbeit der Maßstab: *So konkret wie möglich, aber so abstrakt wie nötig.*

Es werden darum nur Begriffsbestandteile in die hier vorgeschlagene Definition aufgenommen, die für eine möglichst konkrete Definition von Social Bots erforderlich sind. Zugleich soll eine unnötige Verengung der Definition vermieden werden, indem überflüssige Begriffsbestandteile aus der Definition herausgelassen werden. Für überflüssig werden insbesondere Begriffsbestandteile erachtet, die auch separat in einen (straf)rechtlichen Tatbestand aufgenommen werden können.

3. Formale Anforderungen

Es existieren zahlreiche, voneinander abweichende Definitionsvorschläge für den Begriff der Social Bots. In dieser Situation kann auf eine sogenannte „regulierende Definition" zurückgegriffen werden.[123] Eine regulierende Definition legt nicht eine völlig neue Bedeutung eines Begriffes fest und ändert auch nicht die Bedeutung eines bestehenden Begriffes grund-

---

119 Vgl. *Rüthers/Fischer/Birk*, Rechtstheorie, § 5 Rn. 168.

120 Zu diesem ausführlich unten 3. Kap. A.I.5 Andere strafrechtliche Verfassungsgarantien, insbesondere der Bestimmtheitsgrundsatz.

121 BVerfG, Beschl. v. 9.8.1995 – BVerfG 1 BvR 2263/94 = BVerfGE 93, 213, 238; vgl. *Gaede*, in: AnwK-StGB, § 1 Rn. 18; *Hassemer/Kargl*, in: NK-StGB, § 1 Rn. 14; *Schmitz*, in: MüKo-StGB, § 1 Rn. 47.

122 BVerfG, Beschluss v. 23.6.2010 – BVerfG 2 BvR 2559/08 = BVerfGE 126, 170, 195.

123 *Pawlowski*, Begriffsbildung und Definition, S. 18 ff, 24 ff.

legend.[124] Sie ändert seine Bedeutung behutsam und erhält „bestimmte Elemente des früheren Sinns".[125] Eine regulierende Definition „hat zum Ziel, den definierten Terminus für bestimmte theoretische oder praktische Ziele brauchbar zu machen."[126]

Die Begriffsbestimmung sollte, soweit möglich, dem natürlichen Sprachgebrauch des normunterworfenen Bürgers entsprechen und sich an der Alltagssprache orientieren.[127] Sie sollte sich im Sinne einer zwar nicht stets durchzuhaltenden, aber immerhin anzustrebenden Einheit der Rechtsordnung auch in die Auslegung bestehender (Straf-)Normen durch Gesetzgebung, Rechtsprechung und Rechtswissenschaft einpassen.[128] Soweit dies mit den vorgenannten Anforderungen im Einklang steht, sollte die Definition nicht vorschnell die begriffliche Nähe zu den Fachsprachen der sachnäheren Disziplinen – wie hier insbesondere der Informatik – aufgeben.[129] Dabei ist zu bedenken, dass weder dem Gesetzgeber noch dem Rechtsanwender mit einem Tatbestand gedient wäre, der Merkmale enthält, die zwar etwa aus informatischer Sicht treffend sind, sich aber so weit außerhalb des ihm bekannten Sprachgebrauches bewegen, dass eine praktikable Subsumtion erschwert wird.

Schließlich sind die Bedingungen des korrekten Definierens einzuhalten: Die Definition soll nicht zirkulär[130] oder widersprüchlich sein[131] und keine unbekannten Begriffe zur Definition verwenden (sog. *ignotum per ignotum*).[132]

IV. Stellungnahme und eigene Definition

Anhand dieses Maßstabes kann zu den oben dargestellten Begriffsmerkmalen eine eigene Position entwickelt werden. *Erstens* ist das Attribut des *sozialen Netzwerkes* in die Definition aufzunehmen. Es zeichnet den An-

---

124 Zur sog. festsetzenden Definition *Pawlowski*, Begriffsbildung und Definition, S. 18 ff., 23 f.
125 *Pawlowski*, Begriffsbildung und Definition, S. 24 f.
126 *Pawlowski*, Begriffsbildung und Definition, S. 25.
127 Vgl. *Beck*, in: Strafrechtspolitik, S. 48.
128 *Beck*, in: Strafrechtspolitik, S. 48 f.
129 Vgl. erkenntnisreich *Oermann*, Gewährleistung internetbasierter Kommunikation, S. 38 und *Pille*, Meinungsmacht sozialer Netzwerke, S. 28 ff.
130 *Pawlowski*, Begriffsbildung und Definition, S. 32 ff.
131 *Pawlowski*, Begriffsbildung und Definition, S. 38 f.
132 Siehe *Pawlowski*, Begriffsbildung und Definition, S. 36 f.

wendungsbereich von Social Bots entscheidend vor. *Zweitens* ist der Begriff des *Profils* einzufügen. Der Social Bot nimmt am Kommunikationsgeschehen in diesen sozialen Netzwerken über ein solches Profil teil. Gleiches gilt, *drittens*, für den Begriff der *Kommunikation*. Mit dem hier gewählten, weiten Verständnis erfasst er die Vielgestaltigkeit der möglichen Programmierungen und Verhaltensweisen von Social Bots. Zugleich stellt er klar, dass Social Bots darauf ausgelegt sind, sich in irgendeiner Weise am Kommunikationsprozess zu beteiligen, und nicht nur Daten zu sammeln oder auszuwerten. Er ermöglicht dadurch die sinnvolle Abgrenzung zu anderen Bots, z.B. sog. Web-Crawlern.[133]

Viertens ist das Merkmal der *Automatisierung* in die gesuchte Definition aufzunehmen. Es drückt aus, dass Social Bots sich dadurch auszeichnen, dass sie, einmal in Gang gesetzt, menschliche Steuerung und Einflussnahme nicht erfordern, von selbst agieren und hierdurch eine vielfach erhöhte Wirkkraft entfalten. *Fünftens* verdeutlicht der Begriff des *Computerprogrammes*, dass für die unmittelbare Aktivität von Social Bots keine Menschen, sondern Maschinen verantwortlich sind. *Sechstens* schließlich ist das *Auftreten als Mensch* in die Definition aufzunehmen. Das Merkmal ist sowohl für die (potentielle) Wirkmacht von Social Bots als auch für die Diskussion um ihren Unrechtsgehalt zentral. Erst indem sie Funktionen einsetzen, die eigentlich für menschliche Nutzer reserviert sind, wird vorstellbar, dass sie den öffentlichen Kommunikationsprozess tatsächlich beeinflussen und verzerren können.[134] Das Auftreten als Mensch sollte insoweit aber nicht so verstanden werden, dass es bereits dadurch ausgeschlossen wäre, dass ein Social Bot sich (z.B. durch einen Hinweis im Profil) als solcher zu erkennen gibt. Dies würde zu Friktionen führen, wenn solche „transparenten" Bots genutzt würden, um sog. *Popularity Cues* (dt. Messung der Beliebtheit) zu manipulieren.[135] Es ist vielmehr durch eine wertende Gesamtschau der Profilinhalte, Verhaltensweisen und dahinterstehenden Programmierung zu bestimmen. Dieser Aspekt wird später noch ausführlich zu diskutieren sein.[136]

Entbehrlich sind dagegen die Merkmale der *Internetverbindung* und der *Meinungsmanipulation.* Ersteres ist verzichtbar, weil das Attribut des sozia-

---

133 Web-Crawler sind Bots, die zur Durchsuchung und Analyse von Internetseiten verwendet werden und so wichtige Vorarbeit etwa für Suchmaschinen leisten, vgl. näher hierzu und zu weiteren Beispielen *Schmidt,* Virtuelles Hausrecht und Webrobots, S. 16 ff.

134 Vgl. *Milker,* ZUM 2017, 216.

135 Siehe näher unten E.II.1 Veränderung von Statistiken.

136 3. Kap. B.I.1.c)cc)(1)(a) Kennzeichnungspflicht.

len Netzwerkes bereits den Konnex zum Internet klarstellt. Auch das Merkmal der Meinungsmanipulation sollte nicht in die Kerndefinition aufgenommen werden. Betrachtete man die Manipulationseignung oder gar -absicht als konstituierendes Begriffsmerkmal, wäre eine praktisch oft schwierige Prüfung erforderlich, bevor man überhaupt von einem Social Bot sprechen könnte. Außerdem fielen Programme aus der Definition heraus, die keine Beeinflussung von Meinungen bezwecken, sondern wirtschaftliche Ziele verfolgen – ernsthaft in Betracht kommen insbesondere Betrugskonstellationen.[137] Sollte das Strafrecht sich in Zukunft mit derartigen Sachverhalten befassen müssen, unterfielen diese Sachverhalte mangels Meinungsmanipulation nicht dem Begriff des Social Bots. Das wäre kurzsichtig. Es ist sinnvoller, dieses Merkmal aus der Kerndefinition auszuklammern und separat in einen etwaigen Tatbestand aufzunehmen, um begriffliche Flexibilität zu sichern.

Nach hier vertretener Ansicht sollten die folgenden Attribute verwendet werden, um Social Bots zu definieren: Auftreten als Mensch, Automatisierung, Computerproramm, Kommunikation, Profil und soziales Netzwerk. Zusammenfassend wird formuliert:

> „Social Bots sind Profile in sozialen Netzwerken, die durch Computerprogramme automatisiert werden, aber den Anschein erwecken, dass ein menschlicher Nutzer kommuniziere.“

V. Abgrenzung von Social Bots und Social Bot Software

Damit ist eine wichtige Differenzierung angedeutet. Es ist zu unterscheiden, ob mit dem Begriff „Social Bot“ das automatisch betriebene *Profil* in einem Sozialen Netzwerk gemeint ist, oder das dahinterstehende *Computerprogramm*, das diesen Account steuert. Wie sich aus der vorgeschlagenen Definition ergibt, wird hier die erstgenannte Lesart befürwortet.

Gegen das hiesige Verständnis spricht zwar, dass erst das dahinterstehende Computerprogramm dem Profil maschinelles „Leben einhaucht“. Seine Programmierung entscheidet darüber, wie sich das gesteuerte Profil verhalten kann und wird. Die hier vertretene Lösung überzeugt aber, wenn man sich vor Augen führt, dass *ein* Computerprogramm theoretisch eine *Vielzahl* von Profilen automatisieren kann. Die Anzahl der automatisierten Profile ist maßgeblich dafür, wie sehr sich der Einsatz von Social Bots

137 Siehe näher Fn. 353.

auf die öffentliche Kommunikation auswirkt. Es lässt sich beispielsweise – ganz pragmatisch – besser hören, dass „50 Social Bots eingesetzt" wurden, als dass „ein Social Bot eingesetzt wurde, der 50 Profile in sozialen Netzwerken gesteuert hat." Schließlich kann dank dieser Differenzierung das Täterverhalten beim Einsatz von Social Bots klarer beschrieben werden.[138] Aus den genannten Gründen werden die Computerprogramme, die Social Bots steuern, hier separat als Social Bot Software bezeichnet.[139] Folgende Darstellung verdeutlicht die Unterscheidung:

Abbildung 1 – Abgrenzung von Social Bots und Social Bot Software

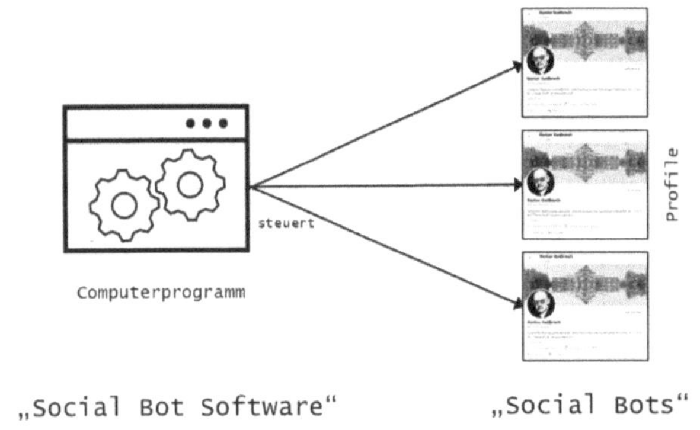

B. *Feldforschung „@RustavGadbruch"*

Nachdem geklärt ist, wie Social Bots zu definieren sind, stellt sich die Frage, wie diese praktisch funktionieren. Um eine möglichst konkrete Antwort auf diese Frage präsentieren zu können, wurde ein Selbstversuch durchgeführt. Dazu wurde ein Social Bot für das soziale Netzwerk Twitter entworfen und eingesetzt. Der Name des Bots lautete @RustavGadbruch. Verlauf und Ergebnisse dieser Fallstudie werden in diesem Abschnitt geschildert.

---

138 Siehe dazu unten 2. Kap. A. Bestimmung des zu subsumierenden Verhaltens.

139 Die Unterscheidung schließt nicht aus, dass die Social Bot Software separat rechtlich erfasst wird. Ein Vorbild für die strafrechtliche Regulierung vergleichbarer Computerprogramme findet sich im Computerstrafrecht in § 202c Abs. 1 Nr. 2 StGB (Vorbereiten des Ausspähens und Abfangens von Daten). Siehe dazu näher unten 3. Kap. C.I.2.a)cc) Eignung zur Gefährdung.

I. Forschungsinteresse

Das Ziel der Feldforschung war, herauszufinden, welche Materialien und Kenntnisse erforderlich sind, um einen rudimentären Social Bot zu entwerfen und zu aktivieren, welche Sicherheitsvorkehrungen dabei seitens der Plattformbetreiber zu erwarten sind und ob bzw. in welchem Maße menschliche Nutzer auf den Bot reagieren.[140] Zum einen wollte *Verf.* das Phänomen „Social Bots" aus technischer Sicht wenigstens ansatzweise selbst durchdringen. Zum anderen sollte die Feldforschung dem juristischen Publikum einen konkreten Zugang zu einer Technologie eröffnen, die bisweilen mit einer gewissen Ehrfurcht betrachtet worden ist. Doch auch für die strafrechtliche Bewertung erschien der Feldversuch wertvoll. Hätte er ergeben, dass der Einsatz von Social Bots sehr niedrigschwellig zu bewerkstelligen ist, hätte das dafür gesprochen, dass man es aus kriminologischer Sicht (jedenfalls theoretisch) nicht mit einem „Expertendelikt" zu tun hat.[141]

Konkret sollte der Social Bot immer dann, wenn der offizielle Twitter-Kanal des Bundesgerichtshofes (@bgh_bund) einen Tweet absetzte, eine Antwort twittern. Dies sollte vollautomatisch und rund um die Uhr geschehen. Die Antwort sollte aus vorgefertigten Textbausteinen bestehen: Einer (zumeist) provozierenden Einleitung und einer zufälligen, zusammenhanglosen, lateinischen Phrase. Der Bot verstand sich insofern als satirisches Projekt. Er sollte Internetnutzer, die sich mit dem oft herablassenden, aggressiven Tonfall des Bots unkritisch solidarisierten, dabei ertappen, dass sie sich durch die vermeintliche Autorität irrelevanter lateinischer Phrasen hinters Licht führen ließen. Schließlich sollte der Bot sich ausdrücklich als solcher zu erkennen geben. Einerseits sollten dadurch mögliche rechtliche Risiken des Feldversuchs minimiert werden (die aktuelle strafrechtliche Gesetzeslage war zum damaligen Zeitpunkt noch nicht *en détail* untersucht worden), andererseits wurde dies auch als Frage wissenschaftlicher Redlichkeit betrachtet. Der Versuch war zu Beginn nicht zeitlich begrenzt.

---

140 Inspirierend war das vergleichbare Experiment in *TAB*, TA-Vorstudie, S. 27 ff, 76 ff.

141 Vgl. allgemein zum Themenkomplex der „technisch-instrumentellen Nutzungskompetenz" im Bereich Cybercrime *Meier*, in: Cybercrime und Cyberinvestigations, S. 98 f.; *Kochheim*, Cybercrime, Rn. 518 ff., 2139.

II. Arbeitsmaterial

Zur Durchführung des Projektes wurde ein handelsüblicher Computer mit dem Betriebssystem Microsoft Windows 10, einem Internetzugang und einer eingerichteten E-Mail-Adresse verwendet. Zudem wurde ein Account bei sozialen Netzwerk Twitter benötigt. Ein solcher lässt sich in wenigen Minuten und ohne Aufwand erstellen.[142] Der Account und der Social Bot erhielten den Namen @RustavGadbruch.

Die Social Bot Software wurde in der Programmiersprache „Python“ entworfen, weil *Verf.* hier auf einfache Vorkenntnisse zurückgreifen konnte.[143] Dazu musste die aktuelle Python-Distribution heruntergeladen und auf dem verwendeten Computer installiert werden.[144]

Grundsätzlich ist es möglich, mit jedem Textverarbeitungsprogramm (z.B. dem einfachen „Editor“ bzw. „Notepad“ von Microsoft Windows) Software zu entwickeln. Allerdings ist es effizienter, komfortabler und verlässlicher, auf speziell zugeschnittene Computerprogramme zurückzugreifen. Hier wurde ein *Integrated Development Environment* (dt. integrierte Entwicklungsumgebung, kurz „IDE“) verwendet.[145]

---

142 Twitter.com, sign up, abrufbar unter https://twitter.com/signup (zuletzt abgerufen am 26.7.2019). *Verf.* hat auf einen alten, privaten Account zurückgegriffen und diesen für das Projekt umbenannt.

143 Social Bots können grundsätzlich in nahezu allen Programmiersprachen entworfen werden, vgl. *Kollanyi*, IJOC 2016, 4932, 4940 f.

144 Python ist unter der Python-Software-Foundation-Lizenz lizensiert. Die Programmiersprache ist Open Source und GPL-kompatibel, vgl. Python Software Foundation, www.python.org, (zuletzt abgerufen am 10.12.2019).

145 Dabei handelt es sich um eine Sammlung von Komponenten, die für die Softwareentwicklung erforderlich sind, unter anderem „Editor, Compiler bzw. Interpreter, Linker und Debugger […] aber auch weiter gehende Werkzeuge, z.B. zur Versionsverwaltung und zur Modellierung,“ *Victor*, in: Taschenbuch Informatik, S. 197. Es existieren kostenfreie und kostenpflichtige IDE. Hier wurde nach kurzer Internetrecherche eine IDE namens PyCharm ausgewählt, weil es sich dabei um ein professionelles Produkt handelt, das für Studierende kostenfrei ist, Jetbrains.com, PyCharm, The Python IDE for Professional Developers, abrufbar unter https://t1p.de/9oey (zuletzt abgerufen am 26.7.2019).

III. Programmierung

1. Zufallsgenerierte Kommentare

Die Kommentare, die @RustavGadbruch abgab, sollten zufällig generiert werden. Dazu wurde eine Liste mit lateinischen Phrasen angelegt. Die ca. 2200 Phrasen wurden der Wikipedia entnommen[146] und in eine Excel-Tabelle eingepflegt.[147] Diese Tabelle wurde mit einem guten Dutzend juristisch konnotierter Einleitungen ergänzt.[148] Diese Einleitungen wurden bewusst mehrheitlich in einem „passiv-aggressiven" Ton gehalten, um mehr Reaktionen zu provozieren.

Abbildung 2 – latein_liste.xlsx

	A	B
1	»A maiore ad minus.«	Früher galt noch:
2	»A minore ad maius.«	Hier verkennt der BGH den Grundsatz:
3	»A solis ortu usque ad occasum.«	Genau, denn es gilt:
4	»Ab absurdo.«	Naja.
5	»Ab abusu ad usum non valet consequentia.«	Wird man heute ohne Latinum RiBGH?
6	»Ab aeterno.«	Endlich konsequent angewandt:
7	»Ab antiquo.«	Ich sage mal so:
8	»A bene placito.«	Grob verkannt:
9	»Ab epistulis.«	Dazu kann ich nur sagen:
10	»Ab extra.«	Dies verdient Beifall!
11	»Ab hinc.«	Das ist eine Zäsur:
12	»Ab imo pectore.«	Unvertretbar.
13	»Ab inconvenienti.«	Weitblick! Kompliment!
14	»Ab incunab	Endlich sagt's mal jemand:
15	»Ab initio.«	
16	»Ab intestat	

2197	»Vos estis sal terrae.«
2198	»Votum separatum.«
2199	»Vox clamantis in deserto.«
2200	»Vox nihili.«
2201	»Vox populi.«
2202	»Vox populi, vox dei.«
2203	»Vulpes pilum mutat, non mores.«
2204	

Aus diesem Datensatz sollte die Social Bot Software zufällige Kommentare generieren. Hierzu musste das Programm über folgende Fähigkeiten verfügen: Einen zufälligen Begriff aus Spalte A auswählen, einen zufälligen

146 Wikipedia.org, list of Latin phrases (full), abrufbar unter https://t1p.de/w9bq (zuletzt abgerufen am 26.7.2019).
147 Siehe Abb. 1 – Spalte A.
148 Siehe Abb. 1 – Spalte B.

Begriff aus Spalte B auswählen und beide Textblöcke aneinanderreihen. Der Code dieses Kommentargenerators sah in Python wie folgt aus:

Abbildung 3 – Kommentargenerator caesr.py

caesr.py | rustav.py

```
1  # Importiere einen Zahlen-Zufallsgenerator
2  import random
3
4  # Importiere das Modeul xlrd, mit dem ich Daten aus einem Excel Spreadsheet auslesen kann
5  import xlrd
6
7  # Benenne Varibale für die Excel Datei
8  loc = ("latein_liste.xlsx")
9
10 #Hier wird das Worksheet in der Excel Datei ausgewählt
11 wb = xlrd.open_workbook(loc)
12 sheet = wb.sheet_by_index(0)
13
14 #Hier erstelle ich zwei zufällige Integers, einen für die Latein-Spalte, und einen für die Teaser-Spalte
15 random_int_latin = random.randrange(0,2202)
16 random_int_teaser = random.randrange(0,13)
17
18 #Jetzt wird der Kommentar erzeugt, indem die Textbausteine aus Excel abgerufen und zusammengefügt werden
19 kommentar = (sheet.cell_value(random_int_teaser,1) + " " + sheet.cell_value(random_int_latin,0))
20
21
```

Interessant ist hier, dass in Zeile 2 und 5 des Codes fremde Module „importiert“ werden. Der „Importieren“-Befehl erlaubt es, vorgefertigte, mitunter sehr komplexe Computerprogramme, die ebenfalls in Python geschrieben sind, in das eigene Programm aufzunehmen. Hintergrund dieses Vorgehens ist, dass es z.B. sehr schwierig ist, in Python zufällige Zahlen zu generieren. Indem das Modul *Random*[149] importiert wird, entfällt der Aufwand, den dafür erforderlichen Code selbst zu entwerfen. Dies wäre hier in Anbetracht der sehr rudimentären Kenntnisse *d. Verf.* auch praktisch unmöglich gewesen. Das Modul *Xlrd*[150] wiederum ermöglicht es, auf Daten in der Excel-Datei zuzugreifen. Diese modulare Arbeitsweise ermöglicht es Programmierern, an Vorarbeiten anderer anzuknüpfen. Sie spart Zeit und Ressourcen.

Wird das Programm aktiviert, werden zufällige Textblöcke miteinander kombiniert. Mitunter kann dies einigermaßen sinnvolle Aussagen ergeben,

---

149 Python.org, Random Module, abrufbar unter https://t1p.de/8xee (zuletzt abgerufen am 30.7.2019).

150 Vgl. *Machin*, xlrd documentation, abrufbar unter https://t1p.de/x0z5 (zuletzt abgerufen am 30.7.2019).

regelmäßig wird (und soll) dies aber nicht der Fall sein. Bei der aktuellen Datenlage können 30.842 verschiedene Kommentare erzeugt werden.[151]

Abbildung 4 – Auswahl zufallsgenerierter Kommentare

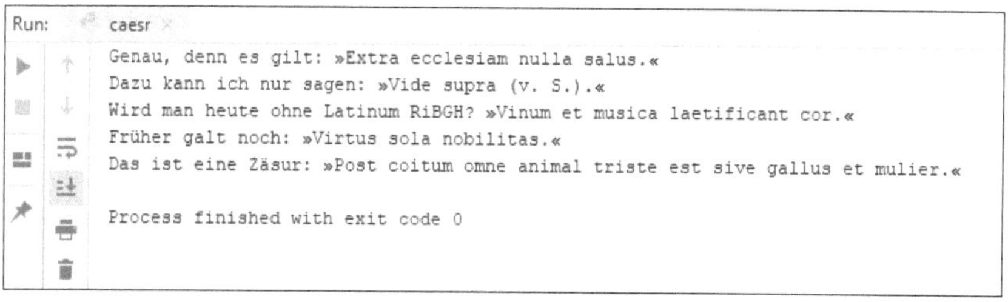

Die *hier* gewählte Methode der Inhaltserzeugung ist technisch wenig anspruchsvoll. Die erzeugten Kommentare sind zwar nicht unbedingt konkret vorhersehbar, folgen aber einem offensichtlichen Muster und lassen sich von aufmerksamen menschlichen Lesern leicht enttarnen. Es sollte an dieser Stelle erwähnt werden, dass es mit moderneren Sprachgeneratoren wohl möglich ist, weitaus überzeugendere künstliche Inhalte zu erzeugen.[152] Zudem ist anzumerken, dass die Inhalte, die ein Social Bot letztlich verbreiten wird, nicht immer so leicht eingrenzbar sind, wie das bei @RustavGadbruch der Fall war. So wurde in der Vergangenheit ein vermeintlich harmloser Bot von böswilligen Internetznutzern darauf „trainiert", eine rassistische, sexistische und antisemitische „Gesinnung" zu entwickeln.[153]

---

151 Berechnung:2203∗14 = 30.842.

152 Siehe hierzu schon *Volkmann*, MMR 2018, 58, 59 f. Siehe zum Sprachmodell GPT-3 aus jüngerer Zeit *Beuth*, SPIEGEL ONLINE, Die eloquenteste KI der Welt, 20.7.2020, abrufbar unter https://t1p.de/hxri (zuletzt abgerufen am 27.8.2020).

153 Siehe *Mason*, TheGuardian.com, The racist hijacking of Microsoft's chatbot shows how the internet teems with hate, 29.3.2016, abrufbar unter https://t1p.de/ocyx (zuletzt abgerufen am 16.06.2020); dazu bereits *Jülicher/Röttgen*, InTeR 2018, 15, 16 (dortige Fn. 13); treffend *Volkmann*, MMR 2018, 58, 61: „golemsgleiche Entgleisung".

2. Authentifizierung bei Twitter

@RustavGadbruch sollte die generierten Kommentare auf Twitter veröffentlichen. Das Programm musste eine eigene Verbindung zu Twitter herstellen können. Hierzu wurde ein offizielles *Application Programming Interface* (dt. Programmierschnittstelle, kurz „API“) des Netzwerkes verwendet. APIs werden von Anbietern verschiedenster Dienste im Internet zur Verfügung gestellt, damit Dritte auf deren Daten zugreifen und mit diesen eigene Anwendungen entwickeln können.[154] Um auf das Twitter API zugreifen zu können, wird ein *Developer Account* (dt. Entwicklerkonto) bei Twitter benötigt. Aus Sicherheitsgründen muss ein solcher Developer Account individuell beantragt werden.[155] Im Laufe dieses Prozesses mussten detaillierte Informationen zum Vorhaben offengelegt werden:

Abbildung 5 – Befragung nach Antrag auf Freischaltung eines developer accounts

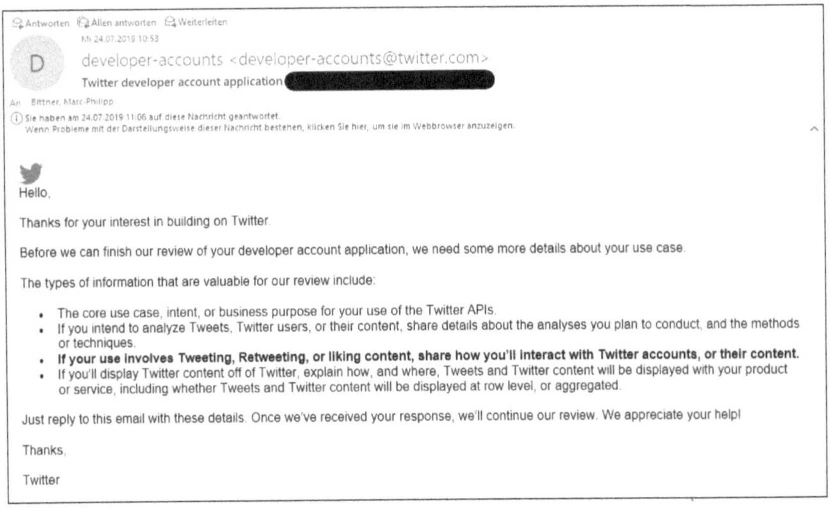

Antworten Allen antworten Weiterleiten
Mi 24.07.2019 10:53
D
developer-accounts <developer-accounts@twitter.com>
Twitter developer account application [redacted]
An Bittner, Marc-Philipp
Sie haben am 24.07.2019 11:06 auf diese Nachricht geantwortet.
Wenn Probleme mit der Darstellungsweise dieser Nachricht bestehen, klicken Sie hier, um sie im Webbrowser anzuzeigen.

Hello,

Thanks for your interest in building on Twitter.

Before we can finish our review of your developer account application, we need some more details about your use case.

The types of information that are valuable for our review include:

- The core use case, intent, or business purpose for your use of the Twitter APIs.
- If you intend to analyze Tweets, Twitter users, or their content, share details about the analyses you plan to conduct, and the methods or techniques.
- **If your use involves Tweeting, Retweeting, or liking content, share how you'll interact with Twitter accounts, or their content.**
- If you'll display Twitter content off of Twitter, explain how, and where, Tweets and Twitter content will be displayed with your product or service, including whether Tweets and Twitter content will be displayed at row level, or aggregated.

Just reply to this email with these details. Once we've received your response, we'll continue our review. We appreciate your help!

Thanks,

Twitter

Der gesamte Registrierungsprozess bis zur Freischaltung des Developer Accounts hat rund zwei Stunden gedauert. Dabei gab es keinen (bewussten) Kontakt mit einem menschlichen Mitarbeiter von Twitter. Anschlie-

154 Näher zu APIs siehe C.I Zugang über ein Application Programming Interface.

155 Twitter.com, developer portal, abrufbar unter https://t1p.de/j5ii (zuletzt abgerufen am 30.7.2019).

ßend war im Developer Account eine *Application* (dt. Anwendung, kurz „App") namens RustavGadbruch anzulegen. Für diese App hat Twitter sodann geheime und individuelle Zugangsschlüssel generiert.[156] Nur mithilfe dieser Zugangsschlüssel können Computerprogramme unmittelbar und selbstständig mit dem Twitter API kommunizieren. Zur Verwendung dieser Zugangsschlüssel sogleich.

3. Automatische Einwahl auf Twitter

Zur besseren Übersicht wurde in einem separaten Python-Programm namens Rustav.py weitergearbeitet. Zunächst wurden vier Module importiert: *Caesr* (der Kommentargenerator), *Tweepy* (ein Modul, das die Verwendung des Twitter API stark vereinfacht),[157] *Time* (ein Modul, das verschiedene zeitbasierte Funktionen enthält)[158] und *Random* (ein Modul, das zufällige Zahlen generiert, s.o.).[159] Anschließend wurde das Modul *Tweepy* verwendet, um das eigene Python-Programm in das Twitter API einzu-

---

156 Twitter.com, authentication, abrufbar unter https://t1p.de/x8t8 (zuletzt abgerufen am 30.7.2019).

157 Tweepy.org, Tweepy Documentation, abrufbar unter https://t1p.de/8bbl (zuletzt abgerufen am 30.7.2019).

158 Python.org, Time Module, abrufbar unter https://t1p.de/swq1 (zuletzt abgerufen am 30.7.2019).

159 Python.org, Random Module, abrufbar unter https://t1p.de/8xee (zuletzt abgerufen am 30.7.2019).

wählen. Hierzu mussten die oben erwähnten, geheimen Zugangsschlüssel eingegeben werden.[160]

Abbildung 6 – Verbindung mit Twitter durch rustav.py

```
rustav.py
1  import caesr
2  import tweepy
3  import time
4  import random
5
6  # Authenticate to Twitter
7  auth = tweepy.OAuthHandler("[redacted]", "[redacted]")
8  auth.set_access_token("[redacted]", "[redacted]")
9
10 # Create API object
11 api = tweepy.API(auth)
12
13 # BGH Twitter Account ansteuern
14 bgh = api.get_user("bgh_bund")
```

4. Automatische Kommunikation auf Twitter

Schließlich wurde die eigentliche Kommunikationsfunktion angelegt. Die Social Bot Software durchläuft eine Endlosschleife[161] mit den immergleichen Handlungen: Sie ermittelt, welcher der aktuellste Tweet des offiziellen Twitter-Kanals des BGH (@bgh_bund) ist.[162] Anschließend vergleicht sie Einträge in einer Datenbank mit diesem aktuellsten Tweet.[163] Ermittelt das Programm, dass @RustavGadbruch auf den aktuellsten Tweet des BGH bereits reagiert hat, gibt es diese Information zu Protokoll,[164] wartet mithilfe der Module *Random* und *Time* ein zufälliges Intervall zwischen einer und 60 Minuten und springt dann zum Anfang der Endlosschleife zurück.[165] Ermittelt das Programm, dass der Bot auf den aktuellsten Tweet des BGH noch nicht reagiert hat, gibt es auch diese Information zu Protokoll,[166] aktualisiert die Datenbank bereits bearbeiteter Tweets,[167] lässt den

160 Die Programmierung basiert auf den hilfreichen Erläuterungen von *Garcia*, How to Make a Twitter Bot in Python With Tweepy, 10.6.2019, abrufbar unter https://t1p.de/6c0u (zuletzt abgerufen am 30.7.2019).

161 Vgl. Abb. 6 – Zeile 19: die Bedingung „while True" ist unvollständig und kann darum nie eintreten.

162 Vgl. Abb. 6 – Zeile 21 f.

163 Vgl. Abb. 6 – Zeile 25 und 34.

164 Vgl. Abb. 6 – Zeile 35.

165 Vgl. Abb. 6 – Zeile 38–45.

166 Vgl. Abb. 6 – Zeile 26.

167 Vgl. Abb. 6 – Zeile 28.

Social Bot mithilfe des Moduls *Tweepy* einen durch den Kommentargenerator *Caesr* zufällig generierten Tweet veröffentlichen,[168] gibt diesen Tweet zu Protokoll[169] und wartet schließlich ebenfalls ein zufälliges Intervall lang, bevor es zum Anfang der Endlosschleife zurückspringt.[170]

Abbildung 7 – Automatische Kommunikation auf Twitter durch rustav.py

```
13  # BGH Twitter Account ansteuern
14  bgh = api.get_user("bgh_bund")
15
16  #Liste mit bisher bearbeiteten Tweets wird hardgecoded
17  tweets = [1154296116957110272]
18
19  while True:
20      #Holt die ID des letzten BGH-Tweets
21      bgh_tweets = api.user_timeline("bgh_bund", count = 1)
22      most_recent_tweet = bgh_tweets[0].id
23
24      # Pruft, ob der most_recent_tweet schon bearbeitet worden ist
25      if most_recent_tweet > tweets[-1]:
26          print(time.ctime() + " Es gibt einen neuen BGH-Tweet!")
27          #Speichert die ID das neuen most_recent_tweets ab
28          tweets.append(most_recent_tweet)
29          #Stellt den fertigen Tweet zusammen
30          mein_tweet = caesr.kommentar + " " + "https://twitter.com/BGH_Bund/status/" + str(most_recent_tweet)
31          # Der Tweet wird abgeschickt
32          api.update_status("@bgh_bund" + " " + mein_tweet, in_reply_to_status_id = most_recent_tweet)
33          print(mein_tweet)
34      else:
35          print(time.ctime() + " Es gibt keinen neuen BGH-Tweet!")
36
37      #Berechnet eine zufallige Wartezeit zwischen 1 und 3 Stunden
38      wait_time = random.randrange(60,3600)
39
40      print(str(wait_time/60) + " Minuten Wartezeit.")
41      print(tweets)
42      print()
43
44      #lasst das Programm die zufällige Zeit lang warten, bevor es von Neuem beginnt
45      time.sleep(wait_time)
```

168 Vgl. Abb. 6 – Zeile 30–32.
169 Vgl. Abb. 6 – Zeile 33.
170 Vgl. Abb. 6 – Zeile 38–45.

Im Erfolgsfall veröffentlicht der Bot vollautomatisch eine zufällig generierte Antwort auf den letzten Tweet des BGH. Diese ist öffentlich sichtbar. Der Bot ist dabei eindeutig als solcher zu erkennen.

Abbildung 8 – @RustavGadbruch im Feld

5. Ständige Aktivität

Wie bereits erwähnt, sollte der Bot rund um die Uhr funktionieren. Hierzu wurde die Social Bot Software auf einem internetfähigen Einplatinencomputer (Raspberry Pi 3) installiert und dieser als dedizierter Server verwendet. So konnte der Bot durchgängig und unabhängig vom Betrieb des eigenen Arbeitscomputers laufen.

Zwar sollte das Experiment ursprünglich zeitlich unbegrenzt dauern. Wie unten näher erläutert wird,[171] musste es aufgrund technischer Probleme allerdings nach wenigen Monaten eingestellt werden.

171 Siehe unten IV Auswertung.

6. Programmstart bzw. Beginn der automatischen Aktivität

Der Social Bot begann seine Tätigkeit, sobald die Social Bot Software gestartet wurde. Dies geschah im Fall von @RustavGadbruch durch einen einfachen Klick auf den „Execute"-Button im IDE (grüner Pfeil in der folgenden Darstellung). Ab diesem Zeitpunkt funktionierte der Social Bot automatisch. Wollte man die Programmierung der Social Bot Software – und dadurch das Verhalten des Social Bots – nach diesem Zeitpunkt ändern, musste das Programm angehalten und anschließend neu gestartet werden. Das war jederzeit und unproblematisch möglich.

Abbildung 9 – Programmstart bzw. Beginn der automatischen Tätigkeit

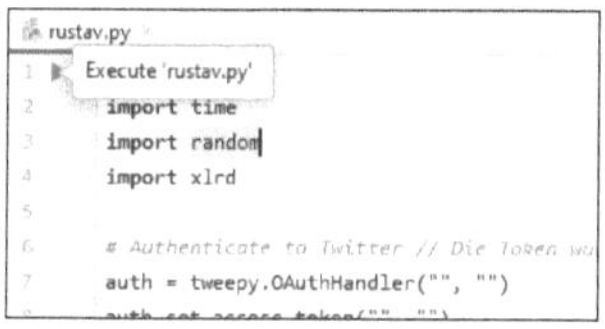

IV. Auswertung

@RustavGadbruch lief bis Ende Oktober 2019 selbstständig und (mit Ausnahme einiger Verbindungsabbrüche des W-LANs) problemlos. Im November 2019 begann der Bot, immer wieder abzustürzen. Mit kleinen Veränderungen des Codes und durch Neustarts konnte der Bot streckenweise wieder aktiviert werden. Anfang 2020 funktionierte der Bot nicht mehr. Die Ursache des Problems konnte weder identifiziert noch behoben werden. Es könnte sein, dass eine Änderung des Twitter API die bisherige Programmierung unwirksam gemacht hat oder dass Twitter die Berechtigung der API-Zugangsschlüssel widerrufen oder verändert hat.

@RustavGadbruch hat insgesamt 62 Tweets abgesetzt, die meisten davon im Zeitraum zwischen Ende Juli und Ende Oktober 2019. Der Bot hat während seiner Laufzeit drei Reaktionen menschlicher Nutzer[172] hervorgerufen: einen *Like* und zwei *Retweets*.[173] Bei einem *Retweet* wird der zitierte

172 Es ist natürlich möglich, dass es sich bei den reagierenden Nutzern ebenfalls um Maschinen gehandelt hat.

173 Die betroffenen Tweets finden sich in Anhang I. Die Namen der betroffenen Nutzer wurden geschwärzt.

Inhalt auf dem eigenen Profil der Nutzer veröffentlicht, sodass man davon sprechen kann, dass die betroffenen Nutzer sich mit dem Inhalt der Tweets öffentlich identifiziert haben. Laut der plattformeigenen Analysesoftware „*Analytics*" erzielte @RustavGadbruch im Zeitraum vom 25.7.2019 bis zum 31.12.2019 rund 14.200 sog. *Impressions*.[174] Diese *Impressions* geben an, wie oft Nutzer den Tweet auf Twitter gesehen haben. Der Bot erzielte in dieser Zeit zudem ca. 300 sog. *Engagements*. Diese *Engagements* werden definiert als die Gesamtzahl der Fälle, in denen ein Nutzer mit einem Tweet interagiert hat, also etwa den Tweet angeklickt, diesen geteilt oder mit „Gefällt mir" markiert hat.[175]

V. Fazit

Der Social Bot @RustavGadbruch war innerhalb von nur zwei Tagen grundsätzlich einsatzbereit. Über eine weitere Woche wurde seine Programmierung verfeinert und die Social Bot Software auf einen dedizierten Server übertragen. Beim Erstellen des Programmes konnte auf leistungsstrakte vorgefertigte Module zurückgegriffen werden (*Random, Time, Tweepy, Xlrd*). Diese erleichterten das Vorhaben erheblich. Zudem waren sowohl für diese Module[176] als auch für das Twitter API[177] umfangreiche Anleitungen frei verfügbar. Die meisten verbleibenden Fragen ließen sich durch die Recherche im Internet[178] und insbesondere in einschlägigen

174 Einer der erfolgreichsten Tweets erreichte 907 Nutzer: „Bundesgerichtshof @BGH_Bund: Bundesgerichtshof weist Nichtzulassungsbeschwerde im Fall Böhmermann zurück / Rustav Gadbruch @RustavGadbruch – Replying to @BGH_Bund: Hier verkennt der BGH den Grundsatz: »Dramatis personae.«"

175 Siehe die Rohdaten in Anhang J; vgl. zur Terminologie *Twitter.com*, Tweet and Video Activity Dashboards, abrufbar unter https://t1p.de/9x06w (zuletzt abgerufen am 27.5.2020).

176 Python.org, Time Module, abrufbar unter https://t1p.de/swq1 (zuletzt abgerufen am 30.7.2019); Python.org, Random Module, abrufbar unter https://t1p.de/8xee (zuletzt abgerufen am 30.7.2019); Tweepy.org, Tweepy Documentation, abrufbar unter https://t1p.de/8bbl (zuletzt abgerufen am 30.7.2019); *Machin*, Xlrd Documentation, abrufbar unter https://t1p.de/x0z5 (zuletzt abgerufen am 30.7.2019).

177 Twitter.com, Docs, abrufbar unter https://t1p.de/jx30 (zuletzt abgerufen am 30.7.2019).

178 *Garcia*, How to Make a Twitter Bot in Python With Tweepy, 10.6.2019, abrufbar unter https://t1p.de/6c0u (zuletzt abgerufen am 30.7.2019).

Foren zügig beantworten (z.B. Stack Overflow,[179] Reddit[180]). Um den Code zu optimieren und eleganter zu gestalten, half der Austausch mit fachkundigen Programmierern.[181]

Das Ergebnis der Fallstudie ist, dass es einem technischen Laien mit geringen Vorkenntnissen im Jahr 2019 möglich war, einen rudimentären, aber funktionsfähigen einzelnen Social Bot für das soziale Netzwerk Twitter herzustellen, der im Einzelfall realen Menschen eine Reaktion entlocken konnte. Der Material- und Rechercheaufwand waren gering. Allerdings funktionierte die einmal gewählte Programmierung nur für wenige Monate. Es hätte weiteren Aufwand und bessere Kenntnisse gebraucht, um @RustavGadbruch länger einsatzbereit zu halten. Außerdem waren die Inhalte, die der Bot verbreitet hat, leicht als automatisch generiert zu erkennen. Es erscheint unwahrscheinlich, dass solche Inhalte die Meinungsbildung im Internet manipulieren können. Schließlich wurde nur ein einzelner Bot eingesetzt. Von einem koordinierten Netzwerk (sog. *Botnet*[182]) war der Modellversuch weit entfernt. Ein solches Botnet wäre technisch erheblich komplexer und mit den vorhandenen Kenntnissen nicht umsetzbar gewesen. Es erscheint darum berechtigt, den massenhaften, koordinierten Einsatz von Social Bots, die wirklich überzeugend kommunizieren, als „Expertendelikt" zu bezeichnen.[183]

---

179 Bspw. StackOverflow.com, Reply to Tweet with Tweepy, abrufbar unter https://t1p.de/jik1 (zuletzt abgerufen am 30.7.2019).

180 Reddit.com, Learnpython, abrufbar unter https://t1p.de/p50o und dort insbesondere https://t1p.de/pjx1 (zuletzt abgerufen am 30.7.2019).

181 Ich bedanke mich bei den Herren *Gian-Luca Savino*, Universität Bremen und *Mirco Schmedicke*, Bucerius Law School, Hamburg.

182 Hierzu *Boshmaf/Muslukhov/Beznosov* u.a., Design and analysis of a social botnet, Computer Networks 57 (2013), 556 ff.; allgemein *Roos/Schumacher*, MMR 2014, 377 ff.

183 Siehe zur „technisch-instrumentellen Nutzungskompetenz" im Bereich Cybercrime erneut *Meier*, in: Cybercrime und Cyberinvestigations, S. 98 f. Dieses Urteil ist aber nicht so zu verstehen, als dass nur staatliche Nachrichtendienste das erforderliche Know-How erlangen könnten, vgl. *Conger/Popper*, The New York Times, Florida Teenager Is Charged as 'Mastermind' of Twitter Hack, 31.7.2020, abrufbar unter https://t1p.de/jrz3 (zuletzt abgerufen am 3.9.2020). Es kommt auf die Nutzungskompetenz des jeweiligen (womöglich eben auch: Einzel-) Täters an.

C. Verbindungsmöglichkeiten

Es ist bereits zur Sprache gekommen, dass @RustavGadbruch über Twitters *Application Programming Interface* bzw. API mit der Plattform kommuniziert hat. Damit ist ein bedeutendes Thema angesprochen. Um einen beliebigen Output in einem sozialen Medium veröffentlichen zu können, muss die Social Bot Software auf dieses nämlich zunächst *zugreifen* können. Hierfür stehen grundsätzlich zwei Möglichkeiten zur Verfügung, die im folgenden Abschnitt erläutert werden. Es wird sich zeigen, dass es von diesen unterschiedlichen Zugangsmöglichkeiten abhängt, inwieweit Plattformbetreiber feststellen und ggf. steuern können, ob Social Bots auf ihren Plattformen eingesetzt werden.

Zum einen kann, wie bei @RustavGadbruch, ein API verwendet werden.[184] Ein Application Programming Interface[185] ermöglicht bzw. erleichtert die direkte Kommunikation von *Computerprogramm zu Computerprogramm.*[186] Zum anderen kann ein *User Interface* (dt. Benutzerschnittstelle, kurz „UI") genutzt werden. Ein User Interface dient der „Interaktion des *Bedieners mit dem System* (Herv. *d. Verf.*)"[187] und ist heute insbesondere als *Graphical* User Interface (dt. grafische Benutzeroberfläche, kurz „GUI") jedem Nutzer bekannt.[188] Es dient üblicherweise der Kommunikation von *Computerprogramm zu Mensch.*

Abbildung 10 – Benutzer- und Programmierschnittstellen

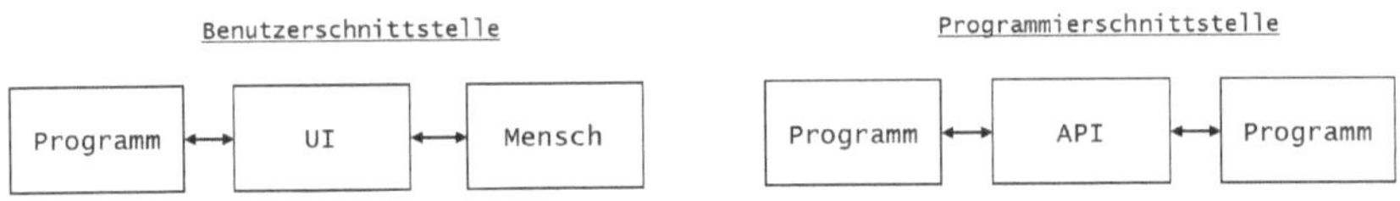

184 Vgl. *TAB*, TA-Vorstudie, S. 38 f.; knapp *Libertus*, ZUM 2018, 20; *Milker*, InTeR 2017, 199, 204.

185 Begriffsprägend *Cotton/Greatorex*, AFIPS FJCC 1968, S. 533, 535; vgl. *Spichale*, API-Design, S. 4.

186 *Vasilescu-Palermo*, John Marshall Review of Intellectual Property Law 16 (2016), 153, 154; vgl. am Beispiel der Architektur von Betriebssystemen auch *Herold/Lurz/Wohlrab*, Grundlagen der Informatik, S. 442.

187 *Schneider*, in: Taschenbuch Informatik, S. 263.

188 Die handelsüblichen Betriebssysteme auf Desktop- und Laptop-Computern sowie Smartphones werden alle über GUIs bedient. Zur Entstehungsgeschichte und anderen Formen von Benutzerschnittstellen *Herold/Lurz/Wohlrab*, Grundlagen der Informatik, S. 440 f; vgl. auch *Schneider*, in: Taschenbuch Informatik, S. 263; aus juristischer Sicht schon früh *Wiebe*, GRUR Int. 1990, 21, 22.

I. Zugang über ein Application Programming Interface

Der Begriff des Application Programming Interface steht als „Oberbegriff bei technischen Systemen für veröffentlichte und allgemein zugängliche sowie standardisierte Softwareroutinen, Protokolle und Schnittstellenbeschreibungen, die es […] Entwicklern von Software ermöglichen, Anwendungen auf Basis des technischen Systems zu erstellen. Dabei können vorhandene Routinen und Softwarebibliotheken genutzt werden."[189] Programmierschnittstellen finden sich in verschiedensten Anwendungsbereichen, etwa in Betriebssystemen,[190] im Internet,[191] in Smartphones und Laptops[192] oder in Hardwarekomponenten.[193] „Ihr Hauptzweck besteht darin, eine Menge an Funktionen unabhängig von ihrer Implementierung zu definieren, sodass die Implementierung variieren kann, ohne die Benutzer der Softwarekomponente zu beeinträchtigen."[194]

Ein Entwickler, der seinen Social Bot über ein von Plattformbetreibern bereitgestelltes API mit einem sozialen Netzwerk verbinden will, muss lediglich die in dem API vorgesehenen Funktionen und Parameter korrekt in seine eigene Programmierung einbinden.[195] Dies wird dadurch erleichtert, dass API-Anbieter idealerweise (ausführliche) Dokumentationen ver-

189 *Klußmann*, Lexikon der Kommunikations- und Informationstechnik, S. 39; vgl. *Janik*, in: Geppert/Schütz, § 48 Rn. 17; siehe zum Begriff jüngst auch Mitteilung der Pressestelle Nr. 80/2020 zu BGH, Beschl. v. 23.6.2020 – KVR 69/19 (liegt bisher noch nicht gedruckt vor).

190 *Herold/Lurz/Wohlrab*, Grundlagen der Informatik, S. 442 ff.

191 *Spichale*, API-Design, S. 5 ff; näher sogleich.

192 *Vasilescu-Palermo*, John Marshall Review of Intellectual Property Law 16 (2016), 153, 154 m.w.N.

193 Vgl. etwa OpenHPI, abrufbar unter http://www.openhpi.org/ (zuletzt abgerufen am 3.9.2019).

194 *Spichale*, API-Design, S. 7 mit einer Übersetzung von *Bloch*, A Brief, Opinionated History of the API, 21.10.2014, abrufbar unter http://goo.gl/WLKLQc (zuletzt abgerufen am 1.9.2019).

195 Vgl. das Vorgehen in der Case Study @RustavGadbruch: B.III.3 Automatische Einwahl auf Twitter.

öffentlichen und das API in möglichst verständlichem und klarem Code programmieren.[196]

Abbildung 11 – Application Programming Interface (API) – Grafik nach Wodehouse[197]

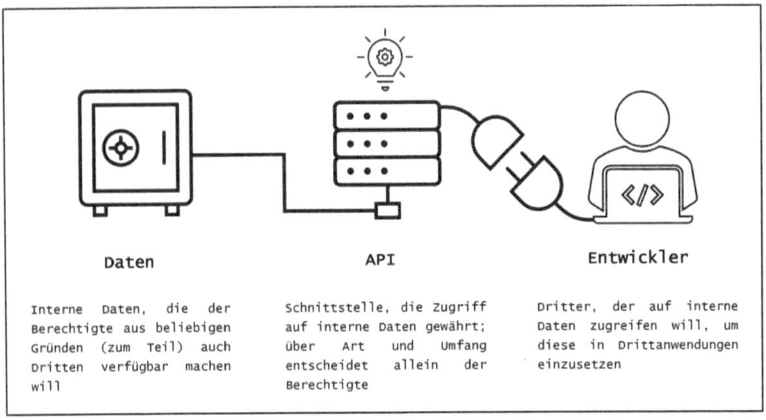

Seit den frühen 2000er Jahren haben spezielle Programmierschnittstellen zur Anwendung im Internet (sog. Web-APIs) besondere Bedeutung erlangt.[198] Die Anbieter von E-Commerce-Plattformen und sozialen Netzwerken beobachteten zu dieser Zeit, dass Dritte zunehmend Applikationen entwickelten, die mit den Inhalten ihrer Webseiten interagierten. Die Anbieter erkannten die Relevanz für ihre Geschäftsentwicklung[199] und stellten APIs bereit, die es erleichterten bzw. in manchen Fällen erst

196 *Spichale,* API-Design, S. 23 zu Qualitätsmerkmalen: „APIs müssen vollständig und korrekt sein. APIs sollten konsistent, intuitiv verständlich, dokumentiert, minimal, stabil, erweiterbar und leicht zu lernen sein. Sie sollten es Benutzern leicht machen, lesbaren Code zu schreiben. Es sollte schwer sein, sie falsch zu benutzen." Vgl. auch *Milker,* InTeR 2017, 199, 204; *TAB,* TA-Vorstudie, S. 38 f.

197 Die Grafik basiert (abgewandelt) auf einer Vorlage von *Wodehouse,* Upwork.com, nur noch archiviert abrufbar unter https://t1p.de/1pwf (zuletzt abgerufen am 17.8.2020).

198 *Spichale,* API-Design, S. 5.

199 Warum es für Unternehmen betriebswirtschaftlich sinnvoll ist, qualitativ hochwertige und ausführlich dokumentierte APIs bereitzustellen, erklärt *Spichale,* API-Design, S. vii ff. und S. 11 ff.

ermöglichten, auf ihre Daten zuzugreifen.[200] Während über längere Zeit ein starker Trend zu freigiebigen Web-APIs zu verzeichnen war,[201] hat die Bereitschaft der Anbieter, Daten zur Verfügung zu stellen, infolge von Datenschutzskandalen und Missbrauchsfällen[202] inzwischen wieder abgenommen.[203]

Allein die Anbieter entscheiden, welche Daten sie über ein Web-API freigeben. Sie haben die vollständige Kontrolle darüber, wie und welche Daten über ihr API abgerufen werden können. Zudem müssen Nutzer regelmäßig vertraglichen Nutzungsbedingungen zustimmen, um Zugriff auf Web-APIs zu erhalten. Anbieter können auf vertraglich unzulässiges Verhalten effizient reagieren, indem sie vertragswidrig agierende Nutzer von der Nutzung des API ausschließen.[204] Die Anbieter begrenzen einerseits die praktisch mögliche Nutzung und legen andererseits die vertraglich zulässige Nutzung ihres API fest. Ein Nutzer, der ein bestimmtes API verwenden möchte, ist durch die Programmierung des API *faktisch* und durch vertragliche Abreden *rechtlich* gebunden.

Der Zugang über ein API ist für Plattformanbieter (aber ggf. auch Dritte) leicht erkennbar, weil die Kommunikation von Computerprogramm zu Computerprogramm gut nachvollziehbare Datenspuren hinterlässt, die sich von der Nutzung durch einen Menschen unterscheiden.[205] Ein Praxisbeispiel für die Verwendung eines Web-API bietet @RustavGadbruch.[206] Der Social Bot konnte sich über das Twitter API selbstständig auf der Plattform einloggen und Beiträge verfassen. Es wäre @RustavGadbruch sofort unmöglich geworden, dies zu tun, wenn Twitter diese Funktion aus dem API entfernt hätte. Hätte Twitter festgestellt, dass sein Verhalten gegen die Nutzungsbedingungen verstoßen hat, hätte der Account gesperrt oder

---

200 *Spichale*, API-Design, S. 5 f.; *Milker*, InTeR 2017, 199, 204; *TAB*, TA-Vorstudie, S. 38 f.

201 Vgl. beispielhaft für diese Aufbruchstimmung *Parr*, The Evolution of the Social Media API, Mashable.com v. 21.5.2009, abrufbar unter https://t1p.de/75x5 (zuletzt abgerufen am 3.9.2019).

202 Etwa zur Rolle der „Facebook Open API" im Datenskandal um Cambridge Analytica siehe *Isaak/Hanna*, Computer 51 (2018), 56.

203 Vgl. *Freelon*, Political Communication 2018, 35(4), 665 ff.

204 Siehe dazu schon *Milker*, InTeR 2017, 199, 204 f.

205 Am Beispiel Twitters *Bovet/Morone/Makse*, Sci Rep 8 (2018), 8673, 8685.

206 Vgl. oben B.III.3 Automatische Einwahl auf Twitter.

gelöscht werden können.[207] Wie bereits erwähnt, könnte beides tatsächlich passiert sein.[208]

Solche unmittelbaren technischen Steuerungsmöglichkeiten bieten ersichtlich einen Ansatzpunkt für staatliche Handlungspflichten gegenüber Plattformbetreibern. Dieser Themenkreis wird unten ausführlich diskutiert.[209]

II. Zugang über ein User Interface

Während APIs eine Schnittstelle zwischen Computerprogrammen bilden, ist das User Interface die „physikalische und logische Verbindung zwischen Mensch und Computer," die „den wechselseitigen Austausch von Informationen [ermöglicht]."[210] Wie oben bereits erwähnt, besitzen heute *Graphial* User Interfaces die größte praktische Bedeutung. Die Bezeichnung erklärt sich in Abgrenzung zu früheren Benutzerschnittstellen, etwa den Lochkartenmaschinen[211] oder den rein tastenbasierten Command-Line[212] und Menüeingabe-Interfaces.[213] Graphical User Interfaces zeichnen sich dadurch aus, dass sie mithilfe von „Software-Metaphern"[214] eine dem Menschen vertraute, visuelle Arbeitsumgebung bieten, mit der die Nutzer durch „direkte Manipulation (Kennzeichnung von auf dem Bildschirm als graphisch-visuelle Objekte präsentierten Informationen, durch deren ‚Bewegung' mit einem Zeigegerät eine Funktion ausgelöst wird)"[215] interagieren können.[216]

Solche grafischen Benutzeroberflächen erleichtern es Menschen erheblich, Computer zu verwenden. Nutzer müssen dank GUIs keinen Code

---

207 Vgl. *Twitter.com,* Developer Agreement v. 10.3.2020, V. Termination, abrufbar unter https://t1p.de/0zujy (zuletzt abgerufen am 27.5.2020); siehe im hiesigen Kontext knapp *Milker,* ZUM 2017, 216, 221.

208 Siehe oben B.II.4. Auswertung.

209 Ausführlich 3. Kap. B.I.1.c)cc)(1) Regelungsalternativen.

210 *Klocke,* in: Taschenbuch Informatik, S. 520.

211 *Hellige,* Krisen- und Innovationsphasen in der Mensch-Computer-Interaktion, 23 f.

212 *Hellige,* Krisen- und Innovationsphasen in der Mensch-Computer-Interaktion, 32.

213 Vgl. *Wiebe,* GRUR Int. 1990, 21, 22.

214 *Hellige,* Krisen- und Innovationsphasen in der Mensch-Computer-Interaktion, 55 f.

215 *Wiebe,* GRUR Int. 1990, 21, 22.

216 *Klocke,* in: Taschenbuch Informatik, S. 520 ff., 532.

schreiben, lesen und interpretieren, sondern können visuelle Elementen wie Knöpfe, Fenster, Auswahlmenüs usw. mithilfe eines Mauszeigers oder eines Fingers bedienen.

Computerprogrammen dagegen fällt es schwerer, grafische Oberflächen zu interpretieren. Dieses Problem lässt sich umgehen, indem man Computerprogrammen eine ihnen verständliche Ausgabe eines Graphical User Interfaces zur Verfügung stellt. Sie können etwa den *Source Code* (dt. Quelltext) einer Website unmittelbar verstehen, verarbeiten und bedienen. In Abb. 12 wird der Unterschied deutlich. In beiden Bildausschnitten wird die gleiche Funktion dargestellt, nämlich das Feld, in das Nutzer ihren Accountnamen eingeben müssen, um sich bei Twitter einzuloggen. Auf der linken Seite ist eine grafische Benutzeroberfläche zu sehen. Diese Darstellung ist für Menschen intuitiv, für Computerprogramme aber schwieriger zu verstehen und zu bedienen. Auf der rechten Seite ist der HTML-Source Code der Website zu sehen. Jene Darstellung ist für Menschen schwieriger, für Computerprogramme aber problemlos zu verstehen und zu bedienen.[217]

Abbildung 12 – Was versteht der Mensch, was versteht die Maschine?

Hieran können Entwickler anknüpfen, um einen Social Bot mit einem sozialen Netzwerk zu verbinden, ohne ein API zu verwenden. Sie können eine maschinell verständliche Version eines User Interfaces automatisch durch ein Computerprogramm verarbeiten und bedienen lassen und dadurch das Verhalten eines menschlichen Benutzers imitieren. Der menschliche Benutzer, für den das Graphical User Interface eigentlich konzipiert

217 Die umrandeten Bereiche entsprechen einander.

wurde, wird in diesen Fällen gleichsam durch ein Computerprogramm ersetzt.

Abbildung 13 – Automatische Steuerung einer grafischen Benutzerschnittstelle

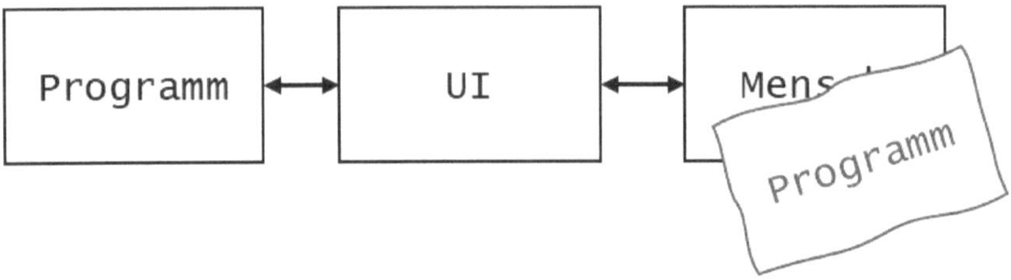

Die Gründe hierfür können vielfältig sein: Ein taugliches API kann vollständig fehlen oder dergestalt programmiert sein, dass eine vom Entwickler gewünschte Funktion technisch unmöglich ist. Ebenso könnte eine gewünschte Funktion durch die Nutzungsbedingungen des API untersagt oder schlicht kostenpflichtig sein. Schließlich kann über den Umweg des Graphical User Interfaces versucht werden, zu verschleiern, dass überhaupt etwas automatisiert – z.B. ein Social Bot eingesetzt – wird.[218]

Ein Praxisbeispiel für die automatische Steuerung eines Graphical User Interfaces ist der Einsatz des sog. Selenium WebDrivers. Selenium ist eine *Suite* (dt. Sammlung, Set) von Computerprogrammen, die entwickelt wurde,[219] um Webseiten und Webanwendungen automatisch zu testen.[220] Der Selenium WebDriver ist Bestandteil dieser Suite und stellt ein API bereit, das es Entwicklern ermöglicht, Webbrowser automatisch, aber *einem menschlichen Nutzer gleich,* zu bedienen („driving a browser natively *as a user would,*" [Herv. im Original]).[221] Selenium funktioniert mit allen

218 Vgl. *Großmann*, E-Mail v. 2.10.2019, siehe Anhang G.

219 Zur Geschichte von Selenium siehe *SeleniumHQ*, Selenium History, abrufbar unter https://t1p.de/mtix (zuletzt abgerufen am 12.9.2019).

220 *SeleniumHQ*, What is Selenium?, abrufbar unter www.seleniumhq.org (zuletzt abgerufen am 12.9.2019). Das automatische Testen von Anwendungen kann zu erheblichen Effizienzsteigerungen in der Softwareentwicklung beitragen, vgl. *SeleniumHQ*, Selenium Documentation, Introduction, abrufbar unter https://t1p.de/y564 (zuletzt abgerufen am 12.9.2019). Selenium ist unter der Apache 2.0 License lizensiert und damit Open Source, siehe *SeleniumHQ*, About Selenium, abrufbar unter https://t1p.de/bom7 (zuletzt abgerufen am 12.9.2019).

221 *SeleniumHQ*, Projects, Selenium WebDriver, abrufbar unter https://t1p.de/997y (zuletzt abgerufen am 12.9.2019).

handelsüblichen Webbrowsern, also etwa Firefox, Chrome, Internet Explorer oder Safari.[222] Die genaue informatische Funktionsweise hängt von dem angesteuerten Webbrowser ab und soll hier darum nicht vertieft werden.[223]

Selenium WebDriver wurde zwar entwickelt, um Webseiten und Webanwendungen zu testen. Er kann jedoch nicht nur zu diesem Zweck verwendet werden. Er kann auch eingesetzt werden, um automatisch mit dem Graphical User Interface (konkreter: dem sog. Frontend) sozialer Netzwerke zu interagieren. Ein Beispiel hierfür ist der für Instagram entwickelte Social Bot „InstaPy", der dazu eingesetzt wird, um (privaten) Nutzern künstlich mehr Aufmerksamkeit auf der Plattform zu verschaffen.[224] Die Entwickler[225] des Social Bots beschreiben diesen wie folgt:

> „Tooling that automates your social media interactions to ‚farm' Likes, Comments, and Followers on Instagram implemented in Python using the Selenium module."[226]

Der Selenium WebDriver öffnet dazu eine Instanz des verwendeten Browsers (möglich ist auch die Verwendung des sog. *„headless"*-Modus, in dem kein Browserfenster geöffnet wird, sondern der Prozess im Hintergrund abläuft). In dieser Instanz werden sämtliche *„requests"*, die im Normalfall durch einen menschlichen Nutzer gesendet würden, durch den Social Bot emuliert. Durch diese Vorgehensweise kann das Verhalten des Bots authentischer wirken. Bei entsprechender Programmierung können sogar

---

222 *SeleniumHQ*, Projects, Selenium WebDriver, abrufbar unter https://t1p.de/997y (zuletzt abgerufen am 12.9.2019).

223 *SeleniumHQ*, Selenium Documentation, Selenium WebDriver, abrufbar unter https://t1p.de/agpr (zuletzt abgerufen am 12.9.2019): „Selenium-WebDriver makes direct calls to the browser using each browser's native support for automation. How these direct calls are made, and the features they support depends on the browser you are using."

224 *Großmann u.a.*, InstaPy, abrufbar unter https://github.com/timgrossmann/InstaPy (zuletzt abgerufen am 12.9.2019).

225 Es handelt sich um ein Open Source Projekt, das von *Tim Großmann* begonnen wurde und seither kollektiv auf GitHub weiterentwickelt wird.

226 *Großmann u.a.*, InstaPy, abrufbar unter https://github.com/timgrossmann/InstaPy (zuletzt abgerufen am 12.9.2019), README.md. Siehe auch den instruktiven Konferenzvortrag des ursprünglichen Entwicklers *Großmann*, Automating Instagram with Python and Selenium, europython 2017, Rimini, Italien, abrufbar unter http://t1p.de/2rbe (zuletzt abgerufen am 4.3.2019) und *Großmann*, My open source Instagram bot got me 2,500 real followers for $5 in server costs, freeCodeCamp.org v. 4.4.2017, abrufbar unter http://t1p.de/ww8h (zuletzt abgerufen am 4.3.2019).

Mausbewegungen emuliert werden. Der Vorteil dieser Herangehensweise ist, dass so alle Funktionen genutzt werden können, die menschlichen Nutzern eröffnet sind, also auch solche, die über die API nicht zur Verfügung gestellt werden.[227] Ein typischer Nachteil dieser Frontend-Automatisierung ist, dass Veränderungen im Seitenlayout dazu führen, dass die ursprüngliche Programmierung nicht mehr funktioniert. Die Betreiber mancher sozialer Netzwerke arbeiten aktiv daran, die automatisierte Nutzung ihres Frontends zu unterbinden.[228]

III. Zwischenergebnis

Bei der Verwendung von APIs liegt die vollständige Kontrolle über die Zugangsmöglichkeiten beim Anbieter. Ändert ein Anbieter die Rahmenbedingungen, kann die Programmierung einer Anwendung funktionslos werden. Es ist für Anbieter darum leicht zu erkennen, nachzuverfolgen und zu kontrollieren, wenn eine Social Bot Software über ein API auf ihre Plattform zugreifen möchte.[229]

Es ist aber möglich, diese Limitierungen zu umgehen. Eine Möglichkeit hierfür stellen Frontend-basierte Methoden, insbesondere der Zugang über ein GUI, dar.[230] Diese Methoden können so verfeinert werden, dass vollständig verschleiert wird, dass ein Social Bot verwendet wird.[231]

---

227 Für die Einblicke und geduldigen Erläuterungen via Skype und E-Mail danke ich Herrn *Tim Großmann*, dem Erfinder des bekannten Social Bots „InstaPy" sehr herzlich. Der Absatz beruht auf seiner E-Mail v. 2.10.2019, siehe Anhang G.

228 *Großmann*, Interview per Skype v. 2.10.2019. Erneut sei darauf verwiesen, dass dieser Themenkreis unten ausführlich diskutiert wird, siehe 3. Kap. B.I.1.c)cc) (1) Regelungsalternativen.

229 Siehe oben B.III.1 Zugang über ein Application Programming Interface.

230 Der Zugang über ein GUI stellt ausdrücklich *eine* Möglichkeit dar, um die Limitierungen durch ein API zu umgehen. Ohne weiteres denkbar ist, dass schon jetzt oder immerhin zukünftig auch andere Umgehungsmethoden entwickelt werden. Insoweit sind die Ausführungen auch als Beispiel dafür zu verstehen, dass Umgehungen grundsätzlich möglich ist.

231 Siehe oben B.III.2 Zugang über ein User Interface. Dass hier allein ein Captcha-Verfahren abhelfen könnte, erscheint allzu optimistisch, vgl. dazu aber *Milker*, InTeR 2017, 199, 204 f.; *Milker*, ZUM 2017, 216, 221.

D. Empirie

> *"Apelle an Evidenzerlebnisse, die nähere Begründungen erübrigen, müssen den Rechts- und damit Begründungswissenschaftler [...] herausfordern."*[232]

In diesem Abschnitt wird untersucht, wie verbreitet Social Bots nachgewiesenermaßen sind. Ausgewertet werden dazu die Befunde von Plattformbetreibern (I), unabhängigen wissenschaftlichen Untersuchungen (II) und staatlichen Stellen (III).

Die nachweisbare Verbreitung von Social Bots präkludiert zwar nicht das Ergebnis der weiteren Untersuchung. Aus einer weiten Verbreitung allein ließe sich noch keine Strafwürdigkeit herleiten und aus einem geringen (nachweisbaren) praktischen Vorkommen ließe sich nicht der Schluss ziehen, dass eine Kriminalisierung unterbleiben müsse. Dennoch wird die empirische Verbreitung sich als *ein* Argumentationstopos fruchtbar machen lassen. Die gewonnenen Erkenntnisse könnten zudem für außerstrafrechtliche Regulierungsvorhaben (etwa im öffentlichen Recht) von Bedeutung sein.

Im Folgenden werden die Plattformen betrachtet, die bei Nutzern in Deutschland als *Nachrichtenquelle* am beliebtesten sind: Facebook (22 Prozent der Befragten), YouTube (19 Prozent), WhatsApp (16 Prozent), Instagram (sechs Prozent), Twitter (fünf Prozent) und Facebook Messenger (vier Prozent).[233] Es wären auch andere Parameter denkbar gewesen, um die zu betrachtenden Plattformen auszuwählen. Da diese Untersuchung thematisch auf die Manipulation der öffentlichen Meinungsbildung zugeschnitten ist, erscheint es aber sinnvoll, auf die Relevanz als Nachrichtenquelle abzustellen.

I. Selbsteinschätzung der Plattformbetreiber

Zuerst soll dargestellt werden, wie verbreitet Social Bots nach eigener Einschätzung der Plattformbetreiber sind. Ausgewertet werden hierzu einerseits die kapitalmarktrechtlichen Jahresabschlüsse der Unternehmen, andererseits die jährlichen Berichte im Rahmen des Verhaltenskodex zur Bekämpfung von Desinformation der Europäischen Kommission (kurz „Ver-

---

232 *Gaede*, Der Steuerbetrug, S. 34.

233 *Reuters Institute for the Study of Journalism*, Digital News Report 2019, abrufbar unter https://t1p.de/otbx (zuletzt abgerufen am 30.9.2019), S. 5, 86 f. Zahlen für das Jahr 2019, n = 2022.

haltenskodex Desinformation").[234] Die Jahresabschlüsse der Unternehmen wurden ausgewählt, weil sie strengen kapitalmarktrechtlichen Vorgaben unterliegen und dadurch für besonders transparent, vergleichbar und glaubwürdig erachtet werden. Die Reports nach dem Verhaltenskodex Desinformation wurden ausgewählt, weil sie diese betriebswirtschaftliche Perspektive um eine explizit politische und europäische Sicht ergänzen.

Bei der Interpretation dieser Zahlen ist zu berücksichtigen, dass Plattformbetreiber widerstreitenden Interessen ausgesetzt sind, wenn sie die Anzahl von Social Bots in ihren Netzwerken ermitteln. Einerseits besteht ein wirtschaftlicher Anreiz, den Anteil von Social Bots an der Gesamtzahl der Nutzer eher niedrig anzugeben.[235] Das Geschäftsmodell führender sozialer Netzwerke basiert auf Werbeeinnahmen[236] und die Attraktivität der Plattformen für Werbekunden wird durch die Anzahl der aktiven Nutzer geprägt.[237] So wird die Schlüsselrolle der Anzahl der aktiven Nutzer in den kapitalmarktrechtlichen Jahresabschlüssen führender Plattformbetreiber immer wieder betont.[238] Social Bots sind allerdings keine potentiellen Kunden und damit für Werbetreibende uninteressant. Sollten Werbetreibende den Eindruck gewinnen, dass ein zu großer Anteil an

---

234 Zu letzterem näher III.2.d) Europäische Kommission. Nur im ersten Jahr nach dem Inkrafttreten des Verhaltenskodex Desinformation sind solche jährlichen Berichte veröffentlicht worden; die Zahlen verbleiben deshalb auf dem Stand von 2019, vgl. dazu *Europäische Kommission*, SWD(2020) 180 final.

235 Ausführlich *Drexl*, ZUM 2017, 529, 530 ff.; knapp *Milker*, InTeR 2017, 199, 203; *Schröder*, DVBl 2018, 465, 471; siehe auch schon *Grandjean*, ZUM 2017, 570 mit einem Zitat von *Hegelich*.

236 *Alphabet, Inc.* schreibt: „We generated over 85 % of total revenues from advertising in 2018," Annual Report 2018 v. 4.2.2019, S. 7; *Facebook, Inc.*: „We generate substantially all of our revenue from selling advertising placements to marketers," Annual Report 2018 v. 31.1.2019, S. 5. *Twitter, Inc.*: „We generate a substantial majority of our revenue based upon engagement by our users with the ads that we display," Annual Report 2019 v. 20.2.2019, S. 12; vgl. *TAB*, TA-Vorstudie, S. 47 ff.

237 *Facebook, Inc.*, Annual Report 2019 v. 31.1.2019, S. 8 ff.; *Twitter, Inc.*, Annual Report 2019 v. 20.2.2019, S. 14.

238 *Facebook, Inc.* schreibt: „The numbers for our **key metrics**, which include daily active users (DAUs), monthly active users (MAUs), and average revenue per user (ARPU), are calculated using internal company data based on the acitivity of user accounts," Annual Report 2018 v. 31.1.2019, S. 4 und 36. *Twitter, Inc.* schreibt unter der Überschrift „Note Regarding **Key Metrics**": „We define monetizable daily active usage or users (mDAU) as Twitter users who logged in and accessed Twitter on any given day through Twitter.com or Twitter applications that are able to show ads," Annual Report 2019 v. 20.2.2019, S. 5. Sämtliche Herv. *d. Verf.*

aktiven Nutzern nicht-menschlich ist, könnten sie davon absehen, die betroffene Plattform als Werbepartner zu verwenden oder immerhin darauf bestehen, weniger für deren Dienstleistungen zu bezahlen. Darüber hinaus entstehen für Plattformbetreiber Kosten und operativer Aufwand, wenn sie Social Bots (und andere unerwünschte Verhaltensweisen) identifizieren und bekämpfen möchten.[239]

Andererseits kann es aus Sicht der Plattformbetreiber auch vorteilhaft oder sogar geboten sein, die Anzahl von Social Bots (und andere unerwünschte Verhaltensweisen) transparent zu behandeln und diese zu bekämpfen:[240] Zum einen, um die Attraktivität ihrer Angebote für ihre *Nutzer* zu erhalten. Denn sollten diese das Gefühl gewinnen, dass Social Bots ein gravierendes Problem in sozialen Netzwerken darstellen, könnten sie der Integrität der Netzwerke misstrauen bzw. das Interesse an deren Nutzung verlieren.[241] Auch dies würde dem Geschäftsmodell schaden.[242] Zum anderen könnten sich Werbetreibende abwenden, wenn sie die von Plattformbetreibern veröffentlichten *user metrics* als unzutreffend empfänden – stellen diese doch die wichtigste Grundlage für das Werbegeschäft dar.[243] Schließlich dürfte es im Sinne der Plattformbetreiber sein, durch proaktive Maßnahmen allzu restriktiven Regulierungsvorhaben zuvor zu kommen.

---

239 *Twitter, Inc.*, Annual Report 2019 v. 20.2.2019, S. 17: „Our priority as a company is to improve the health of the public conversation on Twitter. Focusing our efforts on this priority may negatively impact our business operations in the short term."

240 So auch schon *Schröder*, DVBl 2018, 465, 472 und *Steinbach*, ZRP 2017, 101, 103. Das Plattformbetreiber etwaigen *rechtlichen Verpflichtungen* nachkommen würden, wird vorausgesetzt, hier aber ausgeklammert, da es an dieser Stelle um ihre *autonomen Interessen* gehen soll.

241 Vgl. *Hwang/Pearce/Nanis*, interactions 19 (2012), 38, 42.

242 Vgl. *Twitter, Inc.*, Annual Report 2019 v. 20.2.2019, S. 12 f.; *TAB*, TA-Vorstudie, S. 47 ff.

243 So ausdrücklich *Facebook, Inc.*, Annual Report 2018 v. 31.1.2019, S. 22 f.; *Twitter, Inc.*, Annual Report 2019 v. 20.2.2019, S. 34; vgl. bereits *Steinbach*, ZRP 2017, 101, 103.

1. Alphabet, Inc.

Die Plattform YouTube ist ein Produkt der Google, Inc.[244] Diese wiederum ist einhundertprozentige Tochtergesellschaft der Holdinggesellschaft Alphabet, Inc.[245]

Alphabet, Inc. erklärt im Jahresbericht für das Fiskaljahr 2018, dass *„web spam, […] and other violations of our guidelines"* ein relevantes Risiko für das Unternehmen darstellen.[246] Genauere Informationen bezüglich der Plattform YouTube veröffentlicht das Unternehmen an dieser Stelle nicht.

Google hat im Oktober 2019 einen ersten Jahresbericht zur Umsetzung des von der Europäischen Kommission entwickelten Verhaltenskodex Desinformation veröffentlicht.[247] Darin erklärt Google, im Zeitraum von September 2018 bis August 2019 gegen 19 Millionen YouTube-Kanäle wegen Verstößen gegen ihre „spam, misleading, and scams policy" vorgegangen zu sein, und gegen 56 Tausend YouTube-Kanäle für Verstöße gegen ihre sog. „impersonation policy" vorgegangen zu sein.[248] Zu beachten ist, dass Google betont, dass diese Maßnahmen automatisierte und menschliche Accounts gleichermaßen betreffen. Es lässt sich darum nicht feststellen, welchen Anteil Social Bots an den genannten Statistiken haben.

244 Vgl. *Alphabet, Inc.*, Annual Report 2018 v. 4.2.2019, S. 3 f.

245 *Alphabet, Inc.*, Founders' Letters 2015 – Larry's Alphabet Letter, abrufbar unter https://t1p.de/c1h4 (zuletzt abgerufen am 30.9.2019).

246 *Alphabet, Inc.*, Annual Report 2018 v. 4.2.2019, S. 15.

247 *Google LLC.*, Annual Report on EC EU Code of Practice on Disinformation, 29.10.2019, abrufbar unter https://t1p.de/5iit (zuletzt abgerufen am 12.11.2019).

248 *Google LLC.*, Annual Report on EC EU Code of Practice on Disinformation, 29.10.2019, abrufbar unter https://t1p.de/5iit (zuletzt abgerufen am 12.11.2019), S. 15 f. Google untersagt im Rahmen seiner Impersonation Policy, die Identität anderer Personen nachzuahmen. Dies gilt einerseits für das Erscheinungsbild eines YouTube-Kanals insgesamt ("Channel impersonation: A channel that copies another channel's profile, background, or overall look and feel in such a way that makes it look like someone else's channel."); es gilt andererseits hinsichtlich der Identität einzelner menschlicher Nutzer ("Personal impersonation: Content intended to look like someone else is posting it."), vgl. *Google LLC.*, YouTube Policy on impersonation, abrufbar unter https://t1p.de/c356 (zuletzt abgerufen am 13.01.2021).

2. Facebook, Inc.

Die Plattformen Facebook, Instagram, Facebook Messenger und WhatsApp sind Produkte der Facebook, Inc.[249] Im Jahresbericht für das Fiskaljahr 2018 schätzt das Unternehmen, dass „ungefähr“ fünf Prozent der auf diesen Plattformen aktiven Nutzer in Wirklichkeit *„false accounts“* sind.[250] Diese *„false accounts“* werden folgendermaßen definiert:

> „We divide ‚false' accounts into two categories: (1) user-misclassified accounts, where users have created personal profiles for a business, organization, or non-human entity such as a pet ([...]); and (2) **undesirable accounts**, which represent user profiles that we determine are **intended** to be used for **purposes** that **violate our terms of service**, such as **spamming.**"[251]

Dieser Definition[252] unterfallen auch Social Bots. Zugleich gesteht Facebook, Inc. ein, dass es in Anbetracht der großen Datenmengen schwierig sei, die genaue Zahl von *false accounts* zu messen. Es sei möglich, dass deren tatsächliche Anzahl „signifikant" von der genannten Schätzung abweicht.[253] Facebook, Inc. weist auch darauf hin, dass die eigenen Schätzungen aufgrund unterschiedlicher Methoden von den Untersuchungen Dritter abweichen könnten.[254]

Facebook hat im Jahresbericht 2019 zum Verhaltenskodex Desinformation detaillierte Statistiken zur Bekämpfung von *„spam“* veröffentlicht.[255] Hierzu zählt das Unternehmen auch Inhalte, die von Social Bots erstellt werden.[256] Allein im vierten Quartal 2018 und ersten Quartal 2019 sei

---

249 *Facebook, Inc.*, Annual Report 2018 v. 31.1.2019, S. 5.

250 *Facebook, Inc.*, Annual Report 2018 v. 31.1.2019, S. 22.

251 *Facebook, Inc.*, Annual Report 2018 v. 31.1.2019, S. 22, (Hervorhebung durch d. Verf.).

252 Vgl. auch die *Terms of Service* von Facebook unter https://t1p.de/gmso (zuletzt abgerufen am 30.9.2019); *Community Standards* unter https://t1p.de/up2z (zuletzt abgerufen am 30.9.2019).

253 *Facebook, Inc.*, Annual Report 2018 v. 31.1.2019, S. 22.

254 *Facebook, Inc.*, Annual Report 2018 v. 31.1.2019, S. 23.

255 *Facebook, Inc.*, Annual Report on the Implementation of the Code of Practice for Disinformation, 29.10.2019, abrufbar unter https://t1p.de/5iit (zuletzt abgerufen am 12.11.2019), S. 12.

256 *Facebook, Inc.*, Annual Report on the Implementation of the Code of Practice for Disinformation, 29.10.2019, abrufbar unter https://t1p.de/5iit (zuletzt abgerufen am 12.11.2019), S. 12.

Facebook gegen 1,8 Milliarden regelwidrige Inhalte vorgegangen.[257] Abermals gilt, dass diese Statistik sowohl automatisierte, als auch menschliche Accounts einschließt. Die genaue Zahl von Social Bots lässt sich darum auch aus dieser Statistik nicht ableiten.

3. Twitter, Inc.

Twitter, Inc. geht im Jahresbericht für das Fiskaljahr 2018 davon aus, dass bis zu fünf Prozent der aktiven Nutzer der Plattform *„false or spam accounts“* sind.[258] Das Unternehmen definiert *„spam“* wie folgt:

> „'Spam' on Twitter refers to a range of abusive activities that are prohibited by our terms of service [...]. This includes posting large numbers of unsolicited mentions of a user, duplicate Tweets, **malicious automation**, misleading links (e.g., to malware or ‚click-jacking' pages) or other false or misleading content, [...]. Our terms of service also prohibit the creation of serial or bulk accounts, both manually or **using automation**, for disruptive or abusive purposes, such as to Tweet spam or to **artificially inflate the popularity** of users seeking to promote themselves on Twitter.“[259]

Nach der in dieser Arbeit gewählten Definition lassen Social Bots sich dem Begriff der *malicious automation* zuordnen, sodass sie den *false or spam accounts* unterfallen. Leider gibt Twitter, Inc. nicht bekannt, in welchem Verhältnis der Einsatz von *malicious automation* zu den anderen unerwünschten Verhaltensweisen steht, die unter dem Sammelbegriff der *false or spam accounts* zusammengefasst werden. Aus der genannten Zahl lässt sich darum nicht ableiten, wie hoch der Anteil von Social Bots auf Twitter genau ist. Es lässt sich aber immerhin schlussfolgern, dass nach der Kenntnis des Unternehmens nicht mehr als fünf Prozent der Nutzer Social Bots sind.

In unabhängigen Untersuchungen ist teilweise behauptet worden, Twitter, Inc. schätze die Zahl von Social Bots auf zwischen fünf Prozent

---

257 Darüber hinaus weist das Unternehmen darauf hin, jüngst verstärkt in Software zur Enttarnung von *spam* investiert zu haben, *Facebook, Inc.*, Annual Report on the Implementation of the Code of Practice for Disinformation, 29.10.2019, abrufbar unter https://t1p.de/5iit (zuletzt abgerufen am 12.11.2019), S. 12.

258 *Twitter, Inc.*, Annual Report 2019 v. 20.2.2019, S. 34.

259 *Twitter, Inc.*, Annual Report 2019 v. 20.2.2019, S. 25, (Hervorhebung durch d. Verf.).

und 8,5 Prozent.[260] Diese Aussage findet sich in den dort zitierten Quellen allerdings nicht.[261] Twitter, Inc. erklärt vielmehr ausdrücklich, davon auszugehen, dass weniger als fünf Prozent" der Nutzer *false or spam accounts* seien.[262] Auf bis zu 8,5 Prozent schätzt Twitter, Inc. nur die Anzahl der Nutzer, die sich über Drittanwendungen, die *auch* automatisierte Anfragen an die Twitter-Server stellen können, mit der Plattform verbinden. Zu dieser Gruppe *können* Social Bots zwar zählen; genauso zählen dazu aber handelsübliche Smartphone-Apps menschlicher Nutzer. Der kolportierte Wert von 8,5 Prozent beruht mithin auf einem falschen Verständnis der Veröffentlichungen Twitters.[263]

Auch Twitter hat einen Jahresbericht zur Umsetzung des Verhaltenskodex Desinformation veröffentlicht.[264] Darin erklärt Twitter, im Zeitraum von Januar bis August 2019 insgesamt 126 Millionen Accounts auf Verstöße gegen die Richtlinien über „*impersonation, inactive accounts, automation, and spam*" hin untersucht zu haben. Davon habe das Unternehmen rund 75 Prozent sanktioniert.[265] Auch hier lässt sich die genaue Anzahl von Social Bots der Statistik nicht entnehmen.

4. Zusammenfassung

Die deutlichsten Aussagen zur Verbreitung von Social Bots finden sich in den kapitalmarktrechtlichen Jahresabschlüssen der Plattformbetreiber. Diese Zahlen haben den Vorteil, dass sie sich auch aus fachfremder Sicht gut einordnen lassen, da sie als Prozentsatz aller aktiven Nutzer angegeben werden. Nach diesen Schätzungen könnte der Anteil an Social Bots auf

---

260 *Varol/Ferrara/Menczer* u.a., in: ICWSM 17, S. 280, 285 unter Verweis auf *Twitter, Inc.*, Quarterly Report 2014 v. 11.8.2014, S. 4; *Subrahmanian/Ferrara/Menczer u.a.*, Computer 49 (2016), 38, 39 unter Verweis auf *Twitter, Inc.*, Annual Report 2016 v. 27.2.2019, S. 4.

261 *Twitter, Inc.*, Quarterly Report 2/2014 v. 11.8.2014; *Twitter, Inc.*, Annual Report 2016 v. 27.2.2019.

262 *Twitter, Inc.*, Quarterly Report 2/2014 v. 11.8.2014, S. 4; *Twitter, Inc.*, Annual Report 2016 v. 27.2.2019, S. 4.

263 Etwas zurückhaltender auch schon *Hegelich/Thieltges*, in: Computational Social Science, S. 372 f. (dortige Fn. 9).

264 *Twitter, Inc.*, Twitter Progress Report: Code of Practice against Disinformation, 29.10.2019, abrufbar unter https://t1p.de/5iit (zuletzt abgerufen am 12.11.2019).

265 *Twitter, Inc.*, Twitter Progress Report: Code of Practice against Disinformation, 29.10.2019, abrufbar unter https://t1p.de/5iit (zuletzt abgerufen am 12.11.2019), S. 19 m.w.N.

Twitter bzw. Facebook, Instagram, Facebook Messenger und WhatsApp **bis zu fünf Prozent** der Nutzer betragen.

Diese Zahlen habe eine beachtliche Limitierung. Sie sprechen vom Anteil der *Nutzer,* nicht aber vom Anteil des *Inhalts,* den diese Nutzer generieren. Der Grund dafür dürfte sein, dass die hier verwendeten Quellen – kapitalmarktrechtliche Jahresabschlüsse – sich an Investoren richten, für die primär maßgeblich ist, wie viele *Werbekunden* über die Plattform grundsätzlich erreicht werden können, nicht aber, was diese Werbekunden auf den Plattformen tun. Die hier gewählten Zahlen verraten nicht, wie viel *Inhalt* von Social Bots ausgehen könnte. Trotz dieses Nachteils sind diese die *verlässlichsten* Angaben, auf die zurückgegriffen werden kann.

Weil sie nicht im Verhältnis zur Nutzerzahl, sondern in absoluten Zahlen ausgedrückt werden, erscheinen die Angaben der Plattformbetreiber aus den Jahresberichten zum Verhaltenskodex Desinformation – jedenfalls ohne weitere Kontextualisierung – etwas weniger aussagekräftig. Dennoch: Auch wenn nicht klar ist, welchen genauen Anteil Social Bots an den dortigen Befunden haben, lassen sie in Anbetracht ihrer Höhe aufhorchen. Sie lassen sich für diese Untersuchung immerhin dahingehend auswerten, dass grundsätzlich ein gewisser Handlungsbedarf hinsichtlich verschiedener Arten der Desinformation zu bestehen scheint.

II. Wissenschaftliche Untersuchungen

In diesem Abschnitt wird dargestellt, wie hoch der Anteil von Social Bots nach den Ergebnissen unabhängiger wissenschaftlicher Untersuchungen ist. Zugleich wird gezeigt, wie diese Untersuchungen von Wissenschaft, Fachpresse und Netzaktivisten rezipiert und kritisiert werden. Diese Kritik wird eingeordnet und bewertet. Dabei ist aus strafrechtlicher Sicht die Anforderung leitend, dass es möglich sein sollte, mit einer hohen Verlässlichkeit zwischen menschlichen Nutzern und Social Bots zu unterscheiden, dass also insbesondere kein menschlicher Nutzer fälschlicherweise als Social Bot eingeordnet werden sollte (sog. *False Positives*).[266] Genauer betrachtet werden müssen dabei insbesondere diejenigen Untersuchungen, deren Zahlen erheblich von denen abweichen, welche die Plattformbetreiber

266 *Milker,* InTeR 2017, 199, 203 thematisiert, dass die Verlässlichkeit der Bot-Erkennung problematisch ist, denkt dies aber allein aus der Perspektive von False *Negatives,* also nicht erkannten Social Bots; die Problematik von False Positives wird dort übersehen.

selbst nennen. Schließlich ist zu fordern, dass unabhängige Dritte die verwendeten Datensätze und Algorithmen einsehen können, um Methodik und Ergebnisse unabhängig zu bewerten.

Es wird sich zeigen, dass die führenden Forschungsmethoden dem parlamentarischen Gesetzgeber nicht als Entscheidungsgrundlage empfohlen werden können, wenngleich die teils harsche Kritik von Presse und Netzaktivisten in ihrer Absolutheit nicht mitgetragen werden kann. Klarzustellen ist, dass hauptsächlich geprüft wird, ob sich anhand der untersuchten Forschungsmethoden sicher sagen lässt, wie relevant Social Bots als gesellschaftliches Problem *insgesamt* sind. Ermöglicht werden soll eine Risikoeinschätzung aus Regulierungsperspektive. Davon zu unterscheiden ist die Frage, ob der Einsatz von Social Bots sich *im Einzelfall* feststellen lässt.[267]

1. Überblick über die Forschungsmethoden

In der Forschung sind verschiedene methodische Ansätze vorgeschlagen worden, um Social Bots zu identifizieren. Sie lassen sich in drei Hauptkategorien unterteilen: die inhaltsbasierte Methode *(Content-based Method)*, die graphenbasierte Methode *(Graph-based Method)* und die merkmalsbasierte Methode *(Feature-based Method)*. Diese Kategorisierung beruht auf einer Vorarbeit *Hegelichs* und *Thieles*.[268]

Die inhaltsbasierte Methode geht grundsätzlich davon aus, dass Computerprogramme bestimmte Kommunikationsinhalte nicht wie ein Mensch verarbeiten können, also z.B. unfähig sind, „Sarkasmus oder Ironie zu erkennen."[269] Basierend auf dieser Annahme wurden in einer älteren Untersuchung menschliche Tester eingesetzt, um Social Bots zu enttarnen (sog. *Crowdsourced Detection*).[270] Damit sind seinerzeit zwar vielversprechende Ergebnisse erzielt worden. Diese Methode erfordert allerdings Zugang zum System und war von vornherein allein darauf ausgerichtet, durch Netzwerkbetreiber eingesetzt zu werden. Für unabhängige wissenschaftliche Untersuchungen ist sie nicht geeignet. Insbesondere sind nach dieser Methode nie Schätzungen darüber veröffentlicht worden, wie verbreitet

267 Zu letzterer Frage insbesondere unter 3.b) Kritik.
268 *Hegelich/Thieltges*, in: Computational Social Science, S. 369 ff. m.w.N.
269 *Hegelich/Thieltges*, in: Computational Social Science, S. 370 m.w.N.
270 *Wang/Mohanlal/Wilson u.a.*, arXiv:1205.3856, 15; vgl. *Hegelich/Thieltges*, in: Computational Social Science, S. 370.

Social Bots sein könnten.[271] Deshalb kann sie für diese Untersuchung nicht fruchtbar gemacht werden.

Die graphenbasierte Methode betrachtet die sozialen Netzwerke (im Wortsinn), die durch Verbindungen zwischen Nutzerkonten in sozialen Netzwerken entstehen.[272] Sie geht davon aus, dass sich anhand dieser „Beziehungsgeflechte"[273] ermitteln lässt, ob es sich bei einem Nutzer um einen Menschen oder Social Bot handelt.[274] Die Grundannahmen dieser Methode erwiesen sich in späteren Untersuchungen indes als nicht tragfähig.[275] Auch die graphenbasierte Methode wird für diese Untersuchung darum verworfen. Die verwandte und grundsätzlich vielversprechende sog. *Clickstream*-Methode bleibt hier ebenfalls außen vor, weil sie allein durch Plattformbetreiber eingesetzt werden kann und auch nach dieser Methode keine Ergebnisse zur Verbreitung von Social Bots veröffentlicht worden sind.[276]

Die merkmalsbasierte Methode geht davon aus, dass Menschen und Social Bots sich unterschiedlich verhalten, und dass diese Unterschiede anhand bestimmter Parameter der Nutzerkonten oder -inhalte empirisch nachweisbar sind. Sie dominiert heute die Literatur und wird hier darum allein näher betrachtet. Die nennenswerten Ansätze beschränken sich, soweit ersichtlich, auf das Netzwerk Twitter.[277] Sie lassen sich in verschiedene Unterkategorien aufteilen, die im nachfolgenden Abschnitt erläutert

---

271 *Wang/Mohanlal/Wilson u.a.*, arXiv:1205.3856, 14 f. In der aktuellen Literatur zur *Bot Detection* (dt. Bot-Ermittlung) wird die inhaltsbasierte Methode kaum mehr aufgegriffen. Zu weiteren Kritikpunkten, etwa Datenschutz und fraglicher Kosteneffizienz in kleineren Netzwerken, vgl. *Hegelich/Thieltges*, in: Computational Social Science, S. 370 m.w.N.

272 Wiederum instruktiv und m.w.N. *Hegelich/Thieltges*, in: Computational Social Science, S. 369 f.

273 *Hegelich/Thieltges*, in: Computational Social Science, S. 369.

274 Ausführlich z.B. *Boshmaf/Beznosov/Ripeanu*, In: ASONAM 2013, S. 466 ff.

275 Siehe selbstkritisch *Boshmaf/Logothetis/Siganos u.a.*, In: NDSS 2015, S. 4 (m.w.N.): „*While graph-based detection offers desirable security guarantees, real-world social graphs do not conform with the main assumption on which it depends.*" Ähnlich *Wang/Konolige/Wilson u.a.*, in: USENIX Security 13, S. 241.

276 Vgl. *Wang/Konolige/Wilson/u.a.*, in: USENIX Security 13, S. 241 ff.; vgl. erneut *Hegelich/Thieltges*, in: Computational Social Science, S. 371 m.w.N.

277 Der Grund hierfür wird die noch relativ offen zugängliche API der Plattform sein. Andere soziale Netzwerke haben ihre APIs für die Öffentlichkeit inzwischen weitgehend abgeschottet (vgl. oben B.III.1 Zugang über ein Application Programming Interface und *Freelon*, Political Communication 2018, 35(4), 665 ff.); vgl. dazu auch schon *Hegelich/Thieltges*, in: Computational Social Science, S. 371 f. m.w.N.; *TAB*, TA-Vorstudie, S. 52 f.

und bewertet werden: die quantitative Methode, die Scoring-Methode, die Quellen-Methode und die heuristische Methode.[278]

2. Quantitative Methode

a) Forschungsstand

In einigen frühen Publikationen, die sich mit dem Thema *Bot Detection* auf Twitter befassen, wird ein rein quantitativer Ansatz gewählt, um den Anteil von Social Bots zu ermitteln.[279] Die Autoren *Howard, Kollanyi* und *Woolley* vom Project on Computational Propaganda beim Oxford Internet Institute untersuchten die Aktivität von Social Bots während der abschließenden Phase des US-amerikanischen Präsidentschaftswahlkampfes im Jahr 2016. Dazu werteten sie alle Tweets aus einem Zeitraum von neun Tagen aus, die thematisch passende Hashtags enthielten; insgesamt waren dies 18,9 Millionen Tweets.[280] Sodann untersuchten sie, welcher Anteil dieser Tweets von Social Bots erstellt worden sein könnte. Hierzu definieren sie *jeden* Account als Social Bot, der im fraglichen Zeitraum eine gewisse tägliche Aktivität erreichte:

> „We define a high level of automation as **accounts that post at least 50 times a day** using […] election related hashtags, meaning 450 or more tweets on at least one of these hashtags during the data collection period."[281]

Die Autoren kamen aufgrund dieser Annahme zu dem Ergebnis, dass zwischen 18 und 27 Prozent der ausgewerteten Tweets von Social Bots stammen könnten.[282] Diese Untersuchung ist als sog. Oxford-Methode

278 Diese Unterteilung basiert im Ausgangspunkt auf Erläuterungen von Herrn *Amir Ebrahimi Fard*, MBA von der Faculty of Technology, Policy and Management an der TU Delft, E-Mail v. 4.8.2019 im Anhang F. Ihm gebührt dafür herzlicher Dank.

279 *Howard/Kollanyi/Woolley*, COMPROP DATA MEMO 2016.4, 1; siehe auch *Howard/Woolley*, IJOC 2016, 4882. Ähnlich *Gorodnichenko/Pham/Talavera*, Working Papers 2018–01, 7 f.

280 *Howard/Kollanyi/Woolley*, COMPROP DATA MEMO 2016.4, 1.

281 *Howard/Kollanyi/Woolley*, COMPROP DATA MEMO 2016.4, 3, (Hervorhebung durch d. Verf.).

282 *Howard/Kollanyi/Woolley*, COMPROP DATA MEMO 2016.4, 4.

im Medien- und Kommunikationsbericht der Bundesregierung,[283] in der Presse[284] sowie von privatwirtschaftlichen Unternehmen[285] aufgegriffen worden, und wird auch in der rechtswissenschaftlichen Literatur zitiert.[286]

b) Kritik

Die quantitative Methode wird besonders häufig und entschieden kritisiert.[287] Bemängelt wird, dass die Annahme, dass Menschen durchschnittlich nur eine gewisse Anzahl an Tweets absetzen würden oder könnten, nicht nachgewiesen sei. Man könne darum nicht berechtigterweise davon ausgehen, einen Social Bot vor sich zu haben, wenn eine gewisse Anzahl an Tweets in einem bestimmten Zeitraum abgesetzt wurde. Manche Politiker oder Journalisten erreichten den angelegten Grenzwert von 50 Tweets pro Tag problemlos.[288] Die Methode produziere darum eine erhebliche

---

283 BTDrs. 19/6970, S. 233 f. (dortige Fn. 659).

284 Eine detaillierte bibliometrische Untersuchung findet sich bei *Kreil*, The social bot research of Oxford and Co. is flawed, abrufbar unter https://t1p.de/1hjf (zuletzt abgerufen am 1.10.2019).

285 *Botswatch Technologies GmbH*, FAQ – Wie werden Social Bots erkannt?, abrufbar unter https://t1p.de/e09a (zuletzt abgerufen am 21.10.2019).

286 *Neudert*, Oxford Working Paper No. 2017.7, 8; wiederum Zitierung von *Neudert* (Fn. 18) bei *Volkmann*, MMR 2018, 58 ff. (dortige Fn. 4 und 9); *Drexl*, ZUM 2017, 529, 532 (Fn. 10); Zitierung von *Howard/Kollanyi/Woolley*, COMPROP DATA MEMO 2016.4 bei *Libertus*, ZUM 2018, 20 (dortige Fn. 2) und *Paal/Hennemann*, ZRP 2017, 76, 77 (dortige Fn. 10).

287 *Hegelich*, AusschussDrs. 18(24)125, S. 6: „fehlerhaft“; *Kreil*, data.info.graphics, 21.12.2018, abrufbar unter https://t1p.de/1hjf (zuletzt abgerufen am 21.10.2019); *Kreil*, Social Bots, Fake News und Filterblasen, Vortrag v. 28.12.2017 auf dem 34. Chaos Communication Congress, Veranstaltungshinweis abrufbar unter http://t1p.de/opiz, Videoaufzeichnung abrufbar unter http://t1p.de/85x7 (beide zuletzt abgerufen am 25.02.2019); *Reuter*, Bundeszentrale für politische Bildung, 2.5.2019, abrufbar unter https://t1p.de/sy21 (zuletzt abgerufen am 21.10.2019); *Sängerlaub*, AussschussDrs. 19(23)48, S. 6: „unsinnige Definitionen“; *Tusch*, Meedia.de, 12.12.2018, abrufbar unter http://t1p.de/z1b6 (zuletzt abgerufen am 25.02.2019).

288 *Kreil*, data.info.graphics, 21.12.2018, abrufbar unter https://t1p.de/1hjf (zuletzt abgerufen am 21.10.2019); vgl. *Kreil*, Social Bots, Fake News und Filterblasen, Vortrag v. 28.12.2017 auf dem 34. Chaos Communication Congress, Veranstaltungshinweis abrufbar unter http://t1p.de/opiz, Videoaufzeichnung abrufbar unter http://t1p.de/85x7 (beide zuletzt abgerufen am 25.02.2019); *Reuter*, Bundeszentrale für politische Bildung, 2.5.2019, abrufbar unter https://t1p.de/sy21 (zuletzt abgerufen am 21.10.2019).

Anzahl an False Positives.[289] Im Übrigen wird kritisiert, dass die einschlägigen Untersuchungen kein Peer-Review-Verfahren durchlaufen hätten, und dennoch in Wissenschaft und Presse zitiert würden.[290]

Die Kritik kann nach kurzer Kontrollüberlegung überzeugen: Die quantitative Methode stuft jeden Twitteraccount als Social Bot ein, der in einem bestimmten Zeitraum relativ aktiv war und kommt so unter anderem zu dem Ergebnis, dass zwischen 18 und 27 Prozent der ausgewerteten Tweets von Social Bots stammen könnten.[291] Wer aber jeden Nutzer als Bot deklariert, der ein relativ hohes Aktivitätsniveau erreicht, muss zu dem Ergebnis kommen, dass ein nennenswerter Anteil an Aktivität von Bots ausgeht. Dieser Maßstab ist zirkulär. Darüber hinaus müsste die Prämisse, dass Social Bots überdurchschnittlich aktiv sind, zunächst bewiesen werden. Es ist zwar leicht vorstellbar, dass ein Social Bot eingesetzt wird, um mit geringem manuellen Aufwand besonders *viel* zu kommunizieren. Es ist aber ebenso vorstellbar, dass ein Social Bot eingesetzt wird, der nur wenig, aber dafür sehr gezielt oder sehr menschenähnlich kommuniziert. Das Oxford Internet Institute verwendet – ohne einen früheren Fehler ausdrücklich zu bekennen – die Definition mittlerweile offenbar selbst nicht mehr.[292]

3. Scoring-Methode

a) Forschungsstand

Nach der Scoring-Methode wird aus unterschiedlichen Faktoren ein *Bot Score* (dt. Bot-Wert) ermittelt.[293] Erreicht ein Twitteraccount einen be-

289 *Kreil*, data.info.graphics, 21.12.2018, abrufbar unter https://t1p.de/1hjf (zuletzt abgerufen am 21.10.2019); *Reuter*, Bundeszentrale für politische Bildung, 2.5.2019, abrufbar unter https://t1p.de/sy21 (zuletzt abgerufen am 21.10.2019); *Sängerlaub*, AussschussDrs. 19(23)48, S. 6: „erschreckend hohe Zahlen“ aufgrund „unsinnige[r] Definitionen“.

290 *Kreil*, data.info.graphics, 21.12.2018, abrufbar unter https://t1p.de/1hjf (zuletzt abgerufen am 21.10.2019): „*We assume that this study was never published in a journal because it would not have passed the peer review due to its definition of bot behavior.*“ Die Untersuchung ist nicht in einem Fachjournal, sondern auf der Website des Forschungsprojektes des Oxford Internet Institute veröffentlicht worden, vgl. *Howard/Kollanyi/Woolley*, COMPROP DATA MEMO 2016.4.

291 Vgl. oben Quantitative Methode.

292 Vgl. insoweit etwas intransparent *Neudert*, AusschussDrs. 19(23)46, S. 3 f.

293 *Varol/Ferrara/Menczer u.a.*, in: ICWSM 17, S. 280, 281.

stimmten Bot Score, wird er als Social Bot eingestuft.[294] Diese Methode wird seit dem Jahr 2014 als „Botometer" von einer Gruppe um *Emilio Ferrara* (University of Southern California) und *Filippo Menczer* (Indiana University) entwickelt.[295]

Die Indikatoren werden unterteilt in *„User-based Features"*, *„Friends Features"*, *„Network Features"*, *„Temporal Features"*, *„Content and Language Features"* und *„Sentiment Features"*.[296] Die Wissenschaftler erklären, dass unter den User-based Features beispielsweise erfasst werde, wie viele Freunde und Follower ein Twitteraccount hat, wie viele Tweets er veröffentlicht und wie bzw. ob das Nutzerprofil personalisiert ist. Die Friend Features und Network Features ermittelten Netzwerkstrukturen, die unter anderem Aufschluss über koordinierte Aktivitäten geben könnten. Als temporal Features fließe in die Bewertung ein, wann und in welchen zeitlichen Abständen ein Twitteraccount aktiv ist. Schließlich würden als Content and Language bzw. Sentiment Features die sprachliche Komplexität eines Tweets und die durch ihn ausgedrückten Emotionen berücksichtigt.[297] In welchem Verhältnis diese Indikatoren gewichtet werden, wird in den einschlägigen Publikationen nicht offengelegt.

Die Scoring-Methode wird in zahlreichen Publikationen Dritter angewendet: Darauf basierend schätzt eine Untersuchung den Anteil von Social Bots an allen englischsprachigen Twitternutzern auf zwischen neun und 15 Prozent.[298] Nach einer weiteren Studie sollen Social Bots eine „Schlüsselrolle" bei der Verbreitung von Falschnachrichten einnehmen[299] (während eine andere Untersuchung zu dem gegenteiligen Resultat gelangt ist[300]). Eine frühere Studie ist darüber hinaus zu dem Ergebnis ge-

---

294 *Varol/Ferrara/Menczer u.a.*, in: ICWSM 17, S. 280, 284, 285, 288; *Bessi/Ferrara*, First Monday 21 (2016), 5: über 50 Prozent.

295 *Bessi/Ferrara*, First Monday 21 (2016), 1; *Davis/Varol/Ferrara u.a.*, in: ICC 2016, S. 273; *Ferrara/Varol/Davis/Menczer/Flammini*, Commun. ACM 59 (2016), 96; *Varol/Davis/Menczer* u.a., in: Feature Engineering, S. 311 ff.; siehe auch das öffentlich nutzbare Tool unter https://botometer.iuni.iu.edu/ (zuletzt abgerufen am 14.10.2019). Das Projekt hieß vormals „BotorNot".

296 *Varol/Ferrara/Menczer u.a.*, in: ICWSM 17, S. 280, 281; *Subrahmanian/Ferrara/Menczer u.a.*, Computer 49 (2016), 38, 42 ff.

297 *Varol/Ferrara/Menczer u.a.*, in: ICWSM 17, S. 280, 281; *Subrahmanian/Ferrara/Menczer u.a.*, Computer 49 (2016), 38, 42 ff.

298 *Varol/Ferrara/Menczer u.a.*, in: ICWSM 17, S. 280, 288. Die Gesamtzahl der englischsprachigen Nutzer wird nicht genannt.

299 *Shao/Flammini/Menczer* u.a., Nature Communications 9 (2018), 4787, 4791.

300 *Vosoughi/Roy/Aral*, Science 359 (2018), 1146: „Contrary to conventional wisdom, robots accelerated the spread of true and false news at the same rate, implying

kommen, dass sich mindestens 400.000 Social Bots an der Diskussion um den US-amerikanischen Präsidentschaftswahlkampf beteiligt hätten. Dies entspreche 15 Prozent der Diskussionsteilnehmer. Die Social Bots seien für 3,8 Millionen Tweets bzw. 19 Prozent der Tweets in diesem Kontext verantwortlich gewesen.[301] Die letztgenannte Untersuchung ist auch in der rechtswissenschaftlichen Literatur zitiert worden.[302] Schließlich ist die Scoring-Methode eingesetzt worden, um den Bundestagswahlkampf 2017 zu untersuchen.[303] Hier sollen Social Bots rund zehn Prozent der Twitternutzer ausgemacht haben.[304]

b) Kritik

Die Scoring-Methode wird unter verschiedenen Gesichtspunkten angegriffen. Erstens wird kritisiert, dass weder die verwendeten Algorithmen, noch die Datensätze offengelegt würden.[305] Diese Kritik ist anschlussfähig: Die Entwickler der Scoring-Methode werben zwar damit, den Bot Score aus 1.150 Indikatoren zu ermitteln.[306] Eine detaillierte Übersicht aller Indikatoren oder deren Gewichtung veröffentlichen sie allerdings nicht. Dadurch wird es Dritten unmöglich gemacht, die Ergebnisse der Studie nachzuvollziehen und zu verifizieren. Zusätzlich muss die zur quantitativen Methode geäußerte Kritik immerhin teilweise auf die Scoring-Methode übertragen werden, da auch diese die durchschnittliche Anzahl der Tweets miteinbezieht und offenbar als besonders relevanten Faktor betrachtet.[307]

---

that false news spreads more than the truth because humans, not robots, are more likely to spread it."

301 *Bessi/Ferrara*, First Monday 21 (2016), 6.

302 *Libertus*, ZUM 2018, 20 (dortige Fn. 3); *Steinbach*, ZRP 2017, 101 (dortige Fn. 1).

303 *Keller/Klinger*, Political Communication 36 (2019), 171.

304 *Keller/Klinger*, Political Communication 36 (2019), 171, 172, 180, 182.

305 *Kreil*, data.info.graphics, 21.12.2018, abrufbar unter https://t1p.de/1hjf (zuletzt abgerufen am 21.10.2019).

306 *Varol/Ferrara/Menczer u.a.*, in: ICWSM 17, S. 280, 281.

307 *Varol/Ferrara/Menczer u.a.*, in: ICWSM 17, S. 280, 281: „*We extract user-based features from meta-data available through the Twitter API. Such features include [...] the number of tweets produced by the users, [...].*" Und weiter auf S. 284: „*To compare the usefulness of different features, we trained models using each class of features alone. We achieved the best performance with user meta-data features; [...].*"

Zweitens wird bemängelt, dass die Scoring-Methode eine zu hohe Zahl an False Positives ermittle.[308] In einem Feldversuch haben Kritiker alle Twitteraccounts von Landtagsabgeordneten in Deutschland mithilfe des „Botometers“ untersucht.[309] Den häufig verwendeten Grenzwert[310] zugrunde gelegt, wären nach diesem Experiment zwischen acht (Berlin) und 40 (Saarland) Prozent der auf Twitter aktiven Landtagsabgeordneten Social Bots.[311] In einem weiteren Experiment wurden alle Twitteraccounts von Abgeordneten des US-amerikanischen Kongresses untersucht und vergleichbare Ergebnissen erzielt.[312] Zwar adressieren die Entwickler der Scoring-Methode das Auftreten von False Positives in einer Publikation aus dem Jahr 2017 selbst.[313] Bis zur Durchführung der vorgenannten Experimente im Jahr 2019 scheint das Problem aber nicht behoben worden zu sein. Natürlich ist es möglich, dass die Analyse zutreffend ist, und die betroffenen Abgeordneten ihre Twitteraccounts (teilweise) automatisieren. Es wird bereits befürchtet, dass sog. hybride Accounts die zuverlässige Erkennung von Social Bots erschweren könnten.[314] Die Experimente scheinen darauf hinzudeuten, dass es nach der Scoring-Methode bisher wohl nicht möglich ist, zuverlässig zwischen rein automatischem, rein menschlichem und gemischtem Nutzungsverhalten abzugrenzen.[315]

Drittens sollte beachtet werden, dass das „Botometer” mithilfe von Datensätzen bekannter älterer Social Bots kalibriert wurde (mittels sog. *Supervised Machine Learning*).[316] Diese Datensätze stammen indes aus dem Jahre 2011.[317] Die Entwickler selbst erkennen daher das Risiko, dass das Computerprogramm modernere Social Bots nicht erkennen könnte.[318]

---

308 *Gallwitz/Kreil*, Tagesspiegel.de, 3.6.2019, abrufbar unter https://t1p.de/4vg0 (zuletzt abgerufen am 21.10.2019); *Reuter*, Netzpolitik.org, 1.10.2019, abrufbar unter https://t1p.de/99bq (zuletzt abgerufen am 21.10.2019).

309 *Reuter*, Netzpolitik.org, 1.10.2019, abrufbar unter https://t1p.de/99bq (zuletzt abgerufen am 21.10.2019).

310 Siehe Scoring-Methode (Fn. 283).

311 *Reuter*, Netzpolitik.org, 1.10.2019, abrufbar unter https://t1p.de/99bq (zuletzt abgerufen am 21.10.2019).

312 *Kreil*, data.info.graphics, 21.12.2018, abrufbar unter https://t1p.de/1hjf (zuletzt abgerufen am 21.10.2019).

313 *Varol/Ferrara/Menczer u.a.*, in: ICWSM 17, S. 280, 284.

314 Vgl. zur Problematik der Erkennung hybrider Accounts bereits *Schröder*, DVBl 2018, 465, 469 f.

315 Vgl. *Riedel*, Medium.com, 19.10.2019, abrufbar unter https://t1p.de/nih5 (zuletzt abgerufen am 21.10.2019).

316 *Varol/Ferrara/Menczer u.a.*, in: ICWSM 17, S. 280, 281.

317 *Varol/Ferrara/Menczer u.a.*, in: ICWSM 17, S. 280, 281.

318 *Varol/Ferrara/Menczer u.a.*, in: ICWSM 17, S. 280, 282.

Insgesamt ist hier ein zweigeteiltes Urteil zu fällen. Die Scoring-Methode liefert nach derzeitigem Kenntnisstand *in der Breite* keine verlässlichen statistischen Daten über die Verbreitung von Social Bots. Damit ist aber nicht gesagt, dass sie nicht *im Einzelfall* die Arbeit eines menschlichen Ermittlers sinnvoll ergänzen könnte. Dass eine solche Einzelfallprüfung grundsätzlich möglich ist und erfolgreich sein kann, zeigt nicht zuletzt die tiefschürfende Recherchearbeit eines bekannten Social-Bot-Kritikers.[319] Vorstellbar ist, dass staatliche Ermittlungsbehörden für verdächtige Profile in einem frühen Arbeitsschritt einen Bot-Score ermitteln, der *ein* Indiz sein könnte, das bei der weiteren Ermittlung berücksichtigt wird. Aufgrund der geäußerten Zweifel könnte *allein* der Bot-Score eines Accounts aber nie ausreichen, um etwa einen Tatverdacht zu begründen.

4. Quellen-Methode

a) Forschungsstand

Eine weitere Methode zur Identifizierung von Social Bots wurde von einer Gruppe um *Alexandre Bovet* (Université Catholique de Louvain) vorgeschlagen.[320] Diese Methode unterscheidet anhand der Quelle eines Tweets zwischen menschlichen Absendern und Social Bots.[321] Sie wertet die Meta-Daten der Tweets aus, um zu ermitteln, ob ein Tweet von einem offiziellen Twitter-Client oder einer Drittanwendung abgesetzt wurde.[322] Diese Methode hat nach eigener Einschätzung der Entwickler allerdings den Nachteil, dass auch Tweets von menschlichen Nutzern, die eine inoffizielle Drittanwendung verwenden, aussortiert werden (False Positives).[323] Dies könne etwa „Journalisten, Nachrichtensender oder Marken" treffen, die aus beruflichen Gründen ihr Twitter teilautomatisieren müssten.[324] Zudem könnten fortschrittliche Bots nicht erkannt werden.[325]

---

319 *Kreil*, Social Bots, Fake News und Filterblasen, Vortrag v. 28.12.2017 auf dem 34. Chaos Communication Congress, Veranstaltungshinweis abrufbar unter http://t1p.de/opiz, Videoaufzeichnung abrufbar unter http://t1p.de/85x7 (zuletzt abgerufen am 25.02.2019); i.E. ebenso *TAB*, TA-Vorstudie, S. 52 f.

320 *Bovet/Morone/Makse*, Sci Rep 8 (2018), 8673.

321 *Bovet/Morone/Makse*, Sci Rep 8 (2018), 8673, 8685.

322 *Bovet/Morone/Makse*, Sci Rep 8 (2018), 8673, 8685.

323 *Bovet/Morone/Makse*, Sci Rep 8 (2018), 8673, 8685; vgl. oben I.3 Twitter, Inc.

324 *Bovet/Morone/Makse*, Sci Rep 8 (2018), 8673, 8685.

325 *Bovet/Morone/Makse*, Sci Rep 8 (2018), 8673, 8685.

Unter Anwendung dieser „einfachen Methode"[326] kommt die Gruppe zu dem Ergebnis, dass bis zu acht Prozent aller Tweets automatisch erstellt worden sein könnten.[327]

b) Kritik

Die Quellen-Methode filtert undifferenziert anhand der Quelle des Tweets. Sie birgt damit einerseits das Risiko von False Positives und ist andererseits nicht geeignet, fortschrittliche Social Bots zu enttarnen. Beide Schwachpunkte benennen die Autoren selbst. Die konkrete Untersuchung diente aber auch nicht hauptsächlich dazu, Social Bots zu identifizieren, sondern befasste sich mit Fragen der Trendforschung.[328] Für diese Zwecke waren False Positives hinnehmbar und die grobmaschige Filtrierung geeignet. Für die hiesige Untersuchung ist die Methode dagegen aus den zuvor genannten Gründen nicht verwertbar.

5. Heuristische Methode

a) Forschungsstand

Die heuristische Methode betrachtet vier verschiedene Elemente: Die Quelle eines Tweets, das Verhältnis von Follower zu Follows, die Anzahl der Tweets pro Tag sowie das Auftreten von identischen Textblöcken.[329] Sobald zwei dieser vier Elemente einen verdächtigen Wert erreichen, wird angenommen, dass ein Tweet von einem Social Bot abgesetzt wurde (Tweets sog. verifizierter Accounts werden ausgenommen).[330] Die Methode wurde angewendet, um die Debatte zum Thema „Iran" auf Twitter auszuwerten. Die Untersuchung ist zu dem Ergebnis gekommen, dass 1,12 Prozent der Tweets zum Thema von Social Bots stammen.[331] Eine sprachliche Analyse habe zudem gezeigt, dass Social Bots sich deutlich negativer ausdrücken als menschliche Nutzer.[332]

326 *Bovet/Morone/Makse,* Sci Rep 8 (2018), 8673, 8685.
327 *Bovet/Morone/Makse,* Sci Rep 8 (2018), 8673, 8685.
328 *Bovet/Morone/Makse,* Sci Rep 8 (2018), 8673, 8685.
329 *Thieltges/Papakyriakopoulos/Serrano u.a.*, arXiv:1805.10105, 3 f.
330 *Thieltges/Papakyriakopoulos/Serrano u.a.*, arXiv:1805.10105, 4.
331 *Thieltges/Papakyriakopoulos/Serrano u.a.*, arXiv:1805.10105, 7.
332 *Thieltges/Papakyriakopoulos/Serrano u.a.*, arXiv:1805.10105, 7 f.

b) Kritik

Soweit ersichtlich ist die heuristische Methode in der Literatur nicht kritisiert worden. Nach Ansicht *d. Verf.* ist aber auch hier zu bedenken, dass die Anzahl der Tweets pro Tag (wenngleich hier ein höherer Grenzwert verwendet wird) ein zweifelhaftes Kriterium für die Abgrenzung von Mensch und Maschine ist. Zudem hat wohl auch diese Methode den Nachteil, dass sie fortschrittlichere Programme nicht erkennen kann. Eine weitere kritische Auseinandersetzung mit dieser Methode kann hier indes unterbleiben, da sie – jedenfalls für den konkret untersuchten Fall – geringere Werte als Twitter selbst ermittelt hat.

6. Zusammenfassung

Es wurden verschiedene Methoden vorgestellt, mit denen wissenschaftlich untersucht worden ist, ob und in welchem Umfang Social Bots – jedenfalls im Netzwerk Twitter – nachweisbar vorkommen. Alle Untersuchungen sind sich einig, dass Social Bots ein reales, empirisch nachweisbares Phänomen darstellen und dass sie mithilfe technischer Methoden mit einer gewissen Verlässlichkeit identifiziert werden können. Mit Ausnahme der heuristischen Methode gehen zudem alle betrachteten Untersuchungen von einem (teilweise deutlich) höheren Verbreitungsgrad von Social Bots als Twitter selbst aus. Diese Befunde liegen grob zusammengefasst zwischen rund zehn und 25 Prozent – das wären zwischen zwei- und fünfmal so viel, wie von Twitter selbst angegeben wird.

Diese Untersuchungen sind mit unterschiedlicher Intensität kritisiert worden. Die bisweilen kategorische Ablehnung[333] erscheint angesichts des grundsätzlich plausiblen Anwendungsszenarios und der (jedenfalls auf niedrigen Komplexitätsstufen) einfachen Implementierung[334] von Social Bots zu apodiktisch. Nach hier vertretener Ansicht lässt die Kritik aber doch an der Verlässlichkeit der eingesetzten Methoden zweifeln. Die statistischen Befunde der bisherigen Forschungsansätze sollten darum nicht vorbehaltlos zur Grundlage einer möglichen Regulierung gemacht werden. Dies gilt umso mehr, als sich die Literatur auf das Netzwerk Twitter

---

333 *Kreil*, data.info.graphics, 21.12.2018, abrufbar unter https://t1p.de/1hjf (zuletzt abgerufen am 21.10.2019).

334 Siehe B. Feldforschung „@RustavGadbruch".

beschränkt, obwohl dieses in Deutschland mit einem Marktanteil von insgesamt nur rund sieben Prozent eher unbedeutend ist.[335]

Leider lässt sich aus rechtswissenschaftlicher Sicht nicht abschätzen, *wie* ungenau die vorgestellten Ansätze tatsächlich sind. Es erscheint darum nicht möglich, die aufgezeigten methodischen Mängel gleichsam zu diskontieren und schlichtweg ein irgendwie zu verortendes arithmetisches Mittel als plausiblen Wert für das Vorkommen von Social Bots anzusetzen. Hierzu wären auch die methodischen Ansätze zu unterschiedlich. Die Zweifel an der Genauigkeit der vorgestellten Untersuchungen lassen sich nach hiesiger Ansicht nicht überwinden. In Anbetracht dieser Zweifel können die Ergebnisse der vorgestellten Forschungsansätze für diese Untersuchung nicht verwendet werden.

Damit soll nicht grundsätzlich bezweifelt werden, dass Social Bots ein real existierendes Phänomen darstellen. Das Beispiel des Laienprojekts „instaPy“ beweist, dass jedenfalls im privaten Bereich eine reale Nachfrage nach Social Bots besteht, die sich technisch befriedigen lässt und auch befriedigt wird.[336] Wenn schon private Nutzer zur Entwicklung funktionsfähiger Social Bots fähig sind, ist es erst recht plausibel, dass Akteure mit strategischen politischen Interessen dazu in der Lage sind. Und bei aller methodischen Kritik darf nicht vergessen werden, dass die Betreiber der betroffenen Plattformen selbst eine gewisse Relevanz von Social Bots eingestehen.[337] Bezweifelt wird nach alledem nur, aber auch immerhin, dass die Ergebnisse der dargestellten Forschungsmethoden *in der Breite* eine verlässliche Entscheidungsgrundlage für den parlamentarischen Gesetzgeber bilden können und sollten. Insbesondere ist damit noch kein Urteil darüber gefällt, ob diese Forschungsmethoden *im Einzelfall* helfen können, die Arbeit menschlicher Ermittler zu *unterstützen*.

---

335 *StatCounter.com*, Marktanteile von Social-Media-Portalen in Deutschland von März 2019 bis Januar 2021, zitiert nach de.statista.com, abrufbar unter https://t1p.de/y5ey (zuletzt abgerufen am 11.05.2021); mit dieser Kritik schon früh *Neumann*, Öffentliches Fachgespräch des Ausschusses für Bildung, Forschung und Technikfolgenabschätzung des Deutschen Bundestages v. 26.1.2017, abrufbar unter https://t1p.de/zzfx (zuletzt abgerufen am 5.11.2019); diesen Zusammenhang zwischen Forschungsansätzen und Diskussionsstand übersieht *Libertus*, ZUM 2018, 20 (siehe aber andererseits treffend Fn. 184). Siehe aber zum „Multiplikatorpotenzial“ Twitters *TAB*, TA-Vorstudie, S. 57.

336 Vgl. erneut oben C.II Zugang über ein User Interface.

337 I Selbsteinschätzung der Plattformbetreiber.

III. Staatliche Stellen

1. Legislative

Der Deutsche Bundestag hat noch keine eigene Einschätzung zum Vorkommen von Social Bots veröffentlicht. Er hat sich in seinen Ausschüssen aber wiederholt mit der Frage befasst, ob und in welchem Umfang sich Social Bots nachweisen lassen.

Im Rahmen eines öffentlichen Fachgesprächs des Ausschusses Digitale Agenda des Deutschen Bundestages am 25.1.2017 wurde das Phänomen Social Bots erstmalig durch einen Ausschuss des Bundestages erörtert.[338] Die vier Teilnehmer des Fachgespräches zeigten sich insgesamt skeptisch: Zwei Teilnehmer erklärten ausdrücklich, dass der Forschungsstand unzureichend sei, um fundierte empirische Aussagen zu treffen.[339] Die Teilnehmerin *Dinar* warnte, dass man sich an dem Thema nicht „verbeißen" solle.[340] Der Teilnehmer *Hegelich* bemerkte, dass er zwar selbst schon Social Bots nachweisen konnte, viele Studien aber für „fehlerhaft" halte.[341]

Am folgenden Tag wurde das Thema im Ausschuss für Bildung, Forschung und Technikfolgenabschätzung in einem weiteren öffentlichen Fachgespräch mit 20 Sachverständigen aus verschiedensten Disziplinen diskutiert. Die Teilnehmer waren sich einig, dass weitere Untersuchungen und Datenerhebungen über das Vorkommen von Social Bots erforderlich seien. Aktuelle Bedeutung und Wirkkraft von Social Bots waren unter den Beteiligten allerdings umstritten.[342]

In der darauffolgenden Legislaturperiode fand am 10.4.2019, wiederum im Ausschuss Digitale Agenda, eine Öffentliche Anhörung zum Thema „Resilienz von Demokratien im digitalen Zeitalter im Kontext der Europawahl" statt.[343] Schon in der einschlägigen Frage des Ausschusses klingen die in den vorherigen Fachgesprächen diskutierten Bedenken an:

---

338 Vgl. AusschussDrs. 18(24)SB38 und 18(24)SB39.

339 *Reuter*, AusschussDrs. 18(24)126, S. 2; *Stöcker*, AusschussDrs. 18(24)124, S. 5.

340 *Dinar*, AusschussDrs. 18(24)127, S. 2.

341 *Hegelich*, AusschussDrs. 18(24)125), S. 6; *Hegelich* setzt die heuristische Methode ein, vgl. II.5 Heuristische Methode bzw. *Thieltges/Papakyriakopoulos/Serrano u.a.*, arXiv:1805.10105.

342 *Deutscher Bundestag*, Öffentliches Fachgespräch des Ausschusses für Bildung, Forschung und Technikfolgenabschätzung des Deutschen Bundestages v. 26.1.2017, abrufbar unter https://t1p.de/zzfx (zuletzt abgerufen am 5.11.2019).

343 AusschussDrs. SB19(23)5.

> „Können Social Bots überhaupt eindeutig identifiziert werden? Welche Definition von „Social Bot“ legen Sie Ihrer Einschätzung dabei zugrunde? Wie ist die bisherige Forschung zu Social Bots zu bewerten? Welche Rolle spielen Social Bots – sind sie eine echte Gefahr oder herrscht eine eher übertriebene Furcht?“[344]

Der überwiegende Teil der Teilnehmer äußerte abermals eine skeptische[345] bis offen ablehnende[346] Haltung. Die aktuell verfügbaren Methoden zur Identifizierung von Social Bots seien zu unzuverlässig, um eine belastbare Aussage über deren Verbreitung zu treffen.[347]

2. Exekutive

a) Bundesregierung

Auch die Bundesregierung hat bisher nicht ausdrücklich erklärt, wie verbreitet Social Bots nach ihrer Kenntnis sind. Sie misst dem Phänomen aber offenbar eine gewisse Bedeutung bei. So erkennt sie die Gefahr, dass der „nicht gekennzeichnete Einsatz" von Social Bots dem „demokratischen [Meinungsbildungsprozess]“ schaden könne.[348] Die Bundesregierung habe in der Vergangenheit mehrere Forschungsprojekte zu den „möglichen Auswirkungen von Desinformationen auf demokratische Entscheidungsprozesse“ gefördert,[349] da sie „bereits frühzeitig die Bedeutung der Erforschung der Grundlagen zur Aufdeckung und Bekämpfung von Desinformation erkannt“ habe.[350] Konkret hat das Bundesministerium für Bildung und Forschung in den vergangenen Jahren fast 3 Millionen Euro zur Förderung von Projekten, die der Erforschung von Social Bots dienten, zur

344 AusschussDrs. SB19(23)6, S. 4 f. (Frage Nr. 12).

345 *Emmer*, AusschussDrs. 19(23)51, S. 5; *Neudert*, AusschussDrs. 19(23)46, S. 3 f.

346 *Hegelich*, AusschussDrs. 19(23)49, S. 5; *Sängerlaub*, AusschussDrs. 19(23)48, S. 6 f. („unsinnige Definitionen“).

347 *Emmer*, AusschussDrs. 19(23)51, S. 5; *Hegelich*, AusschussDrs. 19(23)49, S. 5; *Neudert*, AusschussDrs. 19(23)46, S. 3 f.; *Sängerlaub*, AusschussDrs. 19(23)48, S. 6 f.

348 BT-Drs. 19/6970, S. 18.

349 BT-Drs. 19/10595, Antwort der Bundesregierung auf die Kleine Anfrage der Fraktion BÜNDNIS 90/DIE GRÜNEN v. 3.6.2019, S. 2.

350 BT-Drs. 19/10595, Antwort der Bundesregierung auf die Kleine Anfrage der Fraktion BÜNDNIS 90/DIE GRÜNEN v. 3.6.2019, S. 4.

Verfügung gestellt.[351] Zudem hat die Bundesregierung durch die Bundeszentrale für politische Bildung Informationsangebote[352] und Unterrichtsmaterialien[353] entwickeln lassen, sowie eine entsprechende Untersuchung für ihren Medien- und Kommunikationsbericht durchführen lassen.[354]

b) Bundesamt für Verfassungsschutz

Das Bundesamt für Verfassungsschutz hat nach Auskunft der Bundesregierung vor der Bundestagswahl 2017 und der Europawahl 2019 „Akteure in Politik und Medien sowie die Öffentlichkeit" dafür „sensibilisiert", dass es zu „Versuchen politischer Einflussnahme – auch mittels Social Bots" kommen könnte.[355] Konkrete Erkenntnisse über die Verbreitung von Social Bots wurden in diesem Zusammenhang nicht veröffentlicht.

c) Bundeswahlleiter

Auf Anfrage erklärte der Bundeswahlleiter, im Einklang mit seinem gesetzlichen Auftrag nicht selbst zu untersuchen, „ob sich aus neuen technischen Möglichkeiten potentiell Gefahren für eine freie Meinungsbildung der Wählerinnen und Wähler ergeben." Dennoch werde die „tatsächliche Entwicklung" insoweit beobachtet. Bei der Bundestagswahl 2017 und der Europawahl 2019 seien indes „keine Versuche bekannt geworden, durch Social Bots unzulässigerweise Einfluss auf die politische Meinungsbildung zu nehmen, sodass der Grundsatz der Freiheit der Wahl berührt gewesen wäre."[356]

351 BT-Drs. 19/10595, Antwort der Bundesregierung auf die Kleine Anfrage der Fraktion BÜNDNIS 90/DIE GRÜNEN v. 3.6.2019, S. 10 ff.

352 BT-Drs. 19/2224, Antwort der Bundesregierung auf die Kleine Anfrage der Fraktion BÜNDNIS 90/DIE GRÜNEN v. 18.5.2018, S. 14.

353 BT-Drs. 19/2224, Antwort der Bundesregierung auf die Kleine Anfrage der Fraktion BÜNDNIS 90/DIE GRÜNEN v. 18.5.2018, S. 13.

354 BT-Drs. 19/2224, Antwort der Bundesregierung auf die Kleine Anfrage der Fraktion BÜNDNIS 90/DIE GRÜNEN v. 18.5.2018, S. 16; vgl. BT-Drs. 19/6970.

355 BTDrs. 19/6663, S. 26 f.; BTDrs. 19/8056, Antwort der Bundesregierung auf die Kleine Anfrage der Fraktion der AfD v. 27.2.2019, S. 4.

356 *Bundeswahlleiter*, E-Mail v. 5.11.2019, siehe Anhang H.

d) Europäische Kommission

Die Europäische Kommission hat wiederholt erklärt, aktiv gegen Desinformationskampagnen im Internet – einschließlich Social Bots – vorgehen zu wollen.[357] Sie hat, wie oben angesprochen, unter anderem im September 2018 einen Verhaltenskodex veröffentlicht, in dem die Unternehmen Facebook, Google, Microsoft, Twitter und Mozilla sich freiwillig dazu verpflichtet haben, die Verbreitung von Desinformationen durch ihre Produkte zu unterbinden.[358] Die Umsetzung dieses Verhaltenskodexes hat die Kommission anlässlich der Europawahl 2019 gezielt beobachtet.[359] Sie konnte für den Zeitraum von Januar bis Mai 2019 vermelden, dass Google gegen „3,39 Millionen YouTube-Kanäle", Facebook gegen „2,19 Milliarden Scheinkonten" und Twitter gegen „77 Millionen Konten" vorgegangen sei.[360] Diese Gegenmaßnahmen umfassen allerdings verschiedene Arten der Desinformation. Welcher Anteil der sanktionierten Accounts genau aus Social Bots besteht, lässt sich den Zahlen nicht entnehmen.[361] Nach einjähriger Laufzeit hat die Europäische Kommission den Verhaltenskodex Desinformation im September 2020 bewertet.[362] Der Verhaltenskodex habe Plattformbetreiber zu konkreten Arbeitsschritten veranlasst. Gleichwohl sei problematisch, dass die Kooperation bisher ausschließlich auf frei-

---

357 In chronologischer Reihenfolge: *Europäische Kommission*, COM(2018) 236 final, S. 6, 8, 9, 15; *Europäische Kommission*, COM(2018) 637 final, S. 6 (siehe auch dortige Fn. 17); *Europäische Kommission/Hohe Vertreterin der Union für Außen- und Sicherheitspolitik*, JOIN(2018) 36 final, S. 3 (siehe auch dortige Fn. 15), 4 f., 10; *Europäische Kommission*, COM(2018) 794 final, S. 2, 4; *Europäische Kommission/Hohe Vertreterin der Union für Außen- und Sicherheitspolitik*, JOIN(2019) 12 final, S. 5 f.

358 *Europäische Kommission*, Code of Practice on Disinformation, 26.9.2018, abrufbar unter https://t1p.de/538o (zuletzt abgerufen am 11.11.2019); *Europäische Kommission*, Roadmaps to Implement the Code of Practice on Disinformation, 14.6.2019, abrufbar unter https://t1p.de/9alg (zuletzt abgerufen a 11.11.2019); vgl. BTDrs. 19/8056, Antwort der Bundesregierung auf die Kleine Anfrage der Fraktion der AfD v. 27.2.2019, S. 5.

359 *Europäische Kommission/Hohe Vertreterin der Union für Außen- und Sicherheitspolitik*, JOIN(2019) 12 final, S. 5 f.

360 *Europäische Kommission/Hohe Vertreterin der Union für Außen- und Sicherheitspolitik*, JOIN(2019) 12 final, S. 5 f. Vgl. die detaillierte Auswertung der einzelnen Berichte unter I Selbsteinschätzung der Plattformbetreiber.

361 Vgl. oben I Selbsteinschätzung der Plattformbetreiber.

362 *Europäische Kommission*, SWD(2020) 180 final.

williger Basis erfolge. Zudem müsse die Vergleichbarkeit der erhobenen Daten verbessert werden.[363]

3. Zusammenfassung

Die nationale Gesetzgebung hat das Thema Social Bots seit längerer Zeit im Blick. Eine konkrete Aussage über die empirisch nachweisbare Verbreitung von Social Bots findet sich bei ihr aber nicht. Der Diskussionsstand in den Fachausschüssen offenbart immerhin bei den befragten Experten eine grundlegende Skepsis und bisweilen sogar deutliche Ablehnung. Nichtsdestoweniger ist in der Exekutive auf nationaler und europäischer Ebene eine beachtliche Aktivität zu verzeichnen. Konkrete und in ihrer absoluten Höhe beeindruckende Zahlen (zur Verbreitung von Desinformation im Allgemeinen) finden sich bei der Europäischen Kommission.

IV. Zwischenergebnis

Um zu ermitteln, wie verbreitet Social Bots nachweisbar sind, wurden verschiedene Akteure in den Blick genommen. Nach den Veröffentlichungen der Plattformbetreiber könnten bis zu fünf Prozent ihrer Nutzer Social Bots sein. Unabhängige wissenschaftliche Untersuchungen sind zu teilweise deutlich höheren Ergebnissen gekommen. Diese Ergebnisse sind in Presse, Politik, Wirtschaft und Rechtswissenschaft zitiert worden. Nach jedenfalls in Deutschland inzwischen verbreiteter[364] und hier geteilter Ansicht eignen diese Untersuchungen sich aber nicht als empirische Grundlage für eine umfassende (strafrechtliche) Regulierung, weil sie nicht auszuräumenden methodischen Zweifeln unterliegen und, soweit ersichtlich, auf das Netzwerk Twitter beschränkt sind. Sofern Twitter betroffen ist, scheint es indessen möglich, dass etwa die Scoring-Methode von menschlichen Ermitteln eingesetzt werden könnte, um *im Einzelfall* dabei zu *unterstützen*, den Einsatz von Social Bots festzustellen. Dass es unter größerem personellen Aufwand möglich ist, den Einsatz von Social Bots im Einzel-

363 *Europäische Kommission*, SWD(2020) 180 final., S. 19.

364 *Emmer*, AusschussDrs. 19(23)51, S. 5; *Hegelich*, AusschussDrs. 19(23)49, S. 5; *Neudert*, AusschussDrs. 19(23)46, S. 3 f.; *Sängerlaub*, AusschussDrs. 19(23)48, S. 6 f.

fall aufzudecken, wird hier angenommen; dafür sprechen gerade auch die Ergebnisse besonders kritischer Untersuchungen.

Unter den staatlichen Stellen ist die Aktivität der Exekutive auffällig. Die von der Europäischen Kommission offengelegten – absoluten – Zahlen zeigen, dass eine beachtliche Menge von Accounts in sozialen Netzwerken zur Desinformation genutzt wird. Sie lassen zudem erkennen, dass die Plattformbetreiber über Methoden verfügen, um solche Accounts in großem Stil zu identifizieren. Wie verlässlich diese Methoden sind ist für die Öffentlichkeit allerdings nicht transparent. Nach hier vertretener Ansicht ist es vorzugswürdig, für die weitere Untersuchung allein auf die von den Plattformbetreibern selbst genannten Zahlen abzustellen. Diese scheinen als kapitalmarktrechtliche Mitteilungen, die bekanntlich engmaschiger Regulierung unterliegen, verlässlich. Zudem werden sie als Prozentsatz aller aktiven Nutzer angegeben, sodass sich ihre relative Bedeutung auch aus juristischer Sicht einordnen lässt.

Das Ergebnis dieses Abschnittes ist, dass bei der aktuellen Datenlage davon ausgegangen werden darf und sollte, dass *bis zu* fünf Prozent aller Accounts in sozialen Netzwerken Social Bots sind.

E. Anwendungsszenarien

In diesem Abschnitt werden die Anwendungsszenarien für Social Bots vorgestellt,[365] also gezeigt, wie genau Social Bots verwendet werden können, um die öffentliche Meinung im Internet zu manipulieren. Ausgeklammert werden dabei rein kommerzielle und private Anwendungsszenarien.[366]

---

365 Die Darstellung erfolgt bewusst zunächst abstrakt, und wird dann jeweils durch ein aktuelles Beispiel ergänzt. Die abstrakte Darstellung mag dem zeitgenössischem Leser gezwungen vorkommen. Angesichts der Kurzlebigkeit und Vielfalt von Plattformen und Produkten im Internet scheint diese Vorgehensweise gleichwohl gerechtfertigt.

366 Ein rein privates Anwendungsszenario wäre der bereits diskutierte Bot „instaPy“. Wirtschaftlich motiviert könnte etwa eine Manipulation der Kapitalmärkte durch Nachrichten von Social Bots sein, vgl. m.w.N. *Varol/Ferrara/Menczer* u.a., in: ICWSM 17, S. 280. Aber auch Betrugskonstellationen sind denkbar, wenn man sich vergegenwärtigt, welche (werbe-) wirtschaftliche Relevanz die Popularity Cues haben, die von Social Bots manipuliert werden können. Social Bots können z.B. eingesetzt werden, um in sozialen Netzwerken künstlich Klicks oder Likes zu generieren. Das Monetarisierungsmodell der Netzwerke knüpft daran an: mehr Interaktionen bedeuten höhere Ausschüttungen an den Content Creator. Popularity Cues sind die Hauptwährung des *Influencer*-Mark-

Nach den Befunden des vorherigen Abschnitts stellt sich offenkundig die Frage, wie ermittelt werden soll, wozu Social Bots verwendet werden können, wenn schon das Ausmaß ihrer Verbreitung (oder im Einzelnen gar ihre Existenz) umstritten ist. So gibt es bisher auch keine Untersuchungen, die eine bestimmte *Auswirkung* von Social Bots auf die öffentliche Meinungsbildung nachgewiesen hätten.[367] Führt man sich vor Augen, wie multikausal und komplex die Entwicklung einer bestimmten politischen Haltung ist, überrascht das freilich nicht.[368] Die folgende Darstellung ist darum in zwei Teile gegliedert: Zunächst wird gezeigt, welche Manipulations*handlungen* Social Bots nach gesicherter Erkenntnis technisch ausführen können. Sodann wird dargestellt, welche dadurch verursachten Manipulations*erfolge* gemeinhin für plausibel erachtet werden.

I. Skalierbarkeit

Um die Einsatzmöglichkeiten von Social Bots zu verstehen, ist zuerst die Erkenntnis entscheidend, dass Social Bots in zweifacher Hinsicht *skalierbar* sind: Einerseits kann die Anzahl der eingesetzten Social Bots insgesamt skaliert werden: „Wer einen Bot steuern kann, kann auch eine Millionen steuern."[369] Andererseits kann die Aktivität jedes einzelnen Social Bots skaliert werden. Im Gegensatz zu Menschen können Social Bots nämlich

---

tes. So könnten nennenswerte wirtschaftliche Vorteile erschlichen werden, vgl. dazu erneut oben B.IV.1 Selbsteinschätzung der Plattformbetreiber. Siehe dazu nun ausführlich *Beck*, in: FG Digitalisierung, S. 430 ff.; vgl. auch bereits *Libertus*, ZUM 2018, 20; *TAB*, TA-Vorstudie, S. 7, 44 f. Kommerzielle Anwendungsszenarien werden hier aber ausgeklammert, weil sie ein eigenes, weitläufiges Problemfeld darstellen, dem nur mit einer separaten Darstellung entsprochen werden kann. Im Übrigen bezweckt der moderne Betrugstatbestand, anders als das historische *Falsum*, keinen umfassenden Wahrheitsschutz (*Gaede*, in: AnwK-StGB, § 263 Rn. 3 m.w.N.; *Gaede*, Der Steuerbetrug, 59 ff.; *Tiedemann*, in: LK-StGB, Vor § 263, Rn. 12, 14 ff.). Er kann in dieser Untersuchung außer Betracht bleiben.

367 *Rückert*, in: Strafrecht und Politik, S. 167, 184: „keine gesicherten empirischen Erkenntnisse über den tatsächlichen Einfluss"; *Sängerlaub*, AusschussDrs. 19(23)48, S. 6 f.: „[Untersuchungen] fehlen weitgehend"; *Milker*, InTeR 2017, 199, 200; *Schröder*, DVBl 2018, 465 f.; *Volkmann*, MMR 2018, 58: „Auswirkungen [...] unklar"; *TAB*, TA-Vorstudie, S. 56 ff.

368 Vgl. *Rückert*, in: Strafrecht und Politik, S. 173 ff.

369 *Hegelich*, AusschussDrs. 18(24)125, S. 2.

automatisch und dadurch grundsätzlich häufiger, schneller und ununterbrochen kommunizieren.

II. Manipulationshandlungen

1. Veränderung von Statistiken

Social Bots können verwendet werden, um Statistiken in sozialen Netzwerken zu verändern. Die plattformimmanent anerkannten Interaktionen – z.B. Likes, Up- oder Downvotes, Retweets, Sharing, und Follows[370] – werden regelmäßig quantifiziert und summarisch dargestellt, beispielsweise als eine bestimmte Anzahl von Likes (Popularity Cues).[371] Eine Gruppe von Social Bots kann darauf programmiert werden, mit Inhalten auf eine koordinierte Art und Weise zu interagieren, um diese Popularity Cues zu manipulieren. Die automatische Interaktion des Social Bots erhöht in diesen Fällen nur die angezeigte Summe und verschwindet gleichsam in der Masse authentischer Kommunikation. Sie ist dann nicht unmittelbar als automatisch erkennbar.[372] So kann ggf. die Sichtbarkeit bestimmter Beiträge künstlich erhöht werden.[373]

Welche Handlungsmöglichkeiten konkret bestehen, hängt von dem sozialen Netzwerk ab, in dem der Social Bot eingesetzt wird.

> Beispiel: Eine Vielzahl von Social Bots bewertet einen Beitrag auf Facebook mit „Gefällt mir". Der „Gefällt mir"-Zähler auf Facebook erhöht sich entsprechend. Für Dritte ist nicht erkennbar, ob ein Mensch oder ein Computerprogramm den Inhalt mit „Gefällt mir" bewertet hat.

---

370 *Rückert*, in: Strafrecht und Politik, S. 167, 183 f. m.w.N.

371 *Emmer*, AusschussDrs. 19(23)51, S. 1 f.; *Keller/Klinger*, Political Communication 36 (2019), 171, 177.

372 Einem unbefangenen Nutzer wäre es nur möglich, solche Interaktionen als automatisch zu identifizieren, wenn der Social Bot die Bot-Eigenschaft in seinem Profil offenlegt (z.B. durch einen Namenszusatz) und der betroffene Nutzer dieses Profil manuell recherchiert. Das ist unrealistisch.

373 Vgl. zum Ganzen *Emmer*, AusschussDrs. 19(23)51, S. 1 f.; *Hegelich/Thieltges*, Falschinformationen und Manipulation durch Social, 357, 359 f.; *Howard/Kollanyi/Woolley*, COMPROP Data Memo 2016.4, 17.11.2016, S. 4; *Jülicher/Röttgen*, InTeR 2018, 15 f.; *Keller/Klinger*, Political Communication 36 (2019), 171, 176; *Libertus*, ZUM 2018, 20 f.; *Milker*, ZUM 2017, 216; *Rückert*, in: Strafrecht und Politik, S. 167, 183 f. m.w.N.; *Schröder*, DVBl 2018, 465; *Schwarz*, AusschussDrs. 19(23)50, S. 9; *Steinbach*, ZRP 2017, 101, 102; *Volkmann*, MMR 2018, 58 f.

2. Verbreitung von Inhalten

Weiterhin können Social Bots eingesetzt werden, um eigene Inhalte zu verbreiten. Sie können Texte, Bilder, Videos oder andere Medien entweder als eigene Beiträge oder – als Reaktion auf die Beiträge Dritter – Kommentare veröffentlichen.[374]

> Beispiel: Eine Vielzahl von Social Bots veröffentlicht ein Portrait eines Politikers als Tweet auf Twitter. Das Bild wird jeweils mit einem zufällig ausgewählten Textbaustein, etwa einer Beleidigung oder Anschuldigung, versehen. Für Dritte ist nicht erkennbar, ob ein Mensch oder Computer das Bild mit dem Untertitel veröffentlicht hat.

3. Vernetzung von Profilen

Schließlich können Social Bots eingesetzt werden, um Nutzerprofile in sozialen Netzwerken miteinander zu vernetzen. Sie können darauf programmiert werden, sich entweder mit anderen Social Bots und bzw. oder mit menschlichen Nutzern zu vernetzen. Dadurch können sie erhöhte Reichweite erlangen.[375]

> Beispiel: Eine Vielzahl von Social Bots vernetzt sich auf Facebook über sog. Freundschaftsanfragen. Das vom Social Bot gesteuerte Profil erweckt später den Eindruck, viele sog. Freunde zu haben. Sodann verschickt jeder Social Bot Freundschaftsanfragen an die Profile menschlicher Nutzer, in der Absicht, dass jedenfalls einige die Anfrage annehmen werden. Diesen Nutzern werden spätere Veröffentlichungen des Social Bots angezeigt. Dieser Effekt kann sich, wenn weitere menschliche Freunde des „ersten Freundes" darauf hereinfallen, potenzieren.

---

374 Vgl. *Hegelich/Thieltges*, Falschinformationen und Manipulation durch Social, 357, 359 f.; *Howard/Kollanyi/Woolley*, COMPROP Data Memo 2016.4, 17.11.2016, S. 4; *Jülicher/Röttgen*, InTeR 2018, 15 f.; *Keller/Klinger*, Political Communication 36 (2019), 171, 176; *Libertus*, ZUM 2018, 20 f.; *Milker*, ZUM 2017, 216; *Rückert*, in: Strafrecht und Politik, S. 167, 183 f. m.w.N.; *Schwarz*, AusschussDrs. 19(23)50, S. 9; *Steinbach*, ZRP 2017, 101, 102; ausführlich *Volkmann*, MMR 2018, 58 ff.

375 Vgl. *Hegelich/Thieltges*, Falschinformationen und Manipulation durch Social, 357, 361; *Keller/Klinger*, Political Communication 36 (2019), 171, 176 m.w.N.; *Milker*, ZUM 2017, 216; *Rückert*, in: Strafrecht und Politik, S. 167, 183 f. m.w.N.; *Steinbach*, ZRP 2017, 101, 102; *Volkmann*, MMR 2018, 58 f.

III. Manipulationserfolge

Es wird angenommen, dass Social Bots eingesetzt werden, um durch diese Handlungen folgende Erfolge zu erzielen:

1. Beeinflussung der Debattenkultur

Es wird vermutet, dass Social Bots mittelbar zur Veränderung der Debattenkultur im Internet beitragen können. So könnten sie durch Wortwahl oder Umgangston die *formalen* Rahmenbedingungen des politischen Meinungsaustausches im Internet beeinflussen, etwa indem sie massenhaft herabsetzende oder beleidigende Formulierungen verwenden oder konstruktive Diskussionen verweigern. Es wird meist davon ausgegangen, dass diese Beeinflussung im negativen Sinne erfolgt, dass der Einsatz von Social Bots also zu einer Verrohung der Debattenkultur beitrage.[376]

2. Beeinflussung der politischen Agenda

Weiterhin wird angenommen, dass Social Bots mittelbar auch den *Inhalt* des politischen Meinungsaustausches bzw. die politische Agenda im Internet beeinflussen könnten. Sie könnten die Aufmerksamkeit künstlich auf bestimmte Themen und Personen lenken bzw. von diesen ablenken.[377] Eine besondere Relevanz wird Social Bots bei der Verbreitung von sog. „Fake News" bzw. Falschnachrichten zugesprochen.[378] Vereinzelt wird

---

376 Vgl. *Dinar,* AusschussDrs. 18(24)127, S. 2; *Gasser/Kraatz,* VerfBlog 2017/1/16, 1; *Hegelich,* AusschussDrs. 18(24)125, S. 2: „[können] durch Hate-Speech zu einer Polarisierung beitragen"; *Keller/Klinger,* Political Communication 36 (2019), 171, 178; *Milker,* ZUM 2017, 216; *Stöcker,* AusschussDrs. 18(24)124, S. 3: „Polarisierung der politischen Debatte"; *Thieltges/Papakyriakopoulos/Serrano u.a.*, arXiv:1805.10105, 7 f.

377 BTDrs. 19/6970, S. 15; *Dankert,* in: Big Data, S. 157, 159 f.; *Emmer,* AusschussDrs. 19(23)51, S. 1 f.; *Hegelich/Thieltges,* Falschinformationen und Manipulation durch Social, 357, 360; *Howard/Kollanyi/Woolley,* COMPROP Data Memo 2016.4, 17.11.2016, S. 4; *Keller/Klinger,* Political Communication 36 (2019), 171, 177; *Rückert,* in: Strafrecht und Politik, S. 167, 183 f.; *Stöcker,* AusschussDrs. 18(24)124, S. 3.

378 Vgl. *Emmer,* AusschussDrs. 19(23)51, S. 1 f.; *Milker,* ZUM 2017, 216 f.; *Shao/Flammini/Menczer* u.a., Nature Communications 9 (2018), 4787, 4791; *Volkmann,* MMR 2018, 58, 59.

aber auch daran erinnert, dass Social Bots dazu eingesetzt werden könnten, vormals marginalisierten oder diskriminierten Gruppen größeres Gewicht im politischen Diskurs zu verschaffen.[379]

3. Astroturfing

Unter Astroturfing wird der Versuch verstanden, durch koordinierte Kampagnen eine politische „Graswurzelbewegung" zu imitieren.[380] Es wird vermutet, dass Social Bots auch zu diesem Zweck eingesetzt werden.[381] Es ist vorstellbar, dass dadurch der falsche Eindruck entsteht, dass eine bestimmte Ansicht von großen Bevölkerungsteilen vertreten wird, obwohl sie in der sonstigen Berichterstattung keinen Niederschlag findet. Die Folgen: Zum einen könnten Dritte von der geäußerten Meinung schlicht überzeugt werden, weil an einer Sache etwas „dran sein" müsse, wenn „jeder es so sehe".[382] Zum anderen könnte die Bevölkerung das Vertrauen in die Authentizität der medialen Berichterstattung verlieren.[383] Zudem könnten politische Akteure daraus beispielsweise den Vorwurf ableiten, eine bestimmte Position werde von den Medien oder der Regierung bewusst ignoriert oder gar vertuscht.

4. Beeinflussung von Wahlen und Abstimmungen

Leicht zusammengefasst und doch überragend bedeutend ist schließlich die Befürchtung, dass der Einsatz von Social Bots, gleichsam als Kombination der vorgenannten Manipulationserfolge, mittelbar den Ausgang von

---

379 *Keller/Klinger*, Political Communication 36 (2019), 171, 179.

380 Zum Begriff etwa *Jülicher/Röttgen*, InTeR 2018, 15, 16 (vgl. dortige Fn. 7); *Keller/Klinger*, Political Communication 36 (2019), 171, 177 f. m.w.N.

381 *Boshmaf/Logothetis/Siganos u.a.*, In: NDSS 2015, S. 1; *Gasser/Kraatz*, VerfBlog 2017/1/16, 1, 2; *Hegelich/Thieltges*, Falschinformationen und Manipulation durch Social, 357, 360; *Jülicher/Röttgen*, InTeR 2018, 15, 16; *Keller/Klinger*, Political Communication 36 (2019), 171, 177 f.; *Milker*, InTeR 2017, 199, 200; *Rückert*, in: Strafrecht und Politik, S. 167, 183 f.; *Volkmann*, MMR 2018, 58 m.w.N.; *Woolley*, First Monday 21 (4/2016), S. 3 (sowie dortige Fn. 2).

382 Vgl. *Emmer*, AusschussDrs. 19(23)51, S. 1 f.; *Milker*, ZUM 2017, 216 f.

383 *Stöcker*, AusschussDrs. 18(24)124, S. 3: „wachsende Verunsicherung des Publikums".

Wahlen und Abstimmungen beeinflussen könnte.[384] Man könnte sich vorstellen, dass bestimmte Gruppen oder Akteure mithilfe von Social Bots bestimmten Positionen im politischen Meinungskampf ein unlauteres Übergewicht verschaffen könnten. Solche Manipulationen des Meinungsbildungsprozesses könnten sich, insbesondere wenn sie unmittelbar vor Wahlen und Abstimmungen stattfänden, auf Wahlergebnisse auswirken. Dies gäbe Anlass zur Sorge um die Chancengleichheit im demokratischen Wettstreit. Besonders problematisch wäre dies, wenn ausländische Akteure oder Staaten auf diese Weise die demokratische Willensbildung untergrüben.[385]

IV. Zwischenergebnis

Social Bots können eingesetzt werden, um in sozialen Netzwerken Statistiken zu verändern, Inhalte zu verbreiten und Profile zu vernetzen.[386] Zu beachten ist, dass ihre Gesamtzahl und ihre individuelle Aktivität skalierbar sind.[387] So können einzelne Adressanten eigene Kommunikationsakte potentiell unbegrenzt vervielfältigen. Es wird angenommen, dass dadurch die Debattenkultur und die politische Agenda im Internet manipuliert, Astroturfing betrieben und sogar die Ergebnisse von Wahlen und Abstimmungen beeinflusst werden können.[388]

F. Ergebnis

Im ersten Abschnitt wurde eine Definition des Begriffs „Social Bot" vorgeschlagen. Danach sind Social Bots durch Computerprogramme automatisierte Profile in sozialen Netzwerken, die wie menschliche Nutzer solcher

---

384 *Bessi/Ferrara*, First Monday 21 (11/2016), passim; *Hegelich/Thieltges*, Falschinformationen und Manipulation durch Social, 357, 361 f.; *Howard/Kollanyi/Woolley*, COMPROP Data Memo 2016.4, 17.11.2016, S. 4; *Woolley*, First Monday 21 (4/2016), S. 6 f.

385 Siehe näher noch 2. Kap. E. Straftaten bei Wahlen und Abstimmungen und 3. Kap. B.I.1.c)aa)(3)(b) Die öffentliche Meinungsbildung im Internet, insbesondere in sozialen Netzwerken.

386 Vgl. II Manipulationshandlungen.

387 Vgl. . Anwendungsszenarien.

388 Vgl. III Manipulationserfolge.

Netzwerke kommunizieren. Die Computerprogramme, die Social Bots steuern, werden als Social Bot Software bezeichnet.[389]

Im zweiten Abschnitt wurde ein konkreter Feldversuch vorgestellt. Es konnte gezeigt werden, dass es mit geringen technischen Vorkenntnissen möglich ist, einen rudimentären, aber (zeitweise) funktionsfähigen Social Bot zu programmieren.[390] Dieser war allerdings nur wenige Monate lang funktionsfähig und war aufgrund seines simplen Kommunikationsverhaltens nicht geeignet, die öffentliche Meinungsbildung im Internet zu manipulieren.

Im dritten Abschnitt wurde untersucht, wie Social Bots sich mit den betroffenen Plattformen verbinden können. Hierbei war zwischen der Verbindung über ein API oder ein GUI zu unterscheiden. Es könnte gezeigt werden, dass die Verbindung über ein API aus Sicht der Plattformbetreiber sehr einfach nachvollziehbar und vollständig kontrollierbar ist. Dagegen kann bei der Verbindung über ein GUI der Einsatz eines Social Bots weitgehend verschleiert werden.[391]

Im vierten Abschnitt wurde hinterfragt, welche Verbreitung von Social Bots empirisch nachweisbar ist. Bei der aktuellen Datenlage kann davon ausgegangen werden, dass maximal fünf Prozent aller Profile in sozialen Netzwerken Social Bots sind. Die *verlässliche* Identifizierung von Social Bots im großen Maßstab ist nach hiesiger Auffassung derzeit, wenn überhaupt, nur den Plattformbetreibern möglich. Für die Öffentlichkeit ist nicht transparent, welche Methoden diese verwenden. Staatlichen Ermittlungsbehörden sollte es *im Einzelfall* möglich sein, zu ermitteln, ob ein Social Bot eingesetzt wird bzw. worden ist. Dies dürfte jeweils einen größeren personellen Aufwand erfordern.[392]

Schließlich wurde im fünften Abschnitt dargestellt, wie Social Bots verwendet werden können, um die öffentliche Meinungsbildung im Internet zu manipulieren.[393] Erläutert wurde, dass Social Bots eingesetzt werden können, um in sozialen Netzwerken Statistiken zu verändern, Inhalte zu verbreiten und Profile zu vernetzen.[394] Dabei sind ihre Gesamtzahl und individuelle Aktivität skalierbar.[395] Es ist nicht nachgewiesen, wird aber *angenommen*, dass sie die Debattenkultur und die politische Agenda im

389 A.I. Definition.
390 B.V Fazit zur Feldforschung „@RustavGadbruch".
391 C.III Zwischenergebnis Verbindungsmöglichkeitenn.
392 D.IV Zwischenergebnis Empirie.
393 B.IV Anwendungsszenarien.
394 Vgl. E.II Manipulationshandlungen.
395 Vgl. A. Anwendungsszenarien.

Internet manipulieren, Astroturfing betreiben und sogar die Ergebnisse von Wahlen und Abstimmungen beeinflussen können.[396]

396 Vgl. E.III Manipulationserfolge.

2. Kapitel: Strafbarkeitsrisiken beim Einsatz von Social Bots nach geltendem Recht

In diesem Kapitel wird geprüft, ob der Einsatz von Social Bots nach geltendem Recht strafbar ist. Die rechtswissenschaftliche Literatur ist mehrheitlich skeptisch: Die überwiegende Zahl der Autoren verneint aktuelle Strafbarkeitsrisiken,[397] und wenn Strafbarkeitsrisiken bisher bejaht werden, dann meist nur in Abhängigkeit der konkret verbreiteten Inhalte.[398] Nur vereinzelt wird vertreten, dass der Einsatz von Social Bots unabhängig vom Kommunikationsinhalt *de lege lata* schon strafbar ist.[399] Die Bundesregierung hält die „Programmierung und Verbreitung sogenannter ‚Social Bots'" nach geltendem Recht nicht für strafbar.[400] Diese aktuell vorherrschende Einschätzung wird in diesem Kapitel kritisch untersucht.

Einführend wird bestimmt, welches Verhalten zu subsumieren ist (I.) und eingegrenzt, auf welchen Sachgebieten grundsätzlich nach Strafbarkeitsrisiken zu suchen ist (II.). Die so identifizierten Sachgebiete werden anschließend geprüft (C. bis H.).

A. *Bestimmung des zu subsumierenden Verhaltens*

Zunächst muss bestimmt werden, an welches Verhalten eine mögliche Strafbarkeit anknüpfen könnte. Grundsätzlich muss dies ein menschliches Verhalten sein. Auf das Verhalten der Social Bots kann es *de lege lata* nur

---

397 *Gasser/Kraatz*, VerfBlog 2017/1/16, 1, 3 f.; *Lewke*, InTeR 2017, 207, 211; *Maas*, K&R 2017, Editorial; *Milker*, InTeR 2017, 199, 203; *Milker*, ZUM 2017, 216, 221; *Paal/Hennemann*, ZRP 2017, 76, 78; *Rückert*, in: Strafrecht und Politik, S. 167, 185; *Schröder*, DVBl 2018, 465, 472; *Steinbach*, ZRP 2017, 101, 105.

398 *Jülicher/Röttgen*, InTeR 2018, 15, 16; *Volkmann*, MMR 2018, 58, 63.

399 *Libertus*, ZUM 2018, 20, 21.

400 BT-Drs. 19/2224, S. 3 (Antwort der Deutschen Bundesregierung auf eine Kleine Anfrage der Bundestagsfraktion der Partei Bündnis 90/Die Grünen v. 18.5.2018).

mittelbar ankommen.[401] Darum ist zu formulieren, dass der *Täter* Social Bots *einsetzen* muss.[402]

Hinter diesem *Einsatz von Social Bots* verbirgt sich eine Verkettung von Datenübermittlungen, die einer mittelbaren Täterschaft nicht unähnlich ist. Der Täter aktiviert eine Social Bot Software, die bestimmte Daten an das betroffene soziale Netzwerk übermittelt. Diese Daten wiederum bewirken, dass der Social Bot automatisch die oben genannten plattformimmanenten Manipulationshandlungen (Veränderung von Statistiken, Verbreitung von Inhalten, Vernetzung von Profilen) ausführt.[403] Folgende Darstellung verdeutlicht den Prozess:

Abbildung 14 – Einsatz von Social Bots

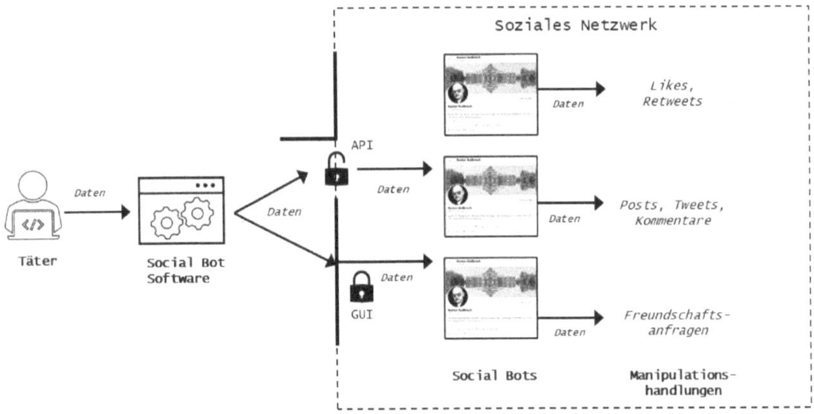

401 Dazu m.w.N. D.I.1 Kundgabe eigener Missachtung in sozialen Netzwerken und 3. Kap. B.I.1.a)bb)(1) Persönlicher Schutzbereich.

402 Es liegt nahe, auch über eine mögliche Vorbereitungsstrafbarkeit nachzudenken, die denjenigen treffen könnte, der Social Bots lediglich programmiert, aber nicht selbst einsetzt. Vorbild sein könnte § 202c StGB (Vorbereiten des Ausspähens und Abfangens von Daten). Darauf wird noch einzugehen sein, vgl. F.III § 303b Abs. 1 Nr. 2 StGB (Computersabotage). Es ist gleichwohl sinnvoll, zunächst den *Einsatz von Social Bots* zu untersuchen, da eine mögliche Vorbereitungsstrafbarkeit voraussetzt, dass das durch die Vorbereitung ermöglichte Verhalten strafbar ist.

403 Siehe oben 1. Kap. E.II Manipulationshandlungen.

Es wird vorausgesetzt, dass sämtliche Zwischenschritte und die Manipulationshandlungen dem Täter objektiv zurechenbar sind.[404] Sicherlich sind Konstellationen denkbar, in denen schon an der objektiven Zurechnung, möglicherweise auch am Tatvorsatz, zu zweifeln wäre.[405] Die Zurechnung wäre umso schwieriger zu begründen, je weniger das Verhalten des Social Bots durch den Programmierer oder Verwender determiniert wäre.[406] Allerdings können Konstellationen starker künstlicher Intelligenz und maschineller Autonomie für diese Untersuchung, die auf den aktuellen Stand der Technik gerichtet ist, außer Acht gelassen werden.[407] Die konkreten zurechnungserheblichen Tatsachen wären ohnehin jeweils Tatfrage. Im Mittelpunkt dieser Untersuchung sollen – und können – nach alledem unproblematische Fälle stehen. Für die solche unproblematischen Fälle trägt die Annahme, dass Manipulationshandlungen von Social Bots algorithmisch determiniert damit grundsätzlich objektiv zurechenbar sind.[408]

Die Beschreibung des zu subsumierenden Verhalten muss weiter ausdrücken, dass Fälle untersucht werden, in denen der Täter darauf abzielt, die öffentliche Meinungsbildung im Internet zu manipulieren. Es wird bewusst davon gesprochen, dass die Meinungs*bildung* manipuliert werden soll, nicht aber die öffentliche Meinung selbst.[409] Diese Formulierung soll verdeutlichen, dass Manipulationsobjekt der Meinungsbildungs*prozess* ist und nicht dessen Ergebnis. Sie berücksichtigt, dass noch ungeklärt ist, welche Manipulations*erfolge* Social Bots erzielen können.[410] Der klare Bezug zur Meinungsmanipulation dient dazu, Einsatzmöglichkeiten von Social Bots auszuklammern, die allein privat oder wirtschaftlich motiviert sind.[411]

Die Manipulation ergibt sich nach hiesigem Verständnis nicht daraus, dass ein konkreter Inhalt kommuniziert wird. Der Einsatz von Social Bots ist – jedenfalls theoretisch – nicht auf irgendein politisch-weltanschauliches Lager und dessen Inhalte begrenzt. Es geht darum, dass Social Bots

404 Am Beispiel des § 130 Abs. 1 StGB erstmals grds. nachgewiesen von *Volkmann*, MMR 2018, 58 ff.

405 Siehe oben Fn. 75; differenzierend auch bereits *Volkmann*, MMR 2018, 58, 61.

406 *Volkmann*, MMR 2018, 58, 63.

407 Zum Ganzen vgl. *Gaede*, Künstliche Intelligenz, S. 19 ff., 23 ff.; einordnend schon *Volkmann*, MMR 2018, 58, 63; so nun auch *Reinbacher*, in: FG Digitalisierung, S. 462.

408 Ebenso *Reinbacher*, in: FG Digitalisierung, S. 462; abermals *Volkmann*, MMR 2018, 58, 63.

409 Vgl. 3. Kap. B.I.1.c)aa)(3) Neuprägung einer gewichtigen, elementaren Rechtsposition.

410 Siehe oben A.V. Anwendungsszenarien und A.V.3 Manipulationserfolge.

411 Dazu bereits oben 1. Kap. E. Anwendungsszenarien (Fn. 366).

automatisch und *skalierbar* kommunizieren und dadurch die Rahmenbedingungen des kommunikativen Prozesses verzerren.[412] Dieser spezifische manipulative Charakter ist unabhängig vom konkreten Kommunikationsinhalt.

Zusammengefasst wird folgendes Verhalten subsumiert: „Der Täter setzt Social Bots ein, um die öffentliche Meinungsbildung im Internet zu manipulieren."

B. Eingrenzung der zu prüfenden Sachgebiete

Es stellt sich die Frage, in welchen Deliktsgruppen grundsätzlich nach Strafbarkeitsrisiken für ein solches Verhalten zu suchen ist. Zur Annäherung wird angenommen, dass Social Bots nach aktuellem Stand der Technik lediglich (aber auch immerhin) im digitalen Raum durch die Simulation menschlicher Kommunikation mit realen Menschen interagieren können, dass es ihnen aber beispielsweise nicht möglich ist, verkörperte Roboter oder Maschinen zu steuern und dadurch auch physisch-reale Handlungen vorzunehmen.[413]

Die Untersuchung beschränkt sich darum auf Delikte, die eine Verkörperung des Bots nicht erfordern. Umgekehrt gewendet kann der Einsatz von Social Bots aktuell überall dort Anknüpfungspunkt für eine Strafbarkeit sein, wo (jedenfalls auch) eine bloße Äußerung oder ein bloßer Kommunikationsakt mit Strafe bedroht sind. Diese grobe Filterung trifft aber noch nicht den Kern des Problems. Es ist bereits erwähnt worden, dass Social Bots nicht problematisch sind, weil sie kommunizieren können, sondern weil sie *automatisch* und *skalierbar* kommunizieren können und dabei womöglich über die Identität des Äußernden täuschen. Es erhellt, dass die Debatte um eine besondere *Modalität von Kommunikation* kreist. Dies führt zunächst auf das Gebiet der *Inhaltsverbreitungsdelikte* (unten C.).[414]

---

412 Vgl. ähnlich *Lewke*, InTeR 2017, 207, 209; *Libertus*, ZUM 2018, 20; *Schröder*, DVBl 2018, 465, 468.

413 Inwiefern dies durch Bots im Allgemeinen technisch überhaupt möglich wäre, kann hier nicht beurteilt werden. Angesichts des thematischen Zuschnitts der Untersuchung auf die Meinungsmanipulation erscheint es aber auch legitim, diesen Fragenkreis auszuklammern.

414 So ähnlich nun auch *Reinbacher*, in: FG Digitalisierung, S. 463 ff.; vgl. allgemein *Franke*, GA 1984, 452; *Heinrich*, in: Persönlichkeitsrecht und Medienstrafrecht, Kap. 6; *Mitsch*, Medienstrafrecht, S. 15; *Radtke*, in: MüKo-StGB, § 11 Rn. 167.

Nachdem Grundfragen zur Inhaltsverbreitung im Internet geklärt worden sind, kann eine – jedenfalls dem ersten Anschein nach – besonders relevante Teilmenge der Äußerungsdelikte in den Blick genommen werden: die Ehrdelikte. Ob Social Bots von diesen erfasst werden, hängt von deliktsspezifischen Besonderheiten ab, die genauer zu beleuchten sein werden (unten D.).

Darüber hinaus ist zu beobachten, dass die Debatte um Social Bots anhand des Verdachts aufgeflammt ist (und immer wieder aufflammt), dass diese eingesetzt werden könnten, um den demokratischen Willensbildungsprozess zu beeinflussen.[415] Dies führt die Untersuchung in das sog. *Wahlstrafrecht* (unten E.).

Strafbarkeitsrisiken sind daneben dort zu vermuten,[416] wo Delikte bereits auf Aktivitäten im digitalen Raum zugeschnitten sind, also auf dem Gebiet des sog. Computerstrafrechts (unten F.).

Vereinzelt wird erwogen, dass der Einsatz von Social Bots gemäß §§ 16, 106 UrhG strafbar sein könnte.[417] Diese Überlegungen lassen sich wohl durch die urheber- und wettbewerbsrechtlichen Entscheidungen des BGH zu „World of Warcraft“-Bots erklären.[418] Die Untersuchung betrachtet darum auch kurz die Strafbestimmungen des *Urheberrechts* (unten G.).

Das manipulative Vorgehen beim Einsatz von Social Bots rechtfertigt schließlich einen kurzen Blick auf die Urkundendelikte (unten H.).

C. *Inhaltsverbreitungsdelikte*

Social Bots können als eine besondere Modalität von Kommunikation verstanden werden, die sich dadurch auszeichnet, dass Kommunikationsakte auf spezifische Art potenziert werden, während über den Adressanten getäuscht wird. Die Deliktsgruppe der Inhaltsverbreitungsdelikte ent-

---

415 Siehe erneut *Bessi/Ferrara*, First Monday 21 (11/2016), *passim*; *Hegelich/Thieltges*, Falschinformationen und Manipulation durch Social Bots, 357, 361 f.; *Howard/Kollanyi/Woolley*, COMPROP Data Memo 2016.4, 17.11.2016, S. 4; *Woolley*, First Monday 21 (4/2016), S. 6 f.; kritisch *Beuth*, SPIEGEL Online, Die elektronische Sau im Dorf, 17.12.2018, abrufbar unter https://t1p.de/b64g (zuletzt abgerufen am 17.6.2020); zusammenfassend *Steinbach*, ZRP 2017, 101 f.

416 *Libertus*, ZUM 2018, 20, 21 ff. (bejahend).

417 *Libertus*, ZUM 2018, 20, 23.

418 BGH, Urt. v. 6.10.2016 – I ZR 25/15 (World of Warcraft I) = GRUR 2017, 266 und BGH, Urt. v. 12.1.2017 – I ZR 253/14 (World of Warcraft II) = GRUR 2017, 397.

hält Vorschriften, die an eine spezifisch-mediale Verbreitungsmodalität anknüpfen, um Strafe zu begründen oder zu schärfen.[419] Die Inhaltsverbreitungsdelikte stellen einen Teilbereich des Medienstrafrechts dar.[420] In diesem Kontext können auch die Manipulationshandlungen von Social Bots als *Kommunikationsakte* beschrieben werden: Ein Like kommuniziert, dass der Social Bot einen Inhalt befürwortet, eine Freundschaftsanfrage kommuniziert, dass der Social Bot sich mit dem Adressaten vernetzen möchte und ein Posting kommuniziert dessen Inhalt. Insofern ist zu prüfen, ob der Einsatz von Social Bots nach den Inhaltsverbreitungsdelikten strafbar ist.

Dreh- und Angelpunkt der Deliktsgruppe ist der Inhaltsbegriff des § 11 Abs. 3 StGB.[421] Die Tatbestände, die auf diesen Inhaltsbegriff verweisen, finden sich in den Abschnitten zum Friedensverrat, Hochverrat und zur Gefährdung des demokratischen Rechtsstaates;[422] zum Widerstand gegen die Staatsgewalt;[423] zu Straftaten gegen die öffentliche Ordnung;[424] zur falschen Verdächtigung;[425] zu Straftaten, welche sich auf Religion und Weltanschauung beziehen;[426] zu Straftaten gegen die sexuelle Selbstbestimmung;[427] zur Beleidigung;[428] und, als gewisse Anomalie, zu den Straftaten gegen das Leben (Werbung für den Abbruch der Schwanger-

419 Dies hat sich auch durch die Reform des § 11 Abs. 3 StGB mit dem 60. Strafrechtsänderungsgesetz und dem Übergang von einem Schriften- zu einem Inhaltsbegriff nicht verändert. Auch § 11 Abs. 3 StGB n.F. knüpft, trotz der erweiterten Terminologie, weiter an Kommunikationsmodalitäten an („Inhalte, die unabhängig von einer Speicherung mittels Informations- oder Kommunikations-technik übertragen werden"). Aufgegeben worden ist lediglich das Erfordernis einer Verkörperung für digitale Inhalte.

420 *Heinrich*, in: Persönlichkeitsrecht und Medienstrafrecht, Kap. 6 Rn. 3; *Mitsch*, Medienstrafrecht, S. 53 f. Ähnlich wie bei anderen Strafrechtsteilgebieten, die sich vom Anschauungsgegenstand her definieren, lässt sich das Medienstrafrecht nicht ganz trennscharf abstecken, *Heinrich*, in: Persönlichkeitsrecht und Medienstrafrecht, Kap. 6 Rn. 1; siehe zur vergleichbaren Situation beim Wirtschaftsstrafrecht *Tiedemann/Engelhart*, Wirtschaftsstrafrecht, § 1 Rn. 72 ff.; *Wittig*, Wirtschaftsstrafrecht, § 2 Rn. 1 ff. Die Zuordnung der Inhaltsverbreitungsdelikte ist aber zweifelsfrei.

421 *Eisele*, in: FS Wolf, S. 151, 153; *Mitsch*, Medienstrafrecht, S. 53 f.

422 §§ 80a, 86, 86a, 90, 90a, 90b, 91 StGB.

423 § 111 StGB.

424 §§ 130, 130a, 131, 140 StGB.

425 § 164 i.V.m. § 165 StGB.

426 § 166 StGB.

427 §§ 176, 176a, 184, 184a, 184b, 184c StGB.

428 §§ 186, 187, 188, 194, 200 StGB.

schaft).[429] Strafbarkeitsrisiken nach den Inhaltsverbreitungsdelikten setzen jedenfalls voraus, dass die Kommunikationsakte von Social Bots diesem Inhaltsbegriff unterfallen.

I. Inhalte i.S.d. § 11 Abs. 3 StGB n.F.

Mit Wirkung zum 1. Januar 2021 ist eine neue Fassung des § 11 Abs. 3 StGB in Kraft getreten.[430] § 11 Abs. 3 StGB lautet seither:

> „(3) Inhalte im Sinne der Vorschriften, die auf diesen Absatz verweisen, sind solche, die in Schriften, auf Ton- oder Bildträgern, in Datenspeichern, Abbildungen oder anderen Verkörperungen enthalten sind oder auch unabhängig von einer Speicherung mittels Informations- oder Kommunikationstechnik übertragen werden."

Die Kommunikationsakte von Social Bots müssen unter diesen Inhaltsbegriff subsumierbar sein. Digitale Elemente wie Bilder oder Texte lassen sich schon im ersten Zugriff als „Inhalte, die unabhängig von einer Speicherung mittels Informations- oder Kommunikationstechnik übertragen werden" i.S.d. § 11 Abs. 3 StGB verstehen. Man könnte sich aber fragen, ob für das Verändern von Statistiken oder das Vernetzen von Profilen etwas anderes gelten muss, also ob beispielsweise ein Like unter diesen Inhaltsbegriff gefasst werden kann. Insoweit ist der neue Inhaltsbegriff allerdings offen. Auch die Information, dass ein Social Bot einen Inhalt gelikt hat oder mit einem anderen Profil vernetzt ist, ist ein sinnlich wahrnehmbarer gedanklicher Inhalt, der unabhängig von einer Speicherung mittels Informations- oder Kommunikationstechnik übertragen wird. Für die Subsumtion unter den Inhaltsbegriff des neuen § 11 Abs. 3 StGB ist es unerheblich, um welche Art von Manipulationshandlung es sich handelt. Der Einsatz von Social Bots unterfällt damit umfassend dem Inhaltsbegriff des § 11 Abs. 3 StGB n.F.

Bis zur Einführung der Neufassung war problematisch, ob auch rein digitale Inhalte unter den bisherigen *Schriften*begriff des § 11 Abs. 3 StGB

---

429 § 219a StGB.

430 Sechzigstes Gesetz zur Änderung des Strafgesetzbuches – Modernisierung des Schriftenbegriffs und anderer Begriffe sowie Erweiterung der Strafbarkeit nach den §§ 86, 86a, 111 und 130 des Strafgesetzbuches bei Handlungen im Ausland v. 30.11.2020, BGBl. I 2020, S. 2600, in Kraft getreten am 1.1.2021 („60. StrÄndG" oder „60. Strafrechtsänderungsgesetz").

a.F. gefasst werden konnten. Dieser wurde zwar in ständiger Rechtsprechung auch in Internetfällen angewendet.[431] Diese Rechtsprechung wurde in der Literatur aber seit jeher heftig kritisiert.[432] Der Gesetzgeber hatte die Probleme des hergebrachten Schriftenbegriffs erkannt. Die Reform des Sexualstrafrechts aus dem Jahr 2015 lieferte die Blaupause dafür, wie der Streit um die Auslegung des tradierten Schriftenbegriffs beendet werden konnte. Dort verzichtete der Gesetzgeber im Fall des § 184d Abs. 1 Satz 1 StGB ganz auf das Merkmal der Schrift und stellte stattdessen auf „Inhalte" ab.[433] Diese Entwicklung hat sich mit dem 60. Strafrechtsänderungsgesetz fortgesetzt: Die Bundesregierung hatte im Jahr 2020 einen Gesetzentwurf vorgelegt, der vorschlug, den Schriftenbegriff des § 11 Abs. 3 StGB durch einen reinen Inhaltsbegriff zu ersetzen:[434]

> „Anstatt auf das Trägermedium soll zukünftig als Oberbegriff auf den Inhalt selbst abgestellt werden, zumal der jeweilige Inhalt der eigentliche Grund für die Strafbarkeit darauf bezogener Handlungen ist, nicht das verwendete Trägermedium."[435]

Dieser Vorschlag ist in Form des 60. Strafrechtsänderungsgesetz mit Wirkung zum 1. Januar 2021 umgesetzt worden.[436] Die Neuregelung der früheren Schriften- bzw. heutigen Inhaltsverbreitungsdelikte ist zu loben. Der Gesetzgeber hat den § 11 Abs. 3 StGB damit digitalisierungsoffen gestaltet. Die Einbeziehung der einschlägigen Tatbestände des besonderen Teils ist – weitgehend – geglückt.[437] Zugleich bleibt die frühere Handhabung des

---

431 Seit BGH, Urt. v. 27.6.2001 – 1 StR 66/01 = BGHSt 47, 55, 58.

432 *Baumann*, Besitz an Daten, S. 172 ff.; *Fischer*, § 11 Rn. 36a; *Hecker*, in: Schönke/Schröder, § 11 Rn. 74; *Saliger*, in: NK-StGB, § 11 Rn. 78; *Valerius*, BeckOK-StGB, § 11 Rn. 67.3.

433 Vgl. BT-Drs. 18/2601, S. 16; vgl. *Hörnle*, in: MüKo-StGB, § 184 Rn. 18; vgl. *Heinrich*, ZJS 2016, 297, 313 f.: „Der Gesetzgeber ist [...] im Internetzeitalter angekommen;" und zeitlos richtig *Tsambikakis*, in: AnwK-StGB, § 11 Rn. 76: „Der Gesetzgeber steht vor dem andauernden Problem, mit der technischen Entwicklung Schritt zu halten."

434 Vgl. BT-Drs. 19/19859, S. 7 ff. (Gesetzentwurf der Bundesregierung v. 10.6.2020 über ein Gesetz zur Änderung des Strafgesetzbuches – Modernisierung des Schriftenbegriffs und anderer Begriffe sowie Erweiterung der Strafbarkeit nach den §§ 86, 86a, 111 und 130 des Strafgesetzbuches bei Handlungen im Ausland); vgl. BT-Drs. 19/19859 (Beschlussempfehlung); vgl. auch BR-Drs. 167/20, S. 2 f.; vgl. *Fischer*, § 11 Rn. 33; *Valerius*, in BeckOK-StGB, § 11 Rn. 65.1.

435 Zitiert nach BR-Drs. 167/20, S. 2.

436 60. Strafrechtsänderungsgesetz v. 30.11.2020, BGBl. I, S. 2600 ff.

437 BT-Drs. 19/19859, S. 7 ff.; zu den verbleibenden offenen Fragen siehe aber III Tathandlungen der Inhaltsverbreitungstatbestände.

§ 11 Abs. 3 a.F. für Altfälle relevant. Immerhin werden auch nach dem Inkrafttreten des § 11 Abs. 3 StGB n.F. noch Haftstrafen vollstreckt, die auf der Anwendung des § 11 Abs. 3 StGB a.F. basieren. Die bisherige Rechtslage wird deshalb im Folgenden kritisch gewürdigt.

II. Schriften i.S.d. § 11 Abs. 3 StGB a.F.

§ 11 Abs. 3 StGB a.F. enthielt nach hergebrachtem Verständnis eine als Schriftenbegriff umschriebene Gleichstellungsklausel für unterschiedlichste Medien.[438] Die Klausel wurde in zahlreichen Tatbeständen des Besonderen Teils zitiert; diese wurden als *Schriften*verbreitungsdelikte bezeichnet.[439] Einleitend ist klarzustellen, dass bei der Prüfung der damaligen Schriftenverbreitungsdelikte im Folgenden, aber auch generell, getrennt zu prüfen war, ob eine Schrift i.S.d. § 11 Abs. 3 StGB a.F. vorlag und ob diese durch eine der möglichen Tathandlungen weitergereicht worden war. Nach hiesiger Auffassung durften diese separaten Tatbestandsmerkmale nicht so ausgelegt werden, dass ihre Grenzen verwischen.[440] Es wird sich noch zeigen, dass einige Ungereimtheiten beim Schriftenbegriff darauf zurückzuführen sind, dass dieser Grundsatz missachtet wurde. § 11 Abs. 3 StGB a.F. lautete:

> „Den Schriften stehen Ton- und Bildträger, Datenspeicher, Abbildungen und andere Darstellungen in denjenigen Vorschriften gleich, die auf diesen Absatz verweisen."

1. Schrift

Nach herrschender Meinung als Schriften angesehen wurden Gedankenäußerungen durch Buchstaben, Bilder oder Zeichen, die durch Augen

438 *Fischer*, 67. Auflage, § 11 Rn. 33; *Hilgendorf*, in: LK-StGB, § 11 Rn. 115; *Radtke*, in: MüKo-StGB, § 11 Rn. 166 f.; *Saliger*, in: NK-StGB, § 11 Rn. 73 f.; *Satzger*, in: SSW, § 11 Rn. 60; *Valerius*, in: BeckOK-StGB, § 11 Rn. 64.

439 Aufzählungen finden sich bei *Heinrich*, in: Persönlichkeitsrecht und Medienstrafrecht, Kap. 6 Rn. 55; *Saliger*, in: NK-StGB, § 11 Rn. 73; *Valerius*, in: BeckOK-StGB, § 11 Rn. 64.1. Soweit sie nicht ausdrücklich in Bezug genommen wird, ist der Begriff der Schrift tatbestandsautonom auszulegen, vgl. statt aller *Fischer*, § 11 Rn. 33.

440 Siehe zum sog. Verschleifungsverbot nur BVerfG, Beschl. v. 23.6.2010 2 BvR 2559/08 = BVerfGE 126, 170, 197 f.; *Gaede*, in: AnwK-StGB, § 1 Rn. 30 m.w.N.

oder Tastsinn wahrnehmbar sind, und auf irgendeine Art stofflich verkörpert sind.[441] Dieser Auslegung unterfielen die Kommunikationsakte von Social Bots nicht, da sie ausschließlich digital und nicht stofflich verkörpert sind.

2. Ton- und Bildträger, Abbildungen

Ebenso wenig unterfallen diese den Ton- und Bildträgern, also „technisch gespeicherten Gedankeninhalten, die nur durch Hilfsmittel akustisch (Tonträger) bzw. optisch (Bildträger) wahrgenommen werden können“[442] oder den Abbildungen, also „Wiedergaben der Außenwelt, die unmittelbar, das heißt ohne Hilfsmittel, wahrzunehmen sind.“[443] Auch diese setzen eine stoffliche Verkörperung voraus.[444]

3. Datenspeicher

Bei den Kommunikationsakten von Social Bots könnte es sich aber um Datenspeicher handeln, also um elektronische, elektromagnetische, optische, chemische oder sonstige Datenspeicher, die gedankliche Inhalte verkörpern, die nur unter Zuhilfenahme technischer Geräte wahrnehmbar werden.[445] Von dem Begriff erfasst sein sollen beispielsweise CDs und

---

441 *Fischer,* § 11 Rn. 34; *Hilgendorf,* in: LK-StGB, § 11 Rn. 116; *Radtke,* in: MüKo-StGB, § 11 Rn. 169; *Saliger,* in: NK-StGB, § 11 Rn. 75; *Satzger,* in: SSW, § 11 Rn. 62; *Valerius,* in: BeckOK-StGB, § 11 Rn. 67.1 i.V.m. 68.

442 Prägnant *Valerius,* in: BeckOK-StGB, § 11 Rn. 67.2; vgl. ähnlich etwa *Fischer,* § 11 Rn. 35; *Hecker,* in: Schönke/Schröder, § 11 Rn. 75 f.; *Saliger,* in: NK-StGB, § 11 Rn. 76 f.

443 Vgl. *Valerius,* in: BeckOK-StGB, § 11 Rn. 67.4 m.w.N.

444 Unstrittig, vgl. etwa *Saliger,* in: NK-StGB, § 11 Rn. 76 f. m.w.N.

445 BGH, Urt. v. 27.6.2001 – 1 StR 66/01 = BGHSt 47, 55, 58; BT-Drs. 13/7385, Gesetzentwurf der Bundesregierung, S. 36; *Fischer,* § 11 Rn. 36; *Hecker,* in: Schönke/Schröder, § 11 Rn. 77; *Saliger,* in: NK-StGB, § 11 Rn. 78; *Valerius,* in: BeckOK-StGB, § 11 Rn. 67.3.

DVDs,[446] USB-Speicher,[447] Festplatten (auch eines Smartphones)[448] und die Anzeige auf einem Bildschirm[449]. Außerdem sollen elektronische Arbeitsspeicher und Server unter den Begriff fallen, und zwar selbst dann, wenn sie Inhalte nur vorübergehend festhalten.[450] Nach *dieser* Definition muss auch ein Datenspeicher stofflich verkörpert sein. Die ausschließlich digitalen Kommunikationsakte von Social Bots unterfallen dieser Definition von Datenspeichern nicht.

Es war umstritten, ob der Begriff des Datenspeichers nur körperliche Daten*träger* meint, also die physischen Speichermedien, auf denen diese Daten und Dateien gespeichert sind, oder ob er auch Daten und Dateien *selbst* umfasst. Die Rechtsprechung setzte Datenspeicher und Daten bislang gleich, indem sie formulierte, dass beispielsweise digitalisierte Fotos, Texte oder Kennzeichen im Internet unter den Begriff des Datenspeichers gefasst werden können.[451] Die Literatur lehnte dies als Verwischung begrifflicher Grenzen überwiegend ab.[452] Die Streitfrage ist zu entscheiden. Nur wenn man der Auffassung der Rechtsprechung folgt, lassen sich die Kommuni-

---

446 Jeweils m.w.N. *Saliger*, in: NK-StGB, § 11 Rn. 78; *Valerius*, in: BeckOK-StGB, § 11 Rn. 67.3.

447 Jeweils m.w.N. *Saliger*, in: NK-StGB, § 11 Rn. 78; *Valerius*, in: BeckOK-StGB, § 11 Rn. 67.3.

448 BGH, Beschl. v. 22.1.2015 – 3 StR 490/14 = HRRS 2015 Nr. 294; *Radtke*, in: MüKo-StGB, § 11 Rn. 172; *Saliger*, in: NK-StGB, § 11 Rn. 78.

449 *Fischer*, § 11 Rn. 36; *Radtke*, in: MüKo-StGB, § 11 Rn. 172; *Saliger*, in: NK-StGB, § 11 Rn. 78; die gängige Definition vorausgesetzt ist das **zweifelhaft**, vgl. treffend *Valerius*, in: BeckOK-StGB § 11 Rn. 69 m.w.N.

450 BGH, Urt. v. 27.6.2001 – 1 StR 66/01 = BGHSt 47, 55, 58; *Saliger*, in: NK-StGB, § 11 Rn. 78 m.w.N.; hinsichtlich Arbeitsspeicher aus jüngerer Zeit kritisch *Baumann*, Besitz an Daten, S. 163 ff.

451 BGH, Urt. v. 27.6.2001 – 1 StR 66/01 = BGHSt 47, 55, 58, aufgrund der Relevanz der Formulierungen im Entscheidungswort: „Den […] Schriften stehen Datenspeicher gleich (§ 11 Abs. 3 StGB). Digitalisierte Fotos, die ins Internet gestellt werden, sind Datenspeicher in diesem Sinne; genauer: auf einem Speichermedium – in der Regel der Festplatte des Servers – gespeicherte Daten"; BGH, Beschl. v. 22.1.2015 – 3 StR 490/14 = HRRS 2015 Nr. 294: „Die auf der Festplatte des Smartphones […] gespeicherten Daten, die durch das Gerät wahrnehmbar gemacht werden können, verkörpern gedankliche Inhalte und unterfallen deshalb dem Begriff des Datenspeichers, der durch § 11 Abs. 3 StGB den Schriften gleichgestellt wird." Siehe übersichtlich *Hörnle*, in: MüKo-StGB, § 184 Rn. 18.

452 *Baumann*, Besitz an Daten, S. 172 ff.; *Fischer*, § 11 Rn. 36a; *Hecker*, in: Schönke/Schröder, § 11 Rn. 74; *Saliger*, in: NK-StGB, § 11 Rn. 78; *Valerius*, BeckOK-StGB, § 11 Rn. 67.3; i.E. wohl **a.A.** *Radtke*, in: MüKo-StGB, § 11 Rn. 173.

kationsakte von Social Bots als Datenspeicher i.S.d. § 11 Abs. 3 StGB a.F. verstehen.

a) Wortlaut

Der Begriff „Datenspeicher" wird allgemeinsprachlich definiert als ein Bestandteil eines Computers oder als ein einzelnes Gerät zum Speichern digitaler Informationen.[453] In der Informatik wird der Begriff im gleichen Sinne verstanden.[454] Auch die Sprachlogik spricht gegen eine Gleichsetzung von Speicher und Inhalt.[455] Es kann der verbreiten Kritik gefolgt werden, dass die Rechtsprechung den Unterschied zwischen Datenträger und Inhalt entgegen des natürlichen Wortsinnes nivelliert, wenn sie Datenspeicher und Daten gleichsetzt.[456] Die Konsequenz dieser Kritik sollte klar benannt werden:[457] Die Auslegung der Rechtsprechung, die Daten und Dateien unter den Begriff des Datenspeichers subsumierte, überschreitet die Wortlautgrenze des Art. 103 Abs. 2 GG und ist verfassungswidrig.[458]

---

453 *Dudenredaktion*, „Speicher" auf Duden online, abrufbar unter https://t1p.de/u6dh (zuletzt abgerufen am 29.4.2020) i.V.m. „Datenspeicher" auf Duden online, abrufbar unter https://t1p.de/iql7 (zuletzt abgerufen am 29.4.2020).

454 *Burkhardt*, in: Lexikon Informatik und Datenverarbeitung, „Datenspeicher", S. 210; *Schneider*, in: Lexikon Informatik und Datenverarbeitung, „Datenspeicherung", S. 210.

455 Es versteht sich eigentlich von selbst, dass ein wie auch immer gearteter Speicher sprachlogisch nicht mit seinem Inhalt identisch sein kann. Ein Getreidespeicher ist das Medium, in dem Getreide gespeichert wird und ein Wasserspeicher ist das Medium, in dem Wasser gespeichert wird – ein Getreidespeicher ist aber kein Getreide und ein Wasserspeicher kein Wasser; vgl. ähnlich schon *Heinrich*, in: FS Schünemann, S. 597, 602; *Lindemann/Wachsmuth*, JR 2002, 204, 207.

456 *Fischer*, § 11 Rn. 36a; *Hecker*, in: Schönke/Schröder, § 11 Rn. 77; *Hörnle*, in: MüKo-StGB, § 184 Rn. 18 f.; *Stein/Deiters*, in: SK-StGB, § 11 Rn. 107; *Saliger*, in: NK-StGB, § 11 Rn. 78; *Satzger*, in: SSW, § 11 Rn. 65.

457 Dies wird teilweise vermieden. Euphemistisch BT-Drs. 18/2601, S. 16: Rechtsprechung habe „Lösungen entwickelt"; *Radtke*, in: MüKo-StGB, § 11 Rn. 173: Einführung des Begriffs habe die „rechtlichen Schwierigkeiten […] nicht vermindert"; *Saliger*, in: NK-StGB, § 11 Rn. 78: Rechtsprechung gehe „zu weit"; die Grenzen des Art. 103 Abs. 2 GG adressierend, aber letztlich zu großzügig *Tsambikakis*, in: AnwK-StGB, § 11 Rn. 76.

458 *Bornemann*, MMR 2012, 157, 158 f.; wohl auch *Fischer*, 67. Auflage, § 184 Rn. 35 (an anderer Stelle aber noch eher offenlassend, § 11 Rn. 36a: „annähernd ganz aufgegeben"); ausdrücklich *Heinrich*, in: FS Schünemann, S. 597, 602; explizit auch *Hörnle*, in: MüKo-StGB, § 184 Rn. 18 und § 184b Rn. 22 (allzu tolerant wie-

b) Systematik

Die Gesetzessystematik spricht ebenso gegen die Auslegung der Rechtsprechung. Die Schriften, Ton- und Bildträger sowie Abbildungen, welche den Datenspeichern dem Wortlaut des § 11 Abs. 3 StGB a.F. nach gleichgesetzt waren, setzen nach nahezu einhelliger Meinung eine stoffliche Verkörperung voraus.[459] Dies spricht dafür, dasselbe für Datenspeicher zu fordern.

c) Sinn und Zweck

Zugleich ist anzuerkennen, dass der Auslegung der Rechtsprechung legitime teleologische und kriminalpolitische Erwägungen zugrunde lagen: Dächte man die Kritik der herrschenden Lehre konsequent zu Ende, hätten gravierende Strafbarkeitslücken bei Schriftenverbreitungsdelikten im Internet gedroht, da sich digitale Inhalte nach hergebrachter Auslegung weder dem Schriftenbegriff noch dem Begriff des Datenspeichers hätten zuordnen lassen. Dieses Ergebnis kann angesichts der Bedeutung der Schriftenverbreitungsdelikten etwa zur Bekämpfung von Kinderpornographie im Internet nicht ohne Ausschöpfung aller legitimen Auslegungsoptionen hingenommen werden.[460]

Seitens der Literatur wurde die Frage nach dem Vorliegen einer Schrift i.S.d. § 11 Abs. 3 StGB a.F. teilweise mit der Prüfung der jeweiligen Tathandlung vermischt und ein Zugänglichmachen, das als Tathandlung unstreitig keine körperliche Weitergabe voraussetzt,[461] eines Datenträgers für möglich gehalten.[462] Die Frage, ob die Voraussetzungen einer Schrift gegeben sind, ist der Frage nach einer tauglichen Tathandlung aber vorge-

---

derum bei § 184d Rn. 16 [Subsumtion älterer Normen „teilweise nicht einfach" gewesen] und *dies.*, NJW 2002, 1008, 1009 f.); *Lindemann/Wachsmuth*, JR 2002, 206, 207; *Müller*, MMR 2010, 344 f.; *Satzger*, in: SSW, § 11 Rn. 65; *Stein/Deiters*, in: SK-StGB, § 11 Rn. 107; unkritisch **a.A.** *Piazena*, Straftaten unter Nutzung des Internets, S. 85 f. (Anwendung auf digitalisierte Inhalte im Internet „unproblematisch").

459 Siehe dazu jeweils oben 1 Schrift sowie 2 Ton- und Bildträger, Abbildungen.

460 Siehe instruktiv *Frommel*, in: NK-StGB, § 184e Rn. 1 ff.

461 Die Tathandlung des „Zugänglichmachens" setzt nach allgemeiner Meinung im Gegensatz zum „Verbreiten" von Schriften keine physische Weitergabe voraus, siehe unten III.2 Zugänglichmachen.

462 *Eisele*, in: FS Wolf, S. 151, 155; *Hecker*, in: Schönke/Schröder, § 11 Rn. 77; *Hilgendorf*, in: LK-StGB, § 11 Rn 122; *Saliger*, in: NK-StGB, § 11 Rn. 78: „in diesen Fällen [einschlägige] Tatvariante des Zugänglichmachens".

lagert und von dieser getrennt zu prüfen.[463] Fehlt es an einer Schrift i.S.d. § 11 Abs. 3 StGB a.F., verbietet sich ein Rückgriff auf das (unkörperliche) „Zugänglichmachen“ von vornherein, da die Schrift kumulative und notwendige Voraussetzung der Strafbarkeit ist.[464]

d) Historie

§ 11 Abs. 3 StGB a.F. wurde durch das Gesetz zur Regelung der Rahmenbedingungen für Informations- und Kommunikationsdienste (nachfolgend: „IuKDG“) um den Begriff des Datenspeichers ergänzt.[465] Die einschlägigen Materialien sprechen zunächst ebenfalls gegen die Auslegung der Rechtsprechung und zeigen, dass die historische Gesetzgebung ausschließlich an physische Speichermedien gedacht hat:

> „Die Klarstellung erfaßt damit sowohl Inhalte in Datenträgern (Magnetbänder, Festplatten, CD-ROMs u. a.) als auch in elektronischen Arbeitsspeichern, welche die Inhalte nur vorübergehend bereithalten.“[466]

Dieser Befund sollte indes relativiert werden. Hinter dem konkret erklärten Ziel der Gesetzesnovelle lässt sich ein implizites Motiv erkennen, dem der tatsächlich geschaffene Wortlaut nicht gerecht wird. Die Gesetzgebung wollte „Datenspeicher, die gedankliche Inhalte verkörpern, die nur unter Zuhilfenahme technischer Geräte wahrnehmbar werden,“[467] den Schriften nicht um ihrer selbst Willen gleichstellen und war nicht durch die kon-

---

463 Treffend *Walther*, NStZ 1990, 523: „Grundbestimmung“. Hieran ändert sich auch nichts, wenn man annimmt, dass, weil § 11 Abs. 3 StGB a.F. keine Legaldefinition war (siehe etwa *Satzger*, in: SSW, § 11 Rn. 60), die genannten Begriffe im Kontext der verweisenden Norm auszulegen sind, *Saliger*, in: NK-StGB, § 11 Rn. 74 oder *Stein/Deiters*, in: SK-StGB, § 11 Rn. 101. Auch wenn die Begrifflichkeiten im Zusammenhang jeder einzelnen Verweisungsnorm auszulegen waren, unterlagen die dortigen Tatbestandsmerkmale jeweils der Wortlautgrenze.

464 Hinsichtlich des Anwendungsbereichs des Zugänglichmachens aus technischer Sicht zu großzügig, aber in der Sache ebenso schon *Hörnle*, in: MüKo-StGB, § 184 Rn. 19; ähnlich *Stein/Deiters*, in: SK-StGB, § 11 Rn. 107.

465 BGBl. I 1997, S. 1870, Gesetz zur Regelung der Rahmenbedingungen für Informations- und Kommunikationsdienste in der Fassung des Beschlusses des Deutschen Bundestages v. 22.7.1997, in Kraft getreten am 1.8.1997.

466 BT-Drs. 13/7385, S. 36 (Herv. *d. Verf.*).

467 BT-Drs. 13/7385, S. 36.

krete technische Beschaffenheit der zitierten Anwendungsfälle motiviert, sondern durch ihr *Gefährdungspotential*, das dem hergebrachter Medien entsprach: „Sie können in vergleichbarer Weise zur Wiedergabe rechtswidriger Inhalte verwendet werden und sind daher in das strafrechtliche System einzubeziehen.“[468] Die plausibelste Erklärung für die misslungene historische Formulierung ist, dass die Gesetzgebung, dem zeitgenössischen Stand der Technik entsprechend, prototypisch *offline* Computernutzungsweisen vor Augen hatte und davon ausging, dass zur Datenübertragung die physische Übergabe analoger Datenträger (Disketten, CD-ROMs, usw.) erforderlich sei.[469] Die Gesetzgebung hat nicht vorhergesehen und konnte auch nicht ernsthaft vorhersehen, dass durch den Aufstieg des Internets *online* Nutzungsweisen und die digitale, internetbasierte Datenübertragung weit überwiegende Bedeutung erlangen würden.[470] Sie hat mit dem Begriff des Datenspeichers unbewusst eine Limitierung geschaffen, die sie gerade vermeiden wollte.[471] Insofern kann der Rechtsprechung bei aller Kritik

468 BT-Drs. 13/7385, S. 36; vgl. auch *Hilgendorf*, in: LK-StGB, § 11 Rn. 121.

469 Nach Hochrechnungen gab es in der Bundesrepublik im Jahr 1997 nur rund 4,1 Millionen Internetnutzer, vgl. *ARD/ZDF*, ARD/ZDF-Onlinestudie 1997–2019, zitiert nach de.statista.com, abrufbar unter https://t1p.de/8tw9 (zuletzt abgerufen am 9.5.2020). Noch im Jahr 2003 verfügten nur ca. 9 % aller deutschen Haushalte über einen Breitband-Internetzugang, heute sind dies ca. 94 %, vgl. *Eurostat*, share of households with broadband internet access, zitiert nach de.statista.com, abrufbar unter https://t1p.de/gzo3 (zuletzt abgerufen am 9.5.2020).

470 Der Deutsche Bundestag begann zur Zeit der Verabschiedung des IuKDG gerade erst, sich mit dem Internet zu befassen. Das Stichwort „Internet“ fiel im Bundestag zum ersten Mal überhaupt im Jahr 1994; das Thema fristete (mit kurzzeitiger Unterbrechung aufgrund der geplatzten „Dot-Com“-Blase) bis in die späten 2000er Jahre eher ein rechtspolitisches Schattendasein, vgl. *Die Zeit*, Darüber spricht der Bundestag, Visualisierung aller Plenarprotokolle des Deutschen Bundestages, Stand: 24.7.2019, Stichwort: „Internet“, abrufbar unter https://t1p.de/8nan (zuletzt abgerufen am 23.4.2020), siehe auch Anhang D. Die Unvorhersehbarkeit der Entwicklung kann mittelbar auch an der vergleichsweise geringen wirtschaftlichen Bedeutung des Internets zum damaligen Zeitpunkt abgelesen werden, vgl. hierzu etwa den US-amerikanischen Technologie-Index „NASDAQ Composite“, der am 11.6.1997 (Datum der Gesetzesbegründung der Bundesregierung in BT-Drs. 13/7385) noch bei nur 1407 Punkten notierte (verglichen mit 5048 Punkten am 10.3.2000 auf dem Scheitelpunkt der „Dot-Com“-Blase und 8972 Punkten am 31.12.2019), siehe den Graphen in Anhang E. Vgl. mit dieser Vermutung auch schon *Wiacek*, Cyberkriminalität in sozialen Netzwerken, S. 117.

471 Siehe schon *Hörnle*, in: MüKo-StGB, § 184b Rn. 19 (2. Auflage, 2012): „Versehen des Gesetzgebers“; insoweit zutreffend *Wiacek*, Cyberkriminalität in sozialen Netzwerken, S. 115 f.; **a.A.** *Fischer*, 67. Auflage, § 184 Rn. 35: es sei „nicht

bescheinigt werden, dass sie § 11 Abs. 3 Var. 3 StGB a.F. im Sinne des impliziten Motivs der Gesetzgebung zu korrigieren versuchte – auch wenn sie damit ihre Zuständigkeit überschritten hat.

e) Zwischenergebnis

Die Rechtsprechung subsumierte auch Daten und Dateien unter den Begriff des Datenspeichers.[472] Sie hätte die rein digitalen Kommunikationsakte von Social Bots in allen Konstellationen erfassen können. Ihre bisherige Auslegung widerspricht aber der Systematik des Gesetzes und überschreitet vor allem die Wortlautgrenze des Art. 103 Abs. 2 GG. Sie ist deshalb nicht anschlussfähig.[473] Sie ist aus teleologischen und kriminalpolitischen Gründen gleichwohl nachvollziehbar. Zudem steht sie (nach hiesiger Lesart) im Einklang mit den impliziten Motiven der Gesetzgebung.[474] Unterdessen führt der in der Literatur verbreitete Gegenvorschlag, wenn er konsequent zu Ende gedacht wird, zu kaum hinnehmbaren Strafbarkeitslücken.[475] Der Begriff des Datenspeichers ist aus heutiger Sicht misslungen und für die Subsumtion von internetspezifischen Sachverhalten unbrauchbar. Es ist zu begrüßen, dass der Gesetzgeber diese missliche Lage durch die Überarbeitung des § 11 Abs. 3 StGB für die Zukunft aufgelöst hat. Gleichwohl verbleibt die Frage, wie Altfälle zu behandeln sind. Auch diese bedürfen einer verfassungsrechtlich tragfähigen, im Gesetzeswortlaut verankerten Legitimation. Es wird sich zeigen, dass ein dritter Weg offensteht, um für die betroffenen Fälle sachgerechte und verfassungsrechtlich legitime Ergebnisse zu erzielen.

---

wahrscheinlich“, dass der Gesetzgeber den Unterschied zwischen Speicher und Speicherinhalt nicht gekannt haben könnte. Daran dürfte richtig sein, dass die Gesetzgebung den Unterschied gekannt hat – sie hat aber seine *Relevanz* nicht erkannt.

472 Siehe oben Datenspeicher.

473 Siehe oben a) Wortlaut.

474 Siehe oben d) Historie.

475 Siehe oben c) Sinn und Zweck.

4. Andere Darstellungen

Dieser dritte Weg führt über den Begriff der „anderen Darstellung" i.S.d. § 11 Abs. 3 StGB a.F. Diese Lösung wurde lange von *Hörnle* vertreten.[476] Aus dem Wortlaut der Vorschrift ergibt sich, dass der eigentliche Oberbegriff nicht die Schrift, sondern die Darstellung war („und *andere* Darstellungen").[477] Die Darstellung wurde gemeinhin definiert als jedes stofflich verkörperte Gebilde von gewisser Dauer, das – auch unter Verwendung von Hilfsmitteln – sinnlich wahrnehmbar ist und eine Vorstellung oder einen gedanklichen Inhalt vermittelt.[478] Nach fast einhelliger Meinung in Gesetzgebung und Literatur musste also auch die „Darstellung" stofflich verkörpert sein. Zur Ermöglichung einer verfassungsrechtlich tragfähigen Behandlung von Altfällen ist dies jedoch abzulehnen.[479] Das Körperlich-

476 *Hörnle* in: MüKo-StGB, § 184 Rn. 16 (2. Auflage, 2012) und *dies.*, in: MüKo-StGB, § 184b Rn. 19 (2. Auflage, 2012), die allerdings tatbestandsbezogen auf Darstellungen in der Form von Abbildungen abstellt und aufgrund der Einführung des § 184d StGB diesen Weg in der aktuellen Kommentierung nur noch andeutet, vgl. *dies.*, in: MüKo-StGB, § 184 Rn. 19 und *dies.*, in: MüKo-StGB, § 184b Rn. 19. Der Ansatz hat aber außerhalb des Pornografiestrafrechts weiterhin Relevanz, vgl. III.1.c) Zwischenergebnis. Mit zweifelhafter Begründung, aber i.E. ebenso *Wiacek*, Cyberkriminalität in sozialen Netzwerken, S. 112 ff. (näher dazu Fn. 420).

477 BGH, Urt. v. 27.6.2001 – 1 StR 66/01 = BGHSt 47, 55, 58; BT-Drs. 13/7385, S. 36 (Gesetzentwurf der Bundesregierung); *Fischer*, 67. Auflage, § 11 Rn. 33; *Saliger*, in: NK-StGB, § 11 Rn. 74; *Valerius*, in: BeckOK-StGB, § 11 Rn. 66.

478 BT-Drs. 13/7385, S. 36; *Baumann*, Besitz an Daten, S. 153; *Fischer*, 67. Auflage, § 11 Rn. 33; *Hecker*, in: Schönke/Schröder, § 11 Rn. 72; *Heger*, in: Lackner/Kühl, § 11 Rn. 28; *Radtke*, in: MüKo-StGB, § 11 Rn. 168; *Saliger*, in: NK-StGB, § 11 Rn. 80; *Sieber*, JZ 1996, 494, 495; *Tsambikakis*, in: AnwK-StGB, § 11 Rn. 78; *Valerius*, in: BeckOK-StGB, § 11 Rn. 66; *Walther*, NStZ 1990, 523.

479 So auch schon *Hörnle*, in: MüKo-StGB, § 184b Rn. 19 und noch ausführlicher in: MüKo-StGB, § 184b Rn. 19 (2. Auflage, 2012); ausdrücklich **gegen** diesen Vorschlag *Eisele*, in: Schönke/Schröder, § 184 Rn. 7; *Eisele*, in: FS Wolf, 2018, S. 151, 152; *Heinrichs*, in: FS Schünemann, S. 597, 602 f.; eher ablehnend auch *Lindemann*, in: Leitner/Rosenau, § 74d StGB Rn. 5 und dortige Fn. 18. Auch *Wiacek*, Cyberkriminalität in sozialen Netzwerken, S. 112 ff. schlägt vor, Daten unter den Begriff der Darstellung zu fassen. Er hält aber am Körperlichkeitskriterium fest und bejaht unzutreffend die Verkörperung der Daten, weil diese letztlich auf SNS-Servern abgespeichert werden. Zwar stimmt es, dass die einmal angekommenen Daten auf verkörperten Datenträgern gespeichert werden. Diese Betrachtung führt aber zu unauflösbaren Friktionen mit der Wortlautgrenze der jeweiligen Tathandlungen, weil *die* Daten, die der Täter verbreitet/zugänglich macht, gerade nicht verkörpert sind, sondern nur digital existieren. Der Ansatz „funktioniert", wenn man § 11 Abs. 3 StGB a.F. isoliert

keitserfordernis war im Gesetzeswortlaut nicht angelegt (1), aus systematischer Sicht entbehrlich (2) und wurde auf eine historisch verfestigte Fehlinterpretation der Rechtsprechung gestützt (3). Schließlich hätte es durch das überlegene Kriterium der „Dauerhaftigkeit" ersetzt werden können (4).

a) Wortlaut

Der Wortlaut „Darstellung" ist neutral und für eine digitalisierungsoffene Auslegung geeignet. Er setzt, anders als jedenfalls die Ton- und Bildträger bzw. Datenspeicher, nicht die Grenze stofflicher Verkörperung.[480]

b) Systematik

Zunächst erscheint es fraglich, ob der hier vorgeschlagene Ansatz in sich systematisch stimmig ist. So wurde zuvor doch ausdrücklich darauf hingewiesen, dass Schriften, Ton- und Bildträger sowie Abbildungen allesamt verkörpert sein mussten und nachdrücklich dafür gestritten, die Verkörperung auch von Datenspeichern unbedingt zu fordern.[481] Dieses Verständnis bestätigt aus *heutiger* Sicht der Wortlaut des § 11 Abs. 3 StGB n.F. Dennoch kann die systematische Auslegung das hier vorgeschlagene Begriffsverständnis stützen:

Die Darstellung war der eigentliche Oberbegriff der übrigen Varianten und zugleich Auffangtatbestand.[482] Es ist systematisch einwandfrei, das Erfordernis stofflicher Verkörperung zwar für sämtliche Unterfälle, nicht aber für die *lex generalis* zu fordern. Ein systematischer Widerspruch ergibt sich auch nicht daraus, dass die Variante des Datenspeichers überhaupt existiert bzw. eingeführt wurde, weil diese nach richtigem Verständnis eben nur physische Speichermedien erfasst (und ohnehin nur zur Klarstel-

---

betrachtet, nicht aber in der – praktisch allein relevanten – Zusammenschau mit den jeweiligen Tathandlungen.

480 Vgl. bereits RG, Urt. v. 28.10.1913 – II 197/13 = RGSt 47, 404, 405 f.; näher sogleich.

481 Siehe oben 3.b) Systematik.

482 Siehe bereits Schriften i.S.d. § 11 Abs. 3 StGB a.F.; BGH, Urt. v. 27.6.2001 – 1 StR 66/01 = BGHSt 47, 55, 58; BT-Drs. 13/7385, S. 36; Baumann, Besitz an Daten, S. 153; *Fischer,* 67. Auflage, § 11 Rn. 33; *Saliger,* in: NK-StGB, § 11 Rn. 74; *Valerius,* in: BeckOK-StGB, § 11 Rn. 66.

lung ergänzt wurde[483]). Ein älteres systematisches Gegenargument besagt zwar, dass die Schriften i.S.d. § 11 Abs. 3 StGB a.F. der Einziehung gemäß § 74d StGB unterliegen, welche nur bei stofflich verkörperten Gegenständen möglich sei.[484] Die Überzeugungskraft dieses Arguments ist aus heutiger Sicht jedoch stark verringert. Jedenfalls die Rechtsprechung hat gegen die Einziehung rein digitaler Inhalte (in den einschlägigen Fällen Bitcoin) heute keine grundsätzlichen Bedenken.[485] Auch ganz konkret wird die Anwendbarkeit des § 74d auf reine Daten (*in casu:* online PDFs) von Seiten der Rechtsprechung grundsätzlich bejaht.[486] Vor allem aber gilt: Soweit dies kritisiert wird, entbrennt diese Kritik nicht am Begriff der „Einziehung“, sondern kreist um die problematische Auslegung des Datenspeichers i.S.d. § 11 Abs. 3 StGB.[487] Das kann die *hier* vorgebrachte Position indes nicht widerlegen, wenn man sich nicht in einem Zirkelschluss verfangen will.

c) Historie: Das Körperlichkeitskriterium in der Rechtsprechungsgeschichte

Bevor § 11 Abs. 3 StGB n.F. die Verkörperung ausdrücklich anordnete, wurde (jedenfalls hinsichtlich der Darstellung) nur auf die historisch gefestigte Rechtsprechung verwiesen, um zu begründen, warum eine stoffliche Verkörperung erforderlich sei.[488] Die älteren und alten Entscheidungen, auf welche die Vertreter dieser Ansicht letztlich immer wieder verwei-

---

483 Abermals BT-Drs. 13/7385, S. 36.

484 *Sieber,* JZ 1996, 494, 495.

485 Freilich wird die Einziehung in diesen Fällen nicht auf § 74d StGB gestützt, vgl. BGH, Beschl. v. 27.7.2017 – 1 StR 412/16 = HRRS 2018 Nr. 379; BGH, Beschl. v. 6.6.2018 – 4 StR 569/17 = HRRS 2018 Nr. 862.

486 LG Hamburg, Beschl. v. 2.9.2013 – 629 Qs 34/13 = NJW 2013, 3458, am Fall nur wegen anderer fehlender Voraussetzungen verneint.

487 LG Hamburg, Beschl. v. 2.9.2013 – 629 Qs 34/13 = NJW 2013, 3458, 3462, m. Anm. *Busch.*

488 Treffend *Hörnle,* in: MüKo-StGB, § 184b Rn. 19 (2. Auflage, 2012): „lediglich der Tradition geschuldet.“ Siehe aber *Hilgendorf/Valerius,* Computer- und Internetstrafrecht, Rn. 305, die die Differenzierung zwischen Inhalt und Medium wertschätzen und erhalten wollen; mit einem (inzwischen widerlegbaren) systematischen Argument siehe aber erneut *Sieber,* JZ 1996, 494, 495.

sen,[489] konnten diese Argumentation aber (jedenfalls hinsichtlich der Darstellung) nicht tragen.

Erstens ist ein regelmäßig zitiertes Urteil des Reichsgerichts zu nennen, das sich mit dem Schriftenbegriff befasste. Es behandelte aber eben nur diesen, und nicht den später eingefügten[490] Begriff der Darstellung.[491] Diese Rechtsprechung determinierte jedenfalls nicht die Auslegung des später eingefügten *Oberbegriffs* der Darstellung.[492] Ein anderes, wenig später ergangenes Urteil des Reichsgerichts, das ebenfalls regelmäßig zur Begründung des Körperlichkeitserfordernisses zitiert wurde, befasste sich dann explizit mit dem Begriff der Darstellung.[493] Dort wurde festgehalten, dass der Begriff für sich genommen eine Verkörperung nicht voraussetzte, und damit das genaue Gegenteil dessen, das durch das Urteil nachgewiesen werden sollte.[494] Das Reichsgericht formulierte, genauer, nur, dass die

---

489 Siehe die entsprechenden Zitate in den wegweisenden Untersuchungen von *Derksen*, NJW 1997, 1878, 1881 (dortige Fn. 40 ff.), *Sieber*, JZ 1996, 494, 495 (dortige Fn. 4 f.) und *Walther*, NStZ 1990, 523 (dortige Fn. 4 f.), die seither in Gesetzgebung, Rechtsprechung und Literatur allenthalben referenziert werden.

490 Zweites Gesetz zur Reform des Strafrechts (2. StrÄndG) v. 4.7.1969, BGBl. I 1969, S. 717, 719; m.w.N. *Fischer*, § 11 Rn. 1.

491 RG, Urt. v. 27.6.1913 – 4 StR 11/12 = RGSt 47, 223.

492 Obendrein kann man sogar hinsichtlich der Schrift bezweifeln, dass sich aus dieser Entscheidung das Kriterium der stofflichen Verkörperung ergibt, RG, Urt. v. 27.6.1913 – 4 StR 11/12 = RGSt 47, 223, 224: Das Reichsgericht formuliert zunächst, unter einer Schrift sei „die Festlegung von Gedankenäußerungen in der Form irgendwelcher Zeichen zu verstehen [...], welche dazu bestimmt und geeignet sind, sie dem menschlichen Verständnis zu vermitteln, sie sinnlich wahrnehmbar zu machen und demgemäß aus sich heraus wiederzugeben." Erst am anderen Ende des betroffenen Absatzes erwähnt es den Aspekt der Verkörperung, indem es erklärt, das Wesen einer Schrift liege darin, „dass der in den dargestellten Zeichen verkörperte Gedankeninhalt auf dem Wege sinnlicher Wahrnehmung dem Verständnis zugänglich ist, [...]." Man könnte argumentieren, dass es etwas anderes ist, ob ein Gedankeninhalt in Zeichen verkörpert ist, oder ob diese Zeichen „stofflich" verkörpert sein müssen. Auch digitale Schriftzeichen „verkörpern" Gedankeninhalte. Es soll nicht darüber hinweggetäuscht werden, dass das historische Reichsgericht mit Sicherheit nur analoge Schriften vor Augen hatte – die Digitalisierung lag ein Jahrhundert in der Zukunft. Trotzdem kann man bezweifeln, dass dem Entscheidungs*wortlaut* das Körperlichkeitserfordernis eindeutig entnommen werden kann.

493 RG, Urt. v. 28.10.1913 – II 197/13 = RGSt 47, 404.

494 RG, Urt. v. 28.10.1913 – II 197/13 = RGSt 47, 404, 405 f.: Der Begriff „Darstellungen" umfasse „die mannigfachen Formen des Veranschaulichens, des Übermittelns einer Vorstellung: [...] durch Wort oder Schrift, [...] Schauspieler, [...] Geräusch [...], [jeden] [sichtbaren] Gegenstand durch Bilder aller Art und durch plastische Formen [...]. Die plastische Form – die freilich wie das

Verbreitung von Darstellungen deren körperliche Weitergabe erfordere.[495] In einem ebenfalls immer wieder zitierten Urteil, jetzt des BGH, befasste dieser sich abermals nur mit dem Begriff der Schrift, nicht aber der Darstellung.[496] Für eine prominente darauffolgende Entscheidung des BGH gilt nichts anderes.[497] Dort fand sich zwar endlich eine Formulierung, die ausdrücklich nach dem Körperlichkeitskriterium klang.[498] Allein: Die Entscheidung erging nicht zum Begriff der Schrift, sondern der *Druck*schrift i.S.d. § 3 Reichspressegesetz[499] und war somit auf § 11 Abs. 3 StGB a.F. gar

Zeichnen und Malen nur für die Wiedergabe des Sichtbaren, nicht für eine solche des Tones in Betracht kommen kann – ist weder nach dem allgemeinen Sprachgebrauch noch nach demjenigen des Strafgesetzbuchs die einzige Darstellungsform. [...] Soweit die Vorstellung eines sinnlich wahrnehmbaren Vorganges anderen übermittelt werden kann, soweit kann der Vorgang dargestellt werden."

495 RG, Urt. v. 28.10.1913 – II 197/13 = RGSt 47, 404, 406 f.: „Das Wort Darstellung bedeutet zunächst das Darstellen, d.i. die auf die Übermittlung einer Vorstellung gerichtete Tätigkeit. In Verbindung mit dem Verbote des Verbreitens [...] bedeutet Darstellung aber denjenigen körperlichen Gegenstand, der durch die Tätigkeit des Darstellenden (Schreibers, Zeichners, usw.) geschaffen ist, um die Vorstellung, die dieser hat, einem anderen durch Erweckung einer möglichst gleichen Botschaft zu übermitteln." Dem hier vertretenen Ansatz könnte man entgegnen, dass es mit Art. 103 Abs. 2 GG problemlos vereinbar sei, den Begriff der Darstellung in den Tatbeständen des Medienstrafrechts in der Zusammenschau mit den dortigen Tathandlungen *enger* auszulegen, also die Verkörperung auch für die Darstellungen zu fordern. Dies ist zutreffend, führt aber zurück zu dem Problem, dass es umgekehrt nicht möglich ist, den Begriff des Datenspeichers im Kontext der jeweiligen Tathandlungen *weiter* auszulegen, und in letzter Konsequenz wieder zum unbefriedigenden wissenschaftlichen *status quo*.

496 BGH, Urt. v. 22.12.1959 – 3 StR 52/59 = BGHSt 13, 375. Erneut lässt sich sogar hinsichtlich der Schrift bezweifeln, dass eine stoffliche Verkörperung gefordert wird: So hat der BGH unter Verweis auf RGSt 47, 224 (siehe soeben) die „Schrift" im Sinne des § 93 StGB definiert als „eine Gedankenäußerung durch Buchstaben, Bilder oder Zeichen, die zur Vervielfältigung oder anderweitigen Verbreitung bestimmt ist," (amtl. Leitsatz).

497 BGH, Urt. v. 3.10.1962 – 3 StR 35/62 = BGHSt 18, 63.

498 BGH, Urt. v. 3.10.1962 – 3 StR 35/62 = BGHSt 18, 63, 64: „Das Pressewesen beruht auf der schriftlichen und bildlichen Darstellung von Gedanken. Nach hergebrachter Auffassung gehört die schriftliche und bildliche Darstellung (»Verkörperung«) von Gedanken gerade zu seinen eigentümlichen Merkmalen. Die Druckschrift ist ihrem Wesen nach eine verkörperte Gedankenäußerung, die im Unterschied zum bloß gesprochenen Wort jederzeit wieder nachgelesen, vervielfältigt und weitergegeben werden kann (BGHSt 13,375)."

499 Gesetz über die Presse v. 7.5.1874, RGBl. 1874, S. 65, aufgehoben am 30.11.2008, BGBl. I 2007, S. 2614, 2615.

nicht übertragbar. Im Übrigen wurde die Verkörperung hier erneut nur hinsichtlich der Tathandlung des „Verbreitens" gefordert.[500]

Um Missverständnissen vorzubeugen: Etwa die mehr als ein Jahrhundert alte Auslegung des Reichsgerichts nimmt nicht das richtige Begriffsverständnis vorweg. Es sollte und konnte aber gezeigt werden, dass allein ein Verweis auf die historische Rechtsprechung das Körperlichkeitskriterium (jedenfalls hinsichtlich der Darstellung) bei § 11 Abs. 3 a.F. nicht hinreichend begründen konnte.

Den genannten Entscheidungen lässt sich aber eine andere erwähnenswerte Erkenntnis entnehmen. Die Rechtsprechung hat sich seit Beginn der technologischen Revolution wiederholt der Herausforderung angenommen, technische Entwicklungen unter den jeweils geltenden Schriftenbegriff zu subsumieren, *um neuartigen und doch vergleichbaren Gefahrenlagen* gerecht zu werden.[501]

d) Begrenzung des Darstellungsbegriffes: Dauerhaftigkeit

Verzichtet man, wie hier vorgeschlagen, auf das Körperlichkeitserfordernis, stellt sich die Frage, ob der Darstellungsbegriff nicht in anderer Weise einzuschränken ist, um eine ausufernde Anwendung des § 11 Abs. 3 StGB a.F. zu verhindern. Hierfür bietet sich das Kriterium der „gewissen Dauerhaftigkeit" an. Dieses Kriterium sollte so verstanden werden, dass flüchtige[502] Inhalte – insbesondere das gesprochene Wort und andere Dar-

---

500 BGH, Urt. v. 3.10.1962 – 3 StR 35/62 = BGHSt 18, 63, 64: „Für das Begriffsmerkmal »Verbreitung von Druckschriften« ist das körperliche Zugänglichmachen des Druckstückes daher wesentlich." Hintergrund der Entscheidung war die Abgrenzung des Vorlesens einer Druckschrift vom Verbreiten, vgl. BGH, Urt. v. 3.10.1962 – 3 StR 35/62 = BGHSt 18, 63 (amtl. Leitsatz): „Das bloße wörtliche Vorlesen einer Druckschrift ist kein Verbreiten."

501 Vgl. *Franke*, GA 1984, 452, 455 f. m.w.N. Siehe auch BGH, Urt. v. 22.12.1959 – 3 StR 52/59 = BGHSt 13, 375, 376 zu § 93 StGB a.F., der sich nach der Beschreibung des BGH „gegen die *mit Mitteln der heutigen* Publizistik betriebene staats- oder verfassungsfeindliche Propaganda" richtete (Herv. *d. Verf.*). Zu den Motiven des Gesetzgebers siehe etwa BT-Drs. 13/7385, S. 36.

502 Das Stichwort taucht im Zusammenhang mit dem Schriftenbegriff immer wieder auf, vgl. BGH 1 StR 66/01 – Urt. v. 27.6.2001 = BGHSt 47, 55, *Heger*, in: Lackner/Kühl, § 11 Rn. 28; *Valerius*, in: BeckOK-StGB, § 11 Rn. 67.3; 59; *Stein/Deiters*, in: SK-StGB, § 11 Rn. 108.

stellungen in Echtzeit[503] – aus dem Anwendungsbereich des § 11 Abs. 3 StGB a.F. ausgeschlossen sind. Inhalte im Internet wären grundsätzlich in diesem Sinne dauerhaft.[504] Das in Voicechats gesprochene Wort oder Internet-Livestreams wären dagegen als flüchtige Inhalte nicht erfasst. Das Dauerhaftigkeitskriterium wäre damit, systematisch stimmig, zugleich Oberbegriff der stofflichen Verkörperung gewesen, die in den Unterfällen des § 11 Abs. 3 StGB a.F. gefordert wurde.

e) Zwischenergebnis

Die Darstellung i.S.d. § 11 Abs. 3 StGB a.F. sollte nach hier vertretener Auffassung definiert werden als jede Vermittlung einer Vorstellung oder eines gedanklichen Inhalts, die von gewisser Dauer und, auch unter Verwendung von Hilfsmitteln, sinnlich wahrnehmbar ist. Unter diesen Darstellungsbegriff lassen sich auch Daten und Dateien fassen. Nach hier vertretener Ansicht unterfallen sämtliche digitalen Kommunikationsakte von Social Bots dem Darstellungsbegriff i.S.d. § 11 Abs. 3 StGB a.F. Damit ist eine verfassungsrechtlich tragfähige Lösung für die Behandlung von Taten vor dem 1. Januar 2021 aufgezeigt.

5. Zwischenergebnis

Die Rechtsprechung hätte die digitalen Kommunikationsakte von Social Bots (wohl bis zuletzt[505]) unter den Begriff des Datenspeichers i.S.d. § 11 Abs. 3 StGB a.F. subsumiert. Nach hier vertretener Ansicht hätte dafür dagegen der Begriff der anderen Darstellung verwendet werden müssen. In jedem Fall wird man davon ausgehen dürfen, dass die von Social Bots verbreiteten digitalen Inhalte rechts*praktisch* gesehen auch unter den früheren Schriftenbegriff des § 11 Abs. 3 StGB a.F. gefallen wären. Seit der Reform des § 11 Abs. 3 StGB zu einem Inhaltsbegriff ist das Problem für

---

503 Vgl. – wohlgemerkt zur Dauerhaftigkeit einer Verkörperung – *Baumann*, Besitz an Daten, S. 155; *Heger*, in: Lackner/Kühl, § 11 Rn. 28; *Radtke*, in: MüKo-StGB, § 11 Rn. 168; *Stein/Deiters*, in: SK-StGB, § 11 Rn. 108.

504 Inhalte im Internet zeichnen sich sogar durch eine *besondere* Permanenz aus, da sie nur schwerlich *überhaupt* endgültig zu löschen sind, vgl. dazu erneut oben D.I.1.a) Likes und *Beck*, MMR 2009, 736, 740.

505 Vgl. aber die neuerdings angedeuteten Zweifel in BGH, Beschl. v. 19.8.2014 – 3 StR 88/14 = HRRS 2014 Nr. 111 (siehe Fn. 510).

Neufälle gelöst. Eingedenk der oben untersuchten Entscheidungen lässt sich sagen: So wie das Reichsgericht mit seiner Rechtsprechung zur Grammophonplatte die Aufnahme von Bild- und Tonträgern in den § 11 Abs. 3 StGB im Jahr 1969 vorgezeichnet hat,[506] so hat der internetspezifische Verbreitensbegriff den Übergang zu dem reinen Inhaltbegriff i.S.d. § 11 Abs. 3 StGB n.F. angestoßen.

III. Tathandlungen der Inhaltsverbreitungstatbestände

Der Inhaltsbegriff i.S.d. § 11 Abs. 3 StGB ist für die Inhaltsverbreitungsdelikte zentral. Doch erst die Kombination mit charakteristischen Tathandlungen prägt die Inhaltsverbreitungsdelikte aus. Nachfolgend soll gezeigt werden, welches diese charakteristischen Tathandlungen sind, und ob sie auf den Einsatz von Social Bots anwendbar sind.

1. Verbreiten

Als „Verbreiten“ werden grundsätzlich Tätigkeiten angesehen, die darauf gerichtet sind, eine Schrift körperlich weiterzugeben und einem größeren Personenkreis zugänglich zu machen.[507]

a) (Körperliche) Weitergabe

Nach Ansicht der ganz herrschenden Lehre war es zu Zeiten des § 11 Abs. 3 StGB a.F. grundsätzlich zwingend, dass die Schrift in verkörperter Form weitergegeben wird.[508] Würde diese Ansicht auch nach der Reform des § 11 Abs. 3 StGB aufrechterhalten, wäre ein Verbreiten von Inhalten i.S.d. § 11 Abs. 3 StGB n.F. über das Internet auch dann ausgeschlossen,

---

506 Siehe erneut 2. StrÄndG v. 4.7.1969, BGBl. I 1969, S. 717, 719.

507 BGH, Urt. v. 22.12.1959 – 3 StR 52/59 = BGHSt 13, 375, 376 f.; *Derksen*, NJW 1997, 1878, 1881; *Fischer*, § 74d Rn. 4; *Heinrich*, in: Persönlichkeitsrecht und Medienstrafrecht, Kap. 6 Rn. 170; bei § 186 StGB ist dagegen die Weitergabe an eine einzelne Person ausreichend, *Heger*, in: Lackner/Kühl, § 74d Rn. 5.

508 *Ellbogen*, in: BeckOK-StGB, § 86 Rn. 21; *Fischer*, entsprechend zu § 74d Rn. 4 und § 86a Rn. 15a; *Gercke*, in: Spindler/Schuster, § 86 StGB Rn. 3; ausführlich *Heinrich*, ZJS 569, 570 ff. m.w.N; *Paeffgen*, in: NK-StGB, § 86 Rn. 25; *Steinmetz*, in: MüKo, § 86 Rn. 27; *Sternberg-Lieben*, in: Schönke/Schröder, § 86 Rn. 14.

wenn man auf die Verkörperung *beim Inhaltsbegriff* verzichtet: Ein nichtverkörperter Inhalt kann nicht körperlich weitergegeben werden.

Allerdings würde nach der bisherigen Rechtsprechung etwa anderes gelten. Diese hatte zu § 11 Abs. 3 StGB a.F. (am Beispiel des § 184 Abs. 3 Nr. 1 StGB) einen internetspezifischen Verbreitensbegriff entwickelt:

> „Die Datenübertragung im Internet erfordert [...] einen für diese Form der Publikation spezifischen Verbreitensbegriff. Ein Verbreiten im Internet liegt [...] vor, wenn die Datei auf dem Rechner des Internetnutzers – sei es im (flüchtigen) Arbeitsspeicher oder auf einem (permanenten) Speichermedium – angekommen ist. Dabei ist es unerheblich, ob dieser die Möglichkeit des Zugriffs auf die Daten genutzt oder ob der Anbieter die Daten übermittelt hat."[509]

Diese Rechtsprechung kann zwar insoweit nicht überzeugen, als dass sie annimmt, dass *Datenspeicher* i.S.d. § 11 Abs. 3 StGB a.F. „verbreitet" werden könnten, weil diese einerseits angesichts der Wortlautgrenze unbedingt verkörpert sein müssen und andererseits beim internetgestützten Datentransfer gerade nicht körperlich weitergegeben werden.[510] Abweichendes gilt jedoch für *Inhalte* nach neuem, unkörperlichem Verständnis i.S.d. § 11 Abs. 3 StGB.[511] Diese können nach vorzugswürdiger Ansicht „verbreitet" werden.[512] *Insoweit* ist der internetspezifische Verbreitensbegriff der Rechtsprechung anschlussfähig: Der Wortlaut des „Verbreitens" ist offen und erlaubt es, die nichtkörperliche Weitergabe zu erfassen.[513] Zwar wird allerorts zutreffend angemerkt, dass nach früher ständiger Rechtsprechung der Verbreitensbegriff eine körperliche Weitergabe voraussetzte.[514] Auf

---

509 BGH 1 StR 66/01 – Urt. v. 27.6.2001 = BGHSt 47, 55.

510 Der 3. Senat hat in jüngerer Zeit ausdrücklich **offengelassen**, ob er dem internetspezifischen Verbreitensbegriff bei § 86a StGB folgen würde, BGH, Beschl. v. 19.8.2014 – 3 StR 88/14 = HRRS 2014 Nr. 111; nur hinsichtlich der Nichtweitergabe des Datenträgers wie hier *Eisele*, in: FS Wolf, S. 151, 154.

511 Vgl. *insoweit* ausdrücklich **anders** RGSt 47, 404, 407.

512 **A.A.** die herrschende Lehre, vgl. Fn. 456.

513 So schon zur früheren Rechtslage *Hörnle*, in: MüKo-StGB, § 184b Rn. 19 (2. Auflage, 2012); ebenso *Bosch*, in: MüKo-StGB, § 111 Rn. 23; dies konzedierend auch *Heinrich*, in: Persönlichkeitsrecht und Medienstrafrecht, Kap. 6 Rn. 171; *Hilgendorf/Valerius*, Computer- und Internetstrafrecht, Rn. 303; offenlassend *Lindemann*, in: Leitner/Rosenau, § 74d StGB Rn. 5 und dortige Fn. 18.

514 RG, Urt. v. 27.6.1913 – 4 StR 11/12 = RGSt 47, 223, 226: „Mitteilung von Hand zu Hand"; RG, Urt. v. 28.10.1913 – II 197/13 = RGSt 47, 404, 406 f.: „In Verbindung mit dem Verbote des Verbreitens [...] bedeutet Darstellung [...] denjenigen körperlichen Gegenstand, der durch die Tätigkeit des Darstellenden [...]

den zweiten Blick kann aber auch der internetspezifische Verbreitensbegriff aus dieser Tradition Argumente herleiten. Die einschlägigen Entscheidungen behandelten wiederholt die Frage, ob und wie ein Verbreiten im Zusammenhang mit auditiven Darstellungen angenommen werden könnte (Vorlesen einer Druckschrift, Abspielen einer Schallplatte).[515] Dies ist für das gesprochene Wort oder andere Darstellungen in Echtzeit immer wieder verneint worden:[516] Ein Verbreiten sollte nur in Fällen vorliegen, in denen das Übermittelte „jederzeit wieder nachgelesen, vervielfältigt und weitergegeben werden" konnte.[517] Diese Privilegierung überzeugt: Zum einen ist es für das gesprochene Wort und andere Darstellungen in Echtzeit typisch, dass der Adressant sich spontan hinreißen lässt, übertreibt oder überspitzt.[518] Zum anderen sind solche Kommunikationsformen weniger gefährlich, weil es sehr schwierig (wenn nicht gar unmöglich) ist, sie zu rezitieren bzw. zu reproduzieren.

Im Rückblick kann die Rechtsprechung mit guten Gründen so verstanden werden, dass ihr Verbreitensbegriff schon immer die *flüchtige* Kommunikation gegenüber der dauerhaft fixierten[519] Kommunikation privilegieren wollte. *Diesen Zweck* kann er auch dann noch erfüllen, wenn

---

geschaffen ist […]"; BGH, Urt. v. 3.10.1962 – 3 StR 35/62 = BGHSt 18, 63, 64: „Für das Begriffsmerkmal »Verbreitung von Druckschriften« ist das körperliche Zugänglichmachen des Druckstückes […] wesentlich."; kurz vor Einführung des internetspezifischen Verbreitensbegriffes auch noch ausdrücklich BGH, Urt. v. 24.3.1999 – 3 StR 240/98 = NJW 1999, 1979, 1980, insoweit in BGHSt 45, 41 nicht abgedruckt.

515 Vgl. RG, Urt. v. 27.6.1913 – 4 StR 11/12 = RGSt 47, 223 (zum Vorspielenlassen von Grammophonplatten); RG, Urt. v. 28.10.1913 – II 197/13 = RGSt 47, 404 (zu den der Lautübertragung dienenden Linien auf Schallplatten); BGH, Urt. v. 3.10.1962 – 3 StR 35/62 = BGHSt 18, 63 (zum Vorlesen einer Druckschrift).

516 RG, Urt. v. 27.6.1913 – 4 StR 11/12 = RGSt 47, 223, 226 zum Bloßen Vorspielen einer Schallplatte: „auf mechanischem Wege [herbeigeführter] Vortrag, der auf der Platte verkörperten Gedankenäußerung […], welcher […] wie das Vorlesen eines Schriftwerkes oder das Vorspielen eines Musikstückes […]" zu behandeln sei; BGH, Urt. v. 3.10.1962 – 3 StR 35/62 = BGHSt 18, 63: „Die Druckschrift ist ihrem Wesen nach eine verkörperte Gedankenäußerung, die im Unterschied zum bloß gesprochenen Wort jederzeit wieder nachgelesen, vervielfältigt und weitergegeben werden kann. […] Daran fehlt es beim bloßen Vorlesen."

517 BGH, Urt. v. 3.10.1962 – 3 StR 35/62 = BGHSt 18, 63, 64 (Hervorhebung durch d. Verf.).

518 Vgl. zu diesem Aspekt gerade in sozialen Netzwerken nun BVerfG, Beschl. v. 19.5.2020 – 1 BvR 1094/19 = HRRS 2020 Nr. 653 Rn. 28; BVerfG, Beschl. v. 19.5.2020 – 1 BvR 2397/19 = HRRS 2020 Nr. 654 Rn. 33.

519 Vgl. ähnliche Formulierungen in BT-Drs. 13/7385, S. 37; *Heger*, in: Lackner/Kühl, § 11 Rn. 28.

er internetspezifisch verstanden wird. Gegen den internetspezifischen Verbreitensbegriff spricht schließlich auch nicht, dass er sich mit dem eigens geschaffenen Begriff des Zugänglichmachens überschneidet. Die Gesetzgebung hat diesen Begriff eingefügt, um die Strafbarkeit klarzustellen und mögliche Strafbarkeitslücken zu schließen.[520] Praktisch macht die Streitfrage heute zwar einen geringeren Unterschied, weil regelmäßig die Variante des Zugänglichmachens zur Verfügung stehen wird; der Gesetzgeber hat mit der Neufassung des § 11 Abs. 3 StGB bewusst auch eine Vielzahl von Tatbeständen im besonderen Teil überarbeitet und die Variante des „der Öffentlichkeit zugänglich Machens“ ergänzt.[521] Unbedeutend ist sie jedoch nicht. Mehrere Delikte des Staatsschutzstrafrechts[522] und – ausgerechnet – die §§ 185 ff. StGB enthalten nach wie vor lediglich die Variante des „Verbreitens eines Inhalts (§ 11 Absatz 3)“. Im Ergebnis ist der von der Rechtsprechung etablierte internetspezifische Verbreitensbegriff für diese Fälle weiterhin anschlussfähig.[523]

aa) Subsumtion

Es bleibt zu prüfen, zu welchem Zeitpunkt bzw. durch welches Verhalten der Täter beim Einsatz von Social Bots i.d.S. „verbreitet“. Drei Anhaltspunkte kommen in Betracht. *Erstens* könnte das der Fall sein, wenn er die Social Bot Software programmiert, *zweitens* wenn er diese aktiviert oder *drittens* erst in dem Moment, in dem der Social Bot selbst den Kommunikationsakt ausführt.[524] Die Konstellation erinnert an die Bestimmung des unmittelbaren Ansetzens bei der mittelbaren Täterschaft.[525] Der Täter bedient sich hier lediglich – statt eines Menschen – eines Social Bots. Es liegt nahe, die Konstellation wie dort zu lösen.

---

520 BT-Drs. 13/7358, S. 36; vgl. bzgl. §§ 176a Abs. 2, 184 StGB so schon BGH, Urt. v. 27.6.2001 – 1 StR 66/01 = BGHSt 47, 55, 58; ähnlich schon *Wiacek*, Cyberkriminalität in sozialen Netzwerken, S. 115 f.; **a.A.** *Eisele*, in: FS Wolf, S. 151, 154.

521 BT-Drs. 19/19859, S. 7 ff.

522 §§ 80a; 86a Abs. 1 Nr. 1 Var. 4; 90 Abs. 1 Var. 3; 90b Abs. 1 Var. 3; 90c Abs. 1; 90a Abs. 1 Nr. 1 Var. 1; 90a Abs. 1 Nr. 1 Var. 2 StGB.

523 Wohlgemerkt: abgesehen von der Gleichstellung von Daten und Datenspeicher; zur alten Rechtslage i.E. ebenso *Wiacek*, Cyberkriminalität in sozialen Netzwerken, S. 116.

524 Siehe zum technischen Hintergrund des Programmstarts erneut A.II.3.f Programmstart bzw. Beginn der automatischen Tätigkeit.

525 Siehe oben B.I. Bestimmung des zu subsumierenden Verhaltens. Ausführlich *Wessels/Beulke/Satzger*, Strafrecht AT, Rn. 969 ff. m.w.N.

Nach der herrschenden Zwischenaktstheorie setzt der mittelbare Täter regelmäßig jedenfalls dann unmittelbar an, wenn er die nach seiner Vorstellung erforderliche Einwirkung auf den Tatmittler abgeschlossen hat und ihn aus seinem Einwirkungsbereich in der Vorstellung entlässt, dass er dem Geschehen seinen Lauf lassen kann, weil der Tatmittler die tatbestandsmäßige Handlung ohne wesentliche Zwischenakte oder Verzögerung vornehmen werde.[526] Als „erforderliche Einwirkung auf den Tatmittler" kann hier die Programmierung der Social Bot Software aufgefasst werden, weil diese bestimmt, wie der Social Bot sich verhalten wird. Der Täter „entlässt" den Social Bot aus „seinem Einwirkungsbereich", sobald er die Social Bot Software startet, weil der Bot ab diesem Zeitpunkt automatisch läuft.[527] Dass der Täter die Social Bot Software jederzeit stoppen (und z.B. umprogrammieren) kann,[528] schadet nicht, da er sich auch nach allgemeinen Grundsätzen nicht „jeglicher Einflussmöglichkeit auf den Vordermann begeben haben" muss.[529] Im Einzelfall könnte eine Ausnahme zu erwägen sein, wenn noch eine längere Zeitspanne zwischen dem Programmstart und dem Kommunikationsakt des Social Bots liegen soll. Auch hier ließe sich nach den allgemeinen Regeln aber eine sachgerechte Lösung finden.[530] Dies hinge von der konkreten Programmierung und damit einer Tatfrage ab.

Nach alledem „verbreitet" der Täter grundsätzlich, sobald er die Social Bot Software startet. Auf die Ausführung des Kommunikationsaktes durch den Social Bot kommt es regelmäßig nicht an. Das Programmieren der Social Bot Software wäre nach diesen Grundsätzen eine straflose Vorbereitungshandlung.

bb) Bestimmung der verbreiteten Inhalte

Ein weiteres Problem stellt sich, wenn man den Inhalts- und Verbreitensbegriff zusammenliest. Nach der hiesigen Lösung aktiviert der Täter nur die Social Bot Software, kuratiert aber nicht selbst die späteren, konkreten Kommunikationsakte im sozialen Netzwerk. Es fragt sich auch nach der

526 BGH, Urt. v. 13.9.1994 – 1 StR 357/94 = BGHSt 40, 257, 268 f.; BGH, Urt. v. 26.1.1982 – 4 StR 631/81 = BGHSt 30, 363, 365; siehe nur *Wessels/Beulke/Satzger*, Strafrecht AT, Rn. 975 m.w.N. (dortige Fn. 64).

527 Vgl. dazu A.II.3.f Programmstart bzw. Beginn der automatischen Aktivität.

528 Abermals A.II.3.f Programmstart bzw. Beginn der automatischen Aktivität.

529 BGH, Urt. v. 13.9.1994 – 1 StR 357/94 = BGHSt 40, 257, 269.

530 Vgl. BGH, Urt. v. 13.9.1994 – 1 StR 357/94 = BGHSt 40, 257, 268 f.

hier vertretenen Lösung, ob der Täter tatsächlich *die* Inhalte „verbreitet", die später im sozialen Netzwerk zu sehen sind.[531] Das Problem entsteht dadurch, dass täterseitiger Input und netzwerkseitiger Output technisch einander nicht unmittelbar entsprechen, sondern nur mittelbar verknüpft sind. Man könnte diese technisch vermittelte Distanz überbrücken, indem man bereits die vom Täter eingegebene Programmierung der Social Bot Software als den „Inhalt" auffasst, der später verbreitet wird. Das wäre aber ungenau. Es ließe außer Acht, dass es sich dabei eben nicht um dieselben Kommunikationsakte bzw. Inhalte handelt, die der Social Bot später unmittelbar ausführt bzw. veröffentlicht. Der Inhaltsbegriff muss, sauber, an letztere anknüpfen. Letztlich lassen sich diese Bedenken aber durch eine normativierte Betrachtung überwinden. Solange der Täter durch sein Verhalten (etwa: die Programmierung) die Kommunikationsakte, die der Social Bot später verbreitet, noch *zurechenbar determiniert*, sollte man davon sprechen, dass der Täter *diese* Inhalte verbreitet hat.

b) Weitergabe an einen größeren Personenkreis

Der Verbreitungsbegriff setzt in den meisten Tatbeständen außerdem voraus, dass die Schrift an einen größeren, nicht notwendig unbestimmten Personenkreis weitergegeben wird.[532] Maßgeblich ist, dass der Täter den Kreis möglicher Empfänger nicht mehr kontrollieren kann.[533] Beim Einsatz von Social Bots wird zumeist schon ein von vornherein unbestimmter und erst recht unkontrollierbarer Adressatenkreis vorliegen, da die Erlangung maximaler Reichweite in den meisten Fällen gerade der Grund dafür sein dürfte, Social Bots einzusetzen.[534] Ausnahmen sind aber denkbar, wenn sie in kleinen, abgeschlossenen Gruppen eingesetzt werden oder per

531 Vgl. zu dem Problem schon oben Fn. 436 a.E.

532 Zu § 184b Abs. 1 Nr. 3 StGB a.F. jüngst BGH, Beschl. v. 5.5.2020 – 6 StR 84/20; BGH, Urt. v. 22.12.1959 – 3 StR 52/59 = BGHSt 13, 375, 376f.; *Derksen*, NJW 1997, 1878, 1881; *Eisele*, in: Schönke/Schröder, § 184b Rn. 22; *Fischer*, § 74d Rn. 4; *Heinrich*, in: Persönlichkeitsrecht und Medienstrafrecht, Kap. 6 Rn. 170; bei § 186 StGB ist dagegen die Weitergabe an eine einzelne Person ausreichend, *Heger*, in: Lackner/Kühl, § 74d Rn. 5.

533 *Heger*, in: Lackner/Kühl, § 74d Rn. 5 m.w.N.

534 Vgl. *Piazena*, Straftaten unter Nutzung des Internets, S. 62: charakteristisch für soziale Netzwerke ist gerade ihr „Anwendungs- und Wirkbereich".

individueller (Direkt-)Nachricht kommunizieren.[535] Die Klärung dieses Merkmals ist jeweils Tatfrage.

c) Zwischenergebnis

Nach hiesiger Lösung „verbreitet" der Täter, indem er Social Bots einsetzt, und zwar „Inhalte, die unabhängig von einer Speicherung mittels Informations- oder Kommunikationstechnik übertragen werden" i.S.d. § 11 Abs. 3 StGB n.F. Die Rechtsprechung würde wohl auch zum neuen Recht zu einem vergleichbaren Ergebnis gelangen. Nach Ansicht der bisherigen herrschenden Lehre unterfiele der Einsatz von Social Bots dem Begriff des Verbreitens nicht.

2. Zugänglichmachen

Ein Zugänglichmachen setzt voraus, dass Inhalte in einer Weise verfügbar gemacht werden, die es einer anderen Person ermöglicht, sie sinnlich zur Kenntnis zu nehmen.[536] Es reicht aus, wenn eine konkrete Möglichkeit zur Kenntnisnahme geschaffen wird; die tatsächliche Kenntnisnahme ist nicht erforderlich.[537] Ein Zugänglichmachen liegt nach allgemeiner Meinung auch dann vor, wenn ein Inhalt nicht in körperlicher Form weitergegeben wird.[538] Für ein Zugänglichmachen im Internet genügt es, dass eine Datei zum Lesezugriff ins Internet gestellt wird. Es ist nicht notwendig, dass ein Internetnutzers darauf zugreift.[539]

Bevor dieser Maßstab auf den Einsatz von Social Bots angewendet wird, ist zu wiederholen, dass das unkörperliche Zugänglichmachen nicht dergestalt mit einer der verkörperten Varianten des § 11 Abs. 3 StGB zusammengelesen werden darf, dass ein insgesamt unkörperlicher Kommunikationsakt darunter zu subsumieren wäre; dieses Vorgehen würde die Wortlautgrenze der in § 11 Abs. 3 StGB genannten physischen Speichermedien

535 Vgl. zwar zu § 86a Abs. 1 Nr. 1 StGB, aber in der Sache ähnlich schon BGH, Beschl. v. 19.8.2014 – 3 StR 88/14 = HRRS 2014 Nr. 1113.

536 *Heinrich*, in: Persönlichkeitsrecht und Medienstrafrecht, Kap. 6 Rn. 172.

537 *Heinrich*, in: Persönlichkeitsrecht und Medienstrafrecht, Kap. 6 Rn. 172.

538 *Heinrich*, in: Persönlichkeitsrecht und Medienstrafrecht, Kap. 6 Rn. 172.

539 BGHSt 47, 55, 60; vgl. *Heinrich*, in: Persönlichkeitsrecht und Medienstrafrecht, Kap. 6 Rn. 173.

überschreiten.[540] In solchen Fällen ist vielmehr auf das Zugänglichmachen von Inhalten, die unabhängig von einer Speicherung mittels Informations- oder Kommunikationstechnik übertragen werden, zurückzugreifen.[541] Die Kommunikationsakte von Social Bots machen anderen Personen Daten, also Inhalte i.S.d. § 11 Abs. 3 StGB, auf digitalem, also unkörperlichem, Wege so verfügbar, dass diese sie sinnlich zur Kenntnis nehmen können. Der Einsatz von Social Bots lässt sich unter den Begriff des Zugänglichmachens subsumieren.

In einigen Tatbeständen wird einschränkend ein *öffentliches* Zugänglichmachen (seit dem 60. StrÄndG vielfach: „der Öffentlichkeit zugänglich machen") gefordert. Dieses Erfordernis galt zur alten Rechtslage als erfüllt, wenn einem nach Art und Zahl unbestimmten Personenkreis die Möglichkeit zur Kenntnisnahme der rechtswidrigen Inhalte gegeben wird.[542] Nach der bisherigen Rechtsprechung kam es für die Öffentlichkeit maßgeblich darauf an, dass „der Zugang nicht auf einen dem Anbieter überschaubaren kleinen Personenkreis beschränkt werden kann, es sich vielmehr um einen anonymen, nicht überschaubaren Benutzerkreis handelt."[543] Das Zugänglichmachen sollte danach auch innerhalb geschlossener Foren oder Gruppen öffentlich sein, wenn diese mit nur geringen Zugangshindernissen versehen sind.[544] Es erscheint sinnvoll, diese Rechtsprechung und Kommentierung auf den neuen Begriff des „der Öffentlichkeit zugänglich Machens" zu übertragen: Der Gesetzgeber hat beabsichtigt, mit dieser Formu-

540 Siehe zur **a.A.** erneut BT-Drs. 13/7385, S. 37; *Hecker*, in: Schönke/Schröder, § 11 Rn. 77; *Hilgendorf*, in: LK-StGB, § 11 Rn 122; *Saliger*, in: NK-StGB, § 11 Rn. 78: „in diesen Fällen [einschlägige] Tatvariante des Zugänglichmachens".

541 Nichtsdestotrotz können etwa auch Datenspeicher zugänglich gemacht werden. Dies setzt nach richtigem Verständnis voraus, dass der Täter den Zugriff auf ein bestimmtes physisches Speichermedium ermöglicht. Das könnte etwa beim internetgestützten *peer2peer*-Filesharing der Fall sein, wenn die Datei vom Computer des Täters geladen wird. Für Social Bots gilt das nicht. Die Social Bot Software übermittelt über das Internet Daten an die sozialen Netzwerke, die auf den Servern der Plattformbetreiber gespeichert, verarbeitet, und veröffentlicht werden. Die Daten liegen, wenn sie den Adressaten zugänglich werden, auf *diesen Servern* und damit auf einem anderen „Datenspeicher". Den Zugang zu *diesem Datenspeicher* eröffnet aber nicht der Täter, sondern der Plattformbetreiber.

542 Vgl. *Sternberg-Lieben*, in: Schönke/Schröder, § 86 Rn. 14; *Kühl*, in: Lackner/Kühl, § 86 Rn. 6; *Paeffgen*, in: NK-StGB, § 86 Rn. 36; *Steinmetz*, in: MüKo-StGB, § 86 Rn. 35.

543 BGH, Urt. v. 18.1.2012 – 2 StR 151/11 = HRRS 2012 Nr. 330.

544 BGH, Urt. v. 18.1.2012 – 2 StR 151/11 = HRRS 2012 Nr. 330; vgl. *Steinmetz*, in: MüKo-StGB, § 86 Rn. 35 m.w.N.

lierung „die im 49. StrÄndG zur Klarstellung des Gemeinten begonnene Ersetzung der Formulierung ‚öffentlich zugänglich machen' durch ‚der Öffentlichkeit zugänglich machen' fortzuschreiben."[545] Der Wortlaut beider Varianten ähnelt sich stark. Schließlich sprechen auch keine teleologischen oder systematischen Erwägungen gegen eine Übertragung der bisherigen Rechtsprechung und Kommentierung.

Die zum Verbreitensbegriff ausgeführten Überlegungen gelten im Übrigen entsprechend.[546] In den meisten Fällen wird der Adressatenkreis in sozialen Medien von vornherein nach Art und Zahl unbestimmt sein. Ausnahmen könnten im Einzelfall erneut Direktnachrichten oder geschlossene Gruppen bilden, die mit hohen Zugangshindernissen versehen sind.[547]

3. Weitere Tathandlungen

Das Verbreiten und das Zugänglichmachen sind für das Internet die relevantesten Tathandlungen der Inhaltsverbreitungsdelikte.[548] Daneben existiert eine ganze Reihe weiterer Tathandlungen, die durchaus für die Verwirklichung durch Social Bots in Betracht kommen. Zu nennen sind hier das Ausstellen oder Vorführen,[549] das Anbieten oder Überlassen,[550] das Herstellen,[551] das Ankündigen oder Anpreisen,[552] sowie das Gelangenlassen[553] oder Zeigen.[554] Diese werden seltener verwendet und sind von untergeordneter Bedeutung.[555] Da die Forschungsfrage spezifisch auf das Internet zugeschnitten ist, erscheint es vertretbar, auf eine nähere Unter-

545 BT-Drs. 19/19859, S. 3.

546 Siehe oben 1.b) Weitergabe an einen größeren Personenkreis.

547 Siehe abermals BGH, Beschl. v. 19.8.2014 – 3 StR 88/14 = HRRS 2014 Nr. 1113.

548 *Heinrich*, in: Persönlichkeitsrecht und Medienstrafrecht, Kap. 6 Rn. 170 ff. m.w.N.; *Piazena*, Straftaten unter Nutzung des Internets, S. 89 f.

549 § 74d Abs. 4 StGB.

550 §§ 130 Abs. 2 Nr. 1 und 3; 131 Abs. 1 Nr. 1 lit. b) und Nr. 3; 184 Abs. 1 Nr. 1, 3, 3a und 5; § 184a Nr. 2; § 184b Abs. 1 Nr. 4; § 184c Abs. 1 Nr. 4; 219a StGB.

551 §§ 86 Abs. 1; 86a Abs. 1 Nr. 2; 130 Abs. 2 Nr. 3; 131 Abs. 1 Nr. 3; 184 Abs. 1 Nr. 8; 184a Satz 1 Nr. 2; 184b Abs. 1 Nr. 3 und 4, 184c Abs. 1 Nr. 3 und 4 StGB.

552 §§ 91 Abs. 1 Nr. 1; 219a Abs. 1 StGB.

553 § 184 Abs. 1 Nr. 6 StGB.

554 § 184 Abs. 1 Nr. 7 StGB; vgl. zu allen vorgenannten Varianten im Einzelnen *Heinrich*, in: Persönlichkeitsrecht und Medienstrafrecht, Kap. 6 Rn. 170 ff.

555 Vgl. *Heinrich*, in: Persönlichkeitsrecht und Medienstrafrecht, Kap. 6 Rn. 170 ff.: Verbreiten und Zugänglichmachen „hauptsächliche Tathandlungen".

suchung dieser, insoweit weniger bedeutenden, Tathandlungen zu verzichten.

4. Zwischenergebnis

Die Tathandlungen des „Verbreitens“ und „Zugänglichmachens“ können (nach zutreffender Auslegung: beide) rein digitale Kommunikation erfassen und damit Anknüpfungspunkt für eine Strafbarkeit beim Einsatz von Social Bots sein.[556]

IV. Zusätzliche Voraussetzungen der konkreten Inhaltsverbreitungstatbestände

Nach dem Vorgesagten unterfällt der Einsatz von Social Bots grundsätzlich dem Anwendungsbereich der Inhaltsverbreitungsdelikte. Die lückenlose *Einbeziehung* von Social Bots in das System der Inhaltsverbreitungsdelikte führt aber noch nicht zu einer umfassenden *Pönalisierung* aller ihrer Einsatzmöglichkeiten.[557] Dieser separaten Frage soll nun nachgegangen werden. Die Inhaltsverbreitungsdelikte lassen kein zwingendes einheitliches Konzept erkennen.[558] Die folgende Darstellung folgt einer möglichen Kategorisierung nach *Mitsch*, die zwischen der Verbreitung krimineller Inhalte und der Verhaltensbeeinflussung durch Medien unterscheidet.[559]

---

556 Es bedarf nach der hier vorgeschlagenen Lösung keines bereichsspezifischen Verbreitensbegriffs („SNS-Verbreitensbegriff“), wie *Wiacek*, Cyberkriminalität in sozialen Netzwerken, S. 127 ff. ihn vorschlägt.

557 Frei nach *Franke*, GA 1984, 452, 456.

558 *Franke*, GA 1984, 454, 463 f.

559 *Mitsch*, Medienstrafrecht, S. 54 bzw. S. 75, die dortigen Kategorien der „Ermöglichung von Wahrnehmungen durch Medien“ und „Beschädigung der Medieninfrastruktur“ bleiben hier außer Betracht; in Teilen **anders** kategorisieren *Heinrich*, in: Persönlichkeitsrecht und Medienstrafrecht, Kap. 6 Rn. 108 ff. (insbesondere mit einer separaten Einordnung individualrechtsverletzender Straftaten); *Piazena*, Straftaten unter Nutzung des Internets, S. 71 ff. und *passim; Wiacek*, Cyberkriminalität in sozialen Netzwerken, S. 110 ff. und *passim*.

1. Verbreitung krimineller Inhalte

Die erste Gruppe nach dieser Kategorisierung bilden Delikte, die sich primär gegen die Verbreitung krimineller Inhalte richten. Kriminell in diesem Sinne sind Inhalte, die staatsgefährdend,[560] verfassungsfeindlich,[561] menschenverachtend,[562] beleidigend,[563] oder pornografisch[564] sind. Sie unterscheiden sich von der sogleich zu prüfenden Gruppe der straftatfördernden Delikte dadurch, dass das durch sie kriminalisierte Verhalten zwar auch, aber nur „eher mittelbar straftatfördernd" wirkt.[565]

Zu dieser Deliktsgruppe zählen das Verbreiten von Propagandamitteln und Kennzeichen verfassungswidriger Organisationen (§§ 86, 86a StGB),[566] die Verunglimpfung des Bundespräsidenten, des Staates und seiner Symbole oder von Verfassungsorganen (§§ 90, 90a, 90b StGB),[567] die Volksverhetzung und Gewaltdarstellung (§§ 130, 131 StGB),[568] die falsche Verdächtigung (§ 164 i.V.m. § 165 StGB),[569] die Bekenntnisbeschimpfung (§ 166

---

560 §§ 90, 90a, 90b StGB; vgl. *Heinrich,* in: Persönlichkeitsrecht und Medienstrafrecht, Kap. 6 Rn. 207 ff.

561 §§ 86, 86a StGB; vgl. *Mitsch,* Medienstrafrecht, S. 61 f.

562 §§ 130, 131 StGB; vgl. *Mitsch,* Medienstrafrecht, S. 56 f., 60 m.w.N.; nach überzeugender Lesart gehört hierher auch § 166 StGB, vgl. *Fischer,* § 166 Rn. 2a m.w.N.

563 § 165 i.V.m. § 164 StGB, §§ 186 ff. StGB; § 165 i.V.m. § 164 StGB ist hier einzuordnen, weil die Wirkung mit derjenigen des § 200 Abs. 2 StGB vergleichbar ist, vgl. *Zopfs,* in: MüKo-StGB, § 165 Rn. 1.

564 §§ 184, 184a, 184b, 184c StGB; vgl. *Heinrich,* in: Persönlichkeitsrecht und Medienstrafrecht, Kap. 6 Rn. 252 ff.; *Mitsch,* Medienstrafrecht, S. 63 ff.

565 Vgl. *Wiacek,* Cyberkriminalität in sozialen Netzwerken, S. 190.

566 *Heinrich,* in: Persönlichkeitsrecht und Medienstrafrecht, Kap. 6 Rn. 231 ff.; *Mitsch,* Medienstrafrecht, S. 61 f.

567 *Heinrich,* in: Persönlichkeitsrecht und Medienstrafrecht, Kap. 6 Rn. 207 ff.; *Mitsch,* Medienstrafrecht, S. 73 f.

568 *Heinrich,* in: Persönlichkeitsrecht und Medienstrafrecht, Kap. 6 Rn. 244 ff.; *Mitsch,* Medienstrafrecht, S. 54 ff., 60.

569 § 165 Abs. 1 StGB ist für den Fall einer durch das Verbreiten von Schriften (§ 11 Abs. 3 StGB) begangenen falschen Verdächtigung (§ 164 StGB) anwendbar, und kann damit auch zu den Inhaltsverbreitungstatbeständen bzw. dem Medienstrafrecht gezählt werden.

StGB),[570] die Pornographiedelikte (§§ 184, 184a, 184b, 184c StGB)[571] sowie einige der Beleidigungsdelikte (§§ 185, 186, 187, 188, 194, 200 StGB).[572]

Der Einsatz von Social Bots kann nach all diesen Delikten nur (aber dann: sehr wohl) strafbar sein, wenn sie genutzt werden, um kriminelle Inhalte im vorgenannten Sinne zu verbreiten. Strafbarkeitsrisiken für den Einsatz dieser (oder einer anderen) bestimmten Kommunikationsmodalität unabhängig vom Kommunikationsinhalt bestehen nach dieser Deliktsgruppe nicht.

2. Straftatfördernde Delikte

Als zweite Gruppe werden hier die straftatfördernden Inhaltsverbreitungsdelikte zusammengefasst.[573] Straftatfördernde Delikte erfassen Kommunikationsakte eines Täters, die unmittelbar und primär darauf gerichtet sind, das Verhalten Dritter zu beeinflussen.[574]

Die Gruppe der straftatfördernden Delikte Ungeachtet im Einzelnen auseinanderfallender Schutzrichtungen,[575] haben die Delikte dieser Gruppe gemeinsam, dass der Täter bewirkt, dass eine oder mehrere andere Personen rechtswidrige Taten begehen.[576]

Zu den einschlägigen Delikten zählen das Aufstacheln zum Verbrechen der Aggression (§ 80a StGB),[577] die Anleitung zur Begehung einer schweren staatsgefährdenden Gewalttat (§ 91 StGB),[578] die öffentliche Aufforde-

---

570 *Mitsch*, Medienstrafrecht, S. 70; **anders** (separat als individualschützend) einordnend *Heinrich*, in: Persönlichkeitsrecht und Medienstrafrecht, Kap. 6 Rn. 161.

571 *Heinrich*, in: Persönlichkeitsrecht und Medienstrafrecht, Kap. 6 Rn. 252 ff.; *Mitsch*, Medienstrafrecht, S. 63 ff.

572 **Anders** (separat als individualschützend) einordnend *Heinrich*, in: Persönlichkeitsrecht und Medienstrafrecht, Kap. 6 Rn. 108 ff.; ebenfalls **a.A.**, aber gänzlich ausschließend *Mitsch*, Medienstrafrecht, S. 53.

573 Terminologie nach *Wiacek*, Cyberkriminalität in sozialen Netzwerken, S. 190 ff.

574 Vgl. *Wiacek*, Cyberkriminalität in sozialen Netzwerken, S. 190.

575 *Rogall*, GA 1979, 11, 26.

576 *Rogall*, GA 1979, 11.

577 **Anders** (als Inhaltsdelikt) einordnend *Heinrich*, in: Persönlichkeitsrecht und Medienstrafrecht, Kap. 6 Rn. 197 ff.

578 *Mitsch*, Medienstrafrecht, S. 77; **a.A.** (Inhaltsdelikt) *Heinrich*, in: Persönlichkeitsrecht und Medienstrafrecht, Kap. 6 Rn. 210. Für die nach § 91 Abs. 1 Nr. 1 StGB maßgeblichen „Umstände der Verbreitung" soll es darauf ankommen, ob die Schrift in einem extremistischen Kontext angepriesen oder zugänglich gemacht wird (BT-Drs. 16/12428, S. 18: „Verbreitung über eine Homepage, die radikal islamistische Inhalte aufweist, oder in einem […] rechtsextremistischen

rung zu Straftaten (§ 111 StGB),[579] die Anleitung zu Straftaten (§ 130a StGB),[580] die Belohnung und Billigung von Straftaten (§ 140 StGB),[581] der sexuelle Missbrauch von Kindern (§ 176 Abs. 4 Nr. 3 StGB)[582] und die Werbung für den Abbruch der Schwangerschaft (§ 219a StGB).[583]

Strafgrund für die meisten dieser Delikte ist die Gefährlichkeit der (medial potenzierten) Beeinflussung des Verhaltens vieler Menschen, die der Täter, einmal in Gang gesetzt, nicht mehr kontrollieren kann.[584] Sie sollen

---

Internetforum."). Man kann sich fragen, ob ein solcher Kontext in gängigen sozialen Netzwerken überhaupt gegeben sein kann. Immerhin gelten dort vertragliche und gesetzliche Regelungen, und bedenkliche Inhalte können von anderen Nutzern gemeldet werden. Diese rechtlichen Rahmenbedingungen und praktischen Bemühungen sollten aber nicht über fortbestehende Probleme hinwegtäuschen. Zwar darf davon ausgegangen werden, dass Inhalte, die eindeutig gegen geltendes Recht und bzw. oder die jeweiligen Nutzungsbedingungen verstoßen, indem sie etwa Hinrichtungen, Amokläufe oder Folter zeigen, früher oder später aus den Netzwerken entfernt werden (zu den praktischen Problemen manueller Moderation vgl. *Boshmaf/Logothetis/Siganos*/u.a., In: NDSS 2015, S. 1 f., 4.). Die praktische Erfahrung aber zeigt, dass selbst extreme Inhalte oft für eine gewisse Dauer verfügbar bleiben (per Live-Stream übertragen wurden der Anschlag auf eine Moschee in Christchurch, Neuseeland [via Facebook], vgl. *Flynn*, WashingtonPost.com, 19.3.2019, abrufbar unter https://t1p.de/biq4 [zuletzt abgerufen am 30.1.2020], der Anschlag auf eine Synagoge in Halle [via Twitch], vgl. *Schwarz/Gensing*, Tagesschau.de, 9.10.2019, abrufbar unter https://t1p.de/64ub [zuletzt abgerufen am 30.1.2020] oder die Misshandlung eines geistig behinderten Menschen in Chicago [via Facebook], vgl. *Yan*, CNN.com, 6.1.2017, abrufbar unter https://t1p.de/povn [zuletzt abgerufen am 30.1.2020]; der sog. Islamische Staat verbreitete ein Video der Hinrichtung des amerikanischen Journalisten James Foley [via YouTube], vgl. *Carter*, CNN.com, 20.8.2014, abrufbar unter https://t1p.de/9el3 [zuletzt abgerufen am 30.1.2020]).

579 *Heinrich*, in: Persönlichkeitsrecht und Medienstrafrecht, Kap. 6 Rn. 276 ff.; *Mitsch*, Medienstrafrecht, S. 53 ff.; *Mitsch*, Medienstrafrecht, S. 75 f.

580 *Heinrich*, in: Persönlichkeitsrecht und Medienstrafrecht, Kap. 6 Rn. 279 ff.; *Mitsch*, Medienstrafrecht, S. 76 f.

581 *Heinrich*, in: Persönlichkeitsrecht und Medienstrafrecht, Kap. 6 Rn. 281; i.d.S. auch *Rogall*, GA 1979, 11; **a.A.** *Mitsch*, Medienstrafrecht, S. 72 (krimineller Inhalt); mit Blick auf den Normzweck (Schutz des objektiven öffentlichen Friedens, BGH, Urt. v. 28.2.1979 – 3 StR 14/79 = BGHSt 28, 312, 314, vgl. *Sternberg-Lieben*, in: Schönke/Schröder, § 140 Rn. 1 m.w.N.) ein Grenzfall.

582 *Mitsch*, Medienstrafrecht, S. 79.

583 *Mitsch*, Medienstrafrecht, S. 94.

584 Stellvertretend zu § 111 StGB zitiert nach *Fischer*, § 111 Rn. 2. Einen Sonderfall bildet der technisch vermittelte sexuelle Missbrauch von Kindern (§ 176 Abs. 4 Nr. 3 StGB), für den als Strafgrund eher erkannt werden kann, dass durch spezifisch-mediale Angriffsvektoren bestimmte Begehungsweisen überhaupt erst ermöglicht werden, etwa indem der Täter sich über digitale Kanäle gleichsam

verhindern, dass ein gesellschaftliches Klima entsteht, das die Begehung bestimmter Taten begünstigt.[585] Anknüpfungspunkt dieser Delikte ist die Beeinflussung eines (vorgestellten) fremden Verhaltens. Auch nach dieser Deliktsgruppe wird nicht bestraft, wer lediglich eine bestimmte Kommunikationsmodalität einsetzt. Der Einsatz von Social Bots ist danach nicht spezifisch strafbar. Allerdings ist auch hier die Tatbestandsverwirklichung möglich, wenn Social Bots verhaltensbeeinflussende Inhalte i.S.d. der genannten Tatbestände verbreiten.

3. Zwischenergebnis

Der bloße Einsatz von Social Bots als spezifische Kommunikations*modalität* ist nach den Inhaltsverbreitungsdelikten nicht strafbar; Strafbarkeitsrisiken bestehen vielmehr nur in Abhängigkeit der konkret verbreiteten Kommunikations*inhalte*. Die Rechtslage hat sich durch die Einführung des Inhaltsbegriffs in § 11 Abs. 3 StGB n.F. durch das 60. Strafrechtsänderungsgesetz nicht verändert.

---

in das Kinderzimmer schleicht, ohne dem Tatopfer von Angesicht zu Angesicht gegenübertreten zu müssen (sog. „Cyber Grooming"), vgl. Erwägungsgrund 19 der Richtlinie 2011/92/EU des Europäischen Parlaments und des Rates v. 13.12.2011 zur Bekämpfung des sexuellen Missbrauchs und der sexuellen Ausbeutung von Kindern sowie der Kinderpornografie sowie zur Ersetzung des Rahmenbeschlusses 2004/68/JI des Rates.

585 Vgl. *Paeffgen*, in: NK-StGB, § 80a Rn. 2 m.w.N. (selbst kritisch): Kriminalisierung gefährlicher psychologischer Einwirkung, welche die Kriegsbereitschaft und Angriffslust der Bevölkerung erhöhen könnte; zu § 91 StGB vgl. *Sternberg-Lieben*, in: Schönke/Schröder, § 91 Rn. 1 m.w.N.; zu § 111 StGB vgl. BGH, Urt. v. 23.4.1980 – 3 StR 434/79 = BGHSt 29, 258, 267: Schutz des inneren Gemeinschaftsfriedens; *Fischer*, § 111 Rn. 2 m.w.N.; ähnlich *Heger*, in: Lackner/Kühl, § 111 Rn. 1; *Fischer*, § 130a Rn. 2a m.w.N. zur h.M. (selbst kritisch, vgl. Rn. 2): Begehung bestimmter Taten verhindern, indem Entstehen allgemeiner Gewaltbereitschaft entgegengewirkt wird; *Fischer*, § 140 Rn. 2 m.w.N. (abermals selbst kritisch); bei § 219a strittig, ob auch legitimer Schutz ungeborener Menschen (etwa *Eschelbach*, in: BeckOK-StGB, § 219a Vorb.; *Gropp*, in: MüKo-StGB, § 219a Rn. 1) oder lediglich „Klimapflege sozialethischer Kommunikation" (*Merkel*, in: NK-StGB, § 219a Rn. 1), s. aber jedenfalls BT-Drucks. 7/1981 (neu), 17: „[Die Vorschrift] will verhindern, dass der Schwangerschaftsabbruch in der Öffentlichkeit als etwas Normales dargestellt und kommerzialisiert wird." Die hiesige Kategorisierung (Veranlassung fremder *rechtswidriger* Taten) unterstützt Stimmen, die die Legitimität der Vorschrift bezweifeln, vgl. *Merkel*, in: NK-StGB, § 219a Rn. 2 m.w.N.

V. Regelungstechnik und Strafzweck

Bei zahlreichen Delikten hat die Inhaltsverbreitung strafbarkeitsbegründende Funktion.[586] Etwa bei den Ehrdelikten (§§ 185, 186, 187 StGB) oder der Volksverhetzung (§ 130 Abs. 2 StGB) wirkt sie strafschärfend.[587] Im ersten Fall soll durch die Regelungstechnik erreicht werden, dass von vornherein nur solche Kommunikationsakte pönalisiert werden, die ein Mindestmaß an Aufmerksamkeit erregen können oder erregt haben.[588] Im zweiten Fall soll die Regelung dagegen ermöglichen, die besondere Intensität einer medial kommunizierten Äußerung angemessen zu ahnden.[589] Hieraus lässt sich verallgemeinernd ableiten, dass eine spezifische Kommunikationsmodalität das Unrecht der Tat erhöhen kann („Multiplikatoreffekt einer großflächigen Verbreitung von Informationen“[590]).[591] Sofern nicht das Doppelverwertungsverbot (§ 46 Abs. 3 StGB) entgegensteht, kann die Tatbegehung durch die Verbreitung von Schriften ggf. auch bei der Strafzumessung berücksichtigt werden.[592]

VI. Zwischenergebnis

Der Einsatz von Social Bots unterfällt nach zutreffender Auslegung umfänglich dem *Anwendungsbereich* der Inhaltsverbreitungsdelikte.[593] Allerdings setzt die Strafbarkeit stets einen spezifisch-kriminellen Kommunikationsinhalt voraus, sodass der bloße Einsatz dieser Kommunikationsmodalität nicht nach den Inhaltsverbreitungsdelikten strafbar ist.[594] Es wurden keine Delikte gefunden, die den Einsatz der Inhaltsverbreitung zur Manipulation der öffentlichen Meinungsbildung kriminalisieren.

---

586 *Franke*, GA 1984, 452, 458; *Mitsch*, Medienstrafrecht, S. 15 f.

587 *Franke*, GA 1984, 452, 458; *Mitsch*, Medienstrafrecht, S. 15 f. und 40.

588 *Franke*, GA 1984, 452, 458.

589 *Franke*, GA 1984, 452, 458; *Mitsch*, Medienstrafrecht, S. 40.

590 Zitiert nach *Heinrich*, in: Persönlichkeitsrecht und Medienstrafrecht, Kap. 6 Rn. 11.

591 *Mitsch*, Medienstrafrecht, S. 40.

592 *Mitsch*, Medienstrafrecht, S. 40; ausführlich dazu unten 3. Kap. E. Strafzumessungslösung.

593 Siehe oben I Inhalte i.S.d. § 11 Abs. 3 StGB n.F., III Tathandlungen der Inhaltsverbreitungstatbestände, IV Zusätzliche Voraussetzungen der konkreten Inhaltsverbreitungstatbestände.

594 Siehe oben IV Zusätzliche Voraussetzungen der konkreten Inhaltsverbreitungstatbestände.

Die Analyse der Rechtsprechungsgeschichte auf dem Gebiet der ehemaligen Schriften- und heutigen Inhaltsverbreitungsdelikte hat gezeigt, dass es kein neues Problem ist, die technische Weiter- und Neuentwicklung von Publikationsmethoden und Kommunikationsmodalitäten in das strafrechtliche System einzubeziehen. Den gesichteten Entscheidungen lässt sich entnehmen, dass diese immer wieder fragten, ob die jeweilige technische Neuerung ebenso gefährlich (oder sogar gefährlicher) ist als die bis *dato* bekannten Ausdrucksformen und -kanäle.[595]

Es konnten schließlich verschiedene Regelungstechniken identifiziert werden, die zur Verfügung stehen, um das gesteigerte Unrecht eines medial potenzierten Kommunikationsaktes zu erfassen (strafbarkeitsbegründende Funktion im Rahmen eines eigenen Tatbestandes, Qualifikationswirkung, Berücksichtigung bei der Strafzumessung).[596] Diese sind – wenngleich unspezifisch – auch auf Social Bots anwendbar.

D. Ehrdelikte

Die Manipulation der öffentlichen Meinungsbildung durch Social Bots könnte durch die Ehrdelikte der §§ 185 ff. StGB erfasst sein. Im Folgenden werden nacheinander geprüft die Beleidigung, üble Nachrede und Verleumdung sowie die gegen Personen des politischen Lebens gerichtete Beleidigung, üble Nachrede und Verleumdung (unten I. bis IV.). Anschließend wird erörtert, wie insbesondere die Meinungsfreiheit gemäß Art. 5 Abs. 1 Satz 1 GG sich auf der Ebene des Tatbestandes oder der Rechtfertigung auswirken kann (unten V.).

I. § 185 StGB (Beleidigung)

Die Beleidigung wird mit Freiheitsstrafe bis zu einem Jahr oder mit Geldstrafe bestraft, § 185 Var. 1 StGB.[597] Mit Geltung zum 3.4.2021 ist der Tatbestand ergänzt worden um eine Qualifikation für den Fall, dass die Beleidigung öffentlich, in einer Versammlung oder durch das Verbreiten

595 Siehe oben II.4.c) Historie: Das Körperlichkeitskriterium in der Rechtsprechungsgeschichte.

596 Siehe oben V Regelungstechnik und Strafzweck.

597 Die Beleidigung durch eine Tätlichkeit gem. § 185 Var. 2 StGB kann hier außer Betracht bleiben.

eines Inhalts (§ 11 Abs. 3) begangen wird. In diesen Fällen droht nun Freiheitsstrafe bis zu zwei Jahren oder Geldstrafe.[598] Dieselbe Strafandrohung gilt weiterhin für Beleidigungen, die mittels einer Tätlichkeit begangen werden.

Der Tatbestand bestimmt nicht näher, was unter einer Beleidigung zu verstehen ist.[599] Grundsätzlich wird eine Beleidigung in Rechtsprechung und Lehre definiert als ein Angriff auf die Ehre einer Person durch die Kundgabe von Missachtung, Geringschätzung oder Nichtachtung.[600] § 185 StGB erfasst dabei ausschließlich die Kundgabe *eigener* Missachtung.[601] Ermöglicht der Täter *fremde* Missachtung, greifen unter Umständen die §§ 186, 187 StGB.[602] Der Täter muss sich den Inhalt einer Äußerung zu eigen machen; anderenfalls liegt keine täterschaftliche Beleidigung i.S.d. § 185 StGB vor.[603] In Betracht kommt dann noch eine Teilnahme.[604] Vor diesem Hintergrund ist zu prüfen, ob der Täter beim Einsatz von Social Bots seine *eigene* Missachtung kundgibt. Das ist über das Internet grundsätzlich möglich – dass eine Beleidigung im digitalen Raum ausgesprochen wird, hindert nicht ihre Erfassung durch § 185 StGB.[605] Gleichwohl ist diese Voraussetzung hier in zweierlei Hinsicht problematisch. Allgemein stellt sich die Frage, ob eine tatbestandsmäßige Beleidigung begangen werden kann, indem die spezifischen Kommunikationsmöglichkeiten sozialer Netzwerke verwendet werden. Diese Frage wird seit längerer Zeit kontrovers diskutiert. Sie ist als erstes zu beantworten [a)]. Speziell für diese Untersuchung ist als zweites zu überlegen, ob die Zwischenschaltung der

---

598 Gesetz zur Bekämpfung des Rechtsextremismus und der Hasskriminalität v. 3.6.2021, BGBl. I 2021, S. 1436; zur Neufassung näher unten 3 Qualifikationstatbestand und Internetbeleidigung.

599 Zur problematischen Bestimmtheit vor dem Hintergrund von Art. 103 Abs. 2 GG siehe nur BVerfG, Beschl. v. 10.10.1995 – 1 BvR 1476/91 u.a. = BVerfGE 93, 266, 291 f; *Fischer*, § 185 Rn. 1; *Gaede*, in: Matt/Renzikowski, § 185 Rn. 1 m.w.N.

600 BGH, Urt. v. 29.5.1951 – 2 StR 153/51 = BGHSt 1, 288, 289; BGH, Beschl. v. 18.11.1957 – GSSt 2/57 = BGHSt 11, 67; 70 ff.; BGH, Urt. v. 21.2.21989 – 2 StR 662/88 = BGHSt 36, 145, 148; *Eisele/Schittenhelm*, in: Schönke/Schröder, § 185 Rn. 1; *Fischer*, § 185 Rn. 2; *Gaede*, in: Matt/Renzikowski, § 185 Rn. 3.

601 *Eisele/Schittenhelm*, in: Schönke/Schröder, § 185 Rn. 1; *Gaede*, in: Matt/Renzikowski, § 185 Rn. 3; ausführlich jüngst *Reinbacher*, JZ 2020, 558, 559 m.w.N.

602 *Eisele/Schittenhelm*, in: Schönke/Schröder, § 185 Rn. 1; *Gaede*, in: Matt/Renzikowski, § 186 Rn. 1.

603 *Eisele/Schittenhelm*, in: Schönke/Schröder, § 185 Rn. 1.

604 *Eisele/Schittenhelm*, in: Schönke/Schröder, § 185 Rn. 1.

605 Siehe ausführlich und m.w.N. nur *Wiacek*, Cyberkriminalität in sozialen Netzwerken, S. 224 ff.

Social Bot Software schon generell oder jedenfalls im Einzelfall dazu führt, dass keine *eigene* Missachtung mehr kundgegeben wird [b)].[606]

1. Kundgabe eigener Missachtung in sozialen Netzwerken

Zuerst ist zu klären, ob eine tatbestandsmäßige Kundgabe *eigener* Missachtung vorliegt, wenn der Täter die Kommunikationsmöglichkeiten sozialer Netzwerke einsetzt. Klar bejahen lässt sich dies für eigene Postings oder Kommentare.[607] Problematisch ist dies aber bei plattformimmanenten Interaktionsformen wie Likes und Sharings.[608] Die Debatte wird, soweit ersichtlich, am Beispiel der aktuell marktführenden Plattform Facebook entfaltet.

a) Likes

Umstritten ist zunächst, wie Likes zu behandeln sind.[609] Teilweise wird darauf verwiesen, dass der Täter durch seinen Like „keine eigenständige Aussage abgibt, sondern nur eine fremde unterstreicht."[610] Der Tatbeitrag sei eine klassische Förderungshandlung.[611] Das Liken einer fremden Beleidigung sei deshalb als Beihilfe i.S.d. § 27 Abs. 1 StGB zu bewerten.[612] Nach der Gegenansicht macht ein Nutzer, der einen fremden Beitrag likt,

606 Vgl. nun auch die ähnliche Aufteilung bei *Reinbacher*, in: FG Digitalisierung, S. 464 ff.

607 Siehe erneut *Wiacek*, Cyberkriminalität in sozialen Netzwerken, S. 224 ff.

608 *Gaede*, in: Matt/Renzikowski, § 185 Rn. 3; *Krischker*, JA 2013, 488 ff.; *Reinbacher*, JZ 2020, 558 ff.

609 Für Teilnahme *Krischker*, JA 2013, 488, 491 f.; *insoweit* wohl auch *Eisele/Schittenhelm*, in: Schönke/Schröder, § 185 Rn. 1; **a.A.** OLG Frankfurt a.M., Urt. v. 26.11.2015 – 16 U 64/15 = MMR 2016, 489, 490; OLG Dresden, Urt. v. 7.2.2017 – 4 U 1419/16 = MMR 2017, 542, 543; *Reinbacher*, JZ 2020, 558, 560 (dortige Fn. 23): täterschaftliche Beleidigung; *Rudolphi/Rogall*, in: SK-StGB, § 185 Rn. 4: lediglich Billigung von Straftaten.

610 *Krischker*, JA 2013, 488, 490 f.

611 *Krischker*, JA 2013, 488, 490 f.

612 *Krischker*, JA 2013, 488, 491 f.; **a.A.** *Eisele/Schittenhelm*, in: Schönke/Schröder, § 185 Rn. 1: straflos; wieder **anders** OLG Frankfurt a.M., Urt. v. 26.11.2015 – 16 U 64/15 = MMR 2016, 489, 490; OLG Dresden, Urt. v. 7.2.2017 – 4 U 1419/16 = MMR 2017, 542, 543; *Reinbacher*, JZ 2020, 558 (siehe Fn. 609).

sich diesen zu eigen.[613] Der Nutzer mache seine Zustimmung deutlich sichtbar und sorge zugleich für die Weiterverbreitung des Beitrags.[614] Es dürfe nicht grundsätzlich angenommen werden, dass dies spontan und leichtfertig geschehe.[615]

Beide Ansätze stützen sich auf eine – schwerlich vermeidbare – wertende Auslegung des Geschehens. Man könnte überlegen, die Entscheidung davon abhängig machen, welcher Erklärungswert einem Like aus der Perspektive eines objektiven Empfängers zukommt. Es scheint aber schwer möglich, diesen objektiven Empfängerhorizont aus rein normativer Perspektiver zu bestimmen. Einen Like werden Nutzergruppen je nach Alter, Bildungsgrad, Herkunft oder Internetaffinität unterschiedlich interpretieren. Die Frage ließe sich nur durch empirische Untersuchungen klären, nicht aber allein durch richterliche Erkenntnis. Zudem funktionieren Likes in jedem sozialen Netzwerk unterschiedlich – und auch innerhalb desselben Netzwerks im Verlauf der Zeit. Etwa zu der Zeit, als Nutzer bei Facebook ausschließlich über das „Daumen Hoch“-Symbol liken konnten, könnte ein Like von einem solidarischen „Ich stimme zu!“ bis zu einem neutralen „Interessante Sichtweise!“ vieles bedeutet haben. Gerade in der Jugendkultur war es damals aber sogar üblich, missfallende oder peinliche Beiträge eines Dritten zu liken, um durch den Facebook-Algorithmus dafür zu sorgen, dass die eigenen Freunde ihn ebenfalls sehen und sich darüber amüsieren (echauffieren, usw.) würden. Auch wegen dieser Unklarheiten hat das Netzwerk vor längerer Zeit dann eine Palette von Like-Symbolen (etwa ein Herz, aber auch ein wütendes Gesicht) eingeführt.[616] Diese spezielleren Symbole können heutzutage eine Solidarisierung, aber auch eine Gegnerschaft, klarer ausdrücken. Ein generelles Urteil scheint vor dem Hintergrund der empirischen Unklarheiten gleichwohl problematisch.

Davon abgesehen ist daran zu erinnern, dass der *strafrechtliche* Maßstab für eine täterschaftliche Beleidigung die „*eigene* Kundgabe der Missachtung“ ist. Anhand dieses Maßstabs lässt sich eine überzeugende Abgren-

---

613 OLG Frankfurt a.M., Urt. v. 26.11.2015 – 16 U 64/15 = MMR 2016, 489, 490; OLG Dresden, Urt. v. 7.2.2017 – 4 U 1419/16 = MMR 2017, 542, 543; *Bauer/Günther*, NZA 2013, 67, 71; *Reinbacher*, JZ 2020, 558, 560 (dortige Fn. 23).

614 *Bauer/Günther*, NZA 2013, 67, 71 im arbeitsrechtlichen Zusammenhang zur Zulässigkeit einer Kündigung.

615 *Bauer/Günther*, NZA 2013, 67, 71.

616 Dazu bspw. *Stinson*, WIRED.com, Facebook Reactions, the Totally Redesigned Like Button, Is Here, 24.2.2016, abrufbar unter https://t1p.de/03s9 (zuletzt abgerufen am 10.11.2020).

zung immerhin in eine Richtung vornehmen: Technisch wird durch einen Like die Bedeutung und Sichtbarkeit des ursprünglichen Beitrages erhöht, indem Popularity Cues beeinflusst werden.[617] Auf den gängigen Plattformen wird der gelikte Beitrag nicht weiter in das Profil des potentiellen Täters eingebunden; seine Kontakte werden über den Like allenfalls informiert.[618] Ideell wird meist – vorbehaltlich einzelfallbezogener Besonderheiten – eine *gewisse* Solidarisierung mit dem fremden Beitrag ausgedrückt; allerdings ohne dass ein nennenswerter eigenständiger Gedankengang erforderlich wäre.[619] Für eine *eigene* Kundgabe im *strafrechtlichen* Sinne reicht das in der Gesamtschau nicht aus.[620] In einem Like kann, wie zutreffend angemerkt wird, deshalb nicht *mehr* liegen als eine klassische Beihilfehandlung i.S.d. § 27 Abs. 1 StGB.[621] Im Übrigen wird, jedenfalls im Strafrecht, meist eine Einzelfallentscheidung erforderlich sein.

Das gefundene Ergebnis ist mit Blick auf den Vollendungszeitpunkt der Beleidigung problematisch.[622] Grundsätzlich ist eine Beleidigung nach Kenntnisnahme durch den Beleidigten vollendet.[623] Nach den allgemeinen Regeln ist eine Teilnahme dann aber nicht mehr möglich.[624] Das Problem wird teilweise gelöst, indem die Internetbeleidigung als Dauerdelikt behandelt wird, an dem eine sukzessive Beihilfe auch nach Vollendung möglich bliebe.[625] Das erscheint als gangbarer Weg, wenn man

617 *Insoweit* richtig *Bauer/Günther*, NZA 2013, 67, 71: „Die Anzahl der Nutzer, denen eine Aussage gefällt, gilt häufig als Maßstab für die Bedeutung der Aussage."

618 Vgl. *Krischker*, JA 2013, 488, 493.

619 *Krischker*, JA 2013, 488, 490 f.

620 *Krischker*, JA 2013, 488, 490 f. So mag die **a.A.** von *Bauer/Günther*, NZA 2013, 67, 71 im *arbeitsrechtlichen* Kontext überzeugend sein. Ins Strafrecht lässt sie sich **entgegen** OLG Frankfurt a.M., Urt. v. 26.11.2015 – 16 U 64/15 = MMR 2016, 489, 490; OLG Dresden, Urt. v. 7.2.2017 – 4 U 1419/16 = MMR 2017, 542, 543 nicht übertragen.

621 *Krischker*, JA 2013, 488, 490 f.

622 *Eisele/Schittenhelm*, in: Schönke/Schröder, § 185 Rn. 1; *Krischker*, JA 2013, 488, 491 f.; *Reinbacher*, JZ 2020, 558, 560 ff.

623 BGH, Urt. v. 12.1.1956 – 4 StR 470/55 = BGHSt 9, 17, 19 f.; *Fischer*, § 185 Rn. 14; *Gaede*, in: Matt/Renzikowski, § 185 Rn. 16; *Reinbacher*, JZ 2020, 558, 560.

624 *Eisele/Schittenhelm*, in: Schönke/Schröder, § 185 Rn. 1; *Regge/Pegel*, in: MüKo-StGB, § 185 Rn. 47.

625 *Krischker*, JA 2013, 488, 491 f. Vgl. (allerdings nur hinsichtlich des Sharing) *Reinbacher*, JZ 2020, 558, 560 ff., der seinen Vorschlag der „durativen Tatbegehung" sprachlich ausdrücklich vom Dauerdelikt abgrenzt. In der Sache aber verschwimmen die Grenzen. Die sachlichen Argumente für eine dogmatische Sonderbehandlung der Internetbeleidigung als Dauerdelikt sind nach hiesiger

sich die Besonderheiten der Beleidigung im Internet und insbesondere in sozialen Netzwerken vergegenwärtigt („besondere Öffentlichkeit, die Nicht-Löschbarkeit der Daten, die Anonymität ihrer Verbreitung“).[626] Aus kriminalpolitischen Gründen überzeugt es nicht, letztlich allein aufgrund eines tradierten Verständnisses der Deliktsstadien der Beleidigung eine Beteiligungsstrafbarkeit durch Likes vollständig zu verneinen.[627]

b) Sharing

Auch das Sharing von Beiträgen wird unterschiedlich beurteilt. Von manchen wird das Sharing im Vergleich zum Like als *stärkere*,[628] von anderen aber auch als *schwächere* Form der Solidarisierung gewertet.[629] Erneut entzündet sich der Streit an der Frage, was der Nutzer kommuniziert, wenn er einen Beitrag eines Dritten teilt. Auch hier gilt, dass sich eine abschließende, einzelfallunabhängige Antwort nicht finden lassen wird. Die Nutzerbasis ist zu divers; empirische Untersuchungen scheinen zwingend erforderlich. Entgegen einer insbesondere in der Rechtsprechung aufzufindenden Auffassung ist aber immerhin davon auszugehen, dass ein Sharing sich nicht darauf beschränkt, „auf private Inhalte anderer Nutzer hinzuweisen“.[630] Im Gegenteil ist die technische Ausgestaltung verbreitet so, dass ein geteilter Beitrag dauerhaft auf dem Profil des teilenden

---

Ansicht überzeugend (und die ausnahmslose Charakterisierung der Beleidigung als Zustandsdelikt keineswegs sakrosankt), sodass es des verbalen Umwegs über die „durative Tatbegehung“ nicht bedurft hätte.

626 Zitat nach *Beck*, MMR 2009, 736, 740 (insoweit allerdings bezogen auf Bewertungsportale); zur hiesigen Konstellation *Krischker*, JA 2013, 488, 489, 492; s. auch *Kochheim*, Cybercrime, Rn. 1732 ff.; *Volkmann*, MMR 2018, 58, 59 f.; ausweichend *Reinbacher*, JZ 2020, 558, 560 ff.; **ablehnend** aus jüngster Zeit *Ceffinato*, ZStW 132 (2020), 544, 546 f., 563; *Oğlakcıoğlu*, ZStW 132 (2020), 521, 541 ff., der wenig überzeugend behauptet, es erschließe sich „schlicht nicht“ wieso Beleidigungen, die in der Internetöffentlichkeit abgegeben werden, „beeinträchtigender für den Rezipienten sein sollten als solche in der Alltagskommunikation“.

627 So aber *Eisele/Schittenhelm*, in: Schönke/Schröder, § 185 Rn. 1.

628 *Gaede*, in: Matt/Renzikowski, § 185 Rn. 3; *Krischker*, JA 2013, 488, 493; *Rudolphi/Rogall*, in: SK-StGB, § 185 Rn. 4.

629 OLG Frankfurt a.M., Urt. v. 26.11.2015 – 16 U 64/15 = MMR 2016, 489, 490; OLG Dresden, Urt. v. 7.2.2017 – 4 U 1419/16 = MMR 2017, 542, 543; *Reinbacher*, JZ 2020, 558 ff. und *passim*.

630 So aber OLG Frankfurt a.M., Urt. v. 26.11.2015 – 16 U 64/15 = MMR 2016, 489, 490; OLG Dresden, Urt. v. 7.2.2017 – 4 U 1419/16 = MMR 2017, 542, 543.

Nutzers verankert und angezeigt wird.[631] Der geteilte Beitrag erscheint meistens in einer Reihe mit den eigenen Postings des Nutzers.[632] Zwar bleibt ein geteilter Beitrag regelmäßig als solcher erkennbar; die visuelle Differenzierung ist aber, je nach Plattform, stärker oder schwächer ausgeprägt.[633] Diese *Einbindung* in des Profil des teilenden Nutzers spricht entscheidend für eine stärkere Form der Solidarisierung.[634] Deshalb ist anzunehmen, dass sich die von einem Dritten veröffentlichte Beleidigung zu eigen macht, wer diese in sozialen Netzwerken teilt. Es liegt grundsätzlich eine täterschaftliche Beleidigung i.S.d. § 185 StGB vor.[635] Ausnahmsweise kann etwas anderes gelten, wenn der teilende Nutzer ausdrücklich einen gegensätzlichen Kontext herstellt, etwa durch einen Begleitsatz oder ein Emoticon. Dies ist im Einzelfall festzustellen.

c) Zusammenfassung

Wer durch Dritte veröffentlichte, beleidigende Beiträge in sozialen Netzwerken likt, kann sich wegen Beihilfe zur Beleidigung gemäß §§ 185, 27 Abs. 1 StGB strafbar machen. Wer solche Beiträge teilt, kann sich wegen täterschaftlicher Beleidigung gemäß § 185 StGB strafbar machen. In beiden Fällen sind die Umstände des Einzelfalles zu berücksichtigen. Eigene Postings oder Kommentare unterfallen § 185 StGB in jedem Fall.

2. Kundgabe eigener Missachtung beim Einsatz von Social Bots

Nachdem festgestellt worden ist, dass § 185 StGB auf alle Kommunikationsakte in sozialen Netzwerken jedenfalls *grundsätzlich* anwendbar ist, ist zu prüfen, ob dies für Social Bots ebenso gilt. Daran könnte man zweifeln, weil beim Einsatz von Social Bots gleichsam eine zusätzlich Ebene bzw. einer weiterer „Akteur“ zwischen den potentiellen Täter und das Tatopfer

---

631 *Krischker*, JA 2013, 488, 493.

632 *Krischker*, JA 2013, 488, 493.

633 *Krischker*, JA 2013, 488, 493.

634 Zum Ganzen schon früh *Krischker*, JA 2013, 488, 493; i.E. so wie hier *Volkmann*, MMR 2018, 58, 62.

635 Ebenso *Gaede*, in: Matt/Renzikowski, § 185 Rn. 3; *Krischker*, JA 2013, 488, 493; *Volkmann*, MMR 2018, 58, 62.

geschaltet wird.[636] Man könnte erwägen, dass der (potentielle) Täter keine *eigene* Erklärung abgebe, weil ausschließlich der Social Bot etwas erkläre. In diesem Fall müsste eine Strafbarkeit des „Hintermannes“ ausscheiden.

Zunächst ist zu wiederholen, dass hier vorausgesetzt wird, dass es in unproblematischen Fällen grundsätzlich möglich ist, die Kommunikationsakte von Social Bots dem Täter zuzurechnen.[637] Es muss also um die Frage gehen, ob es gerade am Kriterium der *eigenen* Kundgabe i.S.d. § 185 StGB fehlen könnte. Zudem ist klarzustellen, dass ein Social Bot *nie* eine *eigene* Erklärung abgibt; Social Bots sind keine handlungsfähigen Subjekte im Sinne des StGB.[638] Wenn überhaupt, falls also die objektive Zurechnung zum Programmierer bzw. Verwender des Social Bots im Einzelfall unterbrochen sein sollte, kann der Bot eine *zufällig* (oder nach anderen Parametern) *generierte* Erklärung, die keinem menschlichen Täter mehr zurechenbar ist, abgeben.[639]

Eine Antwort auf die hiesige Frage lässt sich aus der hergebrachten Dogmatik des § 185 StGB ableiten. Es ist weithin anerkannt, dass eine beleidigende Äußerung auch über andere Personen vermittelt werden kann.[640] Etwa dann, wenn der Täter einen Boten eine Beleidigung überbringen lässt, welche letzterer nicht versteht, kommt auch bei § 185 StGB insbesondere eine mittelbare Täterschaft in Betracht.[641] Ähnlich liegt der Fall hier. Der Täter begeht die Beleidigung im wahrsten Sinne des Wort(laut)es

---

636 Siehe dazu erneut A. Bestimmung des zu subsumierenden Verhaltens; insoweit etwas oberflächlich bejahend *Volkmann*, MMR 2018, 58, 60 f.

637 Auf Detailfragen der objektiven Zurechnung oder des Vorsatzes beim Einsatz von intelligenten Agenten kann hier nicht eingegangen werden. Siehe abermals A. Bestimmung des zu subsumierenden Verhaltens. Siehe ausführlich bzgl. Social Bots schon *Volkmann*, MMR 2018, 58 ff.; knapp auch *Jülicher/Röttgen*, InTeR 2018, 15, 16.

638 Vgl. *Jülicher/Röttgen*, InTeR 2018, 15, 16; *Lewke*, InTeR 2017, 207, 210; *Milker*, ZUM 2017, 216, 217; *Milker*, InTeR 2017, 199, 201; *Schröder*, DVBl 2018, 465, 466; *Steinbach*, ZRP 2017, 101, 102: keine Grundrechtsträger; zu potentiellen Speziesrechten für *starke* künstliche Intelligenz *Gaede*, Künstliche Intelligenz, S. 19 ff., 23 ff., 31 ff.

639 Vgl. treffend schon *Steinbach*, ZRP 2017, 101, 102: Bot ist „Sprachrohr“, Subjekt ist die ihn einsetzende Person; ähnlich *Lewke*, InTeR 2017, 207, 210; *Jülicher/Röttgen*, InTeR 2018, 15, 16; *Milker*, ZUM 2017, 216, 217; *Volkmann*, MMR 2018, 58, 6.

640 *Eisele/Schittenhelm*, in: Schönke/Schröder, § 185 Rn. 17; *Fischer*, § 185 Rn. 13; *Gaede*, in: Matt/Renzikowski, § 185 Rn. 3; **a.A.** *Zaczyk*, in: NK-StGB, § 185 Rn. 19.

641 *Fischer*, § 185 Rn. 13; *Gaede*, in: Matt/Renzikowski, § 185 Rn. 22; **differenzierend** *Eisele/Schittenhelm*, in: Schönke/Schröder, § 185 Rn. 17; **a.A.** *Zaczyk*, in: NK-StGB, § 185 Rn. 19: eigenhändiges Delikt.

„durch“ (§ 25 Abs. 1 Var. 2 StGB) den Social Bot. Der Social Bot agiert mangels eigenen Bewusstseins als fast schon prototypisches undoloses Werkzeug; er wird durch den Hintermann vollends instrumentalisiert.[642]

Teilweise wird in der Literatur einschränkend gefordert, es müsse auch bei der mittelbaren Täterschaft erkennbar bleiben, wer seine Missachtung zum Ausdruck bringt.[643] Diese Anforderung wäre hier selten erfüllt – die Identität des Hintermannes wird beim Einsatz von Social Bots regelmäßig kaum zu erkennen und teilweise bewusst verschleiert sein. Die geschilderte Ansicht ist aber abzulehnen.[644] Sie würde dazu führen, dass in allen Fällen der mittelbaren Täterschaft die anonyme Beleidigung straffrei wäre. Das wäre widersprüchlich. Eine anonyme Beleidigung trifft das Tatopfer nicht *per se* weniger hart; auch dann nicht, wenn sie über einen Mittelsmann überbracht wird. Im Gegenteil liegt hier eine Sondersituation vor, in der das Tatopfer besonders daran interessiert sein kann, die Identität des Täters zu ermitteln und dabei auch auf die Mittel des Rechtsstaates zurückzugreifen. Das gilt im potentiell pseudo- oder anonymisierten, aber jedenfalls öffentlichen und hyperpermanenten Internet erst recht.[645]

Zur Klarstellung: Der Social Bot ist keine „andere“ Person i.S.d. Gesetzes,[646] sodass § 25 Abs. 1 Var. 2 StGB nicht tatsächlich zur Anwendung kommt. Es bleibt vielmehr bei der Täterschaft oder Teilnahme allein des menschlichen Täters. Die Parallele zur mittelbaren Täterschaft soll lediglich verdeutlichen, dass es auch beim Einsatz von Social Bots sach- und systemgerecht ist, von einer *eigenen* Kundgabe von Missachtung durch den Täter auszugehen.

---

642 Ähnlich *Volkmann*, MMR 2018, 58, 60 f.; vgl. zu den allgemeinen Voraussetzungen der mittelbaren Täterschaft nur *Fischer*, § 25 Rn. 5 ff. m.w.N.

643 *Eisele/Schittenhelm*, in: Schönke/Schröder, § 185 Rn. 17.

644 Vgl. BGH, Beschl. v. 3.11.1983 – 1 StR 515/83 = NStZ 1984, 216: es muss lediglich erkennbar sein, dass „ein anderer als der Betroffene als – angeblicher oder wirklicher – Urheber“ hinter der Äußerung steht; *Hilgendorf*, in: LK-StGB, § 185 Rn. 10; *Valerius*, in: BeckOK-StGB, § 185 Rn. 20.

645 Zu den Besonderheiten der Internetbeleidigung erneut schon früh *Beck*, MMR 2009, 736, 740.

646 Vgl. zum Erfordernis von zwei Personen nur *Kudlich*, in: BeckOK-StGB, § 25 Rn. 19.

3. Qualifikationstatbestand und Internetbeleidigung

Zu Beginn der Prüfung wurde erwähnt, dass § 185 StGB mit Wirkung zum 3.4.2021 um einen neuen Qualifikationstatbestand ergänzt worden ist, der eingreifen kann, wenn die Beleidigung öffentlich, in einer Versammlung, durch das Verbreiten eines Inhalts (§ 11 Absatz 3) oder mittels einer Tätlichkeit begangen wird. In diesen Fällen droht nun Freiheitsstrafe bis zu zwei Jahren oder Geldstrafe.[647]

Der neue Qualifikationstatbestand wurde durch das Gesetz zur Bekämpfung des Rechtsextremismus und der Hasskriminalität („ReHaKrBG") eingefügt.[648] Das ReHaKrBG bezweckt, die „zunehmende Verrohung der Kommunikation" insbesondere in sozialen Netzwerken zurückzudrängen.[649] Einen Baustein hierzu stelle die Verschärfung und Anpassung des materiellen Strafrechts dar.[650] Bisher seien nicht „alle Formen der neuen Dimensionen von Hasskriminalität" ausreichend strafrechtlich erfasst gewesen; dies gelte gerade auch für *öffentlich* begangene Taten.[651] Die Bundesregierung führt ausdrücklich die Zunahme rechtsextremer und antisemitischer Straftaten als Grund für die Verschärfung an.[652] Ausweislich der Gesetzesbegründung ist der neue Qualifikationstatbestand explizit dazu gedacht, die „Internetbeleidigung" zu sanktionieren:

> „Damit die Strafverfolgungsbehörden auf besonders schwerwiegende Fälle der Beleidigung im Internet angemessen reagieren können, sollen beleidigende Äußerungen, die öffentlich, in einer Versammlung oder durch Verbreiten von Schriften (§ 11 Abs. 3 StGB) erfolgen, zukünftig von einem Qualifikationstatbestand in § 185 StGB erfasst werden."[653]

Das Zitat beinhaltet einen Verweis auf den damals geltenden, überholten Schriftenbegriff des § 11 Abs. 3 StGB a.F.[654] Auch in der heute geltenden Fassung enthält § 185 StGB allerdings ausschließlich die Tathandlung

647 Siehe oben § 185 StGB (Beleidigung).
648 Gesetz zur Bekämpfung des Rechtsextremismus und der Hasskriminalität v. 3.6.2021, BGBl. I 2021, S. 441.
649 RegE eines Gesetzes zur Bekämpfung des Rechtsextremismus und der Hasskriminalität („RegE ReHaKrBG") v. 19.2.2020, S. 1.
650 RegE ReHaKrBG v. 19.2.2020, S. 1 a.E.
651 RegE ReHaKrBG v. 19.2.2020, S. 16.
652 RegE ReHaKrBG v. 19.2.2020, S. 16 und m.w.N. 18 ff.
653 RegE ReHaKrBG v. 19.2.2020, S. 19.
654 C. Inhaltsverbreitungsdelikte ff.

des *Verbreitens*.[655] Der Gesetzgeber lehnt damit implizit das Erfordernis einer körperlichen Weitergabe ab und schließt sich insoweit der Rechtsprechung zum internetspezifischen Verbreitensbegriff an.[656] Nach hier vertretener Auffassung überzeugt dies im Ergebnis.[657] Die Ansicht der herrschenden Lehre, die bisher an dem Körperlichkeitserfordernis beim Verbreitensbegriff festgehalten hat,[658] dürfte spätestens mit der Änderung des § 185 StGB überholt sein.

Der Einsatz von Social Bots führt ausschließlich zu Kommunikationsakten im Internet. Dabei werden stets Inhalte i.S.d. § 11 Abs. 3 StGB „verbreitet". Nach zutreffender Auslegung unterfällt jeder i.S.d. § 185 StGB beleidigende Einsatz von Social Bots dem neuen Qualifikationstatbestand der Internetbeleidigung.

4. Zwischenergebnis

Auch unter Berücksichtigung deliktsspezifischer Besonderheiten ist § 185 StGB beim Einsatz von Social Bots anwendbar. § 185 StGB ist grundsätzlich auf Likes, Sharings, Postings und Kommentare in sozialen Netzwerken anzuwenden; Abweichungen sind im Einzelfall zu bestimmen. Insbesondere liegt auch dann, wenn Social Bots als gleichsam weitere Ebene zwischengeschaltet werden, eine *eigene* Kundgabe von Missachtung durch den Täter i.S.d. § 185 StGB vor. Beim Einsatz von Social Bots ist die Tat stets durch das Verbreiten eines Inhalts (§ 11 Abs. 3 StGB) qualifiziert, sodass der erhöhte Strafrahmen von bis zu zwei Jahren Freiheitsstrafe oder Geldstrafe eingreift.

---

655 C.III Tathandlungen der Inhaltsverbreitungstatbestände.

656 C.III Tathandlungen der Inhaltsverbreitungstatbestände.

657 Zur hiesigen Position abermals C.III Tathandlungen der Inhaltsverbreitungstatbestände.

658 Siehe erneut *Ellbogen*, in: BeckOK-StGB, § 86 Rn. 21; *Fischer*, entsprechend zu § 74d Rn. 4 und § 86a Rn. 15a; *Gercke*, in: Spindler/Schuster, § 86 StGB Rn. 3; ausführlich *Heinrich*, ZJS 569, 570 ff. m.w.N; *Paeffgen*, in: NK-StGB, § 86 Rn. 25; *Steinmetz*, in: MüKo, § 86 Rn. 27; *Sternberg-Lieben*, in: Schönke/Schröder, § 86 Rn. 14.

II. § 186 StGB (Üble Nachrede)

Der Einsatz von Social Bots könnte auch der üblen Nachrede gemäß § 186 StGB unterfallen. Das Delikt kommt dem hiesigen Erkenntnisinteresse noch näher als der § 185 StGB, da *Tatsachenbehauptungen* für den Prozess der öffentlichen Meinungsbildung jedenfalls *prima facie* deutlich relevanter sind als Beleidigungen. Wegen übler Nachrede macht sich strafbar, wer in Beziehung auf einen anderen eine Tatsache behauptet oder verbreitet, welche denselben verächtlich zu machen oder in der öffentlichen Meinung herabzuwürdigen geeignet ist, wenn nicht diese Tatsache erweislich wahr ist. Die Strafe ist Freiheitsstrafe bis zu einem Jahr oder Geldstrafe. Ein Qualifikationstatbestand greift ein, wenn die Tat öffentlich, in einer Versammlung[659] oder durch das Verbreiten von Inhalten (§ 11 Abs. 3) begangen wird; in diesem Fall beträgt die Strafe bis zu zwei Jahren Freiheitsstrafe oder Geldstrafe.

1. Tatsachen

Die üble Nachrede erfasst ausschließlich Äußerungen über Tatsachen. Tatsachen in diesem Sinne sind konkrete, dem Beweis zugängliche äußere Geschehnisse, Zustände und Verhältnisse sowie innere Sachverhalte.[660] Insoweit bestehen beim Einsatz von Social Bots keine Besonderheiten.

2. Eignung zur Verächtlichmachung oder Herabwürdigung

Die geäußerte Tatsache muss geeignet sein, den Betroffenen verächtlich zu machen oder in der öffentlichen Meinung herabzuwürdigen. Einen tatsächlichen *Eintritt* der Verächtlichmachung oder Herabwürdigung setzt der Tatbestand nicht voraus.[661] Die Eignung ergibt sich nach vorzugswürdiger Ansicht aus dem verobjektivierten Erklärungsinhalt einer Äu-

---

659 Hinsichtlich der *Versammlung* ergänzt durch das ReHaKrBG v. 19.2.2020, BGBl. I 2021, S. 441.

660 BGH, Urt. v. 20.1.1959 – 1 StR 518/58 = BGHSt 12, 287, 290 f.; *Fischer*, § 186 Rn. 2; *Gaede*, in: Matt/Renzikowski, § 186 Rn. 2.

661 Insoweit einig *Fischer*, § 186 Rn. 5; *Gaede*, in: Matt/Renzikowski, § 186 Rn. 6; *Lenckner/Eisele*, in: Schönke/Schröder, § 186 Rn. 5; *Regge/Pegel*, in: MüKo-StGB, § 186 Rn. 23; *Rudolphi/Rogall*, in: SK-StGB, § 186 Rn. 11; *Zaczyk*, in: NK-StGB, § 186 Rn. 20.

ßerung.[662] Eine Tatsache soll nach der herrschenden Auffassung zur Verächtlichmachung oder Herabwürdigung jedenfalls dann *un*geeignet sein, wenn ihre Unwahrheit offenkundig ist.[663] Bei alledem differenziert die herrschende Lehre nicht zwischen der Verächtlichmachung und der Herabwürdigung in der öffentlichen Meinung.[664] In beiden Fällen komme es darauf an, dass dem Tatopfer eine ehrenrührige Tatsache zugeschrieben wird.[665]

Danach ist es einer Prüfung im Einzelfall vorbehalten, ob eine mithilfe von Social Bots geäußerte Tatsache zur Verächtlichmachung oder Herabwürdigung in der öffentlichen Meinung geeignet ist. Als Spezifikum anzumerken ist aber noch, dass unter dem Gesichtspunkt der offenkundigen Unwahrheit auch Konstellationen ausscheiden müssen, in denen der Bot-Einsatz offensichtlich ist und *im Zusammenspiel* mit der getätigten Aussage deren Unwahrheit offenbart. Konkret wären dies etwa Fälle, in denen ein Bot unter einer fiktiven Identität eine bestimmte, personenbezogene Tatsachenäußerung abgibt.[666] Da im schnelllebigen Internet keine überspannten Anforderungen an die Wahrnehmung der Kommunikationsteilnehmer gestellt werden sollten, dürften die Fälle, in denen der Bot-Einsatz derart offensichtlich ist, in der Praxis allerdings eher selten sein.[667]

Der Begriff der öffentlichen Meinung und die Frage, wann eine Tatsache geeignet ist, einen anderen in dieser herabzuwürdigen, berühren das hiesige Erkenntnisinteresse. Darum scheint es zunächst bedauerlich, dass zwi-

---

662 *Fischer,* § 186 Rn. 4 f.; *Gaede,* in: Matt/Renzikowski, § 186 Rn. 6; *Rudolphi/Rogall,* in: SK-StGB, § 186 Rn. 11; **a.A.** *Lenckner/Eisele,* in: Schönke/Schröder, § 186 Rn. 5.

663 *Fischer,* § 186 Rn. 5; *Gaede,* in: Matt/Renzikowski, § 186 Rn. 6; *Zaczyk,* in: NK-StGB, § 186 Rn. 6; **a.A.** *Lenckner/Eisele,* in: Schönke/Schröder, § 186 Rn. 5.

664 *Fischer,* § 186 Rn. 4; *Lenckner/Eisele,* in: Schönke/Schröder, § 186 Rn. 5; *Zaczyk,* in: NK-StGB, § 186 Rn. 5; **kritisch** *Gaede,* in: Matt/Renzikowski, § 186 Rn. 6.

665 Siehe erneut *Fischer,* § 186 Rn. 4; *Lenckner/Eisele,* in: Schönke/Schröder, § 186 Rn. 5; *Zaczyk,* in: NK-StGB, § 186 Rn. 5; **kritisch** *Gaede,* in: Matt/Renzikowski, § 186 Rn. 6.

666 Etwa die Äußerung „Ich wurde bei Dr. A geimpft und wenig später wurde bei mir Autismus diagnostiziert!" muss falsch sein, wenn sie als eigene, personenbezogene Äußerung einer nicht-existenten Person abgegeben wird und zugleich offenkundig ausgeschlossen ist, dass eine reale Person lediglich unter einem Pseudonym agiert. Dies könnte in Fällen offenkundig sein, in denen die genannte Äußerung mit *exakt* übereinstimmendem Wortlaut von einer Vielzahl von Bots abgegeben wird.

667 Vgl. zu den (vermeintlich) gelungenen Täuschungen bereits den denkbar simpel programmierten (und sogar als solchen ausgewiesenen) Bot @RustavGadbruch, oben 1. Kap. B. Feldforschung „@RustavGadbruch".

schen den Varianten im Schrifttum nicht stärker differenziert wird. Doch wird der Begriff der öffentlichen Meinung ausführlich genug erörtert, um wertvolle Anregungen festzuhalten, die im Laufe der Untersuchung noch aufgegriffen werden können:[668] Die öffentliche Meinung i.S.d. § 186 StGB wird definiert als die Meinung eines größeren, nicht geschlossenen Teiles der Gesellschaft.[669] Auf die Anschauungen nur bestimmter Teile der Bevölkerung soll es dagegen nicht ankommen.[670] Dieser „generelle Maßstab" folge im Zweifel nicht der *tatsächlichen* Meinung des größeren Teils der Gesellschaft, sondern der „von der Rechtsordnung [anerkannten] Auffassung".[671]

3. Tathandlungen

Der Täter muss ehrenrührige Tatsachen in Beziehung auf einen anderen behaupten oder verbreiten, § 186 StGB.

a) Behaupten

Eine Tatsache *behauptet*, wer diese als nach *eigener* Überzeugung wahr hinstellt.[672] Das ist beim Einsatz von Social Bots jedenfalls dann möglich, wenn der Bot unter dem tatsächlichen Klarnamen des menschlichen Täters agiert. Fraglich ist, ob dies auch gilt, wenn der Bot unter einem Pseudonym agiert, aber die Tatsache als nach Überzeugung *dieses* Pseudonyms wahr hinstellt. Die Fallgruppen des „Falschzitats" oder der „verdeckten Behauptung" sind nicht einschlägig.[673] Beantworten lässt sich

---

668 3. Kap. B.I.1.c)aa)(3) Neuprägung einer gewichtigen, elementaren Rechtsposition.

669 *Fischer*, § 186 Rn. 4; *Gaede*, in: Matt/Renzikowski, § 186 Rn. 6; *Lenckner/Eisele*, in: Schönke/Schröder, § 186 Rn. 5.

670 BGH, Urt. v. 29.11.1955 – 5 StR 322/55 = BGHSt 8, 325 f.; *Lenckner/Eisele*, in: Schönke/Schröder, § 186 Rn. 5; *Rudolphi/Rogall*, in: SK-StGB, § 186 Rn. 11.

671 Zitat nach BGH, Urt. v. 6.5.1958 – 5 StR 14/58 = BGHSt 11, 329, 331; vgl. auch BGH, Urt. v. 29.11.1955 – 5 StR 322/55 = BGHSt 8, 325 f.; *Lenckner/Eisele*, in: Schönke/Schröder, § 186 Rn. 5; *Rudolphi/Rogall*, in: SK-StGB, § 186 Rn. 11.

672 OLK Köln, Urt. v. 7.6.1963 – Ss 85/63 = NJW 1963, 1634; vgl. inzident BGH, Urt. v. 30.1.1996 – VI ZR 386/94 = NJW 1996, 1131, 1132; *Fischer*, § 186 Rn. 8; *Gaede*, in: Matt/Renzikowski, § 186 Rn. 9.

673 Vgl. m.w.N. zu diesen *Fischer*, § 186 Rn. 8; *Gaede*, in: Matt/Renzikowski, § 186 Rn. 9.

die Frage durch einen Rückgriff auf den objektiven Empfängerhorizont gemäß §§ 133, 157 BGB. Ein objektiver Dritten würde in einem solchen Fall allein wahrnehmen, dass eine Profil in einem sozialen Netzwerk – hier der pseudonyme Bot – eine Tatsache *selbst* als wahr darstellt. Der Dritte muss diese Darstellung regelmäßig als eine Äußerung eines vermeintlich menschlichen Nutzers nach *dessen eigener* Überzeugung begreifen. Deshalb überzeugt es, bei Äußerungen im eigenen Namen eines Pseudonyms die *Behauptung* einer Tatsache als einschlägig anzusehen. Wollte man dies anders beurteilen, könnte – wie sogleich zu zeigen ist – auf die Variante des Verbreitens einer Tatsache zurückgegriffen werden.

b) Verbreiten

Eine Tatsache *verbreitet*, wer diese als Gegenstand *fremden* Wissens oder *fremder* Überzeugung weitergibt.[674] Dies ist beim Einsatz von Social Bots – ob unter Klarnamen oder Pseudonym – möglich. Bemerkenswert ist, dass der Begriff des Verbreitens in § 186 StGB zweimal auftaucht. Zum einen als Tathandlung des Grundtatbestandes („Tatsache verbreitet"), zum anderen als Tathandlung des Qualifikationstatbestandes („wenn die Tat […] durch Verbreiten eines Inhalts […] begangen ist"). Die beiden Begriffe werden überwiegend unterschiedlich definiert.[675] Hinsichtlich des *Grundtatbestandes* gilt die soeben genannte Definition. Bezüglich der *Qualifikation* durch das Verbreiten von Inhalten (§ 11 Abs. 3 StGB) im Internet muss nach hiesiger Auffassung dagegen der internetspezifische Verbreitensbegriff gelten:[676] Nach diesem liegt „ein Verbreiten im Internet […] vor, wenn die Datei auf dem Rechner des Internetnutzers […] angekommen ist."[677]

---

674 Formulierung nach *Gaede*, in: Matt/Renzikowski, § 186 Rn. 10; gleichsinnig *Fischer*, § 186 Rn. 9; *Zaczyk*, in: NK-StGB, § 186 Rn. 9.

675 *Fischer*, § 186 Rn. 9; *Gaede*, in: Matt/Renzikowski, § 186 Rn. 16; *Lenckner/Eisele*, in: Schönke/Schröder, § 186 Rn. 20; **a.A.** *Zaczyk*, in: NK-StGB, § 186 Rn. 12.

676 Zur hiesigen Position siehe erneut C.III Tathandlungen der Inhaltsverbreitungstatbestände; ausdrücklich **a.A.** *Lenckner/Eisele*, in: Schönke/Schröder, § 186 Rn. 20.

677 BGH 1 StR 66/01 – Urt. v. 27.6.2001 = BGHSt 47, 55.

c) Drittbezug

Der Täter des § 186 StGB muss eine ehrenrührige Tatsache *in Beziehung auf einen anderen* behaupten oder verbreiten. Daraus lässt sich ableiten, dass diese Tatsache gegenüber einer *anderen Person* geäußert werden muss als derjenigen, die von der ehrenrührigen Tatsache betroffen ist. Die üble Nachrede verlangt mindestens drei personenverschiedene Akteure: Täter, Äußerungsempfänger und Betroffener.[678] Der Betroffene muss nicht namentlich genannt, aber individualisierbar sein.[679] Äußert der Täter sich mit einer ehrenrührigen Tatsache dem Betroffenen gegenüber, kann zwar keine üble Nachrede, wohl aber eine Beleidigung i.S.d. § 185 StGB vorliegen.[680]

Beim Einsatz von Social Bots dürfte *regelmäßig* bezweckt werden, einen möglichst großen Empfängerkreis zu erreichen – etwa, wenn ehrenrührige Tatsachen über Politiker oder Prominente als Posting oder Kommentar veröffentlicht werden. In diesen prototypischen Fällen wäre der erforderliche Drittbezug gegeben. Daneben kann Tateinheit zwischen § 186 StGB und § 185 StGB vorliegen in Fällen, in denen der Täter mit einer beleidigenden und zugleich § 186 StGB unterfallenden Äußerung vorsätzlich Dritte *und* den Betroffenen erreicht.[681] Auch solche Fälle sind beim Einsatz von Social Bots praktisch denkbar. Anders läge es dagegen in Fällen, in denen Social Bots dazu eingesetzt werden, bestimmte Personen mittels *Direktnachrichten* zu kontaktieren. Kein Fall von § 186 StGB wäre es, wenn eine Bot-Armee verwendet würde, um einen bestimmten Journalisten gezielt und unmittelbar gleichsam zu „bombardieren" mit der Nachricht: „Ich weiß, dass Sie von der CIA bezahlt werden und nur auf Befehl schreiben!" Hier wäre im Einzelfall allein der Rückgriff auf § 185 StGB zu erwägen.

---

678 *Fischer*, § 186 Rn. 10; *Gaede*, in: Matt/Renzikowski, § 186 Rn. 11; *Lenckner/Eisele*, in: Schönke/Schröder, § 186 Rn. 9.

679 *Fischer*, § 186 Rn. 10; *Gaede*, in: Matt/Renzikowski, § 186 Rn. 11; *Lenckner/Eisele*, in: Schönke/Schröder, § 186 Rn. 9; *Zaczyk*, in: NK-StGB, § 186 Rn. 13.

680 *Fischer*, § 186 Rn. 10; *Gaede*, in: Matt/Renzikowski, § 186 Rn. 11; *Lenckner/Eisele*, in: Schönke/Schröder, § 186 Rn. 9.

681 Siehe zu den Konkurrenzen nur *Gaede*, in: Matt/Renzikowski, § 185 Rn. 23.

4. Unwahrheit der Tatsache

Strafbar macht der Täter sich nur, wenn die ehrenrührige Tatsache nicht erweislich wahr ist. Umgekehrt gewendet bleibt der Täter straflos, wenn sich nachweisen lässt, dass die Tatsachenäußerung der Wahrheit entspricht.[682] Nach herrschender Auffassung handelt es sich um eine objektive Bedingung der Strafbarkeit, mit der Folge, dass die Nichterweislichkeit der Wahrheit insbesondere nicht vom Tatvorsatz umfasst sein muss.[683] Insoweit ergeben sich beim Einsatz von Social Bots keine Besonderheiten. Umstritten ist, ob § 186 StGB lediglich in Fällen angewendet werden sollte, in denen dem Täter hinsichtlich der Unwahrheit der Tatsache wenigstens Sorgfaltswidrigkeit vorzuwerfen ist.[684] Da die Streitfrage für die Subsumtion von Social Bots unter § 186 StGB keine Bewandtnis hat, braucht sie hier nur angesprochen, aber nicht vertieft zu werden.

5. Zwischenergebnis

Der Einsatz von Social Bots unterfällt grundsätzlich dem Tatbestand der üblen Nachrede gemäß § 186 StGB.

III. § 187 StGB (Verleumdung)

Wer *wider besseres Wissen* in Beziehung auf einen anderen eine *unwahre* Tatsache behauptet oder verbreitet, welche denselben verächtlich zu machen oder in der öffentlichen Meinung herabzuwürdigen oder dessen Kredit zu gefährden geeignet ist, macht sich wegen Verleumdung gemäß § 187 StGB strafbar. Der Täter kann mit Freiheitsstrafe von bis zu zwei Jahren oder mit Geldstrafe bestraft werden. Wird die Tat öffentlich, in einer Versammlung oder durch Verbreiten von Inhalten (§ 11 Abs. 3) begangen,

682 *Fischer*, § 186 Rn. 11.

683 BGH, Urt. v. 12.2.1958 – 4 StR 1891/57 = BGHSt 11, 273, 274; *Fischer*, § 186 Rn. 11 f.; *Gaede*, in: Matt/Renzikowski, § 186 Rn. 13; *Lenckner/Eisele*, in: Schönke/Schröder, § 186 Rn. 10; *Rudolphi/Rogall*, in: SK-StGB, § 186 Rn. 17 f.; *Zaczyk*, in: NK-StGB, § 186 Rn. 23.

684 M.w.N. zur bejahenden Auffassung der inzwischen herrschen Lehre *Gaede*, in: Matt/Renzikowski, § 186 Rn. 13 (dortige Fn. 73); a.A. *Lenckner/Eisele*, in: Schönke/Schröder, § 186 Rn. 10; *Rudolphi/Rogall*, in: SK-StGB, § 186 Rn. 20 f.

sieht das Gesetz eine Freiheitsstrafe von bis zu fünf Jahren oder Geldstrafe vor.

Die Vorschrift des § 187 StGB enthält zwei Varianten: Zum einen die Verleumdung im engeren Sinne, die hinsichtlich der Eignung zur Verächtlichmachung oder Herabwürdigung in der öffentlichen Meinung der üblen Nachrede entspricht, aber objektiv eine *sicher* als unwahr bewiesene Tatsache und subjektiv *Wissentlichkeit* in Bezug auf diese Unwahrheit fordert.[685] Zum anderen die Kreditgefährdung als Vermögensgefährdungsdelikt.[686] Die Unterschiede zur üblen Nachrede berühren nicht die Anwendbarkeit der Vorschrift auf den Einsatz von Social Bots. Sie ist auf den Einsatz von Social Bots anwendbar.

IV. § 188 StGB (Gegen Personen des politischen Lebens gerichtete Beleidigung, üble Nachrede und Verleumdung)

§ 188 StGB enthält einen Qualifikationstatbestand für Beleidigungen, üble Nachreden und Verleumdungen gegen Personen des politischen Lebens.[687] Eine Norm mit dieser Schutzrichtung hängt jedenfalls auf den ersten Blick mit der hiesigen Forschungsfrage eng zusammen. Das gilt im Besonderen, wenn man einbezieht, dass § 188 StGB nach wohl herrschender Ansicht nicht nur die individuelle Ehre der betroffenen Personen, sondern zugleich auch das *politische Klima* als überindividuelles Gut schützt.[688] Sowohl das Schutzgut des politischen Klimas als auch ein solches Nebeneinander von Schutzgütern wird an späterer Stelle wird noch aufgegriffen.[689]

Nach § 188 StGB macht sich strafbar, wer gegen eine im politischen Leben des Volkes stehende Person öffentlich, in einer Versammlung oder durch Verbreiten eines Inhalts (§ 11 Abs. 3 StGB) eine Beleidigung (§ 185)

---

685 *Fischer,* § 187 Rn. 1 f., 4; *Gaede,* in: Matt/Renzikowski, § 187 Rn. 1 ff.; *Valerius,* in: BeckOK-StGB, § 187 Rn. 1, 6.

686 *Fischer,* § 187 Rn. 1; *Gaede,* in: Matt/Renzikowski, § 187 Rn. 1; *Valerius,* in: BeckOK-StGB, § 187 Rn. 4.

687 Zur Deliktsnatur *Valerius,* in: BeckOK-StGB, § 188 Rn. 1.

688 Ausdrücklich *Kühl,* in: Lackner/Kühl, § 188 Rn. 1; in der Sache wohl auch *Fischer,* § 188 Rn. 1; für mittelbaren Schutz *Sinn,* in: SSW, § 188 Rn. 5; offenlassend *Rahmlow,* in: AnwK-StGB, § 188 Rn. 4, 8; **kritisch** *Gaede,* in: Matt/Renzikowski, § 188 Rn. 5.

689 3. Kap. B.I.1.c)aa)(2) Analyse anerkannter Strafrechtsgüter und 3. Kap. D. Qualifikationstatbestand.

aus Beweggründen begeht, die mit der Stellung des Beleidigten im öffentlichen Leben zusammenhängen, wenn die Tat geeignet ist, sein öffentliches Wirken erheblich zu erschweren. In diesem Fall droht Freiheitsstrafe von bis zu drei Jahren oder Geldstrafe (§ 188 Abs. 1 Satz 1 StGB). Unter den gleichen Voraussetzungen wird eine üble Nachrede (§ 186) mit Freiheitsstrafe von drei Monaten bis zu fünf Jahren und eine Verleumdung (§ 187) mit Freiheitsstrafe von sechs Monaten bis zu fünf Jahren bestraft (§ 188 Abs. 2 StGB). Der Tatbestand bestimmt, dass das politische Leben des Volkes bis hin zur kommunalen Ebene reicht (§ 188 Abs. 1 Satz 2 StGB).

1. Jüngste Entwicklung und kriminalpolitische Kritik

§ 188 StGB wurde durch das ReHaKrBG mit Wirkung zum 3.4.2021 überarbeitet.[690] Die Zielsetzung des ReHaKrBG, die „zunehmende Verrohung der Kommunikation“ insbesondere in sozialen Netzwerken zurückzudrängen, gilt auch hier.[691] Zwei wesentliche Änderungen wurden vorgenommen: Erstens wurde die üble Nachrede in Abs. 1 durch die Beleidigung ersetzt, während die üble Nachrede zur Verleumdung in Abs. 2 gezogen wurde. Zuvor war die Beleidigung in § 188 StGB nicht enthalten gewesen; nunmehr können alle drei genannten Ehrdelikte durch § 188 StGB qualifiziert sein. Zweitens wurde Abs. 1 um einen Satz 2 ergänzt, der die Anwendung der Norm auf Kommunalpolitiker erstreckt. Durch diese Ergänzung wollte der Gesetzgeber

> „…dem gesteigerten Unrechtsgehalt einer diffamierenden öffentlichen Äußerung über im politischen Leben des Volkes stehende Personen unabhängig von der Ebene, auf der sie sich politisch engagieren, Rechnung tragen.“[692]

Dies wurde für notwendig erachtet, da Kommunalpolitiker dem Anwendungsbereich der Vorschrift nach herrschender Ansicht bisher nicht unterfielen.[693] Der Gesetzgeber hat bei dieser *Erweiterung* des Tatbestandes nicht die Kritik erwogen, nach welcher die Vorschrift angesichts drohender *Chil-*

---

690 ReHaKrBG v. 3.6.2021, BGBl. I 2021, S. 441; näher bereits oben I § 185 StGB (Beleidigung).

691 RegE ReHaKrBG v. 19.2.2020, S. 1.

692 RegE ReHaKrBG v. 19.2.2020, S. 3.

693 RegE ReHaKrBG v. 19.2.2020, S. 19; zur bisherigen h.M. siehe m.w.N. nur *Rogall*, in: SK-StGB, § 188 Rn. 3.

ling Effects für die Äußerungsfreiheiten *gerade im politischen Diskurs* und eines praktischen Vollzugsdefizits gänzlich illegitim sei.[694] Im Verlauf der Untersuchung wird sich zeigen, dass beide Angriffe mit guten Gründen geführt werden. Auch nach hier vertretener Auffassung untergraben Chilling Effects und Vollzugsdefizite die rechtspolitische Legitimität von Strafnormen.[695] Speziell die vergleichsweise empfindliche Strafandrohung des § 188 StGB muss den *rechtsunterworfenen Bürger* geradezu einschüchtern; dass eine bisweilen durch den Instanzenzug hinweg anzutreffende, allzu restriktive Rechtsprechung am Ende durch das BVerfG über eine enge Auslegung der Vorschrift oder eine weitreichende Praxis des § 193 StGB korrigiert werden kann, vermag diesen Effekt *ex-ante* nicht zu kompensieren.[696] Diese rechtspolitische Kritik führt indes noch nicht zur Verfassungswidrigkeit der Norm[697] und wirkt sich deshalb auf die Prüfung der *aktuellen* Strafbarkeit des Einsatzes von Social Bots nicht aus.

2. Geschützter Personenkreis

§ 188 StGB schützt im politischen Leben des Volkes stehende Personen. Damit gemeint sind Personen von tatsächlicher politischer Bedeutung, die auf das politische Leben erheblichen Einfluss ausüben und sich für eine gewisse Dauer mit Angelegenheiten befassen, die den Staat, seine Verfassung, Gesetzgebung und Verwaltung berühren.[698]

---

694 *Gaede*, in: Matt/Renzikowski, § 188 Rn. 1; die Ausdehnung **dagegen** ausdrücklich befürwortend *Regge/Pegel*, in: MüKo-StGB, § 188 Rn. 3 (dortige Fn. 12).

695 Zu Chilling Effects siehe 3. Kap. C.I.2 Bestimmtheitsgrundsatz; zu Vollzugsdefiziten siehe 3. Kap. D.II.5 Vollzugstauglichkeit.

696 Gemeint ist hier BVerfG, Beschl. v. 19.5.2020 – 1 BvR 1094/19 = HRRS 2020 Nr. 653 („Rote Null"); vgl. *Gaede*, in: Matt/Renzikowski, § 188 Rn. 1; zu den genannten Einschränkungen durch Auslegung und § 193 StGB s. nur *Fischer*, § 188 Rn. 1; *Regge/Pegel*, in: MüKo-StGB, § 188 Rn. 2; zu § 193 StGB auch näher sogleich V Einwirkungen der Meinungsfreiheit.

697 So letztlich wohl auch *Gaede*, in: Matt/Renzikowski, § 188 Rn. 1.

698 Zitiert nach BGH, Urt. v. 22.9.1953 – 5 StR 213/53 = BGHSt 4, 338, 339; vgl. *Fischer*, § 188 Rn. 2; *Gaede*, in: Matt/Renzikowski, § 188 Rn. 2; *Rahmlow*, in: AnwK-StGB, § 188 Rn. 4; *Sinn*, in: SSW, § 188 Rn. 5, unter dortiger Rn. 6 findet sich eine Auflistung einzelner erfasster Personengruppen m.w.N.

3. Tathandlung

§ 188 StGB setzt zunächst die Verwirklichung eines der Grundtatbestände der §§ 185, 186 oder 187 StGB voraus (vgl. § 188 Abs. 1 Satz 1 bzw. Abs. 2 StGB). Diese Tat muss öffentlich, in einer Versammlung oder durch Verbreiten eines Inhalts (§ 11 Abs. 3 StGB) begangenen worden sein (Abs. 1 Satz 1). Insoweit gilt das Vorgesagte. Social Bots kommunizieren stets durch das Verbreiten von Inhalten i.S.d. § 11 Abs. 3 StGB.

4. Eignung zur Erschwerung des öffentlichen Wirkens

Die Tat muss geeignet sein, das öffentliche Wirken des Beleidigten (usw.) erheblich zu erschweren, § 188 Abs. 1 Satz 1 i.V.m. Abs. 2 StGB. Dies sei der Fall, wenn die Äußerung das Vertrauen untergraben kann, dessen der Betroffene für sein öffentliches Wirken bedarf.[699] Unter welchen Voraussetzungen dies anzunehmen ist, ist strittig. Nach der Rechtsprechung soll es allein „auf den Inhalt der aufgestellten Behauptung, auf ihre abstrakte Eignung zur Herbeiführung erheblicher Nachteile für den Angegriffenen“ ankommen. Die Umstände des konkreten Einzelfalles, etwa „die Art der Verbreitung und die Größe des von den Behauptungen erreichten Personenkreises“ sollen nach dieser Rechtsprechung außer Betracht bleiben. So solle insbesondere das „befremdliche Ergebnis“ verhindert werden, dass „eine verleumderische Behauptung um so weniger strafwürdiger wäre, je absurder und unglaubhafter sie sich in den Augen des verständigen Empfängers der Erklärung ausnehmen muss.“[700] Dem widerspricht die ganz herrschende und überzeugende Ansicht in der Literatur, die auch die Umstände der konkreten Tat und die Begleitumstände der Äußerung mit einbeziehen will.[701]

Tatsächlich nennt die Rechtsprechung das stärkste Argument gegen ihre Ansicht selbst. Geradezu aus der Natur der Sache ergibt sich, dass absurde und unglaubhafte Behauptungen *prinzipiell* weniger geeignet sind,

---

699 Zitat nach BGH, Urt. v. 26.6.1952 – 5 StR 382/52 = BGHSt 3, 73, 74; vgl. *Fischer*, § 188 Rn. 3; *Gaede*, in: Matt/Renzikowski, § 188 Rn. 3; *Valerius*, in: BeckOK-StGB, § 188 Rn. 8.

700 Sämtliche Zitate nach BGH, Urt. v. 4.3.1981 – 2 StR 641/80 = BeckRS 1981, 31107343 (Gründe) = NStZ 1981, 300 (Ls.).

701 *Fischer*, § 189 Rn. 3; *Gaede*, in: Matt/Renzikowski, § 188 Rn. 3; *Lenckner/Eisele*, in: Schönke/Schröder, § 188 Rn. 6; *Rahmlow*, in: AnwK-StGB, § 188 Rn. 4; *Sinn*, in: SSW, § 188 Rn. 5.

das politische Wirken zu beeinflussen als plausible und glaubhafte Äußerungen. Etwa ein plausibel begründeter Korruptionsverdacht gegen einen Spitzenpolitiker wird dessen Wirken *regelmäßig* eher tangieren als eine Verschwörungstheorie über dessen Abstammung von Echsenmenschen. Freilich sind von diesem Grundsatz wiederum Ausnahmen zu machen: Auch die absurdesten Verschwörungstheorien können Anhänger finden und zu realem politischen Handeln veranlassen.[702] In jedem Fall zeigt die Überlegung, dass der Einzelfall und seine konkreten Umstände für die Eignung zur Erschwerung des öffentlichen Wirkens bestimmend sind.

Auch die Strafbarkeit des Einsatzes von Social Bots hängt damit von den Umständen des Einzelfalles ab. Sollte es sich nach Horizont eines objektiven Empfängers aufdrängen, dass keine menschlichen Nutzer, sondern lediglich Bots kommunizieren, kann dies im Einzelfall gegen eine Eignung zur Erschwerung des öffentlichen Wirkens sprechen. Abermals muss gelten, dass keine übermäßigen Anforderungen an die *praktischen* Erkenntnis- bzw. Erkennungsmöglichkeiten eines objektiven Internetnutzers gestellt werden dürfen.[703]

5. Zwischenergebnis

Aus dem subjektiven Tatbestand ergeben sich keine erheblichen Besonderheiten. Der Täter dürfte beim Einsatz von Social Bots zur Manipulation der öffentlichen Meinungsbildung regelmäßig aus Beweggründen handeln, die mit der Stellung des Beleidigten im öffentlichen Leben zusammenhängen (§ 188 Abs. 1 Satz 1 StGB); jedenfalls schließt das Erfordernis ihre Subsumtion nicht grundsätzlich aus.[704] § 188 StGB ist auf den Einsatz von Social Bots anwendbar.

---

702 Das erschreckendste Beispiel aus der jüngsten Vergangenheit dürfte der Verschwörungsmythos um Q-Anon bilden, vgl. nur *Russonello,* The New York Times, QAnon Now as Popular in U.S. as Some Major Religions, Poll Suggests, 27.5.2021, abrufbar unter https://t1p.de/3p2t (zuletzt abgerufen am 18.6.2021).

703 Vgl. bereits II.2 Eignung zur Verächtlichmachung oder Herabwürdigung.

704 Vgl. dazu jeweils m.w.N. nur *Fischer,* § 188 Rn. 4; *Gaede*, in: Matt/Renzikowski, § 188 Rn. 4.

V. Einwirkungen der Meinungsfreiheit

Der Einsatz von Social Bots unterfällt den §§ 185 ff. StGB grundsätzlich umfassend. Die Beleidigungsdelikte greifen in ihrer Reichweite indes nicht beliebig. Die Strafbarkeit wird durch die Einwirkung insbesondere der Meinungsfreiheit gemäß Art. 5 Abs. 1 Satz 1 GG schon auf tatbestandlicher Ebene begrenzt. Sie wird weiter eingeschränkt durch eine etwaige Rechtfertigung aufgrund der Wahrnehmung berechtigter Interessen i.S.d. § 193 StGB. Die Grundlagen beider Restriktionsansätze werden im Folgenden dargelegt und auf den Einsatz von Social Bots angewendet.

1. Restriktive Auslegung von Äußerungen auf Tatbestandsebene

Die Meinungsfreiheit gemäß Art. 5 Abs. 1 Satz 1 GG ist schon auf Tatbestandsebene bei der Auslegung von Äußerungen zu berücksichtigen.[705] Diese Auslegung hat zum Ziel, den *objektiven Sinngehalt* einer Äußerung zu ermitteln, welcher Grundvoraussetzung jedweder rechtlichen Würdigung ist.[706] Der Wortlaut einer Äußerung bildet nur den Ausgangspunkt ihrer Auslegung.[707] Diese ist maßgeblich am objektiven Empfängerhorizont auszurichten und hat den konkreten Kontext, die Begleitumstände und die Zweckrichtung einer Äußerung zu berücksichtigen.[708] Für den objektiven Sinngehalt relevante Begleitumstände können sich aus kulturellen, regionalen, sozialen, zeitlichen, sprachlichen und ähnlichen Rahmenbedingungen und Gepflogenheiten ergeben;[709] diese sind wandelbar.[710] Sind mehrere Deutungen möglich, so ist die Entscheidung für eine Auslegung, die zur Strafbarkeit führt, nur zulässig, wenn zuvor alle anderen

705 BVerfG, Beschl. v. 10.10.1995 – 1 BvR 1476/91 = BVerfGE 93, 266, 295 ff. („Soldaten sind Mörder"); *Gaede*, in: Matt/Renzikowski, § 185 Rn. 8; *v. Heintschel-Heinegg*, in: BeckOK-StGB, § 185 Rn. 31.

706 BVerfG, Beschl. v. 10.10.1995 – 1 BvR 1476/91 = BVerfGE 93, 266, 295 („Soldaten sind Mörder"); *Rahmlow*, in: AnwK-StGB, § 185 Rn. 7, 11 f.; *Rudolphi/Rogall*, in: SK-StGB, § 185 Rn. 6.

707 *Gaede*, in: Matt/Renzikowski, § 188 Rn. 8.

708 *Gaede*, in: Matt/Renzikowski, § 185 Rn. 8; *v. Heintschel-Heinegg*, in: BeckOK-StGB, § 185 Rn. 24.

709 *Fischer*, § 185 Rn. 8; *Gaede*, in: Matt/Renzikowski, § 185 Rn. 8; *v. Heintschel-Heinegg*, in: BeckOK-StGB, § 185 Rn. 24; *Rahmlow*, in: AnwK-StGB, § 185 Rn. 11.

710 *Fischer*, § 185 Rn. 8; *Gaede*, in: Matt/Renzikowski, § 188 Rn. 8.

Interpretationen mit guten Gründen verworfen worden sind.[711] Die Ausrichtung am objektiven Empfängerhorizont hat zur Folge, dass weder das eigene Verständnis des Äußernden noch dasjenige des Äußerungsempfängers letztentscheidend sind.[712]

Relevant ist der objektive Sinngehalt nicht zuletzt für die Frage, ob ein Werturteil oder eine Tatsachenbehauptung vorliegt und damit für die Abgrenzung der Beleidigungsdelikte untereinander.[713] Die Bedeutung dieser Abgrenzung hat zwar durch die Einführung eines Qualifikationstatbestandes auch in § 185 StGB rechtspraktisch teilweise an Bedeutung verloren; sowohl die Beleidigung als auch die üble Nachrede sehen für die jeweilige Qualifikation nunmehr einen einheitlichen Strafrahmen von Freiheitsstrafe bis zu zwei Jahren oder Geldstrafe vor.[714] Sie ist aber allein deshalb nicht entbehrlich, weil Tatsachenäußerungen nach der Rechtsprechung des BVerfG einen gegenüber Werturteilen nur verringerten Schutz aus Art. 5 Abs. 1 Satz 1 GG genießen.[715]

Für die Subsumtion des Einsatzes von Social Bots werden diese Grundsätze in mehrerlei Hinsicht relevant. So sind bei der Auslegung von Kommunikationsakten in sozialen Netzwerken die spezifischen technischen Funktionen und die Gepflogenheiten, die sich um diese herum entwickelt haben, zu beachten. Dies gilt insbesondere – wie bereits angesprochen – für Handlungsformen wie Likes oder Sharings.[716] So wäre etwa im Einzelfall zu ermitteln, ob eine Reaktion mit dem lachenden Emoticon im Netzwerk Facebook ein *ablehnendes* Auslachen oder ein *affirmatives* Mitlachen bedeutet.[717] Auch wird im Einzelfall zu prüfen sein, ob der Bot-Einsatz tatsächlich nur innerhalb einer bestimmten Sozialsphäre mit dem dazugehörigen Soziolekt stattfand – oder stattfinden sollte. Stets wäre

711 BVerfG, Beschl. v. 10.10.1995 – 1 BvR 1476/91 = BVerfGE 93, 266, 295 f. („Soldaten sind Mörder"); *Gaede*, in: Matt/Renzikowski, § 185 Rn. 9; *v. Heintschel-Heinegg*, in: BeckOK-StGB, § 185 Rn. 31; *Rahmlow*, in: AnwK-StGB, § 185 Rn. 12.

712 BVerfG, Beschl. v. 10.10.1995 – 1 BvR 1476/91 u.a. = BVerfGE 93, 266, 295 („Soldaten sind Mörder"); *Gaede*, in: Matt/Renzikowski, § 185 Rn. 8; *v. Heintschel-Heinegg*, in: BeckOK-StGB, § 185 Rn. 25.

713 *Rahmlow*, in: AnwK-StGB, § 185 Rn. 11.

714 Siehe erneut ReHaKrBG v. 3.6.2021, BGBl. I 2021, S. 441; vgl. zum alten Recht *Gaede*, in: Matt/Renzikowski, § 186 Rn. 3.

715 M.w.N. BVerfG, Beschl. v. 26.6.1990 – 1 BvR 1165/89 = BVerfGE 82, 272, 280 f.; *Gaede*, in: Matt/Renzikowski, § 186 Rn. 4.

716 Ausführlich bereits I.1 Kundgabe eigener Missachtung in sozialen Netzwerken.

717 Abermals I.1 Kundgabe eigener Missachtung in sozialen Netzwerken.

zudem der Gesamtauftritt eines Profils einzubeziehen, um beispielsweise satirische Interventionen als solche erkennen zu können.

2. Wahrnehmung berechtigter Interessen gemäß § 193 StGB

Abschließend ist noch auf die Möglichkeit einer Rechtfertigung gemäß § 193 StGB einzugehen.[718] Danach sind tadelnde Urteile über wissenschaftliche, künstlerische oder gewerbliche Leistungen, desgleichen Äußerungen, welche zur Ausführung oder Verteidigung von Rechten oder zur Wahrnehmung berechtigter Interessen gemacht werden, sowie Vorhaltungen und Rügen der Vorgesetzten gegen ihre Untergebenen, dienstliche Anzeigen oder Urteile vonseiten eines Beamten und ähnliche Fälle nur insofern strafbar, als das Vorhandensein einer Beleidigung aus der Form der Äußerung oder aus den Umständen, unter welchen sie geschah, hervorgeht.

a) Grundsätze

§ 193 StGB ist seinem Wortlaut nach anwendbar auf „Beleidigungen". Damit sind grundsätzlich alle Delikte des 14. Abschnitts gemeint,[719] wenngleich § 187 StGB zumeist ausscheiden wird.[720] Jedenfalls die neben der Verleumdung *hier* besonders relevanten §§ 185, 186 und 188 StGB können nach § 193 StGB gerechtfertigt sein.[721] Umstritten ist, ob § 193 StGB auch auf andere Delikte entsprechend anwendbar ist; dies wird heute überwiegend abgelehnt.[722]

---

718 Zum Charakter als Rechtfertigungsvorschrift die heute g.h.M. BGH, Urt. v. 20.1.1959 – 1 StR 518/58 = BGHSt 12, 287, 293; BGH, Urt. v. 15.1.1963 – 1 StR 479/62 = BGHSt 18, 182, 184; *Fischer,* § 193 Rn. 1; *Gaede* in: Matt/Renzikowski, § 193 Rn. 1; *Kühl,* in: Lackner/Kühl, § 193 Rn. 1; *Valerius,* in: BeckOK-StGB, § 193 Rn. 1.

719 *Fischer,* § 193 Rn. 2 f.; *Gaede,* in: Matt/Renzikowski, § 193 Rn. 3.

720 Vgl. zur nur ausnahmsweisen Anwendbarkeit BGH, Urt. v. 8.12.1959 – 2 StR 486/59 = BGHSt 14, 48, 51; *Fischer,* § 193 Rn. 3; *Gaede,* in: Matt/Renzikowski, § 193 Rn. 3.

721 *Fischer,* § 193 Rn. 2 f.; insbesondere zu § 188 StGB siehe BGH, Urt. v. 26.6.1952 – 5 StR 382/52 = BGHSt 3, 73, 75.

722 Für die **ablehnende** h.M. *Fischer,* § 193 Rn. 4; *Rahmlow,* in: AnwK-StGB, § 193 Rn. 2; *Regge/Pegel,* in: MüKo-StGB, § 193 Rn. 8; *Rudolphi/Rogall,* in: SK-StGB, § 193 Rn. 4; *Valerius,* in: BeckOK-StGB, § 193 Rn. 2; *Zaczyk,* in: NK-StGB,

Die Vorschrift enthält den Gedanken einer Güter- und Interessenabwägung im konkreten Einzelfall.[723] Ihre bedeutendste Variante ist die Wahrnehmung berechtigter Interessen.[724] Um die Tat zu rechtfertigen, muss das Interesse des Beleidigenden dasjenige des Betroffenen *überwiegen*.[725] Umstritten ist, ob bereits die *Gleichwertigkeit* der Interessen zur Rechtfertigung ausreicht oder ein *Überwiegen* des Interesse des Äußernden zu fordern ist.[726] Insofern stützt jedenfalls eine ältere höchstrichterliche Entscheidung, nach der „sich der Beleidiger zur Rechtfertigung seines Verhaltens auf diese Vorschrift nicht berufen kann, wenn sein Interesse *geringer* als das des Beleidigten zu bewerten ist" keines der Lager eindeutig.[727] Da eine normative Interessen- und Güterabwägung nicht nach arithmetischen Methoden abläuft, dürfte die Frage praktisch eher unerheblich sein.

b) Wahrnehmung eines berechtigten Interesses

Der Täter muss ein berechtigtes Interesse wahrnehmen. Im Ausgangspunkt sind alle Interessen berechtigt, die von der Rechtsordnung als schutzwürdig anerkannt sind.[728] Umgekehrt gewendet sind solche Interessen nicht geschützt, die ihrerseits rechtswidrig sind.[729] Entgegen einer oft anzutreffenden Ansicht ist die *Sittenwidrigkeit* eines Interesses kein taugli-

---

§ 193 Rn. 12; **aufgeschlossen** dagegen *Gaede*, in: Matt/Renzikowski, § 193 Rn. 4 m.w.N. auf die ältere Literatur.

723 BGH, Urt. v. 15.1.1963 – 1 StR 479/62 = BGHSt 18, 182, 184 f.; *Gaede*, in: Matt/Renzikowski, § 193 Rn. 2; *Kühl*, in: Lackner/Kühl, § 193 Rn. 1; *Rudolphi/Rogall*, in: SK-StGB, § 193 Rn. 2; *Valerius*, in: BeckOK-StGB, § 193 Rn. 1, 11.

724 *Fischer*, § 193 Rn. 6; *Gaede*, in: Matt/Renzikowski, § 193 Rn. 9; *Rudolphi/Rogall*, in: SK-StGB, § 193 Rn. 11; *Valerius*, in: BeckOK-StGB, § 193 Rn. 4, 11.

725 *Fischer*, § 193 Rn. 9; *Rudolphi/Rogall*, in: SK-StGB, § 193 Rn. 11; *Valerius*, in: BeckOK-StGB, § 193 Rn. 11.

726 Für „zumindest auch" Gleichwertigkeit OLG Frankfurt, Urt. v. 11..3.1991 – 1 Ss 31/90 = NJW 1991, 2032, 2035; *Gaede*, in: Matt/Renzikowski, § 193 Rn. 12; *Kühl*, in: Lackner/Kühl, § 193 Rn. 10; vgl. *Valerius*, in: BeckOK-StGB, § 193 Rn. 11; **a.A.** *Fischer*, § 193 Rn. 9; *Sinn*, in: SSW, § 193 Rn. 20.

727 BGH, Urt. v. 15.1.1963 – 1 StR 479/62 = BGHSt 18, 182, 184 f., Herv. d. *Verf.*; vgl. anders anhand dieser Entscheidung aber *Valerius*, in: BeckOK-StGB, § 193 Rn. 11

728 *Gaede*, in: Matt/Renzikowski, § 193 Rn. 9; *Rudolphi/Rogall*, in: SK-StGB, § 193 Rn. 11; *Valerius*, in: BeckOK-StGB, § 193 Rn. 12.

729 *Fischer*, § 193 Rn. 10; *Rudolphi/Rogall*, in: SK-StGB, § 193 Rn. 13; *Valerius*, in: BeckOK-StGB, § 193 Rn. 12.

ches Abgrenzungskriterium.[730] Ein solches Verständnis vorverlagert eine eigentliche *Abwägungsfrage* ohne Erkenntnisgewinn in das Merkmal der Berechtigung.[731]

Der Täter darf *eigene* Interessen wahrnehmen.[732] Doch auch die Interessen von ihm nahestehenden Dritten, wie etwa Verwandten, darf der Täter verfechten.[733] Dasselbe gilt für mittelbare eigene Interessen; solche können sich aus der Mitgliedschaft in bzw. Zugehörigkeit zu einer Personengruppe ergeben.[734] Beiden Fällen liegt ein Maßstab zugrunde, der noch aus der Rechtsprechung des Reichsgerichts stammt und nach dem es darauf ankommt, ob es „nach billiger und vernünftiger Beurteilung der Verhältnisse als gerechtfertigt erscheint, sich zu [dem] besonderen Verfechter [der betroffenen Interessen] aufzuwerfen."[735] Infolgedessen nur konsequent, ist seit jeher anerkannt, dass es das „Recht jeden Bürgers [ist], an der politischen Willensbildung tätigen Anteil zu nehmen"[736] und sich als „Verfechter" von *Interessen auch der Allgemeinheit* „aufzuwerfen".[737]

Fraglich ist, ob beim Einsatz von Social Bots zur Manipulation der öffentlichen Meinung überhaupt ein berechtigtes Eigen- oder Allgemeininteresse verfolgt werden kann. Bereits die Formulierung der Fallkonstellation als „Manipulation" lässt daran zweifeln. Manipulation ist hier definiert worden als ein „undurchschaubares, geschicktes Vorgehen, mit dem sich jemand einen Vorteil verschafft oder etwas Begehrtes gewinnt."[738] Der

---

730 So aber RG, Urt. v. 28.10.1896 – 2952/96 = RGSt 29, 147, 150 f.; *Fischer*, § 193 Rn. 10; *Rudolphi/Rogall*, in: SK-StGB, § 193 Rn. 13; *Valerius*, in: BeckOK-StGB, § 193 Rn. 12; *Zaczyk*, in: NK-StGB, § 193 Rn. 18.

731 Vgl. *Gaede*, in: Matt/Renzikowski, § 193 Rn. 9 a.E.

732 *Fischer*, § 193 Rn. 11; *Gaede*, in: Matt/Renzikowski, § 193 Rn. 10; *Rudolphi/Rogall*, in: SK-StGB, § 193 Rn. 15; *Valerius*, in: BeckOK-StGB, § 193 Rn. 13.

733 *Fischer*, § 193 Rn. 11; *Gaede*, in: Matt/Renzikowski, § 193 Rn. 10; *Kühl*, in: Lackner/Kühl, § 193 Rn. 6; *Rudolphi/Rogall*, in: SK-StGB, § 193 Rn. 15; *Valerius*, in: BeckOK-StGB, § 193 Rn. 13.

734 *Fischer*, § 193 Rn. 12; *Gaede*, in: Matt/Renzikowski, § 193 Rn. 10; *Rudolphi/Rogall*, in: SK-StGB, § 193 Rn. 16; *Valerius*, in: BeckOK-StGB, § 193 Rn. 13.

735 RG, Urt. v. 24.6.1929 - III 421/29 = RGSt 63, 229, 231; vgl. *Valerius*, in: BeckOK-StGB, § 193 Rn. 13.

736 Insoweit zitiert nach BGH, Urt. v. 15.1.1963 – 1 StR 479/62 = BGHSt 18, 182, 187.

737 Siehe erneut RG, Urt. v. 24.6.1929 – III 421/29 = RGSt 63, 229, 231 und BGH, Urt. v. 15.1.1963 – 1 StR 479/62 = BGHSt 18, 182, 187; *Fischer*, § 193 Rn. 13; *Gaede*, in: Matt/Renzikowski, § 193 Rn. 10; *Rudolphi/Rogall*, in: SK-StGB, § 193 Rn. 17; *Valerius*, in: BeckOK-StGB, § 193 Rn. 14.

738 Siehe oben D.IX Manipulation; *Dudenredaktion*, „Manipulation" auf Duden online, abrufbar unter https://t1p.de/34fw (zuletzt abgerufen am 1.7.2019).

begehrte Vorteil liegt darin, dass die öffentliche Meinungsbildung nach der Vorstellung des Täters beeinflusst wird. Man könnte vertreten, dass eine solche *manipulative* Einflussnahme kein berechtigtes Interesse i.S.d. § 193 StGB darstelle. Ein solches Verständnis ist jedoch abzulehnen. Zwar trifft es zu, dass der Täter beim Einsatz von Social Bots sich einen Vorteil gegenüber anderen Diskursteilnehmern verschafft. Doch ist die Absicht, den eigenen Standpunkt im öffentlichen Diskurs besonders herauszustellen und ihm größeres Gewicht zu verschaffen, kein an sich *rechtswidriges* Interesse i.S.d. § 193 StGB.[739] Diese Lesart liefe auf eine Reaktivierung des Sittenwidrigkeitskriteriums hinaus, welche die Abwägung im Einzelfall unterlaufen würde. Überzeugender ist es, die Manipulation (nach hiesiger Definition) der öffentlichen Meinungsbildung grundsätzlich als berechtigtes Interesse des § 193 StGB einzustufen und erst im Rahmen der Verhältnismäßigkeitsprüfung zu berücksichtigen. Dabei kann die Manipulation der öffentlichen Meinungsbildung zunächst als *tätereigenes* Interesse angestrebt werden. Denkbar ist aber ebenso, dass sie einem *mittelbaren* Interesse (etwa einer politischen Partei[740]) oder einem (vermeintlichen) *Allgemeininteresse* folgt.

Wohlgemerkt muss das Gegenteil gelten, wenn es dem Täter nicht um die – manipulative – Teilnahme an der politischen Debatte geht, sondern er unter diesem Vorwand ein *anderes*, klar rechtswidriges Ziel verfolgt. Eindringlichstes Beispiel hierfür sind Fälle von Spionage- oder Agententätigkeit, in denen der Täter die Meinungsbildung nicht in Wahrnehmung staatsbürgerlicher Eigen- oder Allgemeininteressen manipuliert, sondern im Auftrag einer fremden Macht.

c) Verhältnismäßige Wahrnehmung im Einzelfall

Gemäß Art. 5 Abs. 1 Satz 1 GG hat jeder das Recht, seine Meinung in Wort, Schrift und Bild frei zu äußern und zu verbreiten. Vom Schutzbereich der Meinungsfreiheit vollumfänglich umfasst sind zunächst Werturteile, also Äußerungen, die durch ein Element des Meinens oder Dafürhaltens, der Stellungnahme gekennzeichnet sind.[741] Für die Einordnung als Meinung kommt es nicht darauf an, ob eine Äußerung wahr oder

---

739 Hierzu vertieft 3. Kap. C.I.1.b)dd) Angemessenheit.

740 Vgl. *Gaede*, in: Matt/Renzikowski, § 193 Rn. 10.

741 Hier zitiert nach BVerfG, Beschl. v. 19.5.2020 – 1 BvR 362/18 = HRRS 2020 Nr. 652, Rn. 12; vgl. ferner BVerfG, Beschl. v. 22.6.1982 – 1 BvR 1376/79 =

unwahr, wohlbegründet, rein emotional, gefährlich oder harmlos ist.[742] Unbeachtlich für den grundrechtlichen Schutz ist, ob eine Äußerung sich auf einen privaten oder etwa politischen Sachverhalt bezieht.[743] Äußerungen sind insbesondere nicht bereits deshalb aus dem Schutzbereich der Meinungsfreiheit ausgenommen, weil sie womöglich ehrschmälernd, polemisch oder verletzend sind.[744]

*Tatsachen*behauptungen unterfallen der Meinungsfreiheit, soweit sie als Grundlage der Meinungsbildung dienen.[745] Daraus wird abgeleitet, dass *unwahre* Tatsachenbehauptungen nicht schützenswert seien: „Unrichtige Information ist unter dem Blickwinkel der Meinungsfreiheit kein schützenswertes Gut, weil sie der verfassungsrechtlich vorausgesetzten Aufgabe zutreffender Meinungsbildung nicht dienen kann."[746] Gänzlich außerhalb des Schutzbereichs der Meinungsfreiheit liegen sollen Lügen, also „bewusst unwahre Tatsachenbehauptungen" und Behauptungen über Tatsachen, „deren Unwahrheit bereits im Zeitpunkt der Äußerung unzweifelhaft feststeht."[747]

Infolgedessen wird, wie bereits angesprochen, eine Anwendung des § 193 StGB auf die Verleumdung bis weitestgehend abgelehnt.[748] Im Übrigen unterfallen ehrbeeinträchtigende Äußerungen gemäß der §§ 185 ff. StGB dem Schutzbereich der Meinungsfreiheit aber grundsätzlich.[749]

BVerfGE 61, 1, 9; vgl. *Schemmer*, in: BeckOK-GG, Art. 5 Rn. 4; *Grabenwarter*, in: Maunz/Dürig, Art. 5 Abs. 1 Rn. 47.

742 M.w.N. BVerfG, Beschl. v. 13.4.1994 – 1 BvR 23/94 = BVerfGE 90, 241; ausführlich zur Meinungsfreiheit i.V.m. dem Einsatz von Social Bots noch 3. Kap. B.I.1.a)bb) Meinungsfreiheit.

743 BVerfG, Beschl. v. 10.3.2016 – 1 BvR 2844/13 = NVwZ 2016, 761.

744 BVerfG, Beschl. v. 19.5.2020 – 1 BvR 362/18 = HRRS 2020 Nr. 652, Rn. 12.

745 BVerfG, Beschl. v. 22.6.1982 – 1 BvR 1376/79 = BVerfGE 61, 1, 8; BVerfG, Beschl. v. 9.10.1991 – 1 BvR 1555/88 = BVerfGE 85, 1, 15; abgrenzend BVerfG, Urt. v. 15.12.1983 – 1 BvR 209/83 u.a. (Volkszählung) = BVerfGE 65, 1, 41 (keinerlei Meinungsbezug bei statistischen Erhebungen); *Schemmer*, in: BeckOK-GG, Art. 5 Rn. 5 f. m.w.N.

746 BVerfG, Beschl. v. 3.6.1980 – 1 BvR 797/78 (Böll) = BVerfGE 54, 208, 219 f.; vgl. *Schemmer*, in: BeckOK-GG, Art. 5 Rn. 6.

747 BVerfG, Beschl. v. 13.4.1994 – 1 BvR 23/94 (Auschwitzlüge) = BVerfGE 90, 241, 247 f.; BVerfG, Beschl. v. 10.11.1998 – 1 BvR 1531/96 (Scientology) = BVerfGE 99, 185, 197; *Schemmer*, in: BeckOK-GG, Art. 5 Rn. 5 f.

748 Siehe erneut BGH, Urt. v. 8.12.1959 – 2 StR 486/59 = BGHSt 14, 48, 51; *Fischer*, § 193 Rn. 3; *Gaede*, in: Matt/Renzikowski, § 193 Rn. 3.

749 Siehe m.w.N. nur jüngst BVerfG, Beschl. v. 19.5.2020 – 1 BvR 362/18 = HRRS 2020 Nr. 652, Rn. 12; vgl. *Fischer*, § 193 Rn. 3; *Gaede*, in: Matt/Renzikowski, § 193 Rn. 13 f.

Die Schrankenregelung in Art. 5 Abs. 2 GG wiederum ermöglicht über das Einfallstor der „allgemeinen Gesetze“ dann eine Beschränkung der Meinungsäußerungsfreiheit auch gemäß der §§ 185 ff. StGB. Dabei sind die wechselseitigen Interessen im Wege der praktischen Konkordanz in möglichst schonenden Ausgleich zu bringen.[750] Insbesondere muss die Wahrnehmung des berechtigten Interesses im Einzelfall verhältnismäßig, d.h. geeignet, erforderlich und angemessen sein.[751] Es ist eine umfassende Güter- und Interessenabwägung im Einzelfall vorzunehmen.[752]

Diese Grundsätze gelten auch für den Einsatz von Social Bots. Doch ist hier – da ihr Einsatz gerade zur Manipulation der *öffentlichen Meinungsbildung* untersucht wird – eine Besonderheit zu beachten. Nach der ständigen Rechtsprechung des BVerfG ist die Meinungsfreiheit „schlechthin konstituierend für die freiheitlich-demokratische Grundordnung“[753] und „eines der vornehmsten Menschenrechte überhaupt“.[754] Als solches hat sie überragende Bedeutung nicht nur für die liberale Demokratie, sondern auch für die freie Entfaltung des Einzelnen.[755] Nimmt der Äußernde am politischen Diskurs bzw. der öffentlichen Meinungsbildung teil, gilt deshalb eine *Vermutung für die freie Rede* auch und gerade im Anwendungsbereich der §§ 185 ff. StGB.[756] Diese Vermutung für die freie Rede hat zur Folge,

---

750 Vgl. BVerfG, Beschl. v. 11.5.1976 – 1 BvR 671/70 = BVerfGE 42, 143, 152 f.; siehe jüngst auch BVerfG, Beschl. v. 19.5.2020 – 1 BvR 362/18 = HRRS 2020 Nr. 652; 1 BvR 1094/19 = HRRS 2020 Nr. 653; 1 BvR 2397/19 = HRRS 2020 Nr. 654; 1 BvR 2459/19 = HRRS 2020 Nr. 655; *Fischer,* § 193 Rn. 17; *Gaede,* in: Matt/Renzikowski, § 193 Rn. 16 f.; *Lenckner/Eisele,* in: Schönke/Schröder, § 193 Rn. 15; *Valerius,* in: BeckOK-StGB, § 193 Rn. 29.

751 *Gaede,* in: Matt/Renzikowski, § 193 Rn. 12; zu den allgemeinen Regeln der Verhältnismäßigkeitsprüfung siehe hier 3. Kap. A.I.3 Verhältnismäßigkeit eines Strafgesetzes m.w.N.

752 Siehe BVerfG, Urt. v. 15.1.1958 – 1 BvR 400/51 = BVerfGE 7, 198, 208 ff.; mit einem Negativbeispiel jüngst BVerfG, Beschl. v. 19.5.2020 – 1 BvR 362/18 = HRRS 2020 Nr. 652, Rn. 32 und *passim*; BGH, Urt. v. 15.1.1963 – 1 StR 479/62 = BGHSt 18, 182, 184; vgl. aus der Literatur nur *Fischer,* § 193 Rn. 9; *Gaede,* in: Matt/Renzikowski, § 193 Rn. 15; *Rudolphi/Rogall,* in: SK-StGB, § 193 Rn. 25 ff.

753 Siehe nur BVerfG, Urt. v. 5.6.1973 – 1 BvR 536/72 = BVerfGE 35, 202, 221 f. m.w.N.

754 BVerfG, Urt. v. 15.1.1958 – 1 BvR 400/51 = BVerfGE 7, 198, 208 m.w.N.; vgl. *Schulze-Fielitz,* in: Dreier, Art. 5 Rn. 40.

755 BVerfG, Urt. v. 5.6.1973 – 1 BvR 536/72 = BVerfGE 35, 202, 221 f.; BVerfG, Urt. v. 15.1.1958 – 1 BvR 400/51 = BVerfGE 7, 198, 208; *Grabenwarter,* in: Maunz/Dürig, Art. 5 Abs. 1, 2 Rn. 518; *Schulze-Fielitz,* in: Dreier, Art. 5 Rn. 40 m.w.N.

756 BVerfG, Beschl. v. 22.6.1982 – 1 BvR 1376/79 = BVerfGE 61, 1, 7 f. m.w.N.; *Fischer,* § 193 Rn. 17 ff.; *Gaede,* in: Matt/Renzikowski, § 193 Rn. 16;

dass im Rahmen der politischen Auseinandersetzung und des Meinungskampfes die Meinungsfreiheit regelmäßig *Vorrang* vor der beeinträchtigten Ehre genießen wird.[757] Sie gilt insbesondere auch für durch den Bürger geäußerte *Machtkritik:*[758]

> „Teil dieser Freiheit ist, dass Bürger von ihnen als verantwortlich angesehene Amtsträger in anklagender und personalisierter Weise für deren Art und Weise der Machtausübung angreifen können, ohne befürchten zu müssen, dass die personenbezogenen Elemente solcher Äußerungen aus diesem Kontext herausgelöst werden und die Grundlage für einschneidende gerichtliche Sanktionen bilden."[759]

Gerade in diesem Umfeld ist die hier untersuchte Fallgruppe des Einsatzes von Social Bots zur Manipulation der öffentlichen Meinungsbildung angesiedelt. Eine Rechtfertigung aus verfassungsrechtlichen Gründen dürfte angesichts dieser weitreichenden Freiräume für zahlreiche mittels Social Bots getätigte Äußerungen in Betracht kommen. Doch gilt dies nach der Rechtsprechung des BVerfG wiederum nicht schrankenlos, denn

> „auch der Gesichtspunkt der Machtkritik [bleibt] in eine Abwägung eingebunden. Gegenüber einer auf die Person abzielenden, insbesondere öffentlichen Verächtlichmachung oder Hetze setzt die Verfassung allen Personen gegenüber äußerungsrechtliche Grenzen und nimmt hiervon Personen des öffentlichen Lebens und Amtsträger nicht aus."[760]

Erst vor Kurzem hat das BVerfG mit vier Kammerbeschlüssen seine Rechtsprechung insoweit bestärkt und präzisiert.[761] Bei dieser Gelegenheit hat es sich auch zur Beleidigung im Internet und insbesondere in sozialen Netz-

757 BVerfG, Beschl. v. 22.6.1982 – 1 BvR 1376/79 = BVerfGE 61, 1, 11 ff.; *Fischer*, § 193 Rn. 17 ff.; *Gaede*, in: Matt/Renzikowski, § 193 Rn. 16.

758 BVerfG, Beschl. v. 19.5.2020 – 1 BvR 1094/19 = HRRS 2020 Nr. 653 Rn. 25; vgl. 1 BvR 2397/19 = HRRS 2020 Nr. 654, Rn. 30 ff.; 1 BvR 2459/19 = HRRS 2020 Nr. 655, Rn. 22 ff.; vgl. *Gaede*, in: Matt/Renzikowski, § 193 Rn. 16.

759 Hier zitiert nach BVerfG, Beschl. v. 19.5.2020 – 1 BvR 1094/19 = HRRS 2020 Nr. 653 Rn. 25.

760 So BVerfG, Beschl. v. 19.5.2020 – 1 BvR 2459/19 = HRRS 2020 Nr. 655, Rn. 22 m.w.N.

761 BVerfG, Beschl. v. 19.5.2020 – 1 BvR 362/18 = HRRS 2020 Nr. 652; 1 BvR 1094/19 = HRRS 2020 Nr. 653; 1 BvR 2397/19 = HRRS 2020 Nr. 654; 1 BvR 2459/19 = HRRS 2020 Nr. 655; *Hong*, HRRS 2020, 490 ff.

werken geäußert.[762] Das BVerfG hat bekräftigt, dass Form und Begleitumstände einer Äußerung für die Abwägung erheblich sein können.[763] So müsse berücksichtigt werden, ob Äußerungen „ad hoc in einer hitzigen Situation oder im Gegenteil mit längerem Vorbedacht gefallen" sind. Insbesondere könne „bei schriftlichen Äußerungen im Allgemeinen ein höheres Maß an Bedacht und Zurückhaltung erwartet werden." Dies gelte „unter Berücksichtigung der konkreten Kommunikationsumstände grundsätzlich auch für textliche Äußerungen in den ‚sozialen Netzwerken' im Internet."[764] Auch für die Verbreitung und Wirkung einer Äußerung seien Form und Begleitumstände der Kommunikation maßgeblich.[765] Eine ehrenrührige Äußerung, die lediglich wenige Personen erreicht, sei weniger schwerwiegend als eine solche, die ein großes Publikum findet. Eine mündliche Anfeindung habe geringeres Gewicht als eine schriftlich „oder anderweitig perpetuierte Äußerung". Eine Äußerung beeinträchtige das Persönlichkeitsrecht besonders, „wenn sie in wiederholender und anprangernder Weise, etwa unter Nutzung von Bildnissen der Betroffenen, oder besonders sichtbar in einem der allgemeinen Öffentlichkeit zugänglichen Medium getätigt" werde. Insoweit käme insbesondere das Internet in Betracht. Gleichwohl blieben auch bei Internetfällen die Umstände des Einzelfalles entscheidend.[766]

Diese Ausführungen lassen sich auf den Einsatz von Social Bots übertragen. Mithilfe von Social Bots werden Äußerungen in schriftlicher oder anders perpetuierter Form (z.B. durch Bilder, Videos oder Tondateien) in sozialen Netzwerken – und damit im Internet – verbreitet. Social Bots werden regelmäßig darauf ausgerichtet sein, ein möglichst großes Publikum zu erreichen. Sie einzusetzen, erfordert ein erhebliches Maß an Vorbereitung und Berechnung, da die Social Bot Software eigens erstellt oder beschafft, konfiguriert, eingesetzt, überwacht und gewartet werden muss.[767] Nach den genannten Maßstäben wird diese *technische Dimensi-*

---

762 BVerfG, Beschl. v. 19.5.2020 – 1 BvR 1094/19 = HRRS 2020 Nr. 653 Rn. 28 f.; 1 BvR 2397/19 = HRRS 2020 Nr. 654 Rn. 34.

763 BVerfG, Beschl. v. 19.5.2020 – 1 BvR 1094/19 = HRRS 2020 Nr. 653 Rn. 28 f.; vgl. aus der Literatur *Regge/Pegel*, in: MüKo-StGB, § 193 Rn. 3; *Rudolphi/Rogall*, in: SK-StGB, § 193 Rn. 26; *Valerius*, in: BeckOK-StGB, § 193 Rn. 22.

764 BVerfG, Beschl. v. 19.5.2020 – 1 BvR 1094/19 = HRRS 2020 Nr. 653 Rn. 28.

765 BVerfG, Beschl. v. 19.5.2020 – 1 BvR 1094/19 = HRRS 2020 Nr. 653 Rn. 29; 1 BvR 2397/19 = HRRS 2020 Nr. 654 Rn. 34.

766 BVerfG, Beschl. v. 19.5.2020 – 1 BvR 1094/19 = HRRS 2020 Nr. 653 Rn. 29; 1 BvR 2397/19 = HRRS 2020 Nr. 654 Rn. 34.

767 Vgl. 1. Kap. B . Feldforschung „@RustavGadbruch".

on des Einsatzes von Social Bots tendenziell gegen eine Rechtfertigung sprechen. Gleichwohl bleibt die *politische Dimension* ihres Einsatzes zu berücksichtigen, nach der Social Bots zur Manipulation der öffentlichen Meinung gerade im *Kernbereich*[768] des Schutzes von Art. 5 Abs. 1 Satz 1 GG zu verorten sind.

d) Schmähungen, Formalbeleidigungen und Menschenwürdeverletzungen

In drei Fallgruppen tritt die Meinungsfreiheit in Abweichung von den vorgenannten Grundsätzen regelmäßig auch ohne Abwägung im Einzelfall hinter den Ehrenschutz zurück: bei Schmähungen, Formalbeleidigungen und Menschenwürdeverletzungen.[769]

Der Begriff der Schmähung oder Schmähkritik meint nach der Rechtsprechung des BVerfG nicht lediglich eine Ehrbeeinträchtigung von *graduell* besonderem Gewicht.[770] Insbesondere sei „auch eine überzogene, völlig unverhältnismäßige oder sogar ausfällige Kritik“ nicht kurzerhand als Schmähkritik zu bewerten.[771] Entscheidend sei vielmehr, dass „nicht mehr die Auseinandersetzung in der Sache, sondern die Diffamierung der Person im Vordergrund steht.“[772] Bei der hierzu erforderlichen Bewertung einer Äußerung seien „Anlass und Kontext der Äußerung“ zu berücksichtigen.[773] Zusammenfassend formuliert das BVerfG:

> „Schmähung im verfassungsrechtlichen Sinn ist gegeben, wenn eine Äußerung keinen irgendwie nachvollziehbaren Bezug mehr zu einer sachlichen Auseinandersetzung hat und es bei ihr im Grunde nur um das grundlose Verächtlichmachen der betroffenen Person als solcher geht. Es sind dies Fälle, in denen eine vorherige Auseinandersetzung erkennbar nur äußerlich zum Anlass genommen wird, um über ande-

---

768 Vgl. zum Stichwort BVerfG, Beschl. v. 24.7.2013 – 1 BvR 444/13 = ZUM 2013, 793, 796; *Fischer*, § 193 Rn. 17b.

769 BVerfG, Beschl. v. 19.5.2020 – 1 BvR 2397/19 = HRRS 2020 Nr. 654, Rn. 15 m.w.N.

770 BVerfG, Beschl. v. 19.5.2020 – 1 BvR 2397/19 = HRRS 2020 Nr. 654, Rn. 18 m.w.N. auf die st. Rspr.

771 BVerfG, Beschl. v. 19.5.2020 – 1 BvR 2397/19 = HRRS 2020 Nr. 654, Rn. 18.

772 BVerfG, Beschl. v. 19.5.2020 – 1 BvR 2397/19 = HRRS 2020 Nr. 654, Rn. 18.

773 BVerfG, Beschl. v. 19.5.2020 – 1 BvR 2397/19 = HRRS 2020 Nr. 654, Rn. 18.

re Personen herzuziehen oder sie niederzumachen, etwa in Fällen der Privatfehde."[774]

Bei Formalbeleidigungen handelt es sich nach der verfassungsrechtlichen Rechtsprechung um „nach allgemeiner Auffassung besonders [krasse], aus sich heraus [herabwürdigende] [Schimpfwörter] – etwa aus der Fäkalsprache."[775] Für die Strafbarkeit streite hier die „kontextunabhängig gesellschaftlich absolut missbilligte und tabuisierte Begrifflichkeit und damit die spezifische Form dieser Äußerung."[776]

Bei Menschenwürdeverletzungen tritt die Meinungsfreiheit stets zurück.[777] Wegen der einschneidenden Wirkung für die Meinungsäußerungsfreiheit ist eine solche Verletzung sorgfältig zu begründen.[778] Eine Verletzung der Menschenwürde des Betroffenen kann nach dem BVerfG gegeben sein, „wenn sich eine Äußerung nicht lediglich gegen einzelne Persönlichkeitsrechte richtet, sondern einer konkreten Person den ihre menschliche Würde ausmachenden Kern der Persönlichkeit abspricht."[779]

Praktisch empfiehlt es sich, auch das Vorliegen einer Schmähung, Formalbeleidigung oder Menschenwürdeverletzung nicht separat, sondern erst im Rahmen der Verhältnismäßigkeitsprüfung herauszuarbeiten, um nicht die bestehenden verfassungsrechtlichen Vorgaben an die Auslegung der Äußerung und Berücksichtigung der sie begleitenden Umstände zu unterlaufen.[780] Kann aber auf diesem Wege eine Ausnahmekonstellation sicher angenommen werden, ist die Äußerung regelmäßig nicht verhältnismäßig.[781]

Diese Grundsätze sind auf den Einsatz von Social Bots zu übertragen. Im Einzelfall kann sich hier gerade aus der konkreten Programmgestaltung darauf schließen lassen, dass eine Schmähung, Formalbeleidigung oder Menschenwürdeverletzung vorliegt und bzw. oder intendiert war.

---

774 BVerfG, Beschl. v. 19.5.2020 – 1 BvR 2397/19 = HRRS 2020 Nr. 654, Rn. 19 m.w.N.

775 BVerfG, Beschl. v. 19.5.2020 – 1 BvR 2397/19 = HRRS 2020 Nr. 654, Rn. 21 m.w.N. auf die st. Rspr.

776 BVerfG, Beschl. v. 19.5.2020 – 1 BvR 2397/19 = HRRS 2020 Nr. 654, Rn. 21.

777 BVerfG, Beschl. v. 19.5.2020 – 1 BvR 2397/19 = HRRS 2020 Nr. 654, Rn. 22.

778 BVerfG, Beschl. v. 19.5.2020 – 1 BvR 2397/19 = HRRS 2020 Nr. 654, Rn. 22.

779 BVerfG, Beschl. v. 19.5.2020 – 1 BvR 2397/19 = HRRS 2020 Nr. 654, Rn. 22.

780 BVerfG, Beschl. v. 19.5.2020 – 1 BvR 2397/19 = HRRS 2020 Nr. 654, Rn. 23; vgl. *Gaede*, in: Matt/Renzikowski, § 193 Rn. 11.

781 BVerfG, Beschl. v. 19.5.2020 – 1 BvR 2397/19 = HRRS 2020 Nr. 654, Rn. 21 ff. m.w.N. auf die st. Rspr.

Dies wird jedenfalls in denjenigen Fällen so sein, in denen der Täter den Social Bot eindeutig mit solchem Input versieht.[782]

VI. Zwischenergebnis

Die §§ 185 ff. StGB sind auf den Einsatz von Social Bots grundsätzlich anwendbar. Die Reichweite der Strafbarkeit wird indes regelmäßig durch die Einwirkung der Meinungsfreiheit begrenzt. Bei einer Abwägung der widerstreitenden Interessen nach einer ehrenrührigen Äußerung mittels Social Bots sprechen *für* eine Strafbarkeit die spezifischen *Begleitumstände* (technischer Aufwand, Zielgerichtetheit, Planung und Vorüberlegung); *gegen* eine Strafbarkeit spricht die Verortung des politischen Meinungskampfs im Kernbereich des Art. 5 Abs. 1 Satz 1 GG. Die Letztentscheidung bleibt dem Tatrichter im konkreten Einzelfall vorbehalten.

E. Straftaten bei Wahlen und Abstimmungen

Die Debatte um Social Bots wird seit Beginn an von der Befürchtung bzw. dem Vorwurf bestimmt, dass diese eingesetzt werden könnten oder eingesetzt werden, um Wahlen und Abstimmungen zu manipulieren.[783] Diese Debatte in Öffentlichkeit und Politik war Anlass für die allermeisten juristischen Untersuchungen.[784] Neben öffentlich-rechtlichen Regelungen sind auch die Strafbestimmungen zum Schutz von Wahlen und Abstim-

782 Vgl. hierzu erneut die Fallstudie unter 1. Kap. B. Feldforschung „@RustavGadbruch".

783 Siehe abermals exemplarisch *Bessi/Ferrara*, First Monday 21 (11/2016), *passim*; *Hegelich/Thieltges*, Falschinformationen und Manipulation durch Social, 357, 361 f.; *Howard/Kollanyi/Woolley*, COMPROP Data Memo 2016.4, 17.11.2016, S. 4; *Woolley*, First Monday 21 (4/2016), S. 6 f.; **kritisch** erneut *Beuth*, SPIEGEL Online, Die elektronische Sau im Dorf, 17.12.2018, abrufbar unter https://t1p.de/b64g (zuletzt abgerufen am 17.6.2020).

784 *Drexl*, ZUM 2017, 529, 530; *Jülicher/Röttgen*, InTeR 2018, 15, 16; *Libertus*, ZUM 2018, 20; *Schröder*, DVBl 2018, 465; von vornherein **skeptisch** *Rückert*, in: Strafrecht und Politik, S. 167, 183 f.; teilweise auch *Steinbach*, ZRP 2017, 101, 102, siehe aber anders 104.

mungen (sog. „Wahlstrafrecht"[785]) schon auf ihre Anwendbarkeit im Zusammenhang mit Social Bots untersucht worden.[786]

Durch den Einsatz von Social Bots kann der Eindruck erweckt werden, dass Positionen oder Personen mehr Anhänger haben, als tatsächlich der Fall ist; bestimmten Inhalte kann künstlich mehr Reichweite verschafft werden.[787] Solche Arten der öffentlichen Einflussnahme könnten, sofern sie darauf gerichtet sind, Wahl- oder Abstimmungsergebnisse zu manipulieren, bei oberflächlicher Betrachtung § 108a StGB (Wählertäuschung) unterfallen.[788] Danach macht sich strafbar, wer durch Täuschung bewirkt, dass jemand bei der Stimmabgabe über den Inhalt seiner Erklärung irrt oder gegen seinen Willen nicht oder ungültig wählt.

Allerdings erfasst die Vorschrift die lügnerische Wahlpropaganda nach einhelliger Meinung gerade nicht (kein Schutz bloßer Motivirrtümer).[789] Diese Lesart steht im Einklang mit den insofern ausdrücklichen Gesetzesmaterialien.[790]

Eine Strafbarkeit aus anderen Vorschriften des Wahlstrafrechts ist aufgrund des dort noch enger gefassten Anwendungsbereiches ausgeschlossen.[791]

---

785 Zum Begriff des Wahlstrafrechts *Zimmermann*, ZIS 2011, 892, 893 (dortige Fn. 13) m.w.N.

786 Allesamt ablehnend: *Libertus*, ZUM 2018, 20, 25; *Rückert*, in: Strafrecht und Politik, S. 167, 171 f.; *Schröder*, DVBl 2018, 465, 470; kurz *Steinbach*, ZRP 2017, 101, 104.

787 1. Kap. E.II Manipulationshandlungen.

788 *Libertus*, ZUM 2018, 20, 24 f.

789 BGH, Urteil v. 5.7.1956 – 3 StR 183/56 = BGHSt 9, 339; *Eser*, in: Schönke/Schröder, § 108a Rn. 2; *v. Heintschel-Heinegg*, in: BeckOK-StGB, § 108a Rn. 1; *Kargl*, in: NK-StGB, § 108a Rn. 2; *Kühl*, in: Lackner/Kühl, § 108a Rn. 1; *Libertus*, ZUM 2018, 20, 24 f.; *Müller*, in: MüKo-StGB, 108a Rn. 6; *Schröder*, DVBl 2018, 465, 470; *Steinbach*, ZRP 2017, 101, 104.

790 BT-Drs. 1307/1950, S. 40 f. zum selben Regelungsinhalt, der aber damals noch in § 107a StGB vorgesehen war; siehe auch 3. StÄndG v. 04.08.1953, BGBl. I S. 735, 740.

791 So auch schon *Libertus*, ZUM 2018, 20–26, 24 f.; *Reinbacher*, in: FG Digitalisierung, S. 470 ff.; *Schröder*, DVBl 2018, 465, 470; knapp Steinbach, ZRP 2017, 101, 104.

F. Computerstrafrecht

Hier werden unter den Begriff des Computerstrafrechts die §§ 202a ff. (15. Abschnitt, Verletzung des persönlichen Lebens- und Geheimbereichs) und § 303a f. StGB (27. Abschnitt, Sachbeschädigung) gefasst.[792] Die Darstellung beginnt mit den §§ 202a ff. StGB, da die § 303a f. StGB mehrfach auf diese Delikte verweisen und teilweise materiell auf diesen aufbauen. Bei § 202a StGB (Ausspähen von Daten) wird vor allem interessieren, wann Daten für den Täter „nicht bestimmt" sind (unten I.). Die Prüfung des § 303a StGB (Datenveränderung) dagegen wird um die Frage kreisen, wann eine Datenveränderung „rechtswidrig" ist (unten II.). Bei § 303b Abs. 1 Nr. 2 StGB (Computersabotage) schließlich wird zu beleuchten sein, wann eine Datenverarbeitung von „wesentlicher Bedeutung" ist und wann eine erhebliche Störung einer solchen Datenverarbeitung vorliegt (unten III.). Es wird sich zeigen, dass in bestimmten Konstellationen ernsthafte, aber unspezifische Strafbarkeitsrisiken beim Einsatz von Social Bots bestehen.

I. § 202a StGB (Ausspähen von Daten)

Der Einsatz von Social Bots könnte gemäß § 202a StGB (Ausspähen von Daten) strafbar sein. Danach macht sich strafbar, wer unbefugt sich oder einem anderen Zugang zu Daten, die nicht für ihn bestimmt und die gegen unberechtigten Zugang besonders gesichert sind, unter Überwindung dieser Zugangssicherung verschafft.

1. Daten

Tatobjekt des § 202a StGB sind Daten. Nach der Einschränkung des § 202a Abs. 2 StGB sind nur solche Daten erfasst, die elektronisch, magnetisch oder sonst nicht unmittelbar wahrnehmbar gespeichert sind oder übermittelt werden. Diesem Datenbegriff unterfallen alle Inhalte in sozialen Netzwerken.

---

792 Nach *Eisele*, Jura 2012, 922.

2. Nicht für den Täter bestimmte Daten

Diese Daten dürfen nicht für den Täter bestimmt sein („negatives Sonderdelikt“).[793] Die Bestimmung trifft der Berechtigte.[794] Nicht von der Vorschrift erfasst ist das bloß zweckwidrige Verwenden von Daten, die für den Verwender bestimmt sind.[795] Die Bestimmung wirkt als tatbestandsausschließendes Einverständnis.[796]

Social Bots imitieren in sozialen Netzwerken das Verhalten menschlicher Nutzer. Daraus ergibt sich, dass jeder Social Bot einen eigenen Account benötigt.[797] Möchte man eine Vielzahl von Social Bots einsetzen, muss man eine ebenso große Anzahl an Accounts kontrollieren. Dies können die Accounts realer Personen (reale Nutzerkonten) sein, oder Accounts, die unter Angabe einer fiktiven Identität erstellt werden (fiktive Nutzerkonten).[798] Zur Erinnerung: Das Gefährdungspotential von Social Bots liegt darin, dass jeder einzelne Social Bot automatisch funktioniert und eine theoretisch unbegrenzte Zahl von Social Bots koordiniert gesteuert werden kann (Automatisierung und Skalierbarkeit).[799]

Social Bots nutzen die Funktionen, die auch für menschliche Nutzer verfügbar sind. Als Tatobjekt i.S.d. § 202a StGB kommen darum nur die Daten in Frage, die auch für alle anderen Nutzer zugänglich sind, also der „quasi-öffentliche Bereich“ der Netzwerke.[800] Insoweit unterscheidet sich der Einsatz von Social Bots vom „klassischen“ Hacking oder von

793 *Fischer*, § 202a Rn. 7.

794 *Eisele*, in: Schönke/Schröder, § 202a Rn. 9; *Fischer*, § 202a Rn. 7a; *Graf*, in: MüKo-StGB, § 202a Rn. 21; *Heger*, in: Lackner/Kühl, § 202a Rn. 3; *Kargl*, in: NK-StGB, § 202a Rn. 7.

795 *Eisele*, in: Schönke/Schröder, § 202a Rn. 11; *Fischer*, § 202a Rn. 7; *Graf*, in: MüKo-StGB, § 202a Rn. 24; *Heger*, in: Lackner/Kühl, § 202a Rn. 3; *Kargl*, in: NK-StGB, § 202a Rn. 8.

796 BT-Drs. 10/5058, 29; *Eisele*, in: Schönke/Schröder, § 202a Rn. 11; *Graf*, in: MüKo-StGB, § 202a Rn. 21; *Kargl*, in: NK-StGB, § 202a Rn. 8.

797 Vgl. Vorbemerkungen III. Begriffsbestimmungen. Wie oben erwähnt, ist es in manchen sozialen Netzwerken möglich, mit einem Account mehrere Profile zu verwalten. Der Einheitlichkeit wegen wird hier davon ausgegangen, dass je Account nur ein Profil angelegt werden kann.

798 Siehe mit dieser Differenzierung schon *Boshmaf/Muslukhov/Beznosov u.a.*, Design and analysis of a social botnet, Computer Networks 57 (2013), 556; auf fiktive Accounts beschränken sich *Libertus*, ZUM 2018, 20 f. und *Milker*, ZUM 2017, 216.

799 Siehe oben 1. Kap. E. Anwendungsszenarien.

800 Im Falle von Facebook bspw. die sog. „Timeline“, im Falle von Twitter bspw. der sog. „Feed“.

Computerviren.[801] Anders als dort wird beim Einsatz von Social Bots *nur* auf Daten zugegriffen, die über das Frontend für alle Nutzer erreichbar sind und *sein sollen*, und nicht auf (im Backend) verborgene Daten.[802] Man könnte vor diesem Hintergrund erwägen, die „Bestimmung" i.S.d. § 202a StGB allgemein aus dem Umstand herzuleiten, dass soziale Netzwerke grundsätzlich für jedermann zugänglich sind.[803] Dies griffe aber zu kurz. Zwar stehen die Netzwerke grundsätzlich jedem offen. Dies gilt indes nur unter der Voraussetzung einer ordnungsgemäßen Registrierung unter wahrheitsgemäßer Angabe der jeweils geforderten Nutzerdaten.[804] Es ist zu erinnern, dass das Recht zur Bestimmung nach § 202a StGB beim Berechtigten liegt. Dieses Bestimmungsrecht und das mutmaßliche Interesse der Plattformbetreiber, bestimmte Personen unter bestimmten Bedingungen von der Nutzung ihrer Angebote tatsächlich auszuschließen, sind ernst zu nehmen.[805] Die konkrete Bestimmung wird in den hier betrachteten Fällen durch die Nutzungsbedingungen der Plattformbetreiber gesetzt, die Bestandteil jedes Nutzungsvertrages werden.[806] Man würde diesem explizit

---

801 Hierzu früh im Überblick *Ernst*, NJW 2003, 3233 ff.

802 Dies gilt auch für den Zugang über ein API, welches zwar als Einfallstor zum Backend betrachtet werden könnte, aber durch das API-Design vom Plattformbetreiber vollständig reguliert und kontrolliert wird, sodass auch hier meist keine anderen Informationen zugänglich sind als über das Frontend, jedenfalls aber nur solche, die der Berechtigte preisgeben will, vgl. oben 1. Kap. C. Verbindungsmöglichkeitenn. Metaphorisch gesprochen schleicht der Social Bot sich nicht böser Absicht in das Warenlager, sondern schlendert lediglich gemeinsam mit allen anderen Kunden durch den Verkaufsraum.

803 Die Überlegung, eine Bestimmung für insbesondere im Internet allgemein zugängliche („offenkundige") Daten auch bei entgegenstehenden Nutzungsbedingungen anzunehmen, findet sich in der Literatur seit langem, *Graf*, in: MüKo-StGB, § 202a StGB Rn. 28 m.w.N.; **a.A.** *Eisele*, in: Schönke/Schröder, § 202a Rn. 10; *Schmitz*, JA 1995, 478, 481.

804 *Facebook.com*, Terms of Service, abrufbar unter https://www.facebook.com/legal/terms/ (zuletzt abgerufen am 24.6.2020), insoweit mit Klarnamenpflicht besonders streng, vgl. 3.1 „Who can use Facebook"; *Instagram.com*, Terms of Use, abrufbar unter https://t1p.de/bujf (zuletzt abgerufen am 24.6.2020), zwar ohne Klarnamenpflicht, aber dennoch mit ausdrücklichen Anforderungen: „Who Can Use Instagram. […] We must not have previously disabled your account for violation of law or any of our policies. You must not be a convicted sex offender," usw.; hinsichtlich der Klarnamenpflicht großzügig, aber ebenfalls auf einen individualisierten Vertragsschluss und der Einhaltung der dabei gesetzten Bedingungen bestehend *Twitter.com*, Terms of Service, abrufbar unter https://twitter.com/en/tos; allgemein *Elsaß/Labusga/Tichy*, CR 2017, 234, 237 f.

805 Vgl. schon früh *Schmitz*, JA 1995, 478, 481.

806 Siehe erneut die Nachweise in Fn. 804.

geäußerten Willen nicht gerecht, wenn man die Bestimmung über eine allgemeine Zugangserlaubnis kurzerhand normativ unterstellte. Die Lösung ist vielmehr zu ermitteln, indem alle denkbaren Konstellationen im Einzelfall betrachtet werden. Differenzieren lässt sich zunächst zwischen realen und fiktiven Accounts:

a) Reale Accounts

Reale Accounts sind solche, die von einer realen natürlichen Person unter wahrheitsgemäßer Angabe der sie identifizierenden Informationen (z.B. Name, E-Mail-Adresse, Wohnort, usw.) eingerichtet werden. Bei der Verwendung realer Accounts sind wiederum drei Fallgestaltungen zu unterscheiden. In der ersten Variante verwendet der potentielle Täter einen eigenen, realen Account und lässt diesen durch einen Social Bot automatisch bedienen. Die Einrichtung des Kontos – und damit die Verschaffung der Nutzungsmöglichkeit – erfolgt mit dem Einverständnis des Plattformbetreibers. In diesem Fall liegt ein wirksames tatbestandsausschließendes Einverständnis vor. Die Daten sind für den Verwender von Social Bots „bestimmt". Er verwendet die Daten lediglich zweckwidrig, sodass § 202a StGB nicht anwendbar ist.

Will der potentielle Täter mehr Social Bots einsetzen, um mehr Einfluss zu entfalten, benötigt er eine größere Zahl von Accounts. In einer zweiten Fallgestaltung nutzt der potentielle Täter darum fremde Accounts realer dritter Personen, welche diese ihm (etwa entgeltlich[807]) zur Verfügung gestellt haben. Hier wird die Nutzungserlaubnis wirksam vom Plattformbetreiber auf die Dritten übertragen, sodass die Daten für *diese* Personen „bestimmt" sind. Die Dritten werden durch die Überlassung zur Nutzung nach überzeugender Auffassung selbst Berechtigte.[808] Es ist dann ihre Sache, die Berechtigung auf den Verwender von Social Bots weiter zu übertragen. Nutzt der Verwender diese Accounts, um sich in sozialen Netzwerke einzuwählen, sind die dort verfügbaren Inhalte auch für ihn „bestimmt".

---

807 Solche freiwilligen Dienste könnten (mutmaßlich) beispielsweise über Plattformen für Mikrodienstleistungen wie „fiverr.com" angeboten werden.

808 Zur Übertragbarkeit der Berechtigung *Fischer,* § 202a StGB Rn. 7a; *Graf,* in: MüKo-StGB, § 202a Rn. 23; *Weidemann,* in: BeckOK-StGB, § 202a Rn. 11; **differenzierend** *Hilgendorf,* JuS 1996, 509, 512; *Schmitz,* JA 1995, 478, 481 f.

In der dritten Variante verwendet der potentielle Täter reale Accounts Dritter, die er sich ohne deren Einverständnis beschafft hat.[809] In diesen Fällen bleiben diese Dritten allein Berechtigte und es fehlt an einem tatbestandsausschließenden Einverständnis. Nutzt der Verwender diese Konten, um seine Social Bots in soziale Netzwerke einzuwählen, sind die abgerufenen Daten „nicht für ihn bestimmt" i.S.d. § 202a StGB.

b) Fiktive Accounts

Fiktive Accounts sind solche, die unter Angabe wahrheitswidriger identifizierender Informationen erstellt werden. Auch hinsichtlich fiktiver Accounts sind wiederum drei Fallgestaltungen zu unterscheiden. Erstellt der potentielle Täter ein solches Konto oder mehrere dieser Konten selbst, erfüllt er die formalen Bedingungen der Teilnahme am sozialen Netzwerk (insbesondere die Registrierungspflicht).[810] Er täuscht den Plattformbetreiber aber über seine wahre Identität, sodass der Plattformbetreiber einem Identitätsirrtum unterliegt. Ein solcher Irrtum über die Identität des Täters berührt die Wirksamkeit des tatbestandsausschließenden Einverständnisses allerdings nicht; es kommt auch bei § 202a StGB nur darauf an, dass das Einverständnis faktisch vorliegt.[811] Die Daten in sozialen Netzwerken sind mithin auch in diesen Fällen für den Verwender „bestimmt". Das gleiche gilt, wenn Dritte dem potentiellen Täter die fiktiven Accounts zur Verfügung stellen: Der Identitätsirrtum im Verhältnis des Dritten zum Plattformbetreiber ist unbeachtlich, der Dritte wird Berechtigter und kann diese Berechtigung auf den Verwender übertragen. Anderes gilt wieder nur, wenn Dritte solche fiktiven Accounts erstellt haben, und der Verwender der Social Bots sich dieser ohne das Einverständnis der Dritten bemächtigt. Nur in diesen Fällen sind die Daten „nicht für ihn bestimmt" i.S.d. § 202a StGB.

---

809 Dies könnte praktisch z.B. über illegale Handelsplattformen im sog. „Darknet" geschehen; vgl. zur Beschaffung über das Internet – allerdings *fiktiver* Accounts – auch *Milker,* ZUM 2017, 216 m.w.N.

810 Zur Bedingungsfreundlichkeit der Bestimmung *Eisele,* in: Schönke/Schröder, § 202a Rn. 10; *Graf,* in: MüKo-StGB, § 202a Rn. 23; *Kargl,* in: NK-StGB, § 202a Rn. 8.

811 Dies wird anhand des sog. „Phishings" seit langem diskutiert, vgl. m.w.N. *Eisele,* in: Schönke/Schröder, § 202a Rn. 13; *Goeckenjan,* wistra 2009, 47, 50; vgl. ferner *Kargl,* in: NK-StGB, § 202a Rn. 8; zu den allgemeinen Regeln vgl. *Rengier,* Strafrecht AT, § 23 Rn. 40 ff. m.w.N.

c) Zwischenergebnis

Dies führt zu folgendem Zwischenergebnis: Die Daten in sozialen Netzwerken sind nur dann i.S.d. § 202a StGB *nicht* für den Verwender von Social Bots *bestimmt*, wenn er sich den Zugang zu realen oder fiktiven Accounts ohne das Einverständnis der jeweils berechtigten Dritten verschafft. Eine Strafbarkeit nach § 202a StGB scheidet aufgrund einer bestehenden Bestimmung in den anderen Fällen aus.

3. Besondere Sicherung der Daten

Die Daten, die für den Täter nicht bestimmt sind, müssen gegen unberechtigten Zugang besonders gesichert sein. Dies ist anzunehmen, „wenn Vorkehrungen getroffen sind, den Zugriff auf Daten auszuschließen oder wenigstens nicht unerheblich zu erschweren."[812] Das Merkmal soll nur erfüllt sein, wenn der Berechtigte durch diese Vorkehrungen „sein spezielles Interesse an der Geheimhaltung" dokumentiert.[813] Die privaten Accounts, derer sich der potentielle Täter in den hier allein noch einschlägigen Fallkonstellationen bemächtigt, sind durch Benutzernamen und geheime Passwörter in einer solchen Weise gesichert.[814]

4. Zugang zu Daten verschaffen

Der Täter muss sich auch Zugang zu diesen Daten verschaffen. Die Tathandlung ist weit zu verstehen und erfasst das bloße Eindringen in ein Datenverarbeitungssysteme.[815] Auch dieses Merkmal wird erfüllt, wenn der Täter sich fremde Accounts, ob real oder fiktiv, verschafft.

---

812 BT-Drs. 16/3656, S. 10 m.w.N. zum Meinungsstand in der Literatur zur vorherigen Regelung; vgl. *Kargl*, in: NK-StGB, § 202a Rn. 14a; *Weidemann*, in: BeckOK-StGB, § 202a Rn. 19.

813 BT-Drs. 16/3656, S. 10 erneut m.w.N.

814 Vgl. oben 2 Nicht für den Täter bestimmte Daten und Fn. 804.

815 *Weidemann*, in: BeckOK-StGB, § 202a Rn. 17 m.w.N.

5. Überwindung einer Zugangssicherung

Der Täter muss sich den Zugang zu den Daten unter „Überwindung einer Zugangssicherung“ verschaffen. Das Merkmal soll Bagatellfälle aus dem Anwendungsbereich der Norm ausnehmen.[816] Dafür ist erforderlich, dass die Überwindung der Zugangssicherung einen nicht unerheblichen zeitlichen oder technischen Aufwand erfordert.[817] Auch ohne die noch interessierenden Fallkonstellationen weiter zu konkretisieren, ist davon auszugehen, dass dieses Merkmal bei der Verschaffung fremder Accounts bei den heute gängigen Sicherheitsstandards sozialer Netzwerke (individueller Nutzername, geheimes Passwort) erfüllt sein wird.

6. Zwischenergebnis

Nach § 202a StGB macht sich *nicht* strafbar, wer (massenhaft) Accounts in sozialen Netzwerken erstellt und diese zum Einsatz von Social Bots zweckentfremdet. Es macht sich auch *nicht* nach dieser Vorschrift strafbar, wer Accounts mit dem Einverständnis Dritter zu diesem Zweck verwendet. *Sehr wohl* strafbar machen kann sich aber, wer sich den Zugang zu fremden Accounts zu diesem Zweck *ohne das Einverständnis der Berechtigten* verschafft. Es erhellt, dass damit nach § 202a StGB zwar das „Einhacken“ in fremde Accounts strafbar ist, das den Einsatz von Social Bots ermöglichen bzw. erleichtern kann.[818] Das „Einhacken“ in fremde Nutzerkonten macht jedoch nicht den charakteristischen und *neuartigen* Unwert des Einsatzes von Social Bots aus. Es kann hier im Weiteren deshalb außer Betracht bleiben.

Eine Strafbarkeit wegen des Abfangens von Daten gemäß § 202b StGB für den Einsatz von Social Bots scheidet aus, weil auch hier erforderlich ist, dass die Daten für den potentiellen Täter „nicht bestimmt“ sind. Die Ausführungen zu § 202a StGB gelten entsprechend. Folgerichtig kann auch eine Strafbarkeit nach dem Vorbereitungstatbestand § 202c StGB ausgeschlossen werden. Auch eine Strafbarkeit wegen Datenhehlerei gemäß § 202d StGB scheidet aus. Zwar könnten Social Bots eingesetzt werden, um die genannten Tathandlungen zu verwirklichen. Eine spezifische

816 *Weidemann*, in: BeckOK-StGB, § 202a Rn. 19.
817 BT-Drs. 16/3656, S. 10.
818 Zur Strafbarkeit von Identitätsdiebstählen *Roos/Schumacher*, MMR 2014, 377.

Strafbarkeit für den Einsatz von Social Bots lässt sich aus der Vorschrift aber nicht herleiten.

II. § 303a StGB (Datenveränderung)

Soweit vereinzelt vertreten wird, dass der Einsatz von Social Bots nach geltendem Recht strafbar ist, wird die Strafbarkeit insbesondere aus § 303a f. (Datenveränderung, Computersabotage) hergeleitet.[819] Das rechtfertigt einen detaillierten Blick auf diese Vorschriften. Es macht sich wegen Datenveränderung gemäß § 303a StGB strafbar, wer rechtswidrig Daten (§ 202a Abs. 2) löscht, unterdrückt, unbrauchbar macht oder verändert.

1. Löschen, Unterdrücken, Unbrauchbarmachen oder Verändern von Daten

Tathandlungen des § 303a StGB sind das Löschen, Unterdrücken, Unbrauchbarmachen oder Verändern von Daten. Daten löscht, wer eine konkrete Speicherung von Daten unwiederbringlich und vollständig unkenntlich macht.[820] Daten unterdrückt, wer diese dauerhaft oder vorübergehend dem Zugriff des Berechtigten entzieht, sodass dieser sie nicht mehr verwenden kann.[821] Es macht Daten unbrauchbar, wer diese in ihrer Gebrauchsfähigkeit so beeinträchtigt, dass sie nicht mehr ordnungsgemäß verwendet werden können und darum ihren Zweck nicht mehr erfüllen können.[822] Schließlich verändert Daten, wer einen neuen Dateninhalt (Informationsgehalt, Aussagewert) herstellt, indem er Daten inhaltlich umge-

---

819 *Libertus*, ZUM 2018, 20, 21.

820 BT-Drs. 10/5058, S. 34; *Hecker*, in: Schönke/Schröder, § 303a Rn. 5; *Heger*, in: Lackner/Kühl, § 303a Rn. 3; *Weidemann*, in: BeckOK-StGB, § 303a Rn. 8; *Wieck-Noodt*, in: MüKo-StGB, § 303a Rn. 12; *Zaczyk*, in: NK-StGB, § 303a Rn. 7.

821 BT-Drs. 10/5058, S. 34 f.; *Hecker*, in: Schönke/Schröder, § 303a Rn. 6; *Heger*, in: Lackner/Kühl, § 303a Rn. 3; *Weidemann*, in: BeckOK-StGB, § 303a Rn. 10; *Wieck-Noodt*, in: MüKo-StGB, § 303a Rn. 13; *Zaczyk*, in: NK-StGB, § 303a Rn. 8.

822 BT-Drs. 10/5058, S. 35; *Hecker*, in: Schönke/Schröder, § 303a Rn. 7; *Heger*, in: Lackner/Kühl, § 303a Rn. 3; *Weidemann*, in: BeckOK-StGB, § 303a Rn. 12; *Wieck-Noodt*, in: MüKo-StGB, § 303a Rn. 14; *Zaczyk*, in: NK-StGB, § 303a Rn. 9.

staltet,[823] teilweise löscht, mit anderen Daten verknüpft oder neue Daten hinzufügt.[824]

Beim Einsatz von Social Bots werden *Daten verändert* (Var. 4), indem Daten hinzugefügt werden und dadurch neue Dateninhalte erzeugt werden: Wenn die Social Bot Software mit den sozialen Netzwerken interagiert, übermittelt sie – wie alle anderen Nutzer auch – bestimmte Daten an die Plattformen. Diese Daten werden durch die Netzwerke verarbeitet und dem Informationsbestand in den dortigen Datenbanken hinzugefügt. Hierdurch entstehen neue Dateninhalte.

Relevant ist im Übrigen nicht erst der Inhalt eines etwaigen „Rankings", das durch den Einsatz von Social Bots möglicherweise verändert werden kann.[825] Hintergrund dieser Überlegung ist, dass infolge des Einsatzes von Social Bots bestimmte Hashtags „trenden" oder Popularity Cues sich verändern können.[826] Diese Betrachtungs-weise konzentriert sich aber zu sehr auf die im Frontend sichtbaren Daten und die Perspektive des *Nutzers*. Dem Tatbestand des § 303a StGB lässt sich nicht entnehmen, dass nur nach außen kommunizierte Änderungen von Dateninhalten (In-formationsgehalten, Aussagewerten) erfasst werden sollten. Zu einer tatbestandlichen Datenveränderung kommt es vielmehr schon immer dann, wenn der Informationsbestand im Backend der *Plattformen* in der beschriebenen Weise verändert wird. Die tatbestandsmäßige Handlung ergibt sich aus einem Anknüpfungs-punkt, der den genannten „Rankings" vorgelagert ist und insbesondere aus der Perspektive des *Netzwerkes*.

2. Rechtswidrigkeit der Datenveränderung

Die Datenveränderung muss gemäß § 303a Abs. 1 StGB „rechtswidrig" sein. Es ist umstritten, ob es sich dabei um ein allgemeines Verbrechensmerkmal oder um ein Merkmal des objektiven Tatbestandes handelt.[827]

---

823 Vgl. BT-Drs. 10/5058, S. 35 unter Verweis auf § 2 Abs. 1 (sic, richtig: 2) Nr. 3 BDSG i.d.F. v. 1977: „das inhaltliche Umgestalten gespeicherter Daten".

824 Vgl. *Hecker*, in: Schönke/Schröder, § 303a Rn. 8; *Heger*, in: Lackner/Kühl, § 303a Rn. 3; *Weidemann*, in: BeckOK-StGB, § 303a Rn. 14; *Wieck-Noodt*, in: MüKo-StGB, § 303a Rn. 15; *Zaczyk*, in: NK-StGB, § 303a Rn. 10.

825 So aber *Libertus*, ZUM 2018, 20, 23; aus dieser Perspektive auch *Reinbacher*, in: FG Digitalisierung, S. 468 ff.

826 *Libertus*, ZUM 2018, 20, 23; *Reinbacher*, in: FG Digitalisierung, S. 468 ff.

827 Übersicht zum Streitstand bei *Hecker*, in: Schönke/Schröder, § 303a Rn. 4.

Die Streitfrage ist für diese Untersuchung entscheidend.[828] Würde man die Rechtswidrigkeit als allgemeines Verbrechensmerkmal verstehen, wirkte eine Nutzungserlaubnis des Plattformbetreibers als rechtfertigende Einwilligung. Dies hätte zur Folge, dass etwaige Willensmängel beachtlich wären.[829] Da fiktive Accounts nur durch eine Identitätstäuschung erlangt werden können,[830] wäre eine Einwilligung stets wegen eines beachtlichen Willensmangels unwirksam. Der Einsatz von Social Bots wäre in den Konstellationen, in denen fiktive Accounts eingesetzt werden, womöglich gemäß § 303a StGB strafbar. Verstünde man die Rechtswidrigkeit dagegen als objektives Tatbestandsmerkmal, würde eine Nutzungserlaubnis des Plattformbetreibers als tatbestandsausschließendes Einverständnis wirken[831] – soweit man diese mit der regelmäßig vertretenen Ansicht als weithin resistent gegenüber Willensmängel versteht[832]. Die Identitätstäuschung bei der Erstellung fiktiver Accounts wäre für die Wirksamkeit des Einverständnisses – wie bei § 202a StGB[833] – unbeachtlich. Der Einsatz von Social Bots wäre nicht nach § 303a StGB strafbar.

Grundsätzlich ändern im Tatbestand enthaltene, ausdrückliche „Hinweise auf den Widerspruch zum Recht“[834] nichts daran, dass die Rechtswidrigkeit ein allgemeines Verbrechensmerkmal ist.[835] Andererseits hat die Rechtsprechung schon früh herausgearbeitet, dass es darauf ankommt, ob durch die Erwähnung der Rechtswidrigkeit ein weiteres, das Unrecht einer Handlung erst begründendes Merkmal hinzutritt.[836] Ausnahmen können sich darum ergeben, wenn ein Tatbestand ein spezifisches Unrecht nicht abschließend beschreibt oder lediglich ein einzelner Umstand als

828 Dies zeigt, dass der Streit nicht „nur von dogmatischer Bedeutung“ ist, so aber OLG Nürnberg, Beschl. v. 23.1.2013 – 1 Ws 445/12 = openJur 2013, 5612; vgl. dagegen schon *Zaczyk*, in: NK-StGB, § 303a StGB Rn. 12 (und dortige Fn. 43).

829 Instruktiv etwa *Hecker*, in: Schönke/Schröder, § 303a Rn. 4. Der Streit darüber, ob jegliche oder nur rechtsgutsbezogene Täuschungen die Wirksamkeit einer Einwilligung berühren, kann hier außer Betracht bleiben, weil die hier relevanten Täuschungen jedenfalls rechtsgutsbezogen sind, vgl. zum Streitstand nur *Rengier*, Strafrecht AT, § 23 Rn. 25 ff. m.w.N.

830 Siehe oben I.2.b) Fiktive Accounts.

831 *Zaczyk*, in: NK-StGB, § 303a StGB Rn. 11.

832 Vgl. etwa *Fischer*, Vor § 32 Rn. 3b; *Sternberg-Lieben*, in: Schönke/Schröder, Vor §§ 32 ff. Rn. 32f m.w.N.

833 Siehe oben I.2.b) Fiktive Accounts.

834 *Kühl*, in: Lackner/Kühl, § 15 Rn. 6.

835 BGH, Beschl. v. 18.3.1952 – GSSt 2/51 = BGHSt 2, 194, 195; *Gaede*, in: Matt/Renzikowski, § 16 Rn. 7; *Kühl*, in: Lackner/Kühl, § 15 Rn. 6; *Sternberg-Lieben/Sternberg-Lieben*, JuS 2012, 884, 885 m.w.N.

836 BGH, Beschl. v. 18.3.1952 – GSSt 2/51 = BGHSt 2, 194, 195.

rechtswidrig gekennzeichnet wird.[837] Im Anschluss hieran interpretiert die herrschende Meinung die Rechtswidrigkeit im Fall des § 303a StGB als objektives Tatbestandsmerkmal. Ohne dieses beschreibe der sehr unbestimmte Tatbestand keinen Unrechtstypus.[838] Teilweise wird vermutet, dass schon der Gesetzgeber diese Zuordnung beabsichtigt habe.[839] Diesen Schluss kann die knappe Gesetzesbegründung[840] nach hier vertretener Ansicht zwar nicht stützen, doch auch ohne diese Unterfütterung wiegt das Argument der sonst fehlenden Konkretisierung des Unrechtstypus schwer.

Für die Gegenansicht – Einordnung als allgemeines Verbrechensmerkmal – spricht, dass durch sie ein Gleichlauf zu § 303 StGB erreicht wird, der dem ausdrücklichen Willen der Gesetzgebung[841] und der systematischen Stellung der Norm entspricht.[842] Dieses Argument allein kann die Position der herrschenden Meinung aber noch nicht entkräften. Seine Überzeugungskraft wird dadurch geschmälert, dass der Gleichlauf mit § 303 StGB auch an anderer Stelle aufgebeben wird, etwa hinsichtlich des „Unterdrückens von Daten".[843]

Von einer differenzierenden Ansicht wird die Rechtswidrigkeit als allgemeines Verbrechensmerkmal betrachtet, weil in den objektiven Tatbestand das ungeschriebene Tatbestandsmerkmal der „Fremdheit" der Da-

---

837 Siehe m.w.N. *Gaede*, in: Matt/Renzikowski, § 16 Rn. 7; s. auch *Kühl*, in: Lackner/Kühl, § 15 Rn. 6: „Einordnung nicht nach abstrakten Regeln, sondern nur durch Auslegung des einzelnen Tatbestandes."

838 *Gaede*, in: Matt/Renzikowski, § 16 Rn. 7; *Gercke*, in: Spindler/Schuster, § 303a StGB Rn. 8; *Heger*, in: Lackner/Kühl, § 303a Rn. 4; *Kühl*, in: Lackner/Kühl, § 15 Rn. 6; *Weidemann*, in: BeckOK-StGB, § 303a Rn. 6 f. und 19 f.; *Weiler*, in: HandK-GStrR, § 303a StGB Rn. 9; *Wieck-Noodt*, in: MüKo-StGB, § 303a Rn. 17; *Zaczyk*, in: NK-StGB, § 303a Rn. 11, allerdings insgesamt mit dem Votum der Verfassungswidrigkeit der Norm bei Rn. 4; **a.A.** *Hecker*, in: Schönke/Schröder, § 303a Rn. 4; *Meinhardt*, Überlegungen zur Interpretation von § 303a StGB, S. 33 f.

839 *Wieck-Noodt*, in: MüKo-StGB, § 303a Rn. 17 (dortige Fn. 69); *Zaczyk*, in: NK-StGB, § 303a StGB Rn. 12.

840 „Dabei kann sich die Rechtswidrigkeit sowohl aus der Verletzung des Verfügungsrechts des Speichernden als auch aus der Verletzung von Interessen des vom Inhalt der Daten Betroffenen (vgl. § 41 BDSG) ergeben," BT-Drs. 10/5058, S. 34.

841 BT-Drs. 10/5058, S. 34: „Der […] Tatbestand lehnt sich in seiner Ausgestaltung weitgehend an § 303 StGB an."

842 *Hecker*, in: Schönke/Schröder, § 303a Rn. 4; *Meinhardt*, Überlegungen zur Interpretation von § 303a StGB, S. 33 f.

843 So bereits ausdrücklich BT-Drs. 10/5058, 34 f.; vgl. *Ernst*, NJW 2003, 3233, 3237 f.

ten hineingelesen wird.[844] Die Fremdheit soll nach dieser Auffassung ausscheiden, wenn entsprechende Rechte zivilrechtlich eingeräumt worden sind.[845] Reizvoll an dieser Ansicht ist, dass sie den Gleichlauf mit § 303 StGB erhält und sogar verstärkt. Andererseits droht sie sachenrechtliche Kategorien in einen Tatbestand zu überführen, der gerade auf die Besonderheiten des digitalen Raumes zugeschnitten sein soll. Außerdem erscheint diese Ansicht endgültig als kompetenzwidrige „Tatbestandsergänzung“,[846] solange mit der Rechtswidrigkeit ein *gesetzliches* Merkmal vorhanden ist, das bei entsprechender Auslegung den Tatbestand sinnvoll begrenzen kann.

Die Rechtswidrigkeit in § 303a StGB stellt nach überzeugender Lesart ein Merkmal dar, welches das Unrecht der tatbestandlichen Handlung erst begründet. Das Argument der herrschenden Meinung, dass § 303a StGB ein konkreter Unrechtstypus fehle, wenn man die Rechtswidrigkeit nicht als objektives Tatbestandsmerkmal verstehen würde, greift durch. Ergänzend kann erwähnt werden, dass § 303a StGB eine sachliche Nähe zu § 202a ff. StGB erkennen lässt („Computerstrafrecht“),[847] der am ehesten entsprochen wird, indem die Rechtswidrigkeit als Merkmal des objektiven Tatbestandes verstanden wird. Die Auslegung der herrschenden Meinung ist auch deshalb vorzugswürdig.

Daraus folgt, dass eine etwaige Nutzungserlaubnis des Plattformbetreibers bei § 303a StGB als tatbestandsausschließendes Einverständnis wirkt. Identitätstäuschungen sind bei der Erstellung fiktiver Accounts ebenso wie bei § 202a StGB unbeachtlich, sodass eine Strafbarkeit gemäß § 303a StGB beim Einsatz von Social Bots ausscheidet. Erneut bleibt das „Einhacken“ in fremde Nutzerkonten außen vor, weil es nicht den charakteristischen und neuartigen Unwert des Einsatzes von Social Bots ausmacht.[848]

3. Zwischenergebnis

Der Einsatz von Social Bots ist nicht strafbar gemäß § 303a StGB.

---

844 *Reinbacher*, in: Leitner/Rosenau, § 303a StGB Rn. 10, 22.

845 *Reinbacher*, in: Leitner/Rosenau, § 303a StGB Rn. 22.

846 Vgl. erneut *Zaczyk*, in: NK-StGB, § 303a Rn. 4: „Tatbestandsergänzungen […] muss aber der Gesetzgeber leisten.“

847 Vgl. *Ernst*, NJW 2007, 2661.

848 Vgl. I.6 Zwischenergebnis.

III. § 303b Abs. 1 Nr. 2 StGB (Computersabotage)

Der Qualifikationstatbestand[849] des § 303b Abs. 1 Nr. 1 StGB kann nach dem Vorgesagten außer Betracht bleiben. Auch der eigenständige Tatbestand[850] des § 303b Abs. 1 Nr. 3 StGB interessiert hinsichtlich des Einsatzes von Social Bots nicht. Näherer Untersuchung bedarf aber der eigenständige Tatbestand[851] des § 303b Abs. 1 Nr. 2 i.V.m. Abs. 2 StGB. Es macht sich danach wegen Computersabotage strafbar, wer eine Datenverarbeitung, die für einen fremden Betrieb, ein fremdes Unternehmen oder eine Behörde von wesentlicher Bedeutung ist, erheblich stört, indem er Daten (§ 202a Abs. 2) in der Absicht, diesem bzw. dieser einen Nachteil zuzufügen, eingibt oder übermittelt.

1. Datenverarbeitung

Tatobjekt ist eine Datenverarbeitung. Der Begriff der Datenverarbeitung ist weit auszulegen und erfasst individuelle Datenverarbeitungsvorgänge, die Gesamtheit aller Datenverarbeitungsvorgänge und den übrigen Umgang mit Daten.[852] Auf die umstrittene Frage, ob jeglicher Umgang mit Daten[853] oder nur elektronische Vorgänge[854] umfasst sind, kommt es für diese Untersuchung nicht an, da hier jedenfalls elektronische Vorgänge betroffen sind und damit auch nach der engsten Ansicht eine Datenverarbeitung vorliegt. Die tatbestandsmäßige Datenverarbeitung ist genau zu bestimmen. Beim Einsatz von Social Bots kommen in diesem Sinne drei Bezugspunkte in Betracht. Erstens, im Sinne der „Gesamtheit aller Datenverarbeitungsvorgänge" das soziale Netzwerk *als Ganzes*. Zweitens, im Sinne eines „individuellen Datenverarbeitungsvorganges" eine *einzelne* Datenverarbeitung infolge einer bestimmten Interaktion der Social Bot

---

849 Statt aller *Zaczyk,* in: NK-StGB, § 303b Rn. 3.

850 Statt aller erneut *Zaczyk,* in: NK-StGB, § 303b Rn. 3.

851 Abermals *Zaczyk,* in: NK-StGB, § 303b Rn. 3.

852 BT-Drs. 10/5058, S. 35; *Hecker,* in: Schönke/Schröder, § 303b Rn. 3; *Hilgendorf,* in: SSW, § 303b Rn. 4; *Weidemann,* in: BeckOK-StGB, § 303b Rn. 4; *Wieck-Noodt,* in: MüKo-StGB, § 303b Rn. 8; **a.A.** *Fischer,* § 303b Rn. 4; *Zaczyk,* in: NK-StGB, § 303b Rn. 4a.

853 S. zur wohl **h.M.** erneut *Hecker,* in: Schönke/Schröder, § 303b Rn. 3; *Hilgendorf,* in: SSW, § 303b Rn. 4; *Weidemann,* in: BeckOK-StGB, § 303b Rn. 4; *Wieck-Noodt,* in: MüKo-StGB, § 303b Rn. 8.

854 *Fischer,* § 303b Rn. 4; *Zaczyk,* in: NK-StGB, § 303b Rn. 4a.

Software mit dem sozialen Netzwerk. Drittens – gleichsam dazwischen liegend – eine beliebige *Menge* von Datenverarbeitungen infolge koordinierter Interaktionen mit dem sozialen Netzwerk durch eine Social Bot Software.[855]

2. Wesentliche Bedeutung der Datenverarbeitung

Diese Datenverarbeitungen müssen für einen anderen von wesentlicher Bedeutung sein. Das ist bei einem fremden Unternehmen (Abs. 2) der Fall, wenn dessen Funktionsfähigkeit ganz oder überwiegend von der Datenverarbeitung abhängt.[856] Sabotageakte von untergeordneter Bedeutung erfüllen den Tatbestand nicht.[857]

Zuerst kann als Tatobjekt ein soziales Netzwerk *als Ganzes* betrachtet werden. Dabei ist zu betonen, dass das Netzwerk regelmäßig nur *ein Produkt* (möglicherweise unter vielen) des betroffenen Unternehmens darstellt und nicht die Funktionsfähigkeit zum Beispiel der Plattform „Facebook" mit der Funktionsfähigkeit des Unternehmens „Facebook, Inc." verwechselt bzw. kurzerhand gleichgesetzt werden darf. Es käme in diesem Beispielsfall darauf an, dass die Funktionsfähigkeit des Unternehmens Facebook, Inc. von dem sozialen Netzwerk Facebook als Ganzem abhängt. Angesichts der unterschiedlichen Produktpaletten der potentiell betroffenen Unternehmen kann die Frage nach der Wesentlichkeit abstrakt nicht abschließend beantwortet werden. Die hier betrachteten, marktführenden Plattformen haben indes eine so große wirtschaftliche Bedeutung für die betroffenen Unternehmen,[858] dass es naheliegt, davon auszugehen, dass ein Abhängigkeitsverhältnis besteht. Für die weitere Untersuchung wird

---

855 *Fischer*, § 303b Rn. 5 kritisiert, dass durch diese Differenzierung Vorgänge aufgespalten würden, die technisch „nach ganz anderen Kriterien strukturiert" seien, ihm folgend *Zaczyk*, in: NK-StGB, § 303b Rn. 4a. Das ist zutreffend, ändert aber nichts daran, dass die Abstraktion bei der Subsumtion zumindest im Ausgangspunkt weiterhilft.

856 BT-Drs. 10/5058, S. 35; *Hecker*, in: Schönke/Schröder, § 303b Rn. 13; *Heger*, in: Lackner/Kühl, § 303b Rn. 2; *Lenckner/Winkelbauer*, CR 1986, 824, 830; *Weidemann*, in: BeckOK-StGB, § 303b Rn. 6; *Wieck-Noodt*, in: MüKo-StGB, § 303b Rn. 23; *Zaczyk*, in: NK-StGB, § 303b Rn. 17; etwas **anders** *Fischer*, § 303b Rn. 6, der auf die Abhängigkeit der Organisation von der Funktionsfähigkeit der Datenverarbeitung abstellt.

857 BT-Drs. 10/5058, S. 35; siehe vertiefend *Weidemann*, in: BeckOK-StGB, § 303b Rn. 8 m.w.N.

858 Vgl. oben 1. Kap. D.I Selbsteinschätzung der Plattformbetreiber m.w.N.

unterstellt, dass ein soziales Netzwerk *als Ganzes* eine wesentliche Bedeutung für die betroffenen Unternehmen hat.

Sodann können *individuelle Datenverarbeitungen*, die ein einzelner Nutzer in sozialen Netzwerken durch Interaktionen mit der Plattform auslösen kann, betrachtet werden. Für diese muss die Wesentlichkeit verneint werden. Die Aktivitäten eines einzelnen Accounts binden vergleichsweise geringe Rechenkapazitäten und entfalten nach dem aktuellen Stand der Technik keinen derart gewichtigen Einfluss, als dass sie für die betroffenen Unternehmen wesentliche Datenverarbeitungen auslösen könnten. Ob und wie eine *einzelne* Datenverarbeitung stattfindet, ist für die Unternehmen fast belanglos.

Schwieriger sind die Konstellationen zu lösen, in denen als Tatobjekt eine beliebige *Menge* von Datenverarbeitungen betrachtet wird, die infolge koordinierter Interaktionen mit dem sozialen Netzwerk durch eine Social Bot Software, die eine Gruppe von Social Bots steuert, entsteht. Erneut gilt, dass diese Menge von Datenverarbeitungen für das Unternehmen von wesentlicher Bedeutung ist, wenn seine Funktionsfähigkeit ganz oder überwiegend von ihr abhängt.[859] Konsequent folgt daraus: Je mehr diese Menge von Datenverarbeitungen sich dem Umfang des Netzwerkes als Ganzem annähert, desto eher hängt die Funktionsfähigkeit des Unternehmens von ihr ab. Je mehr sie sich einzelnen Datenverarbeitungen annähert, desto eher ist eine solche Abhängigkeit zu verneinen. Entscheidend ist, welches Ausmaß die Menge von Interaktionen erreicht. Dies muss im Einzelfall geklärt werden. Für die weitere Untersuchung wird zugrunde gelegt, dass eine beliebige Menge von Datenverarbeitungen nur dann von wesentlicher Bedeutung sein kann, wenn ihr Umfang sich dem des sozialen Netzwerkes als Ganzem annähert.

3. Datenübermittlung

Die Tathandlungen des § 303b Abs. 1 Nr. 2 StGB sind das Eingeben (Var. 1) und das Übermitteln (Var. 2) von Daten. Durch sie sollen an sich neutrale Verhaltensweisen „bei unbefugter oder missbräuchlicher Begehungsweise“ erfasst werden.[860] Das Eingeben, also die physische Zuführung von

---

859 Diesen Maßstab verkennend *Libertus*, ZUM 2018, 20, 23 f.

860 BT-Drs. 16/3656, S. 13; vgl. *Fischer*, § 303b Rn. 12; *Wieck-Noodt*, in: MüKo StGB, § 303b Rn. 12.

Daten in einen Computer von außen,[861] interessiert hier nicht. Anderes gilt für das Übermitteln: Ein solches liegt in jeder unkörperlichen Weiterleitung von Daten, sei es von Rechner zu Rechner oder über Netzwerke wie das Internet.[862] Die Daten, die eine Social Bot Software an ein soziales Netzwerk überträgt, fallen hierunter. Beim Einsatz von Social Bots werden Daten „übermittelt" i.S.d. § 303b Abs. 1 Nr. 2 Var. 2 StGB.

4. Erhebliche Störung

Die Datenverarbeitung muss durch die tatbestandsmäßige Datenübermittlung „erheblich gestört" werden, § 303b Abs. 1 StGB. Erforderlich ist dafür nach dem Willen der Gesetzgebung eine „nicht unerhebliche Beeinträchtigung des reibungslosen Ablaufs der Datenverarbeitung."[863] Es muss nach richtigem Verständnis gerade die *konkrete* Datenverarbeitung, also die Datenverarbeitung von wesentlicher Bedeutung, erheblich gestört werden.[864] Nach der bisherigen Untersuchung kommen als Störungsobjekte nur das soziale Netzwerk *als Ganzes* oder andere Mengen von Datenverarbeitungen, die sich dessen Umfang annähern, in Betracht.[865] Die Frage, ob deren reibungsloser Ablauf mehr als nur unerheblich beeinträchtigt wird, ist, ähnlich wie die wesentliche Bedeutung einer Datenverarbeitung, Tatfrage und kann abstrakt nicht abschließend beantwortet werden.

---

861 *Gröseling/Höfinger*, MMR 2007, 626, 627; *Hecker*, in: Schönke/Schröder, § 303b Rn. 7; *Weidemann*, in: BeckOK-StGB, § 303b Rn. 12.

862 *Fischer*, § 202a Rn. 6; *Hecker*, in: Schönke/Schröder, § 303b Rn. 7; *Weidemann*, in: BeckOK-StGB, § 303b Rn. 13; *Wieck-Noodt*, in: MüKo-StGB, § 303b Rn. 12; mit einer zu engen **a.A.** *Zaczyk*, in: NK-StGB, § 303b Rn. 9a.

863 BT-Drs. 16/3656, S. 13.

864 *Fischer*, § 303b Rn. 10; *Hilgendorf*, in: SSW, § 303b Rn. 8; *Zaczyk*, in: NK-StGB, § 303b Rn. 7.

865 Indem an ein besonders großes Bezugsobjekt angeknüpft wird, werden auch die Anforderungen an die Erheblichkeit der Störung erhöht. Dieses Verständnis trägt zur sinnvollen und erforderlichen (vgl. nur energisch *Zaczyk*, in: NK-StGB, § 303b Rn. 1) Restriktion des Tatbestandes bei: Die erhebliche Störung einer unwesentlichen Datenverarbeitung oder die unerhebliche Störung einer wesentlichen Datenverarbeitung sind nicht tatbestandsmäßig, während die erhebliche Störung einer wesentlichen Datenverarbeitung tatbestandsmäßig ist. Diese Restriktion verkennt *Libertus*, ZUM 2018, 20, 24.

Praktische Orientierung bietet der Vergleich zu sog. *Distributed-Denial-of-Service*-Angriffen (DDoS-Angriffen).[866] Bei solchen Angriffen wird ein Webserver durch vielfache automatische und koordinierte Anfragen derart überlastet, dass legitime Aufrufe der Website unmöglich oder erschwert werden.[867] § 303b Abs. 1 Nr. 2 StGB wurde geschaffen, um gerade solche Angriffe unter Strafe zu stellen.[868] Mit einer Website, die einem DDoS-Angriff ausgesetzt ist, könnte ein soziales Netzwerk verglichen werden, dass durch zahllose Social Bots vollständig oder überwiegend mit künstlichen (und damit unter verschiedenen Gesichtspunkten „wertlosen"[869]) Inhalten gefüllt wird. Betrachtete man Social Bots, bildlich gesprochen, als Teilnehmer des „Gesprächs" in sozialen Netzwerken, könnte es für eine erhebliche Störung i.S.d. § 303b Abs. 1 nicht ausreichen, wenn sie ein bloßes „Hintergrundrauschen" verursachen; vielmehr wäre zu fordern, dass das „Gespräch" im sozialen Netzwerk durch die Bots gleichsam „übertönt" würde.[870]

Nach aktueller Datenlage darf davon ausgegangen werden, dass bis zu 5 % aller Nutzer in gängigen sozialen Netzwerken Social Bots sind.[871] Angesichts dessen erscheint es schon abwegig, dass die Schwelle zur Erheblichkeit durch den *zusammengenommenen* Einsatz aller Social Bots bisher *überhaupt* jemals überschritten worden ist – von der Tatbestandsverwirklichung durch einzelne Akteure ganz zu schweigen. Zwar zeigen die Debat-

866 Ausführlich zu Ablauf, Einsatzmöglichkeiten und Gefahren von DDoS-Angriffen *Roos/Schumacher*, MMR 2014, 377, 378, 380; im Überblick und in Abgrenzung zur Online-Demonstration *Hoffmanns*, ZIS 2012, 409, 410 f.; vgl. *Fischer*, § 303b Rn. 12.

867 BT-Drs. 16/3656, S. 13; vgl. die Fallbeispiele aus der Rechtsprechung LG Düsseldorf, Urt. v. 22.3.2011 – 3 KLs 1/11 = MMR 2011, 624 (m. Anm. Bär) und LG Köln, Urt. v. 28.7.2017 – 118 KLs 4/17 = BeckRS 2017, 126141; ergänzend siehe nur *Weidemann*, in: BeckOK-StGB, § 303b Rn. 11 m.w.N.

868 Ausdrücklich BT-Drs. 16/3656, S. 13; vgl. ferner BT-Drs. 16/3656, S. 12: zur Umsetzung von Art. 5 des Übereinkommens des Europarates über Computerkriminalität v. 1.7.2004 (SEV Nr. 185) und von Art. 3 der Richtlinie 2013/40/EU des Europäischen Parlaments und des Rates v. 12.8.2013 über Angriffe auf Informationssysteme und zur Ersetzung des Rahmenbeschlusses 2005/222/JI des Rates; vgl. *Fischer*, § 303b Rn. 12.

869 Siehe oben 1. Kap. D.I Selbsteinschätzung der Plattformbetreiber.

870 Zu dieser Metapher schon *Lewke*, InTeR 2017, 207, 211; in anderem Kontext ähnlich *Milker*, InTeR 2017, 199, 203; *Milker*, ZUM 2017, 216, 220 f.; wohl **a.A.** *Gasser/Kraatz*, VerfBlog 2017/1/16, 1, 3.

871 Siehe oben 1. Kap. D. Empirie.

te um das Thema und die mittlerweile ergriffenen Maßnahmen,[872] dass die Netzwerkbetreiber sich gezwungen sehen, zu reagieren. Daraus sollte aber nicht vorschnell die Erheblichkeit der Störung hergeleitet werden. Die Konsequenzen für die Unternehmen folgen weniger aus tatbestandsmäßigen Datenübermittlungen als aus der *Debatte* über Social Bots als Reflex vermeintlicher Tathandlungen.

Doch selbst wenn man – ungeachtet der genannten Zweifel hinsichtlich *bisheriger* realer Sachverhalte – nicht kategorisch ausschließen wollte, dass es beim Einsatz von Social Bots zukünftig zu erheblichen Störungen sozialer Netzwerke i.S.d. § 303b Abs. 1 StGB kommen könnte, verbliebe ein letztes Problem. So legen die Gesetzesmaterialien nahe, dass § 303b Abs. 1 StGB eine unmittelbare *technische* Funktionsstörung voraussetzt.[873] Beim Einsatz von Social Bots käme es dagegen eher zu einer *inhaltlichen Störung.* Es scheint zweifelhaft, dass solche inhaltliche Störungen noch stimmig unter § 303b Abs. 1 StGB zu subsumieren sind. Jedenfalls wird in den Fällen, in denen der Einsatz von Social Bots die zur „Übertönung" des Gesprächs im sozialen Netzwerk erforderliche Schwelle erreicht, wohl stets ein Niveau der Einflussnahme erreicht sein, das demjenigen eines DDoS-Angriffs entspricht – unabhängig davon, ob dieser von einem Einzeltäter mithilfe eines Botnetzes oder durch eine Vielzahl von persönlich motivierten Akteuren durchgeführt wird.[874] Als Kern des strafbaren bzw. strafwürdigen Verhalten verbliebe die *Überlastung* des Netzwerkes als Konsequenz der automatisierten und (extrem) skalierten Kommunikation, nicht aber der Einsatz dieser spezifischen und neuartigen Kommunikationsform. Es ist nichts Neues, dass die *Überlastung* fremder Websites gemäß § 303b StGB strafbar ist.

5. Zwischenergebnis

Social Bots können verwendet werden, um den objektiven Tatbestand der Computersabotage gemäß § 303b Abs. 1 Nr. 2 Var. 2 i.V.m. Abs. 2 StGB zu erfüllen, aber nicht *jeder* Einsatz von Social Bots erfüllt den Tatbestand. Die Erfüllung des Tatbestandes setzt voraus, dass Social Bots in einem Um-

---

872 Siehe etwa die Zusammenarbeit mit der Europäischen Union, 1. Kap. D.III.2.d) Europäische Kommission.

873 BT-Drs. 16/3656, S. 13; vgl. ferner BT-Drs. 16/3656, S. 12.

874 Zu beiden Szenarien erneut *Hoffmanns*, ZIS 2012, 409, 410 f.; siehe auch *Jülicher/Röttgen*, InTeR 2018, 15, 18 f.; *Kochheim*, Cybercrime, Rn. 878 ff.

fang eingesetzt werden, der einem DDoS-Angriff entspricht. Die Situation ähnelt derjenigen bei § 202a StGB:[875] Unter bestimmten Voraussetzungen bestehen realistische Strafbarkeitsrisiken. Das verwirklichte Unrecht entspricht aber bekannten Sachverhalten und macht nicht das spezifische und neuartige Unrecht von Social Bots aus. Man kann auch hier festhalten, dass der Einsatz von Social Bots *spezifisch* nicht nach § 303b Abs. 1 Nr. 2 Var. 2 i.V.m. Abs. 2 StGB strafbar ist.

IV. Zwischenergebnis

§ 202a StGB kann im Zusammenhang mit dem Einsatz von Social Bots durchaus verwirklicht sein. Die einschlägigen Fälle kennzeichnen aber nicht das spezifische und neuartige Unrecht von Social Bots, sondern betreffen lediglich das „Einhacken" in fremde Nutzerkonten. Entsprechendes gilt für die §§ 202b ff. StGB.

Eine Strafbarkeit gemäß § 303a StGB scheidet aus, weil die Nutzungserlaubnis des Plattformbetreibers den Tatbestand ausschließt. Fehlt es an einer solchen Nutzungserlaubnis, ist dies als reine Identitätstäuschung unbeachtlich.

Nach § 303b Abs. 1 Nr. 2 StGB bestehen ernsthafte Strafbarkeitsrisiken, wenn der jeweilige Angriff Dimensionen erreicht, die denen eines DDoS-Angriffs entsprechen. Das charakteristische und neuartige Unrecht des Einsatzes von Social Bots wird von dieser Vorschrift aber ebenso wenig erfasst wie von § 202a StGB.

G. Urheberrecht

Wie bereits erwähnt, wird vereinzelt erwogen, dass der Einsatz von Social Bots gemäß §§ 16, 106 UrhG strafbar sein könnte.[876] Zur Herleitung der Strafbarkeit wird auf die „Installation der Social-Bot-Software" abgestellt.[877] Dies geht fehl. Social Bots werden nicht in den oder auf den Servern der betroffenen Netzwerke installiert. Die Social Bot Software interagiert über die oben beschriebenen Schnittstellen (APIs oder GUIs) mit

875 Vgl. den ähnlichen Schluss oben I.6 Zwischenergebnis.
876 Siehe oben unter Verweis auf *Libertus*, ZUM 2018, 20, 21 ff.
877 *Libertus*, ZUM 2018, 20, 23.

den Netzwerken.[878] Sie ist ein eigenständiges Computerprogramm, das auf eigenständigen PCs oder Servern betrieben wird. Soweit ihre Programmierung sich (fragmentarisch) auf Begriffe aus dem Code sozialer Netzwerke bezieht bzw. diese übernimmt, handelt es sich dabei um eine freie Benutzung i.S.d. § 24 Abs. 1 UrhG,[879] sofern die Codefragmente aus dem Frontend als HTML-Code nicht ohnehin aus dem Anwendungsbereich des Urheberrechts herausfallen, weil sie kein „Computerprogramm" i.S.d. § 2 Abs. 1 Nr. 1 i.V.m. § 69a Abs. 1 UrhG darstellen.[880] Eine Anknüpfung an die Rechtsprechung in Sachen „World of Warcraft"-Bots[881] scheidet von vornherein aus, da es sich trotz der verwandten Begrifflichkeiten („Bots") um einen völlig verschiedenen Sachverhalt handelt. Der Einsatz von Social Bots unterfällt nicht §§ 16, 106 UrhG.[882]

H. Urkundsdelikte

Auf dem Gebiet der Urkundendelikte könnte eine Strafbarkeit aus § 268 StGB (Fälschung technischer Aufzeichnungen) erwogen werden. Hierzu müsste durch Social Bots eine unechte technische Aufzeichnung hergestellt werden. Grundsätzlich wird aber keine unechte technische Aufzeichnung hergestellt, wenn lediglich inhaltlich unrichtige Daten eingegeben werden, also der Datenverarbeitungs*input* unrichtig ist, sondern nur dann, wenn der Datenverarbeitungs*vorgang* manipuliert wird.[883] Im Fall von Social Bots liegt nur ein unrichtiger Input vor: Die Datenverarbeitungsvorgänge sozialer Netzwerke werden durch die Social Bot Software mit Input beschickt, der nicht von realen Personen, sondern von Computerprogrammen erzeugt wurde, und (nur) insoweit unrichtig ist. Die Datenverarbei-

---

878 Siehe oben 1. Kap. C. Verbindungsmöglichkeitenn.

879 Vgl. *Schulze*, in: Dreier/Schulze, § 24 Rn. 7 f; vgl. auch § 69a Abs. 2 Satz 2 UrhG.

880 Vgl. zur diesbezüglichen **h.M.** nur *Wiebe*, in: Spindler/Schuster, § 69a UrhG Rn. 6 m.w.N.; ausführlich *Kühn/Koch*, CR 2018, 648, 652 f. (jedenfalls hinsichtlich aller Websites, die nicht überwiegend ausführbare Befehle in HTML5, Flash, JavaScript oder PHP enthalten); *Kreutzer*, MMR 2018, 639, 642; offenlassend OLG München, Urt. v. 17.08.2017 – U 2225/15 Kart, Rn. 84 = GRUR 2017, 1147.

881 BGH, Urt. v. 6.10.2016 – I ZR 25/15 (World of Warcraft I) = GRUR 2017, 266 und BGH, Urt. v. 12.1.2017 – I ZR 253/14 (World of Warcraft II) = GRUR 2017, 397.

882 I.E. ablehnend auch schon *Schröder*, DVBl 2018, 465, 471.

883 *Heine/Schuster*, in: Schönke/Schröder, § 268 Rn. 30 ff. m.w.N.

tungsvorgänge selbst werden nicht manipuliert. § 268 StGB ist auf Social Bots nicht anwendbar.

I. Ergebnis

Der Einsatz von Social Bots unterfällt dem Inhaltsbegriff des § 11 Abs. 3 StGB, sodass die Inhaltsverbreitungsdelikte grundsätzlich auf Social Bots anwendbar sind. Diese kennen aber keine inhaltsunabhängige Strafbarkeit, sodass eine etwaige Strafbarkeit des Einsatzes von Social Bots von den kommunizierten Inhalten abhängt.[884] Hier sind insbesondere die Ehrdelikte der §§ 185 ff. StGB beim Einsatz von Social Bots grundsätzlich anwendbar. Die Meinungsfreiheit gemäß Art. 5 Abs. 1 Satz 1 GG begrenzt die Reichweite der Strafbarkeit allerdings regelmäßig durch die Einwirkung auf Tatbestands- und Rechtfertigungsebene.[885]

Auf dem Gebiet des Computerstrafrechts bestehen in spezifischen Konstellationen durchaus Strafbarkeitsrisiken nach §§ 202a StGB und 303b Abs. 1 Nr. 2 StGB. In beiden Fällen ergeben sich diese aber nicht aus den Eigenarten von Social Bots, sondern lediglich aus bereits bekannten Verhaltensweisen bzw. Tatumständen, die beim Einsatz von Social Bots *auch* vorkommen können. Für die hiesige Forschungsfrage kann festgehalten werden, dass das spezifische Unrecht von Social Bots nicht von den §§ 202a f. oder §§ 303a ff. StGB erfasst wird.[886] Straflos ist der Einsatz von Social Bots schließlich nach dem Urheberrecht, sowie den Wahl- und Urkundsdelikten.[887]

Es lässt sich folgendes Ergebnis festhalten: Einerseits wird der Einsatz von Social Bots strafrechtlich bisher nur unspezifisch erfasst. Die Manipulation der öffentlichen Meinungsbildung wird strafrechtlich nicht sanktioniert. Andererseits sind insbesondere die Ehr- und Inhaltsverbreitungsdelikte umfassend auf den Einsatz von Social Bots anwendbar. Sollten Social Bots verwendet werden, um Inhalte zu verbreiten, die nach diesen Delikten strafbar sind (etwa: massenhaft skalierte Beleidigungen), ist ihr

884 Siehe oben C.VI Zwischenergebnis.
885 Siehe oben C. Inhaltsverbreitungsdelikte.
886 Siehe oben F. Computerstrafrecht.
887 Siehe oben E. Straftaten bei Wahlen und Abstimmungen, G. Urheberrecht, H. Urkundsdelikte.

Einsatz schon nach geltendem Recht strafbar. Damit sind viele schädliche Einflussmöglichkeiten von Social Bots strafrechtlich bereits erfasst.[888]

888 I.E. ebenso *Jülicher/Röttgen*, InTeR 2018, 15, 17.

3. Kapitel: Möglichkeiten und Überzeugungskraft einer Neukriminalisierung

„*Die Frage der Voraussetzungen zulässiger Pönalisierung ist ein Grundthema des Strafrechts wie auch des Verfassungsrechts, das einer permanenten Diskussion bedarf. Dabei genügt es nicht, in der Höhenluft einiger abstrakter, […] Topoi, Theorien oder Prinzipien zu verweilen […]. Notwendig ist die Beschäftigung mit konkreten Konstellationen und mit Fragestellungen auf ‚halber Abstraktionshöhe'.*“[889]

Nachdem im vorherigen Kapitel festgestellt wurde, dass der Einsatz von Social Bots zur Manipulation der öffentlichen Meinung im Internet nach geltendem Recht noch nicht *spezifisch* erfasst wird, soll in den folgenden Kapiteln ihre zukünftige strafrechtliche Regulierung diskutiert werden. Dabei handelt es sich ausdrücklich um eine Diskussion *de lege ferenda* und um eine rechtspolitische Stellungnahme. Eine solche kann nur dann rechts*wissenschaftlichen* Anforderungen genügen, wenn sie anhand transparenter, nachvollziehbarer und systematischer Kriterien entfaltet wird.[890]

A. *Leitlinien kriminalpolitischer Beratung*

Denkbare Regulierungsoptionen werden aus zwei Blickwinkeln betrachtet. Zum einen werden sie darauf untersucht, ob sie *zulässig* wären. Hierzu wird ein Korridor zulässiger Kriminalisierung vermessen (unten I.). Zum anderen wird diskutiert, ob die Regulierungsoptionen auch *empfehlenswert* wären. Dazu werden Kriterien rechtspolitischer Bewertung aufgestellt (unten II.).[891]

---

889 *Frisch*, NStZ 2016, 16, 24 f.

890 Vgl. *Gaede*, Der Steuerbetrug, S. 338: kriminalpolitische Beratung „auf der Grundlage systematischer Pönalisierungsmaßstäbe“; *Stächelin*, Strafgesetzgebung, S. 327 ff.

891 Zu dieser Dichotomie vgl. etwa *Gaede*, Der Steuerbetrug, S. 335 f.; *Greco*, in: Strafrecht und Verfassung, S. 24, 28.

I. Korridor zulässiger Kriminalisierung

In einem ersten Schritt ist zu prüfen, inwieweit es überhaupt zulässig wäre, den Einsatz von Social Bots zur Manipulation der öffentlichen Meinung zu kriminalisieren. Dies führt zu der Frage, ob und wie die Gestaltungsfreiheit des Strafgesetzgebers begrenzt werden kann.

Zu klären ist, woraus sich Schranken der gesetzgeberischen Gestaltungsfreiheit im Strafrecht ergeben können (1.). Nachdem ein entsprechendes Prüfprogramm identifiziert wurde, ist genauer zu durchdenken, wie dieses ansetzt (2.) und wie weit es materiell reicht (3.). Ergänzend sind prozedurale Anforderungen zu formulieren (4.). Schließlich sind weitere strafrechtliche Verfassungsgarantien (5.) und das verfassungsrechtliche Kohärenzgebot (6.) einzubeziehen.

1. Herleitung zwingender Kriminalisierungsmaßstäbe

In der Strafrechtswissenschaft wird seit langem um „zwingende Kriminalisierungsmaßstäbe“[892] gerungen. Bekanntlich stehen sich – bei vergröbernder Betrachtung – zwei Lager gegenüber. Auf der einen Seite diejenigen, die strafrechts*autonome* Kriminalisierungsmaßstäbe befürworten.[893] Auf der anderen Seite diejenigen, die ebensolche ablehnen und eine „Vorherrschaft des Verfassungsrechts“[894] auch im Strafrecht annehmen.[895] Dieser Konflikt ist durchaus als Schulenstreit zu bezeichnen.[896] Er ist hier wie dort weit davon entfernt, sich zu einer einheitlichen oder gar herrschenden Meinung verfestigt zu haben. Nachfolgend sollen beide Lager vorgestellt und bewertet werden.

---

892 *Gaede,* Der Steuerbetrug, S. 307 und ff.

893 *Funcke-Auffermann*, Symbolische Gesetzgebung, S. 217; *Greco*, in: Strafrecht und Verfassung, S. 13 ff.; *Hassemer*, Theorie und Soziologie des Verbrechens, *passim*; *Hassemer*, in: Rechtsgutstheorie, S. 57 ff.; *Hefendehl*, GA 2007, 1 ff.; *Hörnle*, Grob anstößiges Verhalten, S. 41 ff.; *Roxin*, StV 2009, 544 ff.; *Roxin/Greco*, AT/I, § 2 Rn. 2 ff.

894 Formulierung nach *Gaede,* Der Steuerbetrug, S. 329.

895 BVerfG, Beschl. v. 26.2.2008 – 2 BvR 392/07 (Inzest) = BVerfGE 120, 224 ff.; *Appel*, Verfassung und Strafe, S. 569 ff. und *passim*; *Gaede*, Der Steuerbetrug, S. 329 ff.; *Gärditz*, Der Staat 49 (2010), 331 ff.; *Gärditz*, JZ 2016, 641 ff.; *Hefendehl*, Kollektive Rechtsgüter, S. 83 ff., 378 f.; *Jahn/Brodowski*, JZ 2016, 969; *Kaspar*, Präventionsstrafrecht, S. 351 ff. und *passim*; *Lagodny*, Grundrechte, S. 275 ff., 531 und *passim*; *Stächelin*, Strafgesetzgebung, S. 101 ff. und *passim*.

896 Vgl. *Gaede,* Der Steuerbetrug, S. 329: „Gretchenfrage“.

Von vornherein ist klarzustellen, dass hier kein gänzlich neuer Lösungsweg vorgeschlagen, sondern an bestehende Ansätze angeknüpft wird. Dies hat drei Gründe. Erstens finden sich im jüngsten Schrifttum bereits Untersuchungen, die sich mit Entstehungsgeschichte und Überzeugungskraft der diskutierten Kriminalisierungsmaßstäbe sowie der einschlägigen Rechtsprechung umfassend auseinandersetzen und richtungsweisende Lösungsvorschläge entwickeln.[897] Zweitens ist diese Untersuchung anwendungsorientiert zugeschnitten. Dieser Zuschnitt drohte zu zerfasern, wenn ein gänzlich neuer Lösungsweg in einem der Streitfrage angemessenen Umfang ausgearbeitet werden sollte. Drittens ist diese Untersuchung auf „halber Abstraktionshöhe" verortet.[898] Sie will anhand eines praktischen Beispiels nachweisen, dass konkrete strafrechtspolitische Beratung mit rechtswissenschaftlich-systematischem Anspruch gelingen kann.[899] Diesem Anliegen scheint es dienlich, nicht einen neuen, eigenen Weg zu beschreiten, sondern einem bereits erkundeten Pfad nachzufolgen und diesen weiter auszutreten.

Zunächst wird die Rechtsgutstheorie, die das bedeutendste Beispiel für einen strafrechtsautonomen Kriminalisierungsmaßstab ist, in zwei Ausprägungen diskutiert [b)]. Anschließend werden die verfassungsrechtlichen Gegenvorschläge vorgestellt [c)]. Dann wird entschieden, welcher der konkurrierenden verfassungsrechtlichen Ansätze überzeugen kann [d)] und das Ergebnis zusammengefasst [e)].

b) Strafrechtsautonome Kriminalisierungsmaßstäbe, insbesondere die Rechtsgutstheorie

Auf Seiten derjenigen, die für strafrechtsautonome Kriminalisierungsmaßstäbe einstehen, ist die sog. Rechtsgutstheorie am einflussreichsten.[900] Der Rechtsgutstheorie liegt die Prämisse zugrunde, dass eine Strafnorm nur

---

897 Namentlich *Gaede,* Der Steuerbetrug und *Kaspar,* Präventionsstrafrecht.

898 Zitat erneut nach *Frisch*, NStZ 2016, 16, 24 f.

899 Vgl. schon früh *Stächelin,* Strafgesetzgebung, S. 327 ff.

900 *Greco*, in: Strafrecht und Verfassung, S. 13 ff.; *Hassemer*, Theorie und Soziologie des Verbrechens, *passim*; *Hassemer*, in: Rechtsgutstheorie, S. 57 ff.; *Hefendehl*, GA 2007, 1 ff.; *Hörnle*, Grob anstoßiges Verhalten, S. 41 ff.; *Roxin*, StV 2009, 544 ff.; *Roxin/Greco*, AT/I, § 2 Rn. 2 ff.; **anders** *Hörnle,* Grob anstößiges Verhalten (insb. Art. 2 Abs. 1 GG und die „Rechte anderer").

dann legitim sein kann, wenn sie dem Schutz eines Rechtsguts dient.[901] Die Rechtsgutstheorie ist mit ihrem Für und Wider in der Vergangenheit erschöpfend diskutiert worden.[902] Diese Diskussion kann und soll hier nicht erneut ausgebreitet werden. Es soll ausreichen, sie mit breiter Feder nachzuzeichnen und – anknüpfend an bereits ausgetauschte Argumente – zu zeigen, dass die strafrechtliche Rechtsgutstheorie *allein* nicht als zwingender Kriminalisierungsmaßstab geeignet ist.

Auch die Verfechter der Rechtsgutstheorie sind uneins, wie der Begriff des Rechtsgutes exakt zu bestimmen ist.[903] Als gesichert kann gelten, dass zwischen einem „systemimmanenten" und einem „systemtranszendenten" bzw. vorpositiven Rechtsgutsbegriff zu unterscheiden ist.[904] Der systemimmanente Rechtsgutsbegriff dient der „Sammlung und Ordnung des bereits Gegebenen."[905] Ein Rechtsgut in diesem Sinne entsteht durch „ein Werturteil der positiven Rechtsordnung."[906] Nach diesem Konzept entscheidet allein der Gesetzgeber, was als strafrechtlich geschütztes Rechtsgut anzusehen ist.[907] Schon daraus folgt, dass der systemimmanente Rechtsgutsbegriff ungeeignet ist, gesetzgeberische Entscheidungen kritisch zu überprüfen.[908] Der systemimmanente Rechtsgutsbegriff eignet sich deshalb nicht als zwingender Kriminalisierungsmaßstab.[909]

Der vorpositive Rechtsgutsbegriff basiert dagegen auf der Annahme, dass die Rechtsgüter, anhand derer die Legitimität von Strafvorschriften zu messen ist, nicht durch den Gesetzgeber geprägt werden können, sondern

---

901 *Hörnle*, Grob anstößiges Verhalten, S. 11 ff. m.w.N.; *Stächelin*, Strafgesetzgebung, S. 30 ff. m.w.N.

902 Vgl. m.w.N. *Stächelin*, Strafgesetzgebung, S. 35 (dortige Fn. 27).

903 Vgl. BVerfG, Beschl. v. 26.2.2008 – 2 BvR 392/07 (Inzest) = BVerfGE 120, 224, 241 f. m.w.N.; vgl. zu den einzelnen Definitionsansätzen übersichtlich *Hörnle*, Grob anstößiges Verhalten, S. 14 f. m.w.N.

904 BVerfG, Beschl. v. 26.2.2008 – 2 BvR 392/07 (Inzest) = BVerfGE 120, 224, 241 f.; zur apostrophierten Terminologie *Hassemer*, Theorie und Soziologie des Verbrechens, S. 19 ff.; vgl. *Hörnle*, Grob anstößiges Verhalten, S. 11 ff. m.w.N.; *Stächelin*, Strafgesetzgebung, S. 30 ff. m.w.N.

905 *Hassemer*, Theorie und Soziologie des Verbrechens, S. 19, 23; vgl. *Hefendehl*, Kollektive Rechtsgüter im Strafrecht, S. 18 f.; *Hörnle*, Grob anstößiges Verhalten, S. 12.

906 *Hefendehl*, Kollektive Rechtsgüter im Strafrecht, S. 18 m.w.N.

907 *Hefendehl*, Kollektive Rechtsgüter im Strafrecht, S. 18 f. m.w.N.

908 BVerfG, Beschl. v. 26.2.2008 – 2 BvR 392/07 (Inzest) = BVerfGE 120, 224, 241 f.; vgl. nur *Hörnle*, Grob anstößiges Verhalten, S. 12.

909 Siehe nur BVerfG, Beschl. v. 26.2.2008 – 2 BvR 392/07 (Inzest) = BVerfGE 120, 224, 241 f.; vgl. nur *Hörnle*, Grob anstößiges Verhalten, S. 11 f.

der positiven Rechtsordnung vorgelagert sind.[910] Seine Vertreter erhoffen sich vom vorpositiven Rechtsgutsbegriff traditionell eine antitotalitäre Potenz.[911] Diese Hoffnung allein scheint, angesichts der historischen Pervertierung auch des Strafrechts durch den Nationalsozialismus, den vorpositiven Rechtsgutsbegriffs in kaum zu entkräftender Weise zu legitimieren.[912] Und doch sprechen auch gegen ihn die überwiegenden Argumente. Erstens wird inzwischen bezweifelt, dass der historische Rechtsgutsbegriff einen unverrückbaren antitotalitären Kern hat.[913] Zweitens ist seine Leistungsfähigkeit gerade in (den besonders klärungsbedürftigen) Grenzfällen zweifelhaft.[914] Drittens und vor allem aber steht der vorpositive Rechtsgutsbegriff in einem problematischen Verhältnis zur parlamentarischen Demokratie.[915] Er wirbt mit der weitreichenden bereichsspezifischen Verlagerung fundamentaler Entscheidungskompetenzen vom demokratisch legitimierten Gesetzgeber zur Rechtsprechung und -wissenschaft,[916] ohne dabei die strukturelle Begrenzung auch *ihrer* Erkenntnismöglichkeiten ausreichend zu reflektieren.[917] Ergänzend gilt für diese Untersuchung, die auch rechts*praktische* Überzeugungskraft entfalten will, dass sie nicht die deutliche Absage der Senatsmehrheit des BVerfG an einen vorpositiven Rechtsgutsbegriff im sog. Inzest-Urteil ignorieren kann.[918]

---

910 Vgl. zusammenfassend *Hörnle,* Grob anstößiges Verhalten, S. 11 f.; *Stächelin,* Strafgesetzgebung, S. 35 ff. m.w.N.

911 *Hassemer,* Theorie und Soziologie des Verbrechens, S. 20 ff. m.w.N.; vgl. *Hörnle,* Grob anstößiges Verhalten, S. 13 m.w.N.

912 Vgl. *Hörnle,* Grob anstößiges Verhalten, S. 13 f.

913 *Hörnle,* Grob anstößiges Verhalten, S. 13 f. m.w.N.

914 *Hörnle,* Grob anstößiges Verhalten, S. 15 f.

915 *Appel,* Verfassung und Strafe, S. 454 f.; *Gaede,* Der Steuerbetrug, S. 329 ff., 334 f.; **skeptisch** *Hörnle,* Grob anstößiges Verhalten, S. 21.

916 Vgl. *Gaede,* Der Steuerbetrug, S. 329 ff., 334 f.

917 Bezeichnend *Greco,* in: Strafrecht und Verfassung, S. 25: „Strafrechtswissenschaft als stabile Gegenmacht zur Macht der labilen gesetzgeberischen und verfassungsrichterlichen Mehrheiten." Dagegen überzeugend *Gaede,* Der Steuerbetrug, S. 329: „Wissenschaftlichkeit allein ist [...] keine Rechtsquelle," und S. 334 f.

918 Vgl. zu dieser Notwendigkeit *Frisch,* NStZ 2016, 16, 24 f. Die grundsätzliche Ablehnung kaum verhehlend BVerfG, Beschl. v. 26.2.2008 – 2 BvR 392/07 (Inzest) = BVerfGE 120, 224, 241 f.; vgl. zurecht kritisch zum rigorosen Tonfall *Gaede,* Der Steuerbetrug, S. 336 (dortige Fn. 186); in den Worten *Hassemers*: nur „mit spitzen Fingern" angefasst, BVerfG, Beschl. v. 26.2.2008 – 2 BvR 392/07 (Inzest) = BVerfGE 120, 224, 257 – Sondervotum *Hassemer;* **differenzierend** *Greco*, in: Strafrecht und Verfassung, S. 21 f. m.w.N.

Nach alledem liefert die strafrechtliche Rechtsgutstheorie keine zwingenden Kriminalisierungsmaßstäbe. Diese Bewertung darf nicht missverstanden werden. Ein Urteil darüber, welche Beiträge die Rechtsgutstheorie zur Systematisierung des geltenden Rechts leistet, wird hier nicht gefällt.[919] Im Gegenteil wird der Rechtsgutsbegriff in dieser Funktion später noch fruchtbar gemacht werden.[920]

c) Verfassungsrechtliche Kriminalisierungsmaßstäbe

Auf der anderen Seite stehen diejenigen, die zwingende Kriminalisierungsmaßstäbe aus dem Verfassungsrecht ableiten wollen.[921] Auch hinsichtlich dieser verfassungsrechtlichen Kriminalisierungsmaßstäbe hat sich bisher keine einheitliche Meinung herausgebildet.[922] Gemeinsam ist den vertretenen Positionen, dass sie an die verfassungsrechtliche Verhältnismäßigkeitsprüfung anknüpfen.[923] Mehrheitlich wird vertreten, dass die *allgemeinen* Maßstäbe der Verhältnismäßigkeitsprüfung herangezogen werden sollten, um Strafgesetze zu überprüfen.[924] Teilweise werden diese Maßstäbe auf dem Gebiet des Strafrechts aber auch verschärft; dies gebiete gerade eine *konsequente* Anwendung des Verhältnismäßigkeitsgrundsatzes.[925]

---

919 Vgl. schon *Gaede*, Der Steuerbetrug, S. 336 f.; *Hefendehl*, Kollektive Rechtsgüter, S. 83 ff; *Hörnle*, Grob anstößiges Verhalten, S. 17 f., 42 f.; *Lagodny*, Grundrechte, S. 294.

920 Siehe unten 3.a) Legitimer Zweck.

921 BVerfG, Beschl. v. 26.2.2008 – 2 BvR 392/07 (Inzest) = BVerfGE 120, 224 ff.; *Appel*, Verfassung und Strafe, S. 569 ff. und passim; *Gaede*, Der Steuerbetrug, S. 329 ff.; *Gärditz*, Der Staat 49 (2010), 331 ff.; *Gärditz*, JZ 2016, 641 ff.; *Hefendehl*, Kollektive Rechtsgüter, S. 83 ff., 95 ff.; *Jahn/Brodowski*, JZ 2016, 969; *Kaspar*, Präventionsstrafrecht, S. 351 ff. und passim; *Lagodny*, Grundrechte, S. 275 ff., 531 und passim; *Stächelin*, Strafgesetzgebung, S. 101 ff. und passim.

922 Zur historischen Genese dieses Lagers s. m.w.N. etwa *Greco*, in: Strafrecht und Verfassung, S. 17 ff. und *Kaspar*, Präventionsstrafrecht, S. 32 ff.

923 *Stächelin*, Strafgesetzgebung, S. 101 m.w.N. in dortiger Fn. 1; vgl. auch erneut die Nachweise in Fn. 921.

924 BVerfG, Beschl. v. 26.2.2008 – 2 BvR 392/07 (Inzest) = BVerfGE 120, 224 ff.; *Appel*, Verfassung und Strafe, S. 569 ff. und *passim*; *Gärditz*, Der Staat 49 (2010), 331 ff.; *Gärditz*, JZ 2016, 641 ff.; *Kaspar*, Präventionsstrafrecht, S. 351 ff. und *passim*; *Lagodny*, Grundrechte, S. 275 ff., 531 und *passim*; mit Anpassungen im Detail *Stächelin*, Strafgesetzgebung, S. 101 ff. und *passim*.

925 BVerfG, Beschl. v. 9.3.1994 – 2 BvL 43/92 u.a. (Cannabis) = BVerfGE 90, 145, 199 ff. – Sondervotum *Graßhof*; BVerfG, Beschl. v. 26.2.2008 – 2 BvR 392/07 (Inzest) = BVerfGE 120, 224, 255 ff. – Sondervotum *Hassemer*, der freilich zugleich

Nach den obigen Ausführungen zur Rechtsgutstheorie zeichnet sich zwar bereits ab, dass hier einer Spielart des verfassungsrechtlichen Ansatzes gefolgt werden soll. Gleichwohl sind auch die Gegenargumente zu erwägen.

Erstens lässt sich schwer bestreiten, dass der verfassungsrechtliche Ansatz wegen der Anknüpfung an das Grundgesetz grundsätzlich positivistisch ist.[926] Dadurch scheint dieser Ansatz eher gefährdet zu sein, totalitär pervertiert zu werden als ein vorpositives Gegenmodell.[927] Diese Bedenken können jedoch in der gelebten Verfassungswirklichkeit des Grundgesetzes nicht durchgreifen.[928] Sie überschätzen zudem die praktischen Möglichkeiten eines vorpositiven Rechtsgutsbegriffs (sofern er sich denn einheitlich bestimmen ließe[929]) innerhalb eines tatsächlich in den Totalitarismus abdriftenden Staates.[930]

Nachvollziehbar einwenden lässt sich zweitens, dass ein verfassungsrechtlicher Maßstab dem Gesetzgeber kaum verbindliche Grenzen setzt.[931] Ein Blick in die Rechtsprechung des BVerfG scheint diesen Einwand zu stützen.[932] Dem ist zu entgegnen, dass aus der großzügigen Rechtsprechung des BVerfG noch nicht der Schluss gezogen werden darf, dass ein verfassungsrechtlicher Ansatz nicht mehr leisten *könnte*.[933] Es ist vielmehr zu fordern, dass die (unten näher dargestellten) bestehenden kritischen Potentiale der Verfassung durch das BVerfG zukünftig ausgereizt werden.[934] Im Übrigen sollte es in der parlamentarischen Demokratie nicht als Schwäche angesehen werden, dass dem Gesetzgeber eine Einschätzungsprärogative eröffnet ist und bleibt.[935]

---

die Rechtsgutstheorie verficht; insbesondere *Gaede,* Der Steuerbetrug, S. 329 ff.; anhand des *ultima ratio*-Prinzips teilweise *Jahn/Brodowski*, JZ 2016, 969.

926 Diesen Einwand antizipierend *Gaede,* Der Steuerbetrug, S. 331.

927 Erneut vorwegnehmend *Gaede,* Der Steuerbetrug, S. 331.

928 *Gaede,* Der Steuerbetrug, S. 331.

929 Vgl. *Gaede,* Der Steuerbetrug, S. 329; *Hörnle,* Grob anstößiges Verhalten, S. 14 f.

930 *Gaede,* Der Steuerbetrug, S. 331 (dortige Fn. 169); *Hörnle,* Grob anstößiges Verhalten, S. 13 f.

931 *Hörnle,* Grob anstößiges Verhalten, S. 22 ff.; *Wohlers,* Deliktstypen, S. 241 ff.; *Greco,* in: Strafrecht und Verfassung, S. 23 ff., 33, 35 und *passim.*

932 *Gaede,* Der Steuerbetrug, S. 333.

933 *Gaede,* Der Steuerbetrug, S. 333 f.

934 *Gaede,* Der Steuerbetrug, S. 333 f. m.w.N.; mit dieser Forderung schon früh *Stächelin,* Strafgesetzgebung, S. 318 f.; siehe dazu unten 3 Verhältnismäßigkeit eines Strafgesetzes.

935 *Gaede,* Der Steuerbetrug, S. 334 f. m.w.N.; diese immerhin als „unumgänglich" anerkennend *Greco,* in: Strafrecht und Verfassung, S. 23.

Drittens könnte man einer verfassungsrechtlichen Herangehensweise entgegenhalten, dass sie beliebige Ergebnisse produziere. Es ist kaum von der Hand zu weisen, dass Abwägungsentscheidungen „rational nur begrenzt zu strukturieren und zu kontrollieren“ sind.[936] Dieser „Schuss Dezisionismus“[937] führt aber nicht dazu, dass verfassungsrechtliche Ansätze gänzlich zu verwerfen wären. Auch ein vorpositiver Rechtsgutsbegriff als potentielles Gegenmodell fußt – jedenfalls in den streitbefangenen Grenzfällen – auf normativen Erwägungen.[938] Der Vorzug eines verfassungsrechtlichen Maßstabes liegt darin, dass er diese Erwägungen offenlegt.

Viertens ließe sich verfassungsrechtlichen Ansätzen vorhalten, dass sie einen Bedeutungsverlust der Strafrechts- gegenüber der Verfassungsrechtswissenschaft beförderten.[939] Diese Sorge ist ernst zu nehmen.[940] Im Ergebnis ist ihr gleichwohl entgegenzutreten. Die Strafrechtswissenschaft darf nicht aus Eitelkeit den Anschluss an die Verfassungsrechtspraxis verlieren. Sie wird mit ihrer kritischen Perspektive gebraucht.[941] Auch und gerade dann, wenn man einem verfassungsrechtlichen Maßstab folgt, verbleiben viele Fragen, die aus der strafrechtlichen Perspektive heraus zu klären sind.[942]

Nach alledem sprechen die überzeugenderen Argumente dafür, einem verfassungsrechtlichen Kriminalisierungsmaßstab zu folgen. Damit ist aber noch keine Aussage darüber getroffen, welcher Spielart eines solchen Maßstabes näherzutreten ist.

d) Stellungnahme zu verfassungsrechtlichen Kriminalisierungsmaßstäben

Es wurde bereits angesprochen, dass einige Vertreter eines verfassungsrechtlichen Kriminalisierungsmaßstabs dafür eintreten, die *allgemeinen*

---

936 Zitiert nach *Grzeszick,* in: Maunz/Dürig, Art. 20 GG Rn. 118; vgl. gleichsinnig *Gaede,* Der Steuerbetrug, S. 346; *Lagodny,* Grundrechte, S. 536; *Stächelin,* Strafgesetzgebung, S. 101.

937 *Lagodny,* Grundrechte, S. 536.

938 Vgl. m.w.N. *Wohlers,* Deliktstypen, S. 213 ff., S. 279 f.

939 Vgl. abermals die Kritik antizipierend *Gaede,* Der Steuerbetrug, S. 335 ff. und *Kaspar,* Präventionsstrafrecht, S. 38 ff.

940 Vgl. ausführlich *Gaede,* Der Steuerbetrug, S. 335 ff.

941 *Gaede,* Der Steuerbetrug S. 335 ff. und insb. 338; vgl. *Frisch,* NStZ 2016, 16, 24 f.; *Zabel,* ZRP 2016, 202, 204: „Schritt heraus aus den Parallelwelten“.

942 *Gaede,* Der Steuerbetrug, S. 336 f.

Maßstäbe der Verhältnismäßigkeitsdogmatik anzuwenden,[943] während andere eine *verschärfte* Verhältnismäßigkeitsprüfung befürworten.[944] Für beide Ansätze lassen sich beachtliche Argumente ins Feld führen. Diese werden nun erörtert. Im Ergebnis wird sich zeigen, dass die besten Argumente für letzteren Ansatz streiten.[945]

aa) Interdisziplinäre Erwägungen

Für die allgemeine Verhältnismäßigkeitsdogmatik spricht zunächst, dass sie in Rechtsprechung und Literatur allgemein anerkannt ist. Ergebnisse, die auf der Grundlage dieses etablierten Instruments gefunden werden, können am ehesten auf rechtspraktische Resonanz und Akzeptanz hoffen.[946] Das ist ein gewichtiges Argument. Es ist aber zu relativieren. Auch ein verschärfter Ansatz kann sich an verfassungsgerichtliche Äußerungen anlehnen, und zwar an die abweichenden Meinungen der Richterin *Graßhof* im Cannabis-Urteil und des Richters *Hassemer* im Inzest-Urteil.[947]

Bereits erwähnt worden ist, dass eine Senatsmehrheit des BVerfG die strafrechtliche Rechtsgutstheorie brüsk zurückgewiesen hat.[948] Zu ergänzen ist, dass die verfassungsrechtliche Literatur dem durchaus oftmals zustimmt.[949] Diese fachsäulenspezifische Wirklichkeit darf nicht ausblenden, wer interdisziplinär überzeugen will. So scheint rein pragmatisch einiges dafür zu sprechen, die allgemein anerkannte Verhältnismäßigkeitsdogmatik einem modifizierten Ansatz vorzuziehen. Doch sollte das Problem der mangelnden Akzeptanz nicht einseitig aus der Perspektive des Verfassungsrechts gedacht werden. Vorbehalte gegenüber einer interdiszi-

943 Siehe erneut Fn. 921.

944 Siehe erneut Fn. 925.

945 Gefolgt wird hier *Gaede*, Der Steuerbetrug, S. 329 ff.

946 Vgl. ähnlich *Hefendehl*, Kollektive Rechtsgüter, S. 95: „gesicherter Ausgangspunkt".

947 Siehe erneut BVerfG, Beschl. v. 9.3.1994 – 2 BvL 43/92 u.a. (Cannabis) = BVerfGE 90, 145, 199 ff. – Sondervotum *Graßhof*; BVerfG, Beschl. v. 26.2.2008 – 2 BvR 392/07 (Inzest) = BVerfGE 120, 224, 255 ff. – Sondervotum *Hassemer*.

948 Siehe erneut BVerfG, Beschl. v. 26.2.2008 – 2 BvR 392/07 (Inzest) = BVerfGE 120, 224, 241 f.

949 *Vgl. Gärditz*, Der Staat 49 (2010), 331 ff.; *Gärditz*, JZ 2016, 641 ff.; *Haack*, AöR 136 (2011), 365 ff. und insb. 391 ff.; zur Ablehnung durch das BVerfG erneut oben b) Strafrechtsautonome Kriminalisierungsmaßstäbe, insbesondere die Rechtsgutstheorie; vgl. m.w.N. *Lagodny*, Grundrechte, S. 74 ff.

plinären Öffnung finden sich auch aufseiten der Strafrechtswissenschaft.[950] Das wiederum sollte beachten, wer darauf hofft, innerhalb *dieser* Disziplin zu einem „Schritt heraus aus den Parallelwelten“[951] anzuregen.[952] Letztlich wäre eine Lösung vorzugswürdig, welche die beiderseitigen Skeptiker aufgrund eines gegenseitigen Entgegenkommens miteinander versöhnt.[953] Eine solche Lösung könnte in einer modifizierten Verhältnismäßigkeitsprüfung liegen, die das Primat des Verfassungsrechts mit hergebrachtem strafrechtlichen Wissen vereinbart.[954]

bb) Sonderrolle der Kriminalstrafe

Gleichwohl können die vorgenannten – im Wortsinne – rechts*politischen* Erwägungen eine Entscheidung nicht allein tragen. Maßgeblich bleiben inhaltliche Argumente. Ein solches inhaltliches Argument dafür, die Verhältnismäßigkeitsprüfung anzureichern, liegt in der Sonderrolle der Kriminalstrafe. Das BVerfG erklärt selbst, dass „die Dichte der verfassungsgerichtlichen Kontrolle [...] dem Rang und der Bedeutung des auf dem Spiele stehenden Grundrechtsgutes und der Eigenart des betroffenen Sachbereiches“ entsprechen müsse.[955] Es hat in früherer Rechtsprechung ausdrücklich erklärt, dass dem Verhältnismäßigkeitsgrundsatz „gesteigerte Bedeutung für die Prüfung einer Strafvorschrift [zukommt], die als schärfste dem Staat zur Verfügung stehende Sanktion ein sozialethisches Unwerturteil über ein bestimmtes Handeln des Bürgers ausspricht.“[956] Dazu setzt es sich in Widerspruch, wenn es dem Gesetzgeber heute gerade im *Strafrecht*

---

950 Siehe aus jüngerer Zeit *Greco,* in: Strafrecht und Verfassung, S. 24 f., 35 f.*; Roxin,* StV 2009, 544, 549 f.; vgl. mit entsprechender Beobachtung *Appel,* Verfassung und Strafe, S. 305 ff. m.w. historischen Nachweisen; *Lagodny,* Grundrechte, S. 74 f.

951 Frei nach *Zabel,* ZRP 2016, 202, 204 (dort allerdings bezogen auf Strafrechtswissenschaft und Kriminalpolitik).

952 Entgegenkommend schon *Gaede,* Der Steuerbetrug, S. 335 ff.

953 Siehe mit der Forderung nach gegenseitiger Annäherung auch schon *Frisch,* NStZ 2016, 16, 24; *Zabel,* ZRP 2016, 202, 204.

954 Erneut *Gaede,* Der Steuerbetrug, S. 335 ff. und insb. S. 338.

955 BVerfG, Urt. v. 12.5.1987 – 2 BvR 1226/83 u.a. = BVerfGE 76, 1, 51.

956 BVerfG, Beschl. v. 9.3.1994 – 2 BvL 43/92 u.a. (Cannabis) = BVerfGE 90, 145, 172; vgl. dazu kritisch *Appel,* Verfassung und Strafe, S. 171 ff.

nur „äußerste Grenzen" setzen will.[957] Zwar hat das Gericht in jüngster Zeit anhand der Sterbehilfe erkennen lassen, dass es bisweilen bereit ist, eine intensivierte Prüfung durchzuführen.[958] Abzuwarten bleibt, ob in dieser Entscheidung eine veritable Trendwende oder nur eine Ausnahme von der Regel zu erblicken ist. Jedenfalls gilt: Die Kriminalstrafe ist das *eingriffsintensivste* Instrument staatlichen Handelns. Denkt man den Verhältnismäßigkeitsgrundsatz konsequent zu Ende, rechtfertigt sie als solche eine *besonders strenge Prüfung*.[959] Die folgenden Überlegungen sollen die besondere Eingriffsintensität des Strafrecht veranschaulichen.

Erstens ist die Kriminalstrafe die einzige staatliche Handlungsform, die mit einem sozialethischen Unwerturteil verbunden ist.[960] Der Staat wirft dem Einzelnen vor, sich gegen bedeutende Werte der Rechts- und Gesellschaftsordnung aufgelehnt zu haben und spricht darüber ein „autoritatives Unwerturteil" aus.[961] Diese „Herabwürdigung mit staatlicher Autorität"[962] berührt den in der Menschenwürde wurzelnden Wert- und Achtungsanspruch und ist stets mit einem Eingriff in das allgemeine Persönlichkeitsrecht gemäß Art. 2 Abs. 1 i.V.m. 1 Abs. 1 GG verbunden.[963]

957 Vgl. BVerfG, Beschl. v. 26.2.2008 – 2 BvR 392/07 (Inzest) = BVerfGE 120, 224, 242, 250, 253; pointiert *Gaede*, Der Steuerbetrug, S. 317: „maßstabsabschwächende Grundrechtssonderdogmatik".

958 Siehe jüngst BVerfG, Urt. v. 26.2.2020 – 2 BvR 2347/15 (Sterbehilfe) u.a. = NJW 2020, 905, 908 f.: „Maßstab strikter Verhältnismäßigkeit".

959 BVerfG, Beschl. v. 9.7.1997 – 2 BvR 1371/96 = BVerfGE 96, 245, 249; BVerfG, Beschl. v. 26.2.2008 – 2 BvR 392/07 (Inzest) = BVerfGE 120, 224, 256 – Sondervotum *Hassemer;* vgl. ausführlich *Gaede*, Der Steuerbetrug, S. 320.

960 BVerfG, Urt. v. 6.6.1967 – 2 BvR 375 u.a. = BVerfGE 22, 49, 80; BVerfG, Beschl. v. 24.10.1996 – 2 BvR 1851 u.a. = BVerfGE 95, 96, 140; BVerfG, Beschl. v. 9.3.1994 – 2 BvL 43/92 u.a. (Cannabis) = BVerfGE 90, 145, 200 – Sondervotum *Graßhof*; *Gaede*, Der Steuerbetrug, S. 339 ff.; *Stächelin*, Strafgesetzgebung, S. 112 ff..; **differenzierend** *Kaspar, Präventionsstrafrecht, S.* 621 ff., 624; *Lagodny*, Grundrechte, S. 96 ff., 129 ff., 533.

961 BVerfG, Urt. v. 6.6.1967 – 2 BvR 375 u.a. = BVerfGE 22, 49, 80; näher zum Zusammenhang zwischen Bedeutung der geschützten Gemeinschaftswerte und Tadelstiefe *Gaede*, Der Steuerbetrug, S. 323.

962 *Gaede*, Der Steuerbetrug, S. 322 ff.

963 BVerfG, Beschl. v. 9.7.1997 – 2 BvR 1371/96 = BVerfGE 96, 245, 249; BVerfG, Urt. v. 30.3.2004 – 2 BvR 1520 u.a. = BVerfGE 110, 226, 262, mit dem interessanten Hinweis, dem Verhältnismäßigkeitsgrundsatz komme deshalb „gesteigerte Bedeutung für die Prüfung einer Strafvorschrift zu"; speziell zum Mord BGH, Beschl. v. 20.12.2002 – StB 15/02 = BGHSt 48, 153, 159; *Appel*, Verfassung und Strafe, S. 492 f., 496, 575; *Gaede*, Der Steuerbetrug, S. 339 ff.; *Stächelin*, Strafgesetzgebung, S. 112 ff., 165; hinsichtlich dieser entscheidenden Weichenstellung **anders** *Kaspar*, Präventionsstrafrecht, S. 351 ff., 370, 446 f., der einen diesen

Die Kriminalstrafe bewirkt, zweitens, nicht nur diesen, für sich genommen bereits besonders intensiven Grundrechtseingriff. Sie begründet auch das Risiko kumulierter Grundrechtseingriffe.[964] Der Strafprozess belastet den rechtsunterworfenen Bürger in jeder seiner Etappen, durch seine Dauer und nicht zuletzt *an sich* – und das unabhängig von seinem Ausgang.[965] Nebenstrafen und Nebenfolgen können die Eingriffsintensität vertiefen.[966] Jedenfalls für die vollstreckte Freiheitsstrafe kann die außerordentliche Belastung nicht bestritten werden.[967] Dem könnte entgegengehalten werden, dass insbesondere das Ordnungswidrigkeitenrecht Sanktionen bereithalte, deren Intensität mit derjenigen der Kriminalstrafe vergleichbar sei. Ein solcher Einwand könnte jedoch nicht überzeugen. Dass etwa eine ordnungsrechtliche Sanktion *im Einzelfall* so intensiv ausfallen kann, dass man sie als Strafe einstufen muss,[968] widerlegt nicht die Sonderrolle der Kriminalstrafe, sondern beweist umgekehrt, dass die Kategorie der Strafe zu verwenden ist, um die schwerwiegendsten staatlichen Sanktionen zu beschreiben.[969]

Drittens deutet die Verfassung in Art. 103 Abs. 2 GG die Sonderrolle der Kriminalstrafe selbst an.[970] Dem ließe sich zwar entgegnen, dass Art. 103 Abs. 2 GG ausdrücklich nur eine formale Kriminalisierungsschranke enthalte und die Grundrechtsbindung nicht ausdrücklich anordne.[971] Der Artikel ist allerdings nicht so zu lesen, als ob er sich auf die formale Kontrolle beschränken und so die verfassungsrechtlichen Anforderungen an

---

Eingriff in das allgemeine Persönlichkeitsrecht erst im *Schuldspruch*, nicht aber in der abstrakt-generellen Strafnorm sieht, a.a.O., 621 ff.

964 *Gaede*, Der Steuerbetrug, S. 324 ff. Näher zur Eingriffskumulation aus einer analytischen Perspektive unten 2 Gegenstand der Verhältnismäßigkeitsprüfung von Strafnormen.

965 Zu letzterem *Gaede*, ZStW 129 (2018), 911 ff., 917 ff.; vgl. BVerfG, Beschl. v. 9.3.1994 – 2 BvL 43/92 u.a. = BVerfGE 90, 145, 212, 225 f. – Sondervotum *Sommer*; s. schließlich speziell zur Grundrechtsrelevanz strafprozessualer Ermittlungsmaßnahmen *Gaede*, Der Steuerbetrug, S. 324 ff.

966 *Gaede*, Der Steuerbetrug, S. 306, 323 f.; näher zu den Nebenfolgen *Radtke*, in: MüKo-StGB, § 38 Rn. 75 m.w.N.

967 Hinsichtlich der Geldstrafe differenzierend *Gaede*, Der Steuerbetrug, S. 323 f.; zur Differenzierung zwischen vollstreckter und zur Bewährung ausgesetzter Freiheitsstrafe ausführlich *Kaspar*, Präventionsstrafrecht, S. 619 ff.

968 Vgl. die Engel-Kriterien des EGMR (und inzwischen auch des EuGH), EGMR, Urt. v. 8.6.1976 – 5100/71 (Engel) = ECLI:CE:ECHR:1976:0608JUD000510071; vgl. *Gassner*, in: Gassner/Seith, Einl. Rn. 6 m.w.N.

969 Vgl. i.E. ebenso *Kaspar*, Präventionsstrafrecht, S. 224 ff., 421 ff.

970 *Gaede*, Der Steuerbetrug, S. 326 ff.; vgl. *Appel*, Verfassung und Strafe, S. 488 ff.

971 Vgl. *Gaede*, Der Steuerbetrug, S. 327 f.

die Überprüfung von Strafgesetzen faktisch *absenken* wollte.[972] Im Gegenteil ist Art. 103 Abs. 2 GG so zu verstehen, dass er diese Grundrechtsbindung gerade *voraussetzt*.[973] Er ist nach überzeugender Lesart damit nicht als Ersatz, sondern *Ergänzung* der allgemeinen Grundrechtsdogmatik zu interpretieren.[974] Diese *Zusatzregelung* wäre nicht erforderlich, wenn das Strafrecht nicht zu überdurchschnittlich intensiven Grundrechtseingriffen führen würde. Insofern spricht auch Art. 103 Abs. 2 GG nach überzeugender Auslegung für die besondere Eingriffsintensität der Kriminalstrafe.[975]

Es konnte gezeigt werden, dass die Kriminalstrafe das eingriffsintensivste Instrument staatlichen Handelns ist. Sie enthält stets ein sozialethisches Unwerturteil, begründet das Risiko kumulierter Grundrechtseingriffe und wird durch die Verfassung selbst besonders streng reguliert. Diese Sonderrolle rechtfertigt es, an Strafvorschriften erhöhte Anforderungen zu stellen.[976] Das wiederum spricht dafür, die allgemeine Verhältnismäßigkeitsdogmatik bei der Prüfung von Strafnormen anzureichern.

e) Zusammenfassung

Nach dem Vorgesagten sprechen die besseren Argumente für eine *angereicherte* Verhältnismäßigkeitsprüfung. Sie erkennt das Primat des Verfassungsrechts an, nimmt aber die Besonderheiten des Strafrechts ernst. Sie kann auf hergebrachte verfassungsgerichtliche Prüfprogramme und Maßstäbe gestützt werden.[977] Gleichzeitig kann sie, wie noch dargelegt werden wird, Verbesserungspotentiale in der verfassungsrechtlichen Rechtsprechung aufzeigen.[978]

2. Gegenstand der Verhältnismäßigkeitsprüfung von Strafnormen

Bevor diese Verhältnismäßigkeitsprüfung detailliert ausgearbeitet wird, ist zu präzisieren, was sie zum Prüfungsgegenstand haben kann. Bei unbefan-

972 *Gaede*, Der Steuerbetrug, S. 328.
973 *Gaede*, Der Steuerbetrug, S. 328.
974 *Gaede*, Der Steuerbetrug, S. 328.
975 *Gaede*, Der Steuerbetrug, S. 328.
976 *Gaede*, Der Steuerbetrug, S. 320 ff., 328.
977 Ihre Praktikabilität ist anhand der Steuerhinterziehung bereits nachgewiesen worden, vgl. *Gaede*, Der Steuerbetrug, S. 356 ff.
978 Zu letzterem näher unten 3 Verhältnismäßigkeit eines Strafgesetzes.

gener Betrachtung würde man annehmen, dass dies ein bestimmtes Strafgesetz, also eine abstrakt-generelle Rechtsnorm, sein müsse – wie bei jeder anderen verfassungsrechtlichen Gesetzesprüfung.[979] Diese Annahme wird in der Literatur jedoch nicht immer geteilt. Die Meinungsverschiedenheiten ergeben sich aus der analytischen Trennung zwischen Verhaltens- und Sanktionsnormen. Hiervon handelt der folgende Abschnitt.

Schon hinsichtlich der Terminologie besteht bei genauerer Betrachtung keine Einigkeit. Sie soll zuerst geklärt werden (a), damit anschließend eine eigene Position formuliert werden kann (a). Aus dieser Position wird abgeleitet, welche Grundrechte durch ein Strafgesetz berührt sein können (c). Sodann wird geklärt, welche Regelungszwecke ein Strafgesetz nach dem hier vertretenen Modell verfolgen kann (d). Die Ergebnisse werden schließlich zusammengefasst (e). Es wird sich zeigen, dass Gegenstand der Verhältnismäßigkeitsprüfung, wie eingangs vermutet, ein Strafgesetz in seiner konkreten Gestalt sein muss.

a) Abweichende Begriffsbestimmungen von Verhaltens- und Sanktionsnorm

In Literatur und Rechtsprechung ist anerkannt, dass ein Strafgesetz unterschiedliche normative Bestandteile enthält, die sich analytisch trennen lassen.[980] Diese Trennung geht auf die Normentheorie *Bindings* zurück.[981] Vielfach wird, wie erwähnt, die Unterscheidung zwischen Verhaltens- und Sanktionsnormen aufgegriffen. Bei genauerer Betrachtung zeigt sich, dass die Begriffe zwar häufig verwendet, aber teilweise unterschiedlich bestimmt werden.

---

979 Jede Form staatlichen Handelns – also auch die Gesetzgebung – ist gem. Art. 1 Abs. 3 GG an die Grundrechte und damit auch an den Verhältnismäßigkeitsgrundsatz gebunden, vgl. *Kaspar*, Präventionsstrafrecht, S. 107 ff. unter Verweis auf BVerfG, Beschl. v. 5.3.1986 – 1 BvR 579/67 = BVerfGE 23, 127, 133 f.; BVerfG, Beschl. v. 19.10.1982 – 1 BvL 34/80 = BVerfGE 61, 126, 134; siehe ferner schon BVerfG, Urt. v. 15.5.1995 – 2 BvL 19/91 u.a. = BVerfGE 92, 277, 326.

980 BVerfG, Urt. v. 28.5.1993 – 2 BvF 2/90 u.a. (Schwangerschaftsabbruch II) = BVerfGE 88, 203, 252 ff.; *Appel*, Verfassung und Strafe, *passim* und insb. S. 459 ff.; *Lagodny*, Grundrechte, S. 55 f., 81 m.w.N.; zu ihm *Hefendehl*, Kollektive Rechtsgüter, S. 89 m.w.N.; vgl. *Gaede*, Der Steuerbetrug, S. 305 ff.; *Kaspar*, Präventionsstrafrecht, S. 363 ff.; *Stächelin*, Strafgesetzgeber, S. 111.

981 Siehe nur *Lagodny*, Grundrechte, S. 80 f. und *Hefendehl*, Kollektive Rechtsgüter, S. 89, jeweils m.w.N. zur historischen Normentheorie *Bindings*.

Der Begriff der Verhaltensnorm wird noch einheitlich verstanden. Eine Verhaltensnorm ist nach allgemeiner Ansicht ein staatliches Verhaltensgebot, ein bestimmtes Tun zu unterlassen oder eine bestimmte Handlung vorzunehmen; kurzum: ein staatliches Ver- oder Gebot.[982]

Hinsichtlich der Sanktionsnorm unterscheiden sich die Begriffsbestimmungen. Das lässt sich wohl darauf zurückführen, dass die Dualität von Verhaltens- und Sanktionsnorm vielerorts entweder nicht konsequent durchgehalten oder explizit aufgegeben wird.[983] In jüngerer Vergangenheit hat zunächst *Lagodny* die genannte Zweiteilung aufgegriffen und davon ausgehend erstmals ausführlich Verhaltens- und Sanktionsnormen getrennt einer Verhältnismäßigkeitsprüfung unterzogen.[984] Allerdings weicht schon *Lagodny* die strenge Zweiteilung auf. Eine Sanktionsvorschrift hat nach seinem Modell nämlich wiederum zwei Elemente:[985] Zum einen die Ermächtigung zu einem staatlichen Vorwurf wegen eines *„Verstoßes gegen eine Verhaltensvorschrift"*,[986] zum anderen die Ermächtigung zur Verhängung „besonderer Sanktionsmittel".[987] Darunter versteht *Lagodny* – je nach Sanktionsordnung – Kriminalstrafen, Geldbußen oder Disziplinarmaßnahmen.[988] Einen ähnlichen Ansatz verfolgt *Appel*.[989] Auch er unterscheidet zwischen dem Begriffspaar Verhaltens- und Sanktionsnorm.[990]

---

982 Formulierung hier nach *Gaede*, Der Steuerbetrug, S. 305 (hiesiger 1. Halbsatz) und *Stächelin*, Strafgesetzgebung, S. 111 (hiesiger 2. Halbsatz). In der Sache ebenso BVerfG, Urt. v. 28.5.1993 – 2 BvF 2/90 u.a. (Schwangerschaftsabbruch II) = BVerfGE 88, 203, 252 f. („Verhaltensanforderungen [...] stellt der Staat, indem er durch Gesetz Gebote und Verbote ausspricht, Handlungs- und Unterlassungspflichten festlegt"); *Appel*, Verfassung und Strafe, S. 437; *Kaspar*, Präventionsstrafrecht, S. 364 („Verbot, sich in einer bestimmten Weise zu verhalten"); *Lagodny*, Grundrechte, S. 6, 79 („abstrakt-[genereller] [gesetzlicher] Rechtssatz, [...] der dem einzelnen ein Handeln oder Unterlassen rechtlich bindend vorschreibt, also einen Verstoß hiergegen untersagt" – wenngleich *Lagodny* von Verhaltens- und Sanktions*vorschriften* statt von Verhaltens- und Sanktions*normen* spricht, vgl. zur Begründung a.a.O., S. 79).

983 Im Ausgangspunkt strenge Zweiteilung bei *Lagodny*, Grundrechte und *Appel*, Verfassung und Strafe; differenzierende Ansätze bei *Gaede*, Der Steuerbetrug; *Kaspar*, Präventionsstrafrecht; *Stächelin*, Strafgesetzgebung.

984 *Lagodny*, Grundrechte, *passim* und m.w.N. bzgl. der historischen Normtheorie *Bindings* auf S. 80 f.

985 *Lagodny*, Grundrechte, S. 7, 77 ff.

986 *Lagodny*, Grundrechte, S. 7 (Herv. im Original).

987 *Lagodny*, Grundrechte, S. 7.

988 *Lagodny*, Grundrechte, S. 7.

989 *Appel*, Verfassung und Strafe, *passim* und insb. S. 459 ff.

990 *Appel*, Verfassung und Strafe, S. 431 ff.

Strafrechtliche Sanktionsnormen bezwecken ihm zufolge, die Geltung der Verhaltensnorm zu sichern; sie sollten durchsetzen, dass die Verhaltensnorm als verbindliche Richtschnur des Handelns anerkannt wird.[991] Die Sanktionsnorm enthalte zugleich die Ermächtigung zur Verhängung einer strafrechtlichen Sanktion.[992]

Zwar verfolgen sowohl *Lagodny* als auch *Appel* grundsätzlich einen dualistischen Ansatz. Doch zeigt sich bei beiden, dass die Zweiteilung zwischen Verhaltens- und Sanktionsnorm nicht hinreicht. In diesem Sinne hat *Stächelin* schon früh angemerkt, dass ein Strafgesetz vielmehr *drei* Normteile enthält: eine (strafrechts-)neutrale Verhaltensnorm, eine strafbewehrte Verhaltensnorm und eine Sanktionsnorm.[993] Nach ihm soll eine strafbewehrte Verhaltensnorm den „Ausdruck tiefer sittlicher Missbilligung" und des sozialethischen Tadels enthalten.[994] Eine Sanktionsnorm sei die gewollte Zufügung eines Übels.[995] Auch in den jüngsten Untersuchungen von *Gaede* und *Kaspar* wird der Begriff der Sanktionsnorm jeweils ausdrücklich weiter ausdifferenziert. *Gaede* verwendet zunächst die Begriffe der Verhaltens- und Sanktionsnorm. Diese Sanktionsnorm, die *Gaede* synonym zur Strafbewehrung versteht, wirke bereits durch die abstrakte Strafandrohung; später könne sie durch eine etwaige Verurteilung und Strafvollstreckung fortwirken.[996] *Gaede* wirft dann eine dritte Kategorie auf, nämlich Art und Ausmaß der Sanktion (hier sei etwa zu unterscheiden zwischen Freiheitsstrafe, Geldstrafe, Nebenstrafen und Nebenfolgen).[997] *Kaspar* unterscheidet zwischen strafbewehrtem Verhaltensverbot und der konkreten Sanktion. Wenn er von der Prüfung einer „strafbewehrten Verhaltensvorschrift" spricht, meint er damit das abstrakt-generelle Strafgesetz.[998] Separat prüft er die Verhältnismäßigkeit der strafrechtlichen Sanktion (Schuldspruch, Geldstrafe und Freiheitsstrafe).[999]

---

991 *Appel*, Verfassung und Strafe, S. 440 f.

992 *Appel*, Verfassung und Strafe, S. 441. Teilweise setzt Appel aber auch Sanktionsnorm und Strafgesetz gleich, vgl. *Appel*, Verfassung und Strafe, S. 433.

993 *Stächelin*, Strafgesetzgebung, S. 111 ff.

994 *Stächelin*, Strafgesetzgebung, S. 112 ff.

995 *Stächelin*, Strafgesetzgebung, S. 114 f. Teilweise spricht Stächelin aber auch von allgemeiner Sanktionsnorm (Tadel) und spezieller Sanktionsnorm (Strafübel), vgl. *Stächelin*, Strafgesetzgebung, S. 164.

996 *Gaede*, Der Steuerbetrug, S. 306.

997 *Gaede*, Der Steuerbetrug, S. 306 f.

998 *Kaspar*, Präventionsstrafrecht, S. 351 ff., 382 ff.

999 *Kaspar*, Präventionsstrafrecht, S. 619 ff.

b) Normative Bestandteile von Strafgesetzen

Die unübersichtliche Diskussionslage verlangt nach einer Stellungnahme. Die hier vertretene Ansicht geht grundlegend davon aus, dass Bezugsrahmen der Verhältnismäßigkeitsprüfung stets das *Strafgesetz* als Ganzes sein muss.[1000] Davon ist nach hiesigem Verständnis die Frage zu unterscheiden, welche normativen Bestandteile sich in einem solchen Strafgesetz analytisch ermitteln und ggf. daraus extrahieren lassen (durch „kontradiktorische Umformulierung" des jeweiligen Straftatbestandes nach *Binding*[1001]).[1002] Nach hier vertretener Auffassung sind dies *drei* Elemente: eine Verhaltensnorm, die Strafbewehrung und ein Sanktionsmittel.

Eine Verhaltensnorm wird hier, wie üblich, definiert als ein staatliches Ver- oder Gebot. Sie ist die erste Ebene eines Strafgesetzes.[1003] Wählt man den wohl klarsten Beispielsfall, würde ein Gesetz, dass nur eine solche Verhaltensnorm enthält, etwa lauten:

„Du sollst nicht töten."

Die Strafbewehrung ist der zweite normative Bestandteil eines Strafgesetzes. Sie enthält die abstrakt-generelle Strafandrohung. Dabei ist zu beachten, dass die Strafbewehrung auf der Verhaltensnorm aufbaut; sie *addiert* zum bestehenden Verhaltensver- oder -gebot die abstrakt-generelle Rechts-

---

1000 So ausdrücklich schon früh *Stächelin*, Strafgesetzgebung, S. 111; ebenso *Gaede*, Der Steuerbetrug, S. 307, 345, 356 ff.

1001 Dazu m.w.N. *Appel*, Verfassung und Strafe, S. 569 (dortige Fn. 135); *Lagodny*, Grundrechte, S. 80.

1002 *Wieder* eine andere Frage ist, welche *anderen* Grundrechtseingriffe *aufgrund* einer abstrakt-generellen Strafnorm vorgenommen werden können. Hierher gehört etwa der konkret-individuelle Schuldspruch, der Strafvollzug (s. dazu *Kaspar*, Präventionsstrafrecht, S. 619 ff.) oder auch strafprozessuale Ermittlungs- und Überwachungsmaßnahmen, die an einen materiell-rechtlichen Tatbestand anknüpfen (s. *Gaede*, Der Steuerbetrug, S. 324 ff.). Diese Folgefragen werden hier allerdings ausgeblendet.

1003 Notwendig erscheint der Hinweis, dass nicht die Verhaltensnorm als analytisches Element eines Strafgesetzes verwechselt werden darf mit *Rechtsnormen* (sprich: Gesetzen) anderer Rechtsgebiete, insbesondere des Verwaltungsrechts. So ist es unzutreffend, wenn *Lagodny*, Grundrechte, S. 6, formuliert, eine Verhaltensnorm (im analytischen Sinne) könne Anknüpfungspunkt für präventiv-polizeiliches Einschreiten sein. Es ist vielmehr so, dass ein *Gesetz* im Verwaltungsrecht die gleiche Verhaltensnorm zum Kern haben kann wie ein Strafgesetz. Es ist dann das dortige *Gesetz*, das Anknüpfungspunkt für präventiv-polizeiliches Einschreiten sein kann, nicht aber schon die in ihm ebenfalls enthaltene Verhaltensnorm.

folge der Kriminalstrafe. Nachdem die Strafbewehrung einbezogen worden ist, würde ein Strafgesetz, das nun als solches zu erkennen wäre, etwa wie folgt klingen:

> „Wer einen Menschen tötet, wird bestraft."

Das Sanktionsmittel ist der dritte normative Bestandteil eines Strafgesetzes. Es setzt fest, welche strafrechtliche Sanktion dem Täter droht. Das Sanktionsmittel unterscheidet hauptsächlich zwischen Freiheits- und Geldstrafe. Es gibt, soweit einschlägig, auch den Strafrahmen vor. Abermals gilt, dass diese Ebene auf der vorherigen Ebene aufbaut, dass also das Sanktionsmittel auf der Verhaltensnorm *und* der Strafbewehrung basiert. Ein Strafgesetz, das auch das Sanktionsmittel enthält, würde etwa wie folgt klingen:

> „Wer einen Menschen tötet, wird mit Freiheitsstrafe nicht unter fünf Jahren bestraft."

Die drei normativen Bestandteile eines jeden Strafgesetzes lassen sich wie folgt visualisieren:

Abbildung 15 – Normative Bestandteile eines Strafgesetzes (Teil I)

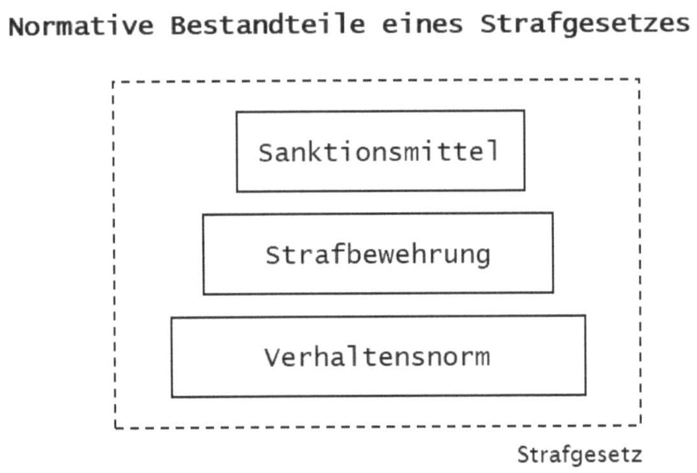

Die Pyramidenstruktur der Darstellung verdeutlicht, dass die einzelnen normativen Elemente aufeinander aufbauen. Die Verhaltensnorm ist das Fundament des Strafgesetzes. Dahinter steht ein entscheidender Gedanke:

Eine (verfassungsgemäße) Verhaltensnorm ist *notwendige*, aber nicht hinreichende Bedingung eines (verfassungsgemäßen) Strafgesetzes.[1004] Umgekehrt indiziert darum die Verfassungswidrigkeit eines Strafgesetzes noch nicht die Verfassungswidrigkeit der darin enthaltenen Verhaltensnorm in jeder denkbaren Ausprägung; eine verfassungsgemäße Verhaltensnorm kann – gleichsam als „Kern" des Strafgesetzes – fortbestehen, auch wenn der Einsatz des Strafrechts im Einzelfall verfassungsrechtlich unzulässig ist.[1005] Das hat eine wichtige Konsequenz für die praktische Verhältnismäßigkeitsprüfung. Im Ausgangspunkt ist bei dieser immer das *vollständige* Strafgesetz mit Verhaltensnorm, Strafbewehrung und Sanktionsmittel zu prüfen. Es ist aber auch möglich, die normativen Ebenen *von oben nach unten* abzuschichten. So kann ein Strafgesetz geprüft werden, bei dem das Sanktionsmittel noch nicht feststeht, also nur die normativen Elemente der Verhaltensnorm und Strafbewehrung einbezogen werden. Ebenso ist es möglich, einen Rechtssatz zu prüfen, der allein eine Verhaltensnorm enthält. Was allerdings *nicht* möglich ist, ist eine der oberen Ebenen bzw. die beiden oberen Ebenen isoliert ohne die darunterliegende(n) Ebene(n) zu prüfen. Wird dies versucht, so hängt die Prüfung gleichsam „in der Luft".[1006]

Ins Leere geht deshalb insbesondere der Ansatz *Lagodnys*, welcher die Ebene der (in seiner Terminologe) Sanktionsnorm prüft, ohne die Verhaltensnorm weiterhin einzubeziehen.[1007] Wer Verhaltens- und Sanktionsnorm streng trennt, riskiert aus den Augen zu verlieren, dass es darum geht, ein *Gesetz* in seiner konkreten Ausgestaltung zu überprüfen. So wird in der Literatur zutreffend kritisiert, dass die strikte Trennung zwischen Verhaltens- und Sanktionsnorm zu einem Denkfehler führe.[1008] Es fehle am Ende „die gedankliche Zusammenführung dessen, was [...] analytisch

1004 Vgl. BVerfG, Urt. v. 28.5.1993 – 2 BvF 2/90 u.a. (Schwangerschaftsabbruch II) = BVerfGE 88, 203, 252 ff.; *Lagodny*, Grundrechte, S. 8, 55 f.; *Appel*, Verfassung und Strafe, S. 79 f. und *Stächelin*, Strafgesetzgeber, S. 111 m.w.N.

1005 Sei es, weil das Sanktionsmittel, sei es, weil die Strafbewehrung unzulässig ausgestaltet ist – oder beide. Vgl. BVerfG, Urt. v. 28.5.1993 – 2 BvF 2/90 u.a. (Schwangerschaftsabbruch II) = BVerfGE 88, 203, 252 ff.; *Appel*, Verfassung und Strafe, S. 79 m.w.N.

1006 Zitiert nach *Hörnle*, Grob anstößiges Verhalten, S. 29 f. Hierin unterscheidet sich der Ansatz *Lagodnys*, der isoliert die Ebene der Strafbewehrung prüft. Mit dem hier befürworteten Verständnis lässt sich ein erster Erklärungsansatz dafür finden, warum seine Verhältnismäßigkeitsprüfung kein kritisches Potential entfalten konnte.

1007 Vgl. *Lagodny*, Grundrechte, S. 275 ff.

1008 *Stächelin*, Strafgesetzgebung, S. 164.

getrennt“ wurde.[1009] Das Strafrecht zeichnet sich nach zutreffender Feststellung gerade dadurch aus, dass ein dem Schutzzweck dienendes Verhalten mit dem *Mittel des Strafrechts* erzwungen werden soll.[1010] Der Gesetzgeber bedient sich des Strafrechts, um in besonders effektiver Art und Weise bestimmte Verhaltensweisen zu verhindern bzw. zu erzwingen. Die Frage, ob der Einsatz *dieses Mittels* verhältnismäßig zum verfolgten Schutzzweck ist, lässt sich nur beantworten, wenn man die Verhaltensnorm, die in dem Strafgesetz enthalten ist, mit in die Verhältnismäßigkeitsprüfung einstellt. Erforderlich ist die „Kombination der Verhaltensnorm mit einer ganz spezifischen Sanktion, nämlich der strafrechtlichen“.[1011] Es ist, wie angemerkt wird, zwar analytisch sinnvoll und hilfreich, ein Strafgesetz auf seine verschiedenen Bestandteile hin zu durchleuchten.[1012] Doch muss es für die Frage, ob ein konkretes Strafgesetz verfassungsmäßig ist oder wäre, immer um eben dieses konkrete Gesetz gehen.[1013]

Schließlich ist es nach dem hier befürworteten Ansatz möglich, strafrechtliche und außerstrafrechtliche Regulierungsalternativen zu vergleichen. So kann einerseits ein Gesetzesvorschlag geprüft werden, der nur eine Verhaltensnorm enthält; andererseits ein Gesetzesvorschlag, der eine Verhaltensnorm *und* die Strafbewehrung (sowie das Sanktionsmittel) enthält. Fallen die Ergebnisse auseinander, zeigt sich ein besonderes Erkenntnispotential der Verhältnismäßigkeitsprüfung: In welchen Fällen ist es nicht zulässig, ein Verhalten zu *kriminalisieren*, möglicherweise aber zulässig, es zu *regulieren*?[1014]

c) Grundrechtseingriffe durch Strafgesetze

Die Verhaltensnorm enthält ein grundsätzlich strafrechtsneutrales staatliches Ge- oder Verbot. Sie kann mit dem gleichen Inhalt auch in Gesetzen

1009 *Stächelin,* Strafgesetzgebung, S. 164.

1010 *Stächelin,* Strafgesetzgebung, S. 164 (Herv. d. Verf.).

1011 *Stächelin,* Strafgesetzgebung, S. 164.

1012 *Gaede,* Der Steuerbetrug, S. 307; *Hefendehl,* Kollektive Rechtsgüter, S. 90 f.

1013 *Hefendehl,* Kollektive Rechtsgüter, S. 90 f.; *Hörnle*, Grob anstößiges Verhalten, S. 27 ff.; *Stächelin,* Strafgesetzgebung, S. 164; *Sternberg-Lieben,* in: Rechtsgutstheorie, S. 67 f. (dortige Fn. 7); grundsätzlich zustimmend *Gaede,* Der Steuerbetrug, S. 307 m.w.N.

1014 *Lagodny,* Grundrechte, S. 286 ist **dagegen** der Auffassung, ein Szenario, in dem zwar Kriminalstrafe unzulässig, eine andere Art von Vorwurf aber zulässig sei, ließe sich nicht finden.

anderer Regelungsregime und Rechtsgebiete enthalten sein. Eine Verhaltensnorm kann, je nach Inhalt, alle Freiheitsrechte und die allgemeine Handlungsfreiheit gemäß Art. 2 Abs. 1 GG als Auffanggrundrecht berühren.[1015]

Die Strafbewehrung fügt zum bestehenden Verhaltensver- oder -gebot die abstrakt-generelle Rechtsfolge der Kriminalstrafe für das tatbestandsmäßige Verhalten hinzu. Es wurde oben dargelegt, dass die Kriminalstrafe sich dadurch von allen anderen staatlichen Handlungsformen unterscheidet, dass sie einen sozialethischen Tadel enthält.[1016] Die Strafbewehrung berührt aus diesem Grund stets das allgemeine Persönlichkeitsrecht aus Art. 2 Abs. 1 i.V.m. 1 Abs. 1 GG.[1017] An dieser Stelle ist darauf hinzuweisen, dass ein entscheidender Unterschied beim Ansatz *Kaspars* ist, dass er nicht schon das Strafgesetz am Maßstab des Allgemeinen Persönlichkeitsrechts gemäß Art. 2 Abs. 1, 1 Abs. 1 GG misst.

Das Sanktionsmittel basiert wiederum auf der Strafbewehrung. Auf dem Gebiet des Strafrechts können insbesondere die Freiheit der Person gemäß Art. 2 Abs. 2 Satz 2 GG (Freiheitsstrafe) und das Eigentum gemäß Art. 14 GG (Geldstrafe) beeinträchtigt sein.[1018]

Jeder normative Bestandteil eines Strafgesetzes berührt unterschiedliche Grundrechte. Diese charakteristische Kumulation von Grundrechtseingriffen durch ein *einzelnes Strafgesetz* bekräftigt die obige Forderung, die Verhältnismäßigkeitsprüfung eines Strafgesetzes von erhöhten Anforderungen abhängig zu machen.[1019]

d) Kongruenter Normzweck von Strafgesetzen

Für die spätere Verhältnismäßigkeitsprüfung ist der Zweck, den das zu prüfende Strafgesetz verfolgt, von überragender Bedeutung. Er ist Dreh-

---

1015 *Gaede*, Der Steuerbetrug, S. 305; *Lagodny*, Grundrechte, S. 89 ff.

1016 Siehe m.w.N. erneut 1.d)bb) Sonderrolle der Kriminalstrafe.

1017 *Gaede*, Der Steuerbetrug, S. 339 ff. An dieser Stelle ist darauf hinzuweisen, dass ein entscheidender Unterschied beim Ansatz Kaspars ist, dass er nicht schon das Strafgesetz am Maßstab des Allgemeinen Persönlichkeitsrechts gem. Art. 2 Abs. 1, 1 Abs. 1 GG misst, *Kaspar*, Präventionsstrafrecht, S. 351 ff., 370, 446 f., 622. Er sieht einen solchen Eingriff erst im Schuldspruch, nicht aber in der abstrakt-generellen Strafnorm, *Kaspar*, Präventionsstrafrecht, S. 621 ff.; dazu schon oben 1.d)bb) Sonderrolle der Kriminalstrafe und Fn. 963.

1018 *Gaede*, Der Steuerbetrug, S. 306 f.

1019 Siehe erneut 1.d)bb) Sonderrolle der Kriminalstrafe.

und Angelpunkt der Verhältnismäßigkeitsprüfung einer zu prüfenden Norm.[1020]

Teilweise wird in der Literatur nicht nur die analytische Trennung in (mindestens) Verhaltens- und Sanktionsnorm befürwortet, sondern werden diesen Normbestandteilen auch divergierende Normzwecke zugeordnet. So dienen strafrechtliche Sanktionsnormen nach dem Verständnis *Appels* nicht dem gleichen Zweck wie die Verhaltensnorm, sondern dazu, die *Geltung der Verhaltensnorm* zu sichern.[1021] Er ergänzt zwar, daraus ergebe sich auch, dass die Sanktionsnorm gleichzeitig dem Zweck der jeweiligen Verhaltensnorm dienen müsse.[1022] In der konkreten Verhältnismäßigkeitsprüfung greift *Appel* diesen Gedanken aber nicht mehr auf. Als Normzweck setzt er dort lediglich an, das „Verhältnis des Normbrechers" zur Norm wiederherzustellen (sog. Normrehabilitierung).[1023] Diesem formalen Verständnis kann nicht gefolgt werden. Der Zweck einer (in der dortigen Terminologie) Sanktionsnorm darf sich nicht darin erschöpfen, Verstöße gegen eine formale Verhaltensnorm zu verhindern.[1024] Die analytische Trennung eines Strafgesetzes in Verhaltens- und Sanktionsnorm spielt hinsichtlich des Zwecks nach zutreffender Ansicht keine Rolle.[1025] Strafgesetze dienen vielmehr *einheitlich* dem Schutz von *Rechtspositionen*.[1026] Der Zweck von Strafbewehrung und Sanktionsmittel ist der *gleiche* wie derjenige der Verhaltensnorm. Der Zweck bleibt, nur das Mittel, ihn zu erreichen, ändert sich.[1027]

Auch *Lagodny* tritt für divergierende Normzwecke ein. Zwar ist ihm noch darin zuzustimmen, dass die Strafbewehrung ein *zusätzliches* Mittel

---

1020 Siehe näher unten 3.a) Legitimer Zweck; vgl. etwa *Lagodny*, Grundrechte, S. 138; *Stächelin*, Strafgesetzgebung, S. 119.

1021 *Appel*, Verfassung und Strafe, S. 440 f.

1022 *Appel*, Verfassung und Strafe, S. 442.

1023 *Appel*, Verfassung und Strafe, S. 574.

1024 *Gaede*, Der Steuerbetrug, S. 338 ff., 399.

1025 *Stächelin*, Strafgesetzgebung, S. 120 f.; tendenziell *Gaede*, Der Steuerbetrug, S. 307 (m.w.N. in dortiger Fn. 30).

1026 *Stächelin*, Strafgesetzgebung, S. 120.

1027 So wird auch von vornherein die Vergleichbarkeit zwischen strafrechtlichen und anderen öffentlich-rechtlichen Regelungsinstrumenten sichergestellt. Wegen inkongruenter Normzwecke bei Verhaltens- und Sanktionsnorm muss *Appel*, Verfassung und Strafe, S. 580 f. dagegen zu dem unbefriedigenden Ergebnis kommen, dass „die strafrechtliche Primärsanktion [...] mit anderen Schutzinstrumenten strukturell nicht vergleichbar," gar „inkommensurabel" ist.

ist, um eine Verhaltensvorschrift durchzusetzen.[1028] Zutreffend ist auch, dass sich daraus ergibt, dass dieses Mittel *besonderer* Legitimation bedarf und an einem *schärferen Maßstab* zu messen ist.[1029] *Lagodny* gerät diese zentrale Einsicht allerdings aus dem Blick, weil er auf der Ebene des Normzwecks zusätzlich zum Güterschutz die *Strafzwecke* einordnet.[1030] Die Kriminalstrafe werde eingesetzt, um *zwei Zwecke* zu verfolgen, nämlich den Güterschutz *und* die Strafzwecke.[1031] Das überzeugt nicht. Es bringt die gesamte Verhältnismäßigkeitsprüfung ins Ungleichgewicht.[1032] Zutreffend ist es, als Normzweck auch der Strafbewehrung weiterhin *allein* den Güterschutz zu betrachten, der (insoweit ist *Lagodny* beizupflichten) mit dem *Mittel* des Strafrechts verfolgt wird. Die Strafzwecke gehören nicht in den legitimen Zweck. Sie sind vielmehr ein weiteres, ausdifferenziert diskutiertes *Mittel*, um den Normzweck zu erreichen und gehören auf andere Prüfungsstufen der Verhältnismäßigkeitsprüfung.[1033] Das Auseinanderfallen der Zwecke von Verhaltens- und Sanktionsvorschrift führt unweigerlich (in den Worten *Lagodnys* selbst) zu einem „empirischen Patt“ und hindert die Verhältnismäßigkeitsprüfung der Sanktionsvorschrift daran, eine kritische Potenz zu entfalten.[1034]

Es bleibt festzuhalten, dass der Normzweck eines Strafgesetzes ein einheitlicher sein muss. Er divergiert nicht nach den einzelnen normativen Bestandteilen eines Gesetzes. Damit ist nicht gesagt, dass ein Strafgesetz nicht *mehrere* Schutzzwecke zugleich verfolgen kann. Diese müssen allerdings für jeden normativen Bestandteil, und damit das Strafgesetz insgesamt, kongruent sein.

1028 Vgl. *Lagodny*, Grundrechte, S. 290 f. m.w.N.

1029 *Lagodny*, Grundrechte, S. 291 f.

1030 *Lagodny*, Grundrechte, S. 291.

1031 *Lagodny*, Grundrechte, S. 291.

1032 Bezeichnend *Lagodny*, Grundrechte, S. 317 a.E.

1033 *Insoweit* zutreffend *Appel*, Verfassung und Strafe, S. 442 f.; **a.A.** *Lagodny*, Grundrechte, S. 292 f.

1034 Vgl. *Lagodny*, Grundrechte, S. 317 f.; vgl. mit dieser Kritik schon *Hörnle*, Grob anstößiges Verhalten, S. 28 ff.

e) Zusammenfassung

Die Aufspaltung eines Strafgesetzes in seine normativen Bestandteile ist grundsätzlich sinnvoll.[1035] Zu unterscheiden ist zwischen der Verhaltensnorm, der Strafbewehrung und dem Sanktionsmittel. Gleichwohl muss das, was zunächst analytisch getrennt wird, für die strafverfassungsrechtliche Verhältnismäßigkeitsprüfung wieder zusammengeführt werden. Eine strikt getrennte Verhältnismäßigkeitsprüfung der normativen Bestandteile eines Strafgesetzes führt ins Leere.[1036] Soll ein *Straf*gesetz verfassungsrechtlich überprüft werden, sind mindestens die normativen Bestandteile der Verhaltensnorm und der Strafbewehrung gemeinsam zu prüfen.

Jeder normative Bestandteil eines Strafgesetzes berührt andere Grundrechte. Dies führt dazu, dass, sobald man diese Bestandteile wieder zusammendenkt, ein Strafgesetz gleichsam auf einen Schlag in mehrere Grundrechte eingreift. Dies ist zu bedenken, wenn geprüft wird, ob ein Strafgesetz verfassungsrechtlich gerechtfertigt werden kann.[1037] Es führt in jedem Fall zu einem qualifizierten Prüfungsmaßstab. Eine Verhältnismäßigkeitsprüfung, die dies übersieht, kann kein dem Strafrecht angemessenes kritisches Potential entfalten.[1038]

Schließlich ist der Zweck eines Strafgesetzes einheitlich zu bestimmen. Er unterscheidet sich nicht nach den verschiedenen normativen Bestandteilen dieses Gesetzes. Eine Verhältnismäßigkeitsprüfung, die unterschied-

---

1035 Vgl. *Gaede*, Der Steuerbetrug, S. 305; *Hefendehl*, Kollektive Rechtsgüter, S. 89 zu den „analytischen und begriffslogischen“ Vorzügen.

1036 Die Herangehensweise *Lagodnys*, Grundrechte, krankt an dieser strikten Trennung.

1037 Dazu näher unten Eingriff.

1038 Hierin liegt ein wichtiger Unterschied zwischen der hier vertretenen Ansicht und dem Ansatz von *Kaspar*, Präventionsstrafrecht.

liche Zwecke einstellt, gerät aus dem Gleichgewicht.[1039] Die folgende Darstellung fasst das hier vorgeschlagene Modell zusammen:

Abbildung 16 – Normative Bestandteile eines Strafgesetzes (Teil II)

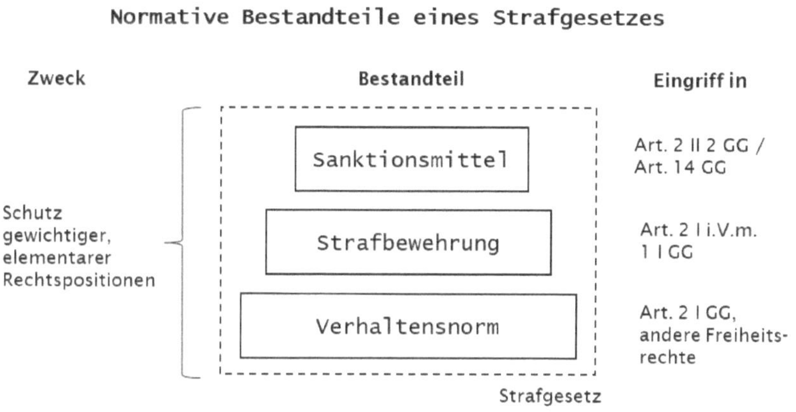

3. Verhältnismäßigkeit eines Strafgesetzes

Es wurde dargelegt, dass zwingende Kriminalisierungsschranken sich nur aus der Verfassung und dort insbesondere aus dem Verhältnismäßigkeitsprinzip ableiten lassen. Es wurde ferner erläutert, dass die Verhältnismäßigkeitsprüfung von Strafgesetzen anhand eines qualifizierten Maßstabs zu erfolgen hat. Anschließend wurde geklärt, dass – soweit die abstrakt-generelle Ebene der Gesetzgebung betroffen ist – eine solche Verhältnismäßigkeitsprüfung stets ein Strafgesetz zum Gegenstand haben muss, das mindestens eine Verhaltensnorm und Strafbewehrung enthält. Nun ist zu erarbeiten, wie genau die qualifizierten Anforderungen einer im Strafrecht angereicherten Verhältnismäßigkeitsprüfung lauten. Der Auf-

1039 Dies ist beim Ansatz *Lagodnys,* Grundrechte festzustellen; *Appel,* Verfassung und Strafe, stellt bei der Prüfung der (nach dortiger Terminologie) Sanktionsnorm einen anderen und damit inkongruenten Zweck ein, nämlich denjenigen der Normrehabilitierung; vgl. zur Inzestentscheidung des BVerfG schon *Gaede,* Der Steuerbetrug, S. 317: „durch […] Addition disparater […] Zwecke paralysiert."

bau folgt grundsätzlich dem einer „schulmäßigen“ Verhältnismäßigkeitsprüfung.[1040]

a) Legitimer Zweck

Die potentielle Regulierung muss einen legitimen Zweck verfolgen.[1041] Grundsätzlich ist aus Sicht des förmlichen Gesetzgebers jeder Zweck als legitim anzuerkennen, der nicht selbst im Widerspruch zu den Wertungen des Grundgesetzes steht.[1042]

Bereits die Prüfungsstufe des legitimen Zwecks bietet einen ersten Ansatzpunkt, um die Sonderrolle der Kriminalstrafe in die Verhältnismäßigkeitsprüfung einzubeziehen. Angesichts der besonderen Eingriffsintensität der Kriminalstrafe sollte hier nicht mehr jeder beliebige Zweck genügen. In der Rechtsprechung des BVerfG und der Literatur findet sich bereits eine Formulierung, welche die genannten Besonderheiten aufgreift. Danach dürfen Strafnormen allein dem Schutz gewichtiger, elementarer Rechtspositionen dienen.[1043] Absehbar ist die Kritik, dass es sich bei diesem Vorschlag materiell lediglich um eine Neuauflage (einer Spielart) des Rechtsgutsbegriffs handle. Nach der oben geäußerten Kritik am Rechtsgutsbegriff könnte dies als inkonsequent bezeichnet werden. Dem wäre zunächst zu entgegnen, dass es zuvor um die separate Frage ging, ob der Rechtsgutsbegriff für sich genommen als verbindliche Kriminalisierungsschranke taugt. Dies ist verworfen worden. Davon abgesehen spricht aber

1040 Vgl. *Kaspar*, Präventionsstrafrecht, S. 52.

1041 Siehe nur BVerfG, Beschl. v. 16.3.1971 – 1 BvR 52/66 u.a. = BVerfGE 30, 292, 316, 317 f.; BVerfG, Urt. v. 15.01.2002 – 1 BvR 1783/99 = BVerfGE 104, 337, 347; BVerfG, Urt. v. 20.4.2016 – 1 BvR 966/09, 1 BvR 1140/09 = BVerfGE 141, 220, 265; *Sachs*, in: Sachs, Art. 20 Rn. 149.

1042 Vgl. etwa BVerfG, Urt. v. 17.12.2014 – 1 BvL 21/12 = BVerfGE 138, 136, 188 f.; BVerfG, Beschl. v. 27.1.2015 – 1 BvR 471/10, 1 BvR 1181/10 = BVerfGE 138, 296, 333 ff.; *Sachs*, in: Sachs, Art. 20 Rn. 149; *Sommermann*, in: v. Mangoldt/Klein/Starck, Art. 20 GG Rn. 314.

1043 *Gaede*, Der Steuerbetrug, S. 399 f.; **anders** – als Bestandteil der Erforderlichkeit – einordnend, aber in der Sache ebenso BVerfG, Beschl. v. 9.3.1994 – 2 BvL 43/92 u.a. (Cannabis) = BVerfGE 90, 145, 201 f. – Sondervotum *Graßhof*; BVerfG, Beschl. v. 26.2.2008 – 2 BvR 392/07 (Inzest) = BVerfGE 120, 224, 256 – Sondervotum *Hassemer*; vgl. auch früh BVerfG, Urt. v. 21.06.1977 – 1 BvL 14/76 = BVerfGE 45, 187, 253: „[Das Bundesverfassungsgericht] hat als allgemeine Aufgabe des Strafrechts bezeichnet, die elementaren Werte des Gemeinschaftslebens zu schützen.“

eine Reihe von Argumenten dafür, eine Formulierung zu wählen, die mit dem hergebrachten Rechtsgutsbegriff materiell verwandt ist:

So kann der materielle Gehalt dessen, was unter dem Schlagwort des Rechtsguts seit langem diskutiert wird, aufgegriffen werden, ohne einzelnen Begrifflichkeiten oder Definitionen den Vorzug zu geben.[1044] In diesem Zusammenhang kann man sich fragen, ob *Hassemer* im Urteil zum Inzestverbot nicht mit einer inhaltsgleichen Argumentation eher eine Senatsmehrheit hätte überzeugen können, wenn er darauf verzichtet hätte, seine Argumentation immer wieder anhand des *Begriffs* des Rechtsguts zu entfalten.[1045] In wirklich problembehafteten Fällen kann auf die umfassende, bereits geleistete rechtsphilosophische und dogmatische Vorarbeit zurückgegriffen werden, ohne daraus einen Absolutheitsanspruch ableiten zu müssen.[1046] Eine gewisse normativ-argumentative Offenheit setzt ein verfassungsrechtlicher Prüfungsmaßstab ohnehin voraus. Zugleich können so die Probleme umschifft werden, die beim deduktiven Gebrauch des Rechtsgutsbegriffs entstehen.[1047]

Die hier geteilte Auffassung von einer „[hohen] [praktischen] Bedeutung der systemimmanenten Rechtsgutslehre“[1048] konfligiert nicht mit der Aussage des BVerfG, dass sich der systemimmanente Rechtsgutsbegriff „darauf [reduziert], die *ratio legis* der jeweiligen Strafnorm auszudrücken.“[1049] Bei der Frage nach einer zwingenden Kriminalisierungsschranke mochte dies noch als starkes Argument gegen den Rechtsgutsbegriff angeführt werden. Innerhalb der Verhältnismäßigkeitsprüfung drängt sich aber ein anderes Ergebnis auf. Hier reicht es aus, wenn man unter einem Rechtsgut nicht mehr versteht als ein „verkürzendes Schlagwort für die dahin-

---

1044 Vgl. *Gaede,* Der Steuerbetrug, S. 335 ff.

1045 Vgl. BVerfG, Beschl. v. 26.2.2008 – 2 BvR 392/07 (Inzest) = BVerfGE 120, 224, 255 ff. – Sondervotum *Hassemer.* Vgl. schon *Gaede*, Der Steuerbetrug, S. 346 f.: „unrealistische Maximalforderungen“ nach verfassungsexternen Kriminalisierungsschranken gerade Grund für defizitäre verfassungsrechtliche Kontrolle; vgl. *Gärditz,* JZ 2016, 641 ff.; *Jahn/Brodowski*, JZ 2016, 969, 973; zu dem Umstand, dass sich inhaltlich Gleiches wohl meist auch ohne den Begriff „Rechtsgut“ ausführen ließe *Hörnle,* Grob anstößiges Verhalten, S. 19.

1046 Vgl. *Gaede,* Der Steuerbetrug, S. 336 ff.

1047 Dazu, dass es mit der Methode „Definition des Rechtsgutsbegriffs – Subsumtion des schützenswerten Zustandes unter diesen – Entscheidung der Legitimationsfrage“ unmöglich ist, „eine systemkritische Analyse durchzuführen“, *Hörnle*, Grob anstößiges Verhalten, S. 17.

1048 *Gaede*, Der Steuerbetrug, S. 336; **a.A.** *Stuckenberg*, ZStW 129 (2017), 349, 356 ff.

1049 Vgl. BVerfG, Beschl. v. 26.2.2008 – 2 BvR 392/07 (Inzest) = BVerfGE 120, 224, 241 f.

terstehenden Überlegungen," welches dazu beiträgt, das Rechtsgespräch einfacher und klarer zu gestalten.[1050] Schon dieses Mehr an Klarheit ist wünschenswert, wenn nach einem legitimen Schutzzweck gesucht wird. Selbst wenn man im Rechtsgutsbegriff lediglich eine pointierte Formulierung des Gesetzeszweckes erblicken wollte („Abbreviatur des Zweckgedankens"[1051]), so zwingt der Begriff doch immerhin dazu, einen klar umrissenen Normzweck zu formulieren. Andersherum lässt sich sagen: Wer nicht einmal ein Rechtsgut formulieren kann, kann kaum ein klares Schutzziel verfolgen.

Kurzum ist der hier vorgeschlagene legitime Zweck tatsächlich „in der Sache nicht wirklich etwas anderes"[1052] als der systemimmanente Rechtsgutsbegriff. Insofern ist etwa *Kaspar* darin zuzustimmen, dass „die Verhältnismäßigkeitsprüfung ohnehin die Fragestellung der Rechtsgutstheorie enthält und das eigentliche Problem (jenseits der verwendeten Terminologie) die inhaltlichen Maßstäbe [...] sind."[1053] Auch nach hier vertretener Auffassung sind Rechtsgutstheorie und Verhältnismäßigkeitsprüfung nicht inkompatibel.[1054] Strafrecht kann vielmehr zutreffend als „verhältnismäßiger Rechtsgüterschutz" bezeichnet werden.[1055] Zugleich wird auf den *Begriff* des Rechtsguts weitgehend verzichtet, um eingeschliffene interdisziplinäre Vorbehalte von vornherein zu minimieren. Stattdessen wird vom „Schutz gewichtiger, elementarer Rechtspositionen" gesprochen.[1056]

Abschließend ist darauf hinzuweisen, dass der Gesetzeszweck möglichst präzise festzulegen ist, weil er die anschließende Verhältnismäßigkeitsprüfung entscheidend vorzeichnet:[1057]

1050 *Hörnle*, Grob anstößiges Verhalten, S. 20 f. m.w.N.

1051 *Kaspar*, Präventionsstrafrecht, S. 196 ff.

1052 *Kaspar*, Präventionsstrafrecht, 446 m.w.N.

1053 *Kaspar*, Präventionsstrafrecht, S. 446; **a.A.** *Stuckenberg*, ZStW 129 (2017), 349, 356 ff.

1054 *Greco*, in: Strafrecht und Verfassung, S. 21 m.w.N.; *Hefendehl*, JA 2011, 401, 403 ff.; *Stächelin*, Strafgesetzgebung, S. 163 f.; **a.A.** *Lagodny*, Grundrechte, S. 427 f.

1055 *Kaspar*, Präventionsstrafrecht, S. 241 ff.; vgl. auch schon *Hefendehl*, JA 2011, 401, 404 ff.; **a.A.** *Stuckenberg*, ZStW 129 (2017), 349, 356 ff.

1056 Anders wird dies explizit nur bei der Auswertung bereits anerkannter, systemimmanenter Rechtsgüter gehandhabt, vgl. dazu unten B.I.1.c)aa)(2) Analyse anerkannter Strafrechtsgüter.

1057 Vgl. *Hefendehl*, Kollektive Rechtsgüter, S. 27 ff., 379; *Kaspar*, Präventionsstrafrecht, S. 116 f. m.w.N.; *Sommermann*, in: v. Mangoldt/Klein/Starck, Art. 20 GG Rn. 314; *Stächelin*, Strafgesetzgebung, S. 119 ff.

> „Was geeignet, erforderlich und angemessen ist, steht in unaufhebbarer Beziehung zu dem, was mit welchen Mitteln erreicht werden soll. Der Zweck einer Norm ist notwendiger Bezugspunkt ihres Maßes, und das Maß ändert sich mit dem Zweck.“[1058]

Zudem ist daran zu erinnern, dass ein Strafgesetz auch nach dem hiesigen Ansatz mehrere Schutzgüter zugleich verfolgen kann, solange diese einander nicht widersprechen.[1059]

b) Geeignetheit

Die potentielle Regelung muss geeignet sein.[1060] Im Allgemeinen ist ein Gesetz geeignet, wenn mit seiner Hilfe der erstrebte Erfolg gefördert werden kann.[1061] Es reicht aus, wenn die Förderung des Gesetzeszwecks möglich erscheint.[1062] Dabei steht dem Gesetzgeber grundsätzlich ein weiter Gestaltungs-, Beurteilungs- und Prognosespielraum zu.[1063]

Auch insoweit sind im Strafrecht erhöhte Anforderungen zu stellen.[1064] Mit der abweichenden Meinung des Richters *Hassemer* im sog. Inzest-Urteil ist zu fragen, ob der strafrechtliche Normappell die Normadressaten

---

1058 BVerfG, Beschl. v. 26.2.2008 – 2 BvR 392/07 (Inzest) = BVerfGE 120, 224, 257 – Sondervotum *Hassemer*; vgl. *Gaede*, Der Steuerbetrug, S. 344; vgl. *Lagodny*, Grundrechte, S. 536.

1059 Siehe schon oben 2.d) Kongruenter Normzweck von Strafgesetzen.

1060 Vgl. BVerfG, Beschl. v. 26.2.2008 – 2 BvR 392/07 (Inzest) = BVerfGE 120, 224, 240; BVerfG, Urt. v. 20.4.2016 – 1 BvR 966/09, 1 BvR 1140/09 = BVerfGE 141, 220, 265; *Sachs*, in: Sachs, Art. 20 Rn. 149 f.; *Sommermann*, in: v. Mangoldt/Klein/Starck, Art. 20 GG Rn. 314.

1061 BVerfG, Beschl. v. 9.3.1994 – 2 BvL 43/92 u.a. (Cannabis) = BVerfGE 90, 145, 172 m.w.N.; BVerfG, Beschl. v. 26.2.2008 – 2 BvR 392/07 (Inzest) = BVerfGE 120, 224, 240; *Sachs*, in: *Sachs*, Art. 20 Rn. 150; *Sommermann*, in: v. Mangoldt/Klein/Starck, Art. 20 GG Rn. 314.

1062 BVerfG, Beschl. v. 26.2.2008 – 2 BvR 392/07 (Inzest) = BVerfGE 120, 224, 240; vgl. *Gaede*, Der Steuerbetrug, S. 400; vgl. *Kaspar*, Präventionsstrafrecht, S. 125 f. m.w.N.

1063 BVerfG, Beschl. v. 26.2.2008 – 2 BvR 392/07 (Inzest) = BVerfGE 120, 224, 239 f.; BVerfG, Urt. v. 30.7.2008 – 1 BvR 3262/07 u.a. = BVerfGE 121, 317, 350; BVerfG, Beschl. v. 8.6.2010 – 1 BvR 2011/07, 1 BvR 2959/07 = BVerfGE 126, 112, 141; BVerfG, Beschl. v. 7.3.2017 – 1 BvR 1694/13 u.a. = NVwZ 2017, 1111, 1118; aus jüngster Zeit konkret zum Strafrecht BVerfG, Beschl. v. 5.8.2020 – 2 BvR 1985/19, 21986/19 (Pressemitteilung Nr. 75/2020 v. 18.8.2020); *Sachs*, in: Sachs, Art. 20 Rn. 149, 151.

1064 **A.A.** *Lagodny*, Grundrechte, S. 178.

überhaupt erreichen kann.[1065] Zwar ist die tragende verfassungsgerichtliche Rechtsprechung im Ausgangspunkt anschlussfähig, nach der nicht verlangt werden könne, dass eine generalpräventive Wirkung in „allen Lebensbereichen“ nachweisbar sei.[1066] Wohl aber darf und muss man fordern, dass die Vorschrift die Normadressaten in *den Lebensbereichen*, die sie gerade regulieren soll, erreichen kann.[1067]

Darüber hinaus ist der Gestaltungs-, Beurteilungs- und Prognosespielraum des Gesetzgebers dadurch zu reduzieren, dass ihm qualifizierte Darlegungslasten auferlegt werden. Diese werden unten ausführlich besprochen.[1068]

c) Erforderlichkeit

Die Regelung muss erforderlich sein.[1069] Nach allgemeinen Regeln ist ein Gesetz erforderlich, wenn kein milderes, gleich geeignetes Mittel zur Verfügung steht, um den verfolgten Zweck zu erreichen.[1070]

Dieser Grundsatz ist für die strafrechtliche Verhältnismäßigkeitsprüfung anzureichern. Erstens ist das *„ultima ratio“*-Prinzip zu betonen (aa). Dieses ist, zweitens, um die Kriterien der besonderen Sozialschädlichkeit und des dringlichen Schutzes zu ergänzen (bb). Drittens ist zu reflektieren, welche „anderen Mittel“ in den Vergleich einzustellen sind (cc) und welche Besonderheiten sich für abstrakte Gefährdungsdelikte ergeben (dd).

1065 BVerfG, Beschl. v. 26.2.2008 – 2 BvR 392/07 (Inzest) = BVerfGE 120, 224, 266 – Sondervotum *Hassemer.*

1066 BVerfG, Beschl. v. 26.2.2008 – 2 BvR 392/07 (Inzest) = BVerfGE 120, 224, 249.

1067 Dabei wird deutlich, warum es entscheidend ist, schon den Gesetzeszweck so präzise wie möglich zu bestimmen.

1068 Siehe unten 4 Prozedurale Anforderungen.

1069 BVerfG, Beschl. v. 9.3.1994 – 2 BvL 43/92 u.a. (Cannabis) = BVerfGE 90, 145, 172; BVerfG, Urt. v. 20.4.2016 – 1 BvR 966/09 u.a. = BVerfGE 141, 220, 265; *Sachs,* in: Sachs, Art. 20 Rn. 152; *Sommermann,* in: v. Mangoldt/Klein/Starck, Art. 20 GG Rn. 314.

1070 BVerfG, Beschl. v. 9.3.1994 – 2 BvL 43/92 u.a. (Cannabis) = BVerfGE 90, 145, 172 m.w.N.; BVerfG, Beschl. v. 29.6.2016 – 1 BvR 1015/15 = BVerfGE 142, 268, 289; BVerfG, Beschl. v. 12.1.2016 – 1 BvR 3102/13 = BVerfGE 141, 121, 139; *Sachs,* in: Sachs, Art. 20 Rn. 152; *Sommermann,* in: v. Mangoldt/Klein/Starck, Art. 20 GG Rn. 314.

aa) Ultima ratio-Prinzip

Das *ultima ratio*-Prinzip besagt, dass Kriminalstrafe wegen ihrer besonderen Eingriffsintensität das letzte Mittel im Instrumentarium des Gesetzgebers sein sollte.[1071] In Forschung und Lehre ist es von großer Strahlkraft, praktisch aber bisher weitgehend wirkungslos geblieben.[1072] Das Prinzip geht zurück auf das erste Urteil des BVerfG zum Schwangerschaftsabbruch,[1073] in dem das Gericht erklärt hat, dass der Gesetzgeber aufgrund des „das ganze öffentliche Recht einschließlich des Verfassungsrechts beherrschenden rechtsstaatlichen [Prinzips] der Verhältnismäßigkeit" vom Strafrecht als letztem Mittel „nur behutsam und zurückhaltend Gebrauch machen" dürfe.[1074] Das Prinzip kommt auch später in der verfassungsrechtlichen Rechtsprechung wiederholt zur Sprache.[1075] Gleichwohl ist es bislang nicht entscheidungserheblich geworden.[1076] In den späteren Entscheidungen zu Cannabis- und Inzestverbot wird das Prinzip nur noch in den Minderheitsvoten der Richter *Graßhof* bzw. *Hassemer* ernsthaft in Anschlag gebracht.[1077]

1071 M.w.N. aus jüngerer Zeit *Jahn/Brodowski*, JZ 2016, 969 (dortige Fn. 1).

1072 Süffisant, aber in der Sache zutreffend *Gärditz*, JZ 2016, 641 m.w.N.; nur hinsichtlich der wissenschaftlichen Bedeutung gleichsinnig *Jahn/Brodowski*, JZ 2016, 969.

1073 BVerfG, Urt. v. 25.22.1975 – 1 BvF 1/74 u.a. (Schwangerschaftsabbruch I) = BVerfGE 39, 1; vgl. *Gärditz*, JZ 2016, 641, 643.

1074 BVerfG, Urt. v. 25.22.1975 – 1 BvF 1/74 u.a. (Schwangerschaftsabbruch I) = BVerfGE 39, 1, 46 f. Es trifft zwar zu, dass das BVerfG an dieser Stelle insgesamt nicht aus einer kriminalisierungskritischen Perspektive heraus argumentiert, vgl. *Gärditz*, JZ 2016, 641, 643. Trotzdem lässt sich, anders als *Gärditz* meint, der konkreten Textstelle sehr wohl der „Ultima-Ratio"-Gedanke entnehmen, wie der zitierte Wortlaut zeigt.

1075 BVerfG, Urt. v. 28.5.1993 – 2 BvF 2/90 u.a. (Schwangerschaftsabbruch II) = BVerfGE 88, 203, 257 f.; detailliert zur Entwicklung des Prinzip in der verfassungsgerichtlichen Rechtsprechung *Gärditz*, JZ 2016, 641, 642 ff.

1076 Siehe jeweils m.w.N. nur *Gärditz*, JZ 2016, 641, 643; *Jahn/Brodowski*, JZ 2016, 969, 971.

1077 Vgl. BVerfG, Beschl. v. 9.3.1994 – 2 BvL 43/92 u.a. = BVerfGE 90, 145, 201 f. – Sondervotum *Graßhof*; BVerfG, Beschl. v. 26.2.2008 – 2 BvR 392/07 (Inzest) = BVerfGE 120, 224, 256 – Sondervotum *Hassemer*. In der Inzestentscheidung erwähnt die Senatsmehrheit das Prinzip immerhin, relativiert sein kritisches Potential aber sogleich durch Eröffnung eines umfassenden gesetzgeberischen Gestaltungsspielraums, vgl. BVerfGE 88, 203, 239 f.; vgl. *Appel*, Verfassung und Strafe, S. 143.

Heute kann man das *ultima ratio*-Prinzip eher als kriminalpolitische Leitlinie denn als kritischen Prüfungsmaßstab ansehen.[1078] In dieser programmatischen Funktion gehört es allerdings an den Beginn der Erforderlichkeitsprüfung von Strafnormen.[1079] Es ist, wie sogleich gezeigt wird, durch die Kriterien der besonderen Sozialschädlichkeit und des dringlichen Schutzes anzureichern.

bb) Besondere Sozialschädlichkeit und dringlicher Schutz

Ausgehend vom *ultima ratio*-Prinzip hat das BVerfG im zweiten Urteil zum Schwangerschaftsabbruch formuliert, dass der Einsatz des Strafrechts nur erforderlich sei,

> „wenn ein bestimmtes Verhalten über sein Verbotensein hinaus in besonderer Weise sozialschädlich und für das geordnete Zusammenleben der Menschen unerträglich, seine Verhinderung daher besonders dringlich ist."[1080]

Es ist diese Formulierung, die den Kern der strafrechtsspezifischen Erforderlichkeitsprüfung ausmacht.[1081] Teilweise wird die Formulierung auch als eigentlicher „materieller Gehalt" des *ultima ratio*-Prinzips verstanden.[1082] Es ist aber trennschärfer sie als separates Element zu begreifen, das neben dem *ultima ratio*-Prinzip steht.[1083] Das in diesem Maßstab enthaltene Element der besonderen Sozialschädlichkeit findet seine Entsprechung im *pressing social need* in der Rechtsprechung des EGMR.[1084]

1078 *Appel*, Verfassung und Strafe, S. 141; *Gaede*, Der Steuerbetrug, S. 341 f.; *Gärditz*, JZ 2016, 641, 644; *Hörnle*, Grob anstößiges Verhalten, S. 27 ff.; tendenziell auch *Prittwitz*, ZStW 129 (2017), 390, 393 ff.; **a.A.** *Jahn/Brodowski*, JZ 2016, 969, 971 und *passim*; *Jahn/Brodowski*, ZStW 129 (2017), 363, 366 ff. und *passim*.

1079 **Anders** *Greco*, in: Strafrecht und Verfassung, S. 23: *ultima ratio*-Prinzip sei mit Erforderlichkeitsprüfung identisch.

1080 BVerfG, Urt. v. 28.5.1993 – 2 BvF 2/90 u.a. (Schwangerschaftsabbruch II) = BVerfGE 88, 203, 257 f.; BVerfG, Beschl. v. 9.3.1994 – 2 BvL 43/92 u.a. (Cannabis) = BVerfGE 90, 145, 201 f. – Sondervotum *Graßhof*; BVerfG, Beschl. v. 26.2.2008 – 2 BvR 392/07 (Inzest) = BVerfGE 120, 224, 256 – Sondervotum *Hassemer*.

1081 Im Anschluss an *Gaede*, Der Steuerbetrug, S. 342 ff.

1082 *Appel*, Verfassung und Strafe, S. 141; *Gärditz*, JZ 2016, 641 ff.

1083 *Gaede*, Der Steuerbetrug, S. 342.

1084 *Gaede*, Der Steuerbetrug, S. 342 f. m.w.N.

Diese Formel wird für ihre begriffliche Unschärfe kritisiert.[1085] Diesen Befund scheint ihre geringe Bedeutung in der verfassungsgerichtlichen Praxis zu stützen.[1086] Der Kritik kann jedoch nicht gefolgt werden. Einerseits blendet sie aus, dass die verfassungs*gerichtliche* Praxis und das verfassungs*rechtlich* Gebotene auseinanderfallen können.[1087] Andererseits lässt sie außer Acht, dass dieser verfassungsrechtliche Maßstab „notwendig konkretisierungsbedürftig und zukunftsoffen" ist.[1088] Darin liegt jedenfalls dann keine Schwäche, wenn seine kritischen Potentiale tatsächlich durch den Gesetzgeber beachtet und nötigenfalls durch das BVerfG aktiviert werden.[1089]

cc) Vergleichsobjekte, Vergleichsperspektive und „Strafrecht als milderes Mittel?"

Es ist zu überlegen, welche anderen hoheitlichen Maßnahmen als potentiell gleich geeignete, aber mildere Mittel zu berücksichtigen sind. Naheliegend ist es, verwaltungsrechtliche und zivilrechtliche Regelungen als qualitative Alternativen zur Kriminalstrafe in Betracht zu ziehen.[1090] Diese können aus verschiedenen Gründen eine mildere Alternative darstellen. Sie können etwa andere Grundrechte berühren, in betroffene Grundrechte weniger intensiv eingreifen, zahlenmäßig weniger Grundrechte betreffen oder in die Grundrechte eines kleineren Adressatenkreises eingreifen.[1091] Aber auch andere *strafrechtliche* Regulierungsoptionen sind zu erwägen.[1092] Die Eingriffsintensität einer strafrechtlichen Regelung kann je nach Deliktscharakter, der konkreten Tatbestandsformulierung oder dem angedrohten Strafrahmen variieren.[1093] Dass sich ferner Vorschriften über die Einstellung des Strafverfahrens oder das Absehen von Strafe auf die Ein-

---

1085 *Gärditz*, JZ 2016, 641, 643.

1086 *Hefendehl*, Kollektive Rechtsgüter, S. 83 ff.; diese Kritik vorwegnehmend *Gaede*, Der Steuerbetrug, S. 333.

1087 *Gaede*, Der Steuerbetrug, S. 333.

1088 *Gaede*, Der Steuerbetrug, S. 343, s. auch 345 ff.

1089 *Gaede*, Der Steuerbetrug, S. 343 f.

1090 Vgl. z.B. *Gaede*, Der Steuerbetrug, S. 401 ff.; *Jahn/Brodowski*, JZ 2016, 969, 976; *Lagodny*, Grundrechte, S. 344 ff.

1091 Der letzte Punkt erscheint für soziale Netzwerke besonders relevant, weil Verhaltensanforderungen ausschließlich an Plattformbetreiber formuliert werden könnten.

1092 *Gaede*, Der Steuerbetrug, S. 348 ff.

1093 *Gaede*, Der Steuerbetrug, S. 349 f.

griffsintensität der nachgeordneten konkret-individuellen Sanktionierung auswirken können,[1094] wird hier gesehen, aber nicht näher berücksichtigt, weil die hiesige Betrachtung sich auf das abstrakt-generelle Strafgesetz beschränkt.

Daneben muss geklärt werden, auf wessen *Perspektive* es für die Frage ankommt, ob ein alternatives Mittel milder wäre. In dieser Untersuchung werden ausschließlich abstrakt-generelle Strafgesetze geprüft. Die zutreffende Vergleichsperspektive ist darum diejenige der *Gesamtheit aller Betroffenen.*[1095] Das potentielle Strafgesetz ist aus der „Makroperspektive aller betroffenen Grundrechtsträger" zu beurteilen;[1096] es geht um den „[Durchschnitt] aller Anwendungsfälle."[1097] In den Worten des BVerfG muss der Gesetzgeber „in abstrakter Weise einen Ausgleich der widerstreitenden Interessen" erreichen.[1098]

Schließlich ist der Frage nachzugehen, ob nicht in bestimmten Konstellationen *das Strafrecht* das mildere Mittel im Vergleich zu anderen Regelungsregimen sein kann.[1099] Der dahinterstehende Gedanke geht auf *Tiedemann* zurück.[1100] Er besagt, dass Bürger „strafrechtlich-repressiven Tatbeständen [...] durch normkonformes Verhalten ausweichen [können], während [...] insbesondere präventive verwaltungsrechtliche Verbote notwendigerweise jedes einschlägige [...] Verhalten" beträfen.[1101] Man könnte sich fragen, ob es nicht aus der durchschnittlichen Perspektive aller Grundrechtsträger milder wäre, ein abstrakt-generelles strafrechtliches Verbot zu verhängen, um einige wenige Normbrecher punktuell zu erreichen, als *alle* Bürger etwa einer unterschiedslosen und bürokratiebefangenen,

---

1094 Vgl. *Kaspar,* Präventionsstrafrecht, S. 619 ff.

1095 *Kaspar,* Präventionsstrafrecht, S. 161 m.w.N.

1096 *Kaspar,* Präventionsstrafrecht, S. 161 ff. m.w.N.; vgl. *Lagodny*, Grundrechte, S. 345 ff.

1097 *Lagodny*, Grundrechte, S. 345 f. m.w.N.

1098 BVerfG, Beschl. v. 04.04.2006 – 1 BvR 518/02 u.a. (präventive Rasterfahndung) = BVerfGE 115, 320, 346.

1099 Zitat in der Abschnittsüberschrift nach *Kaspar,* Präventionsstrafrecht, S. 161 ff. (i.E. selbst **abl.**). Siehe zu dieser Frage auch *Lagodny*, Grundrechte, S. 345 f. unter Verweis auf *Tiedemann*, ZStW 87 (1975), 253, 266 ff.; *Tiedemann*, in: FS Stree/Wessels, S. 527, 530 f.

1100 *Tiedemann*, ZStW 87 (1975), 253, 266 ff.; *Tiedemann*, in: FS Stree/Wessels, S. 527, 530 f.

1101 *Tiedemann*, ZStW 87 (1975), 253, 266 ff.; *Tiedemann*, in: FS Stree/Wessels, S. 527, 530 f.

verwaltungsrechtlichen Pflicht zu unterwerfen.[1102] Aus der *hier* angelegten Perspektive, also der Perspektive aller Grundrechtsträger, ist dieser Gedanke zurückzuweisen. Zunächst könnte man zwar meinen, dass für alle Bürger, die das unerwünschte Verhalten sowohl vor als auch nach Neuregulierung unterlassen, eine strafrechtliche Lösung milder sei. Unter dieser müssten sie schlicht „nichts weiter" tun, um sich regelkonform zu verhalten,[1103] während sie bei einem verwaltungsrechtlichen Erlaubnisverfahren *in jedem Fall* ein Mehraufwand treffen würde (etwa: ein Formular auszufüllen). Eine solche, rein faktische, Betrachtung müsste zunächst in jedem Einzelfall vorgenommen werden. Ein allgemeingültiges Urteil lässt sich nicht fällen. Sie kann aber jedenfalls dann nicht mehr überzeugen, wenn man – wie hier – die verschiedenen, durch ein abstrakt-generelles Strafgesetz kumuliert betroffenen Grundrechte einbezieht. Zutreffend wird bereits argumentiert, dass ein abstrakt-generelles Strafgesetz mitnichten für „redliche Akteure irrelevant" bleibt; vielmehr hängt es „wie ein Damoklesschwert über allen Bürgern als potentiellen ‚Tätern'".[1104] Dies gilt namentlich dann, wenn ein zuvor legales Verhalten erstmals kriminalisiert werden soll.[1105] Weniger Aufwand kann der punktuelle Strafrechtseinsatz vor allem für den *Staat* bedeuten. Jedenfalls hypothetisch *kann* die punktuelle Strafverfolgung infolge stichprobenartiger Kontrollen weniger ressourcenintensiv sein als ein flächendeckendes Erlaubnisverfahren. Auch das lässt sich indes nur im Einzelfall beurteilen. Das staatliche Effizienzinteresse ist auf der Ebene der Erforderlichkeit aus der hier angelegten Perspektive aller Grundrechtsträger ohnehin kein aufwiegender Faktor. Die Idee vom „Strafrecht als milderem Mittel" ist abzulehnen.[1106]

1102 Zum klassischen Beispielsfall betreffend manipulierte Wertgutachten zu renovierten Altbauten, bei denen ein punktuelles strafrechtliches Verbot nach dem Vorbild des § 278 StGB und eine umfassende verwaltungsrechtliche Erlaubnispflicht diskutiert wurden, *Tiedemann*, ZStW 87 (1975), 253, 266 ff. und ihn zusammenfassend *Lagodny*, Grundrechte, S. 345 f.

1103 So *Tiedemann*, ZStW 87 (1975), 253, 266 ff.

1104 *Kaspar*, Präventionsstrafrecht, S. 162.

1105 *Kaspar*, Präventionsstrafrecht, S. 162.

1106 Ebenso *Kaspar*, Präventionsstrafrecht, S. 161 ff.

dd) Abstrakte Gefährdungsdelikte

Teilweise wird die verfassungsrechtliche Zulässigkeit abstrakter Gefährdungsdelikte für besonders diskussionswürdig erachtet.[1107] Hier wird nicht angezweifelt, dass abstrakte Gefährdungsdelikte grundsätzlich verfassungsrechtlich zulässig sind. Nichtsdestoweniger hat der Gesetzgeber nochmals gesteigerte Rechtfertigungsanforderungen zu beachten, wenn ein abstraktes Gefährdungsdelikt geschaffen werden soll, „das jeden Gegenbeweis der Ungefährlichkeit ausschließt."[1108] Ein abstraktes Gefährdungsdelikt kann nur dann legitim sein, wenn die jeweilige Rechtsposition „nach [ihrem] Gegenstand sowie Art und Weise [ihrer] Bedrohung des Schutzes vor abstrakter Gefährdung bedarf."[1109] Erwähnenswert ist in diesem Zusammenhang die Stellungnahme der Richterin *Graßhof* im Cannabis-Urteil:

> „Abstrakte Gefährdungsdelikte sind zum einen nur dann zum Schutze des Rechtsguts geeignet und erforderlich, wenn das jeweilige Rechtsgut nach seinem Gegenstand sowie nach der Art und Weise seiner Bedrohung des Schutzes vor abstrakter Gefährdung bedarf. [...] Erforderlich ist das strafbewehrte Verbot abstrakt gefährlicher Handlungen nur, wenn sie nicht mit anderen, weniger einschneidenden Mitteln verhindert werden können oder ihr Gefahrenpotential nicht gemindert werden kann. Je weiter etwa die verbotenen – abstrakt gefährlichen – Handlungen im Vorfeld der eigentlichen Verletzungshandlung liegen, je mehr Reaktionsmöglichkeiten bleiben dem Staat und je seltener ist es erforderlich, das Strafrecht als schwerwiegendsten Eingriff einzusetzen."[1110]

Unzulässig wäre es, eine Norm dergestalt auszuformen, dass sie „absehbar auf die Erfassung [...] gefahrloser Fälle in nennenswertem Umfang" hinausläuft.[1111] Der Gesetzgeber ist nach zutreffender Auffassung verpflich-

---

1107 Vgl. m.w.N. *Roxin/Greco*, AT/I, § 11 Rn. 153 ff.; ausdrücklich **a.A.** *Appel*, Verfassung und Strafe, S. 573 f.; *Kaspar*, Präventionsstrafrecht, S. 409 f.

1108 *Gaede*, Der Steuerbetrug, S. 350 (dortige Fn. 244) unter Verweis auf BVerfGE 90, 145, 199, 204 f. – Sondervotum *Graßhof*.

1109 *Gaede*, Der Steuerbetrug, S. 350 (dortige Fn. 244) unter Verweis auf BVerfGE 90, 145, 199, 204 f. – Sondervotum *Graßhof*.

1110 BVerfG, Beschl. v. 9.3.1994 – 2 BvL 43/92 u.a. = BVerfGE 90, 145, 204 f. – Sondervotum *Graßhof*.

1111 *Gaede*, Der Steuerbetrug, S. 349 f.

tet, Normen gerade „auf die gerechtfertigten Fälle zuzuschneiden."[1112] Jedenfalls die Fälle, die sicher als ungefährlich erkannt und formuliert werden können, hat der Gesetzgeber bereits von vornherein aus dem Anwendungsbereich der Norm herauszunehmen.[1113] Diese Forderung mag auf den ersten Blick an das Bestimmtheitsgebot erinnern. Auf den zweiten Blick zeigt sich, dass die Konstellation mit diesem allenfalls verwandt, nicht aber identisch ist. Hier geht es um Konstellationen, in denen ein Verhalten *eindeutig* dem Anwendungsbereich der Vorschrift unterfällt, aber schon abstrakt unter *keinem Gesichtspunkt* dem geschützten Interesse gefährlich werden kann. Der Bestimmtheitsgrundsatz dagegen greift ein, wenn unklar ist, ob ein bestimmtes – gefährliches oder ungefährliches – Verhalten dem Tatbestand unterfällt.[1114] Treffend ist formuliert worden, dass „das materielle Kriterium der Beschränkung der Grundrechtseingriffe auf das Nötigste [...] im Bestimmtheitsgebot gerade nicht enthalten [ist]."[1115] Schließlich kann der vorhersehbare Einwand entkräftet werden, es liege gerade im Wesen abstrakter Gefährdungsdelikte, im Einzelfall auch tatsächlich ungefährliche Situationen zu erfassen.[1116] Hier geht es nicht um Fälle, in denen in einem *konkreten Einzelfall* eine Gefahr ausbleibt, sondern in denen schon bei abstrakt-genereller, typisierender Betrachtung nie eine Gefahr bestehen kann. Eben solche Fälle sind von vornherein aus dem Tatbestand auszunehmen.

d) Angemessenheit

Die Regulierungsoption muss schließlich angemessen (verhältnismäßig im engeren Sinn) sein.[1117] Die Angemessenheit setzt im Allgemeinen voraus,

1112 *Gaede*, Der Steuerbetrug, S. 349 f.; vgl. BVerfG, Beschl. v. 26.2.2008 – 2 BvR 392/07 (Inzest) = BVerfGE 120, 224, 271 – Sondervotum *Hassemer*.

1113 Vgl. zur inkonsequenten strafprozessualen Notlösung des BVerfG durch das Absehen von Strafe hinsichtlich des Eigenkonsums geringer Mengen wenig gefährlicher Drogen, *Appel*, Verfassung und Strafe, S. 185 f.; *Kaspar*, Präventionsstrafrecht, S. 408 behandelt diese Frage schon auf der Ebene der Geeignetheit.

1114 Vgl. *Kaspar*, Präventionsstrafrecht, S. 368 f. m.w.N. auf *Lagodny*, Grundrechte, S. 16: Bestimmtheitsgebot ist „materiell blind".

1115 *Kaspar*, Präventionsstrafrecht, S. 369.

1116 Vgl. *Zieschang*, in: NK-StGB, § 316 Rn. 4.

1117 Siehe etwa BVerfG, Beschl. v. 9.3.1994 – 2 BvL 43/92 u.a. (Cannabis) = BVerfGE 90, 145, 173; BVerfG, Beschl. v. 4.4.2006 – 1 BvR 518/02 = BVerfGE 115, 320, 345 f.; BVerfG, Urt. v. 20.4.2016 – 1 BvR 966/09, 1 BvR 1140/09 = BVerfGE 141, 220, 265; vgl. *Sachs*, in: Sachs, Art. 20 Rn. 154.

dass der Grundrechtseingriff in einem angemessenen Verhältnis zum verfolgten Zweck steht. Die Adressaten einer Maßnahme dürfen durch diese nicht übermäßig belastet werden. Dies ist im Wege einer umfassenden Güterabwägung zu bewerten.[1118] Das BVerfG formuliert wie folgt:

> „Das Gebot der Verhältnismäßigkeit im engeren Sinn verlangt, dass die Schwere des Eingriffs bei einer Gesamtabwägung nicht außer Verhältnis zu dem Gewicht der ihn rechtfertigenden Gründe stehen darf. Die Prüfung an diesem Maßstab kann dazu führen, dass ein an sich geeignetes und erforderliches Mittel des Rechtsgüterschutzes nicht angewandt werden darf, weil die davon ausgehenden Grundrechtsbeeinträchtigungen den Zuwachs an Rechtsgüterschutz überwiegen, so dass der Einsatz des Schutzmittels als unangemessen erscheint. In dem Spannungsverhältnis zwischen der Pflicht des Staates zum Rechtsgüterschutz und dem Interesse des Einzelnen an der Wahrung seiner von der Verfassung verbürgten Rechte ist es dabei zunächst Aufgabe des Gesetzgebers, in abstrakter Weise einen Ausgleich der widerstreitenden Interessen zu erreichen."[1119]

Im Strafrecht reichert das Schuldprinzip diesen Maßstab an.[1120] Aus dem Schuldprinzip folgt nach der Rechtsprechung des BVerfG, „dass die Schwere einer Straftat und das Verschulden des Täters zu der Strafe in einem gerechten Verhältnis stehen müssen. Eine Strafandrohung darf nach Art und Maß dem unter Strafe gestellten Verhalten nicht schlechthin unangemessen sein. Tatbestand und Rechtsfolge müssen vielmehr sachgerecht aufeinander abgestimmt sein."[1121] Zu beachten ist, dass diese Prüfung nicht etwa eine potentielle individuelle Bestrafung betrifft.[1122] Es geht vielmehr um die Frage, ob Schwere und Breite der sozialethischen Missbilligung, die allen rechtsunterworfenen Bürgern angedroht wird, in einem angemessenen Verhältnis zu Bedeutung und Gefährdung der zu

---

1118 BVerfG, Beschl. v. 9.3.1994 – 2 BvL 43/92 u.a. (Cannabis) = BVerfGE 90, 145, 173; BVerfG, Beschl. v. 4.4.2006 – 1 BvR 518/02 = BVerfGE 115, 320, 345 f.; *Grzeszick*, in: Maunz/Dürig, Art. 20 GG Rn. 117; *Sachs*, in: Sachs, Art. 20 GG Rn. 154; *Sommermann*, in: v. Mangoldt/Klein/Starck, Art. 20 GG Rn. 314.

1119 BVerfG, Beschl. v. 4.4.2006 – 1 BvR 518/02 = BVerfGE 115, 320, 345 f. m.w.N.

1120 Zur Verankerung des Schuldprinzips in Art. 1 Abs. 1 GG vgl. BVerfG, Beschl. v. 15.6.1989 – 2 BvL 4/87 = BVerfGE 80, 244, 255; BVerfG, Beschl. v 15.12.2015 – 2 BvR 2735/14 = BVerfGE 140, 317, 341.

1121 BVerfG, Beschl. v. 26.2.2008 – 2 BvR 392/07 (Inzest) = BVerfGE 120, 224, 241 m.w.N.

1122 Vgl. *Gaede*, Der Steuerbetrug, S. 407.

schützenden elementaren Rechtsposition stehen.[1123] Freilich kann dies nur berücksichtigt werden, wenn ein Strafgesetz geprüft wird, dessen Sanktionsmittel bereits feststeht.[1124]

4. Prozedurale Anforderungen

Dass die Verhältnismäßigkeitsprüfung in der rechtspraktischen Kontrolle von Strafgesetzen bisher wenig wirksam ist, wird in der Literatur – wie erwähnt – oft beklagt.[1125] Ergänzt wird, dass nicht allein der materielle Prüfungsmaßstab für diese Zurückhaltung verantwortlich sei, denn der Gesetzgeber könne über eine weitreichende Einschätzungsprärogative selbst strenge materielle Anforderungen aushöhlen.[1126] Eine wichtige Rolle spielten daher auch prozedurale Anforderungen.[1127] Nachdem aufgezeigt worden ist, wie das materielle Prüfprogramm anzureichern ist, sollen solche prozeduralen Ansatzmöglichkeiten durchdacht werden.

Dabei wird gezeigt werden, dass den Strafgesetzgeber auf den Prüfungsebenen des legitimen Zwecks, der Geeignetheit und der Erforderlichkeit eine qualifizierte Darlegungs- und Beweislast trifft. Er hat darzulegen und zu beweisen, dass seine Beurteilung auf einer sorgfältig ermittelten Tatsachengrundlage beruht [a)]. Von der Frage, inwieweit der Strafgesetzgeber verpflichtet ist, Tatsachen zu ermitteln, bleibt die Frage zu unterscheiden, wie er mit nicht auszuräumender Ungewissheit umgehen kann. Insoweit

1123 *Gaede*, Der Steuerbetrug, S. 407 f.; vgl. BVerfG, Beschl. v. 9.3.1994 – 2 BvL 43/92 u.a. (Cannabis) = BVerfGE 90, 145, 214 – Sondervotum *Sommer*. Die übrigen dort von *Sommer* genannten Kriterien (Wahrscheinlichkeit des Schadenseintritts, Zeit- und Problemdruck für den Gesetzgeber, Nähe des inkriminierten Verhaltens zum abzuwehrenden Schaden) sind bei der hier durchgeführten Prüfung bereits bei Geeignetheit und Erforderlichkeit abgeschichtet worden. Vgl. ferner *Sommermann*, in: v. Mangoldt/Klein/Starck, Art. 20 GG Rn. 314.

1124 Vgl. zum hiesigen Begriff des Sanktionsmittels 2.b) Normative Bestandteile von Strafgesetzen.

1125 Vgl. nur erneut m.w.N. *Gaede*, Der Steuerbetrug, S. 333 ff.; *Hörnle*, Grob anstößiges Verhalten, S. 22 ff.; *Lagodny*, Grundrechte, S. 51 ff., 173 ff.

1126 *Lagodny*, Grundrechte, S. 173 ff.

1127 *Lagodny*, Grundrechte, S. 173 ff.; *Stächelin*, Strafgesetzgebung, S. 167 ff., 322 ff.; **skeptisch** ggü. Prozeduralisierung *Jahn/Brodowski*, JZ 2016, 969, 977. *Gaede*, Der Steuerbetrug, befürwortet das, was hier unter dem Schlagwort der prozeduralen Anforderungen diskutiert wird, als Darlegungs- und Beweislasten, a.a.O., S. 333 ff. Unter dem Stichwort Prozeduralisierung bespricht er qualifizierte Parlamentsvorbehalte, a.a.O., S. 354 ff.

muss die Einschätzungs- und Gestaltungsprärogative des demokratisch legitimierten Gesetzgebers Leitlinie jeder Bemühung bleiben, den Gesetzgeber durch zwingende Kriminalisierungsmaßstäbe zu binden [b)].

a) Darlegungs- und Beweislast des Strafgesetzgebers

Schon hinsichtlich des legitimen Zwecks trifft den Gesetzgeber nach überzeugender Auffassung eine qualifizierte Darlegungslast. Er hat *sorgfältig herzuleiten* und zu *begründen*, dass es sich um eine gewichtige, elementare Rechtsposition handelt.[1128]

Nichts weniger gilt bei der Geeignetheits- und Erforderlichkeitsprüfung. Hier trifft den Gesetzgeber eine Darlegungs- und Beweislast über eine sorgfältige Tatsachenermittlung. Die tragende verfassungsgerichtliche Rechtsprechung ist zu großzügig, wenn sie sich darauf beschränken will, „nur die Überschreitung äußerster Grenzen" zu kontrollieren und dem Gesetzgeber erst „[entgegenzutreten], wenn für eine von ihm getroffene Differenzierung sachlich einleuchtende Gründe schlechterdings nicht mehr erkennbar sind."[1129]

Für einen restriktiveren Maßstab lässt sich die jüngere Rechtsprechung des EuGH fruchtbar machen.[1130] Der EuGH hat – im Zusammenhang mit der Warenverkehrsfreiheit – formuliert, welche Anforderungen an den Nachweis der Geeignetheit einer Freiheitsbeschränkung zu stellen sind.[1131] Die dortigen Ausführungen sind auf den Strafgesetzgeber zu übertragen.[1132] Ihn trifft danach eine *Darlegungs- und Beweislast* darüber, dass die gewählte Maßnahme geeignet und erforderlich ist. Der Gesetzgeber

---

1128 Vgl. *Gaede*, Der Steuerbetrug, S. 344.

1129 BVerfG, Beschl. v. 26.2.2008 – 2 BvR 392/07 (Inzest) = BVerfGE 120, 224, 250.

1130 Vgl. zu dessen inhaltlich vergleichbarer Verhältnismäßigkeitsprüfung EuGH, Urt. v. 9.12.2010 – C-421/09 (Humanplasma) = ECLI:EU:C:2010:760, Rn. 34; Urt. v. 23.12.2015 – C-333/14 (Scotch Whisky) = ECLI:EU:C:2015:845, Rn. 33, 53 f.; Urt. v. 19.10.2016 – C-148/15 (Deutsche Parkinson) = ECLI:EU:C:2016:776, Rn. 34.

1131 EuGH, Urt. v. 23.12.2015 – C-333/14 (Scotch Whisky) = ECLI:EU:C:2015:845, Rn. 53 ff.; EuGH, Urt. v. 19.10.2016 – C-148/15 (Deutsche Parkinson) = ECLI:EU:C:2016:776, Rn. 35 f.

1132 Vgl. so auch *Kubiciel*, EuZW 2017, 494; *Kubiciel*, NVwZ 2018, 841, 845; *Heine/Hecker*, in: Schönke/Schröder, § 284 Rn. 24 m.w.N.; *Saliger/Tsambikakis*, Neutralisiertes Strafrecht, S. 36; siehe aufgeschlossen jüngst *Gaede*, Abstrakt-generelle Duldungen, S. 106 (dortige Fn. 337); Dass die Grundfreiheiten jedenfalls der *Anwendbarkeit* nationalen Strafrechts entgegenstehen können, ist gehat „[erforderliche] Beweise“ und „Untersuchungen“ vorzulegen sowie sein Vorbringen auf „genaue Angaben“ zu stützen.[1133] Nationale Gerichte müssen nach der Rechtsprechung des EuGH, bei der Überprüfung einer nationalen Regelung auf die Vereinbarkeit mit Unionsrecht,

> „mit Hilfe statistischer Daten, auf einzelne Punkte beschränkter Daten oder anderer Mittel objektiv prüfen, ob die von dem betreffenden Mitgliedsstaat vorgelegten Beweise bei verständiger Würdigung die Einschätzung erlauben, dass die gewählten Mittel zur Verwirklichung der verfolgten Ziele geeignet sind und ob es möglich ist, diese Ziele durch Maßnahmen zu erreichen, die den freien Warenverkehr weniger einschränken“.[1134]

Es ist, wie möglicherweise entgegnet werden könnte, keineswegs weit hergeholt, diesen Maßstab auf nationale Strafgesetze zu übertragen. Das gilt jedenfalls für den hier interessierenden Bereich, nämlich die strafrechtliche Regulierung des Digitalmarktes. So kann etwa die Dienstleistungsfreiheit gemäß Art. 56 ff. AEUV betroffen sein, wenn der Programmierer eines Social Bots dessen auftragsgemäßen Einsatz von einem anderen Mitgliedsstaat aus in Deutschland anbietet.[1135] Dass der EuGH einen zur Warenverkehrsfreiheit entwickelten Maßstab auf die Dienstleistungsfreiheit übertragen würde, liegt angesichts der funktionalen Verwandtschaft der beiden Grundfreiheiten nahe.[1136]

---

klärt, vgl. EuGH, Urt. v. 4.2.2016 – C-336/14 (Ince) = ECLI:EU:C:2016:72, Rn. 63 ff.

1133 EuGH, Urt. v. 23.12.2015 – C-333/14 (Scotch Whisky) = ECLI:EU:C:2015:845, Rn. 54; EuGH, Urt. v. 19.10.2016 – C-148/15 (Deutsche Parkinson) = ECLI:EU:C:2016:776, Rn. 35.

1134 EuGH, Urt. v. 19.10.2016 – C-148/15 (Deutsche Parkinson) = ECLI:EU:C:2016:776, Rn. 36.

1135 Korrespondenzdienstleistungen unterfallen nach heutigem Verständnis der Dienstleistungsfreiheit gem. Art. 56 ff. AEUV. Damit sind Fälle gemeint, in denen allein die Dienstleistung (das „unkörperliche Produkt“, *Kluth*, in: Calliess/Ruffert, Art. 56, 57 AEUV Rn. 32) die Grenze zwischen Mitgliedsstaaten überschreitet, während Dienstleistungsempfänger und -erbringer in ihren jeweiligen Mitgliedsstaaten verbleiben, st. Rspr. d. EuGH, Urt. v. 26.4.1988 – C-352/85 (Bond van Adverteerders) = ECLI:EU:C:1988:196; v. 10.5.1995 – C-384/93 (Alpine) = ECLI:EU:C:1995:126; v. 6.11.2003 – C-243/01 (Gambelli) = ECLI:EU:C:2003:597; vgl. *Kluth*, in: Calliess/Ruffert, Art. 56, 57 AEUV Rn. 32; *Randelzhofer/Forsthoff*, in: Grabitz/Hilf/Nettesheim, Art. 56, 57 AEUV Rn. 54.

1136 Vgl. *Khan/Eisenhut*, in: Vedder/Heintschel v. Heinegg, Art. 57 AEUV Rn. 26; *Kluth*, in: Calliess/Ruffert, Art. 56, 57 AEUV Rn. 2 und 32.

In der Literatur finden sich in der Sache vergleichbare Forderungen nach einer sorgfältigen Tatsachenermittlung.[1137] Es versteht sich vor diesem Hintergrund von selbst, dass der Strafgesetzgeber sich keinesfalls auf bloße Behauptungen zurückziehen darf.[1138] Bei alledem gilt: Fehlen Informationen, auf die der Gesetzgeber sich stützen könnte, hat er diese zu erheben oder zu veranlassen, dass sie durch Dritte erhoben werden. Sind Informationen generell verfügbar, aber noch nicht beim Gesetzgeber vorhanden, hat er diese zu beschaffen. Sind Informationen vorhanden, hat der Gesetzgeber diese auszuwerten und zu berücksichtigen.[1139]

b) Einschätzungsprärogative

Die Erwartungen an eine rationale Tatsachenermittlung dürfen nicht überspannt werden.[1140] Die Frage, inwieweit der Strafgesetzgeber verpflichtet ist, Tatsachen zu ermitteln und darzulegen, ist von der Frage zu unterscheiden, wie er mit verbleibender Ungewissheit umgehen darf.[1141] Der Gesetzgebers muss handlungsfähig bleiben, wenn wissenschaftliche Grundlagen umstritten, dynamische Gemengelagen zu navigieren oder bestimmte Anschauungsgegenstände wissenschaftlich schlicht nicht zu klären sind.[1142]

1137 Vgl. *Appel*, Verfassung und Strafe, S. 579 f.; *Hörnle*, Grob anstößiges Verhalten, S. 37; *Kubiciel*, EuZW 2017, 494; *Kubiciel*, NVwZ 2018, 841, 845; *Lagodny*, Grundrechte, S. 176 f.; schon früh *Müller-Dietz*, in: FS Würtenberger, S. 183 ff. (im Kontext des § 88a StGB a.F. – Befürwortung von Straftaten); *Stächelin*, Strafgesetzgebung, S. 167 ff., 205 f.; skeptisch *Jahn/Brodowski*, JZ 2016, 969, 977 f.

1138 *Hörnle*, Grob anstößiges Verhalten, S. 37; *Müller-Dietz*, in: FS Würtenberger, S. 184.

1139 Vgl. *Lagodny*, Grundrechte, S. 177.

1140 Vgl. *Hörnle*, Grob anstößiges Verhalten, S. 37; *Lagodny*, Grundrechte, S. 173; vgl. auch EuGH, Urt. v. 23.12.2015 – C-333/14 (Scotch Whisky) = ECLI:EU:C:2015:845, Rn. 55.

1141 *Lagodny*, Grundrechte, S. 176 f.; insoweit ähnlich *Greco*, in: Strafrecht und Verfassung, S. 23.

1142 Vgl. *Hörnle*, Grob anstößiges Verhalten, S. 37 mit dem Beispiel, dass es praktisch kaum möglich ist, experimentell zu erforschen, ob ein Zusammenhang besteht zwischen dem Konsum von Kinderpornographie und dem späteren sexuellen Missbrauch von Kindern; vgl. erneut *Lagodny*, Grundrechte, S. 173. Vgl. auch die ältere Debatte um den Zusammenhang zwischen medialen Gewaltdarstellungen und Amokläufen, *Hilgendorf/Valerius*, Computer- und Internetstrafrecht, Rn. 326.

Das BVerfG gesteht dem Gesetzgeber in ständiger Rechtsprechung eine Einschätzungsprärogative zu.[1143] Diese besteht grundsätzlich auch im Rahmen der Verhältnismäßigkeitsprüfung von Strafnormen.[1144] Die Einschätzungsprärogative hängt nach der Rechtsprechung des BVerfG besonders von drei Faktoren ab: „[...] der Eigenart des in Rede stehenden Sachbereichs, den Möglichkeiten, sich ein hinreichend sicheres Urteil zu bilden, und der Bedeutung der auf dem Spiele stehenden Rechtsgüter."[1145] Es ist konsequent, im besonders eingriffsintensiven Strafrecht zu fordern, dass der der Gesetzgeber seine Einschätzungsprärogative umso zurückhaltender handhaben muss, je größer die verbleibende Ungewissheit ist. Kein Entscheidungsspielraum verbleibt in den (wohl seltenen) Fällen, in denen sicher feststeht, dass eine Regelung ungeeignet ist.[1146] Will der Gesetzgeber sich bei nicht auszuräumender Ungewissheit für eine Maßnahme entscheiden, muss diese Entscheidung plausibel begründet werden.[1147]

5. Andere strafrechtliche Verfassungsgarantien, insbesondere der Bestimmtheitsgrundsatz

Neben dem Verhältnismäßigkeitsgrundsatz existieren weitere strafrechtliche Verfassungsgarantien. Bei der Überprüfung eines abstrakt-generellen Strafgesetzes ist insbesondere der Bestimmtheitsgrundsatz gemäß Art. 103 II GG zu beachten.[1148]

1143 Siehe bspw. BVerfG, Urt. v. 1.3.1979, 1 BvR 532/77 u.a. = BVerfGE 50, 290, 332 f.; BVerfG, Beschl. v. 9.3.1994 – 2 BvL 43/92 u.a. (Cannabis) = BVerfGE 90, 145, 172; BVerfG, Beschl. v. 26.2.2008 – 2 BvR 392/07 (Inzest) = BVerfGE 120, 224, 240.

1144 Vgl. *Gaede*, Der Steuerbetrug, S. 396 f., 400 f.; *Hörnle*, Grob anstößiges Verhalten, S. 37; *Lagodny*, Grundrechte, S. 173.

1145 BVerfG, Urt. v. 1.3.1979, 1 BvR 532/77 u.a. = BVerfGE 50, 290, 332 f.; BVerfG, Beschl. v. 9.3.1994 – 2 BvL 43/92 u.a. (Cannabis) = BVerfGE 90, 145, 172; BVerfG, Beschl. v. 26.2.2008 – 2 BvR 392/07 (Inzest) = BVerfGE 120, 224, 240; vgl. zu dieser „Gesamtformel" des BVerfG *Kaspar*, Präventionsstrafrecht, S. 126 ff.

1146 Vgl. BVerfG, Beschl. v. 3.12.1985 – 1 BvL 15/84 = BVerfGE 71, 206, 221 ff.; *Gaede*, Der Steuerbetrug, S. 401; *Lagodny*, Grundrechte, S. 173.

1147 Vgl. – allerdings aus der Perspektive des mitgliedsstaatlichen Gerichts – EuGH, Urt. v. 19.10.2016 – C-148/15 (Deutsche Parkinson) = ECLI:EU:C:2016:776, Rn. 36; ausdrücklich *Hörnle*, Grob anstößiges Verhalten, S. 37; implizit *Gaede*, Der Steuerbetrug, S. 401.

1148 Siehe nur *Appel*, Verfassung und Strafe, S. 517 ff.; *Stächelin*, Strafgesetzgebung, S. 207 ff.

Der strafrechtliche Bestimmtheitsgrundsatz (Art. 103 Abs. 2 GG, § 1 StGB) verpflichtet den Gesetzgeber, Normen so bestimmt zu fassen, „wie dies nach der Eigenart der zu ordnenden Lebenssachverhalte mit Rücksicht auf den Normzweck möglich ist."[1149] Der normunterworfene Bürger soll sicher vorhersehen können, welches Verhalten unter Strafandrohung verboten ist.[1150] Diese Anforderungen werden durch das Zugeständnis relativiert, dass der Gesetzgeber „auch im Strafrecht in der Lage bleiben" muss, „der Vielgestaltigkeit des Lebens Herr zu werden."[1151] Die Anforderungen des Bestimmtheitsgrundsatzes sind „umso strenger, je intensiver der Grundrechtseingriff ist."[1152] Im besonders eingriffsintensiven Strafrecht kommt ihm überragende Bedeutung zu.[1153] Bekanntlich gilt dies zwar nicht unbedingt aus verfassungsrechtspraktischer, aber jedenfalls aus strafrechtswissenschaftlicher Sicht.[1154]

Nicht einschlägig sind bei der Prüfung eines abstrakt-generellen Gesetzes dagegen die Grundsätze des *ne bis in idem* (Art. 103 Abs. 3 GG), die Unschuldsvermutung und der Richtervorbehalt (vgl. Art. 92 GG).[1155] Der Schuldgrundsatz und das Gebot schuldangemessenen Strafens werden *hier* keine weitere Rolle spielen, weil die untersuchten Strafgesetze bewusst ohne Sanktionsmittel formuliert und geprüft werden.[1156]

1149 BVerfG, Beschl. v. 9.8.1995 – BVerfG 1 BvR 2263/94 = BVerfGE 93, 213, 238; vgl. *Gaede*, in: AnwK-StGB, § 1 Rn. 18; *Hassemer/Kargl*, in: NK-StGB, § 1 Rn. 14; *Schmitz*, in: MüKo-StGB, § 1 Rn. 47.

1150 *Degenhart*, in: Sachs (Hrsg.), Art. 103 GG Rn. 63; *Gaede*, in: AnwK-StGB, § 1 Rn. 1.

1151 BVerfG, Beschl. v. 23.6.2010 – BVerfG 2 BvR 2559/08 = BVerfGE 126, 170, 195; vgl. *Schmitz*, in: MüKo-StGB § 1 Rn. 50 m.w.N.; *Müller/Uhlmann/Hofstetter*, Rechtssetzungslehre, Rn. 256 ff. zeigen „Instrumente zur Abstufung der Bestimmtheit".

1152 BVerfG, Beschl. v. 9.8.1995 – BVerfG 1 BvR 2263/94 = BVerfGE 93, 213, 238.

1153 Siehe prägnant *Gaede*, in: AnwK-StGB, § 1 Rn. 1: „Magna Charta des Bürgers".

1154 Siehe nur *Degenhart*, in: Sachs (Hrsg.), Art. 103 GG Rn. 64: praktisch irrelevanter Nichtigkeitsgrund (m.w.N. in dortiger Fn. 636); *Ennuschat*, DVBl 2004, 986, 988; *Gaede*, in: AnwK-StGB, § 1 Rn. 25 m.w.N.

1155 Siehe näher nur *Appel*, Verfassung und Strafe, S. 530 ff.

1156 Vgl. dazu *Stächelin*, Strafgesetzgebung, S. 242 ff.; zu den zu prüfenden Strafgesetzen und ihrer Formulierung näher unten B-E.

6. Beachtung des allgemeinen Gleichheitssatzes

Alle Menschen sind vor dem Gesetz gleich, Art. 3 Abs. 1 GG. Der allgemeine Gleichheitssatz gebietet es, wesentlich Gleiches gleich und wesentlich Ungleiches ungleich zu behandeln.[1157] Er bindet auch den Gesetzgeber, Art. 1 Abs. 3 GG.[1158] Im Allgemeinen ist der Gleichheitssatz „dann verletzt, wenn eine Gruppe von Normadressaten oder Normbetroffenen im Vergleich zu einer anderen anders behandelt wird, obwohl zwischen beiden Gruppen keine Unterschiede von solcher Art und solchem Gewicht bestehen, dass sie die unterschiedliche Behandlung rechtfertigen können.“[1159]

a) Grundsätze

Um zu ermitteln, ob eine Ungleichbehandlung i.S.d. Art. 3 Abs. 1 GG vorliegt, müssen Vergleichsgruppen gebildet werden.[1160] Eine Ungleichbehandlung ist gegeben, wenn die Vergleichsgruppen mit unterschiedlichen Rechtsfolgen belegt werden.[1161] Ist eine Ungleichbehandlung festgestellt worden, muss geprüft werden, ob die Vergleichsgruppen gleichartig sind.[1162] Gleichartigkeit in diesem Sinne bedeutet nicht Identität.[1163] Entscheidend ist, dass die Vergleichsgruppen sich unter Berücksichtigung der einschlägigen gesetzgeberischen Ziele und des Regelungsinhalts als hinreichend ähnlich darstellen.[1164] Das Kriterium der Wesentlichkeit wird erst auf der Ebene der Rechtfertigung geprüft.[1165]

1157 St. Rspr., vgl. nur BVerfG, Beschl. v. 10.7.2012 – 1 BvL 2/10 u.a. = BVerfGE 132, 72, 81 f. m.w.N.; *Gaede*, Der Steuerbetrug, S. 247; *Manssen* § 34 Rn. 888; *Sodan/Ziekow*, § 30 Rn. 1, 3.

1158 BVerfG, Beschl. v. 10.7.2012 – 1 BvL 2/10 u.a. = BVerfGE 132, 72, 81 f. m.w.N.; *Gaede*, Der Steuerbetrug, S. 246 m.w.N.; *Kischel*, in: BeckOK-GG, Art. 3 Rn. 9 ff m.w.N., aber **a.A.** hinsichtlich der *Selbstbindung* des Gesetzgebers durch vorherige Regulierungen a.a.O. Rn. 118.

1159 BVerfG, Beschl. v. 10.7.2012 – 1 BvL 2/10 u.a. = BVerfGE 132, 72, 81 f. m.w.N.; *Manssen*, Staatsrecht II, § 34 Rn. 891.

1160 *Gaede*, Der Steuerbetrug, S. 247 f.; *Sodan/Ziekow*, § 30 Rn. 9.

1161 *Kischel*, in: BeckOK-GG, Art. 3 Rn. 15 m.w.N.; *Sodan/Ziekow*, § 30 Rn. 9.

1162 *Sodan/Ziekow*, § 30 Rn. 9.

1163 *Gaede*, Der Steuerbetrug, S. 247 f.; *Kischel*, in: BeckOK-GG, Art. 3 Rn. 15 m.w.N.

1164 *Gaede*, Der Steuerbetrug, S. 248 m.w.N.

1165 *Gaede*, Der Steuerbetrug, S. 248 m.w.N.; *Kischel*, in: BeckOK-GG, Art. 3 Rn. 17 m.w.N.

Nachdem eine Ungleichbehandlung festgestellt wurde, ist zu prüfen, ob diese gerechtfertigt ist. Dies kann der Fall sein, wenn ein „sachlich [vertretbarer] Unterscheidungsgesichtspunkt von hinreichendem Gewicht" vorliegt.[1166] Die Prüfung reicht „je nach Regelungsgegenstand und Differenzierungsmerkmalen [...] stufenlos von gelockerten, auf das Willkürverbot beschränkten Bindungen bis hin zu strengen Verhältnismäßigkeitsanforderungen."[1167]

Damit sind die Grundsätze des allgemeinen Gleichheitssatzes gemäß Art. 3 Abs. 1 GG dargestellt. Hier soll das Augenmerk indes hauptsächlich auf eine seiner besonderen Ausprägungen gelegt werden.

b) Kohärenzgebot

Ein spezieller Ausfluss des allgemeinen Gleichheitssatzes ist das Kohärenzgebot.[1168] Unter Kohärenz wird hier grundsätzlich die Widerspruchsfreiheit der Rechtsordnung verstanden.[1169] Sie wird mitunter auch als Systemgerechtigkeit,[1170] Systemgemäßheit,[1171] Systemverträglichkeit, Folgerichtigkeit[1172] oder innere Systematik bezeichnet.[1173] Das Kriterium der Kohärenz verlangt grob gesagt, dass einzelne neue Normen sich widerspruchsfrei in bestehende Systeme einfügen bzw. dass insgesamt widerspruchsfreie Normsysteme geschaffen werden.[1174] Das Kohärenzgebot ist nicht derart weit zu verstehen, dass eine absolute Einheit der Rechtsordnung oder allen staatlichen Handelns zu fordern wäre.[1175] Ein Verstoß gegen das Kohärenzgebot kann jedoch immerhin eine nicht gerechtfertigte Ungleichbehandlung indizieren.[1176] Es lassen sich unterschiedliche Arten von Kohärenzverstößen klassifizieren: gesetzestechnische Widersprüche (uneinheitlicher

---

1166 Zitat nach BVerfG, Beschl. v. 14.4.2010 – 1 BvL 8/08 = BVerfGE 126, 29, 47 f.; *Gaede*, Der Steuerbetrug, S. 249; *Sodan/Ziekow*, § 30 Rn. 12.

1167 BVerfG, Beschl. v. 21.6.2011 – 1 BvR 2035/07 = BVerfGE 129, 49, 68 (amtl. Leitsatz).

1168 *Gaede*, Der Steuerbetrug, S. 252.

1169 Vgl. *Bumke*, Relative Rechtswidrigkeit, S. 37.

1170 *Steinbach*, Rationale Gesetzgebung, S. 86 ff.

1171 *Schneider*, Gesetzgebung, Rn. 55, 57 ff.

1172 *Gaede*, Der Steuerbetrug, S. 252.

1173 *Müller/Uhlmann/Hofstetter*, Rechtssetzungslehre, Rn. 211 ff. m.w.N.

1174 *Ennuschat*, DVBl 2004, 986, 988; *Lücke*, ZG 2001, 1, 17 ff.; *Müller/Uhlmann/Hofstetter*, Rechtssetzungslehre, Rn. 211 ff.; *Schneider*, Gesetzgebung, Rn. 57 ff..

1175 *Gaede*, Der Steuerbetrug, S. 252.

1176 *Gaede*, Der Steuerbetrug, S. 252.

und unkoordinierter Sprachgebrauch), Normwidersprüche (verschiedene Rechtsfolgen für den gleichen Tatbestand), Wertungswidersprüche (Missachtung bestehender Grundentscheidungen durch neue Normen), teleologische Widersprüche (bestehende Normen verhindern die Erreichung des Normzwecks) und Prinzipienwidersprüche (Widersprüche zwischen den Prämissen der zu schaffenden Norm).[1177]

Während dem Kohärenzgebot in der Rechtsprechung des EuGH große praktische Bedeutung zukommt, spielt es in der Rechtsprechung des BVerfG bisher keine große Rolle.[1178] Gleichwohl gilt das Kohärenzgebot nach überzeugender Ansicht auch im Strafrecht.[1179] Der Gesetzgeber schafft den Bezugsrahmen des Kohärenzgebotes selbst, indem er einfaches Recht – hier das Strafrecht – setzt.[1180] Dass der Gesetzgeber sich selbst binden kann, wird allerdings auch bezweifelt.[1181] Dagegen sprächen der Vorrang der Verfassung und das Demokratieprinzip.[1182] Diese Bedenken greifen indes nicht durch. Das Kohärenzgebot bevormundet nicht den Gesetzgeber und verletzt nicht das Demokratieprinzip. Im Gegenteil wird die Souveränität des Gesetzgebers gerade anerkannt, wenn die von *ihm* gesetzten und verfolgten Ziele auch ihm selbst vorgehalten werden.[1183] Es bleibt dem Gesetzgeber unbenommen, Regelungen und Regelungssysteme materiell zu überholen, zu verändern, zu kürzen und zu ergänzen – sei es aus politischen oder aus anderen Gründen.[1184] Bei alledem ist lediglich, aber auch immerhin zu fordern, dass der Gesetzgeber insgesamt widerspruchsfrei handelt. Auch eine die Regel durchbrechende Ausnahme muss nicht widersprüchlich sein, sondern kann im Gegenteil gerade dazu dienen, gesetzgeberische Ziele im Einzelfall zu verwirklichen.[1185]

Zu prüfen ist, ob sich aus dem Bezugsrahmen, den der Gesetzgeber gesetzt hat, Vergleichsgegenstände i.S.d. Art. 3 Abs. 1 GG ermitteln las-

---

1177 *Müller/Uhlmann/Hofstetter*, Rechtssetzungslehre, Rn. 214 m.w.N.

1178 *Neuhäuser*, DÖV 2017, 925, 926 ff.

1179 *Gaede*, Der Steuerbetrug, S. 252 ff., 255 ff., 258 ff.; differenzierend als „eine Maßgabe […] der gebotenen verfassungsgerichtlichen Kontrolldichte" *Dannecker*, NZWiSt 2014, 6, 8 ff.; **a.A.** *Heger*, ZIS 2011, 402 f. und *passim.*

1180 *Gaede*, Der Steuerbetrug, S. 263 m.w.N.

1181 *Kischel*, in: BeckOK-GG, Art. 3 Rn. 95 f., 118.

1182 Siehe m.w.N. etwa *Kischel*, in: BeckOK-GG, Art. 3 Rn. 118.

1183 Vgl. *Gaede*, Der Steuerbetrug, S. 253 f.

1184 *Gaede*, Der Steuerbetrug, S. 253.

1185 Siehe aber *Kischel*, in: BeckOK-GG, Art. 3 Rn. 96; vgl. zurückhaltend *Dannecker*, NZWiSt 2014, 6, 11 (Rechtfertigung von Ungleichbehandlungen durch Sachgründe zu fordern).

sen.[1186] Ansatzpunkte für solche Vergleiche können sich insbesondere aus der Deliktsfamilie ergeben.[1187] Schon nach der Rechtsprechung des BVerfG zum allgemeinen Gleichheitssatz, aber auch in Fortsetzung der hier verfolgten Linie, ist es nur konsequent, im besonders eingriffsintensiven Strafrecht erhöhte Anforderungen an die Rechtfertigung einer Ungleichbehandlung zu stellen.[1188] Zugleich ist zu erinnern, dass der allgemeine Gleichheitssatz keine absolute Einheitlichkeit verbürgt; von „maßlosen Globalvergleichen" ist Abstand zu nehmen.[1189] Das berechtigte *wissenschaftliche* Streben nach größtmöglicher rechtsgebietsspezifischer Systemgerechtigkeit ist nicht kurzerhand mit Verfassungsrang auszustatten.[1190] Vielmehr sind Vergleichsgegenstände, Ungleichbehandlungen und etwaige Rechtfertigungen jeweils im Einzelfall zu bestimmen.[1191]

7. Zusammenfassung

In diesem Abschnitt ist aufgezeigt worden, wie sich ein Korridor zulässiger Kriminalisierung im Einklang mit der Verfassung bestimmen lässt. Hauptansatzpunkt einer kritischen Überprüfung von Strafgesetzen ist eine Verhältnismäßigkeitsprüfung mit gesteigerten Rechtfertigungsanforderungen.[1192] Dabei treffen den Gesetzgeber qualifizierte Darlegungs- und Beweislasten.[1193] Zusätzlich begrenzen vor allem der verfassungsrechtliche Bestimmtheitsgrundsatz und der allgemeine Gleichheitssatz die Regelungsautonomie des Strafgesetzgebers.[1194]

1186 *Gaede,* Der Steuerbetrug, S. 263 m.w.N.

1187 Dazu ausführlich *Gaede,* Der Steuerbetrug, S. 263 ff. und S. 420 ff.

1188 Vgl. erneut BVerfG, Beschl. v. 21.6.2011 – 1 BvR 2035/07 = BVerfGE 129, 49, 68 (und amtl. Leitsatz); siehe auch abermals hier 1.d)bb) Sonderrolle der Kriminalstrafe und öfter.

1189 *Gaede,* Der Steuerbetrug, S. 263.

1190 *Gaede,* Der Steuerbetrug, S. 263.

1191 Vgl. BVerfG, Beschl. v. 9.3.1994 – 2 BvL 43/92 u.a. (Cannabis) = BVerfGE 90, 145, 195 f.

1192 Siehe 1 Herleitung zwingender Kriminalisierungsmaßstäbe 2, Gegenstand der Verhältnismäßigkeitsprüfung von Strafnormen und 3 Verhältnismäßigkeit eines Strafgesetzes.

1193 Siehe 4 Prozedurale Anforderungen.

1194 Siehe 5 Andere strafrechtliche Verfassungsgarantien, insbesondere der Bestimmtheitsgrundsatz und 6 Beachtung des allgemeinen Gleichheitssatzes.

II. Kriterien rechtspolitischer Bewertung

Die Verhältnismäßigkeitsprüfung kann die Grenzen legitimen gesetzgeberischen Handelns ziehen und einen Korridor grundsätzlich zulässiger strafrechtlicher Regulierung aufzeigen.[1195] Allein eignet sie sich aber kaum, um innerhalb dieses Korridors zwischen verschiedenen, als grundsätzlich legitim erkannten Regulierungsoptionen die vorzugswürdigste zu bestimmen. Eine solche Herangehensweise liefe Gefahr, sich in begrifflicher Beliebigkeit zu verlieren. Hier braucht es andere Maßstäbe.[1196]

Benötigt werden Kriterien explizit *rechtspolitischer Bewertung*. Es fragt sich, wo solche Kriterien zu finden sein könnten; schwerpunktmäßig rechtspolitische Monographien sind, verglichen mit rechtsdogmatischen Untersuchungen, selten.[1197] Der Fokus rechtswissenschaftlicher Forschung liegt auf der Rechtsdogmatik.[1198] Tragfähige Ansatzpunkte lassen sich gleichwohl finden, und zwar auf dem Gebiet der sog. Gesetzgebungslehre.[1199] Diese befasst sich – grob zusammengefasst – mit der „Entstehung, Abfassung und Wirkung von Gesetzen".[1200]

Allerdings existieren auch innerhalb dieser Disziplin keine Maßstäbe rechtspolitischer Bewertung, die mit der Akzeptanz und Autorität der verfassungsrechtlichen Verhältnismäßigkeitsprüfung konkurrieren könnten.

1195 Vgl. *Hoffmann-Riem*, Innovation und Recht, S. 155: „Korridor des rechtlich Zulässigen".

1196 *Kluth*, in: Gesetzgebung, § 1 Rn. 72 ff.; *Hoffmann-Riem*, Innovation und Recht, S. 155; insoweit wie hier *Hörnle*, Grob anstößiges Verhalten, S. 34; mit vergleichbarem Befund, aber anderer Herangehensweise *Prittwitz*, ZStW 129 (2017), 390, 392 ff.; vgl. zur Beschränkung der verfassungsgerichtlichen Kontrolle hinsichtlich der vernünftigsten oder gerechtesten Regelung auch schon BVerfG, Beschl. v. 9.3.1994 – 2 BvL 43/92 u.a. (Cannabis) = BVerfGE 90, 145, 202 – Sondervotum *Graßhof*; BVerfG, Beschl. v. 26.2.2008 – 2 BvR 392/07 (Inzest) = BVerfGE 120, 224, 256 f. – Sondervotum *Hassemer*.

1197 *Croon-Gestefeld*, JZ 2019, 340, 344: „Regelungsvorschläge *de lege ferenda* finden sich meist entweder in einleitenden oder abschließenden kurzen Anmerkungen, die die rechtswissenschaftliche Analyse eines Themas abrunden sollen." Siehe andererseits etwa *Stächelin*, Strafgesetzgebung, *passim*.

1198 *Croon-Gestefeld*, JZ 2019, 340, 344; *Kluth*, in: Gesetzgebung, § 1 Rn. 70. Siehe als positives Gegenbeispiel das Verfahren um den Alternativentwurf zum Allgemeinen Teil des StGB von 1966, das *Stächelin*, Strafgesetzgebung, S. 327 ff. nachzeichnet.

1199 *Kluth*, in: Gesetzgebung, § 1 Rn. 72 ff.; vgl. aus jüngerer Zeit übersichtlich und m.w.N. *Steinbach*, Rationale Gesetzgebung, S. 3 ff.

1200 *Meßerschmidt*, ZJS 2008, 111; zur Entwicklung der Disziplin *Kluth*, in: Gesetzgebung, § 1 Rn. 8 ff.

Insofern lässt sich nun, anders als im vorherigen Abschnitt, nicht an ein etabliertes System anknüpfen. Einigkeit besteht noch über rein formale Anforderungen „guter Gesetzgebung" wie einfache, verständliche und exakte Sprache.[1201] Seit langem besonders umstritten ist dagegen die Frage, ob eine verfassungsrechtlich unterfütterte Pflicht des Gesetzgebers besteht, bestimmte legistische Standards zu beachten („Pflicht zur guten Gesetzgebung").[1202] Diese Grundfrage soll hier nicht gleichsam nebenbei beantwortet werden. Das ist aber auch nicht erforderlich. Selbst wenn man (mit guten Gründen[1203]) bezweifelt, dass der Gesetzgeber an bestimmte Kriterien *gebunden* ist, lässt sich nicht bestreiten, dass einige dieser Kriterien auch jenseits von Zwang geeignet sind, das praktische Gesetzgebungsverfahren aufgrund systematischer und transparenter Maßstäbe *besser* zu beraten.[1204] Dies gestehen auch diejenigen zu, die eine Verfassungspflicht zum „guten Gesetz" ablehnen.[1205]

Das Vorhaben wird abseits wissenschaftlicher Streitigkeiten dadurch erschwert, dass Auswahl und Formulierung einer vorzugswürdigen Regelungsoption praktisch Teil eines auch *politischen* Vorgangs sind, der durch strategische Kompromisse, personelle Abhängigkeiten oder Zeit- und Personalknappheit beeinflusst sein kann.[1206] Diese praktischen Gegebenhei-

---

1201 Vgl. *Sangenstedt*, in: FS Rogall, S. 96 f.; *Schulze-Fielitz*, JZ 2004, 862, 863 m.w.N.; vgl. auch die praktische Dimension in *Deutsche Bundesregierung*, Arbeitsprogramm Bessere Rechtssetzung und Bürokratieabbau 2018, abrufbar unter https://t1p.de/xu9k (zuletzt abgerufen am 7.1.2020), S. 2.

1202 **Dafür** *Lücke*, ZG 2001, 1 ff., 47 f. und *passim*; *Schwerdtfeger*, in: FS Ipsen, S. 173 f. und *passim*; **dagegen** *Ennuschat*, DVBl 2004, 986, 994; *Karpen*, Gesetzgebungslehre, S. 28 f.; *Meßerschmidt*, ZJS 2008, 111, 121; *Schneider*, Gesetzgebung, S. 65 (und dortige Fn. 20); *Schuppert*, ZG 2003 (Sonderheft), 5 ff., 12 f.; überwiegend wortgleich *Schuppert*, Governance und Rechtsetzung, S. 27 ff.; aus jüngerer Zeit *Steinbach*, Rationale Gesetzgebung, S. 97 ff., 319.

1203 Siehe mit einer Sammlung der gewichtigen Argumente instruktiv *Schuppert*, ZG 2003 (Sonderheft), 12 f.

1204 Vgl. *Kluth*, in: Gesetzgebung, § 1 Rn. 72: „Rechtswissenschaftlich herausgearbeitete Vorgaben für eine gute Gesetzgebung sind [...] nicht gleichzusetzen mit verfassungsrechtlichen Direktiven."

1205 Etwa zu den Kategorien *Lückes*, ZG 2001, 1 ff., an die hier (auch) angeknüpft wird, *Schuppert*, ZG 2003 (Sonderheft), 11 f.: „durchweg einleuchtend, [...] überwiegend unabdingbar [...], rechtsstaatlich gut herleitbar und [...] durchweg empfohlen" – *Schupperts* ironisch-überspitzter Vortrag kulminiert freilich in einer deutlichen Absage an *Lückes* Prämisse der verfassungsrechtlichen Verpflichtung; wohl auch *Schulze-Fielitz*, JZ 2004, 862, 863: immerhin zur „partiellen Optimierung" von Gesetzentwürfen geeignet.

1206 *Dannecker*, NZWiSt 2014, 6, 10; *Gaede*, Der Steuerbetrug, S. 337; *Hörnle*, Grob anstößiges Verhalten, S. 35; *Kretschmer*, in: Gesetzgebungslehre, S. 167, 170 ff.;

ten können im Einzelnen durchaus kritikwürdig sein. Sie dürfen den Rechtswissenschaftler aber nicht dazu verleiten, pauschal anzuzweifeln, dass der demokratische Gesetzgeber befähigt ist, sachgerechte Lösungen zu ermitteln.[1207] Innerhalb des Korridors des verfassungsrechtlich Zulässigen muss die rechtspolitische Beratung die Einschätzungsprärogative und Regelungsautonomie des Parlaments respektieren.[1208] Hier ist eine argumentativ *zwingende* Lösung realistischerweise weder zu finden noch anzustreben.[1209] In diesem Sinne zielt diese Untersuchung nur, aber auch immerhin, darauf ab, einen „relativ gut“[1210] begründeten Regulierungsvorschlag zu unterbreiten.

Im Ergebnis ausgewählt werden die in der Gesetzgebungslehre weithin anerkannten[1211] Kategorien der Beständigkeit, Klarheit, Bestimmtheit, Kohärenz und Vollzugstauglichkeit. Die Bedeutung dieser Begriffe und die Gründe für ihre Auswahl werden ausführlich erörtert. Die Auswahl ist hinsichtlich der ersten vier Kriterien angelehnt an Vorarbeiten von *Lücke* und *Ennuschat*.[1212]

1. Beständigkeit

Die Beständigkeit ist das erste der hier verwendeten gesetzestechnischen Qualitätsmerkmale.[1213] Eine Norm wird hier als beständig verstanden, wenn sie langfristige und fortschreibungsfähige Maßstäbe enthält und von

---

Schuppert, ZG 2003 (Sonderheft), 14 ff.; *Schuppert*, Governance und Rechtsetzung, S. 33 ff.; *Stächelin*, Strafgesetzgebung, S. 268 ff.; *Zeh*, Gesetzesvollzug, S. 15 ff. zur Perspektive des Gesetzgebers.

1207 Erneut *Gaede*, Der Steuerbetrug, S. 334 f. der daran erinnert, dass einzelnen Gerichten oder gar Rechtswissenschaftlern sicherlich keine üppigeren Ressourcen zur Verfügung stehen als dem sachverständig beratenen Parlament, siehe auch a.a.O S. 337; wohl **anders** etwa *Greco*, in: Strafrecht und Verfassung, S. 25 (s. erneut Fn. 917).

1208 Vgl. *Gaede*, Der Steuerbetrug, S. 334 f.

1209 Vgl. *Gaede*, Der Steuerbetrug, S. 329 f.

1210 Frei nach *Karpen*, Gesetzgebungslehre, S. 28 f.: Produktion „absolut guter und effektiver“ Gesetze unmöglich, das Ziel „relativ guter“, besserer Gesetze gleichwohl erstrebenswert; vgl. ähnlich *Smeddinck*, in: Gesetzgebung, § 3 Rn. 33.

1211 Vgl. *Meßerschmidt*, ZJS 2008, 224, 229; *Schulze-Fielitz*, JZ 2004, 862, 863.

1212 *Lücke*, ZG 2001, 1 und *Ennuschat*, DVBl 2004, 986; siehe ergänzend die Übersicht bei *Meßerschmidt*, ZJS 2008, 224, 229.

1213 BVerfG, Urt. v. 11.11.1999 – 2 BvF 2, 3/98, 1, 2/99 = BVerfGE 101, 158, 217; *Ennuschat*, DVBl 2004, 986, 988 m.w.N.; *Lücke*, ZG 2001, 1, 4 ff.; *Meßerschmidt*, ZJS 2008, 224, 229; *Stächelin*, Strafgesetzgebung, S. 335.

einer gewissen Dauerhaftigkeit ist.[1214] Das Kriterium gilt freilich nicht absolut. Es ist anzuerkennen, dass der Gesetzgeber flexibel bleiben und bisweilen sogar frei sein muss, geeignete Lösungen erst durch *trial and error* zu erproben.[1215]

Die Auswahl des Merkmals lässt sich darauf stützen, dass beständige Normen zu mehr Rechtssicherheit führen und unter dem Gesichtspunkt des Vertrauensschutzes günstiger sind.[1216] Das gilt schon im Allgemeinen. Im Strafrecht streiten zwei weitere Gründe für diese Wahl. Zum einen sollte der normunterworfene Bürger darauf vertrauen dürfen, dass regulatorische Entscheidungen im besonders eingriffsintensiven Strafrecht sorgfältig abgewogen und wohlüberlegt getroffen werden. Diesem Vertrauen widerspräche eine Kriminalpolitik, die Normen produziert, die innerhalb kürzester Zeit – oder gar ständig – verworfen, erweitert oder modifiziert werden müssten. Zum anderen soll(te) das Strafrecht nur hochrangige Werte und Rechtsgüter schützen. Diese sollten anhand fundamentaler gesellschaftlicher Wertentscheidungen konturiert und ausgewählt werden. Solche fundamentalen Werte wiederum werden schon ihrer Natur nach meist langlebig sein. Hierzu würden sich kurzfristig zu überholende kriminalpolitische Entscheidungen in Widerspruch setzen. Außer in den wohl seltenen Fällen, in denen grundlegende Wertentscheidungen sich überraschend verändern, wären derartige Regulierungsentscheidungen verdächtig, von vornherein nicht auf angemessenen Prämissen beruht zu haben.

2. Klarheit

Das zweite hier verwendete Kriterium ist das der Normenklarheit.[1217] Normen sollen so klar gefasst werden, „dass der Betroffene seine Normunterworfenheit und die Rechtslage so konkret erkennen kann, dass er sein

1214 BVerfG, Urt. v. 11.11.1999 – 2 BvF 2, 3/98, 1, 2/99 = BVerfGE 101, 158, 217 f.

1215 *Ennuschat*, DVBl 2004, 986, 988 m.w.N.; vgl. zur sog. experimentellen Gesetzgebung *Schuppert*, ZG 2003 (Sonderheft), 65 ff.; *Smeddinck*, in: Gesetzgebung, § 3 Rn. 66 ff.; *Steinbach*, Rationale Gesetzgebung, S. 147 ff. m.w.N.; **gegen** deren Zulässigkeit speziell im Strafrecht wiederum *Stächelin*, Strafgesetzgebung, S. 156 ff., 160.

1216 *Lücke*, ZG 2001, 1, 4 m.w.N.

1217 *Ennuschat*, DVBl 2004, 986, 988 m.w.N; *Lücke*, ZG 2001, 1, 7 ff.; *Meßerschmidt*, ZJS 2008, 224, 229; *Ramos/Heydt*, in: Legislation in Europe, S. 130 ff.; *Schneider*, Gesetzgebung, Rn. 66 ff., 79; *Schulze-Fielitz*, JZ 2004, 862, 863.

Verhalten danach auszurichten vermag."[1218] Insofern ist das Gebot der Normenklarheit mit dem Bestimmtheitsgebot verwandt, aber nicht identisch.[1219] Die verfassungsrechtliche Leistungsfähigkeit des Kriteriums wird zwar teilweise angezweifelt.[1220] Aus gesetzestechnischer Perspektive lässt es sich aber hinreichend konkretisieren. Normen sollen einheitlich strukturiert und nummeriert,[1221] sprachlich richtig und möglichst für jedermann verständlich sein.[1222] Sie sollen in kurzen Sätzen und Paragraphen abgefasst werden[1223] und es soll abgewogen werden, ob und wie Verweisungen sinnvoll eingesetzt werden können.[1224] Kurz gesagt verlangt Normenklarheit übersichtliche und verständliche Regelungen und Regelungssysteme.

Die Aufnahme dieses Kriteriums lässt sich vor allem mit praktischen Erwägungen begründen. Es ist in der ministeriellen Gesetzgebungspraxis bedeutsam[1225] und sogar gesetzlich fundiert.[1226] Zudem ist es verhältnismäßig einfach umzusetzen und nachzuprüfen; seine *Be*achtung ist dabei ebenso augenfällig wie seine *Miss*achtung.

1218 BVerfG, Beschl. v. 9.4.2003 – 1 BvL 1/01, 1 BvR 1749/01 = BVerfGE 108, 52, 75; BVerfG, Beschl. v. 23.6.2010 – 2 BvR 2559/08, 105, 491/09 = BVerfGE 126, 170, 195; zur praktischen Umsetzung ausführlich *Bundesministerium der Justiz*, Handbuch der Rechtsförmlichkeit, Rn. 53 ff.

1219 Zum Verhältnis von Normenklarheit und Bestimmtheit: Die Begriffe sind, wie erwähnt, miteinander verwandt. Sie verhalten sich zueinander aber nicht notwendigerweise kongruent, vgl. *Lücke*, ZG 2001, 1, 10 m.w.N. (dortige Fn. 40): So ist etwa vorstellbar, dass eine Norm durch die detaillierte Aufzählung dutzender tauglicher Tathandlungen besonders bestimmt, gleichzeitig aber unübersichtlich und damit unklar wird. Umgekehrt kann eine übersichtliche und klare Norm doch unbestimmt sein, wenn ein einzelnes Tatbestandsmerkmal sich nicht ansatzweise mit der im Strafrecht zu fordernden Gewissheit auslegen lässt. Siehe zum „dialektischen" Verhältnis von Bestimmtheit und Klarheit auch *Hernández Ramos/Heydt*, in: Legislation in Europe, S. 131.

1220 *Ennuschat*, DVBl 2004, 986, 988 m.w.N.

1221 Anlage 4.3 zu § 42 Abs. 2 Satz 1 Gemeinsame Geschäftsordnung der Bundesministerien (nachfolgend: „GGO"); vgl. *Ennuschat*, DVBl 2004, 986, 988; *Müller/Uhlmann/Hofstetter*, Rechtssetzungslehre, Rn. 202 ff.

1222 § 42 Abs. 5 Satz 1 GGO; kritisch *Zeh*, Gesetzesvollzug, S. 15, 18 f.

1223 § 42 Abs. 4 GGO; *Bundesministerium der Justiz*, Handbuch der Rechtsförmlichkeit, Rn. 95 ff.

1224 *Ennuschat*, DVBl 2004, 986, 988; *Bundesministerium der Justiz*, Handbuch der Rechtsförmlichkeit, Rn. 218 ff., zur Abwägung der Vor- und Nachteile insb. Rn. 225 ff.

1225 *Bundesministerium der Justiz*, Handbuch der Rechtsförmlichkeit, Rn. 53 ff.

1226 § 42 GGO; Anlage 4.3 zu § 42 Abs. 2 Satz 1 GGO.

3. Bestimmtheit

Ein weiteres Merkmal legistischer Qualität ist die Bestimmtheit.[1227] Die Voraussetzungen gesetzlicher Bestimmtheit sind aus der Perspektive des Verfassungsrechts bereits dargestellt worden.[1228] Die Bestimmtheit wird im Rahmen der rechtspolitischen Bewertung erneut aufgegriffen, obwohl sie bereits als Grenze zulässiger Kriminalisierung diskutiert wurde. Dies erklärt sich dadurch, dass nicht jede Unbestimmtheit zur Verfassungswidrigkeit einer Regelung führen muss. Innerhalb der Grenzen des strafverfassungsrechtlich Zulässigen wird an dieser Stelle die *relative* Bestimmtheit der Regelungsalternativen bewertet. Dahinter steht die schlichte Einsicht, dass manche Regelungen bestimmter sein können als andere.

Schon aus der verfassungsrechtlichen Bedeutung des Bestimmtheitsgrundsatzes ergibt sich, dass die Bestimmtheit ein geeignetes und notwendiges Kriterium ist, um kriminalpolitische Regulierungsoptionen zu vergleichen und zu bewerten.[1229]

4. Kohärenz

Als viertes Kriterium wird die Kohärenz der Regelungsalternativen herangezogen.[1230] Auch die Kohärenz ist bereits als verfassungsrechtlich zwingender Maßstab diskutiert worden. Hier gilt erneut, dass die verfassungsrechtliche Zulässigkeit einer Regelung noch nicht alles darüber sagt, wie kohärent sie im Vergleich zu anderen, ebenfalls zulässigen Regelungen ist. Auch hier geht es um die *relative* Kohärenz von Regelungsalternativen.

1227 *Ennuschat*, DVBl 2004, 986, 988; *Lücke*, ZG 2001, 1, 9 ff.; *Meßerschmidt*, ZJS 2008, 224, 229; *Schneider*, Gesetzgebung, Rn. 66 ff.; skeptisch einordnend *Schulze-Fielitz*, JZ 2004, 862, 863.

1228 Siehe erneut I.5 Andere strafrechtliche Verfassungsgarantien, insbesondere der Bestimmtheitsgrundsatz.

1229 Dazu zu dieser Bedeutung abermals I.5 Andere strafrechtliche Verfassungsgarantien, insbesondere der Bestimmtheitsgrundsatz.

1230 Vgl. *Ennuschat*, DVBl 2004, 986, 988; *Lücke*, ZG 2001, 1, 17 ff.; *Meßerschmidt*, ZJS 2008, 224, 229; *Müller/Uhlmann/Hofstetter*, Rechtssetzungslehre, Rn. 211 ff.; *Schneider*, Gesetzgebung, Rn. 57 ff.; skeptisch *Schulze-Fielitz*, JZ 2004, 862, 863.

Die Aufnahme des Kriteriums kann mit seiner verfassungsrechtlichen Bedeutung begründet werden. Zudem ist Kohärenz eine wichtige Voraussetzung für die Glaubwürdigkeit und Akzeptanz staatlichen Handelns.[1231]

5. Vollzugstauglichkeit

Als letztes Kriterium soll die Vollzugstauglichkeit der Regelungsalternativen bewertet werden.[1232] Das Kriterium, das auch als „Praktikabilität“,[1233] „Implementierbarkeit“[1234] oder „Geltungschance“[1235] bezeichnet wird, fragt danach, ob einmal gesetzte Normen tatsächlich „vollzogen, umgesetzt [und] verwirklicht werden“ können.[1236] Neue Normen sollen insbesondere durch *bestehende Institutionen* unkompliziert umsetzbar sein.[1237]

Die Vollzugstauglichkeit wird hier aus der Perspektive der Exekutive, und dort namentlich von Staatsanwaltschaften und Strafverfolgungsbehörden untersucht. Für diese kommt es darauf an, dass ausreichend personelle, zeitliche und technische Ressourcen verfügbar sind, um kriminelles Verhalten zu ermitteln, aufzudecken und nachzuweisen.[1238] Dagegen soll es nicht um die Sicht der Rechtsprechung gehen. Für diese dürfte unter Vollzugstauglichkeit eher zu verstehen sein, dass eine Norm bestimmt, jedenfalls aber durch Auslegung bestimmbar ist. Diese Anforderungen werden bereits anhand von Beständigkeit, Klarheit, Bestimmtheit und Kohärenz überprüft.

Im Kontext der Vollzugstauglichkeit steht auch die Diskussion um sog. symbolische Gesetzgebung. Als symbolische Gesetzgebung wird eine Praxis bezeichnet, bei der Normen erlassen werden, obwohl der Gesetzgeber

---

1231 Vgl. *Ennuschat*, DVBl 2004, 986, 988; *Europäische Kommission*, COM(2001) 428 final, S. 4, 7 f., 10.

1232 Vgl. *Meßerschmidt*, ZJS 2008, 224, 230; *Müller/Uhlmann/Hofstetter*, Rechtssetzungslehre, Rn. 289 ff.; (skeptisch einordnend) *Schulze-Fielitz*, JZ 2004, 862, 863.

1233 So *Müller/Uhlmann*/Hofstetter, Rechtssetzungslehre, Rn. 289 ff.

1234 *Stächelin*, Strafgesetzgebung, S. 228 ff.

1235 Vgl. *Newig*, in: Wie wirkt Recht?, S. 306: „Rahmenbedingungen, welche die tatsächliche Einhaltung und Umsetzung von Gesetzen determinieren.“

1236 *Müller/Uhlmann/Hofstetter*, Rechtssetzungslehre, Rn. 289.

1237 *Müller/Uhlmann/Hofstetter*, Rechtssetzungslehre, Rn. 296 sprechen von „Traditionsanschlüssen“; vgl. ähnlich *Newig*, in: Wie wirkt Recht?, S. 306.

1238 Vgl. *Newig*, in: Wie wirkt Recht?, S. 306.

von vornherein davon ausgeht, dass sie nicht vollzugstauglich sind.[1239] Der Vorwurf, dass der Gesetzgeber gerade das Strafrecht nicht allein aus sachlichen, sondern (auch) aus symbolpolitischen Gründen einsetze, ist in der Literatur – wenn auch mit Schattierungen – weit verbreitet und ebenso klassisch wie aktuell.[1240] Das Thema soll an dieser Stelle nur kurz angeleuchtet sein. Inwiefern die Kritik bezüglich der Regulierung von Social Bots berechtigt ist, wird später eingehend betrachtet.[1241]

6. Ausschluss: Gesetzesfolgenabschätzung

Eine Gesetzesfolgenabschätzung (vgl. § 44 Abs. 1 GGO) wird nicht durchgeführt. Die Gesetzesfolgenabschätzung ist seit längerer Zeit einer der größten Hoffnungsträger der Gesetzgebungslehre.[1242] Sie ist ein weithin anerkanntes Instrument, wenngleich im Detail noch vieles strittig ist.[1243]

Hier käme nur eine prospektive Gesetzesfolgenabschätzung in Betracht, also eine Erforschung der zu erwartenden Gesetzesfolgen *ex ante*.[1244] In der Praxis ist diese ein äußerst vielseitiges und ressourcenintensives Unter-

---

1239 *Müller/Uhlmann/Hofstetter*, Rechtssetzungslehre, Rn. 306; *Newig*, in: Wie wirkt Recht?, S. 302, 304; *Nobis*, in: Räume der Unfreiheit, S. 23 f.; *Steinbach*, Rationale Gesetzgebung, S. 153; hinsichtlich des gesetzgeberischen „Vorsatzes" **differenzierend** *Hassemer*, in: FS Roxin (2001), S. 1001, 1016; wohl ähnlich *Funcke-Auffermann*, Symbolische Gesetzgebung, S. 62.

1240 *Frisch*, NStZ 2016, 16, 20 f.: „Der Staat bemüht das Strafrecht zunehmend zu symbolischer Gesetzgebung (Aktionismus) und zur bloßen Verhaltenssteuerung," m.w.N. in dortiger Fn. 44; *Hassemer*, NStZ 1989, 553, 556 ff.; *Hassemer*, StV 1995, 483 ff.; vgl. mit einem lesenswerten Beispielsfall aus dem Verkehrsrecht *Jahn/Brodowski*, ZStW 129 (2017), 363 ff.; *Nobis*, in: Räume der Unfreiheit, 6 f. dort zustimmend *Hassemer* zitierend.

1241 Siehe näher unten D.II.5 Vollzugstauglichkeit.

1242 *Ennuschat*, DVBl 2004, 986, 992 m.w.N.

1243 Vgl. *Steinbach*, Rationale Gesetzgebung, S. 144 ff. m.w.N. Bisweilen wird ihre Leistungsfähigkeit auch noch grundsätzlich in Zweifel gezogen, vgl. *Schuppert*, Governance und Rechtsetzung, S. 83 und ff.: „im Prinzip einleuchtend, aber häufig eher wirkungslos"; **a.A.** *Steinbach*, Rationale Gesetzgebung, S. 146: biete einen Mehrwert, „auch wenn [sie] sich vorzugsweise auf Plausibilitäten stützen" müsse.

1244 Zur Unterscheidung zwischen prospektiver und retrospektiver Gesetzesfolgenabschätzung *Ennuschat*, DVBl 2004, 986, 992; ausführlich *Steinbach*, Rationale Gesetzgebung, S. 140 ff.

fangen,[1245] an dem zahlreiche staatliche[1246] und externe[1247] Experten unterschiedlicher Disziplinen beteiligt sind.[1248] Eine Gesetzesfolgenabschätzung, die diesem *state of the art* auch nur annähernd entspräche, kann hier nicht seriös geleistet werden. Sie auszuklammern erscheint jedoch vertretbar, da dieser Abhandlung andere potentiell gewinnbringende Arbeitsschritte bei der Auswahl und Bewertung möglicher Regulierungsoptionen zur Verfügung stehen. An die hier geleistete Vorarbeit könnte eine umfassende Gesetzesfolgenabschätzung immerhin anknüpfen.

III. Ergebnis

Die Grenzen zulässiger Kriminalisierung ergeben sich aus der Verfassung und dort insbesondere aus dem – angereicherten – Verhältnismäßigkeitsgrundsatz, dem Bestimmtheitsgrundsatz und dem allgemeinen Gleichheitssatz.[1249] Innerhalb dieser Grenzen sind viele Kategorien rechtspolitischer Bewertung denkbar. Hier werden die Kategorien der Beständigkeit, Klarheit, Bestimmtheit, Kohärenz und Vollzugstauglichkeit ausgewählt.[1250]

B. Abstraktes Gefährdungsdelikt

Zuerst soll geprüft werden, ob der Einsatz von Social Bots durch ein abstraktes Gefährdungsdelikt strafrechtlich reguliert werden könnte und sollte. Der hiesige Formulierungsvorschlag für ein solches abstraktes Gefährdungsdelikt lautet:

> „Wer Profile in sozialen Netzwerken mithilfe von Computerprogrammen so automatisiert, dass diese den Anschein erwecken, dass ein menschlicher Nutzer kommuniziere, macht sich strafbar."

1245 *Hoffmann-Riem,* Innovation und Recht, S. 156 f. m.w.N. (dortige Fn. 8).

1246 *Steinbach,* Rationale Gesetzgebung, S. 141 ff.

1247 *Hoffmann-Riem,* Innovation und Recht, S. 157 f.; zur externen Beratung in der Gesetzgebung im Allgemeinen *Heintzen,* in: Gesetzgebung, § 9 Rn. 1 ff.

1248 *Schneider,* Gesetzgebung, Rn. 99, 154 ff.; *Smeddinck,* in: Gesetzgebung, § 3 Rn. 45; zum Ganzen instruktiv und m.w.N. *Steinbach,* Rationale Gesetzgebung, S. 137 ff.

1249 I Korridor zulässiger Kriminalisierung.

1250 II Kriterien rechtspolitischer Bewertung.

Diese Formulierung ist weit gefasst. Eine solche „große Lösung" wird allerdings bewusst gewählt. So kann der Korridor des verfassungsrechtlich Zulässigen von außen abgesteckt werden; wenn diese weiteste denkbare Lösung verfassungsrechtlich zulässig wäre, müsste dies für enger gefasste Lösungen erst recht gelten. Auf den ersten Blick verspricht ein umfassender Anwendungsbereich immerhin auch umfassenden Schutz. Das abstrakte Gefährdungsdelikt fügt sich auch ein in die Systematik des StGB, das Kollektivrechtsgüter regelmäßig durch abstrakte Gefährdungsdelikte schützt.[1251] Ersichtlich kann ein derart weit formulierter Anwendungsbereich beispielsweise hinsichtlich der Erforderlichkeit oder Bestimmtheit problematisch sein. Diesen Bedenken wird noch nachgegangen. Die konkrete Formulierung ist angelehnt an die hier vorgeschlagene Definition für Social Bots, die als Straftatbestand umformuliert wurde.[1252]

I. Verfassungsrechtliche Zulässigkeit

Zunächst ist zu klären, ob ein Strafgesetz diesen Inhalts verfassungsrechtlich *zulässig* wäre. Erster Ansatzpunkt dieser verfassungsrechtlichen Bewertung ist nach dem hier vertretenen Ansatz eine Verhältnismäßigkeitsprüfung.

1. Verhältnismäßigkeitsprüfung

Um größtmögliche Nachvollziehbarkeit zu gewährleisten, wird die Prüfung „schulmäßig" aufgebaut.[1253] Dabei gilt: Sollte der Gesetzesvorschlag aus *rechtlichen* Gründen verfassungswidrig sein, wird die Prüfung abgebrochen. Sollten dagegen *Tatsachen* unklar oder nicht nachweisbar sein, wird darauf hingewiesen, was aus diesen Unklarheiten nach derzeitigem Kenntnisstand folgt. Gleichwohl wird die Prüfung in solchen Fällen hilfsweise fortgesetzt, weil empirische Grundlagen sich verändern können.

1251 Vgl. *Hefendehl*, Kollektive Rechtsgüter, S. 156 ff.; näher unten I.1.c)aa)(2)(d) Staatsschutzstrafrecht.

1252 Vgl. zu dieser erneut 1. Kap. A.IV Stellungnahme und eigene Definition.

1253 Zu den Vorzügen der schematischen Prüfung *Kaspar*, Präventionsstrafrecht, S. 352; zum Aufbau siehe nur *Sodann/Ziekow*, § 24 Rn. 1 ff.

a) Schutzbereich

Der Schutzbereich eines Grundrechts muss eröffnet sein. Gleich mehrere Grundrechte kommen in Betracht.

aa) Allgemeines Persönlichkeitsrecht

Im Anschluss an die vorherigen Ausführungen kann knapp festgestellt werden, dass der Schutzbereich des allgemeinen Persönlichkeitsrechts gemäß Art. 2 Abs. 1, 1 Abs. 1 GG eröffnet ist. Die Freiheit vor und von der Zufügung eines sozialethischen Unwerturteils durch den Staat ist von dessen Schutzbereich erfasst.

bb) Meinungsfreiheit

Daneben können auch andere Freiheitsrechte durch ein Strafgesetz betroffen sein.[1254] Beim Einsatz von Social Bots könnte zunächst der Schutzbereich der Grundrechte aus Art. 5 GG und dort insbesondere derjenige der Meinungsfreiheit gemäß Art. 5 Abs. 1 Satz 1 GG eröffnet sein. In der Literatur wird bisher angenommen, dass der Einsatz von Social Bots dem Schutzbereich der Meinungsfreiheit grundsätzlich unterfällt.[1255] Diese Annahme ist zu überprüfen.

Das Verhalten, das durch das abstrakt-generelle Strafgesetz kriminalisiert würde, muss dem Schutzbereich der Meinungsfreiheit unterfallen. Jeder hat das Recht, seine Meinung in Wort, Schrift und Bild frei zu äußern und zu verbreiten, Art. 5 Abs. 1 Satz 1 GG. Unter einer Meinung wird das subjektive Dafürhalten oder die Bewertung eines Einzelnen bezüglich eines beliebigen Inhalts verstanden.[1256] Die Einordnung als Meinung ist unabhängig von Kategorien wie wahr oder unwahr, begründet oder unbegründet, emotional oder rational, wertvoll oder wertlos, gefährlich oder

---

1254 Dies ergibt sich aus der im Strafgesetz enthaltenen Verhaltensnorm, siehe oben A.I.2.c) Grundrechtseingriffe durch Strafgesetze.

1255 *Milker*, InTeR 2017, 199, 201 f.; *Milker*, ZUM 2017, 216, 217 f.; *Schröder*, DVBl 2018, 465, 466 ff.; *Steinbach*, ZRP 2017, 101, 102 f.

1256 Vgl. nur BVerfG, Beschl. v. 22.6.1982 – 1 BvR 1376/79 – BVerfGE 61, 1, 9; vgl. *Schemmer*, in: BeckOK-GG, Art. 5 Rn. 4; *Grabenwarter*, in: Maunz/Dürig, Art. 5 Abs. 1 Rn. 47.

harmlos.[1257] Eine Meinung kann sich auf beliebige Lebenssachverhalte beziehen; sie kann ebenso gut privater wie politischer Natur sein.[1258]

Mehrere miteinander verknüpfte Fragen sind abzuschichten. Zunächst muss der persönliche Schutzbereich eröffnet sein [(1)]. Sodann müssen die Verhaltensweisen, die von Social Bots in sozialen Netzwerken ausgeführt werden, schon grundsätzlich – also dann, wenn sie hypothetisch unmittelbar von einem Menschen ausgeführt werden – der Meinungsfreiheit unterfallen [(2)]. Dies wird zu der Frage führen, ob auch reine Kommunikationsmodalitäten dem Schutzbereich der Meinungsfreiheit unterfallen [(3)]. Dies muss auch weiterhin gelten, wenn diese Verhaltensweisen gerade unter der Zwischenschaltung von Social Bots vorgenommen werden [(4)]. Schließlich ist zu überlegen, ob der Einsatz von Social Bots wegen seiner manipulativen Elemente vom Schutzbereich auszunehmen ist [(5)].

(1) Persönlicher Schutzbereich

Social Bots selbst sind keine Grundrechtsträger und als solche nicht vom Schutzbereich der Meinungsfreiheit (oder irgendeines Grundrechts) umfasst.[1259] Als Grundrechtsträger kommen allein die dahinterstehenden Personen in Betracht, also vor allem Programmierer und Verwender der Social Bots.[1260]

(2) Meinungscharakter von Handlungsformen in sozialen Netzwerken

Social Bots können eingesetzt werden, um verschiedene Kommunikationsakte auszuführen. Die Handlungsformen sind hier unterteilt worden in das Verändern von Statistiken, das Verbreiten von Inhalten und das Ver-

---

1257 Siehe nur BVerfG, Beschl. v. 13.4.1994 – 1 BvR 23/94 = BVerfGE 90, 241.

1258 BVerfG, Beschl. v. 10.3.2016 – 1 BvR 2844/13 = NVwZ 2016, 761.

1259 *Jülicher/Röttgen*, InTeR 2018, 15, 16; *Milker*, InTeR 2017, 199, 201; *Milker*, ZUM 2017, 216, 217; *Schröder*, DVBl 2018, 465, 466; *Steinbach*, ZRP 2017, 101, 102. Vgl. auch schon oben 2. Kap. D.I.2 Kundgabe eigener Missachtung beim Einsatz von Social Bots.

1260 *Jülicher/Röttgen*, InTeR 2018, 15, 16; *Lewke*, InTeR 2017, 207, 211; *Milker*, InTeR 2017, 199, 201; *Milker*, ZUM 2017, 216, 217; *Schröder*, DVBl 2018, 465, 466; *Steinbach*, ZRP 2017, 101, 102.

netzen von Profilen.[1261] Nach diesen Handlungsformen ist zu differenzieren.

(a) Verändern von Statistiken

Erstens können Social Bots eingesetzt werden, um Statistiken zu verändern, indem sie plattformimmanente Interaktionen wie z.B. Likes ausführen.[1262] In einem solchen Like liegt, wie oben festgestellt wurde, im strafrechtlichen Sinne nicht mehr als eine bloße Beihilfehandlung. Ein Like kommuniziert zwar regelmäßig eine gewisse Solidarisierung; einen nennenswerten eigenen gedanklichen Aufwand verlangt er aber typischerweise nicht.[1263] Dies spricht auf den ersten Blick dafür, Likes (und ähnliche Verhaltensweisen) aus dem Schutzbereich der Meinungsfreiheit auszunehmen.

Andererseits ist der Schutzbereich der Meinungsfreiheit im Sinne eines umfassenden Freiheitsschutzes weit zu fassen.[1264] Es ist unerheblich, ob eine Meinung begründet oder unbegründet, wertvoll oder wertlos ist.[1265] Darum sollten nicht nur Meinungsäußerungen mit einem *gesteigerten* eigenen gedanklichen Aufwand in den Schutzbereich des Art. 5 Abs. 1 Satz 1 GG aufgenommen werden.[1266] Wie bereits erwähnt, kommuniziert ein Like nach allgemeiner Auffassung immerhin eine gewisse Solidarisierung mit dem gelikten Inhalt.[1267] Dies reicht aus, um Likes dem Schutzbereich des Art. 5 Abs. 1 Satz 1 GG zuzurechnen. Das widerspricht auch nicht der Lösung, die zuvor hinsichtlich der Beleidigungsdelikte vorgeschlagen worden ist. Im Strafrecht sind Tatbestandsmerkmale genau umgekehrt, nämlich besonders restriktiv, auszulegen. Zudem rechtfertigt die Abgrenzung von Täterschaft und Teilnahme (die das StGB voraussetzt) eine gewisse Abschichtung verschiedener Verhaltensweisen; sie schließt aber nicht aus, dass diese Verhaltensweisen aus grundrechtlicher Perspektive

1261 1. Kap. E.II Manipulationshandlungen.
1262 1. Kap. E.II.1 Veränderung von Statistiken.
1263 2. Kap. D.I.1.a) Likes.
1264 Vgl. BVerfG, Beschl. v. 22.6.1982 – 1 BvR 1376/79 = BVerfGE 61, 1, 9; *Manssen*, § 16 Rn. 373 m.w.N.
1265 Vgl. erneut nur BVerfG, Beschl. v. 13.4.1994 – 1 BvR 23/94 = BVerfGE 90, 241.
1266 Vgl. jüngst BVerfG, Beschl. v. 19.5.2020 – 1 BvR 362/18 = HRRS 2020 Nr. 652 Rn. 18; BVerfG, Beschl. v. 19.5.2020 – 1 BvR 2397/19 – HRRS 2020 Nr. 654 Rn. 18: auch grundlose Kritik erfasst.
1267 2. Kap. D.I.1.a) Likes m.w.N.

legitim zusammen gedacht werden können. Nach alledem sind Likes und ähnliche Verhaltensweisen von Social Bots als Meinungsäußerungen i.S.d. Art. 5 Abs. 1 Satz 1 GG zu bewerten. Sie unterfallen dem Schutzbereich der Meinungsfreiheit.

(b) Verbreiten von Inhalten

Zweitens können Social Bots verwendet werden, um Inhalte zu verbreiten. Sie können etwa eigene Postings oder Kommentare veröffentlichen.[1268] Solche inhaltlichen Äußerungen unterfallen auch im Internet und in sozialen Netzwerken grundsätzlich dem Meinungsbegriff des Art. 5 Abs. 1 Satz 1 GG.[1269]

(c) Vernetzen von Profilen

Drittens können Social Bots eingesetzt werden, um Profile in sozialen Netzwerken miteinander zu vernetzen.[1270] Zu prüfen ist, ob die Vernetzung mit einem anderen Profil in einem sozialen Netzwerk ein Element des subjektiven Dafürhaltens oder der Bewertung bezüglich eines beliebigen Inhalts enthält. Man könnte meinen, dass etwa die Vernetzungs*anfrage* an einen Dritten, die regelmäßig (aber nicht stets) technisch vorausgesetzt wird, um Profile zu vernetzen, kommuniziere, dass man sich dem Dritten verbunden fühle oder diesen wertschätze. Gegen eine solche Interpretation spricht, dass es vielfach schon erforderlich ist, Profile miteinander zu vernetzen, um Inhalte des dritten Profils verfolgen zu können. Das muss aber weder stets noch regelmäßig aus Verbundenheit oder Interesse der Fall sein. Denkbar ist beispielsweise, dass ein Nutzer einer politischen Partei folgt, die er streng ablehnt, um über deren Positionen informiert zu bleiben. Es erscheint eher konstruiert, das Vernetzen von Profilen als eigene Meinungsäußerung aufzufassen. Einstweilen ist festzuhalten, dass das Vernetzen von Profilen keine eigene Meinungsäußerung darstellt und deshalb nicht dem Schutzbereich des Art. 5 Abs. 1 Satz 1 GG unterfällt.[1271]

1268 1. Kap. E.II.2 Verbreitung von Inhalten.
1269 Vgl. nur *Starck/Paulus*, in: MKS, Art. 5 Rn. 88 m.w.N.
1270 1. Kap. E.II.3 Vernetzung von Profilen.
1271 Siehe aber sogleich (3) Schutz von Kommunikationsmodalitäten.

(d) Zwischenergebnis

Die Handlungsformen von Social Bots, die hier dem „Verändern von Statistiken“ und dem „Verbreiten von Inhalten“ zugeordnet werden, enthalten potentiell eine von Art. 5 Abs. 1 Satz 1 GG geschützte Meinungsäußerung. Das Vernetzen von Profilen unterfällt dagegen im ersten Zugriff nicht dem Meinungsbegriff.

(3) Schutz von Kommunikationsmodalitäten

Das hier vorgeschlagene abstrakte Gefährdungsdelikt knüpft die Strafbarkeit nicht an den *Inhalt* einer Meinungsäußerung, sondern allein an die Modalität des Kommunikationsvorganges. Im Strafrecht ist das ein Novum. Zu prüfen bleibt, ob der Einsatz von Social Bots dem Schutzbereich der Meinungsfreiheit auch unabhängig vom kommunizierten Inhalt grundsätzlich unterfällt.

Der Wortlaut von Art. 5 Abs. 1 Satz 1 GG besagt, dass jeder das Recht hat, „seine Meinung in Wort, Schrift und Bild frei zu äußern und zu verbreiten“. Die Begriffe Wort, Schrift und Bild sind weit auszulegen; die Aufzählung ist nicht abschließend.[1272] Vor diesem Hintergrund ist anerkannt, dass der Schutz der Meinungsfreiheit sich auch darauf bezieht, in welcher *Form* die Meinung verbreitet wird.[1273] Die Rechtsprechung hat dies mit fortschreitender technischer Entwicklung für verschiedene Kommunikationsformen immer wieder bestätigt (Flugblätter,[1274] Werbeanzeigen in Zeitschriften,[1275] Links in Online-Artikeln[1276]).[1277]

1272 *Starck/Paulus*, in: MKS, Art. 5 Rn. 86; *Wendt*, in: Münch/Kunig, Art. 5 Rn. 15 f.

1273 Ausdrücklich BVerfG, Beschl. v. 10.10.1995 – 1 BvR 1476 u.a. (Soldaten sind Mörder) = BVerfGE 93, 266, 289; BVerfG, Urt. v. 22.2.2011 – 1 BvR 699/06 (Fraport) = BVerfGE 128, 225, 264; konkret zu Social Bots schon *Steinbach*, ZRP 2017, 101, 102 f.; vgl. allgemein *Starck/Paulus*, in: MKS, Art. 5 Rn. 91.

1274 BVerfG, Urt. v. 22.2.2011 – 1 BvR 699/06 (Fraport) = BVerfGE 128, 225, 264.

1275 BVerfG, Urt. v. 12.12.2000 – 1 BvR 1762/95 u.a. (Benetton) = BVerfGE 102, 347, 359.

1276 BVerfG, Beschl. v. 15.12.2011 – 1 BvR 1248/11 = NJW 2012, 1205 (redaktioneller Leitsatz).

1277 Vgl. *Schemmer*, in: BeckOK-GG, Art. 5 Rn. 14 m.w.N.

Das spricht dafür, auch Social Bots als geschützte Kommunikationsform zu bewerten.[1278] Man könnte aber auch daran zweifeln, dass Social Bots mit den genannten Medien vergleichbar sind. So könnte man argumentieren, dass das geschützte Medium beispielsweise der Beitrag im sozialen Netzwerk sei, nicht aber der Bot, der dieses automatisiert bedient. Dem ist zu entgegnen, dass nach der ständigen Rechtsprechung des BVerfG gilt, dass der Grundrechtsträger zur Meinungsäußerung „auch diejenigen Umstände wählen [darf], von denen er sich die größte Verbreitung oder die stärkste Wirkung seiner Meinungskundgabe verspricht."[1279] Social Bots sind ein Paradebeispiel dafür, dass ein einzelner Grundrechtsträger seiner eigenen Meinung die größtmögliche Verbreitung durch technische Hilfsmittel sichern will.[1280] Das spricht durchschlagend dafür, den Einsatz von Social Bots auch als Kommunikationsmodalität dem Schutzbereich der Meinungsfreiheit zuzurechnen.[1281]

Hieraus ergibt sich zudem ein anderes Ergebnis für das Vernetzen von Profilen. Zwar ist dieser Verhaltensweise ein unmittelbarer eigener Aussagegehalt gerade noch abgesprochen worden.[1282] Doch ist nun zu betonen, dass die vorherige Vernetzung von Profilen aus Sicht des Programmierers bzw. Verwenders des Social Bots entscheidend ist, damit die spätere Meinungsäußerung möglichst viele Personen erreicht. Sofern das Vernetzen von Profilen dazu gedacht ist, die Wirkung der Meinungskundgabe zu verstärken, unterfällt es dem Schutzbereich der Meinungsfreiheit. Damit unterfällt der Einsatz von Social Bots dem Schutzbereich der Meinungsfreiheit umfassend.[1283]

1278 So schon *Jülicher/Röttgen*, InTeR 2018, 15, 16; *Milker*, InTeR 2017, 199, 201 f.; *Milker*, ZUM 2017, 216, 217; *Schröder*, DVBl 2018, 465, 466 ff.; *Steinbach*, ZRP 2017, 101 ff.

1279 Ausdrücklich BVerfG, Beschl. v. 10.10.1995 – 1 BvR 1476 u.a. (Soldaten sind Mörder) = BVerfGE 93, 266, 289; BVerfG, Urt. v. 22.2.2011 – 1 BvR 699/06 (Fraport) = BVerfGE 128, 225, 264; *Elsaß/Labusga/Tichy*, CR 2017, 234, 238; *Steinbach*, ZRP 2017, 101, 102 f.; *Starck/Paulus*, in: MKS, Art. 5 Rn. 91.

1280 Siehe abermals treffend *Steinbach*, ZRP 2017, 101, 102: „Sprachrohr".

1281 So auch schon *Steinbach*, ZRP 2017, 101, 102 f.

1282 (2)(c) Vernetzen von Profilen.

1283 So bereits *Jülicher/Röttgen*, InTeR 2018, 15, 16; *Milker*, InTeR 2017, 199, 201 f.; *Milker*, ZUM 2017, 216, 217; *Schröder*, DVBl 2018, 465, 466 ff.; *Steinbach*, ZRP 2017, 101 ff.

(4) Zurechnung von Meinungsäußerungen beim Einsatz von Social Bots

Daneben ist zu durchdenken, ob noch eine zurechenbare Meinungsäußerung eines Grundrechtsträgers vorliegt, wenn ein Social Bot eingesetzt wird. Man könnte daran zweifeln, dass eine *menschliche* Meinung gegeben ist, die dem Schutzbereich des Art. 5 Abs. 1 Satz 1 GG unterfällt, wenn der Social Bot einen bestimmten Kommunikationsinhalt zufällig generiert oder ein bestimmtes Kommunikationsverhalten selbsttätig vornimmt.

In diesem Zusammenhang ist bereits durchdacht worden, ob die Rechtsprechung des BVerfG zu sog. IMSI-Catchern auf Social Bots übertragen werden könnte.[1284] Dort hat das BVerfG entschieden, dass ein ausschließlich zwischen technischen Geräten stattfindender Informationsaustausch nicht dem Schutzbereich des Art. 10 GG unterfällt.[1285] Es ging um die Frage, ob die Ermittlung der Geräte- und Kartennummern sowie des Standorts von Mobiltelefonen durch so genannte „IMSI-Catcher" gemäß § 100i Abs. 1 Nr. 1 und 2 StPO verfassungsrechtlich zulässig ist.[1286] Nach dem damaligen Sachverhalt übermittelten Mobiltelefone fortlaufend ihre IMSI („International Mobile Subscriber Identity“ bzw. die Kartennummer der eingelegten SIM-Karte) an Basisstationen des Mobilfunknetzes in ihrer Nähe, um empfangsbereit zu bleiben. War bekannt, dass in einem bestimmten Bereich Mobiltelefone verwendet wurden, konnte ein „IMSI-Catcher“ eingesetzt werden, um mit den dort aktiven Geräten zu kommunizieren und deren IMSI abzufragen. Das BVerfG entschied, dass die Ermittlung einer IMSI nicht dem Schutzbereich des Art. 10 GG unterfällt, weil ausschließlich technische Geräte miteinander kommunizieren und es deshalb an einem menschlich veranlassten Informationsaustausch fehlt.[1287] Ein solcher rein technischer Vorgang trage „keine individuellen und kommunikativen Züge.“[1288]

Diese Rechtsprechung kann nach überzeugender Ansicht aber nicht auf Social Bots übertragen werden.[1289] So wird bereits darauf hingewiesen, dass das Verhalten von Social Bots sich von diesem Sachverhalt unterscheide, weil hier nicht bloß ein rein technischer Datenaustausch zwischen Maschinen vorliege, sondern gerade die geistige Einflussnahme auf andere

---

1284 I.E. abl. *Schröder*, DVBl 2018, 465, 467.
1285 BVerfG, Beschl. v. 22.8.2006 – 2 BvR 1345/03 = NJW 2007, 353 f.
1286 BVerfG, Beschl. v. 22.8.2006 – 2 BvR 1345/03 = NJW 2007, 351.
1287 BVerfG, Beschl. v. 22.8.2006 – 2 BvR 1345/03 = NJW 2007, 353 f.
1288 BVerfG, Beschl. v. 22.8.2006 – 2 BvR 1345/03 = NJW 2007, 353.
1289 *Schröder*, DVBl 2018, 465, 467.

menschliche Gesprächsteilnehmer beabsichtigt werde.[1290] Zwar werde die Meinungsäußerung über den Social Bot technisch vermittelt und bisweilen sogar nach Ort, Zeit und konkretem Inhalt teilweise randomisiert; nach dem aktuellen Stand der Technik seien aber sogar selbstlernende Algorithmen letztlich noch durch einen Menschen vorgezeichnet.[1291] Insoweit liege nur ein gradueller, nicht aber ein qualitativer Unterschied zu anerkannterweise geschützten Konstellationen vor, wie etwa einem zeitversetzt veröffentlichtem Leserbrief oder dem ausgelagerten PR-Management von Prominenten und Politikern, die ihrem Beraterstab nicht jede einzelne Meinungskundgabe konkret vorgäben.[1292]

Diese Überlegungen sind durchweg anschlussfähig. Sie können hier noch um einen strafrechtsspezifischen Gedanken ergänzt werden. Die Fragestellung erinnert an die Diskussion um die Kundgabe *eigener* Missachtung im Rahmen des § 185 StGB.[1293] Die dortige Argumentation lässt sich hier verwerten. Das Vorliegen einer Meinung sollte kongruent zur strafrechtlichen Zurechnung bestimmt werden. Jedenfalls *so* lange, wie die Äußerung eines Social Bots noch objektiv zurechenbar und darum potentiell strafrechtlich relevant ist, sollte sie als Meinung i.S.d. Art. 5 Abs. 1 Satz 1 GG aufgefasst werden. Wenn im Strafrecht die geistige Urheberschaft des Täters zu seinen Lasten bejaht wird, ist es konsequent, sie in entsprechender Weise im Verfassungsrecht zu seinen Gunsten anzunehmen.

Die Kommunikationsakte von Social Bots sind nicht aus dem Schutzbereich des Art. 5 Abs. 1 GG auszunehmen, weil sie technisch vermittelt oder teilweise zufallsgeneriert sind.[1294]

1290 *Schröder,* DVBl 2018, 465, 467.

1291 *Schröder,* DVBl 2018, 465, 467; vgl. dazu auch *Milker,* ZUM 2017, 216, 217; *Steinbach,* ZRP 2017, 101, 102.

1292 *Schröder,* DVBl 2018, 465, 467.

1293 Siehe 2. Kap. D.I.2 Kundgabe eigener Missachtung beim Einsatz von Social Bots.

1294 Vgl. i.E. ebenso schon *Milker,* ZUM 2017, 216, 217; *Schröder,* DVBl 2018, 465, 467; *Steinbach,* ZRP 2017, 101, 102.

(5) Schutzbereichsausschluss aufgrund von Anonymität und Pseudonymität

Soweit Tatsachenbehauptungen als Grundlage der Meinungsbildung dienen, sind sie vom Schutzbereich der Meinungsfreiheit umfasst.[1295] *Unwahre* Tatsachenbehauptungen können hierzu jedenfalls nicht in einem schützenswerten Sinne dienen und sind deshalb nicht erfasst: „Unrichtige Information ist unter dem Blickwinkel der Meinungsfreiheit kein schützenswertes Gut, weil sie der verfassungsrechtlich vorausgesetzten Aufgabe zutreffender Meinungsbildung nicht dienen kann."[1296] Lügen, also „bewusst unwahre Tatsachenbehauptungen" und Behauptungen über Tatsachen, „deren Unwahrheit bereits im Zeitpunkt der Äußerung unzweifelhaft feststeht" unterfallen dem Schutzbereich ebenso wenig.[1297]

Vor diesem Hintergrund könnte man erwägen, den Einsatz von Social Bots aus dem Schutzbereich der Meinungsfreiheit auszuschließen.[1298] Immerhin ist es für Social Bots charakteristisch, dass über die Identität der Kommunikationsteilnehmer getäuscht wird.[1299] Das soeben gefundene Ergebnis, dass nämlich Social Bots als technisches Hilfsmittel zur potenzierten Meinungskundgabe dem Schutzbereich der Meinungsfreiheit unterfallen, könnte zu revidieren sein, weil eine gleichsam lügnerische Verstärkungsmethode gewählt wird. Doch auch ein solcher Vorstoß ist zurückzuweisen. Die pseudo- oder anonymisierte Kommunikation begünstigt die Meinungsfreiheit, indem sie Meinungsäußerungen frei von Repressionen ermöglicht.[1300] Der Schutzbereich der Meinungsfreiheit erfasst darum nicht lediglich Äußerungen, die einem Individuum zugeordnet

---

1295 Siehe zum Maßstab bereits oben 2. Kap. D.V.2.c) Verhältnismäßige Wahrnehmung im Einzelfall; BVerfG, Beschl. v. 22.6.1982 – 1 BvR 1376/79 = BVerfGE 61, 1, 8; BVerfG, Beschl. v. 9.10.1991 – 1 BvR 1555/88 = BVerfGE 85, 1, 15; abgrenzend BVerfG, Urt. v. 15.12.1983 – 1 BvR 209/83 u.a. (Volkszählung) = BVerfGE 65, 1, 41 (keinerlei Meinungsbezug bei statistischen Erhebungen); *Schemmer*, in: BeckOK-GG, Art. 5 Rn. 5 f. m.w.N.

1296 BVerfG, Beschl. v. 3.6.1980 – 1 BvR 797/78 (Böll) = BVerfGE 54, 208, 219 f.; vgl. *Schemmer*, in: BeckOK-GG, Art. 5 Rn. 6.

1297 BVerfG, Beschl. v. 13.4.1994 – 1 BvR 23/94 (Auschwitzlüge) = BVerfGE 90, 241, 247 f.; BVerfG, Beschl. v. 10.11.1998 – 1 BvR 1531/96 (Scientology) = BVerfGE 99, 185, 197; *Schemmer*, in: BeckOK-GG, Art. 5 Rn. 5 f.

1298 Vgl. erwägend *Milker*, InTeR 2017, 199, 201 f.; *Schröder*, DVBl 2018, 465, 467 f.; *Steinbach*, ZRP 2017, 101, 102 f.

1299 Siehe ausführlich oben 2. Kap. F.I.2 Nicht für den Täter bestimmte Daten.

1300 *Brodowski*, JR 2013, 513, 514 ff., 522 f.; *Kersten*, JuS 2017, 193, 201 f., 203; *Milker*, InTeR 2017, 199, 202; *Schröder*, DVBl 2018, 465, 467 f.; *Steinbach*, ZRP werden können.[1301] Der Einsatz von Social Bots unterscheidet sich zwar dadurch von der individuell-pseudonymisierten (bzw. anonymisierten) Kommunikation, dass ein Täter eine *Vielzahl* von Pseudonymen steuern kann.[1302] Dieser – gewichtige – Unterschied lässt sich jedoch besser im Wege einer ausführlichen Grundrechtsabwägung berücksichtigen als bereits pauschal auf der Ebene des Schutzbereichs.[1303] Es gilt weiterhin, dass der Grundrechtsträger sich der Umstände bedienen darf, „von denen er sich die größte Verbreitung oder die stärkste Wirkung seiner Meinungskundgabe verspricht.“[1304]

Dass beim Einsatz von Social Bots über die Identität und Anzahl der Kommunikationsteilnehmer getäuscht wird, führt nicht zum Ausschluss aus dem Schutzbereich der Meinungsfreiheit.

(6) Zwischenergebnis

Die Verhaltensweisen von Social Bots, die hier beschrieben werden als „Verändern von Statistiken“ und „Verbreiten von Inhalten“ können grundsätzlich Meinungsäußerungen i.S.d. Art. 5 Abs. 1 Satz 1 GG sein. Der Einsatz von Social Bots unterfällt auch als Kommunikationsmodalität grundsätzlich dem Schutzbereich von Art. 5 Abs. 1 Satz 1 GG. Als mitgeschützte Kommunikationsmodalität kann dann auch das „Vernetzen von Profilen“ dem Schutzbereich zugerechnet werden. Alle diese Verhaltensweisen sind (jedenfalls) solange als Meinungsäußerungen des menschlichen Grundrechtsträgers zu beurteilen, wie sie ihm auch strafrechtlich zugerechnet werden. Der Schutzbereich der Meinungsfreiheit ist umfassend eröffnet.

2017, 101, 102 f.; zu ihren legitimen Grenzen gerade aus Sicht des Strafrechts aber *Ostendorf/Frahm/Doege*, NStZ 2012, 529, 538.

1301 *Milker*, InTeR 2017, 199, 202; *Schröder*, DVBl 2018, 465, 467 f.; *Steinbach*, ZRP 2017, 101, 102 f.

1302 *Milker*, InTeR 2017, 199, 201 f.; *Schröder*, DVBl 2018, 465, 467 f.; *Steinbach*, ZRP 2017, 101, 102 f.

1303 *Milker*, InTeR 2017, 199, 202; *Schröder*, DVBl 2018, 465, 468 f.; *Steinbach*, ZRP 2017, 101, 102 f.

1304 Vgl. konkret zu Social Bot schon *Steinbach*, ZRP 2017, 101, 102 f.; Zitat nach BVerfG, Beschl. v. 10.10.1995 – 1 BvR 1476 u.a. (Soldaten sind Mörder) = BVerfGE 93, 266, 289; vgl. BVerfG, Urt. v. 22.2.2011 – 1 BvR 699/06 (Fraport) = BVerfGE 128, 225, 264; vgl. *Starck/Paulus*, in: MKS, Art. 5 Rn. 91.

cc) Informationsfreiheit

Alle Freiheitsrechte des Art. 5 Abs. 1 GG werden einheitlich durch Abs. 2 begrenzt. Insofern könnte man erwägen, die einzelnen Kommunikationsfreiheiten nicht weiter voneinander abzugrenzen. Dies ist allerdings erforderlich, weil jede Kommunikationsfreiheit über Besonderheiten verfügt.[1305]

Jeder hat das Recht, sich aus allgemein zugänglichen Quellen ungehindert zu unterrichten, Art. 5 Abs. 1 Satz 1 GG. Die Informationsfreiheit unterscheidet sich von der Meinungsfreiheit dadurch, dass sie das Recht umfasst, nicht andere, sondern sich *selbst* zu informieren.[1306] Während die Meinungsfreiheit primär die *aktive* Kommunikation schützt, erfasst die Informationsfreiheit die *passive* Kommunikation.[1307] Das hier zu prüfende Strafgesetz richtet sich an Personen, die Social Bots selbst einsetzen, also aktiv kommunizieren würden. Damit ist primär der Anwendungsbereich der Meinungsfreiheit betroffen. Zwar werden durch das vorgeschlagene Gesetz spiegelbildlich auch Dritte daran gehindert, durch Social Bots verbreitete Meinungsäußerungen wahrzunehmen. Das ändert aber nichts daran, dass die Meinungsfreiheit, die auch den Schutz des Empfangs der Meinung durch andere umfasst, sachnäher ist.[1308] Der Schutzbereich der Informationsfreiheit ist nicht eröffnet.

dd) Rundfunkfreiheit

Die Freiheit der Berichterstattung durch den Rundfunk wird gewährleistet, Art. 5 Abs. 1 Satz 2 GG. Die Rundfunkfreiheit erfasst nur Kommunikation, die sich an die Allgemeinheit richtet (Massenkommunikation).[1309]

1305 Vgl. zum Nebeneinander der Kommunikationsfreiheiten nur BVerfG, Beschl. v. 3.10.1969 – 1 BvR 46/65 (Leipziger Volkszeitung) = BVerfGE 27, 71, 81; *Schemmer*, in: BeckOK-GG, Art. 5 Rn. 20 m.w.N.; siehe aber **a.A.** *Bethge*, in: Sachs, Art. 5 Rn. 47 ff.

1306 BVerfG, Beschl. v. 3.10.1969 – 1 BvR 46/65 (Leipziger Volkszeitung) = BVerfGE 27, 71, 81.

1307 Vgl. BVerfG, Beschl. v. 3.10.1969 – 1 BvR 46/65 (Leipziger Volkszeitung) = BVerfGE 27, 71, 81; *Schemmer*, in: BeckOK-GG, Art. 5 Rn. 29 ff. m.w.N.

1308 Vgl. BVerfG, Beschl. v. 3.10.1969 – 1 BvR 46/65 (Leipziger Volkszeitung) = BVerfGE 27, 71, 81.

1309 *Grabenwarter*, in: Maunz/Dürig, Art. 5 Abs. 1, Abs. 2 Rn. 599 ff.; *Schulze-Fielitz*, in: Dreier, Art. 5 Rn. 86; *Starck/Paulus*, in: MKS, Art. 5 Rn. 174 ff.

Individualkommunikation ist vom Schutzbereich nicht umfasst (z.B. E-Mail, Chats).[1310] Dies schließt viele Nutzungsformen sozialer Netzwerke (beispielsweise Direktnachrichten) von vornherein aus. Bei Social Bots scheint dies weniger klar, weil diese häufig darauf ausgelegt sein werden, ein möglichst breites Publikum zu erreichen. Dass, wie es bei Social Bots der Fall ist, andere Nutzer auf einen Inhalt reagieren können, schließt die Anwendbarkeit der Rundfunkfreiheit noch nicht aus.[1311] Andererseits sollen Social Bots gerade den Anschein erwecken, individuelle Gesprächsteilnehmer zu sein. Dies spricht dagegen, von einer Breitenwirkung *im Sinne der Rundfunkfreiheit* auszugehen. Jedenfalls hinsichtlich der von Social Bots vorgenommenen Kommunikationsakte ist deshalb die wohl h.M. anschlussfähig, nach der soziale Netzwerke keine Massenkommunikation i.S.d. Rundfunkfreiheit enthalten, sondern Individualkommunikation.[1312] Es ist lediglich so, dass „die technische Allgemeinverfügbarkeit [...] die individuelle Kommunikation öffentlich werden [lässt].“[1313] Dass Individualkommunikation öffentlich erfolgt, macht sie nicht zur Massenkommunikation.[1314]

Ob der *Betrieb* sozialer Netzwerke *insgesamt* nicht doch der Rundfunkfreiheit zugerechnet werden kann, braucht nicht entschieden zu werden. Hier geht es um die Perspektive des einzelnen Nutzers. Dieser wird durch die Nutzung eines solchen Netzwerkes jedenfalls generell nicht gleichsam zur „Sendeanstalt“.[1315] Der Schutzbereich der Rundfunkfreiheit ist nach hier vertretener Ansicht nicht eröffnet.

1310 *Grabenwarter,* in: Maunz/Dürig, Art. 5 Abs. 1, Abs. 2 Rn. 643; *Schulze-Fielitz,* in: Dreier, Art. 5 Rn. 101; *Starck/Paulus,* in: MKS, Art. 5 Rn. 174 und 252.

1311 Vgl. *Grabenwarter,* in: Maunz/Dürig, Art. 5 Abs. 1, Abs. 2 Rn. 644 f.

1312 *Grabenwarter,* in: Maunz/Dürig, Art. 5 Abs. 1, Abs. 2 Rn. 667 m.w.N.; *Starck/Paulus,* in: MKS, Art. 5 Rn. 252; **differenzierend** *Pille,* Meinungsmacht sozialer Netzwerke, S. 74 ff.

1313 *Grabenwarter,* in: Maunz/Dürig, Art. 5 Abs. 1, Abs. 2 Rn. 667 m.w.N.

1314 *Grabenwarter,* in: Maunz/Dürig, Art. 5 Abs. 1, Abs. 2 Rn. 667 m.w.N.; *Pille,* Meinungsmacht sozialer Netzwerke, S. 39.

1315 Wobei auch hier wiederum Ausnahmen denkbar sind, wenn man an die faktische Wirkung des Twitterns des früheren US-amerikanischen Präsidenten Donald J. Trumps denkt.

ee) Pressefreiheit

Die Pressefreiheit wird gewährleistet, Art. 5 Abs. 1 Satz 2 GG. Die Kommunikationsakte von Social Bots müssten „Presse“ im grundrechtlichen Sinne sein, um dem Schutzbereich der Pressefreiheit zu unterfallen. Traditionell werden gedruckte bzw. körperliche Presseerzeugnisse unter den Begriff gefasst.[1316] Nicht weiter eingegangen werden muss auf die Frage, ob die Verkörperung des Druckerzeugnisses ein zeitgemäßes Abgrenzungskriterium ist[1317] oder etwa durch eine funktionale Betrachtung abgelöst werden sollte.[1318] In jedem Fall erfasst die Pressefreiheit, wie die Rundfunkfreiheit, nur Massenkommunikation. Individualkommunikation wird – auch wenn sie öffentlich erfolgt – nicht erfasst.[1319] Der Schutzbereich der Pressefreiheit ist nicht eröffnet.

ff) Fernmeldegeheimnis

Die Kommunikationsakte von Social Bots in sozialen Netzwerken sind regelmäßig darauf ausgerichtet, viele Empfänger zu erreichen und darum nicht „geheim“ i.S.d. Art. 10 Abs. 1 GG.[1320] Die Frage, inwieweit die Nutzung sozialer Netzwerke im Allgemeinen dem Fernmeldegeheimnis unterfällt, braucht darum nicht erörtert zu werden.[1321] Der Schutzbereich des Fernmeldegeheimnisses ist nicht eröffnet.

1316 *Grabenwarter*, in: Maunz/Dürig, Art. 5 Abs. 1, Abs. 2 Rn. 239, 727 m.w.N; *Sodan/Ziekow*, § 32 Rn. 14.

1317 **Dafür** etwa *Schemmer*, in: BeckOK-GG, Art. 5 Rn. 42 f. m.w.N.; vgl. umfassend nachzeichnend, aber i.E. **ablehnend** *Grabenwarter*, in: Maunz/Dürig, Art. 5 Abs. 1, Abs. 2 Rn. 247 ff.

1318 **Dagegen** *Grabenwarter*, in: Maunz/Dürig, Art. 5 Abs. 1, Abs. 2 Rn. 252 m.w.N. Vgl. BVerfG, Besch. v. 21.12.2016 – 1 BvR 1081/15 = NJW 2017, 1537, 1538: „Die Pressefreiheit schützt die Pressetätigkeit in sämtlichen Aspekten. Auch die im Internet veröffentlichten Artikel [...] fallen in den Schutzbereich der Pressefreiheit, da ihnen die Wahl eines alternativen Verbreitungswegs nicht den Charakter als Presseerzeugnis nimmt.“

1319 Vgl. BVerfG, Besch. v. 21.12.2016 – 1 BvR 1081/15 = NJW 2017, 1537, 1538; *Grabenwarter*, in: Maunz/Dürig, Art. 5 Abs. 1, Abs. 2 Rn. 244, 251 ff. m.w.N.; *Schemmer*, in: BeckOK-GG, Art. 5 Rn. 56; *Sodan/Ziekow*, § 32 Rn. 16.

1320 Vgl. BVerfG, Beschl. v. 20.6.1984 – 1 BvR 1494/78 = BVerfGE 67, 157, 171 f.; *Ogorek*, in: BeckOK-GG, Art. 10 Rn. 41; *Pagenkopf*, in : Sachs, Art. 10 Rn. 14 ff.

1321 Vgl. zu sozialen Netzwerken *Ogorek*, in: BeckOK-GG, Art. 10 Rn. 41.1 m.w.N.

gg) Versammlungsfreiheit

Unabhängig von der Frage, ob „Online“-Versammlungen dem Schutzbereich des Art. 8 GG unterfallen, fehlt es beim Einsatz von Social Bots prototypisch jedenfalls am kollektiven Handeln mehrerer Grundrechtsträger: Koordiniert handeln nur die vom potentiellen Täter gesteuerten Bots, nicht aber dritte menschliche Nutzer. Der Schutzbereich der Versammlungsfreiheit ist nicht eröffnet.[1322]

hh) Informationelle Selbstbestimmung und Gewährleistung der Vertraulichkeit und Integrität informationstechnischer Systeme

Das Recht auf informationelle Selbstbestimmung wird aus Art. 2 Abs. 1 i.V.m. 1 Abs. 1 GG abgeleitet. Es gewährleistet „die Befugnis des Einzelnen, grundsätzlich selbst über die Preisgabe und Verwendung seiner persönlichen Daten zu bestimmen.“[1323] Das abstrakt-generelle Verbot, Social Bots einzusetzen, berührt diesen Schutzgehalt noch nicht. Es ist zwar naheliegend, dass sich anschließende Ermittlungsmaßnahmen, die dazu dienen, den Einsatz von Social Bots auch praktisch zu unterbinden, in das Recht auf informationelle Selbstbestimmung eingreifen würden. Das ändert aber nichts daran, dass der Schutzbereich des Rechts auf informationelle Selbstbestimmung hier nicht eröffnet ist. Gleiches gilt für das Grundrecht auf Gewährleistung der Vertraulichkeit und Integrität informationstechnischer Systeme (vgl. Art. 2 Abs. 1 i.V.m. 1 Abs. 1 GG).[1324]

1322 Konkret zu sozialen Netzwerken weiter *Elsaß/Labusga/Tichy*, CR 2017, 234, 239 f.; vgl. allgemein zum gemeinsam verfolgten Versammlungszweck *Depenhauer*, in: Maunz/Dürig, Art. 8 Rn. 46 ff.; *Gusy*, in: MKS, Art. 8 Rn. 15 ff; *Höfling*, in: Sachs, Art. 8 Rn. 13 ff.; *Schneider*, in: BeckOK-GG, Art. 8 Rn. 5 f.; zum Problem von Online-Versammlungen siehe m.w.N. erneut *Schneider*, in: BeckOK-GG, Art. 8 Rn. 11.3.

1323 BVerfG, Urt. v. 15.12.1983 – 1 BvR 209/83 u.a. (Volkszählung) = BVerfGE 65, 1, 43 ff.; *Murswiek/Rixen*, in: Sachs, Art. 2 Rn. 72 ff.; *Sodan/Ziekow*, § 27 Rn. 8.

1324 Vgl. dazu BVerfG, Urt. v. 27.2.2008 – 1 BvR 370/07 u.a. (Online-Durchsuchung) = BVerfGE 120, 274, 302 f.; *Sodan/Ziekow*, § 27 Rn. 8.

ii) Grundrechtskonkurrenzen

Ein Strafgesetz, das den Einsatz von Social Bots kriminalisiert, unterfällt zugleich dem Schutzbereich des allgemeinen Persönlichkeitsrecht gemäß Art. 2 Abs. 1, 1 Abs. 1 GG und der Meinungsfreiheit gemäß Art. 5 Abs. 1 Satz 1 GG. Es liegt ein Fall von Grundrechtskonkurrenz vor.[1325]

Die Grundrechtsprüfung ist für jedes betroffene Grundrecht separat durchzuführen; eine Kumulation der betroffenen Grundrechte verbietet sich aus methodischer Sicht.[1326] Die Prüfungsreihenfolge ergibt sich aus der grundrechtlichen Konkurrenzlehre.[1327] Das allgemeine Persönlichkeitsrecht in der hier relevanten Ausprägung (Freiheit von staatlicher Tadelszufügung) und die Meinungsfreiheit enthalten unterschiedliche, einander ergänzende Schutzgehalte; sie stehen zueinander nicht in einem Spezialitätsverhältnis, sondern sind nebeneinander anwendbar.[1328] Es liegt ein Fall grundrechtlicher Idealkonkurrenz vor.[1329] Maßgeblich für die Prüfungsreihenfolge sind darum die Grundrechtsschranken.[1330] Sofern unterschiedliche Grundrechtsschranken vorliegen (sog. Schrankendivergenz), ist vorrangig das Grundrecht mit der stärksten Schrankenregelung zu prüfen.[1331] Die Grundrechtsschranken des allgemeinen Persönlichkeitsrechts

1325 Vgl. *Sodan/Ziekow*, § 25 Rn. 1 ff.

1326 Vgl. ausführlich (und kritisch) *Dreier*, in: Dreier, Vor Art. 1 Rn. 156 ff.; speziell zu Art. 5 GG erneut *Schemmer*, in: BeckOK-GG, Art. 5 Rn. 20 f.; vgl. *Gaede*, Der Steuerbetrug, S. 350 ff.: *Ausdifferenzierung* nach zusätzlich berührten Grundrechten, aber nicht *Kumulation*.

1327 Ausführlich (und kritisch würdigend) *Dreier*, in: Dreier, Vor Art. 1 Rn. 155 ff.; *Sodan/Ziekow*, § 25 Rn. 1 ff.

1328 Grundsätzlich ist das allgemeine Persönlichkeitsrecht zwar subsidiär zu anderen Freiheitsrechten, vgl. etwa BVerfG, Beschl. v. 3.10.1969 – 1 BvR 46/65 = BVerfGE 27, 71, 88; *Martini*, JA 2009, 839, 840: im Verhältnis zur allgemeinen Handlungsfreiheit ein Spezialgrundrecht, im Verhältnis zu anderen Freiheitsgewährleistungen ein Auffanggrundrecht; *Sodan/Ziekow*, § 25 Rn. 2; *Starck*, in: MKS, Art. 2 Rn. 65. Ausnahmsweise kann aber auch das allgemeine Persönlichkeitsrecht in Idealkonkurrenz treten, siehe dazu BVerfG, Beschl. v. 26.4.1994 – 1 BvR 1689/88 = BVerfGE 90, 255, 259 f. und *Starck*, in: MKS, Art. 2 Rn. 67 m.w.N. So liegt der Fall hier.

1329 Vgl. *Dreier*, in: Dreier, Vor Art. 1 Rn. 155; *Sodan/Ziekow*, § 25 Rn. 3.

1330 *Starck*, in: MKS, Art. 1 Rn. 291, 293; *Sodan/Ziekow*, § 25 Rn. 3; eine Übersicht der unterschiedlichen Grundrechtsschranken findet sich bei *Lagody*, Grundrechte, S. 9; **differenzierend** *Dreier*, in: Dreier, Vor Art. 1 Rn. 155 (Sachnähe oder Grundrechtsschranken).

1331 *Dreier*, in: Dreier, Vor Art. 1 Rn. 155; *Sodan/Ziekow*, § 25 Rn. 3; **differenzierend** *Starck*, in: MKS, Art. 1 Rn. 289 ff.

werden Art. 2 Abs. 1 GG entnommen (sog. Schrankentrias: Rechte anderer, verfassungsmäßige Ordnung, Sittengesetz).[1332] Art. 5 Abs. 1 GG steht unter den Schranken des dortigen Abs. 2, nämlich den allgemeinen Gesetzen, gesetzlichen Bestimmungen zum Schutze der Jugend und dem Recht der persönlichen Ehre. Die Schranken des Art. 5 Abs. 2 GG sind wegen des Erfordernis eines *allgemeinen* Gesetzes strenger.[1333] Abgesehen davon werden sich trotz Schrankendivergenz bei der praktischen Prüfung regelmäßig kaum Abweichungen ergeben, weil einheitlich auf die Verhältnismäßigkeitsprüfung zurückgegriffen wird.[1334]

Die weitere Prüfung ist anhand der Meinungsfreiheit gemäß Art. 5 Abs. 1, 2 GG zu entfalten.

jj) Zwischenergebnis

Die Schutzbereiche des allgemeinen Persönlichkeitsrechts gemäß Art. 2 Abs. 1, 1 Abs. 1 GG und der Meinungsfreiheit gemäß Art. 5 Abs. 1 Satz 1 GG sind eröffnet. Diese Grundrechte stehen in Idealkonkurrenz, sodass die Prüfung anhand des Grundrechts erfolgt, das dem strengeren Schrankenvorbehalt unterstellt ist. Das ist die Meinungsfreiheit.

Anzumerken ist noch, dass die Verhältnismäßigkeitsprüfung weiterhin strafrechtsspezifisch anzureichern ist, obwohl nun vorrangig ein nichtstrafrechtsspezifisches Freiheitsrecht, nämlich die Meinungsfreiheit, geprüft wird. Die Besonderheiten, die Strafgesetze von nichtstrafrechtlichen Normen unterscheiden, gelten fort, auch wenn die einzelnen berührten Grundrechte aus methodischen Gründen getrennt geprüft werden. Ein Gesetz, dass die Meinungsfreiheit *mit dem Mittel des Strafrechts* einschränkt, ist an höheren Voraussetzungen zu messen als ein nichtstrafrechtliches Gesetz, das die Meinungsfreiheit einschränkt.[1335]

1332 *Martini*, JA 2009, 839, 842 f. m.w.N.; *Starck*, in: MKS, Art. 2 Rn. 21.

1333 Zur Schwierigkeit der Abgrenzung des Art. 5 Abs. 1 GG von konkurrierenden Grundrechten allgemein *Schemmer*, in: BeckOK-GG, Art. 5 Rn. 96.

1334 Vgl. allgemein nur *Dreier*, in: Dreier, Vor Art. 1 Rn. 155.

1335 Siehe dazu erneut A.I.1.d)bb) Sonderrolle der Kriminalstrafe und A.I.2.c) Grundrechtseingriffe durch Strafgesetze.

b) Eingriff

Ein Eingriff ist nach der klassischen Definition ein rechtsförmiger Vorgang, der unmittelbar und gezielt (final) ein zwangsweise durchsetzbares Ge- oder Verbot verwirklicht, das zu einer Verkürzung grundrechtlicher Freiheiten führt.[1336] Nach dem modernen Eingriffsbegriff reicht jede Beeinträchtigung einer vom Schutzbereich geschützten Position.[1337]

Bereits in einem abstrakt-generellen Strafgesetz liegt ein gleichsam vorweggenommener Grundrechtseingriff.[1338] Schon das Bestehen einer Strafnorm begründet die Gefahr, von ihr unmittelbar betroffen zu werden.[1339] Dem Bürger wird durch die abstrakt-generelle Regelung vorgehalten, dass ein zuvor erlaubtes Tun oder Unterlassen vom Staat als besonders verachtungswürdig eingestuft wird. Es trifft zwar zu, dass erst der konkrete Schuldspruch den Eingriff vervollständigt.[1340] Ebenso richtig ist es, dass dem Bürger nicht schlechthin unmöglich gemacht wird, das kriminalisierte Verhalten auch weiterhin vorzunehmen, wenn auch nur unter dem Risiko der Entdeckung.[1341] Gleichwohl kann nicht behauptet werden, dass die Herabwürdigung eines möglichen Tuns oder Unterlassens, die der Staat bereits durch Erlass des Strafgesetzes kommuniziert, den normunterworfenen Bürger noch nicht erreiche.[1342] Zudem liegt durch das Strafgesetz ein Eingriff in *alle* Grundrechte vor, deren Schutzbereich eröffnet ist. Eingegriffen wird nicht nur in durch die Verhaltensnorm betroffenen Freiheitrechte, sondern auch in das durch die Strafbewehrung betroffene

---

1336 BVerfG, Beschl. v. 26.6.2002 – 1 BvR 670/91 = BVerfGE 105, 279, 299 f.; *Sodan/Ziekow*, § 24 Rn. 5 ff. m.w.N.; *Starck/Paulus*, in: MKS, Art. 5 Rn. 267.

1337 BVerfG, Beschl. v. 26.6.2002 – 1 BvR 670/91 = BVerfGE 105, 279, 303 f.; *Sodan/Ziekow*, § 24 Rn. 5 ff. m.w.N.; *Starck/Paulus*, in: MKS, Art. 5 Rn. 267.

1338 Vgl. BVerfG, Beschl. v. 9.3.1994 – 2 BvL 43/92 u.a. (Cannabis) = BVerfGE 90, 145, 200 – Sondervotum *Graßhof*; vgl. jüngst BVerfG, Urt. v. 26.2.2020 – 2 BvR 2347/15 (Sterbehilfe) u.a. = NJW 2020, 905, 908 f.; *Appel*, Verfassung und Strafe, S. 575; *Gaede*, Der Steuerbetrug, S. 306 f., 339 ff.; *Lagodny*, Grundrechte, S. 96 ff., 129 ff., 533; siehe auch A.I.2.c) Grundrechtseingriffe durch Strafgesetze.

1339 Vgl. BVerfG, Beschl. v. 18.5.2009 – 2 BvR 2233/07 u.a. = ZUM 2009, 745, 748 f. m.w.N.; vgl. auch EGMR, Urt. v. 22.10.1981 – 7525/76 (Dudgeon) = EGMR-E 2, 1, § 41; EGMR, Urt. v. 26.10.1988 – 10581/83 (Norris) = EGMR-E 4, 156, § 32 ff.

1340 Vgl. schon *Kaspar*, Präventionsstrafrecht, S. 366.

1341 Vgl. beispielgebend *Kaspar*, Präventionsstrafrecht, S. 366.

1342 Vgl. *Kaspar*, Präventionsstrafrecht, S. 366 f. m.w.N. – allerdings nur hinsichtlich der Freiheitsrechte.

allgemeine Persönlichkeitsrecht. Denn schon die Kriminalisierung kommuniziert dem Bürger, dass ein bestimmtes Verhalten sittlich-moralisch als verachtungswürdig eingestuft wird.[1343]

Das hier vorgeschlagene abstrakte Gefährdungsdelikt greift in die Meinungsfreiheit (und das allgemeine Persönlichkeitsrecht) ein.[1344]

c) Verfassungsrechtliche Rechtfertigung des Eingriffs

Die Meinungsfreiheit ist nicht schrankenlos gewährleistet. Sie findet ihre Schranken laut Art. 5 Abs. 2 GG in den Vorschriften der allgemeinen Gesetze, den gesetzlichen Bestimmungen zum Schutze der Jugend und in dem Recht der persönlichen Ehre. Die vorgeschlagene Strafnorm muss ein solches allgemeines Gesetz sein. Gesetze sind „allgemein" i.S.d. Art. 5 Abs. 2 GG, wenn sie „nicht eine Meinung als solche verbieten, [...] sich nicht gegen die Äußerung der Meinung als solche richten, sondern dem Schutz eines schlechthin ohne Rücksicht auf eine bestimmte Meinung zu schützenden Rechtsguts dienen."[1345] Die zu prüfende Norm ist als abstraktes Gefährdungsdelikt ausgestaltet. Sie knüpft nicht an einen irgendwie gearteten Inhalt einer Meinungsäußerung an. Sie untersagt vielmehr den Einsatz von Social Bots *generell.* Damit ist die vorgeschlagene Norm ein allgemeines Gesetz i.S.d. Art. 5 Abs. 2 GG und eine zunächst zulässige Schranke der Meinungsfreiheit.

Allerdings können Grundrechte nicht schrankenlos eingeschränkt werden. Auch eine prinzipiell zulässige Grundrechtsschranke muss wiederum im Einklang mit der Verfassung stehen. Die Beschränkung von Grundrechten muss insbesondere verhältnismäßig sein.[1346]

1343 Hinsichtlich dieser entscheidenden Weichenstellung **anders** *Kaspar*, Präventionsstrafrecht, S. 351 ff., 370, 446 f., 622: Eingriff in das allgemeine Persönlichkeitsrecht erst durch Schuldspruch.

1344 Vgl. BVerfG, Beschl. v. 9.3.1994 – 2 BvL 43/92 u.a. (Cannabis) = BVerfGE 90, 145, 200 – Sondervotum *Graßhof*; *Appel*, Verfassung und Strafe, S. 575; *Gaede*, Der Steuerbetrug, S. 339 ff.; *Lagodny*, Grundrechte, S. 96 ff., 129 ff., 533. Das vorgeschlagene Strafgesetz ist kein Sonderdelikt, sodass es in die Grundrechte aller Personen eingreift, die dem deutschen Strafrecht unterworfen sind.

1345 St. Rspr. des BVerfG, hier zitiert nach BVerfG, Beschl. v. 4.11.2009 – 1 BvR 2150/08 (Wunsiedel) = BVerfGE 124, 300, 321 f. m.w.N.; siehe auch BVerfG, Urt. v. 15.1.1958 – 1 BvR 400/51 (Lüth) = BVerfGE 7, 198, 209 f.; *Starck/Paulus*, in: MKS, Art. 5 Rn. 282 m.w.N.

1346 Vgl. zur Anwendbarkeit der Verhältnismäßigkeitsprüfung neben den in Art. 5 Abs. 2 GG genannten Schranken nur BVerfG, Beschl. v. 4.11.2009 – 1 BvR aa) Legitimer Zweck

Das abstrakte Gefährdungsdelikt muss einen legitimen Zweck verfolgen. Dies ist bei der Verhältnismäßigkeitsprüfung von Strafnormen nur dann der Fall, wenn sie dem Schutz gewichtiger, elementarer Rechtspositionen dienen.[1347]

Eine solche gewichtige, elementare Rechtsposition kann auf zwei Arten identifiziert werden. Einerseits könnte eine Analyse des geltenden Rechts ergeben, dass eine entsprechende Rechtsposition bereits anerkannt und durch bestehende Strafnormen geschützt ist. Insoweit kann auf den systemimmanenten Rechtsgutsbegriffes zurückgegriffen werden.[1348] Sollte ein passendes, bereits anerkanntes Rechtsgut gefunden werden, könnte es auf die hier vorgeschlagene Norm übertragen werden. Andererseits ließe sich eine solche Rechtsposition, sofern sie nicht bereits anerkannt ist, womöglich neu aus der Verfassung ableiten. Sollte dies erforderlich sein, wird *sorgfältig herzuleiten* und *ausführlich zu begründen* sein, welche verfassungsrechtlichen Wertungen für eine solche Herleitung sprechen.[1349]

(1) Charakterisierung der gesuchten Rechtsposition

Als Ausgangspunkt ist zu wiederholen, worin das Gefahrenpotential von Social Bots gesehen wird. Es soll darin liegen, dass Social Bots den Meinungsbildungsprozess in sozialen Netzwerken verzerren, indem sie den Meinungen einzelner Akteure unverhältnismäßiges Gewicht oder immerhin unverhältnismäßige Sichtbarkeit verschaffen.[1350] Ein strafrechtliches Verbot von Social Bots könnte ansetzen, eine solche Verzerrung des öffentlichen Meinungsbildungsprozesses im Internet (und dort insbesondere in sozialen Netzwerken) zu verhindern. Positiv gewendet kann die gesuchte Rechtsposition als die Integrität der öffentlichen Meinungsbildung im Internet bezeichnet werden.[1351]

2150/08 (Wunsiedel) = BVerfGE 124, 300, 331 ff.; *Starck/Paulus*, in: MKS, Art. 5 Rn. 272.

1347 A.I.3.a) Legitimer Zweck.

1348 A.I.3.a) Legitimer Zweck a.E.

1349 Vgl. A.I.4 Prozedurale Anforderungen.

1350 1. Kap. E Anwendungsszenarien und 2. Kap. A. Bestimmung des zu subsumierenden Verhaltens.

1351 Vgl. schon BTDrs. 19/6970, S. 18 (Medien- und Kommunikationsbericht der Bundesregierung 2018): „Gefahr für das Funktionieren des demokratischen

Bei dieser Rechtsposition könnte es sich – in der Terminologie des Strafrechts – um ein Kollektivrechtsgut handeln. Grundsätzlich kann im Strafrecht zwischen Individual- und Kollektivrechtsgütern unterschieden werden.[1352] Mit strafrechtlichen Kollektivrechtsgütern hat sich vertieft insbesondere *Hefendehl* befasst.[1353] Die Begriffe können nach dessen Ansatz dergestalt voneinander abgegrenzt werden, dass ein Individualrechtgut den Interessen einer einzelnen Person oder Personengruppe, ein Kollektivrechtsgut dagegen den Interessen der Allgemeinheit dient.[1354] Ein kollektives Rechtsgut soll voraussetzen, dass drei Strukturmerkmale gegeben sind: die Nicht-Ausschließbarkeit seiner Nutzung, die Nicht-Rivalität seines Konsums und die Nicht-Distributivität seines Inhalts.[1355] Nicht-Ausschließbarkeit der Nutzung eines Rechtsgutes sei gegeben, wenn niemand von seiner Nutzung ausgeschlossen werden kann;[1356] Nicht-Rivalität des Konsums liege vor, wenn die Nutzung des Rechtsguts durch eine Person nicht die Nutzung des Rechtsguts durch eine andere Person beeinträchtigt.[1357] Beispiele für Güter, die diese beiden Kriterien erfüllen, seien „Informationen, Netzwerkgüter, Vorsorgeeinrichtungen gegen externe Gefahren, Institutionen und gemeinschaftsstiftende Güter."[1358] Nicht-Distributivität des Inhalts eines Rechtsgutes sei schließlich gegeben, wenn es begrifflich, tatsächlich oder rechtlich unmöglich ist, das Rechtsgut aufzuspalten und in Bruchstücken zu verteilen.[1359] Hinsichtlich der Nicht-Rivalität ist zu ergänzen, dass nur die *ordnungsgemäße* Nutzung des Kollektivrechtsgutes es in seinem Bestand unangetastet lassen müsse; eine missbräuchliche Nutzung könne ein Kollektivrechtsgut sehr wohl abnutzen oder vernich-

---

Meinungsbildungsprozesses"; ähnlich wie hier formulierend, aber inhaltlich eher **skeptisch** *Milker*, ZUM 2017, 216 und 221.

1352 Ausführlich *Hefendehl*, Kollektive Rechtsgüter, S. 18 f., 111; **a.A.** *Wohlers*, Deliktstypen, S. 221 f. und dortige Fn. 57.

1353 *Hefendehl*, Kollektive Rechtsgüter, S. 18 f. und S. 111 ff. m.w.N.; *Hefendehl*, in: Rechtsgutstheorie, S. 119 ff.

1354 *Hefendehl*, Kollektive Rechtsgüter, S. 19.

1355 *Hefendehl*, Kollektive Rechtsgüter, S. 111 f. m.w.N.; *Hefendehl*, in: Rechtsgutstheorie, S. 119, 126 m.w.N.

1356 *Hefendehl*, Kollektive Rechtsgüter, S. 112; *Hefendehl*, in: Rechtsgutstheorie, S. 119, 126; *Kuhlen*, ZStW 105 (1993), 697, 704.

1357 *Hefendehl*, Kollektive Rechtsgüter, S. 112; *Hefendehl*, in: Rechtsgutstheorie, S. 119, 126. Anders gewendet liegen die Grenzkosten der Nutzung des Rechtsguts bei null.

1358 *Hefendehl*, Kollektive Rechtsgüter, S. 112.

1359 *Hefendehl*, Kollektive Rechtsgüter, S. 112; *Hefendehl*, in: Rechtsgutstheorie, S. 119, 126.

ten, ohne dass dies eine Charakterisierung als Kollektivrechtsgut ausschließen würde.[1360] Das Modell *Hefendehls* ermöglicht anhand der genannten Kriterien eine nachvollziehbare und strukturierte Prüfung; ihm wird deshalb gefolgt.

Fraglich ist, ob die Integrität der öffentlichen Meinungsbildung nach dem genannten Maßstab als Kollektivrechtsgut zu bewerten ist. Dazu muss es erstens unmöglich sein, Einzelne vom öffentlichen Meinungsbildungsprozess im Internet auszuschließen (Nicht-Ausschließbarkeit).[1361] Dagegen spricht, dass diese Teilnahme an technische Voraussetzungen geknüpft ist – erforderlich sind dazu beispielsweise ein Computer oder mobiles Endgerät sowie ein Internetanschluss. Andererseits führt der Umstand, dass die Nutzung eines Rechtsguts von (technischen) Voraussetzungen abhängt, nicht dazu, dass die Nicht-Ausschließbarkeit zu verneinen wäre. Auch andere kollektive Rechtsgüter kennen (technische) Voraussetzungen: Die Nutzung der Sicherheit des Geldverkehrs etwa setzt voraus, dass man über Geldmittel verfügt.[1362] Gegen die Nicht-Ausschließbarkeit spricht aber auch, dass soziale Netzwerke von Privaten betrieben werden, die z.B. über Nutzungsbedingungen ihre Plattformen aktiv regulieren. Indes können Plattformbetreiber Nutzer nicht nach Belieben von der Nutzung ihrer Plattformen ausschließen; dies gebietet bereits die (jedenfalls mittelbare) Drittwirkung der Grundrechte.[1363] Solange keine besonderen Gründe in einer Person vorliegen, wird *faktisch* jedermann soziale Netzwerke nutzen können. Insgesamt sprechen die besseren Argumente dafür, von der Nicht-Ausschließbarkeit des öffentlichen Meinungsbildungsprozesses im Internet auszugehen.

Zweitens darf die ordnungsgemäße Nutzung des Rechtsguts durch eine Person nicht die ordnungsgemäße Nutzung des Rechtsguts durch eine andere Person beeinträchtigen (Nicht-Rivalität).[1364] Wer am öffentlichen Meinungsaustausch im Internet teilnimmt, trägt grundsätzlich etwas zum

---

1360 *Hefendehl,* Kollektive Rechtsgüter, S. 112; *Hefendehl,* in: Rechtsgutstheorie, S. 119, 126.

1361 *Hefendehl,* Kollektive Rechtsgüter, S. 112; *Hefendehl,* in: Rechtsgutstheorie, S. 119, 126; *Kuhlen,* ZStW 105 (1993), 697, 704.

1362 Vgl. dazu *Hefendehl,* Kollektive Rechtsgüter, S. 112 f.

1363 *Elsaß/Labusga/Tichy,* CR 2017, 234, 238 ff. auch zu den Anforderungen des AGG; monographisch *Knebel,* Regulierungsmöglichkeiten sozialer Netzwerke, S. 33 ff., 174 ff. und 301 f.

1364 *Hefendehl,* Kollektive Rechtsgüter, S. 112; *Hefendehl,* in: Rechtsgutstheorie, S. 119, 126. Anders gewendet liegen die Grenzkosten der Nutzung des Rechtsguts bei Null.

Meinungsbildungsprozess bei. Auch wenn nicht jeder Meinungsaustausch dazu führt, dass die sich bildenden Meinungen pluraler und ausgewogener werden, wird das Gespräch doch stets erweitert. Auch generell sind Informationen ein anerkanntes Beispiel für ein Kollektivrechtsgut nach diesem Maßstab.[1365] Bei der öffentlichen Meinungsbildung im Internet geht es gerade darum, Informationen auszutauschen. Damit liegt grundsätzlich ein Fall von Nicht-Rivalität vor. Anzumerken ist, dass hier ein Fall gegeben ist, in dem die ordnungs*widrige* Nutzung das Rechtsgut durchaus beeinträchtigen kann. Wird das Internet verwendet, um sprachliche Gewalt, Hass und Lügen zu verbreiten, kann dies der öffentlichen Meinungsbildung schaden. Allerdings führt dies, wie bereits geschildert, nicht dazu, dass die Nicht-Rivalität zu verneinen wäre.

Drittens darf die öffentliche Meinungsbildung im Internet nicht aufteilbar sein (Nicht-Distributivität).[1366] Es ist nicht möglich, diesen Prozess aufzuspalten und einzelnen Teilnehmern zuzuordnen. Er ist ein Abstraktum, an dem man sich beteiligen kann, das man sich aber nicht – auch nicht in Einzelteilen – einverleiben kann. Womöglich können Einzelne sich mehr Gehör verschaffen als andere; niemand aber kann über den Prozess der öffentlichen Meinungsbildung im Internet im Ganzen oder in Bruchstücken allein verfügen.

Nach alledem handelt es sich bei der hier gesuchten Rechtsposition – in der strafrechtlichen Terminologie – um ein Kollektivrechtsgut.

(2) Analyse anerkannter Strafrechtsgüter

Nachfolgend wird geprüft, ob die Integrität der öffentlichen Meinungsbildung im Internet bereits als strafrechtliches Rechtsgut anerkannt ist, oder ob ein anders bezeichnetes Kollektivrechtsgut einen materiell vergleichbaren Schutzgehalt enthält. Dabei wird auf den systemimmanenten Rechtsgutsbegriff zurückgegriffen.

1365 *Hefendehl*, Kollektive Rechtsgüter, S. 112; *Hefendehl*, in: Rechtsgutstheorie, S. 119, 126.

1366 *Hefendehl*, Kollektive Rechtsgüter, S. 112; *Hefendehl*, in: Rechtsgutstheorie, S. 119, 126.

(a) Beleidigungsdelikte

(aa) Ehre

Zunächst sollen die Beleidigungsdelikte untersucht werden. Allgemein anerkannt ist, dass Rechtsgut der §§ 185 ff. StGB die *Ehre* ist.[1367] Sehr strittig ist allerdings, wie genau dieser Ehrbegriff zu bestimmen ist.[1368] Soeben wurde festgestellt, dass ein Kollektivrechtsgut gesucht wird. Eine Auseinandersetzung mit den vorgebrachten Ansichten muss daher nur insoweit erfolgen, als diese vertreten, dass die §§ 185 ff. StGB auch Kollektivrechtsgüter schützen. Nach herrschender Auffassung schützen die Beleidigungsdelikte ausschließlich Individualrechtsgüter.[1369] Nur nach einer Ansicht enthält der Ehrbegriff auch einen objektiven Wahrheitsschutz als Kollektivrechtsgut: Nach dem sog. sozialen Ehrbegriff soll Ehre verstanden werden als die „zugunsten einer Person angebrachte Zurechnung als verdienstlich," die durch eine Beleidigung zulasten des Tatopfers verfälscht werde, sodass ein „Allgemeininteresse an der (zutreffenden) Verständigung über die Bedingungen sozialer Kommunikation" verletzt werde.[1370] So verstanden würden die §§ 185 ff. StGB die Wahrheit im öffentlichen Interesse schützen.[1371] Dieser Ansicht kann allerdings nicht gefolgt werden. Sie widerspricht bereits der Systematik der §§ 185 ff. StGB – vor dem Hintergrund eines Kollektivrechtsgutes ergäbe etwa die aktuelle Ausgestaltung des § 185 StGB keinen Sinn mehr, der eingreift, wenn ausschließlich Täter und Tatopfer miteinander kommunizieren.[1372] In systematischer Hinsicht

---

1367 Vgl. BGH, Urt. v. 21.2.1989 – 2 StR 662/88 = BGHSt 36, 145, 148; *Eisele/Schittenhelm*, in: Schönke/Schröder, Vor §§ 185 ff. Rn. 1; *Fischer*, Vor § 185 Rn. 3; *Gaede*, in: Matt/Renzikowski, Vor § 185 Rn. 4 m.w.N.; *Regge/Pegel*, in: MüKo-StGB, Vor § 185 Rn. 7 ff.; *Valerius*, in: BeckOK-StGB, § 185 Rn. 2 f.; *Zaczyk*, in: NK-StGB, Vor §§ 185 Rn. 1 ff.

1368 Siehe mit diesem Befund und m.w.N. nur *Eisele/Schittenhelm*, in: Schönke/Schröder, Vor §§ 185 ff. Rn. 1; *Gaede*, in: Matt/Renzikowski Vor §§ 185 ff. Rn. 4 ff.; *Kühl*, in: Lacker/Kühl, Vor § 185 Rn. 1.

1369 BGH, Urt. v. 21.2.1989 – 2 StR 662/88 = BGHSt 36, 145, 148; *Gaede*, in: Matt/Renzikowski Vor §§ 185 ff. Rn. 7 ff..; *Kühl*, in: Lacker/Kühl, Vor § 185 Rn. 1; *Valerius*, in: BeckOK-StGB, § 185 Rn. 2 f.; *Zaczyk*, in: NK-StGB, Vor §§ 185 Rn. 1 ff.

1370 *Jakobs*, in: FS Jescheck, S. 627 f.; *Jakobs*, in: FS Maiwald, S. 365, 373, 377; ihm teilweise folgend *Fischer*, Vor §§ 185 ff. Rn. 5a; wohl auch *Regge/Pegel*, in: MüKo-StGB, Vor §§ 185 ff. Rn. 37; *Rogall*, in: SK-StGB, Vor §§ 185 ff. Rn. 31.

1371 Vgl. kritisch *Gaede*, in: Matt/Renzikowski, Vor §§ 185 ff. Rn. 6.

1372 *Zaczyk*, in: NK-StGB, Vor §§ 185 Rn. 6 und dortige Fn. 13.

spricht gegen diese Ansicht zudem, dass der Ehrschutz rechtlich weithin (§ 194 StGB) und praktisch umfassend (Privatklageverfahren[1373]) zur Disposition des Tatopfers gestellt ist; diese Konzeption lässt sich mit der Annahme eines Kollektivrechtsguts schwerlich vereinbaren. Den Ehrschutz zu entindividualisieren kann auch deshalb nicht überzeugen, weil es gerade bei Beleidigungsdelikten ein starkes Interesse des Tatopfers geben kann, die Tat *nicht* zu verfolgen, sondern auf sich beruhen zu lassen und damit „über der Angelegenheit" zu stehen.[1374] In solchen Fällen darf nicht ein Allgemeininteresse die schutzwürdigen Interessen des Betroffenen aushebeln.[1375]

Daneben ist umstritten, ob die Ehrdelikte auf Institutionen und Personengemeinschaften – also Kollektive – anwendbar sind, insbesondere auf staatliche Stellen und Behörden. Die herrschende Meinung geht davon aus, dass dies jedenfalls unter gewissen Umständen der Fall ist.[1376] Teilweise wird dies auch grundsätzlich abgelehnt.[1377] Auf diese Frage kommt es für die Suche nach einem Kollektiv*rechtsgut* aber nicht an: Das womöglich geschützte Kollektiv muss nämlich auch nach den Befürworten einer solchen Lesart abgrenzbar sein, d. h. „so aus der Allgemeinheit [hervortreten], dass dieser Kreis der beteiligten Einzelpersonen deutlich umgrenzt ist".[1378] Der Umstand, dass das *Tatobjekt* einer Norm auch ein abgrenzbares Kollektiv sein kann, führt nicht dazu, dass die Norm ein Kollektiv*rechtsgut* schützt.

1373 Vgl. dazu aus rechtspraktischer Sicht *Fischer*, Vor § 185 Rn. 6.

1374 Vgl. pointiert *Fischer*, Vor § 185 Rn. 6, ohne dass dies zur bei Rn. 5a dargelegten Position in Beziehung gesetzt würde; vgl. gegen die Entindividualisierung entschieden *Gaede*, in: Matt/Renzikowski, Vor §§ 185 ff. Rn. 7.

1375 Vgl. *Gaede*, in: Matt/Renzikowski, Vor §§ 185 ff. Rn. 7.

1376 BVerfGE 93, 266 („Soldaten sind Mörder") = NJW 1995, 3303; BVerfG 1 BvR 49/00 („Babycaust") = HRRS 2006 Nr. 563; BGH, Urteil v. 8.1.1954 – 1 StR 260/53 = BGHSt 6, 186; BGH, Urteil v. 19.1.1989 – 1 StR 641/88 = BGHSt 36, 83; *Eisele/Schittenhelm*, in: Schönke/Schröder, Vor §§ 185 ff. Rn. 3; *Regge/Pegel*, in: MüKo-StGB, Vor §§ 185 ff. Rn. 46 ff; *Valerius*, in: BeckOK-StGB, § 185 Rn. 11.

1377 *Fischer*, JZ 1990, 68, 72 ff.; *Fischer*, Vor § 185 Rn. 14 f.; *Gaede*, in: Matt/Renzikowski, Vor §§ 185 ff. Rn. 20: Ehrdelikte nicht zu „kleinen Staatsschutzdelikten" machen; *Zaczyk*, in: NK-StGB, Vor §§ 185 ff. Rn. 12.

1378 Zitiert nach BGH, Beschl. v. 28.2.1958 – 1 StR 387/57 = BGHSt 11, 207, 208; siehe m.w.N. *Eisele/Schittenhelm*, in: Schönke/Schröder, Vor §§ 185 ff. Rn. 7a.

(bb) Politisches Klima

Bei der Prüfung des § 188 StGB wurde angesprochen, dass diese Vorschrift nach umstrittener Ansicht auch – jedenfalls mittelbar – dem Schutz des „politischen Klimas" diene.[1379] Ein solches Rechtsgut könnte dem hier gesuchten nahekommen.[1380]

Zunächst ist zu klären, welchen Inhalt das Rechtsgut des politischen Klimas hat. Häufig finden sich in der Kommentierung nur eher oberflächliche Hinweise, die an eine ältere Entscheidung des BVerfG anknüpfen, in der es formuliert:[1381]

> „[§ 188 StGB] soll der Vergiftung des politischen Lebens durch Ehrabschneidung und Verunglimpfungen und der Verhetzung im politischen Kampf entgegenwirken. Politische Auseinandersetzungen, die in üble Nachrede und Verleumdung ausarten, gefährden die Freiheit des politischen Handelns, also die Grundlage der Demokratie. Die Strafschärfung des § 188 StGB dient daher der Erhaltung dieser Grundlage und des inneren politischen Friedens."[1382]

Das Gericht verweist in dieser Entscheidung auf die Begründung zum Entwurf des Ersten Strafrechtsänderungsgesetzes.[1383] Dort erklärt der Gesetzgeber wortgleich, die Vorschrift solle „der Vergiftung des öffentlichen Lebens durch Verunglimpfung anderer und der Verhetzung im politischen Kampf [entgegenwirken]."[1384] Mit diesem Inhalt scheint das Rechtsgut des politischen Klimas zunächst eng verwandt mit der hier gesuchten Integrität der öffentlichen Meinungsbildung. Doch analysiert bereits das BVerfG, dass die Vorschrift konkret verhindern soll, dass sich aus Angst vor persönlichen Attacken niemand mehr bereitfindet, politische Ämter zu übernehmen.[1385] Gerade diese Überlegung hat auch den Gesetzgeber geleitet:

1379 *Kühl,* in: Lackner/Kühl, § 188 Rn. 1; *Rahmlow,* in: AnwK-StGB, § 188 Rn. 8; *Regge/Pegel,* in: MüKo-StGB, § 188 Rn. 19; *Sinn,* in: SSW, § 188 Rn. 3.

1380 Vgl. bereits oben 2. Kap. D.IV § 188 StGB (Gegen Personen des politischen Lebens gerichtete Beleidigung, üble Nachrede und Verleumdung).

1381 *Kühl,* in: Lackner/Kühl, § 188 Rn. 1; *Regge/Pegel,* in: MüKo-StGB, § 188 Rn. 19; *Sinn,* in: SSW, § 188 Rn. 3; vgl. eher kritisch *Zaczyk,* in: NK-StGB, § 188 Rn. 9.

1382 BVerfG, Beschl. v. 30.11.1955 – 1 BvL 120/53 = BVerfGE 4, 352, 356.

1383 Vgl. BVerfG, Beschl. v. 30.11.1955 – 1 BvL 120/53 = BVerfGE 4, 352, 356 unter Verweis auf BT-Drs. 1/1307.

1384 BT-Drs. 1/1307, S. 29, 47 f.

1385 BVerfG, Beschl. v. 30.11.1955 – 1 BvL 120/53 = BVerfGE 4, 352, 356 f.

> „Es ist eine Lebensfrage für die deutsche Demokratie, dass sich auf allen Gebieten Persönlichkeiten finden, die sich dem Dienst der Allgemeinheit widmen und bereit sind, dafür auch Opfer zu bringen. Eine solche Bereitschaft ist aber nicht zu erwarten, wenn das Gefühl herrscht, dass derjenige, der sich öffentlich einsetzt, mehr oder weniger vogelfrei ist. Sein gesteigerter Schutz entspricht der deutschen Rechtsauffassung."[1386]

Mit *dieser* Schutzrichtung ist das politische Klima i.S.d. § 188 StGB zwar verwandt, aber nicht deckungsgleich mit der Integrität der öffentlichen Meinungsbildung. *Bei ersterem* geht es um die Freiheit politischen Handelns und die Bereitschaft zum öffentlichen Engagement, *bei letzterem* geht es um die Verzerrung von Rahmenbedingungen der öffentlichen Kommunikation.

(cc) Zwischenergebnis

Den Beleidigungsdelikten lässt sich kein Kollektivrechtsgut entnehmen, das dem hier geprüften abstrakten Gefährdungsdelikt unterlegt werden könnte.

(b) Wahlstrafrecht

Das Wahlstrafrecht schützt unterschiedliche Rechtsgüter. Als übergeordnetes Rechtsgut der Straftaten bei Wahlen und Abstimmungen (§§ 107 ff. StGB) sieht die h.M. den Schutz der Freiheit der demokratischen Willensbildung und Willensäußerung.[1387] Zu § 107 StGB allein werden konkretere Rechtsgüter formuliert.[1388] Zumeist wird der störungsfreie Ablauf der

---

1386 BT-Drs. 1/1307, S. 47.

1387 BGH, Urt. v. 26.11.1992 – 3 StR 319/92 = BGHSt 39, 54, 60; *Eser*, in: Schönke/Schröder, Vor §§ 105 ff. Rn. 1; *Weiß*, in: LK-StGB, Vor §§ 105 Rn. 1; *Kargl*, in: NK-StGB, Vor §§ 105 Rn. 1; *Sinn*, in: SK-StGB, Vor § 105 Rn. 2; **differenzierend**: *Müller*, in: MüKo-StGB, 2017, Vor § 107 Rn. 1: nur *mittelbarer* Schutz (insofern enger) der „[der] [demokratischen] Entscheidungsfindung", wohlgemerkt aber zugleich Schutz der „[demokratischen] [politischen] Meinungsbildung" (insofern weiter).

1388 Andere Einzelnormen der §§ 107 ff. StGB mit noch speziellerem Anwendungsbereich können hier außen vor bleiben, vgl. oben 2. Kap. E. Straftaten bei Wahlen und Abstimmungen.

Wahl als geschütztes Rechtsgut betrachtet.[1389] Vereinzelt wird der Schutz des Wahlvorgangs vor Nötigung ergänzt.[1390] Nuancierend wird der Schutz der „demokratischen *Meinungs-* und Willensbildung“ als Rechtsgut aufgefasst.[1391]

Die letztgenannte Ansicht scheint dafür zu sprechen, dass das Rechtsgut, das hier gesucht wird, immerhin dem § 107 StGB schon zugrunde liegt. Doch ist eine solche Lesart des § 107 StGB nach hiesiger Auffassung zurückzuweisen. Als Rechtsgut sollte allein die demokratische *Willens*bildung verstanden werden, also der Akt der Wahl oder Abstimmung. Allein dieser verengte Zuschnitt entspricht der Systematik der §§ 107 ff. StGB. Hiervon sollte die (demokratische) *Meinungs*bildung unterschieden werden. Die Meinungsbildung ist der Artikulierung des demokratischen Willens durch Wahlen und Abstimmungen strukturell vorgelagert – zuerst wird eine Meinung gebildet, sodann wird diese durch Wahlen oder Abstimmungen geäußert.[1392] Die Meinungsbildung unterscheidet sich vom Wahlakt auch in zeitlicher Hinsicht. Während der Wahlakt zeitlich stark zugespitzt und punktuell stattfindet, ist die Meinungsbildung ein ständig fortlaufender Prozess.

Das Wahlstrafrecht ist hinsichtlich lügnerischer Wahlpropaganda heute restriktiv ausgestaltet.[1393] Es sollte aber erwähnt werden, dass das *strukturelle* Schutzniveau vor lügnerischer Wahlpropaganda nicht immer vergleichbar gering gewesen ist. Zu dem Zeitpunkt, als die Vorschriften des Wahlstrafrechts (§§ 107 ff. StGB) in ihrer bis heute weitestgehend unveränderten, restriktiven Form durch das 3. Strafrechtsänderungsgesetz eingeführt wurden,[1394] sah das StGB im Zweiten Abschnitt Tatbestände der „Staatsgefährdung“ vor.[1395] Diese waren mit dem 1. StrÄndG von 1951 eingeführt worden.[1396] Eine Strafbarkeit für die Verbreitung von Propaganda ergab sich maßgeblich aus § 93 StGB i.d.F. des 1. StrÄndG.[1397] Der Anwendungsbereich des § 93 StGB i.d.F. des 1. StrÄndG war noch eng gefasst, da nur solches Propagandamaterial erfasst wurde, das außerhalb der Bundesrepu-

---

1389 *Eser,* in: Schönke/Schröder, § 107 Rn. ½; *Sinn,* in: SK-StGB, § 107 Rn. 2; *Valerius,* in: BeckOK-StGB, § 107 Rn. 2.

1390 *Valerius,* in: BeckOK-StGB, § 107 Rn. 2.

1391 *Kargl,* in: NK-StGB, 2017, § 107 Rn. 1, Herv. d. Verf.

1392 Vgl. *Pille,* Meinungsmacht sozialer Netzwerke, S. 34.

1393 Vgl. oben 2. Kap. E. Straftaten bei Wahlen und Abstimmungen.

1394 3. StrÄndG v. 04.08.1953, BGBl. I S. 735, 740.

1395 1. StrÄndG v. 30.08.1951, BGBl. I S. 739, 740 ff.

1396 1. StrÄndG v. 30.08.1951, BGBl. I S. 739, 739; vgl. Anhang A und B.

1397 1. StrÄndG v. 30.08.1951, BGBl. I S. 739, 741; siehe hierzu auch Anhang B.

blik hergestellt worden war. Hier wurde alsbald Reformbedarf erkannt.[1398] Die Vorschrift wurde dergestalt erweitert, dass nun auch innerhalb der Bundesrepublik Deutschland hergestelltes Propagandamaterial erfasst wurde (§ 93 StGB i.d.F. 3. StrÄndG).[1399] Die strenge Ausgestaltung muss vor dem historischen Hintergrund eines gerade erst überwundenen nationalsozialistischen Regimes, der Koreakrise[1400] und vor allem des Kalten Krieges mitsamt der ideologischen Bedrohung der freiheitlich-demokratischen Grundordnung durch den Kommunismus gesehen werden.[1401] Der historische Tatbestand wird heute kritisch gesehen.[1402] Eine Bestrafung der „ideologischen Beihilfe" sei nicht mehr zeitgemäß.[1403]

Mit dem 8. StrÄndG vom 25.06.1968 wurde § 93 StGB i.d.F. des 3. StrÄndG ersatzlos gestrichen.[1404] Hintergrund dieser Liberalisierung war die politische Debatte um den sogenannten Zeitungsaustausch mit der Deutschen Demokratischen Republik (DDR).[1405] Die Vorschrift stellte nämlich – unter anderem – die Einfuhr kommunistischer Tageszeitungen unter Strafe. Von manchen wurde kritisiert, dass hierdurch Bürgerinnen und Bürger der Bundesrepublik bei der Rückreise aus der DDR teilweise schon wegen einzelner mitgeführter Zeitungen oder Zeitschriften straf-

---

1398 Auszug aus einem Redebeitrag des Bundestagsabgeordneten *Schneider*, Plenarprotokoll Nr.: 01/265 v. 12.05.1953, S. 12994: „Der Ausschuss [Ausschuss für Rechtswesen und Verfassungsrecht (23. Ausschuss), d. *Verf.*] hält es im Rahmen der Gesamtvorlage für erforderlich, den durch das Strafrechtsänderungsgesetz v. 30. August 1951 geschaffenen § 93 zu erweitern. Die Vorschrift hat sich in der Praxis als viel zu eng erwiesen, da sie nur das in die Bundesrepublik eingeführte staatsgefährdende Propagandamaterial erfasst, nicht aber das Material, das in der Bundesrepublik selbst hergestellt und verbreitet wird. Der Ausschuss hält eine entsprechende Erweiterung der Vorschrift für geboten. Bedenken, daß hierdurch die Gefahr einer zu sehr ausgedehnten Anwendung der Vorschrift entstehen könne, teilt der Ausschuss in seiner überwiegenden Mehrheit nicht."

1399 3. StrÄndG v. 04.08.1953, BGBl. I S. 735, 739; siehe hierzu Anhang C; vgl. *Steinsiek*, in: LK-StGB, Vor §§ 80 StGB, Rn. 9; *Paeffgen*, in: NK-StGB, Vorb. §§ 80 ff. Rn. 7.

1400 Vgl. *Maihofer*, in: Die deutsche Strafrechtsreform, S. 151.

1401 BTDrs. 1307/1950, S. 27 ff. bieten einen Einblick in das damalige Befinden jedenfalls aus Sicht des federführenden Justizministeriums unter Bundesjustizminister *Dehler* (FDP); siehe auch *Steinsiek*, in: LK-StGB, Vor §§ 80, Rn. 7 f.; *Paeffgen*, in: NK-StGB, Vorb. §§ 80 ff. Rn. 6.

1402 *Paeffgen*, in: NK-StGB, § 86 Rn. 1: "verfassungsrechtlich hoch fragwürdig".

1403 *Paeffgen*, in: NK-StGB, § 86 Rn. 9.

1404 8. StrÄndG v. 25.06.1968, BGBl. I S. 741, 745.

1405 Vgl. Zeitungsaustausch – ja oder nein?, Die Zeit v. 21.08.1964, abrufbar unter http://t1p.de/dd7p (zuletzt abgerufen am 06.03.2019).

rechtlich belangt würden bzw. eine Beschlagnahme der Druckerzeugnisse erdulden müssten.[1406] Andere betonten die außenpolitische Dimension der Streitfrage und befürworteten eine Liberalisierung mit dem Fernziel, die SED-Regierung zu einer spiegelbildlichen Liberalisierungspolitik zu motivieren (sogenanntes Prinzip der Gegenseitigkeit).[1407] Der Vorschlag zur Abschaffung des § 93 i.d.F. des 3. StrÄndG wurde mit großer Mehrheit angenommen.[1408]

Es ist immer wieder durchdacht worden, ob das Wahlstrafrecht hinsichtlich der lügnerischen Wahlpropaganda wieder zu verschärfen sei.[1409] Ungeachtet im Ausland durchaus anzutreffender strengerer Beispielsregelungen[1410] ist dies stets verworfen worden.[1411] Insbesondere wird gewarnt

---

1406 Siehe insbesondere die Äußerungen des Bundestagsabgeordneten *Mischnik* (FDP) in der Diskussion mit dem Abgeordneten *Gradl* (CDU/CSU), Plenarprotokoll Nr.: 05/177 v. 29.05.1968, S. 9528 f.; konkrete Zahlen bei *Paeffgen*, in: NK-StGB, § 86 Rn. 4.

1407 Hierzu *Gradl* (CDU/CSU), Plenarprotokoll Nr.: 05/177 v. 29.05.1968, S. 9527, für einen befristeten Zeitungsaustausch plädierend: „Was wir hier tun, ist eine Vorleistung. Wenn dieses Gesetz so durchgeht, wie wir es vorhaben, lassen wir in der Tat für die nächste Zeit, [...] mitteldeutsche Zeitungen und Zeitschriften zu — ohne Gegenleistung! Hier wird das Tor aufgemacht. Bei uns kann dann jedermann an Zeitungen und Zeitschriften aus Mitteldeutschland beziehen, was er will. Und nun werden wir ja sehen, was wir mit dieser Vorleistung bewirken. Dies ist doch der Versuch eines politisch-moralischen Drucks auf die Leute in Ostberlin, des politisch-moralischen Drucks des guten Beispiels, indem wir nämlich zeigen: bitte, wir sind bereit, eure Zeitungen hier zuzulassen; ob das weiterhin geschieht, hängt ausschließlich von euch ab."

1408 *Mommer*, Plenarprotokoll Nr.: 05/177 v. 29.05.1968, S. 9529.

1409 *Härtl*, Wahlstraftaten, 169; *Junck*, Strafrechtliche Grenzen der Beeinflussung von Wählern im Wahlkampf, S. 170 ff. m.w. historischen Nachweisen.

1410 Vgl. mit dem Verweis auf die Lage in der Republik Österreich *Härtl*, Wahlstraftaten, S. 169. Die Regelung in § 264 Ö-StGB (Verbreitung falscher Nachrichten bei einer Wahl oder Volksabstimmung) lautet: „(1) Wer öffentlich eine falsche Nachricht über einen Umstand, der geeignet ist, Wahl- oder Stimmberechtigte von der Stimmabgabe abzuhalten oder zur Ausübung des Wahl- oder Stimmrechts in einem bestimmten Sinn zu veranlassen, zu einer Zeit verbreitet, da eine Gegenäußerung nicht mehr wirksam verbreitet werden kann, ist mit Freiheitsstrafe bis zu sechs Monaten oder mit Geldstrafe bis zu 360 Tagessätzen zu bestrafen. (2) Wer sich dabei einer falschen oder verfälschten Urkunde bedient, um die falsche Nachricht glaubwürdig erscheinen zu lassen, ist mit Freiheitsstrafe bis zu drei Jahren zu bestrafen."

1411 *Härtl*, Wahlstraftaten, 169; *Junck*, Strafrechtliche Grenzen der Beeinflussung von Wahlern im Wahlkampf, S. 170 ff. m.w.N. auch zur historischen Konsistenz dieser Bewertung; konkret hinsichtlich Social Bots ablehnend schon *Schröder*, DVBl 2018, 465, 470.

vor einer Verlängerung des Wahlkampfes im Gerichtssaal[1412] und drohenden Beweisproblemen.[1413] Daneben wird das Gefährdungspotential lügnerischer Wahlpropaganda aufgrund der Erfahrung und Resistenz des Wahlvolkes bezweifelt[1414] und auf effektivere, weniger eingriffsintensive und sachnähere öffentlich-rechtliche Regelungsalternativen verwiesen.[1415] Jedenfalls die Warnung vor einer Verlängerung (bzw. Verlagerung) des Wahlkampfes im (bzw. in das) *Strafgericht* kann überzeugen.

Dieser Rückblick zeigt, dass der *strukturelle* strafrechtliche Schutz vor lügnerischer (Wahl-) Propaganda früher stärker ausgeprägt gewesen ist, als der erste Blick auf die bis heute geltenden Vorschriften des Wahlstrafrechts verrät. Zugleich illustriert er, dass es eine bewusste Entscheidung des historischen Gesetzgebers für die *Entkriminalisierung* von (Wahl-) Propaganda gegeben hat.

(c) Computerstrafrecht

Nachdem oben die Normen des sog. Computerstrafrechts ausführlich geprüft worden sind, ist ein kurzer Blick auf die von ihnen geschützten Rechtsgüter gerechtfertigt. §§ 202a bis §§ 202d StGB schützen das formelle Geheimhaltungsinteresse des Verfügungsberechtigten.[1416] § 303a StGB schützt das Interesse des Verfügungsberechtigten an der unversehrten Verwendbarkeit der gespeicherten oder übermittelten Daten,[1417] § 303b StGB schützt das Interesse der Betreiber und Nutzer von Datenverarbeitungen an deren ordnungsgemäßer Funktionsweise.[1418] Alle diese Normen dienen allein dem Schutz von Individualrechtsgütern. Einen Anknüpfungspunkt für die hier vorgeschlagene Strafnorm bieten sie nicht.

1412 *Junck*, Strafrechtliche Grenzen der Beeinflussung von Wählern im Wahlkampf, S. 171 m.w.N.

1413 *Junck*, Strafrechtliche Grenzen der Beeinflussung von Wählern im Wahlkampf, S. 174 m.w.N.

1414 Optimistisch *Junck*, Strafrechtliche Grenzen der Beeinflussung von Wählern im Wahlkampf, S. 176 ff.

1415 *Junck*, Strafrechtliche Grenzen der Beeinflussung von Wählern im Wahlkampf, S. 179 ff.

1416 BT-Drs. 18/5088, S. 45; BGH, Beschl. v. 27.7.2017 – 1 StR 412/16 = NStZ 2018, 401, 403; für die Literatur nur *Eisele*, in: Schönke/Schröder, § 202a Rn. 2, § 202b Rn. 1, § 202c Rn. 1 und § 202d Rn. 1 jeweils m.w.N.

1417 BGH, Beschl. v. 27.7.2017 – 1 StR 412/16 = NStZ 2018, 401, 402; *Hecker*, in: Schönke/Schröder, § 303a Rn. 1 m.w.N.

1418 BT-Drs. 16/3656, S. 14; *Hecker*, in: Schönke/Schröder, § 303b Rn. 1 m.w.N.

(d) Staatsschutzstrafrecht

Möglicherweise könnte ein passendes Rechtsgut bei einem der zahlreichen Inhaltsverbreitungsdelikte des Staatsschutzstrafrechts zu finden sein. Das Staatsschutzstrafrecht findet sich im Ersten und Zweiten Abschnitt des StGB (§§ 80 bis 101a StGB). Es ist in seiner historischen Konzeption als Reaktion auf die „politischen Verwundungen“[1419] des Nationalsozialismus zu verstehen.[1420] Das Staatsschutzstrafrecht unterliegt charakteristischen Dilemmata: Zum einen verhält sich seine Effektivität umgekehrt proportional zu seiner Notwendigkeit. In stabilen Zeiten werden seine Zielbestimmungen durch zufriedene Bürger kaum angezweifelt werden; in instabilen Zeiten wird das Staatsschutzstrafrecht allein aber nicht den Glauben in das freiheitlich-demokratische Modell stützen, erneuern, geschweige denn erzwingen können.[1421] Zum anderen konfligieren hier mit größter Intensität der „Bestandsschutz der Demokratie“ und die „Meinungsfreiheit des politischen Gegners,“ prallen hier „der Schutz des [staatlichen] Geheimhaltungsinteresses mit der Informationsfreiheit der Bürger“ aufeinander.“[1422] Ein zu weit gefasstes Staatsschutzstrafrecht läuft stets Gefahr, die Verfassungswerte, die es schützen soll, selbst zu erodieren.[1423]

Der Einsatz von Social Bots kann bei einer ganzen Reihe von Staatsschutzdelikten relevant werden. Social Bots können nach hier vertretener Meinung[1424] eingesetzt werden, um durch das Verbreiten von Inhalten aufzustacheln (§ 80a Var. 3 StGB), propagandistische Inhalte der Öffentlichkeit zugänglich macht (§ 86 Abs. 1 Var. 2, Abs. 2 StGB) und Kennzeichen verbotener Organisationen in vom Täter verbreiteten Inhalten zu verwenden (§ 86a Abs. 1 Nr. 1 Var. 4 StGB). Sie können zudem eingesetzt werden, um durch das Verbreiten von Inhalten bestimmte Institutionen zu verunglimpfen (§§ 90 Abs. 1 Var. 3; 90b Abs. 1 Var. 3; 90c Abs. 1 StGB) sowie den Staat und seine Symbole zu beschimpfen (§ 90a Abs. 1 Nr. 1 Var. 1 StGB) bzw. verächtlich zu machen (§ 90a Abs. 1 Nr. 1 Var. 2 StGB).

1419 *Čopić*, Grundgesetz und politisches Strafrecht neuer Art, S. 1.

1420 Zum „dialektischen Aspekt [der] politischen Ablösungsfunktion [von] Verfassungen“, *Čopić*, Grundgesetz und politisches Strafrecht neuer Art., S. 1 ff.; vgl. *Steinsiek*, in: LK-StGB, Vor §§ 80 Rn. 22.

1421 *Čopić*, Grundgesetz und politisches Strafrecht neuer Art, S. 3.

1422 *Steinsiek*, in: LK-StGB, Vor §§ 80 Rn. 22.

1423 *Steinsiek*, in: LK-StGB, Vor §§ 80 Rn. 22; vgl. entschieden *Čopić*, Grundgesetz und politisches Strafrecht neuer Art, S. 3: „Präventivkrieg gegen den politischen Abweichler“.

1424 Siehe oben 2. Kap. C. Inhaltsverbreitungsdelikte.

Außerdem können Social Bots verwendet werden, um Inhalte anzupreisen oder zugänglich zu machen (§ 91 Abs. 1 Nr. 1 StGB).

Die genannten Vorschriften schützen eine Vielzahl unterschiedlicher Rechtsgüter. Das sind die Völkerverständigung (§ 86 Abs. 1, 2 StGB)[1425] und der Völkerfriede (§ 80a Var. 3 StGB),[1426] der politische bzw. öffentliche Friede (§ 86a Abs. 1 Nr. 1 StGB),[1427] die Sicherheit der Bundesrepublik Deutschland (§ 80a Var. 3 StGB),[1428] der demokratischen Rechtsstaat (§§ 86 Abs. 1, 2; 86a Abs. 1 Nr. 1 StGB),[1429] das Ansehen der Bundesrepublik Deutschland und ihrer Länder in ihrer freiheitlich-demokratischen Gestalt sowie ihrer verfassungsmäßigen Ordnung (§§ 86a Abs. 1 Nr. 1 StGB; 90a Abs. 1 StGB),[1430] das Amt und die Person des Bundespräsidenten für die Dauer seiner Amtszeit (§ 90 Abs. 1 StGB),[1431] die staatliche Ordnung der Bundesrepublik (§ 90b Abs. 1 Var. 3 StGB),[1432] das Ansehen der Europäischen Union und die Aufrechterhaltung des europäischen Friedens (§ 90c Abs. 1 StGB)[1433] sowie die Verfassungsgrundsätze der Bundesrepublik Deutschland (§ 91 Abs. 1 Nr. 1 StGB).[1434]

1425 *Fischer,* § 86 Rn. 2; *Kühl,* in: Lackner/Kühl, § 86 Rn. 1; *Steinmetz,* in: MüKo-StGB, § 86 Rn. 1 m.w.N.

1426 *Steinsiek,* in: LK-StGB, § 80a Rn. 1; *Paeffgen,* in: NK-StGB, § 80a Rn. 3; *Sternberg-Lieben,* in: Schönke/Schröder, § 80a Rn. 2.

1427 BGH, Urt. v. 18.10.1972 – 3 StR 1/71 I = BGHSt 25, 30 f.; *Ellbogen,* in: BeckOK-StGB, § 86a Rn. 1; *Fischer,* § 86a Rn. 2; *Paeffgen,* in: NK-StGB, § 86a Rn. 2; *Sternberg-Lieben,* in: Schönke/Schröder, § 86a Rn. 1; **anders** *Steinmetz,* in: MüKo-StGB, § 86a Rn. 1: „verfassungsmäßige Ordnung".

1428 *Classen,* in: MüKo-StGB, § 80a Rn. 1; *Laufhütte/Kuschel,* in: LK-StGB, § 80a Rn. 1; *Sternberg-Lieben,* in: Schönke/Schröder, § 80a Rn. 2.

1429 *Fischer,* § 86 Rn. 2; *Kühl,* in: Lackner/Kühl, § 86 Rn. 1; *Steinmetz,* in: MüKo-StGB, § 86 Rn. 1 m.w.N.; bzw. *Ellbogen,* in: BeckOK-StGB, § 86a Rn. 1; *Fischer,* § 86a Rn. 2; *Paeffgen,* in: NK-StGB, § 86a Rn. 2; *Sternberg-Lieben,* in: Schönke/Schröder, § 86a Rn. 1.

1430 *Fischer,* § 86a Rn. 2; *Paeffgen,* in: NK-StGB, § 86a Rn. 2; ausführlich *Schumann,* MMR 2011, 440, 442; *Sternberg-Lieben,* in: Schönke/Schröder, § 86a Rn. 1 bzw. BGH, Urt. v. 22.9.1954 – 6 StR 137/54 = BGHSt 6, 324 (amtl. Leitsatz); BGH, Beschl. v. 18.8.2000 – 3 StR 433/99 = BGH NStZ 2000, 643 (amtl. Leitsatz); *Fischer,* § 90a Rn. 2; *Valerius,* in: BeckOK-StGB, § 90a Rn. 3.

1431 BGH, Urt. v. 1.12.1961 – 3 StR 38/61 = BGHSt 16, 338 (amtl. Leitsatz); *Fischer,* § 90 Rn. 2; *Paeffgen,* in: NK-StGB, § 90 Rn. 2; *Steinmetz,* in: MüKo-StGB, § 90 Rn. 1; *Valerius,* in: BeckOK-StGB, § 90 Rn. 1.

1432 *Fischer,* § 90b Rn. 1; *Valerius,* in: BeckOK-StGB, § 90b Rn. 1 m.w.N.

1433 *Valerius,* in: BeckOK-StGB, § 90c Rn. 1. Die Vorschrift wurde zum 12.6.2020 eingefügt, BGBl. I 2020, S. 1247.

1434 Hinsichtlich der durch § 91 StGB geschützten Rechtsgüter wird verwiesen auf § 89a StGB (*Fischer,* § 91 Rn. 2; mit Bedenken *Schäfer,* in: MüKo-StGB,

Unter diesen Rechtsgütern könnte der politische bzw. öffentliche Frieden i.S.d. § 86a StGB einen verwertbaren materiellen Gehalt haben. Ein näherer Blick auf das Rechtsgut aber widerspricht dieser Intuition. Das Rechtsgut des § 86a StGB wird zwar verbreitet auf die Kurzformel des politischen bzw. öffentlichen Friedens reduziert. Dahinter verbirgt sich indes ein speziellerer Normzweck. § 86a StGB will unterbinden, dass sich Kennzeichen verbotener verfassungsfeindlicher Organisationen „derart einbürgern, daß sie schließlich auch wieder von deren Verfechtern der politischen Ziele, für die das Kennzeichen steht, gefahrlos gebraucht werden können."[1435] Er soll verhindern, dass durch die Verwendung dieser Kennzeichen auch nur der Anschein entsteht, dass solche verbotenen Organisationen wiederbelebt würden – erst recht soll er ihre tatsächliche Wiederbelebung unterbinden.[1436] Dieser direkte Bezug zu den in § 86 Abs. 1 Nr. 1, 2 und 4 StGB bezeichneten Parteien oder Vereinigungen spricht dagegen, aus dem Rechtsgut des öffentlichen Friedens i.S.d. § 86a StGB einen für die hiesige Fragestellung verallgemeinerbaren Gedanken abzuleiten. Das hier gesuchte Rechtsgut wäre weiter gefasst.

An dieser Stelle lohnt ein Seitenblick auf die Regelungstechnik der Inhaltsverbreitungsdelikte des Staatsschutzstrafrechts. Für die genannten Tatbestände ist eine bestimmte Gesetzestechnik charakteristisch. Sie sind sämtlich als abstrakte Gefährdungsdelikte ausgestaltet (vgl. §§ 80a; 86; 86a; 90; 90a; 90b; 90c; 91 StGB).[1437] Diese dienen überwiegend dem Schutz von

---

§ 91 Rn. 4) oder auf § 89b StGB (*Sternberg-Lieben*, in: Schönke/Schröder, § 91 Rn. 1). Dies wären der Bestand und die Sicherheit eines Staates (oder einer internationalen Organisation) sowie die Verfassungsgrundsätze der Bundesrepublik Deutschland (vgl. § 89 Abs. 1 StGB), vgl. m.w.N. etwa *Fischer*, § 89 Rn. 5. Bisweilen wird **bezweifelt**, dass sich jedenfalls ein Kollektivrechtsgut überhaupt ausmachen lasse und allenfalls ein „extrem vorverlagerter" Schutz der Individualrechtsgüter, die im Falle einer schweren staatsgefährdenden Gewalttat potentiell bedroht würden, erkannt (*Paeffgen*, in: NK-StGB, § 91 Rn. 5).

1435 Zitiert nach OLG Frankfurt a. M., Urt. v. 18.3.1998 – 1 Ss 407/97 = NStZ 1999, 356, 357; zurückgehend auf BGH, Urt. v. 18.10.1972 – 3 StR 1/71 I = BGHSt 25, 30, 32 f.; *Paeffgen*, in: NK-StGB, § 86a Rn. 2.

1436 BGH, Urt. v. 13.8.2009 – 3 StR 228/09 = BGHSt 54, 61, 63, 65; BGH, Urt. v. 18.10.1972 – 3 StR 1/71 I = BGHSt 25, 30, 33; OLG Frankfurt a. M., Urt. v. 18.3.1998 – 1 Ss 407/97 = NStZ 1999, 356, 357; vgl. *Steinmetz*, in: MüKo-StGB, § 86a Rn. 1.

1437 *Classen*, in: MüKo-StGB, § 80a Rn. 1; *Fischer*, § 80a Rn. 2 f.; *Sternberg-Lieben*, in: Schönke/Schröder, § 80a Rn. 1. *Fischer*, § 86 Rn. 2; *Stegbauer*, NStZ 2008, 73, 74. BVerfG, Beschl. v. 1.6.2006 – 1 BvR 150/03 = HRRS 2006 Nr. 615; BGH, Urt. v. 18.10.1972 – 3 StR 1/71 I = BGHSt 25, 30, 32 f.; vgl. *Fischer*, § 86a Rn. 2 m.w.N; *Steinmetz*, in: MüKo-StGB, § 86a Rn. 2 m.w.N. *Valerius*, in:

Kollektivrechtsgütern.[1438] Es lässt sich festhalten, dass der Gesetzgeber auf abstrakte Gefährdungsdelikte zurückgreift, um kollektive Rechtsgüter zu schützen.[1439] Zudem lässt sich feststellen, dass er dezentralen Bedrohungslagen durch eine Vorverlagerung von Strafbarkeit begegnet; diese Entwicklung lässt sich insbesondere am neueren Terrorismusstrafrecht ablesen.[1440]

Auch die übrigen durch das Staatsschutzstrafrecht geschützten Rechtsgüter passen nicht recht auf die hiesige Konstellationen. Sie sind allerdings nicht zu eng gefasst, sondern vom hier gesuchten Rechtsgut zu weit entfernt. Der öffentliche Meinungsbildungsprozess ist zwar zugleich Grundbedingung und Ausdruck eines intakten freiheitlich-demokratischen Gemeinwesens.[1441] Insofern ist er verbunden mit den Rechtsgütern der Verfassungsgrundsätze der Bundesrepublik Deutschland, des demokratischen Rechtsstaats und sogar der staatlichen Ordnung der Bundesrepublik. Er ist mit diesen aber nicht deckungsgleich.

Die Inhaltsverbreitungsdelikte des Staatsschutzstrafrechts enthalten kein Rechtsgut, das dem Namen oder Inhalt des hier gesuchten Schutzgehalts entspricht.

(e) Friedensschutzdelikte

Ein letzter Ansatzpunkt sind die Friedensschutzdelikte. Unter dem Begriff werden hier die Delikte zusammengefasst, die – wenigstens unter anderem – nach h.M. dem Schutz des „öffentlichen Friedens“ dienen. Dazu zählen die §§ 111, 126, 130, 130a, 131, 140 und 166 StGB.[1442] Das Rechtsgut des öffentlichen Friedens wird regelmäßig definiert als ein „Zustand der allgemeinen Rechtssicherheit sowie das durch das Vertrauen in die allgemeine Rechtssicherheit begründete Gefühl der Sicherheit in der

---

BeckOK-StGB, § 90 Rn. 1. *Paeffgen*, in: NK-StGB, § 90 Rn. 3. *Sternberg-Lieben*, in: Schönke/Schröder, § 90a Rn. 1 m.w.N. *Fischer*, § 90b Rn. 3. *Valerius*, in: BeckOK-StGB, § 90c Rn. 1. *Fischer*, § 91 Rn. 3.

1438 Näher und m.w.N. unten Staatsschutzstrafrecht.

1439 Vgl. *Roxin/Greco*, AT/I, § 11 Rn. 153 ff. m.w.N.

1440 *Heintschel-Heinegg*, in: BeckOK-StGB, § 89a Rn. 1 f.; *Schäfer*, in: MüKo-StGB, § 89a Rn. 6.

1441 Siehe m.w.N. sogleich (3)(a) Verfassungsrechtlicher Schutz der öffentlichen Meinungsbildung.

1442 Weitgehend im Anschluss an *Hörnle*, Rechtsgutstheorie, S. 270 m.w.N. (dortige Fn. 9); siehe zu aktuellen Nachweisen jeweils nur *Fischer*, § 111 Rn. 2, § 130 Rn. 2 f., § 130a Rn. 2, § 131 Rn. 2, § 140 Rn. 2, § 166 Rn. 2 f. (selbst kritisch besprechend).

Bevölkerung."[1443] Nach diesem Verständnis ähnelt der öffentliche Friede dem hier gesuchten Rechtsgut insoweit, als dass er zugleich Ergebnis und Bedingung der kollektiven öffentlichen Kommunikation ist. Gleichwohl unterscheidet sich der öffentliche Friede deutlich von der Integrität der öffentlichen Meinungsbildung. Das Sicherheitsempfinden der Bevölkerung ist vom Zustand der öffentlichen Debatte nicht zwingend abhängig – so kann das subjektive Sicherheitsempfinden (immerhin von Teilen) der Bevölkerung in einem autokratischen Regime groß sein, obwohl es an einer freien öffentlichen Debatte völlig fehlt. Im Übrigen darf nicht übersehen werden, dass Social Bots nicht nur dazu verwendet werden können, das öffentliche Kommunikationsklima gleichsam zu vergiften,[1444] sondern es jedenfalls prinzipiell auch in eine friedlichere (oder jede andere) Richtung manipulieren können. Das hier gesuchte Rechtsgut ist mit dem öffentlichen Frieden nicht deckungsgleich.

(f) Zwischenergebnis

Nach geltendem Recht existiert keine Strafnorm, die die Integrität der öffentlichen Meinungsbildung im Internet bereits schützt. Auch ein Rechtsgut, das einen vergleichbaren materiellen Schutzgehalt enthält, lässt sich dem geltenden Strafrecht nicht entnehmen.

(3) Neuprägung einer gewichtigen, elementaren Rechtsposition

Ein Strafgesetz, das die Integrität der öffentlichen Meinungsbildung im Internet schützt, konnte nicht gefunden werden. Das muss aber nicht bedeuten, dass eine gewichtige, elementare Rechtsposition i.S.d. strafrechtsspezifischen Verhältnismäßigkeitsprüfung (und damit in gängiger Terminologie: ein neues Rechtsgut) sich nicht finden ließe. Möglicherweise kann eine solche gewichtige, elementare Rechtsposition aus der Verfassung abgeleitet und damit gleichsam neu geprägt werden. Die Integrität der öffentlichen Meinungsbildung im Internet müsste zunächst eine schüt-

1443 Zitiert nach *Hörnle*, in: Rechtsgutstheorie, S. 268, 270 m.w.N.; siehe m. aktuellen w.N. *Fischer*, § 126 Rn. 2; *Heger*, in: Lackner/Kühl, § 126 Rn. 1; *Rogall*, in: SK-StGB, § 166 Rn. 1 f.; *Stein*, in: SK-StGB, § 126 Rn. 2 f.; *ders.*, in: SK StGB, § 130 Rn. 7 f.

1444 *Libertus*, ZUM 2018, 20; *Steinbach*, ZRP 2017, 101, 103.

zenswerte Rechtsposition, also ein legitimer Zweck nach der allgemeinen Verhältnismäßigkeitsdogmatik sein. Sie müsste darüber hinaus eine *gewichtige* und *elementare* Rechtsposition darstellen, um zulässiger Anknüpfungspunkt für ein *Strafgesetz* zu sein.

(a) Verfassungsrechtlicher Schutz der öffentlichen Meinungsbildung

Die diskutierte Rechtsposition enthält einen voraussetzungsreichen Begriff: den der öffentlichen Meinungsbildung. Unter Meinungsbildung wird hier ein kommunikativer und gedanklicher Prozess verstanden, an dessen Ende eine bestimmte Meinung steht.[1445] Diese Meinungsbildung ist Voraussetzung der späteren Meinungsäußerung.[1446] In der verfassungsgerichtlichen Rechtsprechung hat sich das Gegensatzpaar der individuellen und öffentlichen Meinungsbildung herausgebildet.[1447] Wiewohl die Begriffe in ständiger Rechtsprechung verwendet werden,[1448] ist ihre genaue Bedeutung unklar.[1449] Sie exakt zu bestimmen erscheint angesichts der vielfältigen und komplexen tatsächlichen Umstände, die ihnen zugrunde liegen, auch kaum möglich.[1450] Näherungsweise wird hier unter öffentlicher Meinungsbildung „ein rationaler, auf der Grundlage von Argumenten geführter öffentlicher Diskurs" verstanden.[1451] Öffentlichkeit wird dabei nicht als ein tatsächlicher physischer Zustand, sondern in einem normativen Sinne verstanden, nämlich als ein „Ort der kommunikativen Auseinandersetzung", als „kommunikatives Forum", in dem Angelegenheiten von öffentlichem Belang allgemeinzugänglich diskutiert werden.[1452] Die-

1445 BVerfG, Urt. v. 16.6.1981 – 1 BvL 89/78 = BVerfGE 57, 295, 319 f.; *Pille*, Meinungsmacht sozialer Netzwerke, S. 39 ff.

1446 BVerfG, Beschl. v. 3.10.1969 – 1 BvR 46/65 = BVerfGE 27, 71, 81; vgl. BVerfG, Urt. v. 5.8.1966 – 1 BvR 586/62 u.a. (SPIEGEL) = BVerfGE 20, 162, 174 ff.

1447 BVerfG, Urt. v. 15.12.1999 – 1 BvR 653/96 = BVerfGE 101, 361, 389; ausführlich *Pille*, Meinungsmacht sozialer Netzwerke, S. 34 f., S. 39 ff.

1448 BVerfG, Urt. v. 16.6.1981 – 1 BvL 89/78 = BVerfGE 57, 295, 319 f.; BVerfG, Urt. v. 5.2.1991 – 1 BvR 1/85 u.a. = BVerfGE 83, 238, 295 f.; BVerfG, Urt. v. 15.12.1999 – 1 BvR 653/96 = BVerfGE 101, 361, 389.

1449 *Pille*, Meinungsmacht sozialer Netzwerke, S. 36 ff.

1450 Vgl. *Pille*, Meinungsmacht sozialer Netzwerke, S. 36 ff.; *Schulze-Fielitz*, in: Dreier, Art. 5 Rn. 42.

1451 *Pille*, Meinungsmacht sozialer Netzwerke, S. 38 m.w.N.

1452 Formulierungen nach *Pille*, Meinungsmacht sozialer Netzwerke, S. 32 f. m.w.N.

ser Begriff der Öffentlichkeit ist auch angeregt durch das normative Verständnis der öffentlichen Meinung i.S.d. § 186 StGB.[1453]

Die Möglichkeit der freien Meinungs*äußerung* ist von überragender Bedeutung, und zwar sowohl für den demokratischen Rechtsstaat und das politische Leben insgesamt, als auch für das Privatleben und die freie Entfaltung der Persönlichkeit des Einzelnen.[1454] Sie ist „schlechthin konstituierend für die freiheitlich-demokratische Grundordnung"[1455] und wird vom BVerfG als „eines der vornehmsten Menschenrechte überhaupt" bezeichnet.[1456] Die vorgelagerte Meinungs*bildung* ist ebenso verfassungsrechtlich geschützt.[1457] Nach der Rechtsprechung des BVerfG bezweckt Art. 5 Abs. 1 GG nicht nur „den Schutz der einzelnen Äußerung, sondern sichert auch die Voraussetzungen für die Herstellung und Aufrechterhaltung des Kommunikationsprozesses, in den jede Äußerung eingebettet ist."[1458] Der Staat muss eine funktionierende Kommunikationsordnung gewährleisten.[1459] Das BVerfG formuliert:

> „Freie Meinungsbildung vollzieht sich in einem Prozess der Kommunikation. Sie setzt auf der einen Seite die Freiheit voraus, Meinungen zu äußern und zu verbreiten, auf der anderen Seite die Freiheit, geäußerte Meinungen zur Kenntnis zu nehmen, sich zu informieren. Indem Art. 5 Abs. 1 GG Meinungsäußerungs-, Meinungsverbreitungs- und Informationsfreiheit als Grundrechte gewährleistet, sucht er zugleich diesen Prozess verfassungsrechtlich zu schützen."[1460]

1453 Siehe dazu bereits oben 2. Kap. D.II.2 Eignung zur Verächtlichmachung oder Herabwürdigung.

1454 BVerfG, Urt. v. 5.6.1973 – 1 BvR 536/72 = BVerfGE 35, 202, 221 f.; BVerfG, Urt. v. 15.1.1958 – 1 BvR 400/51 = BVerfGE 7, 198, 208; *Grabenwarter*, in: Maunz/Dürig, Art. 5 Abs. 1, 2 Rn. 518; *Schulze-Fielitz*, in: Dreier, Art. 5 Rn. 40 m.w.N.

1455 Siehe nur BVerfG, Urt. v. 5.6.1973 – 1 BvR 536/72 = BVerfGE 35, 202, 221 f. m.w.N.

1456 BVerfG, Urt. v. 15.1.1958 – 1 BvR 400/51 = BVerfGE 7, 198, 208 m.w.N.; vgl. *Schulze-Fielitz*, in: Dreier, Art. 5 Rn. 40.

1457 BVerfG, Urt. v. 5.2.1991 – 1 BvR 1/85 u.a. = BVerfGE 83, 238, 295 f. m.w.N.; BVerfG, Urt. v. 16.6.1981 – 1 BvL 89/78 = BVerfGE 57, 295, 319 f.

1458 BVerfG, Urt. v. 24.3.1998 – 1 BvR 131/96 = BVerfGE 97, 391, 399.

1459 Vgl. im hiesigen Kontext bereits *Libertus*, ZUM 2018, 20, 22; *Milker*, InTeR 2017, 199, 201, 203; *Milker*, ZUM 2017, 216, 220; *Schröder*, DVBl 2018, 465, 469.

1460 BVerfG, Urt. v. 5.2.1991 – 1 BvR 1/85 u.a. = BVerfGE 83, 238, 295 f. m.w.N.; vgl. BVerfG, Urt. v. 16.6.1981 – 1 BvL 89/78 = BVerfGE 57, 295, 319 f.

Die Meinungsbildung berührt damit sowohl Meinungs-, als auch Informationsfreiheit. Sie kann verbildlicht werden als eine normative Sphäre, die sich zwischen den Polen der Meinungs- und Informationsfreiheit aufspannt. Erst durch den freien öffentlichen Meinungsaustausch können Bürger zu beliebigen Angelegenheiten eine Meinung formen, die wiederum die Grundlage bildet für politische Betätigung oder Nicht-Betätigung, Meinungsäußerung oder Nicht-Äußerung.[1461] Dieser Prozess sichert ab, dass das Staatsvolk und seine Repräsentanten in ständigem Austausch bleiben.[1462] Gleichzeitig ist die öffentliche Meinungsbildung nicht beschränkt auf den politischen Bereich und auch nicht nur in diesem besonders schutzwürdig.[1463] Der Prozess der öffentlichen Meinungsbildung lässt sich nicht streng in sachliche und unterhaltende Elemente aufspalten: „Meinungsbildung und Unterhaltung sind keine Gegensätze."[1464] Die Übergänge sind fließend und mannigfaltige Mischformen denkbar.[1465]

All das spricht dafür, dass die öffentliche Meinungsbildung ein elementarer, gewichtiger Belang des Gemeinschaftslebens ist, der zulässigerweise durch ein Strafgesetz geschützt werden kann.

(b) Die öffentliche Meinungsbildung im Internet, insbesondere in sozialen Netzwerken

Das muss allerdings auch in der hiesigen, noch konkreteren Konstellation gelten. Hier geht es um die öffentliche Meinungsbildung *im Internet* und dort insbesondere in sozialen Netzwerken.

Die jeweils zeitgenössischen Mittel der Massenkommunikation und die mediatisierte Öffentlichkeit sind für den öffentlichen Meinungsaustausch seit jeher von entscheidender Bedeutung.[1466] Lange haben die Massenmedien Presse, Rundfunk und Film die größte Rolle als „Forum" und „Faktum" des öffentlichen Meinungsaustausches gespielt.[1467] Die Rahmen-

---

1461 Vgl. BVerfG, Urt. v. 5.6.1973 – 1 BvR 536/72 = BVerfGE 35, 202, 221 f.; *Grabenwarter*, in: Maunz/Dürig, Art. 5 Abs. 1, 2 Rn. 518.

1462 BVerfG, Urt. v. 5.6.1973 – 1 BvR 536/72 = BVerfGE 35, 202, 221 f.; *Grzeszick*, in: Maunz/Dürig, Art. 20 Rn. 73 ff., 76.

1463 BVerfG, Urt. v. 15.12.1999 – 1 BvR 653/96 = BVerfGE 101, 361, 389 f.; *Pille*, Meinungsmacht sozialer Netzwerke, S. 35.

1464 BVerfG, Urt. v. 15.12.1999 – 1 BvR 653/96 = BVerfGE 101, 361, 389 f.

1465 BVerfG, Urt. v. 15.12.1999 – 1 BvR 653/96 = BVerfGE 101, 361, 390.

1466 Vgl. *Schulze-Fielitz*, in: Dreier, Art. 5 Rn. 1 ff. m.w.N.

1467 Siehe nur BVerfG, Urt. v. 28.02.1961 – 2 BvG 1/60 u.a. = BVerfGE 12, 205, 260.

bedingungen der öffentlichen Meinungsbildung sind durch den Aufstieg des Internets, der alle Lebensbereiche betrifft, tiefgreifend verändert worden.[1468] Insbesondere im vergangenen Jahrzehnt ließ sich parallel dazu ein Bedeutungsgewinn sozialer Netzwerke im Verhältnis zu den traditionellen Foren des öffentlichen Meinungsaustausch beobachten:[1469] Im Jahr 2013 bezogen bloß 18 Prozent der Nutzer ihre Nachrichten über Social Media; im Jahr 2019 waren es bereits 34 Prozent. Im gleichen Zeitraum kollabierte die Bedeutung der Printmedien als Nachrichtenquelle von 63 Prozent auf ebenfalls 34 Prozent. Die Datenlage deutet darauf hin, dass sich beide Entwicklungen fortsetzen werden.[1470] Das spricht für eine hohe und jedenfalls absehbar steigende Bedeutung sozialer Netzwerke für die öffentliche Meinungsbildung. Interessant ist, dass nur 16 Prozent der Nutzer den Nachrichten vertrauen, die sie in sozialen Netzwerken konsumieren (47 Prozent im Allgemeinen).[1471] Nachdem oben erwähnt wurde, dass die Übergänge zwischen Meinungsbildung und Unterhaltung fließend sind, sollte daraus aber nicht vorschnell abgeleitet werden, dass die in sozialen Netzwerken konsumierten Nachrichten für einen Großteil der Nutzer irrelevant wären.[1472] Hinzu kommt, dass in sozialen Netzwerken durch Kommentarfunktionen usw. ein unmittelbarer Austausch mit Dritten möglich wird, der bei keinem der bisherigen Foren der öffentlichen Meinungsbildung bekannt war.[1473] Entgegen anderslautender Stimmen wird die Relevanz sozialer Netzwerke für die öffentliche Meinungsbildung nicht dadurch ausgeschlossen, dass viele Nutzer Inhalte schlicht passiv konsumieren oder soziale Netzwerke primär zur Selbstdarstellung nutzen.[1474] Eine idealisierte Salonkultur ist nicht Voraussetzung der Meinungsbildung

1468 *Holznagel,* MMR 2018, 18, 21 f.; *Milker,* InTeR 2017, 199, 203; *Paal/Hennemann*, ZRP 2017, 215, 216; *Pille,* Meinungsmacht sozialer Netzwerke, S. 51 ff. m.w.N.; *Steinbach,* ZRP 2017, 101, 105; *TAB*, TA-Vorstudie, S. 36 ff.

1469 *Pille,* Meinungsmacht sozialer Netzwerke, S. 88 ff.; siehe erneut 1. Kap. D. Empirie und *Reuters Institute for the Study of Journalism*, Digital News Report 2019, abrufbar unter https://t1p.de/otbx (zuletzt abgerufen am 30.9.2019), *passim* und konkret für Deutschland S. 5, 86.

1470 *Reuters Institute for the Study of Journalism*, Digital News Report 2019, abrufbar unter https://t1p.de/otbx (zuletzt abgerufen am 30.9.2019), S. 86.

1471 *Reuters Institute for the Study of Journalism*, Digital News Report 2019, abrufbar unter https://t1p.de/otbx (zuletzt abgerufen am 30.9.2019), S. 86.

1472 Vgl. BVerfG, Urt. v. 15.12.1999 – 1 BvR 653/96 = BVerfGE 101, 361, 389 f.

1473 *Pille,* Meinungsmacht sozialer Netzwerke, S. 88 ff.

1474 **A.A.** *Oğlakcıoğlu*, ZStW 132 (2020), 521, 529 ff. Dort bleibt indes offen, *warum* Selbstdarstellung und Meinungsbildung einander ausschließen sollten.

im demokratischen Rechtsstaat.[1475] Nicht zuletzt konfligierte ein solches Verständnis mit den verfassungsrechtlichen Wertungen der Informationsfreiheit gem. Art. 5 Abs. 1 Satz 1 GG. Es bleibt dabei, dass Unterhaltung und Meinungsbildung einander nicht ausschließen und die Übergänge fließend sind.[1476]

Es mag dahinstehen, ob der Siegeszug sozialer Netzwerke angesichts durchaus plausibel anzunehmender gesamtgesellschaftlicher und individueller Nachteile ihrer (ausgiebigen) Nutzung unumkehrbar ist.[1477] So scheint es nicht unplausibel, dass sie wichtige Wegbereiter des Populismus in westlichen Demokratien waren und sind;[1478] und doch haben sie gerade (aber nicht nur) im Ausland politische Handlungsformen entscheidend (mit-)ermöglicht, die aus einem freiheitlich-emanzipatorischen Demokratie- und Gesellschaftsverständnis heraus zu begrüßen sind.[1479] Auch im nationalen Kontext wird durchaus gehofft, dass soziale Netzwerke und andere moderne Kommunikationsformen zu einer Demokratisierung und Pluralisierung des öffentlichen Meinungsaustausches beitragen könnten.[1480]

1475 Vgl. ähnlich schon *Steinbach*, ZRP 2017, 101, 103.

1476 BVerfG, Urt. v. 15.12.1999 – 1 BvR 653/96 = BVerfGE 101, 361, 389 f.

1477 Der Zusammenhang zwischen dem Bedeutungsgewinn sozialer Netzwerke und dem Erstarken des weltweiten Populismus ist Gegenstand der Forschung, vgl. *Postill*, Media, Culture & Society 40 (5) 2018, 754 ff.; ein Blick in das Selbsthilferegal gerade englischsprachiger Buchhändler zeigt, dass daneben das Thema der Technologie- und Onlinesucht immer stärker diskutiert wird. Dass die Verschwörungsmythen, die in sozialen Netzwerken geteilt werden, tiefe Gräben in Familien aufreißen können, wird konkret in Deutschland (wohl nicht erst, aber jedenfalls) seit dem Beginn der Coronapandemie wahrgenommen, vgl. *Schlereth*, Wenn man mit Corona-Leugnern verwandt ist, FAZ v. 14.10.2020, abrufbar unter https://t1p.de/4d3r (zuletzt abgerufen am 30.11.2020).

1478 Vgl. wie hier vermutend, aber zurückhaltend *Drexl*, ZUM 2017, 529, 534.

1479 Allgemein *Elsaß/Labusga/Tichy*, CR 2017, 234 f.; zum Euromaidan etwa *Barberá/Metzger*, How Ukrainian protestors are using Twitter and Facebook, Washington Post v. 4.12.2013, abrufbar unter https://t1p.de/d4aw (zuletzt abgerufen am 30.11.2020); zur Demokratiebewegung in Hong Kong etwa *Shao*, Social media has become a battleground in Hong Kong's protests, CNBC v. 16.8.2019, abrufbar unter https://t1p.de/li3e (zuletzt abgerufen am 30.11.2020); **skeptisch** *Friedman*, Hong Kong's Protests Could Be Another Social Media Revolution That Ends in Failure, New York Times v. 17.9.2019, abrufbar unter https://t1p.de/6680 (zuletzt abgerufen am 30.11.2020).

1480 *Elsaß/Labusga/Tichy*, CR 2017, 234 und 241; *Sommermann*, in: v. Mangoldt/Klein/Starck, Art. 20 Rn. 195; konkret zu Social Bots *Steinbach*, ZRP 2017, 101, 105: enthierarchisierte hegemoniefreie Diskursrealität; vgl. *TAB*, TA-Vorstudie, S. 51; ähnlich, aber eher unspezifisch *Paal/Hennemann*, ZRP 2017, 76, 79.

Insofern soll hier ausdrücklich nur, aber auch immerhin, festgehalten werden, dass soziale Netzwerke faktisch für die öffentliche Meinungsbildung von *großer und zunehmender Bedeutung* sind.[1481] Wie diese Bedeutung aus wessen Perspektive zu bewerten ist, darüber wird hier kein Urteil gefällt.

Für die Gegenwart und nähere Zukunft darf und muss davon ausgegangen werden, dass soziale Netzwerke eine erhebliche und stetig wachsende Bedeutung für die öffentliche Meinungsbildung haben. Soziale Netzwerke sind in dieser Hinsicht sogar im Begriff, traditionelle Printmedien zu überholen.

(c) Zwischenergebnis

Es wurde dargelegt, dass die öffentliche Meinungsbildung im Allgemeinen ein elementarer, gewichtiger Belang des Gemeinschaftslebens ist. Sodann konnte nachgewiesen werden, dass die neuen Kommunikationsfor(m)en, die das Internet und hier insbesondere die sozialen Netzwerke eröffnen, für die öffentliche Meinungsbildung von gewichtiger und (jedenfalls absehbar) stetig steigender Bedeutung sind. Vor diesem Hintergrund ist die Integrität der öffentlichen Meinungsbildung im Internet als gewichtige und elementare Rechtsposition i.S.d. strafrechtlich angereicherten Verhältnismäßigkeitsprüfung zu bewerten. Sie ist zulässiger Anknüpfungspunkt für ein Strafgesetz.

(4) Zwischenergebnis

Das vorgeschlagene abstrakte Gefährdungsdelikte verfolgt – auch nach den strengen Maßstäben der Verhältnismäßigkeitsprüfung von Strafnormen – einen legitimen Zweck. Es dient dem Schutz der Integrität der öffentlichen Meinungsbildung im Internet.

bb) Geeignetheit

Das abstrakte Gefährdungsdelikt muss geeignet sein. Es muss zumindest möglich erscheinen, dass der Straftatbestand den Schutz der Integrität der

1481 Vgl. in diesem Sinne auch *Gasser/Kraatz*, VerfBlog 2017/1/16, 1, 4; **A.A.** *Oğlakcıoğlu*, ZStW 132 (2020), 521, 529 ff.

öffentlichen Meinungsbildung im Internet fördert. Da hier eine strafrechtliche Regelung geprüft wird, gelten erhöhte Anforderungen für die Geeignetheitsprüfung:[1482] Der Normappell der geprüften Regulierung (hier: es umfassend zu unterlassen, Social Bots einzusetzen) muss die Normadressaten erreichen können.[1483] Bei alledem sind erhöhte Darlegungslasten zu beachten.[1484]

(1) Grundsätzliche Förderung des Schutzzweckes

Das abstrakte Gefährdungsdelikt muss den Schutzzweck fördern. Dafür spricht, dass es dazu beitragen kann, dass automatisch generierte Äußerungen aus dem öffentlichen Meinungsbildungsprozess im Internet herausgehalten werden und so dessen Integrität verbessert wird. Dies sollte den Schutzzweck jedenfalls in den Fällen fördern, in denen Social Bots genutzt werden, um den Meinungsbildungsprozess bewusst zu sabotieren. Dagegen spricht allerdings, dass durch das umfassende Verbot auch wohlmeinende und hilfreiche Nutzungsmöglichkeiten von Social Bots untersagt würden. In der Literatur wird bereits in Erwägung gezogen, dass Social Bots auch eingesetzt werden könnten, um vormals marginalisierte Meinungen zu amplifizieren; so könnten sie dazu beitragen, den Prozess der öffentlichen Meinungsbildung zu demokratisieren.[1485]

Eine endgültige Aussage über die Geeignetheit der Regelung ließe sich nur treffen, nachdem diese positiven und negativen Effekte abgewogen worden sind. Für diese Abwägung müsste man wissen, in welchen Verhältnis nützliche und schädliche Effekte zueinander stehen. Sollte sich etwa herausstellen, dass Social Bots tatsächlich die öffentliche Meinungsbildung im Internet weitgehend demokratisieren, indem sie individuelle Akteure gegenüber klassischen medialen Gatekeepern stärken und so die geschützte Rechtsposition unter dem Strich fördern, wäre die Regelung ungeeignet. Die Auswirkungen des Einsatzes von Social Bots sind aber noch nicht erforscht.[1486] Die Tatsachengrundlage für eine informierte Abwägung fehlt derzeit. Diese Tatsachengrundlage lässt sich auch nicht durch rein normative Überlegungen ersetzen. Deshalb lässt sich nicht abschließend klären,

1482 Vgl. A.I.3.b) Geeignetheit.

1483 Vgl. A.I.3.b) Geeignetheit.

1484 Vgl. A.I.4 Prozedurale Anforderungen.

1485 *Steinbach*, ZRP 2017, 101, 105.

1486 Vgl. *Rückert*, in: Strafrecht und Politik, S. 167, 172 ff. m.w.N.

ob das abstrakte Gefährdungsdelikt geeignet wäre. Hier wird fortan unterstellt, dass die negativen Effekte des Einsatzes von Social Bots überwiegen und das abstrakte Gefährdungsdelikt deshalb geeignet wäre. Die Prüfung wird hilfsweise fortgesetzt.

(2) Erreichbarkeit der Normadressaten

Darüber hinaus muss das abstrakte Gefährdungsdelikt seine Normadressaten erreichen können. Der Tatbestand ist so formuliert, dass er jede Person innerhalb der deutschen Strafgewalt adressiert, die Social Bots einsetzt. Es ist grundsätzlich zu erwarten, dass weite Teile der rechtsunterworfenen Bevölkerung im Inland von der Einführung einer solchen Norm erfahren würden und vom Normappell erreicht werden könnten. Es stellt sich allerdings die Frage, ob innerhalb der so adressierten Bevölkerung die *tatsächlichen Täter* überhaupt zu finden sind. So wird in der Literatur schon erwogen, dass die tatsächlichen Hintermänner häufig im Ausland sitzen und für das deutsche Recht schwer erreichbar sein könnten.[1487] Insoweit könnte man zwar erwägen, durch Anpassungen des Strafanwendungsrechts immerhin die materielle Geltung der avisierten Norm zu erweitern. Ob dies allein ausreichen würde, um ausländische Akteure ernsthaft mit dem Normappell zu erreichen, scheint aber zweifelhaft. Die Frage der Attribution[1488] des Einsatzes von Social Bots ist, soweit ersichtlich, ohnehin ungeklärt. Es liegen keine öffentlich verfügbaren, gesicherten Erkenntnisse über die handelnden Akteure vor; solche Erkenntnisse finden sich auch nicht in der ausgewerteten außerrechtlichen Literatur.

Bei der Verhältnismäßigkeitsprüfung von Strafnormen sind die erforderlichen Beweise und Untersuchungen vorzulegen; Maßnahmen sind auf genaue Angaben zu stützen.[1489] Nach diesem Maßstab kann die Frage, ob die Normadressaten für die Regelung erreichbar wären, nicht beantwortet werden. Sollte sich erweisen, dass die Verantwortlichen sich hauptsächlich im Inland aufhalten, spräche viel dafür, dass der Normappell sie erreicht:

1487 *Gasser/Kraatz*, VerfBlog 2017/1/16, 1, 3; *Grandjean*, ZUM 2017, 571 mit einem Zitat von *Hegelich; Milker*, InTeR 2017, 199, 206; *Milker*, ZUM 2017, 216, 221; *Schröder*, DVBl 2018, 465, 470 f.; *Steinbach*, ZRP 2017, 101, 102; *Volkmann*, MMR 2018, 58, 63.

1488 Der Begriff „Attribution" meint in der Cybersicherheit die Ermittlung der Verantwortlichen für einen Cyberangriff, vgl. *Eichensehr*, 67 UCLA L. Rev. 520 (2020), 522 ff.

1489 A.I.4.a) Darlegungs- und Beweislast des Strafgesetzgebers.

Der Einsatz von Social Bots ist technisch nicht trivial. Es kann erwartet werden, dass es sich um Akteure mit einem gehobenen Bildungsstand handeln würde, die von einer einschlägigen Neukriminalisierung erfahren würden.[1490] In diesem Fall wäre die Geeignetheit zu bejahen. Sollte sich dagegen herausstellen, dass die Akteure vornehmlich oder gar ausschließlich im Ausland sitzen, müsste die Eignung der Regelung eher abgelehnt werden. Diese Entscheidung kann bei der gegebenen, unklaren Datenlage noch nicht getroffen werden. Es kann derzeit nur spekuliert werden, welche Akteure für den Einsatz von Social Bots verantwortlich sind. Weil es sich hierbei um eine tatsächliche Unsicherheit handelt, wird die Prüfung des abstrakten Gefährdungsdelikts hilfsweise fortgesetzt.

(3) Zwischenergebnis

Nach aktueller Datenlage ist der Regulierungsvorschlag aus tatsächlichen Gründen verfassungsrechtlich unzulässig. Einerseits ist unbekannt, in welchem Verhältnis positive und negative Effekte des Einsatzes von Social Bots zueinander stehen. Andererseits ist nicht in ausreichendem Maße erwiesen, wer die tatsächlichen Akteure hinter dem Einsatz von Social Bots sind und ob der Normappell des Regulierungsvorschlags diese erreichen kann. Die Prüfung wird hier gleichwohl hilfsweise fortgesetzt, weil diese Tatsachengrundlage sich zukünftig ändern kann.

cc) Erforderlichkeit

Das abstrakte Gefährdungsdelikt muss erforderlich sein. Grundsätzlich ist dies der Fall, wenn kein gleich geeignetes, milderes Mittel zur Verfügung steht, um den verfolgten Zweck zu erreichen.[1491] Dieser Maßstab ist anzureichern, wenn die Verhältnismäßigkeit einer Strafnorm überprüft wird. Das Strafrecht ist aufgrund seiner besonderen Eingriffsintensität *ultima ratio* des Gesetzgebers. Sein Einsatz ist nur erforderlich, wenn ein

---

1490 Vgl. zur umgekehrten Konstellation, in der die betroffenen Akteure vor allem sozial schwachen Gesellschaftsschichten zuzurechnen waren und deshalb bezweifelt wurde, dass der Normappell sie überhaupt erreichen konnte, BVerfG, Beschl. v. 26.2.2008 – 2 BvR 392/07 (Inzest) = BVerfGE 120, 224, 266 – Sondervotum *Hassemer;* diesbezüglich aber **a.A.** die dortige Senatsmehrheit, vgl. BVerfGE 120, 224, 249.

1491 A.I.3.c) Erforderlichkeit.

bestimmtes Verhalten über sein Verbotensein hinaus in besonderer Weise sozialschädlich und für das geordnete Zusammenleben der Menschen unerträglich, seine Verhinderung daher besonders dringlich ist.[1492]

(1) Regelungsalternativen

Zunächst ist zu prüfen, ob gleich geeignete, aber mildere Regelungsalternativen gefunden werden können. In Literatur und Politik werden verschiedene Möglichkeiten vorgeschlagen.

(a) Kennzeichnungspflicht

Das meistdiskutierte Instrument zur Regulierung von Social Bots ist eine Kennzeichnungspflicht.[1493] Es werden unterschiedliche Varianten erwogen. Erstens wird diskutiert, dass der Staat den *Nutzer* verpflichten könnte, den Einsatz von Social Bots zu kennzeichnen (Verhältnis Staat-Nutzer).[1494] Zweitens wird überlegt, dass der Staat die *Plattformbetreiber* verpflichten könnte, diese *selbst* zu kennzeichnen (Staat-Plattformbetreiber).[1495] Drittens wird erwogen, dass der Staat die *Plattformbetreiber* verpflichten könnte, wiederum ihren *Nutzern* eine solche Pflicht vertraglich aufzuerlegen (Staat-Plattformbetreiber-Nutzer).[1496] Teilweise werden die Varianten miteinander kombiniert;[1497] zumeist wird aber gar nicht erst so weit differen-

1492 A.I.3.c) Erforderlichkeit.

1493 § 18 Abs. 3 Medienstaatsvertrag; BT-Drs. 18/11856, S. 2 f.; *e contrario* auch BT-Drs. 19/6970, S. 18: „Die Bundesregierung teilt die Befürchtungen, dass der nicht gekennzeichnete Einsatz sog. Social Bots eine Gefahr für das Funktionieren des demokratischen Meinungsbildungsprozesses darstellen kann"; *Drexl*, ZUM 2017, 529, 543; vgl. *Grandjean*, ZUM 2017, 565, 571 f.; *Holznagel*, MMR 2018, 18, 22; *Jülicher/Röttgen*, InTeR 2018, 15, 17; *Lewke*, InTeR 2017, 207, 211, 214; *Libertus*, ZUM 2018, 20, 22; *Milker*, InTeR 2017, 199, 205 ff.; *Milker*, ZUM 2016, 221; **dagegen** *Schröder*, DVBl 2018, 465, 471 f.; *Steinbach*, ZRP 2017, 101, 104 f.

1494 *Milker*, InTeR 2017, 199, 206.

1495 *Milker*, InTeR 2017, 199, 205 f.; allerdings **ablehnend** *Schröder*, DVBl 2018, 465, 471 f.

1496 *Milker*, InTeR 2017, 199, 206.

1497 BT-Drs. 18/11856, S. 2 f.

ziert.[1498] Eine Kennzeichnungspflicht für Social Bots wurde im Jahr 2020 erstmals normiert. Sie findet sich in § 18 Abs. 3 Medienstaatsvertrag und lautet:

> „[1]Anbieter von Telemedien in sozialen Netzwerken sind verpflichtet, bei mittels eines Computerprogramms automatisiert erstellten Inhalten oder Mitteilungen den Umstand der Automatisierung kenntlich zu machen, sofern das hierfür verwandte Nutzerkonto seinem äußeren Erscheinungsbild nach für die Nutzung durch natürliche Personen bereitgestellt wurde. [2]Dem Inhalt oder der Mitteilung ist der Hinweis gut lesbar bei- oder voranzustellen, dass dieser oder diese unter Einsatz eines das Nutzerkonto steuernden Computerprogrammes automatisiert erstellt und versandt wurde. [3]Ein Erstellen im Sinne dieser Vorschrift liegt nicht nur vor, wenn Inhalte und Mitteilungen unmittelbar vor dem Versenden automatisiert generiert werden, sondern auch, wenn bei dem Versand automatisiert auf einen vorgefertigten Inhalt oder eine vorprogrammierte Mitteilung zurückgegriffen wird.“[1499]

Für eine Kennzeichnungspflicht spricht, dass sie die Informationsasymmetrie zwischen der Allgemeinheit und dem Verwender des Social Bots ausgleichen könnte, indem wieder klar zwischen menschlichen und automatischen Inhalt zu unterscheiden wäre.[1500] Insbesondere müssten Inhalte nicht rundheraus gelöscht werden.[1501] Nutzer wären in der Lage, selbstbestimmt mit automatisch generierten Inhalten umgehen.[1502] Gleichwohl spricht ein gewichtiger Aspekt gegen die *gleiche* Eignung einer Kennzeichnungspflicht.

(aa) Problemfeld Popularity Cues

Eine Kennzeichnungspflicht funktioniert nicht ohne weiteres, soweit Popularity Cues betroffen sind. Wie bereits erläutert, stellen diese bestimmte

---

1498 *Drexl*, ZUM 2017, 529, 543; *Holznagel*, MMR 2018, 18, 22; *Jülicher/Röttgen*, InTeR 2018, 15, 17; *Lewke*, InTeR 2017, 207, 211; *Libertus*, ZUM 2018, 20, 22, 27; *Milker*, ZUM 2017, 216, 221.

1499 Siehe etwa HmbGVBl. Nr. 46, Anlage 1, S. 434 ff.; vgl. oben 1. Kap. A.II Bisherige Formulierungsvorschläge.

1500 *Lewke*, InTeR 2017, 207, 211; *Milker*, InTeR 2017, 199, 205.

1501 *Milker*, InTeR 2017, 199, 205.

1502 *Lewke*, InTeR 2017, 207, 211; *Milker*, InTeR 2017, 199, 205.

Interaktionen in Summe dar.[1503] Werden in diese Summe auch Beiträge eingerechnet, die für sich genommen als automatisch generiert erkennbar sind, geht diese Kennzeichnung gleichsam in der Masse unter. Automatisch generierte Beiträge müssten aus Popularity Cues also herausgerechnet werden. Die Kennzeichnungspflicht, die in § 18 Abs. 3 Medienstaatsvertrag aufgestellt wird, fordert eine solche Herausrechnung nicht. Schon deshalb ist die *dortige* Regelung nicht gleich geeignet wie der hiesige Vorschlag. Würde man Social Bots wirksam aus Popularity Cues herausrechnen wollen, setzte dies voraus, dass diese technisch abgegrenzt werden können. Die Kennzeichnung „Bot / kein Bot" müsste als technischer Parameter eines jeden Inhalts im sozialen Netzwerk hinterlegt werden.[1504] Nicht ausreichen würde es, wenn der Verwender eines Social Bots seinen Inhalten einen selbst geschriebenen Disclaimer voranstellte – so wie das hier bei @RustavGadburch getan wurde.[1505]

> Beispiel: @RustavGadburch likt automatisch einen Beitrag. Auf seinem Profil kann man nachlesen, dass es sich um einen Social Bot handelt. Betrachtet man dagegen nur den Popularity Cue des gelikten Beitrages, ist dieser schlicht um einen Like erhöht. Die automatische Interaktion verschwindet in der Masse der anderen (menschlichen) Interaktionen.

Ein solcher manueller Disclaimer könnte allenfalls dann ausreichen, wenn die Plattformen ihn sicher erkennen und technisch auswerten könnten, um sodann die betroffenen Inhalte herauszurechnen. Das scheint technisch nicht ausgeschlossen, könnte aber fehleranfällig sein.

Kann man diese technischen Hürden überwinden, scheint doch einiges für die gleiche Eignung einer Kennzeichnungspflicht zu sprechen.[1506] Doch das geschilderte Modell basiert auf der Annahme, dass eine Kennzeichnung überhaupt erfolgen *kann* – entweder freiwillig durch individuelle Nutzer oder zwangsweise durch die Plattformbetreiber. Letzteres führt zu einem weiteren, entscheidenden Problem.

1503 1. Kap. E.II.1 Veränderung von Statistiken.
1504 Siehe schon *Milker*, InTeR 2017, 199, 205.
1505 Vgl. 1. Kap. B. Feldforschung „@RustavGadbruch".
1506 So ausdrücklich *Milker*, InTeR 2017, 199, 205.

(bb) Begrenzung legitimer rechtlicher Verpflichtungen durch den Stand der Technik

Eine zwangsweise Kennzeichnung durch die Plattformbetreiber setzt voraus, dass sie den Einsatz von Social Bots technisch aufdecken *können*. Wie bereits dargelegt wurde, sind diese dazu unter allen Akteuren zwar am ehesten in der Lage.[1507] Allerdings ist ebenfalls angesprochen worden, dass es sogar für Plattformbetreiber in manchen Fällen schwierig sein kann, den Einsatz von Social Bots zu identifizieren und zu unterbinden. Es wurde erläutert, dass zwar Programmgestaltungen, die sich über ein API mit dem sozialen Netzwerk verbinden, ohne weiteres technisch reguliert werden können.[1508] Gleichzeitig wurde jedoch gezeigt, dass es möglich ist, diese Schnittstellen zu umgehen – etwa durch Frontend-basierte Methoden.[1509] In solchen (und anderen, bisher nicht bekannten) Fällen stehen selbst Plattformbetreiber vor erheblichen oder gar unüberwindbaren technischen Schwierigkeiten. Sie befinden sich hier in einem ständigen *Wettrüsten* gegen böswillige oder immerhin aufsässige Programmierer.[1510] Als konkretes Beispiel kann der Instagram-Bot InstaPy genannt werden, den Instagram immer wieder zu regulieren suchte. Die InstaPy-Community (bzw. ein Teil dieser Community) reagierte darauf, indem sie ständig optimierte Programmgestaltungen entwarf, mit denen die jeweils letzten Sicherheitsvorkehrungen des Netzwerkbetreibers umgangen werden konnten.[1511]

Das Beispiel führt zu einem wichtigen Gedanken: Plattformbetreiber können Social Bots nur soweit kennzeichnen, wie sie sie aufspüren *können*. Manche Vorfälle werden sich aber nur mit einem (wirtschaftlich) unvertretbaren Aufwand aufdecken lassen; andere werden nach dem aktuellen Stand der Technik schlicht *unmöglich* zu ermitteln sein.[1512]

1507 1. Kap. C. Verbindungsmöglichkeitenn; ebenso *Milker*, InTeR 2017, 199, 206.

1508 1. Kap. C.I Zugang über ein Application Programming Interface.

1509 1. Kap. C.II Zugang über ein User Interface.

1510 1. Kap. C.II Zugang über ein User Interface; so treffend bereits *Milker*, InTeR 2017, 199, 205; vgl. auch *Milker*, ZUM 2017, 216, 221; vgl. allgemeiner *Volkmann*, MMR 2018, 58, 59.

1511 1. Kap. C.II Zugang über ein User Interface; vgl. auch *Grandjean*, ZUM 2017, 572 mit einem Zitat von *Hegelich:* „Hase und Igel-Spiel".

1512 Dieser Gedanke entspringt einem erkenntnisreichen Gespräch mit dem Politikberater Herrn *Martin Fuchs* am 17.10.2019 in Hamburg, dem dafür herzlicher Dank gebührt.

Der Stand der Technik im Rechtssinne geht zwar über das hinaus, was nach der herrschenden Auffassung der technischen Praktiker als *allgemein anerkannt* und *praktisch bewährt* gelten darf.[1513] Er ist somit selbst an der Front des technischen Fortschritts angesiedelt. Insbesondere sind ihm auch Entwicklungen zuzurechnen, die in der einschlägigen Disziplin nicht schon allgemein anerkannt, sondern noch streitbefangen sind.[1514] Gleichwohl setzt der Stand der Technik stets eine Abwägung voraus zwischen Aufwand und Nutzen einer möglichen Maßnahme; er ist beschränkt auf das wirtschaftlich und technisch vertretbar Machbare.[1515] Betreibern kann keine Pflicht zur Kennzeichnung auferlegt werden, wenn eine Detektierung zwar theoretisch, aber nur unter unvertretbarem Aufwand möglich ist. Das gilt erst recht, wenn die Detektierung nach ihrem Kenntnisstand noch unmöglich ist.[1516] Dabei ist zu bedenken, dass es hier nicht um den Nachweis *im Einzelfall* geht, der unter Einsatz menschlicher und technischer Ermittlungsmethoden regelmäßig möglich sein sollte. Hier geht es um die *skalierbare* Detektierung von Social Bots innerhalb des *gesamten Netzwerkes*.

Dieser Gedanke lässt sich verallgemeinern. Präventive Regulierungsansätze kranken daran, dass sie durch den jeweiligen *Stand der Technik* limitiert sind. Verhaltenspflichten, die sich an die Betreiber sozialer Netzwerke richten, laufen bei allen Sachverhalten leer, die jenseits der vordersten Front der technischen Entwicklung liegen. Ein Täter, der sicher weiß, dass seine Programmierung den Kontrollmethoden der Netzwerkbetreiber überlegen ist, wird durch eine Kennzeichnungspflicht nicht abgeschreckt:

1513 Insoweit handelt es sich um die „allgemein anerkannten Regeln der Technik", vgl. BVerfG, Beschl. v. 8.8.1978 – 2 BvL 8/77 (Kalkar) = BVerfGE 49, 89, 135; *Bundesministerium der Justiz*, Handbuch der Rechtsförmlichkeit, Rn. 255.

1514 *Seibel*, NJW 2013, 3000, 3003 m.w.N.

1515 BVerfG, Beschl. v. 8.8.1978 – 2 BvL 8/77 (Kalkar) = BVerfGE 49, 89, 135 f.; *Seibel*, NJW 2013, 3000, 3003 f.; vgl. § 3 Nr. 11 WHG mit dortiger Anlage 1, § 3 Abs. 6 BImSchG, § 3 Abs. 28 KrWG; Art. 3 Nr. 10 b) der Richtlinie 2010/75/EU des Europäischen Parlaments und des Rates v. 24.11.2010 über Industrieemissionen: „[…] Techniken, die in einem Maßstab entwickelt sind, der unter Berücksichtigung des Kosten/Nutzen-Verhältnisses die Anwendung unter in dem betreffenden industriellen Sektor wirtschaftlich und technisch vertretbaren Verhältnissen ermöglicht, gleich, ob diese Techniken innerhalb des betreffenden Mitgliedstaats verwendet oder hergestellt werden, sofern sie zu vertretbaren Bedingungen für den Betreiber zugänglich sind."

1516 Die Ausführungen bei *Milker*, InTeR 2017, 199, 206 gehen bereits in diese Richtung: Dort wird erwogen, etwaige Bußgeldtatbestände so auszugestalten, dass diese erst greifen, wenn Plattformbetreiber nicht alles Zumutbare zur Detektierung getan haben.

Er weiß, dass sein Verhalten aktuell nicht aufgedeckt werden kann. Wird er später doch enttarnt, braucht ihn das wenig zu kümmern, da er seine Inhalte im schnelllebigen Netzwerk schon verbreitet hat.[1517]

Anders verhält es sich mit repressiven Regulierungsansätzen, wie dem hier geprüften abstrakten Gefährdungsdelikt. Die repressive Strafnorm setzt nicht voraus, dass es zum Zeitpunkt der Tathandlung nach dem Stand der Technik bereits möglich ist bzw. war, die jeweils verwendete Methode aufzudecken. Sie kann auch tatbestandliches Verhalten erfassen, das sich erst rückwirkend ermitteln und nachweisen lässt. Repressive Regulierungen wirken auch dann schon abschreckend, wenn der Täter sich *noch* sicher sein kann, dass seine Methode technisch überlegen und nicht aufspürbar ist. Er darf zwar davon ausgehen, einen technischen Vorsprung zu haben; er wird aber selten glauben, dass dieser Vorsprung uneinholbar wäre.[1518] Wird er später doch enttarnt, kann er immer noch strafrechtlich verfolgt werden.[1519]

Eine Kennzeichnungspflicht ist nicht gleich geeignet wie eine strafrechtliche Regulierung. Sie läuft in allen Fällen leer, in denen von Plattformbetreibern nicht verlangt werden kann, den Einsatz von Social Bots aufzudecken, weil dies nach dem Stand der Technik nicht oder nur unter unzumutbarem Aufwand möglich ist. Es lässt sich formulieren, dass eine Kennzeichnungspflicht aus der Perspektive aufsässiger Programmierer nicht dazu anregt, den Einsatz von Social Bots zu *unterlassen*, sondern die Kennzeichnungspflicht technisch zu *umgehen.*

1517 Vgl. in anderem Zusammenhang mit ähnlichem Befund *Ceffinato*, ZStW 132 (2020), 544, 550 f. Übrigens ist die Regulierung von Social Bots insoweit nicht mit dem NetzDG vergleichbar. Dort ist zwar nicht immer klar, ob eine Äußerung *rechtlich* dem Anwendungsbereich des NetzDG unterfällt. Klar ist aber, *wie* die Taten begangen werden: durch Texte, Bilder, Videos oder Audiodateien in sozialen Netzwerken. Im Fall von Social Bots wäre dagegen schon die *Methode* der Tatbegehung unbekannt.

1518 Dies konfligiert nicht mit dem strafrechtlichen Rückwirkungsverbot. Bestraft würde ein Verhalten, dass bereits sicher tatbestandsmäßig, aber lediglich noch nicht ermittelbar wäre.

1519 Zwar besteht diese Möglichkeit nur innerhalb der gesetzlichen Verjährungsfristen. Die Verjährungsfrist würde im Falle des hiesigen Regulierungsvorschlages, wenn man ein realistisches Strafmaß zugrunde legt (das etwa mit den Staatsschutzdelikten vergleichbar ist) kaum mehr als drei Jahre betragen (vgl. § 78 Abs. 3 Nr. 5 StGB). Allerdings sind drei Jahre im Bereich der Cybersicherheit ein Zeitraum, in dem maßgebliche technische Fortschritte plausibel zu erwarten sind.

Um Missverständnissen vorzubeugen: Damit ist nicht gesagt, dass eine Kennzeichnungspflicht (oder eine andere der sogleich zu diskutierenden Regelungsalternativen), die an Plattformbetreiber adressiert wird, nicht aus politischen Gründen trotzdem bevorzugt werden könnte.[1520] Es wäre insbesondere denkbar, pragmatisch die limitierte Detektierbarkeit nach dem jeweils aktuellen Stand der Technik als ausreichend hinzunehmen; darin läge eine legitime Entscheidung für eine *weniger geeignete*, aber womöglich *mildere* Regelungsoption. Hier ist aus der Perspektive geprüft worden, ob die bloße *Existenz* einer Alternative dazu führt, dass der Rückgriff auf eine *andere*, hier strafrechtliche, Option verfassungsrechtlich *versperrt* ist. Aus dieser strengen Perspektive heraus ist festgestellt worden, dass die Alternative nicht gleich geeignet ist.

(b) Meldepflicht

Daneben wird erwogen, die Betreiber sozialer Netzwerke zu verpflichten, verdächtige Accounts staatlichen Behörden zu melden.[1521] Im Anschluss an eine solche Meldung könnten die Behörden polizeirechtlich gegen problematische Accounts vorgehen. Für eine Meldepflicht soll sprechen, dass ein Über-Unterordnungsverhältnis allein zwischen Bürger und Staat (und damit insbesondere unter Ausschluss des Netzwerkbetreibers) begründet werde und dem Bürger der Verwaltungsrechtsweg eröffnet bleibe.[1522] Teilweise wird auch vorgeschlagen, Meldewege für andere Nutzer bereitzustellen, damit diese verdächtige Accounts melden können.[1523]

Hinsichtlich einer solchen Meldepflicht gelten die soeben dargelegten Einwände entsprechend. Auch eine solche Meldepflicht wäre kein gleich geeignetes Mittel, da sie ebenfalls voraussetzt, dass der Einsatz von Social Bots (mit zumutbarem Aufwand oder überhaupt) in allen Fällen aktuell aufgedeckt werden *kann*.

1520 Vgl. abermals BT-Dr. 18/11856, S. 7 und dazu *Libertus*, ZUM 2018, 20, 22.
1521 *Schröder*, DVBl 2018, 465, 472.
1522 *Schröder*, DVBl 2018, 465, 472.
1523 BT-Drs. 18/11856, S. 2 f.

(c) Löschpflicht

Vereinzelt wird diskutiert, Plattformbetreiber dazu zu verpflichten, die Beiträge von Social Bots zu löschen.[1524] Ungeachtet der damit verbundenen Gefahr eines „overblockings“[1525] geht auch eine solche Löschpflicht ins Leere, wenn Social Bots nach Methoden eingesetzt werden, die Plattformbetreiber zum jeweiligen Zeitpunkt nicht aufdecken und verhindern können. Sie ist darum jedenfalls nicht gleich geeignet.

(d) Klarnamenpflicht

Teilweise wird überlegt, den Einsatz von Social Bots entgegen des bisherigen § 13 Abs. 6 TMG über eine Klarnamenpflicht zu unterbinden.[1526] Dazu müssten alle Nutzer sozialer Netzwerke sich unter Klarnamen registrieren – entweder gegenüber den Netzwerken selbst oder gegenüber einer unabhängigen dritten Instanz.[1527] Eine solche Klarnamenpflicht wäre nach hier vertretener Auffassung nicht gleich geeignet, da sie den Einsatz von Social Bots nicht umfassend verhindern könnte: Die Verwender von Social Bots könnten sich nämlich auch solche verifizierten Accounts wohl über den (Schwarz-)Markt beschaffen.[1528] Jedenfalls könnte eine solche Pflicht über ausländische Accounts leicht umgangen werden. Im Übrigen ist sehr zu bezweifeln, ob es *milder* wäre, die Pseudo- und Anonymität *aller Nutzer* sozialer Netzwerke zu opfern, um den Einsatz von Social Bots zu regulieren. Dies gilt mit Blick auf den grundrechtlichen Schutz pseudo- und anonymer Kommunikation schon im Allgemeinen,[1529] bezüglich Social

1524 *Schröder*, DVBl 2018, 465, 472.

1525 Vgl. m.w.N. *Ceffinato*, ZStW 132 (2020), 544, 562 m.w.N.; *Drexl*, ZUM 2017, 529, 538 ff.; *Elsaß/Labusga/Tichy*, CR 2017, 234, 235; *Jülicher/Röttgen*, InTeR 2018, 15, 17; *Schröder*, DVBl 2018, 465, 472.

1526 Erwägend, aber i.E. zurecht **ablehnend** *Milker*, InTeR 2017, 199, 205; *Milker*, ZUM 2017, 216, 221; *Schröder*, DVBl 2018, 465, 472; **offenlassend** *Libertus*, ZUM 2018, 20, 22.

1527 *Schröder*, DVBl 2018, 465, 472.

1528 Zur Beschaffung realer und fiktiver Nutzerkonten siehe oben 2. Kap. F.I.2 Nicht für den Täter bestimmte Daten.

1529 Allgemein *Kersten*, JuS 2017, 193 ff.; zu Social Bots *Milker*, InTeR 2017, 199, 202, 205; *Milker*, ZUM 2017, 216, 221; *Schröder*, DVBl 2018, 465, 467 f.; *Steinbach*, ZRP 2017, 101, 102 f.; **kritischer** abwägend *Paal/Hennemann*, ZRP 2017, 76, 77.

Bots, die nach bisheriger Kenntnislage höchstens fünf Prozent aller Nutzer in sozialen Netzwerken ausmachen,[1530] noch im Besonderen.

(e) Politische Parteien

Einige Stimmen in der Literatur erwägen, politischen Parteien den Einsatz von Social Bots zu untersagen.[1531] Es wird erwartet, dass dieses Verbot sich über die Sanktionsmöglichkeiten der Parteienfinanzierung effektiv durchsetzen lassen würde.[1532] Diese Prognose wird hier geteilt. Trotzdem wäre ein solches Verbot nicht gleich geeignet. Es könnte mit den politischen Parteien nur kleinen Ausschnitt aller potentiellen Akteure erfassen und ließe sich durch parteinahe Personen und Institutionen oder Sympathisanten leicht umgehen.[1533]

(f) Ordnungswidrigkeitenrecht

Es konnte gezeigt werden, dass repressive Regelungen gegenüber präventiven Alternativen vorteilhaft sind, soweit Angriffsvektoren jenseits des Stands der Technik liegen. Dies führt zu der Frage, ob es nicht gleich geeignete, aber mildere *repressive Regulierungsoptionen* gibt. Der Rückgriff auf das Strafrecht könnte insbesondere nicht erforderlich sein, wenn das *Ordnungswidrigkeitenrecht* eine gleich geeignete, aber mildere repressive Alternative darstellen würde.

(aa) Rechtliche Determination des repressiven Regelungsregimes

Diese Frage ließe sich aus rechtlicher Sicht womöglich beantworten, wenn sich Aufgaben oder Einsatzfelder abstecken ließen, in denen zweifellos entweder Straf- oder Ordnungswidrigkeitenrecht anzuwenden wäre. Das führt zu der Frage nach dem materiellen Begriff der Ordnungswidrigkeit.

1530 1. Kap. D Empirie.

1531 *Drexl,* ZUM 2017, 529, 543; *Gasser/Kraatz,* VerfBlog 2017/1/16, 1, 2; *Milker,* InTeR 2017, 199, 206; *Paal/Hennemann,* ZRP 2017, 76, 78 f.; *Schröder,* DVBl 2018, 465, 471; insgesamt **skeptisch** *Steinbach,* ZRP 101, 104: Einsatz durch staatliche Institutionen schon „kein realistisches Szenario".

1532 *Drexl,* ZUM 2017, 529, 543.

1533 *Schröder,* DVBl 2018, 465, 471.

Klar ist, dass eine ordnungsrechtliche Geldbuße kein sozial-ethisches Unwerturteil enthält und darum *grundsätzlich* keine Kriminalstrafe ist.[1534] Diese Feststellung hilft hier aber nicht weiter, weil es gerade um die Frage geht, ob eine repressive Regelung gleich geeignet sein kann, *ohne* Kriminalstrafe zu sein.

Nach der im Ordnungswidrigkeitenrecht herrschenden „gemischt quantitativ-qualitativen Betrachtungsweise“ soll es Kernbereiche geben, in denen sich eindeutig sagen lässt, dass entweder eine Ordnungswidrigkeit oder eine Straftat vorliegt.[1535] Dazwischen soll ein weites Feld nur gradueller Unterschiede liegen, in dem sich *rechtlich* nicht letztgültig unterscheiden lasse, ob Ordnungswidrigkeiten- oder Strafrecht angemessen ist; in diesem Bereich könne der Gesetzgeber nach *rechtspolitischen* Erwägungen frei entscheiden.[1536] Nach der wohl herrschenden Ansicht soll *sicher* ein Fall für das Kriminalstrafrecht gegeben sein, wenn es um die Verletzung von Individualrechtsgütern geht.[1537] Der Rückgriff auf das Ordnungswidrigkeitenrecht soll dagegen möglich sein, soweit es um den Schutz kollektiver Interessen geht.[1538] Hier scheidet eine eindeutige Zuordnung zum Kriminalstrafrecht nach der herrschenden Ansicht aus, weil ein Kollektivrechtsgut geschützt wird. Andererseits lässt sich der Einsatz von Social Bots auch nicht kurzerhand so eindeutig als Bagatelle einordnen, dass der Einsatz des Strafrechts von vornherein ausgeschlossen erschiene. Für die Anwendung von Kriminalstrafrecht spricht, dass hier mit der Integrität der öffentlichen Meinungsbildung im Internet eine Rechtsposition geschützt werden soll, die nicht lediglich für den reibungslosen *Ablauf* des Gemeinwesens sorgt,[1539] sondern *Grundbedingungen* des freiheitlich-de-

---

1534 Vgl. *Gassner,* in: Gassner/Seith, Einleitung Rn. 4; vgl. aber erneut die Engel-Kriterien, EGMR, Urt. v. 8.6.1976 – 5100/71 (Engel) = ECLI:CE:ECHR:1976:0608JUD000510071.

1535 *Gassner,* in: Gassner/Seith, Einl. Rn. 2 m.w.N. und Rn. 28 f.; *Mitsch,* in: KK-OWiG, Einl. Rn. 113; *Rogall,* in: KK-OWiG, Vor § 1 Rn. 2 m.w.N.

1536 BVerfG, Beschl. v. 27.3.1979 – 2 BvL 7/78 = BVerfGE 51, 60, 74 m.w.N.; BVerfG, Beschl. v. 6.6.1989 – 2 BvL 6/89 = BVerfGE 80, 182, 185 f.; *Gassner,* in: Gassner/Seith, Einl. Rn. 2, 28 f.; *Mitsch,* in: KK-OWiG, Einl. Rn. 113; *Rogall,* in: KK-OWiG, Vor § 1 Rn. 2 m.w.N.

1537 *Mitsch,* in: KK-OWiG, Einl. Rn. 114 ff. m.w.N.

1538 *Mitsch,* in: KK-OWiG, Einl. Rn. 115 m.w.N.

1539 Ein Beispiel für Regelungen, die lediglich den reibungslosen *Ablauf* des Gemeinwesens sichern, wären Ordnungswidrigkeiten über das falsche Parken von Kraftfahrzeugen.

mokratischen Gemeinwesens berührt.[1540] Der systematische Vergleich mit den Staatsschutzdelikten und den Friedensschutzdelikten spricht ebenfalls dafür, auf das Strafrecht zurückzugreifen. Nach hier vertretener Ansicht ist der Einsatz des Strafrechts überzeugender.

Letztlich liegt der Fall aber im Bereich gradueller Unterschiede und damit im Ermessen des Gesetzgebers.[1541] Entschiede der Gesetzgeber sich (auf Grundlage angemessener Nachweise[1542]) für das Ordnungsrecht, wäre die zeitlich vorgreifende Abschreckungswirkung einer repressiven Regelung erreicht. Vorstellbar wäre beispielsweise eine bußgeldbewehrte Kennzeichnungspflicht.[1543] Wohlgemerkt müsste sich diese Ordnungswidrigkeit an die *Nutzer* sozialer Netzwerke und nicht die Plattformbetreiber richten, wenn sie nicht erneut durch den Stand der Technik limitiert sein wollte.[1544]

(bb) Gleiche Eignung i.S.d. Erforderlichkeitsprüfung

Damit ist indes noch keine abschließende Antwort auf die Frage gegeben, ob eine solche ordnungsrechtliche Regelung auch i.S.d. verfassungsrechtlichen Erforderlichkeitsprüfung „gleich" geeignet wäre wie eine strafrechtliche Alternative. Zwar haben beide die repressive Wirkung gemeinsam. Das in der Kriminalstrafe enthaltene sozial-ethische Unwerturteil verbleibt indes regelmäßig als beachtliches Unterscheidungsmerkmal. Insofern wird sich eine gewisse *zusätzliche* abschreckende Wirkung des Kriminalstrafrechts grundsätzlich kaum bestreiten lassen.[1545] Angesichts dieses Unterschiedes zwischen den beiden repressiven Regelungsregimen scheint es treffender, von einer „vergleichbaren" statt von einer „gleich geeigneten" Alternative zu sprechen.

1540 Vgl. ähnlich schon *Hefendehl,* Kollektive Rechtsgüter, S. 158: „Grundbedingungen für die personale Entfaltung".

1541 *Rogall,* in: KK-OWiG, Vor § 1 Rn. 2 m.w.N.

1542 A.I.4.a) Darlegungs- und Beweislast des Strafgesetzgebers.

1543 Zu diesem Weg s. erneut BT-Dr. 18/11856, S. 7; vgl. dazu *Libertus,* ZUM 2018, 20, 22.

1544 Dies wird verkannt im Antrag der Fraktion BÜNDNIS 90/DIE GRÜNEN, vgl. BT-Dr. 18/11856, S. 7, der eine an die Plattformbetreiber adressierte Ordnungswidrigkeit vorschlägt; vgl. dem wohl zuneigend *Libertus,* ZUM 2018, 20, 22.

1545 Vgl. zu dieser Argumentation generell **kritisch** *Hörnle,* Grob anstößiges Verhalten, S. 29 f.

(cc) Zwischenergebnis

Zwei Argumente sprechen dafür, die gleiche Eignung einer ordnungsrechtlichen Alternative zu verneinen und die Prüfung fortzusetzen: Zum einen überzeugt es aufgrund der Bedeutung des geschützten Rechtsgutes eher, auf eine strafrechtliche Regelung zurückzugreifen. Zum anderen ist zweifelhaft, ob das Ordnungswidrigkeitenrecht überhaupt eine „gleich“ geeignete und nicht nur eine „vergleichbare“ Alternative zum Kriminalstrafrecht darstellt.

(g) Zwischenergebnis

Die in der Literatur diskutierten Regelungsalternativen sind im Vergleich zum abstrakten Gefährdungsdelikt (und anderen Strafnormen) nicht gleich geeignet, weil sie als präventive Regelungen leerlaufen, soweit der Einsatz von Social Bots nach dem aktuellen Stand der Technik nicht detektierbar ist. Insoweit sind repressive Regelungen geeigneter, um die Integrität der öffentlichen Meinungsbildung im Internet zu schützen. Diese können auf den Täter auch schon dann abschreckend wirken, wenn er sich *noch* sicher sein kann, nicht entdeckt zu werden. Die Entscheidung zwischen den repressiven Regimen des Ordnungswidrigkeiten- und Strafrechts steht im Ermessen des Gesetzgebers; obwohl es nach hiesiger Ansicht überzeugender ist, Kriminalstrafrecht anzuwenden, erscheinen beide Optionen vertretbar. Gleichwohl bleiben Zweifel an der „gleichen“ Eignung einer ordnungsrechtlichen Alternativregelung; überzeugender ist es, sie lediglich als „vergleichbare“ Alternative einzuordnen.

(2) Besondere Sozialschädlichkeit und dringlicher Schutz

Es konnte gezeigt werden, dass die diskutierten Regelungsalternativen nicht gleich geeignet sind, um die Integrität der öffentlichen Meinungsbildung im Internet zu schützen. Nach der allgemeinen Verhältnismäßigkeitsdogmatik wäre das abstrakte Gefährdungsdelikt damit erforderlich.[1546] Hier ist allerdings ein strengerer Maßstab anzulegen. Das Strafrecht ist *ultima ratio* des Gesetzgebers und sein Einsatz nur erforderlich, wenn ein bestimmtes Verhalten über sein Verbotensein hinaus in besonde-

---

1546 Vgl. A.I.3.c) Erforderlichkeit.

rer Weise sozialschädlich und für das geordnete Zusammenleben der Menschen unerträglich, seine Verhinderung daher besonders dringlich ist.[1547]

Das geprüfte abstrakte Gefährdungsdelikt kriminalisiert den Einsatz von Social Bots inhaltsunabhängig. Wenn es auf den Inhalt der Äußerungen nicht ankommt, verbleibt als maßgeblicher Faktor der Sozialschädlichkeit, in welchem *Ausmaß* Social Bots eingesetzt werden. Das ist auch deshalb stimmig, weil das manipulative und verwerfliche Element ihres Einsatzes auch darin liegt, dass sie unter einer *Vielzahl* (fiktiver) Identitäten kommunizieren.[1548] Nach hier vertretener Auffassung ist nach aktueller Datenlage davon auszugehen, dass bis zu fünf Prozent aller Nutzer von sozialen Netzwerken Social Bots sind.[1549]

Fraglich ist, in welchem Verhältnis diese statistische Verbreitung und die besondere Sozialschädlichkeit zueinander stehen. Es kann nicht bei jedem problematischen Verhalten darauf ankommen, dass es mit einer gewissen statistischen Häufigkeit auftritt. Es gibt Verhaltensgebote, die so bedeutend sind, dass bereits bei einzelnen Verstößen die besondere Sozialschädlichkeit bereits angenommen werden kann und muss – etwa bei Kapitalverbrechen. Doch ist zu bedenken, dass beim Einsatz von Social Bots gerade problematisch ist, dass *skaliert* und *automatisch* kommuniziert wird. Dann ist es auch sinnvoll, die Sozialschädlichkeit daran zu knüpfen, in welchem *Ausmaß* dies geschieht. Es liegt nahe, insoweit die Argumentation zu übertragen, die zum Computerstrafrecht entfaltet worden ist. Erneut erscheint es unwahrscheinlich, dass der *zusammengenommene* Einsatz aller Social Bots bisher die Schwelle zur Sozialschädlichkeit überschritten hat.[1550] Abermals gilt das für einzelne Akteure erst recht.[1551] Zudem sind die Auswirkungen von Propaganda in sozialen Netzwerken allgemein wenig geklärt; für Social Bots gilt das erst recht.[1552] Auch dies spricht dagegen, dass eine Gefährdung der Rechtsposition nach den hier geforderten, strengeren Darlegungsmaßstäben angenommen werden darf.[1553] Gleichzeitig ist zu bedenken, dass die öffentliche Meinungsbildung ein

1547 A.I.3.c) Erforderlichkeit.

1548 Vgl. bereits oben 2. Kap. A. Bestimmung des zu subsumierenden Verhaltens und näher noch unten C.I.1.b)dd) Angemessenheit.

1549 1. Kap. D Empirie.

1550 Ein Beispiel dafür wäre, dass eine einzige Person die öffentliche Diskussion in sozialen Netzwerken am Vortrag der Bundestagswahl vollständig kapert.

1551 Vgl. die entsprechende Argumentation zu § 303b Abs. 1 Nr. 2 StGB unter 2. Kap. F.III.4 Erhebliche Störung.

1552 Siehe erneut Fn. 367 m.w.N.

1553 Vgl. A.I.4.a) Darlegungs- und Beweislast des Strafgesetzgebers.

multikausaler und komplexer Vorgang ist, der wissenschaftlicher Erkenntnis jedenfalls nach derzeitigem Forschungsstand nur begrenzt zugänglich ist.[1554] Das wiederum streitet dafür, dass hier ein Fall vorliegt, in dem wissenschaftliche Grundlagen mindestens umstritten, womöglich aber auch gar nicht zu klären sind. Auch nach dem oben entwickelten, qualifizierten Maßstab hätte dies zur Folge, dass der Gesetzgeber auf seine weite Einschätzungsprärogative zurückgreifen könnte.[1555]

Allerdings ist eine Konstellation, in der wissenschaftliche Grundlagen nicht zu klären sind, tatsächlich nicht gegeben. Die *Auswirkungen* von Social Bots im Internet nachzuweisen, mag sehr schwierig sein. Hier ist aber schon eine vorgeschaltete Frage nicht eindeutig geklärt, nämlich die nach ihrer *Verbreitung*. Man kann auch hier zwischen Manipulationshandlungen und -erfolgen differenzieren:[1556] Wenngleich die wissenschaftliche Durchdringung der Manipulations*erfolge* sich äußerst schwierig gestalten dürfte, können und müssen zumindest hinsichtlich der Manipulations*handlungen* solche Nachweise gefordert werden. Insoweit hat der Gesetzgeber noch nicht alles getan, was von ihm legitim gefordert werden kann und muss. Der Gesetzgeber hat zwar Expertenbefragungen durchgeführt. Diese Experten haben indes mehrheitlich *Zweifel* geäußert.[1557] Wollte der Gesetzgeber jetzt tätig werden, müsste er zunächst diese Zweifel zerstreuen. Sodann müsste er weitere Daten über die tatsächliche Verbreitung von Social Bots erheben, die insbesondere frei von methodischen Bedenken sind.[1558] Abermals: Mit diesen Anforderungen soll der Gesetzgeber nicht gleichsam in die Untätigkeit gedrängt werden, falls die wissenschaftliche Bewertung der Verbreitung von Social Bots strittig bleiben sollte; er soll auch umgekehrt nicht zum bloßen Ausführungsorgan wissenschaftlich abgesegneter Entscheidungsoptionen herabgesetzt werden. Sehr wohl aber wird der Gesetzgeber hier aufgefordert, die in der Wissenschaft inzwischen mehrheitlich anzutreffende Skepsis zu reflektieren und eine etwaige Kriminalisierungsentscheidung nur anhand rationaler und fundierter Erwägungen zu treffen. Würde der Gesetzgeber die erheblichen Zweifel der Wissenschaft an der empirischen Bedeutung von Social Bots dagegen schlicht ignorieren, so könnte dies dem hier angelegten Maßstab nicht mehr genügen.

1554 *Rückert*, in: Strafrecht und Politik, S. 167, 172 ff. m.w.N.
1555 Vgl. A.I.4.b) Einschätzungsprärogative.
1556 1. Kap. E Anwendungsszenarien.
1557 1. Kap. D.III Staatliche Stellen.
1558 Vgl. 1. Kap. D.II Wissenschaftliche Untersuchungen.

Die aktuelle Datenlage spricht eher dagegen, eine besondere Sozialschädlichkeit von Social Bots anzunehmen. Erneut handelt es sich hierbei allerdings um eine tatsächliche Unsicherheit, die nicht zum Abbruch der Prüfung führt.

Es sind aber auch rechtliche Bedenken anzumelden. Das hier geprüfte abstrakte Gefährdungsdelikt setzt umfassend an. Es ist bewusst als „große Lösung" formuliert worden.[1559] Dann aber müssen auch *alle* Handlungsformen, die der Tatbestand erfasst, besonders sozialschädlich sein. Oben ist darauf hingewiesen worden, dass es unzulässig wäre, eine Norm dergestalt auszuformen, dass sie „absehbar auf die Erfassung [...] gefahrloser Fälle in nennenswertem Umfang" hinausläuft.[1560] Der Gesetzgeber muss jedenfalls *die* Fälle, die sicher als ungefährlich erkannt und formuliert werden können, von vornherein aus dem Anwendungsbereich der Norm herausnehmen.[1561] Eine besondere Sozialschädlichkeit aller Handlungsformen, die vom hier geprüften Straftatbestand umfasst wären, kann aber nicht angenommen werden. Vom aktuellen Tatbestand umfasst wäre auch ein nützlicher Wetterbot, der Unwetterwarnungen twittert oder ein harmloser Friedensbot, der auf Facebook auf Beleidigungen reagiert, indem er um freundlichen und respektvollen Umgang bittet.[1562] Das vorgeschlagene abstrakte Gefährdungsdelikt ist nicht auf Verhaltensweisen begrenzt, die der geschützten Rechtsposition gefährlich werden können. Es ist deshalb aus *rechtlichen* Gründen nicht erforderlich.[1563]

Die Erforderlichkeit ist aus rechtlichen Gründen ausgeschlossen.

dd) Zwischenergebnis

Der Eingriff in die Meinungsfreiheit wäre nicht erforderlich und deshalb verfassungsrechtlich nicht gerechtfertigt.

1559 Siehe . Abstraktes Gefährdungsdelikt.

1560 *Gaede*, Der Steuerbetrug, S. 349 f.; A.I.3.c)dd) Abstrakte Gefährdungsdelikte.

1561 A.I.3.c)dd) Abstrakte Gefährdungsdelikte.

1562 Vgl. mit weiteren Beispielen nützlicher (oder immerhin „gutartiger") Anwendungen bereits *Milker*, InTeR 2017, 199, 200 f.; ähnlich schon *Lewke*, InTeR 2017, 207, 211; siehe erneut auch *Steinbach*, ZRP 2017, 101, 105: „enthierarchisierte hegemoniefreie Diskursrealität" (vgl. Fn. 1480).

1563 Vgl. A.I.3.c)dd) Abstrakte Gefährdungsdelikte.

2. Zwischenergebnis

Das vorgeschlagene abstrakte Gefährdungsdelikt wäre unverhältnismäßig. Dies gilt aus tatsächlichen und rechtlichen Gründen.

II. Ergebnis

Das abstrakte Gefährdungsdelikt wäre unverhältnismäßig und liegt bereits deshalb außerhalb des Korridors des verfassungsrechtlich Zulässigen. Eine weitere Prüfung der verfassungsrechtlichen Zulässigkeit kann unterbleiben. Erst recht erübrigt sich damit die Frage nach der rechtspolitischen Bewertung des abstrakten Gefährdungsdelikts.

C. Eignungsdelikt

Das abstrakte Gefährdungsdelikt wurde als nicht erforderlich bewertet, weil es auch Verhaltensweisen erfassen würde, die der geschützten Rechtsposition unter keinem Gesichtspunkt gefährlich werden können.[1564] Nun soll ein Regulierungsvorschlag geprüft werden, der enger gefasst ist. Bei diesem Vorschlag handelt es sich um ein Eignungsdelikt.

Eignungsdelikte werden teilweise auch als abstrakt-konkrete Gefährdungsdelikte oder potentielle Gefährdungsdelikte bezeichnet.[1565] Sie sind eine Unterform der abstrakten Gefährdungsdelikte.[1566] Eignungsdelikte unterscheiden sich von rein abstrakten Gefährdungsdelikten dadurch, dass sie mehr fordern als die bloße Vornahme des tatbestandlichen Verhaltens.[1567] Sie verlangen, dass die Tat *konkret geeignet* ist, die geschützte Rechtsposition zu verletzen oder gefährden.[1568] Den Eintritt einer *konkreten Gefahr* fordern die Eignungsdelikte dagegen nicht; insoweit sind

1564 Vgl. oben B.I.1.c)cc) Erforderlichkeit.

1565 BGH, Urt. v. 12.12.2000 – 1 StR 184/00 (Auschwitzlüge) = BGHSt 46, 212, 218 m.w.N.; *Hefendehl*, Kollektive Rechtsgüter, S. 159 ff.; *Wohlers*, Deliktstypen, S. 297 f.

1566 BGH, Urt. v. 12.12.2000 – 1 StR 184/00 (Auschwitzlüge) = BGHSt 46, 212, 218 m.w.N.; jüngst *Kudlich/Berberich*, NStZ 2019, 633, 634 m.w.N.; *Hefendehl*, Kollektive Rechtsgüter, S. 159 ff.; *Wohlers*, Deliktstypen, S. 297 f.

1567 *Kudlich/Berberich*, NStZ 2019, 633, 634.

1568 Jeweils m.w.N. BGH, Urt. v. 12.12.2000 – 1 StR 184/00 (Auschwitzlüge) = BGHSt 46, 212, 218 f.; *Kudlich/Berberich*, NStZ 2019, 633, 634.

sie weiter gefasst als die konkreten Gefährdungsdelikte.[1569] Ein Eignungsdelikt ist nach einem abstrakten Gefährdungsdelikt die nächststrengere denkbare Regulierungsoption. Darum wird es hier als zweite Möglichkeit geprüft. Erneut gilt, dass restriktiver formulierte Regulierungsoptionen erst recht verfassungsrechtlich zulässig sein müssen, wenn sich schon ein Eignungsdelikt als zulässig erweisen sollte.[1570]

Eignungsdelikte setzen eine *konkrete Eignung* voraus. Diese darf nicht nur vage oder abstrakt behauptet, sondern muss konkret festgestellt werden. Es müssen „berechtigte – mithin konkrete – Gründe für die Befürchtung vorliegen", dass das Verhalten die geschützte Rechtsposition verletzen oder gefährden kann.[1571] Die konkrete Eignung kann im Einzelfall widerlegt werden.[1572] Die Eignungsdelikte erfordern mindestens bedingten Vorsatz hinsichtlich der Tathandlung *und* der konkreten Eignung.[1573] All dies spricht dafür, ein Eignungsdelikt zu erwägen, um den Einsatz von Social Bots zu regulieren: Einerseits verengt das Erfordernis der konkreten Eignung den Tatbestand in *objektiver* Hinsicht. Indem das Eignungsdelikt die Möglichkeit eines negativen Effektes voraussetzt, scheint es die Bedenken zerstreuen zu können, die hinsichtlich des zu weit gefassten abstrakten Gefährdungsdelikts geäußert worden sind.[1574] Andererseits begrenzt das Vorsatzerfordernis hinsichtlich der konkreten Eignung den Tatbestand in *subjektiver* Hinsicht. Unten wird diskutiert, ob beides hinreicht.

Eignungsdelikte lassen sich an der Formulierung „die geeignet ist..." erkennen.[1575] Sie finden sich insbesondere bei den Friedensschutzdelikten,[1576] aber auch in den § 311 Abs. 1 StGB (Freisetzen ionisierender Strahlen) oder § 326 Abs. 1 Nr. 4 StGB (unerlaubter Umgang mit Abfällen).[1577] Die folgende Formulierung eines Eignungsdelikts wird vorgeschlagen:

1569 BGH, Urt. v. 12.12.2000 – 1 StR 184/00 (Auschwitzlüge) = BGHSt 46, 212, 218; *Kudlich/Berberich*, NStZ 2019, 633, 634.

1570 Vgl. die Erwägungen oben B. Abstraktes Gefährdungsdelikt.

1571 Zitiert nach BGH, Urt. v. 12.12.2000 – 1 StR 184/00 (Auschwitzlüge) = BGHSt 46, 212, 219.

1572 BGH, Urt. v. 12.12.2000 – 1 StR 184/00 (Auschwitzlüge) = BGHSt 46, 212, 218.

1573 BGH, Urt. v. 3.4.2008 – 3 StR 394/07 = NStZ-RR 09, 13, 14; vgl. *Fischer*, § 130 Rn. 43 f.

1574 Vgl. (i.E. gleichwohl **skeptisch**) *Schröder*, DVBl 2018, 465, 470: „unerwünschte Wirkung" wäre bei Regulierung festzustellen.

1575 *Kudlich/Berberich*, NStZ 2019, 633, 634.

1576 Siehe oben B.I.1.c)aa)(2)(e) Friedensschutzdelikte.

1577 BGH, Urt. v. 12.12.2000 – 1 StR 184/00 (Auschwitzlüge) = BGHSt 46, 212, 218 f.; *Kudlich/Berberich*, NStZ 2019, 633, 634.

„Wer Profile in sozialen Netzwerken mithilfe von Computerprogrammen so automatisiert, dass diese den Anschein erwecken, dass ein menschlicher Nutzer kommuniziere, macht sich strafbar, wenn die Tat geeignet ist, die Integrität der öffentlichen Meinungsbildung im Internet zu gefährden."

I. Verfassungsrechtliche Zulässigkeit

Zunächst ist zu prüfen, ob das Eignungsdelikt verfassungsrechtlich zulässig wäre.

1. Verhältnismäßigkeitsprüfung

a) Eingriff in den Schutzbereich

Auch hier sind die Schutzbereiche des allgemeinen Persönlichkeitsrechts gemäß Art. 2 Abs. 1, 1 Abs. 1 GG und der Meinungsfreiheit gemäß Art. 5 Abs. 1 Satz 1 GG eröffnet. Das vorgeschlagene Eignungsdelikt greift als abstrakt-generelles Strafgesetz in den Schutzbereich beider Grundrechte ein.[1578] Angesichts der grundrechtlichen Idealkonkurrenz verläuft die Prüfung erneut anhand der strenger geschützten Meinungsfreiheit.[1579]

b) Verfassungsrechtliche Rechtfertigung

Das Eignungsdelikt ist meinungsneutral formuliert und damit als allgemeines Gesetz i.S.d. Art. 5 Abs. 2 GG eine grundsätzlich zulässige Schranke der Meinungsfreiheit. Diese Beschränkung der Meinungsfreiheit muss ihrerseits verfassungsgemäß sein. Insbesondere muss das Eignungsdelikt verhältnismäßig sein.[1580]

1578 Vgl. oben B.I.1.b) Eingriff.
1579 Vgl. oben B.I.1.a) Schutzbereich.
1580 Vgl. oben B.I.1.c) Verfassungsrechtliche Rechtfertigung des Eingriffs.

aa) Legitimer Zweck

Das Eignungsdelikt verfolgt denselben Zweck wie das zuvor geprüfte abstrakte Gefährdungsdelikt. Es soll die Integrität der öffentlichen Meinungsbildung im Internet schützen. Damit dient es dem Schutz einer gewichtigen, elementaren Rechtsposition und verfolgt einen legitimen Zweck.[1581]

bb) Geeignetheit

Das Eignungsdelikt muss auch geeignet sein. Es muss den Schutzzweck zumindest fördern. Das abstrakte Gefährdungsdelikt umfasste noch jede Art von Social Bots. Dagegen ist das Eignungsdelikt dergestalt zugeschnitten, dass es den Einsatz von Social Bots nur erfasst, wenn dieser objektiv dazu geeignet ist, die Integrität der öffentlichen Meinungsbildung im Internet zu gefährden und der Täter dies mindestens billigend in Kauf nimmt.

Beim abstrakten Gefährdungsdelikt war problematisch, dass unklar ist, in welchem Verhältnis positive und negative Effekte des Einsatzes von Social Bots zueinander stehen. Weil der Tatbestand so formuliert war, dass er sowohl positive als auch negative Auswirkungen erfasst hätte, konnte seine Geeignetheit nicht sicher bejaht werden. Hier liegt der Fall anders. Der Tatbestand des Eignungsdelikts ist von vornherein so formuliert, dass er allein negative Effekte erfasst. Der Einsatz von Social Bots wird nur soweit kriminalisiert, wie er die Integrität der öffentlichen Meinungsbildung im Internet gefährden *kann*. Durch diese Formulierung werden zwar die tatsächlichen Unklarheiten nicht aufgelöst. Die Formulierung des Tatbestandes umschreibt nicht selbst schon, in welchen Sachverhaltskonstellationen negative Effekte zu erwarten sind. Diese Frage spielt aber auf der regulatorischen Ebene keine Rolle mehr. Vielmehr werden die *Rechtsanwender* mit der Aufgabe betraut, zu ermitteln, ob der Einsatz von Social Bots im Einzelfall geeignet ist, die geschützte Rechtsposition zu gefährden. So zugeschnitten ist der Tatbestand aus regulatorischer Perspektive sicher geeignet, den Schutzzweck zu fördern.

Das Eignungsdelikt ist geeignet.

1581 B.I.1.c)aa) Legitimer Zweck.

cc) Erforderlichkeit

Das Eignungsdelikt muss auch erforderlich sein. Es darf kein gleich geeignetes, milderes Mittel zur Verfügung stehen, um den verfolgten Zweck zu erreichen. Das Strafrecht ist *ultima ratio*. Sein Einsatz ist nur erforderlich, wenn ein bestimmtes Verhalten über sein Verbotensein hinaus in besonderer Weise sozialschädlich und für das geordnete Zusammenleben der Menschen unerträglich, seine Verhinderung daher besonders dringlich ist.[1582]

Teilweise können die Ausführungen zum abstrakten Gefährdungsdelikt auf das Eignungsdelikt übertragen werden. Auch hier laufen präventive Regelungen leer, wenn Plattformbetreiber nach dem aktuellen Stand der Technik den Einsatz von Social Bots nicht massenweise detektieren können.

Das Eignungsdelikt unterscheidet sich vom abstrakten Gefährdungsdelikt allerdings dadurch, dass es keine Handlungsformen erfasst, die der geschützten Rechtsposition nicht gefährlich werden können. Es kriminalisiert allein Verhaltensweisen, die geeignet sind, die Integrität der öffentlichen Meinungsbildung im Internet zu gefährden. Die oben geäußerten *rechtlichen* Bedenken gegen die Erforderlichkeit können so zerstreut werden. Sollte sich herausstellen, dass Social Bots aktuell oder zukünftig in größerem Maßstab eingesetzt werden, als hier angenommen wird, so spräche das dafür, die besondere Sozialschädlichkeit zu bejahen. Insoweit sind die Überlegungen zum Verhältnis von statistischer Häufung und besonderer Sozialschädlichkeit zu übertragen. Die vorhandenen Daten deuten nicht darauf hin, dass es bisher einen *einzelnen* Einsatz von Social Bots gegeben hätte, der so gravierend war, dass man die besondere Sozialschädlichkeit bejahen könnte. Zugleich deuten die Daten nicht darauf hin, dass der *zusammengenommene* Einsatz von Social Bots die Schwelle zur Sozialschädlichkeit bereits überschritten hätte.[1583]

Da diese Faktenlage sich ändern kann, wird die Prüfung hilfsweise fortgesetzt und unterstellt, dass das Eignungsdelikt erforderlich ist.

1582 A.I.3.c) Erforderlichkeit.

1583 B.I.1.c)cc)(2) Besondere Sozialschädlichkeit und dringlicher Schutz.

dd) Angemessenheit

Das Eignungsdelikt muss angemessen sein. Dies setzt voraus, dass die Grundrechtseingriffe, die durch das Gesetz verursacht würden, in einem angemessenen Verhältnis zum verfolgten Zweck stehen. Das ist im Wege einer umfassenden Güterabwägung zu ermitteln; die widerstreitenden Interessen sind in Ausgleich zu bringen. Die durch den Eingriff verfolgten Interessen müssen umso gewichtiger sein, je schwerwiegender der Eingriff in das Grundrecht ist. Die Wertigkeit der betroffenen Rechtspositionen ist zu berücksichtigen.[1584]

(1) Abstrakte Wertigkeit der betroffenen Grundrechte

Zunächst ist die abstrakte Wertigkeit der betroffenen Güter zu bestimmen. Das strafrechtliche Verbot, Social Bots einzusetzen, sofern die Tat dazu geeignet ist, die Integrität der öffentlichen Meinungsbildung im Internet zu gefährden, greift in die Meinungsfreiheit ein.[1585] Die Meinungsfreiheit ist eines der bedeutendsten Grundrechte; sie ist für die freiheitlich-demokratische Grundordnung schlechthin konstituierend.[1586] Sie ist abstrakt von höchster Wertigkeit und bei der Abwägung besonders stark zu gewichten.

Das Eignungsdelikt dient dem Schutz der Integrität der öffentlichen Meinungsbildung im Internet. Es will verhindern, dass einzelne Akteure sich mit technischen Mitteln unverhältnismäßiges Gewicht oder immerhin unverhältnismäßige Sichtbarkeit im Meinungsbildungsprozess erschleichen.[1587] Die öffentliche Meinungsbildung wird hier verstanden als eine normative Sphäre, die sich zwischen den Polen der Meinungs- und Informationsfreiheit bildet und zu beiden Kommunikationsfreiheit in enger Beziehung steht.[1588] Mithin ist auch auf dieser Seite der Abwägung die Meinungsfreiheit einzustellen.[1589] Zusätzlich ist die verwandte Informationsfreiheit zu berücksichtigen, die als Kehrseite der Meinungsfreiheit ebenfalls von größter Bedeutung für die freiheitlich-demokratische Grund-

1584 A.I.3.d) Angemessenheit.
1585 Vgl. B.I.1.a)bb) Meinungsfreiheit.
1586 Vgl. B.I.1.a)bb) Meinungsfreiheit.
1587 Vgl. B.I.1.c)aa) Legitimer Zweck.
1588 Vgl. B.I.1.c)aa)(3) Neuprägung einer gewichtigen, elementaren Rechtsposition.
1589 Vgl. B.I.1.a)bb) Meinungsfreiheit.

ordnung ist.[1590] Abstrakt betrachtet sind Grundrechte gleichen Ranges betroffen.

(2) Konkrete Intensität der Beeinträchtigung

Zu prüfen bleibt, mit welcher Intensität diese Güter konkret beeinträchtigt werden. Erstens ist zu berücksichtigen, dass durch das Eignungsdelikt das tatbestandsmäßige Verhalten vollständig rechtlich unmöglich gemacht wird. Ein Ermessen besteht jedenfalls auf materiell-rechtlicher Ebene nicht.[1591] Darin liegt ein intensiver Eingriff in die Meinungsfreiheit. Andererseits ist der Tatbestand des Eignungsdelikts von vornherein beschränkt auf besonders sozialschädliches Verhalten. Der Einsatz von Social Bots wird nicht vollständig verboten, sondern eben nur in tatbestandlichen Ausprägungen.

Zweitens muss erwogen werden, dass die pseudonyme und anonyme Kommunikation, an die der Unrechtsvorwurf hier – unter anderem – anknüpft, grundrechtlich geschützt ist.[1592] Auch dies betrifft die Meinungsfreiheit mit einiger Intensität. Dagegen ist zu erinnern, dass die pseudonyme oder anonyme Kommunikation nicht an sich verboten werden soll. Dies soll nur dann der Fall sein, wenn sie zusammentrifft mit anderen Faktoren, insbesondere mit der technischen Potenzierung einer Meinungsäußerung. Zudem lässt sich ein Wertungsunterschied feststellen zwischen der Kommunikation als anonymes oder pseudonymes *Individuum,* und der Kommunikation unter Annahme *multipler* anonymer oder pseudonymer Identitäten.[1593] Letztere erscheint weniger schutzwürdig als erstere.

Drittens wird – wie bereits angesprochen – erwogen, dass Social Bots zu einer Demokratisierung des öffentlichen Diskurses beitragen könnten.[1594] Diesen Gedanken kann man weiterspinnen: Existieren nicht im

1590 Vgl. B.I.1.a)cc) Informationsfreiheit.

1591 Strafprozessuale Erwägungen bleiben hier außen vor, vgl. auch schon oben A.I.3.c)cc) Vergleichsobjekte, Vergleichsperspektive und „Strafrecht als milderes Mittel?“ und Fn. 1094.

1592 Vgl. B.I.1.a)bb)(5) Schutzbereichsausschluss aufgrund von Anonymität und Pseudonymität und B.I.1.c)cc)(1)(d) Klarnamenpflicht.

1593 Ähnlich *Schröder,* DVBl 2018, 465, 468; *Milker,* InTeR 2017, 199, 202; *Milker,* ZUM 2017, 216, 218 f.; **zurückhaltender** *Steinbach,* ZRP 101, 102 f.

1594 *Steinbach,* ZRP 2017, 101, 105; dies erwägend *Lewke,* InTeR 2017, 207, 211; zu eher trivialen „gutartigen“ Nutzungen siehe *Milker,* InTeR 2017, 199, 200 m.w.N.

öffentlichen Diskurs seit jeher Akteure, deren Meinung gewichtiger ist als andere?[1595] Lässt sich wirklich ein qualitativer Unterschied ausmachen zwischen einer reißerischen Boulevard-Schlagzeile, die verkündet, was die Nation an diesem Tag bewege und einem Programmierer, der eine Graswurzelbewegung vortäuscht? Und betreiben nicht auch renommierte Presseerzeugnisse bewusstes Agenda-Setting?[1596] Dem kann man erwidern, dass sich durchaus ein Unterschied erkennen lässt, weil der Zeitungsleser regelmäßig annehmen wird, dass in der reißerischen Schlagzeile lediglich die *Behauptung* enthalten ist, ein bestimmtes Thema bewege die Bevölkerung. Und selbst wenn es zutrifft, dass Presse und Rundfunk teilweise bewusstes Agenda-Setting betreiben, so ist es doch jedenfalls insoweit *transparenter*, als dass regelmäßig deutlich wird, dass es von eben *diesen* institutionellen Akteuren ausgeht.[1597] Es mag vorkommen, dass beispielsweise eine PR-Agentur intransparent und bewusst verschleiernd Agenda-Setting betreibt. Insoweit überzeugt es aber nicht, aus dem *einen* kritikwürdigen Verhalten gleichsam ein Recht zum unlauteren Gegenschlag durch ein *anderes* problematisches Verhalten herzuleiten.

Entscheidend ist, dass auf der einen Seite nur eine *Modalität* der Meinungskundgabe betroffen ist, während auf der anderen Seite auch Beeinträchtigungen *inhaltlicher* Art zu befürchten sind: Soweit das Eignungsdelikt den Einsatz von Social Bots verbietet, ist nur diese spezielle Modalität der Meinungskundgabe erfasst. Dem Betroffenen wird aber nicht verwehrt, seine Meinung auf jede andere Art zu verbreiten. Auf der anderen Seite stehen die lauteren Beteiligten der öffentlichen Meinungsbildung, für die ein unregulierter Einsatz von Social Bots bedeutet, dass sie ein *inhaltlich unzutreffendes* Abbild der öffentlichen Meinung präsentiert bekommen, eines nämlich, nach dem ein bestimmter, aber erfundener Anteil der Bevölkerung eine bestimmte Position vertrete.[1598] Diese Erwägung ist ausschlaggebend dafür, die Angemessenheit im Ergebnis zu bejahen.[1599]

Das Eignungsdelikt greift zwar in die Meinungsfreiheit ein. Es betrifft allerdings nur eine Kommunikationsmodalität, nicht aber den Kommunikationsinhalt. Indessen dient das Verbot des Einsatzes von Social Bots in den

---

1595 *Schröder*, DVBl 2018, 465, 469.

1596 Vgl. *Gasser/Kraatz*, VerfBlog 2017/1/16, 1, 2; insoweit wiederum **zurückhaltender** *Schröder*, DVBl 2018, 465, 469.

1597 Vgl. bereits *Gasser/Kraatz*, VerfBlog 2017/1/16, 1, 2; *Milker*, InTeR 2017, 199, 202.

1598 Vgl. ähnlich *Milker*, ZUM 2017, 216, 219; *Schröder*, DVBl 2018, 465, 467 f.

1599 I.E. ebenso *Milker*, InTeR 2017, 199, 202; zugleich eine staatliche Schutz*pflicht* ablehnend *Milker*, InTeR 2017, 199, 202 f.; *Milker*, ZUM 2017, 216, 221.

tatbestandsmäßigen Fällen auch dem *inhaltlichen* Schutz der Meinungs- und Informationsfreiheit. Aus diesem Grund sprechen im Ergebnis die überwiegenden Argumente für die Angemessenheit des Eignungsdelikts.

ee) Zwischenergebnis

Das Eignungsdelikt wäre als verhältnismäßig zu beurteilen. Wohlgemerkt gilt das nur, wenn man bestimmte faktische Grundlagen unterstellt, die aktuell nicht oder nicht mit der erforderlichen Verlässlichkeit erwiesen sind. Nach aktueller *Faktenlage* wäre das Eignungsdelikt nicht verhältnismäßig. Da diese Faktenlage sich ändern kann, wird die Prüfung fortgesetzt.

2. Bestimmtheitsgrundsatz

Das Eignungsdelikt muss bestimmt sein. Der Gesetzgeber ist aufgrund des strafrechtlichen Bestimmtheitsgrundsatzes (Art. 103 Abs. 2 GG, § 1 StGB) verpflichtet, Normen so bestimmt zu fassen, wie dies nach der Eigenart der zu ordnenden Lebenssachverhalte mit Rücksicht auf den Normzweck möglich ist. Es muss für den normunterworfenen Bürger sicher vorhersehbar sein, welches Verhalten unter Strafe verboten ist. Der Bestimmtheitsgrundsatz gilt nicht absolut. Auch dem Strafgesetzgeber verbleibt angesichts der Vielgestaltigkeit des Lebens eine gewisse Flexibilität.[1600]

Die hier geprüfte Norm lässt sich in zwei Hälften aufteilen. Die erste Normhälfte enthält die umformulierte Definition für Social Bots und die Strafbewehrung („Wer Profile in sozialen Netzwerken mithilfe von Computerprogrammen so automatisiert, dass diese den Anschein erwecken, dass ein menschlicher Nutzer kommuniziere, macht sich strafbar, […].“). Die zweite Normhälfte macht sie zum Eignungsdelikt und benennt die geschützte Rechtsposition („[…], wenn die Tat geeignet ist, die Integrität der öffentlichen Meinungsbildung im Internet zu gefährden.“).

1600 A.I.5 Andere strafrechtliche Verfassungsgarantien, insbesondere der Bestimmtheitsgrundsatz.

a) Bestimmtheit einzelner Normbestandteile

aa) Strafbewehrter Einsatz von Social Bots

Die Bestimmtheit der ersten Normhälfte könnte dadurch geschmälert sein, dass sie mehrere technische Tatbestandsmerkmale enthält (Profile in sozialen Netzwerken, Computerprogramme, Automatisierung). Jedoch ist nach der aktuellen Debattenlage allgemein bekannt, was ein Profil in einem sozialen Netzwerk ist. Die Merkmale des Computerprogrammes und der Automatisierung entstammen zwar der Informatik, sind aber im alltäglichen Sprachgebrauch zu finden; sie lassen sich unter Rückgriff auf rechtliche und außerrechtliche Quellen bestimmen.[1601] Die Voraussetzung, dass der Einsatz von Social Bots den Anschein erwecken müsse, dass ein menschlicher Nutzer kommuniziere, erscheint konkretisierungsbedürftig. Diese Voraussetzung lässt sich nach hier vertretener Auffassung aber durch eine Gesamtbetrachtung von Profilinhalten, Verhaltensweisen und dahinterstehenden Programmierungen ermitteln.[1602] Eine solche Gesamtbetrachtung mindert zwar die Bestimmtheit der Regelung. Sie genügt dem Bestimmtheitsgrundsatz dennoch, weil der hier regulierte Lebenssachverhalt – die Informatik – eine gewisse Flexibilität hinsichtlich technischer Details zwingend erfordert. Die erste Normhälfte ist nach hier vertretener Auffassung bestimmt i.S.d. Art. 103 Abs. 2 GG.

bb) Integrität der öffentlichen Meinungsbildung im Internet

Die bisherige Argumentation zum Eignungsdelikt setzte immer voraus, dass sinnvoll bestimmt werden kann, welches Verhalten geeignet ist, die Integrität der öffentlichen Meinungsbildung im Internet zu gefährden. Nur wenn der Bestimmtheitsgrundsatz insoweit gewahrt ist, kann die vorherige Argumentation bestehen bleiben.

Das Eignungsdelikt schützt ein neugeprägtes Kollektivrechtsgut. Darin liegt eine gleich doppelte Herausforderung für seine Bestimmtheit: Kollektivrechtsgüter sind ohnehin oft schwer zu konturieren;[1603] dies gilt erst recht, wenn ein *neues* Kollektivrechtsgut geschützt werden soll. Anderer-

---

1601 Vgl. dazu oben D. Begriffsbestimmungen.

1602 Vgl. 1. Kap. A.IV Stellungnahme und eigene Definition.

1603 Vgl. etwa *Fischer,* NStZ 1988, 159, 162; *Hefendehl,* Kollektive Rechtsgüter, S. 208 ff.; *Hörnle,* Grob anstößiges Verhalten, S. 7 f.

seits kann aus diesen Herausforderungen nicht folgen, dass neue Kollektivrechtsgüter mangels Bestimmtheit nie schutzfähig wären. Entscheidend muss sein, dass sich der Inhalt des konkreten Schutzgutes hinreichend bestimmen lässt. Der Schutzgehalt der Integrität der öffentlichen Meinungsbildung und ihre elementare, gewichtige Bedeutung für das Gemeinwohl wurden oben ausführlich hergeleitet. Die öffentliche Meinungsbildung beschreibt danach einen kommunikativen Prozess, der innerhalb einer normativen Sphäre zwischen Meinungs- und Informationsfreiheit stattfindet und dessen Ergebnis eine bestimmte Meinung ist. Die öffentliche Meinungsbildung im Internet ist eine zeitgenössische und bedeutende Variante dieses kommunikativen Prozesses.[1604] Zieht man diese Ausführungen heran, lässt sich die Integrität der öffentlichen Meinungsbildung im Internet hinreichend bestimmen. Insoweit wäre der Tatbestand bestimmt i.S.d. Art. 103 Abs. 2 GG.

cc) Eignung zur Gefährdung

Auch das Tatbestandsmerkmal der Eignung zur Gefährdung muss dem Bestimmtheitsgrundsatz genügen. Es muss hinreichend bestimmt sein, wann der Einsatz von Social Bots geeignet ist, die Integrität der öffentlichen Meinungsbildung im Internet zu gefährden. Das scheint zweifelhaft.

Zunächst liegt die Befürchtung nahe, dass eine Eignung zur Gefährdung der öffentlichen Meinungsbildung vorschnell angenommen würde, wenn das – an sich inhaltsunabhängige – Eignungsdelikt doch politisch-inhaltlich aufgeladen würde. Die Gefahr einer politischen Instrumentalisierung ist aufgrund der Offenheit des Wortlauts nicht ausgeschlossen. Andererseits existieren durchaus andere Straftatbestände, die sich solcherart missbrauchen ließen. Dass die *zeitgenössische* deutsche Justiz in nennenswertem Umfang etwa die Staatsschutz- oder Friedensdelikte zur „Polit-Hygiene“[1605] instrumentalisieren würde, liegt fern. Doch kann diese Vergewisserung allein die Bedenken hinsichtlich einer möglichen zukünftigen Instrumentalisierung des Tatbestandes im Ergebnis nicht zerstreuen. Man müsste das Risiko hinnehmen, dass die Norm in einem gewandelten gesellschaftspolitischen Zeitgeist doch zur Unterdrückung des politischen

1604 B.I.1.c)aa)(3) Neuprägung einer gewichtigen, elementaren Rechtsposition.
1605 Vgl. zum Schlagwort *Paeffgen*, in: NK-StGB, § 84 Rn. 4.

Gegners gekapert werden könnte.[1606] Strafnormen sollten so gefasst werden, dass eine politische Instrumentalisierung von vornherein ausgeschlossen ist.

Sodann drängt sich die Sorge auf, dass es zu Chilling Effects kommen könnte.[1607] In diesem Zusammenhang ist die Rechtsprechung der Senatsmehrheit des BVerfG strikt zurückzuweisen, wenn sie formuliert, dass einer Strafnorm über den „tatbestandlich eng umgrenzten strafbewehrten Bereich hinaus eine appellative, normstabilisierende und damit generalpräventive Funktion" zukommen könne.[1608] Es ist *nicht* Sache des Strafrechts, auch über den gesetzlich bestimmten Anwendungsbereich einer Norm hinaus regelnd zu wirken. Diesem Verständnis steht Art. 103 Abs. 2 GG gerade entgegen.[1609]

Schließlich sind auch aus der Netzpolitik nachvollziehbare Einwände gegen die Bestimmtheit der Norm zu erwarten. Zwar wird hier bewusst

---

1606 Siehe teils die ältere Rechtsprechung; laut BGH, Urt. v. 14.10.1952 – 2 StR 339/52 = BGHSt 3, 346 etwa wird die Bundesrepublik i.S.d. § 96 StGB a.F. verächtlich gemacht, wenn ein Täter schreibt: „Wie *eine frisch gestrichene Coca-Cola-Bude* neben einem ausgebrannten, aber immer noch riesigen, im Grunde unverwüstlichen Bau aus 1200-jähriger deutscher Reichsgeschichte – so steht im deutschen Volksbewusstsein das Bonner Staatsgebilde neben dem von Übermacht zu Boden gedrückten Reiche." Und BGH, Urt. v. 28.1.1959 – 3 StR 41/58 = BGHSt 12, 364, 365 f. befand, dass eine Verunglimpfung i.S.d. § 97 StGB a.F., also eine nach Form, Inhalt, den Begleitumständen oder dem Beweggrund *erheblichere Ehrenkränkung*, zu bejahen sei, wenn Franz-Josef Strauß (im Zusammenhang mit einer Bundeswehrübung, bei der 15 Bundeswehrangehörige in der Iller ertranken) als ein Mann bezeichnet wird, „der ohne Rücksicht auf Verluste und ohne Rücksicht auf jegliche allgemein gültigen Sicherheitsmaßnahmen die Bundesarmee übereilig aus dem Boden stampfte. […] In seinem Drang, die Politik der Stärke mit einem Dutzend Divisionen und mit der Wehrpflicht zu feiern und zu verhärten, missachtete Strauß sämtliche realen Voraussetzungen. Bedenkenlos lieferte er unsere Jugend unfertigen und manchmal auch zweifelhaft erscheinenden Ausbildern aus, nur um den von den amerikanischen Nato-Herren festgesetzten Termin zur Aufstellung deutscher Nato-Kontingente einhalten zu können. Diesem hastigen Treiben und der maßlosen Stärkepolitik fielen an der Iller 15 junge Männer zum Opfer." Sämtliche Hervorhebungen durch d. *Verf.*

1607 Allgemein zum Zusammenhang zwischen Chilling Effects und der Bestimmtheit von Tatbeständen *Kaspar*, Präventionsstrafrecht, 368 f.; konkret zu Social Bots m.w.N. *Elsaß/Labusga/Tichy*, CR 2017, 234; *Schröder*, DVBl 2018, 465, 468.

1608 BVerfG, Beschl. v. 26.2.2008 – 2 BvR 392/07 (Inzest) = BVerfGE 120, 224, 249.

1609 BVerfG, Beschl. v. 26.2.2008 – 2 BvR 392/07 (Inzest) = BVerfGE 120, 224, 266 f. – Sondervotum *Hassemer; Gaede*, Der Steuerbetrug, S. 348; *Gaede*, in: AnwK-StGB, § 1 Rn. 1, 26 m.w.N.

kein Vorbereitungstatbestand nach dem Vorbild des § 202c Abs. 1 Nr. 2 StGB (Vorbereiten des Ausspähens und Abfangens von Daten) formuliert.[1610] Dennoch lässt der Wortlaut des Regulierungsvorschlag nicht eindeutig erkennen, wo die Linie zwischen rechtmäßiger (sowie politisch-gesellschaftlich allenthalben *erwünschter*) Automatisierung und strafbarer Diskursmanipulation verlaufen würde. Zudem könnte befürchtet werden, dass ein Verbot von Social Bots den technischen Fortschritt bremsen würde.[1611] Problematisch wäre schließlich, wie neuartige digitale Performances oder Protestformate nach der Norm zu beurteilen wären.[1612]

Damit bleibt es in mehrerlei Hinsicht unklar, wann genau der Einsatz von Social Bots geeignet sein soll, die Integrität der öffentlichen Meinungsbildung zu gefährden. Der Regulierungsvorschlag ist im geradezu klassischen Sinne unbestimmt.

b) Möglichkeiten der Konkretisierung

Allerdings wäre es verkürzt, das *Prinzip* eines Eignungsdelikts allein aufgrund der durch den Autor selbst gewählten Formulierung zu verwerfen. Im Folgenden sollen darum drei Möglichkeiten durchdacht werden, um das vorgeschlagene Eignungsdelikt zu konkretisieren.

aa) Quantitatives Element

Der Tatbestand könnte erstens um ein quantitatives Element ergänzt werden. Es könnte eine bestimmte Anzahl an eingesetzten Social Bots als Schwellenwert beziffert werden, ab dem eine Strafbarkeit in Betracht kommt. Jeder Einsatz von Social Bots, der sich unterhalb einer solchen Schwelle bewegte, wäre sicher straflos. So könnten insbesondere bestimmte Anwendungsfälle im privaten Bereich (erneut sei das Beispiel InstaPy genannt, bei dem grundsätzlich nur das eigene Profil automatisiert wird) sicher aus dem Tatbestand ausgenommen werden. Die Strafverfolgung könnte sich gleichzeitig auf Fälle größeren Ausmaßes konzentrieren, bei

1610 Zur Zulässigkeit des § 202c Abs. 1 Nr. 2 StGB nur bei Ausschluss von sog. dual-use-software vgl. BVerfG, Beschluss v. 18.05.2009 – 2 BvR 2233/07 u.a. = BVerfGE 120, 224, 271 f.; vgl. m.w.N. *Kargl*, in: NK-StGB, § 202c Rn. 6 ff.

1611 Siehe schon *Lewke*, InTeR 2017, 207, 211.

1612 Vgl. *Elsaß/Labusga/Tichy*, CR 2017, 234, 238 f.

denen eine Beeinflussung der öffentlichen Meinungsbildung *prima facie* näher liegt. Ein klar bezifferter Schwellenwert würde damit ein höheres Maß an Bestimmtheit gewährleisten. Er könnte wie folgt lauten:

> „(1) Wer Profile in sozialen Netzwerken mithilfe von Computerprogrammen so automatisiert, dass diese den Anschein erwecken, dass ein menschlicher Nutzer kommuniziere, macht sich strafbar, wenn die Tat geeignet ist, die Integrität der öffentlichen Meinungsbildung im Internet zu gefährden.
> (2) Die Tat ist nicht geeignet, die Integrität der öffentlichen Meinungsbildung im Internet zu gefährden, wenn weniger als 50 Profile in sozialen Netzwerken automatisiert werden."

Doch hält ein solcher quantitativer Ansatz genauerer Betrachtung nicht Stand. Abgesehen davon, dass die konkrete Festlegung eines sinnvollen Schwellenwertes schon *praktisch* problematisch sein dürfte, wäre die effektive Anwendbarkeit der Norm in einem Lebensbereich, der von einer dynamischen technischen Entwicklung geprägt ist, durch starre Bezifferungen von Beginn an fraglich. Man könnte zwar erwägen, es erst der Rechtsprechung zu überlassen, entsprechende Schwellenwerte festzulegen und fortlaufend anzupassen. Allerdings würde damit sehenden Auges die Unbestimmtheit der Norm für mindestens die Zeit bis zu einer (höchst-) richterlichen Klärung hingenommen. Auch wäre es eine allzu billige Ausflucht, die Bestimmung eines Schwellenwertes an die Rechtsprechung zu delegieren, falls diese schon im Gesetzgebungsverfahren nicht recht gelingen wollte.

Ein klar beziffertes qualitatives Element würde zwar die Bestimmtheit des Tatbestandes verbessern, allerdings zulasten seiner Anwendbarkeit gehen. Ein qualitatives Element ist darum kein gangbarer Weg, die Bestimmtheit des Eignungsdelikts zu verbessern.

bb) Qualitatives Element

Eine zweite Konkretisierungsmöglichkeit könnte in einem qualitativen Element liegen. So könnte die Eignung zur Gefährdung voraussetzen, dass bestimmte Programmgestaltungen eingesetzt werden, die als besonders gefährlich identifiziert worden sind. Auch dieser Ansatz könnte helfen, legitime oder jedenfalls weniger gefährliche Verhaltensweisen eindeutig aus dem Anwendungsbereich auszunehmen. Allerdings scheint es schon *derzeit* schwer möglich, besonders problematische Programmgestaltungen zu ermitteln sowie bestimmt und konzise zu beschreiben. Erst recht muss das für zukünftige, womöglich noch nicht zu erahnende Programmgestaltungen gelten. Hier dürfte es angesichts des technischen Fortschritts kaum möglich sein, eine Formulierung zu finden, die zugleich sachangemessen und bestimmt ist.

Denkbar wäre es auch, eine Eignung zur Gefährdung nur anzunehmen, wenn der Bot-Einsatz in einem bestimmten, besonders sensiblen Zeitraum (insbesondere vor Wahlen und Abstimmungen) stattfindet. Die Beschränkung der Norm auf einen bestimmten Zeitraum leuchtet intuitiv ein. Gleichwohl würde diese Lösung die oben genannten Auslegungsprobleme nicht beheben, sondern nur auf eben jenen Zeitraum verschieben, sodass auch diese Lösung nicht überzeugen kann.

Damit stellt auch ein qualitatives Element keine überzeugende Möglichkeit dar, um das Eignungsdelikt bestimmter zu formulieren.

cc) Akzessorietät

Drittens könnte das Eignungsdelikt akzessorisch zu anderen Strafnormen oder Norminhalten ausgestaltet werden. Eine Variante läge darin, analog zu § 126 Abs. 1 StGB (Störung des öffentlichen Friedens durch Androhung von Straftaten) konkret auf andere Tatbestände zu verweisen. Das folgende Beispiel verdeutlicht das Prinzip:

> „Wer Profile in sozialen Netzwerken mithilfe von Computerprogrammen so automatisiert, dass diese den Anschein erwecken, dass ein menschlicher Nutzer kommuniziere und so
> 1. eine Beleidigung (§ 185) begeht
> 2. […]
> macht sich strafbar, wenn die Tat geeignet ist, die Integrität der öffentlichen Meinungsbildung im Internet zu gefährden.“

Ebenso könnten bestimmte Handlungsformen und Attribute aus anderen Eignungsdelikten übernommen werden. Nahe liegt etwa eine Anknüpfung an § 130 Abs. 1 StGB (Volksverhetzung). Eine entsprechende Formulierung könnte lauten:

> „Wer Profile in sozialen Netzwerken mithilfe von Computerprogrammen so automatisiert, dass diese den Anschein erwecken, dass ein menschlicher Nutzer kommuniziere und so
> 1. gegen eine nationale, rassische, religiöse oder durch ihre ethnische Herkunft bestimmte Gruppe, gegen Teile der Bevölkerung oder gegen

> einen Einzelnen wegen seiner Zugehörigkeit zu einer vorbezeichneten Gruppe oder zu einem Teil der Bevölkerung zum Hass aufstachelt, zu Gewalt- oder Willkürmaßnahmen auffordert
> 2. […]
> macht sich strafbar, wenn die Tat geeignet ist, die Integrität der öffentlichen Meinungsbildung im Internet zu gefährden."

Beide Vorschläge würden die Bestimmtheit des Eignungsdelikts erheblich verbessern. Sie würden den Bereich des Strafbaren anhand bekannter Tathandlungen klar umreißen und so den Anforderungen des Art 103 Abs. 2 GG wohl genügen. Und doch können sie für die hiesige Prüfung nicht überzeugen: Ausgangspunkt war die hier Frage, ob sich in verfassungsmäßiger Weise ein Eignungsdelikt formulieren lässt, dass eine Strafbarkeit gerade *nur* aufgrund des Einsatzes von Social Bots als spezifischer Kommunikationsmodalität begründet.[1613] Mit einer akzessorischen Konkretisierung des Tatbestandes würde man eben diesen spezifischen Ansatz aufgeben.

Dieser Abgleich mit dem Ausgangspunkt der Prüfung erhellt, dass eine verfassungskonforme strafrechtliche Regulierung von Social Bots nicht allein an der Kommunikationsmodalität ansetzen darf. Ein strafrechtlicher Regulierungsvorschlag müsste die strafbaren Sachverhalte klarer beschreiben.

II. Ergebnis

Das vorgeschlagene Eignungsdelikt würde dem Bestimmtheitsgrundsatz i.S.d. Art. 103 Abs. 2 GG nicht mehr genügen und wäre deshalb verfassungsrechtlich unzulässig; eine rechtpolitische Bewertung des Eignungsdelikts kann unterbleiben.

D. Qualifikationstatbestand

Das vorgeschlagene Eignungsdelikt wäre zu unbestimmt und deshalb nicht verfassungsrechtlich zulässig. Hauptgrund für seine Unbestimmtheit ist, dass sich nicht erkennen lässt, wann eine *Eignung zur Gefährdung* des Rechtsguts konkret gegeben sein kann. Ein verfassungsgemäßer Regulierungsvorschlag sollte an konkretere Sachverhalte anknüpfen; er sollte zu

---

1613 . Eignungsdelikt.

diesen *akzessorisch* sein. Indessen lässt sich bezweifeln, dass ausgerechnet ein Eignungsdelikt der bestgeeignete Deliktstypus für eine akzessorische Strafbewehrung ist. Stattdessen liegt es nahe, auf eine andere strafrechtsdogmatische Lösung zurückzugreifen. Ein Ansatzpunkt ergibt sich aus der obigen Analyse des geltenden Rechts. Bestimmte Kommunikationsmodalitäten wirken, wie oben gezeigt werden konnte, schon nach geltendem Recht in einigen Fällen *strafschärfend*.[1614] Das regt zur Prüfung an, ob ein neuer *Qualifikationstatbestand* eine verfassungsrechtlich zulässige und rechtspolitisch empfehlenswerte strafrechtliche Regulierung von Social Bots darstellen könnte. Folgende Formulierung wird vorgeschlagen:

> „Wer [die Tat] mithilfe von Profilen in sozialen Netzwerken begeht, die durch Computerprogramme automatisiert werden, aber den Anschein erwecken, dass ein menschlicher Nutzer kommuniziere, wird mit [geschärfter Strafe] bestraft."

Diese Formulierung ist eine Blaupause und noch kein vollständiger Tatbestand. Sie enthält Platzhalter für die in Bezug zu nehmende Straftat. Ein konkretes Anwendungsbeispiel anhand des § 185 StGB könnte wie folgt lauten:

> „Wer die Beleidigung mithilfe von Profilen in sozialen Netzwerken begeht, die durch Computerprogramme automatisiert werden, aber den Anschein erwecken, dass ein menschlicher Nutzer kommuniziere, wird mit Freiheitsstrafe von bis zu drei Jahren oder mit Geldstrafe bestraft."

Der Gesetzgeber könnte diesen Qualifikationstatbestand bei einer Vielzahl oder nur bei ausgewählten Äußerungsdelikten ergänzen. Nachdem oben festgestellt worden ist, dass der Einsatz von Social Bots den Äußerungsdelikten generell bereits unterfällt, wäre ein solcher *zusätzlicher* Qualifikationstatbestand nur sinnvoll, wenn er eine schärfere Strafandrohung vorsähe als das jeweilige Delikt nach geltendem Recht. Deshalb wurde im Beispielsfall eine maximale Freiheitsstrafe von drei Jahren für eine solcherart qualifizierte Beleidigung ausgewählt.

I. Verfassungsrechtliche Zulässigkeit

Der Qualifikationstatbestand muss verfassungsrechtlich zulässig sein.

1614 2. Kap. C. Inhaltsverbreitungsdelikte.

1. Verhältnismäßigkeitsprüfung

Zunächst muss er verhältnismäßig sein.

a) Eingriff in den Schutzbereich

Die meisten der hier untersuchten Äußerungsdelikte greifen in den Schutzbereich der Meinungsfreiheit ein (§§ 80a, 86, 86a, 90, 90a, 90b, 91, 111 StGB, 130, 130a, 131, 140, 166, 184, 184a, 184b, 184c, 185, 186, 187, 188, 194 StGB).[1615] Dieser Eingriff würde durch einen neuen Qualifikationstatbestand vertieft.[1616]

b) Verfassungsrechtliche Rechtfertigung

Dieser Eingriff in die Meinungsfreiheit muss verfassungsrechtlich gerechtfertigt sein.

aa) Legitimer Zweck

Der Qualifikationstatbestand muss einen legitimen Zweck verfolgen.[1617] Sein Zweck unterscheidet sich von demjenigen des abstrakten Gefährdungsdelikts und dem des Eignungsdelikts.

Der Qualifikationstatbestand würde zunächst dieselben Rechtspositionen schützen, die den jeweiligen *Grundtatbeständen* unterliegen. Diese würde er vor durch Social Bots potenzierten Beeinträchtigungen schützen. *Zugleich* würde der Qualifikationstatbestand in bestimmten Fällen die Integrität der öffentlichen Meinungsbildung im Internet schützen. Dies gilt jedenfalls bei Delikten, welche die Verbreitung von Tatsachenbehaupten (etwa: §§ 130 Abs. 1 Nr. 2 Var. 3, 186, 188 StGB) oder Aufforderungen zu realem Verhalten (§ 130 Abs. 1 Nr. 1 Var. 2 StGB) kriminalisieren. Nicht ohne Weiteres anzunehmen ist dies dagegen bei der Äußerung von *Werturteilen,* wie etwa bei der Beleidigung (§ 185 StGB). Deren Empfänger werden regelmäßig das Element des subjektiven Dafürhaltens erkennen,

---

1615 Vgl. *Starck/Paulus*, in: MKS, Art 5 Rn. 372 f., 375.
1616 Vgl. B.I.1.b) Eingriff.
1617 Vgl. A.I.3.a) Legitimer Zweck.

sodass Werturteile jedenfalls *prima facie* weniger geeignet sind, die öffentliche Meinungsbildung zu manipulieren. In Einzelfällen mag etwas anderes gelten – beispielsweise wenn durch automatisierte, massenhafte Beleidigungen der Eindruck erzeugt würde, eine große Zahl von Menschen sei bereit, die frühere Bundeskanzlerin öffentlich mit härtesten Beleidigungen zu überziehen und dies dazu führte, dass reale Personen dieses Verhalten als gerechtfertigt oder gar normal empfänden. Dies könnte das der Integrität der öffentlichen Meinungsbildung schaden, indem ein Klima der Verrohung simuliert würde.[1618]

Der Qualifikationstatbestand würde dem Schutz gewichtiger, elementarer Rechtspositionen dienen und damit einen legitimen Zweck verfolgen.

bb) Geeignetheit

Der Qualifikationstatbestand muss geeignet sein; er muss den Schutzzweck also zumindest fördern.[1619] Er schärft die Strafe in Fällen, in denen Social Bots verwendet werden, um ohnehin strafbare Äußerungen zu verbreiten. Es ist davon auszugehen, dass eine verschärfte Strafandrohung eine *gewisse* zusätzliche generalpräventive Wirkung entfaltet.[1620] Insofern wäre der Qualifikationstatbestand geeignet.

Beim abstrakten Gefährdungsdelikt war problematisch, in welchem Verhältnis positive und negative Effekte des Einsatzes von Social Bots zueinander stehen.[1621] Fraglich ist, ob dieses Problem sich hier mit gleicher Schärfe stellt. Der Qualifikationstatbestand erfasst allein Äußerungen, die bereits strafrechtlich sanktioniert werden. Man könnte zwar annehmen, dass sicher ein negativer Effekt vorliege, wenn *solche* Äußerungen mithilfe von Social Bots potenziert werden. Allerdings scheint die rechtspolitische Legitimität einzelner Äußerungsdelikte immerhin diskutabel.[1622] Vor diesem Hintergrund wäre es vorschnell, aus der aktuellen Strafbarkeit der betroffenen Äußerungsdelikte unmittelbar auf die Geeignetheit des Quali-

---

1618 Vgl. *Milker*, InTeR 2017, 199, 200; *Milker*, ZUM 2017, 216 f. m.w.N.; *Reinbacher*, in: FG Digitalisierung, S. 467; *Steinbach*, ZRP 2017, 101, 103; *Volkmann*, MMR 2018, 58, 62; vgl. zur sog. Hasskriminalität *Ceffinato*, ZStW 132 (2020), 544, 546.

1619 A.I.3.b) Geeignetheit.

1620 Vgl. *Kaspar*, Präventionsstrafrecht, S. 365 ff., 422; vgl. erneut **kritisch** *Hörnle*, Grob anstößiges Verhalten, S. 29 f.

1621 Vgl. aber B.I.1.c)bb) Geeignetheit.

1622 Siehe dazu erneut *Gaede*, in: Matt/Renzikowski, § 188 Rn. 1.

fikationstatbestandes zu schließen. Insbesondere soll hier nicht nebenbei ein implizites Urteil über die Legitimität umstrittener Äußerungsdelikte gefällt werden. Vielmehr soll formuliert werden, dass jedenfalls in *den Fällen,* in denen bereits die zugrunde liegenden Äußerungen legitim kriminalisiert sind, *erst recht* ein negativer Effekt bei der Potenzierung durch Social Bots vorliegen wird. In diesen Fällen ist der Qualifikationstatbestand geeignet. Die Diskussion darüber, welche Grundtatbestände dies sind und vor allem nicht sind, soll hier indes nicht vertieft werden. Das scheint legitim, weil die hiesige Prüfung auf einer vergleichsweise hohen Abstraktionsebene angesiedelt ist und ausdrücklich offengelassen wurde, bei welchen Äußerungsdelikten der Gesetzgeber den Qualifikationstatbestand ergänzen könnte.[1623]

cc) Erforderlichkeit

Der Qualifikationstatbestand muss erforderlich sein. Es darf kein gleich geeignetes, milderes Mittel zur Verfügung stehen, um seinen Zweck zu erreichen. Der Einsatz des Strafrechts ist als *ultima ratio* nur erforderlich, wenn ein bestimmtes Verhalten über sein Verbotensein hinaus in besonderer Weise sozialschädlich und für das geordnete Zusammenleben der Menschen unerträglich, seine Verhinderung daher besonders dringlich ist.[1624]

Die Erforderlichkeitsprüfung des Qualifikationstatbestandes hat einen anderen Bezugspunkt als die der vorherigen Regulierungsoptionen. Bezugspunkt ist hier *gleichzeitig* der Schutz der Integrität der öffentlichen Meinungsbildung im Internet *und* derjenigen Rechtspositionen, die durch den jeweiligen Grundtatbestand geschützt werden. Erneut muss gelten, dass nicht für jedes Äußerungsdelikt geradezu feststeht, dass die dort kriminalisierten Äußerungen an sich besonders sozialschädlich und für das geordnete Zusammenleben der Menschen unerträglich sind. Wieder darf dies allerdings immerhin für diejenigen Grundtatbestände angenommen werden, die ihrerseits als legitim zu bewerten sind, ohne eine eigene Antwort auf die Frage zu geben, welche Delikte dies konkret sind. Festzuhalten ist, dass jedenfalls in den Fällen, in denen Sachverhalte bereits legitim

---

1623 Vgl. die Einführung unter . Qualifikationstatbestand.
1624 A.I.3.c) Erforderlichkeit.

strafbewehrt sind, ausgeschlossen ist, dass sicher ungefährliche Sachverhalte erfasst werden.[1625]

Doch muss in dem Einsatz von Social Bots eine *zusätzliche* Sozialschädlichkeit liegen, um die *zusätzliche* Kriminalisierung über einen Qualifikationstatbestand – und die damit einhergehende zusätzliche Strafandrohung[1626] – zu rechtfertigen. Entscheidend ist, ob der Einsatz von Social Bots stets eine derart potenzierte Gefährdung bzw. Schädigung der geschützten Rechtspositionen bedeutet, dass eine Qualifikation auch materiell geboten scheint. Zunächst sind die Inhaltsverbreitungsdelikte zu betrachten. Bei diesen wirkt die Verbreitungsmodalität des § 11 Abs. 3 StGB (Inhalte, die unabhängig von einer Speicherung mittels Informations- oder Kommunikationstechnik übertragen werden) bereits strafbegründend oder -schärfend. Der Qualifikationstatbestand wäre bei den Inhaltsverbreitungsdelikten nur erforderlich, wenn beim Einsatz von Social Bots ein *Mehr* an Sozialschädlichkeit im Verhältnis zur regulären Inhaltsverbreitung festgestellt werden könnte. Diskutabel ist, ob dies bei typisierender, abstrakter Betrachtung der Fall ist. Einerseits lässt sich argumentieren, dass im Vergleich zur manuellen Äußerung im Internet beim Einsatz von Social Bots nicht stets eine höhere Gefahr für die geschützte Rechtsposition bestehe. So ließe sich sagen, dass der Grad der Gefährdung oder Schädigung von den Umständen des Einzelfalles und insbesondere davon abhänge, wie die Social Bot Software programmiert ist; mitunter könne auch die manuelle Verbreitung von Inhalten mit hoher Intensität erfolgen. Mit einer solchen Argumentation wäre der Qualifikationstatbestand hinsichtlich der Inhaltsverbreitungsdelikte nicht erforderlich. Andererseits werden Äußerungen mithilfe von Social Bot in einer Weise verbreitet, bei der jedenfalls *prototypisch* damit zu rechnen ist, dass eine Mehr- oder sogar Vielzahl von Personen diese zur Kenntnis nehmen werden. Dies dürfte regelmäßig gerade das Ziel sein, wenn Täter überhaupt den Mehraufwand betreiben und Social Bots einsetzen. Zudem dürften die mithilfe von Social Bots getätigten Äußerungen in sozialen Netzwerken regelmäßig besonders breit gestreut sein, sodass sie mit noch erhöhter Wahrscheinlichkeit dauerhaft abrufbar und nur schwer endgültig zu entfernen sein werden.[1627] Zwar sind auch Fälle denkbar, in denen nur ein einziger Bot eingesetzt wird und damit kaum eine gesteigerte Gefährlichkeit zu erken-

1625 Vgl. noch anders B.I.1.c)cc)(2) Besondere Sozialschädlichkeit und dringlicher Schutz.

1626 Siehe erneut die Einleitung bei . Qualifikationstatbestand.

1627 Siehe m.w.N. erneut 2. Kap. D.I § 185 StGB (Beleidigung) und Fn. 626.

nen wäre. Doch widersprechen solche Beispiele nicht einer *prototypisch* erhöhten Gefährlichkeit. Damit sprechen die besseren Argumente dafür, dass der Qualifikationstatbestand hinsichtlich der Inhaltsverbreitungsdelikte erforderlich ist. Sodann ist die (verbleibende) Teilmenge der Äußerungsdelikte zu betrachten, bei denen eine Verbreitensmodalität bisher nicht berücksichtigt ist. Hier muss erst recht gelten, dass der Einsatz von Social Bots stets zu einer verstärkten – qualifizierten – Bedrohung oder Schädigung des geschützten Rechtsgutes führt.

Die besondere Sozialschädlichkeit ergibt sich in beiden Fällen aus dem ohnehin kriminalisierten Unrecht und dessen Potenzierung mittels automatischer und skalierbarer Verbreitung. Weil an *diese* besondere Sozialschädlichkeit angeknüpft wird, sind hier die faktischen Unsicherheiten über die tatsächliche Verbreitung von Social Bots unbeachtlich.[1628]

Der Qualifikationstatbestand wäre im verfassungsrechtlichen Sinne erforderlich.

dd) Angemessenheit

Hinsichtlich der Angemessenheit kann auf die Ausführungen zum Eignungsdelikt verwiesen werden. Soweit das Schutzgut der *Integrität der öffentlichen Meinungsbildung* betroffen ist, spricht für die Angemessenheit entscheidend, dass nur eine *Modalität* der Meinungskundgabe kriminalisiert wird, während *inhaltliche* Beeinträchtigungen der Meinungslandschaft verhindert werden.[1629] Soweit die parallel geschützten Rechtsgüter der *Grundtatbestände* betroffen sind, leitet sich die Angemessenheit des Qualifikationstatbestandes aus diesen ab. Wenn eine Äußerung schon an sich legitim kriminalisiert werden kann, dann muss das erst recht für eine Kommunikationsmodalität gelten, die diese strafbare Äußerung potenziert.

1628 Vgl. zu diesen Regulierungsalternativen erneut B.I.1.c)cc)(2) Besondere Sozialschädlichkeit und dringlicher Schutz und C.I.1.b)cc) Erforderlichkeit.

1629 Vgl. bereits oben C.I.1.b)dd) Angemessenheit und erneut *Milker*, InTeR 2017, 199, 202; *Milker*, ZUM 2017, 216, 219; *Schröder*, DVBl 2018, 465, 467 f.

c) Zwischenergebnis

Der Qualifikationstatbestand wäre nach den strengen Maßstäben der strafrechtlichen Verhältnismäßigkeitsprüfung verfassungsrechtlich zulässig.

2. Bestimmtheitsgrundsatz

Gegen die Bestimmtheit des Qualifikationstatbestandes bestehen aus verfassungsrechtlicher Sicht keine Bedenken. Die Bestimmtheit *derjenigen* Formulierungen, die im Qualifikationstatbestand noch enthalten sind, wurde oben bejaht (dortige „erste Normhälfte").[1630]

3. Kohärenzgebot

Der Qualifikationstatbestand muss kohärent sein, sich also widerspruchsfrei in die bestehende Rechtsordnung einfügen. Insoweit kommt insbesondere ein Wertungswiderspruch in Betracht, also die Missachtung bestehender gesetzgeberischer Grundentscheidungen durch neue Normen.[1631] Lässt sich eine tragende, systematische Grundentscheidung des Strafgesetzgebers identifizieren, ist im Anschluss zu prüfen, ob eine etwaige Ungleichbehandlung zu rechtfertigen ist.[1632] Eine absolute Einheitlichkeit der Rechtsordnung ist dabei allerdings nicht zu fordern. Vergleichsgegenstände, Ungleichbehandlungen und Rechtfertigungen sind konkret zu bestimmen.[1633]

Zuerst ist zu prüfen, ob sich aus dem bestehenden Strafrecht Vergleichsgegenstände i.S.d. Art. 3 Abs. 1 GG ermitteln lassen.[1634] Diese Prüfung setzt bei der Deliktsfamilie an.[1635]

1630 Insbesondere verzichtet der Qualifikationstatbestand auf die Eignung zur Gefährdung der öffentlichen Meinungsbildung im Internet. Vgl. zum Ganzen C.I.2.a)aa) Strafbewehrter Einsatz von Social Bots.

1631 Siehe A.I.6 Beachtung des allgemeinen Gleichheitssatzes; vgl. auch *Gaede*, Der Steuerbetrug, S. 254, 263.

1632 *Gaede*, Der Steuerbetrug, S. 254, 263.

1633 A.I.6 Beachtung des allgemeinen Gleichheitssatzes.

1634 *Gaede*, Der Steuerbetrug, S. 263 m.w.N.

1635 Vgl. A.I.6.b) Kohärenzgebot; ausführlich *Gaede*, Der Steuerbetrug, S. 263 ff. und S. 420 ff.

a) Gemeinsames Rechtsgut

Eine Deliktsfamilie setzt voraus, dass Normen ein gemeinsames Rechtsgut schützen und die gleiche Angriffsrichtung erfassen.[1636] Die Integrität der öffentlichen Meinungsbildung im Internet wird bisher durch keine Norm geschützt.[1637] Dass sich strukturell verwandte Rechtsgüter im bestehenden Strafrecht finden lassen, ändert daran nichts, da der Vergleichsgegenstand nicht nur vage, sondern konkret zu bestimmen ist.[1638] Es existiert damit bisher kein Rechtsgut, das mit der Integrität der öffentlichen Meinungsbildung im Internet inhaltlich oder formal identisch wäre.[1639] Schon deshalb kann eine Deliktsfamilie nicht begründet werden. Damit fehlt es hinsichtlich des Qualifikationstatbestandes bereits an einem verfassungsrechtlich zwingenden Referenzrahmen, der einer Neukriminalisierung unter Kohärenzgesichtspunkten entgegenstehen oder diese limitieren könnte.

b) Deliktscharakter

Gleichwohl soll zusätzlich noch auf den Deliktscharakter geblickt werden, der für die Angriffsrichtung einer Norm zentral ist. Insoweit scheint ein Blick auf die Inhaltsverbreitungsdelikte lohnenswert. Zwar verwendet der hier vorgeschlagene Regulierungsvorschlag den Inhaltsbegriff i.S.d. § 11 Abs. 3 StGB gar nicht. Trotzdem haben die Inhaltsverbreitungsdelikte und der Qualifikationstatbestand gemeinsam, dass Strafbarkeitsvoraussetzung eine Kommunikationsmodalität ist.[1640] Darin liegt ein konkreter Vergleichsgegenstand.

Bei Betrachtung der Inhaltsverbreitungsdelikte zeigt sich, dass eine bestimmte Kommunikationsmodalität bisher ausschließlich notwendige, nie aber hinreichende Bedingung von Strafbarkeit oder Strafschärfung ist. Das geltende Recht kennt keine Kriminalisierung einer reinen Kommunikationsmodalität. Selbst die Verordnung über außerordentliche Rundfunk-

1636 *Gaede*, Der Steuerbetrug, S. 230 ff.. Dort am Beispiel des Betrugs: Rechtsgut „Vermögen" und konstitutive Angriffsrichtung „Täuschung über Tatsachen".
1637 Vgl. B.I.1.c)aa)(2) Analyse anerkannter Strafrechtsgüter.
1638 Vgl. A.I.6.b) Kohärenzgebot.
1639 Vgl. B.I.1.c)aa)(2) Analyse anerkannter Strafrechtsgüter.
1640 In einigen Inhaltsverbreitungsdelikte (§§ 186 ff. StGB) ist die Kommunikationsmodalität freilich Ansatzpunkt für eine Strafschärfung.

maßnahmen,[1641] die während des Nationalsozialismus das Abhören sog. „Feindsender" unter Strafe stellte, untersagte nicht die Nutzung der Kommunikationsmodalität (Radio) an sich, sondern nur die Nutzung in Bezug auf bestimmte Inhalte („Feindsender").[1642] Das geltende Strafrecht enthält zwar viele Inhaltsverbreitungsdelikte, aber keine Delikte, die den Einsatz bestimmter Kommunikationsmodalitäten bzw. Medien unabhängig vom Kommunikations*inhalt* kriminalisieren. Der Qualifikationstatbestand würde sich in diese Tradition einreihen.

c) Zwischenergebnis

Der Qualifikationstatbestand ordnet eine Strafschärfung an, wenn bestimmte Taten mithilfe einer spezifischen Kommunikationsmodalität begangen werden. Damit würde er sich ohne verfassungsrechtlich erhebliche Widersprüche in die bestehende Rechtsordnung einfügen und im verfassungsrechtlichen Sinne kohärent sein.

Der Qualifikationstatbestand wäre damit insgesamt verfassungsrechtlich zulässig.

II. Rechtspolitische Bewertung

Nachdem die verfassungsrechtliche Zulässigkeit des Qualifikationstatbestandes untersucht worden ist, ist dieser rechtspolitisch zu bewerten.

1. Beständigkeit

Eine Norm wird hier als beständig verstanden, wenn sie langfristige und fortschreibungsfähige Maßstäbe enthält und von einer gewissen Dauerhaftigkeit ist.[1643]

1641 Verordnung über außerordentliche Rundfunkmaßnahmen v. 7.9.1939 (RGBl. I, S. 1683).

1642 § 1 der Verordnung über außerordentliche Rundfunkmaßnahmen: „[1]Das absichtliche Abhören ausländischer Sender ist verboten. [2]Zuwiderhandlungen werden mit Zuchthaus bestraft. [3]In leichteren Fällen kann auf Gefängnis erkannt werden. [4]Die benutzten Empfangsanlagen werden eingezogen."

1643 A.II.1 Beständigkeit.

Der Qualifikationstatbestand ist explizit auf das Phänomen Social Bots zugeschnitten. Dies lässt an der Beständigkeit zweifeln. Erstens basiert der Regulierungsvorschlag auf der Annahme, dass soziale Netzwerke für längere Zeit in einer Form existieren werden, die für die Integrität der öffentlichen Meinungsbildung relevant ist. Das ist nicht sicher vorherzusagen; schlechterdings ausgemacht scheint es nicht.[1644] Jedenfalls wird man mit Blick auf die jüngere Geschichte des Internets sicher sagen können, dass keinesfalls klar ist, dass *die* Netzwerke, die *heute* relevant sind, dies auch mittel- oder gar langfristig sein werden.[1645] Ob zukünftige soziale Netzwerke, so das Konzept denn insgesamt fortleben wird, Funktionen haben werden, die den Einsatz von Social Bots überhaupt sinnvoll erlauben, kann unmöglich vorhergesagt werden, erscheint aber zumindest diskutabel.

Zweitens setzt der Tatbestand voraus, dass es zukünftig Akteure geben wird, die den Einsatz von Social Bots (in tatbestandsmäßiger Weise) überhaupt in Erwägung ziehen. Dies wird wohl nur dann der Fall sein, wenn sie sich davon realistisch einen bestimmten Erfolg versprechen. Sollten Akteure mit der Zeit einen anderen Eindruck gewinnen, könnten sie an der Technologie das Interesse verlieren. Man kann sich beispielsweise vorstellen, dass soziale Netzwerke ihre Frontends oder Algorithmen so verändern, dass Popularity Cues und damit die *massenhafte* Kommunikation an Bedeutung verlieren. Ebenso ist vorstellbar, dass böswillige Akteure feststellen, dass die individuelle *menschliche* Propaganda ein besseres Verhältnis von Nutzen und Ertrag aufweist als immer kompliziertere Social Bot Software.[1646]

Insgesamt deutet einiges darauf hin, dass ein Qualifikationstatbestand, das speziell auf Social Bots zugeschnitten ist, technisch jedenfalls mittelfristig irrelevant werden wird. Den größten Hype erlebte das Thema Social Bots nach der amerikanischen Präsidentschaftswahl 2016 – und in der deutschen Politik und Rechtswissenschaft mit zeitlicher Verzögerung von rund einem bis zwei Jahren.[1647] Dass auch dort das Interesse inzwischen

---

1644 Vgl. zur hier vertretenen, skeptischen Perspektive B.I.1.c)aa)(3)(b) Die öffentliche Meinungsbildung im Internet, insbesondere in sozialen Netzwerken und Fn. 1477.

1645 Vgl. etwa *Pille*, Meinungsmacht sozialer Netzwerke, S. 92 f., der sich (aus damaliger Sicht völlig zutreffend) noch zu MeinVZ und Google+ äußert.

1646 Zu sog. „Trollfabriken" wie der russischen Internet Research Agency *Holznagel*, MMR 2018, 18, 19.

1647 Vgl. abermals kritisch *Beuth*, SPIEGEL Online, Die elektronische Sau im Dorf, 17.12.2018, abrufbar unter https://t1p.de/b64g (zuletzt abgerufen am 17.6.2020).

stark nachgelassen hat, könnte darauf hindeuten, dass ein dringender Regulierungsbedarf nicht mehr gesehen wird.[1648] Die Einführung der Kennzeichnungspflicht im Rundfunkstaatsvertrag vom 28. April 2020 wurde bezeichnend wenig beachtet. Der Qualifikationstatbestand erscheint schon fast *ex ante* als regulatorisches Relikt.

Der Qualifikationstatbestand wäre nach hier vertretener Auffassung wenig beständig. Dies spricht aus rechtspolitischer Sicht gegen diesen Regulierungsvorschlag.

2. Klarheit

Der Qualifikationstatbestand sollte klar gefasst sein. Dies setzt voraus, dass er einheitlich strukturiert und nummeriert, sprachlich richtig und möglichst für jedermann verständlich ist. Er sollte in kurzen Sätzen und Paragraphen abgefasst werden. Verweisungen sollten bedacht eingesetzt werden.[1649]

Für die Klarheit des Qualifikationstatbestandes spricht, dass er keine Verweisungen enthält und als ein einziger Satz strukturiert ist. Zudem würde er – nach hiesiger Vorstellung – im Kernstrafrecht des StGB platziert werden. Auch regelt der Qualifikationstatbestand nur einen speziellen Sachverhalt, auf den er explizit zugeschnitten ist. Dies trüge zur Klarheit bei.

Gegen die Klarheit spricht, dass der Qualifikationstatbestand gleichsam über das gesamte StGB „verstreut" wäre. Das macht die Regelungslage unübersichtlich. Zudem ist er als einigermaßen komplexes Satzgefüge formuliert worden. Damit ist zumindest diskutabel, ob er sprachlich für jedermann verständlich wäre. Die Formulierung erklärt sich dadurch, dass alle Merkmale der hier gewählten Definition von Social Bots in einen Qualifikationstatbestand übersetzt werden sollten, ohne auf eine Legaldefinition in einem separaten Satz oder Absatz zurückzugreifen. Womöglich wäre der Weg über solche Legaldefinition klarer gewesen. Ersichtlich darf hier kein Scheingefecht mit einer durch den Autor selbst gewählten Satzstruktur geführt werden; selbst aufgeworfene Alternativformulierungen können und sollen nicht das durchschlagende Argumente sein, um die Klarheit des Qualifikationstatbestandes zu verneinen. Die Alternative soll lediglich

---

1648 Siehe nun aber *Beck*, in: FG Digitalisierung, S. 403 ff. und *Reinbacher*, in: FG Digitalisierung, S. 457 ff.

1649 A.II.2 Klarheit.

reflektiert sein. Ohnedies kann die komplexe Satzstruktur dadurch etwas aufgewogen werden, dass der Qualifikationstatbestand verglichen mit anderen modernen Strafnormen einigermaßen knapp formuliert ist.

Im Ergebnis kann die Klarheit des Qualifikationstatbestandes neutral bewertet werden.

3. Bestimmtheit

Die Bestimmtheit des Qualifikationstatbestandes wurde oben aus verfassungsrechtlicher Sicht bejaht.[1650] Da nicht jede Unbestimmtheit eine Regelung verfassungswidrig macht, wäre ein abweichendes Ergebnis aus rechtspolitischer Sicht möglich. Es geht um die relative Bestimmtheit des Qualifikationstatbestandes.

Der Qualifikationstatbestand hat gegenüber dem Eignungsdelikt den Vorteil, dass er an ein ohnehin strafbares Verhaltens anknüpfen kann. Er setzt dann lediglich noch voraus, dass der Einsatz des technischen Mittels im Einzelfall festgestellt wird. Hinsichtlich der Bestimmtheit dieser *technischen* Tatbestandsmerkmale bestehen keine Bedenken.[1651] Für die relative Bestimmtheit des Qualifikationstatbestandes spricht auch, dass er *überhaupt* kodifiziert wäre. Insbesondere verglichen mit der später noch diskutierten Strafzumessungslösung bedeutete dies ein Mehr an Bestimmtheit, das zu begrüßen wäre.[1652] Die Bestimmtheit des Qualifikationstatbestandes ist positiv zu bewerten.

4. Kohärenz

Kohärenz ist eine wichtige Voraussetzung der Glaubwürdigkeit und Akzeptanz staatlichen Handelns. Nachdem die Kohärenz des Qualifikationstatbestandes nach verfassungsrechtlichen Maßstäben bejaht worden ist, soll nun seine relative Kohärenz bewertet werden.[1653]

Der Qualifikationstatbestand schärft die Strafe, wenn eine Äußerung unter Zuhilfenahme von Social Bots verbreitet wird. So fügt er sich folgerichtig ein in die Systematik der Inhaltsverbreitungsdelikte. Andererseits un-

1650 Bestimmtheit.
1651 C.I.2.a)aa) Strafbewehrter Einsatz von Social Bots.
1652 Näher unten E. Strafzumessungslösung.
1653 Vgl. A.II.4 Kohärenz.

terfällt der Einsatz von Social Bots diesen schon umfassend. Dass dies ein kohärentes Ergebnis wäre, lässt sich bezweifeln. Zwar wurde oben noch vertreten, dass diese *Redundanz* des Qualifikationstatbestandes nicht zu seiner Verfassungswidrigkeit führe.[1654] Sie kann jedoch ein Argument gegen seine rechtspolitische Kohärenz sein. Es ist bereits angedeutet worden, dass sich nicht sicher sagen lässt, dass der Einsatz von Social Bots *stets* gefährlicher ist als eine große Anzahl manueller Äußerungen im Internet. Auch menschliche Trolle können „fleißig" Hassbotschaften im Internet verbreiten und unter einer Vielzahl von Pseudonymen auftreten.[1655] Spätestens mit der Einbeziehung auch des § 185 StGB in die Inhaltsverbreitungsdelikte durch das Gesetz zur Bekämpfung des Rechtsextremismus und der Hasskriminalität im Jahr 2021 können zudem noch mehr problematische Sachverhalte mit einer empfindlichen Strafe (im konkreten Fall: Freiheitsstrafe von bis zu zwei Jahren) geahndet werden. So kann die gesteigerte Intensität von Äußerungen im Internet – und dort insbesondere in sozialen Netzwerken – schon berücksichtigt werden („besondere Öffentlichkeit, Nicht-Löschbarkeit der Daten, Anonymität ihrer Verbreitung").[1656] Man könnte erwägen, die Redundanz des hiesigen Qualifikationstatbestand dadurch zu verringern, dass man, verglichen mit der Qualifikation durch Inhaltsverbreitung, stets eine *nochmals* erhöhte Strafandrohung vorsähe. Betrachtet man die Strafrahmen, die etwa bei den §§ 185 StGB schon aktuell zur Verfügung stehen, erscheint ein solcher Ansatz aber überzogen. Auch hierdurch lässt sich die rechtspolitische Kohärenz nicht erhöhen.

Die Kohärenz des Qualifikationstatbestandes ist negativ zu bewerten.

5. Vollzugstauglichkeit

Der Qualifikationstatbestand muss vollzugstauglich sein. Das setzt voraus, dass er tatsächlich vollzogen, umgesetzt und verwirklicht werden kann; bestehende Institutionen müssen ihn unkompliziert anwenden können.[1657]

1654 I.1.b) Verfassungsrechtliche Rechtfertigung.

1655 Siehe erneut *Holznagel*, MMR 2018, 18, 19 zu den „Trollfabriken" der russischen Internet Research Agency.

1656 Vgl. erneut *Beck*, MMR 2009, 736, 740 zur Beleidigung im Internet; *Krischker*, JA 2013, 488 489 f.; **a.A.** *Ceffinato*, ZStW 132 (2020), 544, 552 ff.; *Oğlakcıoğlu*, ZStW 132 (2020), 521, 541 ff. (gegen dessen Ansicht bereits Fn. 626).

1657 A.II.5 Vollzugstauglichkeit.

a) Vollzugstauglichkeit des Qualifikationstatbestandes

Die Vollzugstauglichkeit des Qualifikationstatbestandes hängt entscheidend von der Ausstattung der Ermittlungsbehörden im Bereich Cybercrime ab.

aa) Allgemeine Ausstattung der Exekutive im Bereich Cybercrime

Es ist aber ein seit langem beklagter Umstand, dass die Ermittlungsbehörden im Bereich Cybercrime schlecht ausgestattet sind.[1658] Etwa im Falle der Ehrdelikte wird kritisiert, dass es besonders im Internet zu Vollzugsdefiziten komme.[1659] Andererseits hat der Staat erkannt, dass Handlungsbedarf besteht. Seit 2017 lässt sich dies am Aufbau der Zentralen Stelle für Informationstechnik im Sicherheitsbereich (ZITiS) belegen.[1660] Die ZITiS unterstützt aktuell die Staatsanwaltschaften dabei, mithilfe künstlicher Intelligenz klar strafbare Äußerungen in sozialen Netzwerken vorzusortieren.[1661] Das Bundeskriminalamt baut seine Kapazitäten im Bereich Cybercrime aus. Dort wurde zum 1. April 2020 eine neue Abteilung Cybercrime eingerichtet.[1662] Staatsanwaltschaften organisieren sich neu, um insbesondere die sog. Hasskriminalität in sozialen Netzwerken angemessen bearbeiten zu können.[1663] Ob diese Anstrengungen hinreichend sind, wird sich angesichts der gewaltigen (angenommenen) Zahl von Straftaten

---

1658 Vgl. *Jülicher/Röttgen*, InTeR 2018, 15, 17; *Schröder*, DVBl 2018, 465, 469 f.

1659 *Gaede*, in: Matt/Renzikowski, Vor §§ 185 ff. Rn. 3 (m.w.N. in dortiger Fn. 3); **differenzierend** zur polizeilichen Kriminalstatistik *Ceffinato*, ZStW 132 (2020), 544, 547 f.

1660 Siehe www.zitis.bund.de; vgl. *Brühl/Steinke*, Süddeutsche Zeitung, Mit künstlicher Intelligenz gegen den Hass, 14.11.2020, abrufbar unter https://t1p.de/7j7q (zuletzt abgerufen am 15.12.2020).

1661 Vgl. *Brühl/Steinke*, Süddeutsche Zeitung, Mit künstlicher Intelligenz gegen den Hass, 14.11.2020, abrufbar unter https://t1p.de/7j7q (zuletzt abgerufen am 15.12.2020).

1662 Bundeskriminalamt, Deliktsbereich Cybercrime, abrufbar unter https://t1p.de/va3i (zuletzt abgerufen am 21.1.2021).

1663 Vgl. *Brühl/Steinke*, Süddeutsche Zeitung, Mit künstlicher Intelligenz gegen den Hass, 14.11.2020, abrufbar unter https://t1p.de/7j7q (zuletzt abgerufen am 15.12.2020).

im Internet und in sozialen Netzwerken erst noch erweisen müssen.[1664] Es zeigt immerhin, dass der Staat dabei ist, im Bereich Cybercrime aufzurüsten. Zutreffend ist es wohl, davon auszugehen, dass kurz- und mittelfristig starke Vollzugsdefizite im Bereich Cybercrime fortbestehen werden, dass aber vorsichtiger Optimismus gestattet ist.

bb) Besonderheiten bei der Identifizierung von Social Bots

Vor diesem Hintergrund ist fraglich, ob die Strafverfolgungsbehörden in der Lage wären, den Qualifikationstatbestand tatsächlich umsetzen, d. h. den Einsatz von Social Bots zu ermitteln und aufzuklären. Zur Beantwortung dieser Frage wird hier zwischen zwei möglichen Ermittlungsansätzen unterschieden: einer Top-Down-Detektierung und einer Bottom-Up-Detektierung.

(1) Top-Down-Detektierung

Unter Top-Down-Detektierung wird hier ein Ermittlungsansatz verstanden, der seinen Ausgangspunkt in einer massenhaften Identifizierung von Social Bots nimmt. Bei diesem Ansatz würde die Masse *aller* Nutzer gleichsam aus der Vogelperspektive betrachtet; Fälle des Einsatzes von Social Bots würden aus dieser Masse herausgefiltert; ausgehend von den so identifizierten Fällen würde nach strafbarem Verhalten gefahndet.

> Beispiel: Die Ermittlungsbehörden sollen den Qualifikationstatbestand im sozialen Netzwerk Twitter durchsetzen. Das gesamte Netzwerk Twitter wird nach dem Einsatz von Social Bots durchsucht. Aus allen ermittelten Sachverhalten werden diejenigen herausgefiltert, bei denen ein Anfangsverdacht etwa für verwirklichte Ehrdelikte besteht. Diese Einzelfälle werden verfolgt.

Die Top-Down-Detektierung hätte den Vorteil, dass der Einsatz von Social Bots zu Zwecken der Meinungsmanipulation in großem Maßstab und *im Zusammenhang* aufgedeckt werden würde. Insbesondere könnten die Ermittlungsbehörden aufklären, welchen Anteil der Einsatz von Social Bots

---

1664 Etwa zum zusätzlichen Erfüllungsaufwand allein aufgrund der Novelle des NetzDG s. Regierungsentwurf für ein Gesetz zur Änderung des Netzwerkdurchsetzungsgesetzes v. 31.3.2020, S. 31 ff.

an bestimmten Delikten in sozialen Netzwerken insgesamt hat. Außerdem könnten sie nachvollziehen, auf welche Akteure die meisten Sachverhalte entfallen oder Querverbindungen zwischen unterschiedlichen Akteuren aufdecken.

Doch bestehen Schwierigkeiten hinsichtlich der Vollzugstauglichkeit einer Top-Down-Detektierung. *Erstens* setzt sie voraus, dass es möglich ist, Social Bots in sozialen Netzwerken überhaupt massenweise zu identifizieren und sie aus der Masse aller Nutzer herauszufiltern. *Zweitens* müssten aus all diesen potentiell relevanten Sachverhalten diejenigen herauszugreifen sein, die im Sinne der betroffenen Grundtatbestände nach dem (deutschen) Strafrecht verfolgbar sind. *Drittens* müsste es möglich sein, die Verantwortlichen zu ermitteln.

Dabei müssen die Ermittlungsbehörden schon auf der ersten Ebene versagen. Es existieren keine Methoden, mit denen es Dritten rechtssicher möglich ist, Social Bots in sozialen Netzwerken im großen Stil zu identifizieren. Die Ermittlungsbehörden wären schon hier auf die Kooperation der Plattformbetreiber angewiesen. Zwar könnten diese dazu wohl verpflichtet werden. Aber auch die Plattformbetreiber könnten praktisch nicht jeden Einsatz von Social Bots detektieren; im Grenzbereich des Standes der Technik könnten sie dazu erst recht nicht verpflichtet werden. Setzt man voraus, dass die Plattformbetreiber alle Fälle melden, die sie zumutbar detektieren können, stellt sich auf der zweiten Ebene ein weiteres Problem. Selbst wenn man – wie hier – davon ausgeht, dass nur bis zu fünf Prozent aller Profile in sozialen Netzwerken Social Bots sind, stünden die Ermittlungsbehörden doch vor im Verhältnis noch immer gewaltigen Datenmengen. Deren Prüfung wäre zeit- und ressourcenintensiv. Dass die Staatsanwaltschaften dies in einer Zeit leisten könnten, in der sie bereits mit der Bearbeitung „manueller" Hasskriminalität in sozialen Netzwerken belastet sind, scheint nicht realistisch. Doch selbst wenn dies möglich wäre, verbliebe auf der dritten Ebene das Problem, dass die Verantwortlichen zu ermitteln wären. Noch ist zwar nicht klar, wo potentielle Täter sich tat-sächlich aufhalten. Doch selbst wenn diese in Deutschland zu finden sein sollten, wäre es aufwendig, ihre Identität zu ermitteln, wenn sie diese gezielt verschleiern.

Insgesamt deutet alles darauf hin, dass die Ermittlungsbehörden *nicht* in der Lage wären, den Qualifikationstatbestand im Wege einer Top-Down-Detektierung tatsächlich zu vollziehen.

(2) Bottom-Up-Detektierung

Im Gegensatz dazu wird hier als Bottom-Up-Detektierung ein Ermittlungsansatz bezeichnet, der von einzelnen Straftaten ausgeht. Nach diesem Ansatz würde immer dann, wenn eine verfolgbare Straftat in einem sozialen Netzwerk vorliegt, geprüft, ob Anhaltspunkte für den Einsatz von Social Bots bestehen. Insoweit verdächtige Sachverhalte würden gesondert einer intensiven Prüfung unterzogen. In bestätigten Fällen würde der Qualifikationstatbestand angewendet.

> Beispiel: Es wird eine Volksverhetzung im sozialen Netzwerk Facebook zur Anzeige gebracht. Die Polizei prüft anhand eines Kriterienkataloges, ob ein Bot-Einsatz möglich erscheint. Bejahendenfalls wird eine detailliertere Prüfung vorgenommen. Sollte der Verdacht sich im Wege dieser Einzelfallprüfung bestätigen, würden die Täter auch wegen eines Verstoßes gegen den Qualifikationstatbestand verfolgt.

Die Vollzugstauglichkeit einer Bottom-Up-Detektierung unterschiede sich von derjenigen eines Top-Down-Ansatzes. Hier wäre ein grundsätzlich strafbarer Sachverhalt schon festgestellt. Es ginge nicht mehr um die *massenhafte* bzw. skalierte Detektierung von Social Bots, sondern lediglich um einen Nachweis im Einzelfall. Zwar ist die *skalierte* Detektierung von Social Bots problembehaftet; die Detektierung im Einzelfall aber ist leichter möglich. Insbesondere können hier technische Ermittlungsmethoden und menschliche Einzelfallprüfungen kombiniert werden.[1665] Frei von Bedenken ist aber auch die Vollzugstauglichkeit einer Bottom-Up-Detektierung nicht. Es dürfte nicht leicht werden, einen praktikablen Kriterienkatalog zu entwerfen, anhand dessen die Möglichkeit eines Bot-Einsatzes schnell und einfach geprüft werden kann. Etwa wäre zunächst zu klären, wie Ermittlungsbeamte überhaupt realistisch mit wenigen Blicken unterscheiden sollen zwischen einer manuell oder automatisiert erzeugten Beleidigung.

Anders dürfte es nur in Fällen liegen, in denen ein Tatopfer anzeigt, massenhaft ähnliche oder gar wortgleiche etwa beleidigende oder volksverhetzende Nachrichten erhalten zu haben. Ein solcher Hinweis aus Opferperspektive wäre ein deutlicher Ermittlungsansatz für den Einsatz von Social Bots. Vorstellbar sind auch Konstellationen, in denen ein Nutzer für eine von ihm gepostete Beleidigung sehr viele „Likes" erhält, er selbst aber eigentlich kaum „natürlich" erscheinende Interaktionen auf seinem Netzwerk-Profil hat. Ähnlich läge der Fall, wenn stets genau die gleichen

---

1665 Dazu insb. 1. Kap. D.II.3 Scoring-Methode.

Profile oder Nutzer aus einer völlig anderen Region (etwa: aus Ostasien) die Beiträge liken. Schließlich könnte ein Bot-Einsatz *prima facie* naheliegen, wenn Täter unter einem Pseudonym agiert haben. Praktisch dürfte es in solchen Fällen gleichwohl näher liegen, eine „normale" pseudonyme Nutzung zu vermuten – eine solche ergibt aus Tätersicht bei einer Tatbegehung im Internet meist Sinn. Doch selbst wenn die Aufstellung eines Kriterienkataloges etwa anhand der genannten Beispiele gelingen sollte, dürfte es schwer werden, die regelmäßige *tatsächliche* Anwendung eines solchen Kataloges in der Strafverfolgungspraxis zumutbar zu ermöglichen oder nötigenfalls zu erzwingen.

Im Ergebnis ist auch die Vollzugstauglichkeit der Bottom-Up-Detektierung problematisch. Sie ist gegenüber derjenigen eines Top-Down-Ansatzes nur in bestimmten Konstellationen verbessert.[1666]

cc) Zwischenergebnis

Im Ergebnis ist die Vollzugstauglichkeit des Qualifikationstatbestandes negativ zu beurteilen.

b) Lediglich symbolische Gesetzgebung?

Der Qualifikationstatbestand könnte nur eingeschränkt vollzogen werden. Damit steht er im Verdacht, lediglich „symbolische Gesetzgebung" darzustellen. Im Folgenden wird erörtert, unter welchen Voraussetzungen ein Regulierungsvorschlag als symbolische Gesetzgebung einzuordnen ist und wie sich diese Einordnung auf seine rechtspolitische Bewertung auswirkt. Schließlich wird geprüft, ob der Qualifikationstatbestand symbolische Gesetzgebung wäre.

1666 Es versteht sich von selbst, dass beide Methoden voraussetzen, dass ausreichend Kapazitäten vorhanden sind, um die Grundtatbestände zu bearbeiten. Das ist aber kein Problem, das speziell Social Bots betrifft.

aa) Charakterisierung symbolischer Gesetzgebung

Die Diskussion um rein symbolische Gesetzgebung ist bereits angesprochen worden.[1667] Die Prämisse der Debatte ist, dass Gesetze dazu dienen sollten, unerwünschte gesellschaftliche Zustände *tatsächlich* zu steuern, zu beeinflussen und zu verbessern.[1668] Sie sollen *effektiv* sein.[1669] Dieser Prämisse scheint symbolische Gesetzgebung zu widersprechen. Sie zeichnet sich dadurch aus, dass Normen erlassen werden, obwohl der Gesetzgeber davon ausgeht, dass sie nicht vollzogen werden (können).[1670] Symbolische Gesetzgebung ist „darauf ausgelegt, substanziell ineffektiv zu bleiben."[1671]

Zugleich kann man sich *einerseits* kaum der Beobachtung verschließen, dass manche Normen zwar nicht vollziehbar sind, aber dennoch „legitimierende und integrierende"[1672] Wirkung entfalten, indem sie etwa ethisch-moralische Grundüberzeugungen kommunizieren (z.B. Präambeln in Verfassungstexten).[1673] *Andererseits* lässt sich ein *gewisser* Symbolgehalt in vielen Vorschriften, jedenfalls aber in wohl allen *Straf*vorschriften, ausmachen. In der Literatur finden sich seit langem Versuche, diesen Widerspruch aufzulösen.[1674]

Nach dem richtungsweisenden Konzept *Newigs*, dem im Weiteren gefolgt wird, handelt es sich hierbei nur auf den ersten Blick um einen Widerspruch.[1675] Der Widerspruch lässt sich ihm zufolge auflösen, wenn zwei Dimensionen gesetzlicher Effektivität getrennt werden: die Dimensi-

1667 Siehe oben B.I.1.c)bb)(2) Erreichbarkeit der Normadressaten.

1668 *Funcke-Auffermann*, Symbolische Gesetzgebung, S. 44 f.; *Newig*, in: Wie wirkt Recht?, S. 304 m.w.N.

1669 *Newig*, in: Wie wirkt Recht?, S. 304.

1670 *Müller/Uhlmann/Hofstetter*, Rechtssetzungslehre, Rn. 306; *Newig*, in: Wie wirkt Recht?, S. 302, 304; *Nobis*, in: Räume der Unfreiheit, S. 23 f.; *Steinbach*, Rationale Gesetzgebung, S. 153.

1671 Prägnant *Newig*, in: Wie wirkt Recht?, S. 302.

1672 *Müller/Uhlmann/Hofstetter*, Rechtssetzungslehre, Rn. 306.

1673 *Müller/Uhlmann/Hofstetter*, Rechtssetzungslehre, Rn. 306 m.w.N. und Beispielen; vgl. *Newig*, in: Wie wirkt Recht?, S. 302 ff.; *Steinbach*, Rationale Gesetzgebung, S. 153; ähnlich *Funcke-Auffermann*, Symbolische Gesetzgebung, S. 44 ff.

1674 Ausführlich und m.w.N. zur Reflektion des Widerspruchs in der Literatur *Funcke-Auffermann*, Symbolische Gesetzgebung, S. 55 ff.; vgl. auch *Hassemer*, NStZ 1989, 553, 553 ff.; *Hassemer*, in: FS Roxin (2001), S. 1001, 1012 f.

1675 *Newig*, in: Wie wirkt Recht?, S. 304 ff.; vgl. *Steinbach*, Rationale Gesetzgebung, S. 153, der das Modell *Newigs* übernommen hat.

on der rechtlich-tatsächlichen Effektivität und diejenige der politisch-symbolischen Effektivität.[1676]

Abbildung 17 – „Gesetzgebung unter dem Blickwinkel von politisch-strategischer und rechtlich-sachlicher Dimension" nach Newig

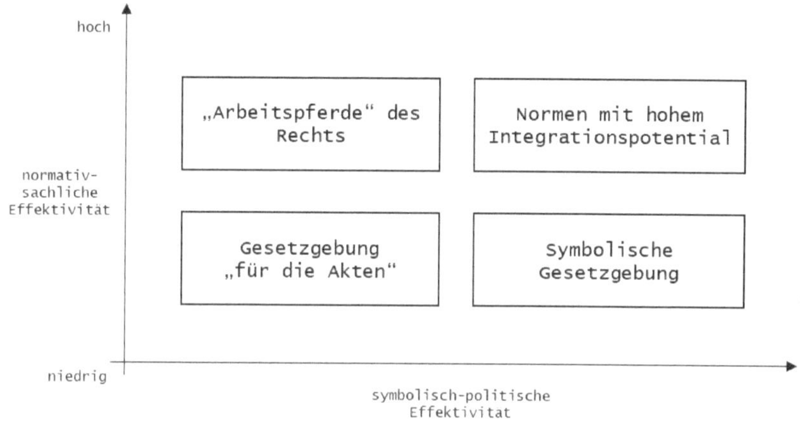

Newig unterscheidet prototypisch zwischen vier Kategorien von Normen: Erstens solchen, die zwar über eine hohe normativ-sachliche Effektivität, aber über nur geringe politisch-symbolische Strahlkraft verfügen („Arbeitspferde des Rechts"). Beispielhaft werden Normen des Bauplanungsrechts genannt.[1677] Zweitens solchen, die weder über normativ-sachliche noch symbolisch-politische Effektivität verfügen, Normen also, die lediglich „für die Akten" geschaffen werden.[1678] *Newig* führt als Beispiel die europarechtliche Titandioxid-Verordnung von 1996 an, die nur dazu gedient habe, europarechtlich vorgegebene Emissionsgrenzwerte in deutsches Recht zu übertragen, die in Deutschland ohnehin bereits eingehalten worden

1676 *Newig*, in: Wie wirkt Recht?, S. 304 ff.; Abbildung nach *Newig*, in: Wie wirkt Recht?, S. 306; ebenso zu finden bei *Steinbach*, Rationale Gesetzgebung, S. 154.

1677 *Newig*, in: Wie wirkt Recht?, S. 305; daran anschließend *Steinbach*, Rationale Gesetzgebung, S. 154 (mit den weiteren Beispielen des Umwelt- und Technikrechts).

1678 *Newig*, in: Wie wirkt Recht?, S. 305; ihm folgend *Steinbach*, Rationale Gesetzgebung, S. 154.

waren.[1679] Drittens solchen Normen, die gleichzeitig von normativ-sachlicher *und* politisch-symbolischer Effektivität sind.[1680] Diese „Normen mit hohem Integrationspotential" zielen nach *Newig* darauf ab, einen „gesellschaftlichen Bereich von hohem öffentlichen Interesse" effektiv zu regulieren.[1681] *Steinbach*, der *Newigs* Modell ebenfalls übernommen hat, nennt hierfür exemplarisch Verfassungsänderungen, wie etwa die Einführung des Art. 20a GG.[1682] Viertens Normen, die zwar über eine geringe normativ-sachliche, aber über eine hohe politisch-symbolische Effektivität verfügen. Diese Normen schließlich sind nach *Newig* der symbolischen Gesetzgebung zuzuschlagen.[1683]

bb) Bewertung symbolischer Gesetzgebung

Die Bewertung symbolischer Gesetzgebung kann grundsätzlich auf mehreren Ebenen ansetzen. Zunächst kann man sich fragen, ob symbolische Gesetzgebung verfassungsrechtlich *unzulässig* sein könnte. Entgegen besonders kritischer Stimmen ist dies nicht der Fall.[1684] Allein die verfassungsrechtliche Verhältnismäßigkeitsprüfung zieht die insoweit maßgeblichen Grenzen. Dort dürfte zwar bisweilen problematisch sein, ob symbolische

---

1679 *Newig*, in: Wie wirkt Recht?, S. 305; im Anschluss abermals *Steinbach*, Rationale Gesetzgebung, S. 154, der zeigt, dass solche Normen „für die Akten" bei der nationalen Umsetzung von Europarecht durchaus häufiger vorkommen.

1680 *Newig*, in: Wie wirkt Recht?, S. 305; vgl. ebenso *Steinbach*, Rationale Gesetzgebung, S. 155.

1681 *Newig*, in: Wie wirkt Recht?, S. 305.

1682 *Steinbach*, Rationale Gesetzgebung, S. 155.

1683 *Newig*, in: Wie wirkt Recht?, S. 305. Das Modell *Newigs* leistet auch einen Beitrag zur Debatte um die widersprüchlich erscheinende faktische Zurückhaltung des BVerfG gerade bei der Prüfung von Strafgesetzen (vgl. dazu nur *Gaede*, Der Steuerbetrug, S. 333 ff.; *Hefendehl*, Kollektive Rechtsgüter, S. 42 ff.; *Hörnle*, Grob anstößiges Verhalten, S. 25 m.w.N.). Dieses scheinbar widersprüchliche Verhalten lässt sich teilweise erklären, wenn man das Strafrecht durch die Folie des zweidimensionalen Effizienzmodells nach *Newig* betrachtet: Das BVerfG hält sich auf diesem Gebiet eher zurück, weil Strafnormen regelmäßig eine sehr hohe politisch-symbolische Effektivität (lies: symbolische Strahlkraft) haben (vgl. zu diesem Aspekt auch schon *Hörnle*, Grob anstößiges Verhalten, S. 31 f.).

1684 **Kritisch** etwa *Bittmann*, NStZ 2016, 249, 253: Praktikabilität von Gesetzen als Verfassungsgebot; *Funcke-Auffermann*, Symbolische Gesetzgebung, S. 60: nur legitim, wenn sie dem Rechtsgüterschutz dient (s. aber sogleich Fn. 823); *Stächelin*, Strafgesetzgebung, S. 227 ff., 240: Praktikabilität „geradezu zwingend".

Normen (noch) *geeignet* sind, den Regelungszweck zu erreichen. Solange eine Vorschrift sich nach den dortigen Maßstäben aber als (noch) geeignet erweist, ist sie nicht *per se* unzulässig.

Sodann kann man sich fragen, ob symbolische Gesetzgebung nicht irrational und deshalb abzulehnen ist. Immerhin zeichnet sie sich dadurch aus, tatsächlich ineffektiv zu bleiben. Und doch kann man sie überzeugend als rational einordnen – genauer gesagt als *politisch* rational.[1685] Der Gesetzgeber kann zu symbolischer Gesetzgebung greifen, um die Bevölkerung zu beruhigen,[1686] Handlungsfähigkeit zu demonstrieren[1687] oder gesellschaftlich stabilisierend zu wirken.[1688] Das kann politisch rational sein.[1689]

Selbst wenn man symbolischer Gesetzgebung zugesteht, politisch rational zu sein, verbleibt ein wichtiger Kritikpunkt: Symbolische Gesetzgebung ist eine bewusste Täuschung des Bürgers.[1690] Daran ändert auch die Vermutung nichts, dass manche Bürger sich mitunter nicht nur bewusst täuschen lassen, sondern sogar täuschen lassen wollen.[1691] Diese Vermutung mag – je nach Sachgebiet – hinsichtlich bestimmter Gruppen oder sogar Mehrheiten zutreffen, wird der Vielgestaltigkeit der modernen Gesellschaft aber nicht gerecht. Sie kann die gesetzgeberische Täuschung der Bürger jedenfalls nicht pauschal rechtfertigen.

Das täuschende Element symbolischer Gesetzgebung tritt besonders deutlich in Situationen zutage, in denen eine normativ-sachlich effektive Alternativlösung bekannt ist, der Gesetzgeber diese aber nicht anordnen kann oder will – sei es aus wirtschaftlichen, politischen oder anderen

---

1685 *Führ*, KritV 2003, 5, 20 f., der allerdings von einer anderen Terminologie ausgeht und das, was hier symbolische Gesetzgebung genannt wird, als „zeichenhaftes Gesetz" einordnet; *Newig*, in: Wie wirkt Recht?, S. 318; ausführlich *Steinbach*, Rationale Gesetzgebung, S. 153; **differenzierend** *Funcke-Auffermann*, Symbolische Gesetzgebung: kann unter generalpräventiven Gesichtspunkten sinnvoll sein (S. 60 ff.), die Symbolik dürfe aber nur „Reflex" des durch die Norm verwirklichten Rechtsgüterschutzes sein (S. 217).

1686 *Ceffinato*, ZStW 132 (2020), 544, 551 f.; *Funcke-Auffermanns*, Symbolische Gesetzgebung, S. 213 f.; *Müller/Uhlmann/Hofstetter*, Rechtssetzungslehre, Rn. 307; *Nobis*, in: Räume der Unfreiheit, S. 16.

1687 *Ceffinato*, ZStW 132 (2020), 544, 551 f.; *Funcke-Auffermanns*, Symbolische Gesetzgebung, S. 213 f.; *Steinbach*, Rationale Gesetzgebung, S. 153.

1688 *Ceffinato*, ZStW 132 (2020), 544, 551 f.; *Funcke-Auffermanns*, Symbolische Gesetzgebung, S. 213 f.; *Steinbach*, Rationale Gesetzgebung, S. 153.

1689 Ausführlich und m.w.N. *Steinbach*, Rationale Gesetzgebung, S. 153.

1690 *Hassemer*, NStZ 1989, 553, 556 ff.; *Müller/Uhlmann/Hofstetter*, Rechtssetzungslehre, Rn. 307; *Newig*, in: Wie wirkt Recht?, S. 318; *Nobis*, in: Räume der Unfreiheit, S. 16.

1691 *Newig*, in: Wie wirkt Recht?, S. 318 f.

Gründen.[1692] Dasselbe gilt in Situationen, in denen schon einschlägige Regelungen existieren, diese aber nicht vollzogen werden, und der Gesetzgeber über diese Vollzugsdefizite hinwegtäuschen möchte.[1693] Es sind gerade diese Situationen, in denen die positive Wirkung symbolischer Gesetzgebung in ihr Gegenteil verkehrt zu werden droht und sie sich destabilisierend auf die Normakzeptanz auswirken kann.[1694] Hierher gehört die vielbemühte Sentenz *Montesquieus:* „Überflüssige Gesetze schwächen notwendige Gesetze."[1695] Und wenn symbolische Gesetzgebung bisweilen auch die Bevölkerung beruhigen oder politische Handlungsfähigkeit demonstrieren kann, so droht sie doch zugleich die *eigentlich* notwendige innergesellschaftliche Aushandlung politischer Konflikte und eine fundierte Auseinandersetzung mit Kriminalität zu unterdrücken.[1696] Symbolische Gesetzgebung ist darum, mit einer Mehrheit der Stimmen in der Literatur, abzulehnen.[1697]

cc) Subsumtion des Qualifikationstatbestandes

Newig schlägt mehrere Kriterien vor, um Normen in seinem zweidimensionalen System zu verorten. Die rechtlich-sachliche Effektivität hänge davon ab, inwiefern eine Regulierung materiell dazu geeignet ist, den Gesetzeszweck zu erfüllen, Regelübertritte theoretisch geahndet werden können und die Verwaltung ausgestattet ist, die Norm praktisch durchzusetzen.[1698]

1692 *Müller/Uhlmann/Hofstetter*, Rechtssetzungslehre, Rn. 307.

1693 *Müller/Uhlmann/Hofstetter*, Rechtssetzungslehre, Rn. 307 m.w.N.

1694 *Müller/Uhlmann/Hofstetter*, Rechtssetzungslehre, Rn. 306; *Hassemer,* StV 1995, 483, 486; *Hassemer,* NStZ 1989, 553, 559; eindrücklich *Nobis,* in: Räume der Unfreiheit, S. 16: „Das Sedativum wirkt nicht mehr und trotzdem verabreicht der Gesetzgeber immer weiter und immer mehr der gleichen Droge [...]." Ähnlich *Funcke-Auffermann*, Symbolische Gesetzgebung, S. 216.

1695 *Montesquieu,* Vom Geist der Gesetze, 29. Buch 16. Kap.

1696 *Bittmann,* NStZ 2016, 249, 252; *Hassemer*, StV 1995, 483, 486; *Nobis*, in: Räume der Unfreiheit, S. 3; **differenzierend** *Zabel*, ZRP 2016, 202, 203.

1697 *Bittmann,* NStZ 2016, 249, 252; *Fischer*, § 130a StGB Rn. 3 f.; *Hassemer,* NStZ 1989, 553, 558 f.; *Hassemer,* StV 1995, 483, 486; *Hassemer*, in: FS Roxin (2001), S. 1001, 1004, 1008 f.; *Nobis*, in: Räume der Unfreiheit, S. 6 f. und *passim*; *Stächelin,* Strafgesetzgebung, S. 228 ff., 240 f.; i.E. **differenzierend** *Funcke-Auffermanns,* Symbolische Gesetzgebung, S. 212 ff., 217 ff.; **a.A.** aus dem Blickwinkel politischer Rationalität *Steinbach*, Rationale Gesetzgebung, S. 153.

1698 *Newig,* in: Wie wirkt Recht?, S. 306.

Die materielle Tauglichkeit des Qualifikationstatbestandes, den Gesetzeszweck zu erfüllen, wurde anhand von Beständigkeit, Klarheit, Bestimmtheit und Kohärenz geprüft. Seine Bestimmtheit wurde positiv, seine Klarheit neutral, seine Beständigkeit und Kohärenz negativ bewertet. Der Qualifikationstatbestand wäre insoweit insgesamt als rechtlich-sachlich eher ineffektiv zu bewerten. Regelübertritte könnten theoretisch durch Kriminalstrafe geahndet werden. Insofern wäre die Regulierungsoption rechtlich-sachlich effektiv.

Allerdings wurde festgestellt, dass es personelle und technische Mängel bei der Ausstattung der Strafverfolgungsbehörden im Bereich Cybercrime gibt. Speziell hinsichtlich Social Bots wird bezweifelt, dass diese *im großen Stil* (rechts-)sicher identifiziert werden könnten.[1699] Ein Vollzug des Qualifikationstatbestandes im Wege einer Top-Down-Detektierung wird hier als praktisch ausgeschlossen bewertet. Eine Bottom-Up-Detektierung dagegen dürfte in einigen Konstellationen zwar gelingen. Doch selbst wenn dies in Teilbereichen gelingen sollte, scheint es unwahrscheinlich, dass die Verantwortlichen ermittelt werden könnten. Im Ergebnis ist nicht zu erwarten, dass Normverstöße gleichmäßig, schnell oder zuverlässig aufgedeckt, ermittelt und geahndet werden würden. Insoweit wäre der Qualifikationstatbestand rechtlich-sachlich ineffektiv. Dieses Defizit lässt die wenigstens zum Teil positiv bewerteten übrigen Kategorien leerlaufen. Die Norm ist insgesamt als rechtlich-sachlich ineffektiv zu bewerten.

Die symbolisch-politische Effektivität einer Norm wird nach *Newig* dadurch bestimmt, wo sie in der Normenhierarchie einzuordnen ist, wie hart mögliche Sanktionen ausfallen können und zu welchem Zeitpunkt sie eingeführt wird *(„Timing")*.[1700]

Der Qualifikationstatbestand wäre als Strafvorschrift einfaches Bundesrecht. Seine Strahlkraft fiele damit geringer aus als die etwa einer Verfassungsänderung. Dem Strafrecht kommt jedoch innerhalb des einfachen Rechts als *„ultima ratio"* des Gesetzgebers eine qualifizierte Signalwirkung zu.[1701] Insofern kann dem Qualifikationstatbestand eine eher hohe symbolisch-politische Effektivität bescheinigt werden. Die Kriminalstrafe ist abstrakt betrachtet die härteste Sanktionsform. Dieser Effekt könnte durch die Wahl des konkreten Strafrahmens noch verstärkt werden.[1702] Auch insoweit hätte der Qualifikationstatbestand eine hohe symbolisch-politische

1699 Siehe oben B.IV Empirie.

1700 *Newig*, in: Wie wirkt Recht?, S. 306 f.

1701 Dazu erneut schon *Hörnle*, Grob anstößiges Verhalten, S. 31 f.

1702 Dazu einmal mehr A.I.1.d)bb) Sonderrolle der Kriminalstrafe.

Effektivität. Zum *Timing* der Regulierung lässt sich nichts vorhersagen. Eine Einführung kurz vor oder während eines Wahlkampfes könnte symbolisch-politisch sehr effektiv sein.[1703] Insgesamt lässt sich dem Qualifikationstatbestand trotz des ungewissen Timings eine hohe symbolisch-politische Effektivität bescheinigen.

Der Qualifikationstatbestand wäre rechtlich-sachlich ineffektiv, aber symbolisch-politisch effektiv. Er wäre symbolische Gesetzgebung.

c) Zwischenergebnis

Der Qualifikationstatbestand wäre symbolische Gesetzgebung und als solche aus rechtswissenschaftlicher Sicht abzulehnen. Die Entscheidung, ob er aufgrund seiner hohen politisch-symbolischen Effektivität dennoch ein probates politisches Mittel darstellen kann, bleibt der Politik vorbehalten.

6. Zwischenergebnis

Die rechtspolitische Bewertung des Qualifikationstatbestandes fällt negativ aus. Wenngleich seine Klarheit neutral und seine Bestimmtheit positiv zu bewerten sind, fallen Beständigkeit, Kohärenz und Vollzugstauglichkeit negativ ins Gewicht. Insgesamt muss der Qualifikationstatbestand aus rechtspolitischer Sicht abgelehnt werden.

II. Ergebnis

Der Qualifikationstatbestand wäre verfassungsrechtlich zulässig. Er wäre indes rein symbolische Gesetzgebung und als solche rechtspolitisch nicht zu empfehlen.

E. Strafzumessungslösung

Nachdem drei kodifizierte Regulierungsoptionen durchdacht worden sind, soll abschließend eine nichtkodifizierte Lösung erörtert werden. Dis-

---

1703 Vgl. zu letzterem schon *Newig*, in: Wie wirkt Recht?, S. 307; *Steinbach*, Rationale Gesetzgebung, S. 155.

kutiert wird, ob der Einsatz von Social Bots ausschließlich bei der *Strafzumessung* berücksichtigt werden könnte und sollte.[1704]

I. Rechtliche Zulässigkeit

Auch diese Strafzumessungslösung muss rechtlich zulässig sein. Der Prüfungsmaßstab unterscheidet sich von den vorherigen Kapiteln. Die Frage, ob es zulässig ist, den Einsatz von Social Bots im Rahmen der Strafzumessung zu berücksichtigen, richtet sich nach dem einfachgesetzlichen § 46 StGB (Grundsätze der Strafzumessung).

1. Strafzumessungstatsachen und der Einsatz von Social Bots

Gemäß § 46 Abs. 2 Satz 1 StGB wägt das Gericht bei der Strafzumessung die Umstände, die für und gegen den Täter sprechen, gegeneinander ab. Das Gesetz nennt in § 46 Abs. 2 Satz 2 StGB einige dieser Strafzumessungstatsachen. Von besonderem Interesse sind hier die Beweggründe und die Ziele des Täters, besonders auch rassistische, fremdenfeindliche oder sonstige menschenverachtende Motive, die Gesinnung, die aus der Tat spricht, und der bei der Tat aufgewendete Wille, sowie die Art der Ausführung und die verschuldeten Auswirkungen der Tat.

Die Beweggründe und die Ziele des Täters sind bedeutende Strafzumessungstatsachen.[1705] Es ist zu vermuten, dass beim Einsatz von Social Bots bisweilen menschenverachtende Motive und Beweggründe handlungsleitend sein können. Anders als bei der sog. Hasskriminalität ist das hier jedoch nicht typisch oder gar zwingend. Social Bots können eingesetzt werden, um Inhalte jeglicher Art aus jeglichen Motiven zu verbreiten. Sollten die genannten Motive eine Rolle spielen, könnte dies strafschärfend berücksichtigt werden. Solche Motive müssen beim Einsatz von Social Bots allerdings nicht stets vorliegen.

1704 Es führt zu gewissen sprachlichen Friktionen, wenn bei einer Nichtkodifizierung von einer *Regulierungs*option gesprochen wird. Der Begriff wird dennoch verwendet, ob die Vergleichbarkeit der verschiedenen Prüfprogramme zu verbessern. Hier wird unter einer Regulierungsoption also auch eine *Nicht*regulierung verstanden.

1705 *Fischer*, § 46 Rn. 26 ff.; *Schäfer/Sander/Gemmeren*, Praxis der Strafzumessung, Teil 4 Rn. 607 f.

Die Gesinnung, die aus der Tat spricht, bezieht sich nicht auf die allgemeine Gesinnung des Täters, sondern auf die, die in der einzelnen Tat zum Ausdruck kommt.[1706] Etwa die besondere Bösartigkeit, Gewissenlosigkeit oder Rücksichtslosigkeit des Täters kann in diesem Sinne strafschärfend gewertet werden. Auch hier gilt, dass beim Einsatz von Social Bots solche Gesinnungen vorkommen können. Sie sind aber kein zwingendes Merkmal des Einsatzes von Social Bots.

Daneben ist der bei der Tat aufgewendete Wille zu beachten. Strafschärfend kann insbesondere die *kriminelle Intensität* berücksichtigt werden; geht ein Täter besonders planvoll vor oder ist er besonders hartnäckig, spricht das für eine erhöhte kriminelle Intensität.[1707] Der Einsatz von Social Bots erfordert regelmäßig ein hohes Maß an Planung. Er wird insoweit strafschärfend zu berücksichtigen sein. Nach ständiger Rechtsprechung spricht für eine hohe kriminelle Intensität ebenso die *Maskierung* des Täters.[1708] Diese Rechtsprechung könnte auf den Einsatz von Social Bots zu übertragen sein. Auch hier geht der Täter regelmäßig pseudonym oder anonym vor. Dieses Vorgehen könnte man als *digitale Maskierung* bezeichnen. Gegen eine strafschärfende Berücksichtigung spricht aber der verfassungsrechtliche Schutz der pseudonymen und anonymen Kommunikation.[1709] Zwar ist auch das Tragen einer Maske üblicherweise grundrechtlich geschützt und kann trotzdem strafschärfend berücksichtigt werden, wenn es *zur Begehung von Straftaten* geschieht. Die pseudonyme und anonyme Kommunikation im Internet unterscheidet sich hiervon allerdings dadurch, dass sie die freie und vorbehaltlose Teilnahme am öffentlichen Diskurs – insbesondere ohne Angst vor Repressalien – zuweilen erst ermöglicht.[1710] Die pseudonyme und anonyme Kommunikation beim Einsatz von Social Bots sollte deshalb nicht im Sinne einer digitalen Maskierung strafschärfend berücksichtigt werden. Im Übrigen aber kann und

1706 *Fischer,* § 46 Rn. 27; *Schäfer/Sander/Gemmeren,* Praxis der Strafzumessung, Teil 4 Rn. 614 ff.

1707 *Fischer,* § 46 Rn. 30; *Schäfer/Sander/Gemmeren,* Praxis der Strafzumessung, Teil 4 Rn. 617 ff.

1708 BGH, Urt. v. 5.11.1997 – 5 StR 504/97 = BeckRS 9998, 35810; BGH, Beschl. v. 11.1.2000 – 4 StR 611/99 = BeckRS 2000, 30089738; vgl. *Fischer,* § 46 Rn. 30; *Schäfer/Sander/Gemmeren,* Praxis der Strafzumessung, Teil 4 Rn. 619.

1709 Vgl. B.I.1.a)bb)(5) Schutzbereichsausschluss aufgrund von Anonymität und Pseudonymität.

1710 Siehe abermals bereits B.I.1.a)bb)(5) Schutzbereichsausschluss aufgrund von Anonymität und Pseudonymität.

sollte der beim Einsatz von Social Bots *aufgewendete Wille* strafschärfend berücksichtigt werden.

Auch die Art der Tatausführung kann ein strafschärfender Umstand sein. Damit ist alles gemeint, was mehr ist „als nur die bloße Vollendung des Tatbestands“ und „die Tat im Übrigen begleitet oder sonst prägt“.[1711] Das sind etwa Ort und Zeit, Dauer und Mittel der Tatbegehung.[1712] Social Bots werden in sozialen Netzwerken eingesetzt. Diese sind zwar kein physischer Ort, aber doch ein *Raum* von besonderer Bedeutung für die öffentliche Meinungsbildung.[1713] Beim Einsatz von Social Bots werden Äußerungen in sozialen Netzwerken automatisiert; Zeit und Dauer der Tatausführung werden von unmittelbarem menschlichen Verhalten abgekoppelt. Dies kann im Einzelfall dazu führen, dass Taten länger, öfter oder in schnellerer Abfolge begangen werden.[1714] Schließlich sind Social Bots ein komplexes technisches Mittel, das – in den hier noch interessierenden, ohnehin strafrechtlich relevanten Fällen – unter teils erheblichem Aufwand gerade darauf zugeschnitten ist, strafbare Äußerungen möglichst weit und effektiv zu streuen. All diese Gesichtspunkte sprechen dafür, dass der Einsatz von Social Bots als *Art der Tatausführung* regelmäßig strafschärfend zu berücksichtigen sein wird.

Schließlich können die Auswirkungen der Tat strafschärfend berücksichtigt werden, wenn sie verschuldet, also „ihrer Art und ihrem Gewicht nach im Wesentlichen erkennbar waren.“[1715] In diesem Sinne kann etwa die Schwere des Taterfolges strafschärfend wirken.[1716] Darüber kann zwar beim Einsatz von Social Bots kein allgemeines Urteil gefällt werden. Es liegt aber nahe, dass häufig ein besonders großer Personenkreis von den tatbestandsmäßigen Äußerungen erfahren wird oder dass die Adressaten

---

1711 BGH, Urt. v. 3.8.1990 – 1 StR 62/90 = BGHSt, 37, 153, 154; vgl. *Fischer*, § 46 Rn. 32 f.; *Schäfer/Sander/Gemmeren*, Praxis der Strafzumessung, Teil 4 Rn. 631 ff.

1712 *Fischer*, § 46 Rn. 32 f.; *Schäfer/Sander/Gemmeren*, Praxis der Strafzumessung, Teil 4 Rn. 631.

1713 Vgl. B.I.1.c)aa)(3)(b) Die öffentliche Meinungsbildung im Internet, insbesondere in sozialen Netzwerken.

1714 Hier sei daran erinnert, dass der Einsatz von Social Bots aber nicht geradezu logisch zwingend zu einer quantitativen Häufung von Äußerungen führen muss, sondern auch denkbar ist, dass sie eingesetzt werden, um nur vereinzelt, aber besonders zielgerichtet oder zeitkritisch zu kommunizieren.

1715 BGH, Beschl. v. 9.2.2010 – 4 StR 492/09 = NStZ-RR 2010, 170; vgl. *Fischer*, § 46 Rn. 34.

1716 BGH, Beschl. v. 18.3.2015 – 3 StR 7/15 = HRRS 2015 Nr. 558; *Fischer*, § 46 Rn. 34.

in besonders effizienter Weise angesprochen werden – gerade darin wird ja meist der Grund liegen, dass Social Bots überhaupt eingesetzt werden. Auch als besondere Auswirkung der Tat kann der Einsatz von Social Bots regelmäßig strafschärfend berücksichtigt werden.

Sollte sich mit der Zeit herausstellen, dass es der Einsatz von Social Bots zunimmt, könnte dies unter generalpräventiven Gesichtspunkten als weiterer schärfender Strafzumessungsgrund berücksichtigt werden.[1717]

Der Einsatz von Social Bots kann folglich unter verschiedenen Gesichtspunkten als Strafzumessungstatsache i.S.d. § 46 Abs. 2 Satz 1 StGB strafschärfend berücksichtigt werden: Bei den Beweggründen und Zielen des Täters, der Einzeltatgesinnung, beim aufgewendeten Wille sowie der Art der Ausführung und den verschuldeten Auswirkungen der Tat.

2. Verbot der Doppelverwertung und Inhaltsverbreitung

§ 46 Abs. 3 StGB enthält ein Verbot der Doppelverwertung. Danach dürfen Umstände, die schon Merkmale des gesetzlichen Tatbestandes sind, nicht bei der Strafzumessung berücksichtigt werden.[1718]

Nicht berücksichtigt werden darf bei den Inhaltsverbreitungsdelikten deshalb, dass die Tat überhaupt mittels des Verbreitens von Inhalten, unabhängig von einer Speicherung mittels Informations- oder Kommunikationstechnik übertragen werden, begangen wurde. Es bleibt aber möglich, zu berücksichtigen, wie die Tat *darüber hinaus* begangen worden ist.[1719] „Quantitative oder qualitative Abstufungen bei der Tatbestandsverwirklichung" dürfen unbeschadet des Doppelverwertungsverbotes strafschärfend berücksichtigt werden.[1720] Die Verbreitung mittels Social Bots ist eine *besonders* intensive Variante der digitalen Inhaltsverbreitung. *Dieser* Umstand darf strafschärfend berücksichtigt werden. Unproblematisch ist die Berücksichtigung bei Äußerungsdelikten, die keinen Verweis auf § 11 Abs. 3 StGB enthalten, also insbesondere § 185 StGB.

1717 Vgl. BGH, Urt. v. 29.1.1992 – 2 StR 427/91 = BGH NStZ 1992, 275; BGH, Beschl. v. 20.11.2018 – 1 StR 349/18 = NStZ-RR 2019, 81; vgl. *Ceffinato*, ZStW 132 (2020), 544, 553.

1718 Vgl. *Schäfer/Sander/Gemmeren*, Praxis der Strafzumessung, Teil 4 Rn. 689 ff.

1719 Siehe erneut BGH, Urt. v. 14.8.1990 – 1 StR 62/90 = BGHSt 37, 153, 154 f.; vgl. *Fischer*, § 46 Rn. 32 f.

1720 *Schäfer/Sander/Gemmeren*, Praxis der Strafzumessung, Teil 4 Rn. 694 m.w.N.

3. Zwischenergebnis

Der Einsatz von Social Bots kann bei der Strafzumessung von Äußerungsdelikten gemäß § 46 StGB unter mehreren Gesichtspunkten strafschärfend berücksichtigt werden.

II. Rechtspolitische Bewertung

Abschließend ist die Strafzumessungslösung rechtspolitisch zu bewerten.

1. Beständigkeit

Auf den ersten Blick scheint das Kriterium der Beständigkeit nicht recht auf eine *Nichtkodifizierung* zu passen, da ein neuer Tatbestand gerade *nicht* geprägt wird.[1721] Doch kann Beständigkeit auch so verstanden werden, dass die *Entscheidungen* des Gesetzgebers beständig sind. Eine solche Entscheidung kann auch darin liegen, bewusst keine Strafnorm zu kodifizieren, sondern das unerwünschte Verhalten auf anderem Wege rechtlich erfassen zu lassen. Der Einsatz von Social Bots unterfällt den Äußerungsdelikten und den Inhaltsverbreitungsdelikten schon nach geltendem Recht umfassend.[1722] Er kann in beiden Fällen im Rahmen der Strafzumessung als strafschärfender Umstand berücksichtigt werden.[1723]

Hier wird vermutet, dass Social Bots nicht länger als mittelfristig ein relevantes Phänomen sein werden.[1724] Vor diesem Hintergrund überzeugt es, das Phänomen möglichst flexibel zu bewältigen. Eine nichtkodifizierte Regelung böte größte Flexibilität. Dem Gesetzgeber stünde es frei, infolge einer sich verändernden Tatsachengrundlage eine kodifizierte Strafbarkeit doch noch anzustreben. Darin läge zwar eine Neubewertung des Phänomens. Diese Neubewertung wäre aber für die Beständigkeit nach hiesigem Verständnis weniger problematisch. Regulatorische Entscheidungen im Strafrecht sollten sorgfältig abgewogen und wohlüberlegt getroffen werden.[1725] Eine zunächst abwartende, flexible Handhabung eines noch

1721 Vgl. zum Maßstab A.II.1 Beständigkeit.
1722 Siehe das 2. Kapitel.
1723 I.1 Strafzumessungstatsachen und der Einsatz von Social Bots.
1724 D.II.1 Beständigkeit.
1725 D.II.1 Beständigkeit.

weitgehend unerforschten Phänomens wäre in diesem Sinne zu befürworten und würde die Glaubwürdigkeit des Gesetzgebers nicht untergraben, sondern sogar fördern.[1726]

Die Strafzumessung ist unter dem Gesichtspunkt der Beständigkeit positiv zu bewerten.

2. Klarheit

Das Kriterium der Klarheit passt ebenfalls schwerlich zu einer nichtkodifizierten Regelung.[1727] Doch könnte die Klarheit der Strafzumessung womöglich daraus abgeleitet werden, dass die *Grundsätze der Strafzumessung* i.S.d. § 46 StGB klar geregelt sind. Gerade dies ist allerdings nicht unbestritten.[1728] Sie könnte sich aber auch daraus ergeben, dass der Einsatz von Social Bots klar Fallgruppen zuzuordnen ist, die schon aktuell durch Rechtsprechung anerkannt und angewendet werden. Insoweit wurden mehrere Möglichkeiten ermittelt, den Einsatz von Social Bots in die bestehende Strafzumessungspraxis einzubetten. Eine eindeutige Zuordnung konnte gleichwohl nicht vorgeschlagen werden. Die Argumente halten sich die Waage. Die Klarheit der Strafzumessungslösung ist insgesamt neutral zu bewerten.

3. Bestimmtheit

Abermals gilt: Eine nichtkodifizierte Regulierungsoption kann kaum im üblichen Sinne bestimmt sein. Doch auch unabhängig von dieser Schwierigkeit und ungeachtet des Umstandes, dass in einer andauernden Reformdebatte bisweilen bezweifelt wird, dass § 46 StGB selbst den Anforderungen des Art. 103 Abs. 2 GG genügt bestehen Bedenken hinsichtlich der Bestimmtheit der Strafzumessungslösung.[1729]

So setzt die bestimmte Anwendung der Strafzumessungslösung beim Rechtsanwender in jedem Fall eine spezifische technische Sachkunde

---

1726 Vgl. für regulatorische Zurückhaltung im Bezug auf soziale Netzwerke insgesamt etwa auch *Drexl*, ZUM 2017, 529, 543.

1727 Vgl. A.II.2 Klarheit.

1728 Vgl. *Kinzig*, in: Schönke/Schröder, § 46 Rn. 1 m.w.N.

1729 Vgl. m.w.N. zur Debatte *Kinzig*, in: Schönke/Schröder, § 46 Rn. 72; *Maier*, in: MüKo-StGB, § 46 Rn. 11; *Streng*, in: NK-StGB, § 46 Rn. 199 ff.

hinsichtlich des Einsatzes von Social Bots voraus, um unterschiedliche Sachverhalte voneinander abgrenzen und in der Strafzumessung differenzierend gewichten zu können – etwa anhand der Programmgestaltung. Es ist schwer vorstellbar, dass diese Kenntnisse bei den Ermittlungsbehörden und auf Ebene der Amtsgerichte (die angesichts der vergleichsweise geringen Strafandrohung bei den anwendbaren Delikten regelmäßig zuständig sein dürften) in dem erforderlichen Maße vorhanden sind oder kurzfristig aufgebaut werden könnten. Das wäre von den dortigen Akteuren aber auch schwerlich zu verlangen, nachdem schon der parlamentarische Gesetzgeber das Phänomen nicht ohne sachverständige Beratung und umfassenden Ressourceneinsatz erfassen und bewerten konnte.[1730] Ob der Einsatz von Social Bots überhaupt berücksichtigt würde, hinge damit nicht nur (wie üblich[1731]) von der geographischen Lage des Gerichts, sondern von der allenfalls zufällig einmal vorhandenen Sachkunde des erkennenden Gerichts ab. Schließlich wäre eine Konsolidierung der unterinstanzlichen Rechtsprechung kurzfristig nicht zu erwarten. Diese Überlegungen legen offen, dass durch die Strafzumessungslösung eine legislativ schwer oder gar nicht lösbare Aufgabe lediglich in die Strafmessung hineintransplantiert und so der Rechtsprechung überantwortet würde. Das vermag nicht zu überzeugen.

Die Strafzumessungslösung bedeutete für Betroffene ein großes Maß an Ungewissheit. Insgesamt ist die Bestimmtheit der Strafzumessungslösung negativ zu bewerten.

4. Kohärenz

Es konnte gezeigt werden, dass der Einsatz von Social Bots sich unter verschiedene anerkannte Fallgruppen von Strafzumessungstatsachen subsumieren ließe.[1732] Das spricht zunächst für die Kohärenz der Strafzumessungslösung.

Ein anderes Ergebnis könnte sich aber vor dem Hintergrund der – bereits angesprochenen – „verschuldeten Auswirkungen der Tat" i.S.d. § 46 Abs. 2 StGB ergeben. Oben wurde festgehalten, dass die Verbreitung einer

1730 Vgl. 1. Kap. D.III Staatliche Stellen.

1731 *Streng*, in: NK-StGB, § 46 Rn. 200 m.w.N. zur „allenthalben zu beobachtenden ‚seltsamen Justizgeographie' unterschiedlicher Strafzumessung," (dortiges Zitat nach *Tröndle*).

1732 Vgl. I.1 Strafzumessungstatsachen und der Einsatz von Social Bots.

Äußerung mithilfe von Social Bots häufig einen größeren Adressatenkreis erreichen und so eine vorhersehbare und insbesondere dem Schutzzweck der betroffenen Äußerungs- und Inhaltsverbreitungsdelikte unterfallende Verstärkung des jeweiligen Taterfolges bewirken dürfte. Doch ist zu beachten: Die *Manipulation der öffentlichen Meinungsbildung im Internet* wäre eine Tatfolge, die vom Schutzzweck der betroffenen Äußerungs- und Inhaltsverbreitungsdelikte nicht umfasst wäre.[1733] Hinsichtlich *solcher* Tatfolgen wird in der Literatur und einem Teil der Rechtsprechung seit langem in Abrede gestellt, dass sie im Rahmen des § 46 Abs. 2 StGB berücksichtigt werden sollten und dürfen. Dies sei nur für solche Tatfolgen zu gestatten, die dem Schutzzweck des verwirklichten Tatbestandes unterfallen.[1734] In der späteren Rechtsprechung wird das Erfordernis eines Schutzzweckzusammenhangs abgelehnt und die Vorhersehbarkeit für ausreichend erachtet.[1735] Die Auffassung der neueren Rechtsprechung kann indes nicht überzeugen. Erst die Ausrichtung am Schutzzweck der betroffenen Tatbestände verhindert eine ausufernde und damit womöglich beliebige Strafzumessung. Hierin liegt ein anschauliches Beispiel für die Orientierung gebende Funktion des strafrechtlichen Rechtsgutsbegriffes.[1736]

Abermals ist eine beliebige Transplantation (hier: aus guten Gründen) unerwünschter Umstände in die Strafzumessung abzulehnen. Insoweit die *Manipulation der öffentlichen Meinungsbildung im Internet* als „verschuldete Auswirkung der Tat“ i.S.d. § 46 Abs. 2 StGB berücksichtigt werden sollte, wäre die Strafzumessungslösung nach hiesiger Ansicht inkohärent. Unter Berücksichtigung der diese Abhandlung leitenden Frage nach *deren* strafrechtlicher Regulierung, ist die Kohärenz der Strafzumessungslösung insgesamt negativ zu bewerten.

1733 Vgl. B.I.1.c)aa)(2) Analyse anerkannter Strafrechtsgüter.

1734 Ausdrücklich BGH, Beschl. v. 16.3.1993 – 4 StR 602/92 = BGHR StGB § 46 II Tatauswirkungen 6 (nicht tragend); *Beulke/Schröder*, NStZ 1991, 392, 395; *Horn/Wolters*, in: SK-StGB, § 46 Rn. 123; vgl. instruktiv und m.w.N. auch zur älteren Lit. *Schäfer/Sander/Gemmeren*, Praxis der Strafzumessung, Teil 4 Rn. 594 ff. und 600 f.

1735 BGH, Beschl. v. 4.7.2002 – 3 StR 190/02 = NStZ 2002, 645; BGH, Beschl. v. 29.8.2006 – 1 StR 285/06 = NStZ-RR 2006, 372.

1736 Vgl. A.I Korridor zulässiger Kriminalisierung.

5. Vollzugstauglichkeit

Die Strafzumessungslösung ist hinsichtlich der Vollzugstauglich mit dem Qualifikationstatbestand vergleichbar. Auch hier gilt, dass der Einsatz von Social Bots im Wege einer Top-Down-Detektierung kaum realistisch durch deutsche Ermittlungsbehörden aufzudecken ist. Insoweit ist nicht damit zu rechnen, dass der Einsatz von Social Bots im großen Maßstab durch die Strafzumessungslösung strafrechtlich erfasst werden kann. Anders liegt es bei bestimmten Fällen der Bottom-Up-Detektierung. Soweit hier der Einsatz von Social Bots ausgehend von einem bereits festgestellten Äußerungsdelikt ermittelt werden kann, kann auch die Strafzumessungslösung zum Einsatz kommen. Doch behalten die oben geäußerten Bedenken hier ihre Gültigkeit: Unklar bleibt etwa, wie ein praktikabler Kriterienkatalog für die zügige Unterscheidung zwischen manuellen und automatisierten Äußerungen gefasst sein sollte und welche Schlüsse aus der pseudonymen Nutzung sozialer Netzwerke für die Bot-Detektierung gezogen werden soll. Auch hier gilt, dass die Vollzugstauglichkeit der Bottom-Up-Detektierung im Ergebnis problematisch ist.[1737]

Insgesamt ist deshalb auch die Vollzugstauglichkeit der Strafzumessungslösung ist negativ zu beurteilen.

6. Zwischenergebnis

Die Beständigkeit der Strafzumessungslösung ist positiv, ihre Klarheit neutral zu bewerten. Ihre Bestimmtheit, Kohärenz und Vollzugstauglichkeit fallen dagegen negativ ins Gewicht. Eine unbestimmte, inkohärente und weithin nicht vollzugstaugliche Regulierungsoption kann rechtspolitisch nicht empfohlen werden.

III. Ergebnis

Die Strafzumessungslösung wäre rechtlich zulässig. Sie wäre rechtspolitisch indes nicht zu empfehlen. Auch dieser vierte Ansatz zur strafrechtlichen Regulierung des Einsatzes von Social Bots muss verworfen werden.

1737 Vgl. zum Ganzen A.II.5 Vollzugstauglichkeit.

4. Kapitel: Zusammenfassung der Ergebnisse

Die Abhandlung sollte die Frage beantworten, ob der Einsatz von Social Bots zur Manipulation der öffentlichen Meinungsbildung im Internet strafrechtlich reguliert werden könnte und sollte. Hierzu wurden vier Regulierungsvorschläge verfassungsrechtlich und kriminalpolitisch durchdacht. Im Ergebnis mussten alle Ansätze verworfen werden: Ein abstraktes Gefährdungsdelikt wäre aus tatsächlichen und rechtlichen Gründen verfassungsrechtlich unzulässig. Ein Eignungsdelikt wäre jedenfalls zu unbestimmt. Ein Qualifikationstatbestand wäre verfassungsrechtlich zulässig, jedoch rechtspolitisch nicht zu empfehlen. Schließlich wäre eine Erfassung des Einsatzes von Social Bots über die Grundsätze der Strafzumessung als unbestimmt, inkohärent und nicht vollzugstauglich abzulehnen.

Die Anfangsplausibilität aller vier Regulierungsansätze ist nach einer ausführlichen wissenschaftlichen Durchdringung zerbröselt. Potentiellen Tätern sind viele schädliche Einflussmöglichkeiten von Social Bots allerdings schon nach geltendem Recht genommen. Vor diesem Hintergrund scheint es hinnehmbar, den Schutz der Integrität der öffentlichen Meinungsbildung im Internet anderen Regelungsregimen zu überlassen und die Forschungsfrage wie folgt zu beantworten: Der Einsatz von Social Bots zur Manipulation der öffentlichen Meinungsbildung im Internet sollte *nicht* strafrechtlich reguliert werden.

Im Einzelnen wurden folgende Ergebnisse ermittelt:

1. Social Bots sind Profile in sozialen Netzwerken, die durch Computerprogramme automatisiert werden, aber den Anschein erwecken, dass ein menschlicher Nutzer kommuniziere.[1738] Davon zu unterscheiden sind die Computerprogramme, die Social Bots steuern; diese werden als Social Bot Software bezeichnet.[1739] Bei einem Feldversuch konnte gezeigt werden, dass es mit geringen technischen Vorkenntnissen möglich ist, einen rudimentären, aber (zeitweise) funktionsfähigen Social Bot zu programmieren.[1740] Der Einsatz von Social Bots ist bei bestimmten Programmgestaltungen für Plattformbetreiber leicht nachzuvollziehen (Zugang über ein API), bei anderen Programmge-

1738 1. Kap. A.IV Stellungnahme und eigene DefinitionDefinition.
1739 1. Kap. A.V Abgrenzung von Social Bots und Social Bot Software.
1740 1. Kap. B.V Fazit zur Feldforschung „@RustavGadbruch".

staltungen aber weitgehend oder gar vollständig verschleiert werden kann (z.B. Zugang über ein GUI).[1741]
2. Auf Grundlage verlässlicher Daten ist derzeit davon auszugehen, dass *bis zu* fünf Prozent aller Accounts in sozialen Netzwerken Social Bots sind.[1742] Social Bots können eingesetzt werden, um in sozialen Netzwerken Statistiken zu verändern, Inhalte zu verbreiten und Profile zu vernetzen.[1743] Dabei sind ihre Gesamtzahl und individuelle Aktivität skalierbar.[1744] Es ist nicht nachgewiesen, wird aber *angenommen*, dass sie die Debattenkultur und die politische Agenda im Internet manipulieren, Astroturfing betreiben und sogar die Ergebnisse von Wahlen und Abstimmungen beeinflussen können.[1745]
3. Der manipulative Charakter von Social Bots liegt darin, dass sie unter (i) Verwendung falscher Identitäten, (ii) automatisch und (iii) skalierbar kommunizieren und dadurch die Rahmenbedingungen des kommunikativen Prozesses verzerren. Der Einsatz von Social Bots ist aber – jedenfalls theoretisch – nicht auf irgendein politisch-weltanschauliches Lager und dessen Inhalte begrenzt.[1746]
4. Die Ehrdelikte der §§ 185 ff. StGB sind beim Einsatz von Social Bots anwendbar, in ihrer Reichweite allerdings regelmäßig durch die Einwirkung der Meinungsfreiheit eingeschränkt. Außerdem unterfällt der Einsatz von Social Bots dem Inhaltsbegriff des § 11 Abs. 3 StGB n.F., sodass die Inhaltsverbreitungsdelikte grundsätzlich auf Social Bots anwendbar sind. Der Einsatz von Social Bots unterfällt nach hier vertretener Auffassung auch dem Darstellungsbegriff des § 11 Abs. 3 StGB a.F. Das StGB kennt keine inhaltsunabhängige Strafbarkeit für eine Verbreitungsmodalität. Eine etwaige Strafbarkeit des Einsatzes von Social Bots hängt von den kommunizierten Inhalten ab.[1747]
5. Auf dem Gebiet des Computerstrafrechts bestehen in spezifischen Konstellationen Strafbarkeitsrisiken nach §§ 202a StGB und 303b Abs. 1 Nr. 2 StGB. Diese ergeben sich aber nicht aus den Eigenarten von Social Bots, sondern aus bereits bekannten Verhaltensweisen bzw. Tatumständen, die beim Einsatz von Social Bots *auch* vorkommen können. Das spezifische Unrecht von Social Bots wird nicht von den

1741 1. Kap. C.III Zwischenergebnis Verbindungsmöglichkeitenn.
1742 1. Kap. D.IV Zwischenergebnis Empirie.
1743 1. Kap. E.II Manipulationshandlungen.
1744 A. Anwendungsszenarien.
1745 1. Kap. E.III Manipulationserfolge.
1746 2. Kap. A. Bestimmung des zu subsumierenden Verhaltens.
1747 2. Kap. C. Inhaltsverbreitungsdelikte.

§§ 202a f. oder §§ 303a ff. StGB erfasst. Straflos ist der Einsatz von Social Bots auch nach dem Urheberrecht, sowie den Wahl- und Urkundsdelikten.[1748]

6. Der Einsatz von Social Bots wird strafrechtlich bisher nur unspezifisch erfasst. Die Manipulation der öffentlichen Meinungsbildung wird strafrechtlich nicht sanktioniert. Zugleich sind insbesondere die Ehr- und Inhaltsverbreitungsdelikte umfassend auf den Einsatz von Social Bots anwendbar. Sollten Social Bots verwendet werden, um Inhalte zu verbreiten, die nach diesen Delikten strafbar sind, ist ihr Einsatz schon nach geltendem Recht strafbar. Damit sind viele schädliche Einflussmöglichkeiten von Social Bots strafrechtlich bereits erfasst.[1749]
7. Die Grenzen zulässiger Kriminalisierung ergeben sich aus der Verfassung und dort insbesondere aus dem Verhältnismäßigkeitsgrundsatz, dem Bestimmtheitsgrundsatz und dem allgemeinen Gleichheitssatz. Bei einer Verhältnismäßigkeitsprüfung von Strafgesetzen sind in konsequenter Anwendung der Maßstäbe der verfassungsgerichtlichen Rechtsprechung erhöhte materielle und prozedurale Anforderungen zu stellen.[1750]
8. Innerhalb der Grenzen des verfassungsrechtlich Zulässigen sind viele Kategorien rechtspolitischer Bewertung denkbar. Hier sind die Kategorien der Beständigkeit, Klarheit, Bestimmtheit, Kohärenz und Vollzugstauglichkeit ausgewählt worden.[1751]
9. Der Einsatz von Social Bots unterfällt umfassend dem Schutzbereich von Art. 5 Abs. 1 Satz 1 GG.
10. Für die Gegenwart und nähere Zukunft darf und muss davon ausgegangen werden, dass soziale Netzwerke eine erhebliche und stetig wachsende Bedeutung für die öffentliche Meinungsbildung haben. Die Integrität der öffentlichen Meinungsbildung im Internet ist eine gewichtige und elementare Rechtsposition i.S.d. Verhältnismäßigkeitsprüfung. Sie zu schützen ist legitimer Zweck eines Strafgesetzes. Der Prozess der Meinungsbildung wird hier verstanden als eine normative Sphäre, die sich zwischen den Polen der Meinungs- und Informationsfreiheit aufspannt.[1752]

1748 Siehe oben 2. Kap. F. Computerstrafrecht, 2. Kap. E. Straftaten bei Wahlen und Abstimmungen, 2. Kap. G. Urheberrecht, 2. Kap. H. Urkundsdelikte.

1749 I.E. ebenso *Jülicher/Röttgen*, InTeR 2018, 15, 17.

1750 3. Kap. A.I. Korridor zulässiger Kriminalisierung.

1751 3. Kap. A.II. Kriterien rechtspolitischer Bewertung.

1752 3. Kap. B.I.1.c)aa)(3) Neuprägung einer gewichtigen, elementaren Rechtsposition.

11. Es bestehen, insbesondere im öffentlichen Recht, vielfältige Alternativen zu einer strafrechtlichen Regulierung von Social Bots. Aus der Perspektive einer Verhältnismäßigkeitsprüfung sind diese allerdings, soweit sie sich an die Betreiber sozialer Netzwerke richten, nicht *gleich geeignet.* Solche präventiven Regelungen laufen leer, soweit der Einsatz von Social Bots nach dem aktuellen Stand der Technik nicht detektierbar ist. Netzwerkbetreiber können in diesen Fällen nicht verpflichtet werden, den Einsatz von Social Bots zu unterbinden. Insoweit sind repressive Regelungen, die an potentielle Täter gerichtet sind, geeigneter. Diese können auf potentielle Täter auch dann schon abschreckend wirken, wenn diese sich *noch* sicher sein können, nicht entdeckt zu werden.[1753]
12. Damit ist nicht gesagt, dass die öffentlich-rechtlichen Regelungsalternativen nicht aus politischen Gründen – als mildere, aber weniger geeignete Mittel – trotzdem bevorzugt werden könnten. Hier ist aus der Perspektive geprüft worden, ob die bloße *Existenz* dieser Alternativen dazu führt, dass der Rückgriff auf eine *andere*, hier strafrechtliche, Option verfassungsrechtlich *versperrt* ist. Aus dieser strengen Perspektive heraus ist festgestellt worden, dass die genannten Alternativen nicht gleich geeignet sind.
13. Das hier geprüfte *abstrakte Gefährdungsdelikt* wäre nicht verfassungsrechtlich zulässig. Aus tatsächlichen Gründen ist nach derzeitigem Kenntnisstand schon seine Geeignetheit zu verneinen: Es fehlen tatsächliche Erkenntnisse darüber, in welchem Verhältnis positive und negative Effekte von Social Bots zueinander stehen.[1754] Zudem lässt sich keine endgültige Aussage darüber treffen, ob ein derart weit gefasstes strafrechtliches Verbot von Social Bots die Integrität der öffentlichen Meinungsbildung im Internet verbessern würde. Außerdem ist unklar, welche Akteure hinter dem Einsatz von Social Bots stehen; insbesondere lässt sich nicht sicher sagen, ob diese von einem strafrechtlichen Verbot überhaupt erreicht würden.[1755] Auch die Erforderlichkeit des abstrakten Gefährdungsdelikts ist aus tatsächlichen Gründen einstweilen zu verneinen. Der Gesetzgeber hat noch nicht alles Notwendige getan, um die tatsächliche Verbreitung von Social Bots zu untersuchen. Insbesondere müsste er bestehende Zweifel an ihrer massenhaften Verbreitung und erst recht an ihrem Einfluss auf die

1753 3. Kap. B.I.1.c)cc)(1) Regelungsalternativen.
1754 3. Kap. B.I.1.c)bb)(1) Grundsätzliche Förderung des Schutzzweckes.
1755 3. Kap. B.I.1.c)bb)(2) Erreichbarkeit der Normadressaten.

öffentliche Meinungsbildung zunächst zerstreuen.[1756] Schließlich ist die Erforderlichkeit des abstrakten Gefährdungsdelikts aus rechtlichen Gründen – und damit endgültig – zu verneinen. Ein umfassend ansetzendes abstraktes Gefährdungsdelikt wäre nicht auf Verhaltensweisen begrenzt, die der geschützten Rechtsposition gefährlich werden können.[1757] Das aber ist für ein verfassungsrechtlich legitimes abstraktes Gefährdungsdelikt zwingend zu fordern.[1758]

14. Das hier geprüfte *Eignungsdelikt* wäre schon aus tatsächlichen Gründen verfassungsrechtlich unzulässig: Es ist nach derzeitiger Datenlage als nicht erforderlich abzulehnen. Aktuell ist davon auszugehen, dass Social Bots nicht so stark verbreitet sind, dass eine besondere Sozialschädlichkeit angenommen werden könnte.[1759] Unterstellt man dagegen eine bestimmte zukünftige (oder aktuelle, aber noch nachzuweisende) Verbreitung, wäre das Eignungsdelikt insgesamt verhältnismäßig.[1760] Allerdings wäre es zu unbestimmt und damit nicht mehr verfassungsrechtlich zulässig.[1761]
15. Der hier geprüfte *Qualifikationstatbestand* wäre verfassungsrechtlich zulässig.[1762] Er kann aus rechtspolitischer Sicht allerdings nicht empfohlen werden, insbesondere da er lediglich symbolische Gesetzgebung darstellen würde. Symbolische Gesetzgebung ist abzulehnen.[1763]
16. Schließlich kann auch die Erfassung des Einsatzes von Social Bots über die *Grundsätze der Strafzumessung* gemäß § 46 StGB nicht empfohlen werden. Diese Lösung ist zwar rechtlich zulässig.[1764] Sie wäre aber als unbestimmt, inkohärent und weithin nicht vollzugstauglich abzulehnen.[1765]

1756 3. Kap. B.I.1.c)cc)(2) Besondere Sozialschädlichkeit und dringlicher Schutz.

1757 3. Kap. B.I.1.c)cc)(2) Besondere Sozialschädlichkeit und dringlicher Schutz.

1758 3. Kap. A.I.3.c)dd) Abstrakte Gefährdungsdelikte.

1759 3. Kap. C.I.1.b)cc) Erforderlichkeit.

1760 3. Kap. C.I.1.b)dd) Angemessenheit.

1761 3. Kap. C.I.2 Bestimmtheitsgrundsatz.

1762 3. Kap. D.I Verfassungsrechtliche Zulässigkeit.

1763 3. Kap. D.II Rechtspolitische Bewertung.

1764 3. Kap. E.I Rechtliche Zulässigkeit.

1765 3. Kap. E.II Rechtspolitische Bewertung.

Anhang

A. § 88 StGB i.d.F. des 1. StrÄndG[1766]

(1) [1]Im Sinne dieses Abschnitts ist eine Handlung auf die Beeinträchtigung des Bestandes der Bundesrepublik Deutschland gerichtet, wenn sie darauf hinzielt, die Bundesrepublik Deutschland ganz oder teilweise unter fremde Botmäßigkeit zu bringen, ihre Selbstständigkeit sonst zu beseitigen oder einen Teil des Bundesgebietes loszulösen. [2]Als Beeinträchtigung des Bestandes der Bundesrepublik Deutschland im Sinne dieses Abschnitts gilt nicht die Teilnahme an einer Staatengemeinschaft oder einer zwischenstaatlichen Einrichtung, auf die die Bundesrepublik Deutschland Hoheitsrechte überträgt oder zu deren Gunsten sie Hoheitsrechte beschränkt.

(2) Verfassungsgrundsätze im Sinne dieses Abschnitts sind

1. das Recht des Volkes, die Staatsgewalt in Wahlen und Abstimmungen und durch besondere Organe der Gesetzgebung, der vollziehenden Gewalt und der Rechtsprechung auszuüben und die Volksvertretung in allgemeiner, unmittelbarer, freier, gleicher und geheimer Wahl zu wählen,
2. die Bindung der Gesetzgebung an die verfassungsmäßige Ordnung und die Bindung der vollziehenden Gewalt und der Rechtsprechung an Gesetz und Recht,
3. das Recht auf die verfassungsmäßige Bildung und Ausübung einer parlamentarischen Opposition,
4. die parlamentarische Verantwortlichkeit der Regierung,
5. die Unabhängigkeit der Gerichte,
6. der Ausschluss jeder Gewalt- und Willkürherrschaft.

1766 1. StrÄndG v. 30.08.1951, BGBl. I S. 739, 740.

B. § 93 StGB i.d.F. des 1. StrÄndG[1767]

(1)Wer in den räumlichen Geltungsbereich dieses Gesetzes ohne behördliche Genehmigung zum Zwecke der Verbreitung Schriften, Schallaufnahmen, Abbildungen oder Darstellungen einführt, durch deren Inhalt Bestrebungen herbeigeführt oder gefördert werden sollen, die darauf gerichtet sind,
den Bestand der Bundesrepublik Deutschland zu beeinträchtigen oder einen der in § 88 bezeichneten Verfassungsgrundsätze zu beseitigen, außer Geltung zu setzen oder zu untergraben,
wird mit Gefängnis bestraft.
(2)Ebenso wird bestraft, wer Schriften, Schallaufnahmen, Abbildungen oder Darstellungen, die dem Verbot des Absatzes 1 zuwider in den räumlichen Geltungsbereich dieses Gesetzes eingeführt worden sind, ohne behörderliche Genehmigung darin verbreitet oder zum Zwecke der Verbreitung vorrätig hält.
(3)Der Versuch ist strafbar.

C. § 93 StGB i.d.F. des 3. StrÄndG[1768]

(1) Wer Schriften, Schallaufnahmen, Abbildungen oder Darstellungen, durch deren Inhalt Bestrebungen herbeigeführt oder gefördert werden sollen, die darauf gerichtet sind, den Bestand der Bundesrepublik Deutschland zu beeinträchtigen oder zur Unterdrückung der demokratischen Freiheit einen der in § 88 bezeichneten Verfassungsgrundsätze zu beseitigen, außer Geltung zu setzen oder zu untergraben,
1. herstellt, vervielfältigt oder verbreitet oder
2. zur Verbreitung oder Vervielfältigung vorrätig hält, bezieht oder in den räumlichen Geltungsbereich dieses Gesetzes einführt,

wird mit Gefängnis bestraft.
(2) Der Versuch ist strafbar.

1767 1. StrÄndG v. 30.08.1951, BGBl. I S. 739, 741.
1768 3. StrÄndG v. 04.08.1953, BGBl. I S. 735, 739.

D. Grafik: Darüber spricht der Bundestag – Stichwort „Internet“

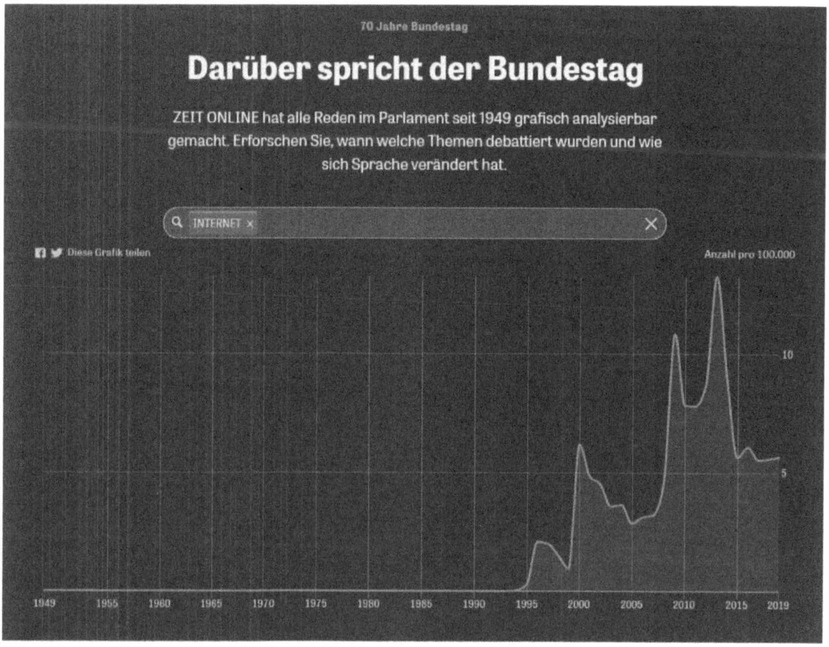

Bildquelle: *Die Zeit*, Darüber spricht der Bundestag, Visualisierung aller Plenarprotokolle des Deutschen Bundestages, Stand: 24.7.2019, Stichwort: „Internet“, abrufbar unter https://t1p.de/8nan (zuletzt abgerufen am 23.4.2020).

E. NASDAQ Composite Index – 1990 bis 2020

Eigene Darstellung. Quelle des Datensatzes: The Wall Street Journal, NASDAQ Composite Index, Historical Prices, abrufbar unter https://t1p.de/i008 (zuletzt abgerufen am 23.4.2020). Markierung am 11.6.1997: Datum der Gesetzesbegründung der Deutschen Bundesregierung zum IuKDG, BT-Drs. 13/7385.

F. E-Mail von Herrn Amir Ebrahimi Fard v. 4.8.2019

Bittner, Marc-Philipp

From:	Amir Ebrahimi Fard - TBM <[redacted]
Sent:	Sunday, 4 August 2019 04:25
To:	Bittner, Marc-Philipp
Subject:	RE: follow-up: poster presentation @ ic^{2}s^2 2019
Follow Up Flag:	Zur Nachverfolgung
Flag Status:	Completed

Dear Marc,

[redacted]

As you know, bot detection is a very recent yet important line of research that has been discussed in a wide range of topics such as rumour detection, opinion dynamics, cyberbullying, to name but a few.
There are some key studies on bot detection that constitute the foundation and state of the art in this subject domain. As far as I know, there are three main approaches for rumour detection :

First) The Botometer approach proposed by Menczer group at University of Indiana (base on more than 1000 features)
1: Varol, O., Ferrara, E., Davis, C. A., Menczer, F., & Flammini, A. (2017, May). Online human-bot interactions: Detection, estimation, and characterization. In *Eleventh international AAAI conference on web and social media.*

2: Varol, O., Davis, C. A., Menczer, F., & Flammini, A. (2018). Feature engineering for social bot detection. *Feature engineering for machine learning and data analytics*, 311.

3: Davis, C. A., Varol, O., Ferrara, E., Flammini, A., & Menczer, F. (2016, April). Botornot: A system to evaluate social bots. In *Proceedings of the 25th International Conference Companion on World Wide Web* (pp. 273-274). International World Wide Web Conferences Steering Committee.

4: Shao, C., Ciampaglia, G. L., Varol, O., Yang, K. C., Flammini, A., & Menczer, F. (2018). The spread of low-credibility content by social bots. *Nature communications*, 9(1), 4787.

Second) The Bovet approach proposed by Alexander Bovet (based on the source of tweet)
5: Bovet, A., Morone, F., & Makse, H. A. (2018). Validation of Twitter opinion trends with national polling aggregates: Hillary Clinton vs Donald Trump. *Scientific reports*, 8(1), 8673.

Third) The tailor-made approach (different scholars come up with their own algorithms and feature set)
6: Vosoughi, S., Roy, D., & Aral, S. (2018). The spread of true and false news online. *Science*, 359(6380), 1146-1151.

[redacted]

By all means, please let me know if you had any further question.

Best regards,
Amir

Amir Ebrahimi Fard
PhD Researcher | Department of Multi Actor Systems, Policy Analysis Section | Faculty of Technology, Policy and Management
[redacted]

[redacted]

1

G. E-Mail von Herrn Tim Großmann v. 2.10.2019

Bittner, Marc-Philipp

From:	Tim Großmann [redacted]
Sent:	Wednesday, 2 October 2019 19:15
To:	Bittner, Marc-Philipp
Subject:	Re: follow-up Mail / Vielen Dank für das Gespräch!

Hey Marc,

sorry für die verzögerte Antwort.
Vielen Dank für die Links!

Hoffe der folgende Text hilft dir.

"Frontend"-Automation
Frontend-Web Automatisierung (z.B. InstaPy mit Selenium): Es wird eine Browser Instanz "gestartet" (kann auch im so genannten Headless modus laufen der kein Browserfenster öffnet) in der "echte" Aktionen emuliert werden.
In diesem Fall werden alle Requests, die beim normalen benutzen der Seite durch einen echten User getriggert werden, angefragt wodurch das Verhalten des Bots direkt "echter" wirkt,
Der Bot emuliert die selben Interaktionen wie ein User (wenn richtig angewendet auch Mausbewegungen)

Emulator-App Automatisierung: Es wir ein Emulator verwendet, der ein Virtuelles Smartphone darstellt auf dem die App läuft. Die App macht keinen Unterschied zwischen Emulator und echten Smartphone. Die Interaktionen werden dann erneut durch Frontend Automation gemacht (in dem Fall wird oft einfach die Maus auf dem Bildschirm selbst an verschiedene stellen gefahren etc.).
Die Verwendung der App im Emulator sollte extrem schwer bis unmöglich zu erkennen sein wenn alle Flags richtig gesetzt sind und dadurch der User-Agent des Gerätes als z.B. Samsung Galaxy S8 "erkennbar" ist.

"API"-Automation
Developer-API Automatisierung: Offiziell für Entwickler "definierte" API die meistens weniger Funktionalität hat und bei der die so genannten Rate-Limits definiert sind damit kein Spamming/Denial of Service/Unfug getrieben wird.
Für die Developer API muss man sich immer registrieren und bekommt dann einen API key zugewiesen den man bei jedem Request mitschicken muss um sich zu Authentifizieren. (z.B. Clarifai, Google etc. machen eigentlich so gut wie alle)
Dieser Ansatz kann bei großen Tools sehr teuer werden, da man dann z.B. pro 1Mio requests bezahlt.
Jeder API key kann einem definierten User und damit einer definierten person zugewiesen werden.
Unfug? -> Entwickler schuld

Private-API Automatisierung: Weniger offizieller Ansatz der mehr Kenntnis von Webentwicklung etc. braucht. Hier bei wird der Request-Verkehr auf der eigentlich Seite z.B. über die Webentwickler-Tools aufgezeichnet und Reverse-Engineered um zu verstehen, welche Request welche Parameter und Informationen benötigen.
Da hier keine API-Key pro Entität vergeben wird, sind die Rate-Limits die selben (pro IP/User etc.) wie die vom service definierten. Wenn Unfug getrieben wird ist es nicht direkt jemandem zuzuordnen.
Außerdem kann man hiermit auf jedes einzelne Feature das der Service selbst verwendet zugreifen (natürlich angenommen, dass man den Endpunkt der API gefunden und Reverse engineered hat).
Gutes Beispiel hiervon ist: https://github.com/mgp25/Instagram-API . Die Person ist der absolute Hammer.
Ist natürlich auch am meisten Aufwand und erfordert extremes Verständnis. Außerdem werden (sowie bei der Developer-API auch) nicht alle requests getriggert die auf der offiziellen Website durchgeführt werden, was diesen Ansatz etwas "einfacher" detektierbar macht. (Angenommen Instagram hält für jeden Request eine Historie)

—

[redacted]

1

H. E-Mail des Bundeswahlleiters v. 5.11.2019

Bittner, Marc-Philipp

From:	post@bundeswahlleiter.de
Sent:	Tuesday, 5 November 2019 09:12
To:	Bittner, Marc-Philipp
Subject:	Social bots, Der Bundeswahlleiter, GZ 448404 / 639885

Sehr geehrter Herr Bittner,

vielen Dank für Ihre Anfrage vom 22 Oktober 2019.

Der Bundeswahlleiter ist für die Organisation und Durchführung von Bundestags- und Europawahlen zuständig. Zu seinen Aufgaben zählt zwar auch die Überprüfung der Wahl auf ihre Ordnungsmäßigkeit. Nach dem Ergebnis entscheidet er, ob Einspruch gegen die Wahl einzulegen ist. Nach § 81 Bundeswahlordnung und § 74 Europawahlordnung beschränkt sich dies aber auf die Prüfung, ob die Wahl nach den Vorschriften des Bundeswahlgesetzes und der Bundeswahlordnung bzw. des Europawahlgesetzes und der Europawahlordnung durchgeführt worden ist. Eine allgemeine Aufsicht über Bundestags- und Europawahlen, insbesondere über den Wahlkampf, übt der Bundeswahlleiter daher nicht aus.
Er ist zur unparteiischen Wahrnehmung seines Amtes verpflichtet (§ 10 Absatz 2 Bundeswahlgesetz) und hat nicht die Befugnis, den Wahlkampf zu überwachen bzw. in den politischen Wettbewerb der Wahlbewerber einzugreifen. Daher obliegt es dem Bundeswahlleiter auch nicht, eigene Untersuchungen durchzuführen, ob sich aus neuen technischen Möglichkeiten potentiell Gefahren für eine freie Meinungsbildung der Wählerinnen und Wähler ergeben. Dies ist in erster Linie Sache des Gesetzgebers und der gegebenenfalls im Einzelfall zuständigen Behörden (beispielsweise Strafverfolgungsbehörden bei Verdacht einer Straftat, Verfassungsschutzbehörden bei Verdacht auf Bestrebungen gegen die freiheitlich demokratische Grundordnung). Schließlich ist es Sache der Wahlbewerber, gegen falsche Tatsachenbehauptungen im Wahlkampf mit den ihnen zur Verfügung stehenden Mitteln – ggf. gerichtlich – vorzugehen.
Allerdings beobachtet der Bundeswahlleiter sowohl die tatsächliche Entwicklung als auch die gesetzgeberische Handeln in diesem Bereich. Bei der Bundestagswahl 2017 und der Europawahl 2019 sind keine Versuche bekannt geworden, durch social bots unzulässigerweise Einfluss auf die politische Meinungsbildung zu nehmen, so dass der Grundsatz der Freiheit der Wahl berührt gewesen wäre.

Zu Ihren Fragen im Einzelnen:

Stellt die Manipulation der öffentlichen Meinung in Online Social Networks durch sog. Social Bots nach Kenntnis bzw. Ansicht des Bundeswahlleiters ein relevantes Risiko für die Integrität von Wahlen und Abstimmungen in Deutschland bzw. Europa dar?

Dem Bundeswahlleiter liegen hierzu keine eigenen Erkenntnisse vor. Allerdings hat zur Bundestagswahl 2017 eine tiefergehende wissenschaftliche Auseinandersetzung mit dem Thema eingesetzt, die auch die Risiken einer Beeinflussung der öffentlichen Meinung durch „social bots" untersucht.
Zudem hat der Gesetzgeber – unter anderem in Sachverständigenanhörungen – das Thema in den Blick genommen (siehe etwa öffentliches Fachgespräch des Ausschusses Digitale Agenda des Deutschen Bundestages am 25.01.2017; Fachgespräch des Ausschusses für Bildung, Forschung und Technikfolgenabschätzung am 26.01.2017; Fachgespräch des Ausschusses Digitale Agenda des Deutschen Bundestages „Resilienz von Demokratien im digitalen Zeitalter im Kontext der Europawahl" am 10.04.2019; Antwort der Bundesregierung auf die Kleine Anfrage der Fraktion der AfD vom 27.02.2019, Bundestagsdrucksache 19/8056; Antwort der Bundesregierung auf die Kleine Anfrage der Fraktion BÜNDNIS 90/DIE GRÜNEN vom 18.05.2018, Bundestagsdrucksache 19/2224). Zu den öffentlichen Sachverständigenanhörungen können Sie auf der Internetseite des Deutschen Bundestages Ausschussdokumente und Videomitschnitte herunterladen.

Auf europäischer Ebene hat die Kommission im Kontext der Europawahl 2019 verschiedene Handlungsempfehlungen und Maßnahmen gegen Angriffe auf die freie Meinungsbildung unter anderem durch „social bots" erarbeitet (siehe etwa Europäische Kommission, „Bekämpfung von Desinformation im Internet: ein europäisches Konzept" vom 26.04.2018, COM(2018) 236 final; Europäische Kommission, „Freie und faire Europawahlen gewährleisten" vom 12.09.2018, COM(2018) 637 final; Europäische Kommission, „Aktionsplan gegen Desinformation" vom 05.12.2018, JOIN(2018) 36 final; Europäische Kommission, „Bericht über die Umsetzung des Aktionsplans gegen Desinformation vom 14.06.2019, JOIN(2019)12 final).

1

Wie beurteilt der Bundeswahlleiter die (straf-)rechtliche Absicherung von Wahlen und Abstimmung gegen ``unlautere`` Manipulation (etwa: drittstaatliche Propaganda, Information Warfare) insgesamt?
Inwieweit ist eine Abgrenzung zwischen ``lauterer`` politischer Meinungsäußerung (selbstverständlich auch und gerade an den äußeren Rändern des politischen Spektrums) und ``unlauterer`` Manipulation (s.o.) aus Sicht des Bundeswahlleiters überhaupt möglich?

Wie eingangs erläutert kann der Bundeswahlleiter hierzu keine Aussage treffen.
Wir hoffen, dass wir Ihnen mit den oben angegebenen Hinweisen dennoch weiterhelfen konnten.
Mit freundlichen Grüßen
Im Auftrag
[redacted]

Zur Beantwortung Ihrer Anfrage haben wir die von Ihnen mitgeteilten personenbezogenen Daten auf Grundlage von Art. 6 Abs. 1 lit. c, e) DS-GVO iVm § 3 BDSG, § 6 Abs. 3 PartG elektronisch gespeichert. Ausführliche datenschutzrechtliche Hinweise finden Sie unter: https://www.bundeswahlleiter.de/info/datenschutz.html.

2

I. Reaktionen auf Tweets von @RustavGadbruch

Zu sehen sind die Antworten von @RustavGadbruch auf die Original-Tweets des BGH, sowie das öffentliche Profil der Person, die auf die Antwort von @RustavGadbruch reagiert hat.

Liked
by H[redacted]

Rustav Gadbruch @RustavGadbruch · Jul 31, 2019
Replying to @BGH_Bund
Das ist eine Zäsur: »Ave europa nostra vera patria.«

Bundesgerichtshof @BGH_Bund · Jul 31, 2019
Urteil des Oberlandesgerichts Stuttgart gegen Betreiber der Internetplattform "Altermedia Deutschland" durch Bundesgerichtshof weitgehend bestätigt bundesgerichtshof.de/SharedDocs/Pre...

1

H[redacted]
@H[redacted]
Follow
Kinderkrankenschwester nach Unfall eher als kranke Schwester bekannt.

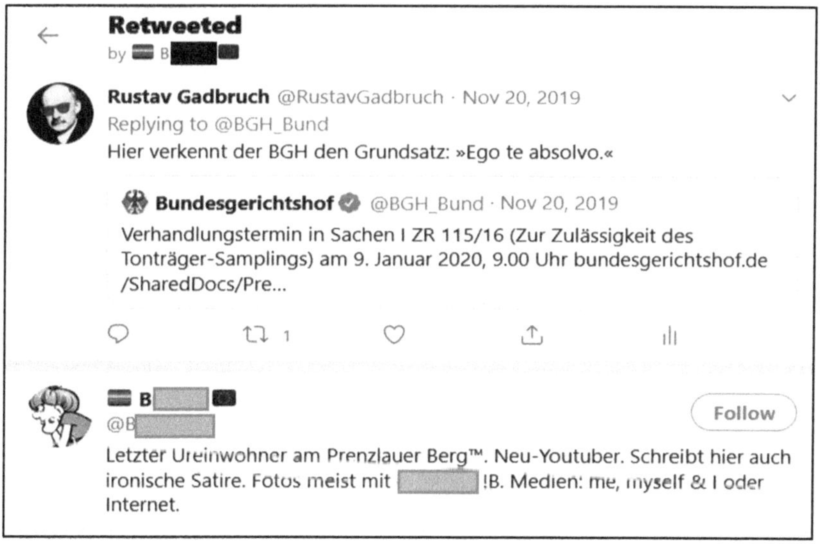

Retweeted
by B[redacted]

Rustav Gadbruch @RustavGadbruch · Nov 20, 2019
Replying to @BGH_Bund
Hier verkennt der BGH den Grundsatz: »Ego te absolvo.«

Bundesgerichtshof @BGH_Bund · Nov 20, 2019
Verhandlungstermin in Sachen I ZR 115/16 (Zur Zulässigkeit des Tonträger-Samplings) am 9. Januar 2020, 9.00 Uhr bundesgerichtshof.de /SharedDocs/Pre...

1

B[redacted]
@B[redacted]
Follow
Letzter Ureinwohner am Prenzlauer Berg™. Neu-Youtuber. Schreibt hier auch ironische Satire. Fotos meist mit [redacted] !B. Medien: me, myself & I oder Internet.

Retweeted
by @P[redacted]
Rustav Gadbruch @RustavGadbruch · Feb 13
Replying to @BGH_Bund
Endlich konsequent angewandt: »S.v..«
Bundesgerichtshof @BGH_Bund · Feb 7
Verkündungstermin am 28. Mai 2020, 9.00 Uhr in Sachen I ZR 186/17 (Verfahren gegen Facebook wegen Verstößen gegen Datenschutzrecht) (Verhandlung: 6.2.2020 bundesgerichtshof.de/SharedDocs/Ter...
1
@P[redacted]
@P[redacted]
Follow

J. Rohdaten zu @RustavGadbruch

#	Tweet	Impressions	Engagements	Engagement Rate
1	Rustav Gadbruch @RustavGadbruch Jul 25 Ich sage mal so: »Ne quid nimis.« twitter.com/BGH_Bund/statu…	373	4	1,07 %
2	Rustav Gadbruch @RustavGadbruch Jul 31 Das ist eine Zäsur: »Ave europa nostra vera patria.« twitter.com/BGH_Bund/statu…	524	20	3,82 %
3	Rustav Gadbruch @RustavGadbruch Jul 31 Hier verkennt der BGH den Grundsatz: »Dramatis personae.« twitter.com/BGH_Bund/statu…	910	23	2,53 %
4	Rustav Gadbruch @RustavGadbruch Aug 2 Ich sage mal so: »Praesis ut prosis ne ut imperes.« twitter.com/BGH_Bund/statu…	479	10	2,09 %
5	Rustav Gadbruch @RustavGadbruch Aug 5 Naja. »Numerus clausus.« twitter.com/BGH_Bund/statu…	230	6	2,61 %
6	Rustav Gadbruch @RustavGadbruch Aug 6 Das ist eine Zäsur: »Pendent opera interrupta.« twitter.com/BGH_Bund/statu…	297	10	3,37 %
7	Rustav Gadbruch @RustavGadbruch Aug 9 Dies verdient Beifall! »Fides quae creditur.« twitter.com/BGH_Bund/statu…	204	1	0,49 %
8	Rustav Gadbruch @RustavGadbruch Aug 16 Früher galt noch: »Faciam eos in gentem unum.« twitter.com/BGH_Bund/statu…	279	9	3,23 %
9	Rustav Gadbruch @RustavGadbruch Aug 19 Dazu kann ich nur sagen: »Contradictio in terminis.« twitter.com/BGH_Bund/statu…	238	5	2,10 %

#	Tweet	Impressions	Engagements	Engagement Rate
10	Rustav Gadbruch @RustavGadbruch Aug 19 Genau, denn es gilt: »Libera te tutemet (ex inferis).« twitter.com/BGH_Bund/statu…	220	2	0,91 %
11	Rustav Gadbruch @RustavGadbruch Aug 20 Genau, denn es gilt: »In odium fidei.« twitter.com/BGH_Bund/statu…	186	0	0,00 %
12	Rustav Gadbruch @RustavGadbruch Aug 21 Dazu kann ich nur sagen: »Post eventum.« twitter.com/BGH_Bund/statu…	217	7	3,23 %
13	Rustav Gadbruch @RustavGadbruch Aug 22 Weitblick! Kompliment! »Pro aris et focis.« twitter.com/BGH_Bund/statu…	212	3	1,42 %
14	Rustav Gadbruch @RustavGadbruch Sep 2 Unvertretbar. »Velut arbor aevo.« twitter.com/BGH_Bund/statu…	209	10	4,78 %
15	Rustav Gadbruch @RustavGadbruch Sep 5 Dazu kann ich nur sagen: »Tempus edax rerum.« twitter.com/BGH_Bund/statu…	197	3	1,52 %
16	Rustav Gadbruch @RustavGadbruch Sep 9 Grob verkannt: »Ex vulgus scientia.« twitter.com/BGH_Bund/statu…	171	1	0,58 %
17	Rustav Gadbruch @RustavGadbruch Sep 10 Naja. »Arbiter elegantiarum.« twitter.com/BGH_Bund/statu…	168	1	0,60 %
18	Rustav Gadbruch @RustavGadbruch Sep 11 Dazu kann ich nur sagen: »De novo.« twitter.com/BGH_Bund/statu…	170	4	2,35 %

#	Tweet	Impressions	Engagements	Engagement Rate
19	Rustav Gadbruch @RustavGadbruch Sep 12 Genau, denn es gilt: »Verba docent exempla trahunt.« twitter.com/BGH_Bund/statu…	210	4	1,90 %
20	Rustav Gadbruch @RustavGadbruch Sep 24 Hier verkennt der BGH den Grundsatz: »Novus ordo seclorum.« twitter.com/BGH_Bund/statu…	151	2	1,32 %
21	Rustav Gadbruch @RustavGadbruch Sep 25 Hier verkennt der BGH den Grundsatz: »Novus ordo seclorum.« twitter.com/BGH_Bund/statu…	225	5	2,22 %
22	Rustav Gadbruch @RustavGadbruch Sep 27 Dies verdient Beifall! »Per crucem crescens.« twitter.com/BGH_Bund/statu…	157	1	0,64 %
23	Rustav Gadbruch @RustavGadbruch Oct 1 Dies verdient Beifall! »Per crucem crescens.« twitter.com/BGH_Bund/statu…	195	5	2,56 %
24	Rustav Gadbruch @RustavGadbruch Oct 1 Dies verdient Beifall! »Per crucem crescens.« twitter.com/BGH_Bund/statu…	256	6	2,34 %
25	Rustav Gadbruch @RustavGadbruch Oct 1 Dazu kann ich nur sagen: »Tempus edax rerum.«	163	4	2,45 %
26	Rustav Gadbruch @RustavGadbruch Oct 2 Wird man heute ohne Latinum RiBGH? »Veni, vidi, vici.« twitter.com/BGH_Bund/statu…	194	1	0,52 %
27	Rustav Gadbruch @RustavGadbruch Oct 7 Unvertretbar. »Ut omnes te cognoscant.« twitter.com/BGH_Bund/statu…	345	5	1,45 %

#	Tweet	Impressions	Engagements	Engagement Rate
28	Rustav Gadbruch @RustavGadbruch Oct 8 Unvertretbar. »Alias.« twitter.com/BGH_Bund/statu…	251	9	3,59 %
29	Rustav Gadbruch @RustavGadbruch Oct 9 Unvertretbar. »Tu fui ego eris.« twitter.com/BGH_Bund/statu…	163	3	1,84 %
30	Rustav Gadbruch @RustavGadbruch Oct 9 Genau, denn es gilt: »Quod vide (q.v.).« twitter.com/BGH_Bund/statu…	176	1	0,57 %
31	Rustav Gadbruch @RustavGadbruch Oct 10 Früher galt noch: »De lege ferenda.« twitter.com/BGH_Bund/statu…	214	1	0,47 %
32	Rustav Gadbruch @RustavGadbruch Oct 16 Dazu kann ich nur sagen: »Ab intra.« twitter.com/BGH_Bund/statu…	246	9	3,66 %
33	Rustav Gadbruch @RustavGadbruch Oct 16 Naja. »Quae non posuisti, ne tollas.« twitter.com/BGH_Bund/statu…	230	7	3,04 %
34	Rustav Gadbruch @RustavGadbruch Oct 17 Ich sage mal so: »Opus dei.« twitter.com/BGH_Bund/statu…	142	0	0,00 %
35	Rustav Gadbruch @RustavGadbruch Oct 17 Genau, denn es gilt: »Cor ad cor loquitur.« twitter.com/BGH_Bund/statu…	186	2	1,08 %
36	Rustav Gadbruch @RustavGadbruch Oct 17 Genau, denn es gilt: »Volenti non fit injuria.« twitter.com/BGH_Bund/statu…	972	23	2,37 %

#	Tweet	Impressions	Engagements	Engagement Rate
37	Rustav Gadbruch @RustavGadbruch Oct 21 Ich sage mal so: »Pace.« twitter.com/BGH_Bund/statu…	174	2	1,15 %
38	Rustav Gadbruch @RustavGadbruch Oct 22 Grob verkannt: »Quid est veritas.« twitter.com/BGH_Bund/statu…	152	2	1,32 %
39	Rustav Gadbruch @RustavGadbruch Oct 23 Wird man heute ohne Latinum RiBGH? »An nescis, mi fili, quantilla prudentia mundus regatur?.« twitter.com/BGH_Bund/statu…	336	0	0,00 %
40	Rustav Gadbruch @RustavGadbruch Oct 24 Dazu kann ich nur sagen: »Hinc illae lacrimae.« twitter.com/BGH_Bund/statu…	178	3	1,69 %
41	Rustav Gadbruch @RustavGadbruch Oct 25 Das ist eine Zäsur: »Vel non.« twitter.com/BGH_Bund/statu…	254	8	3,15 %
42	Rustav Gadbruch @RustavGadbruch Nov 6 Unvertretbar. »Tempus rerum imperator.« twitter.com/BGH_Bund/statu…	141	1	0,71 %
43	Rustav Gadbruch @RustavGadbruch Nov 8 Genau, denn es gilt: »Non sibi, sed patriae.« twitter.com/BGH_Bund/statu…	255	11	4,31 %
44	Rustav Gadbruch @RustavGadbruch Nov 13 Wird man heute ohne Latinum RiBGH? »Quod licet iovi, non licet bovi.« twitter.com/BGH_Bund/statu…	287	13	4,53 %
45	Rustav Gadbruch @RustavGadbruch Nov 14 Unvertretbar. »Mala tempora currunt.« twitter.com/BGH_Bund/statu…	191	0	0,00 %

#	Tweet	Impressions	Engagements	Engagement Rate
46	Rustav Gadbruch @RustavGadbruch Nov 14 Dies verdient Beifall! »Ius in bello.« twitter.com/BGH_Bund/statu…	177	0	0,00 %
47	Rustav Gadbruch @RustavGadbruch Nov 15 Hier verkennt der BGH den Grundsatz: »Ut infra.« twitter.com/BGH_Bund/statu…	145	0	0,00 %
48	Rustav Gadbruch @RustavGadbruch Nov 19 Früher galt noch: »Omnia omnibus.« twitter.com/BGH_Bund/statu…	166	3	1,81 %
49	Rustav Gadbruch @RustavGadbruch Nov 20 Hier verkennt der BGH den Grundsatz: »Ego te absolvo.« twitter.com/BGH_Bund/statu…	272	8	2,94 %
50	Rustav Gadbruch @RustavGadbruch Nov 20 Naja. »Pax matrum, ergo pax familiarum.« twitter.com/BGH_Bund/statu…	332	6	1,81 %
51	Rustav Gadbruch @RustavGadbruch Nov 21 Früher galt noch: »Ut sit finis litium.« twitter.com/BGH_Bund/statu…	221	2	0,90 %
52	Rustav Gadbruch @RustavGadbruch Nov 28 Ich sage mal so: »Fidus achates.« twitter.com/BGH_Bund/statu…	130	0	0,00 %
53	Rustav Gadbruch @RustavGadbruch Dec 3 Weitblick! Kompliment! »Tempus fugit.« twitter.com/BGH_Bund/statu…	100	0	0,00 %
54	Rustav Gadbruch @RustavGadbruch Dec 4 Früher galt noch: »Omnis traductor traditor.« twitter.com/BGH_Bund/statu…	160	1	0,63 %

#	Tweet	Impressions	Engagements	Engagement Rate
55	Rustav Gadbruch @RustavGadbruch Dec 5 Hier verkennt der BGH den Grundsatz: »Sensu stricto cf. Stricto sensu.« twitter.com/BGH_Bund/statu…	153	1	0,65 %
56	Rustav Gadbruch @RustavGadbruch Dec 10 Ich sage mal so: »Fidus achates.«	507	3	0,59 %
57	Rustav Gadbruch @RustavGadbruch Dec 16 Dies verdient Beifall! »In posse.« twitter.com/BGH_Bund/statu…	100	0	0,00 %
57		**14.191**	**271**	**1,66 %**

Literaturverzeichnis

***Ahlberg**, Hartwig/**Götting**, Horst-Peter:* Beck'scher Online-Kommentar zum Urheberrecht, 23. Edition, München 2019. Zitiert: *Bearbeiter*, in: BeckOK-UrhR, § Rn.

***Albrecht**, Anna H./**Geneuss**, Julia/**Giraud**, Alix/**Pohlreich**, Erol* (Hrsg.): Strafrecht und Politik – 6. Symposium Junger Strafrechtlerinnen und Strafrechtler, Baden-Baden 2018. Zitiert: *Bearbeiter*, in: Strafrecht und Politik, S.

***Bauer**, Jobst-Hubertus/**Günther**, Jens:* Kündigung wegen beleidigender Äußerungen auf Facebook, NZA 2013, 67–73.

***Baumann**, Jan:* Besitz an Daten – § 184b Abs. 4 StGB im Lichte neuer Medien, Berlin 2015. Zitiert: *Baumann*, Besitz an Daten, S.

***Beck**, Susanne/**Meier**, Bernd-Dieter/**Momsen**, Carsten:* Cybercrime und Cyberinvestigations, Neue Herausforderungen der Digitalisierung für Strafrecht, Strafprozessrecht und Kriminologie, Baden-Baden 2015. Zitiert: *Bearbeiter*, in: Cybercrime und Cyberinvestigations, S.

***Beck**, Susanne/**Kusche**, Carsten/**Valerius**, Brian* (Hrsg.): Digitalisierung, Automatisierung, KI und Recht, Festgabe zum 10-jährigen Bestehen der Forschungsstelle RobotRecht, Baden-Baden 2020. Zitiert: *Bearbeiter*, in: FG Digitalisierung, S.

***Beck**, Susanne:* Digitale Rekonstruktionen von „Wirklichkeit“ – Social Bots und gekaufte Follower als betrugsrelevante Täuschungen, in: FG Digitalisierung, S. 403–420.

——— Internetbeleidigung de lege lata und de lege ferenda – Strafrechtliche Aspekte des „spickmich"-Urteils, MMR 2009, 736–740.

***Bessi**, Alessandro/**Ferrara**, Emilio:* Social bots distort the 2016 U.S. Presidential election online discussion, First Monday 21 (11/2016).

***Beulke**, Werner/**Schröder**, S.:* Anmerkung zu BGHSt 37, 179, NStZ 1991, 392–395.

***Bittmann**, Folker:* Wider ein Strafrecht als alltäglicher Begleiter, NStZ 2016, 249–255.

***Bloch**, Joshua:* A Brief, Opinionated History of the API, 21.10.2014, abrufbar unter http://goo.gl/WLKLQc (zuletzt abgerufen am 4.9.2019).

***Bloy**, René/**Böse**, Martin/**Hillenkamp**, Thomas/**Momsen**, Carsten/**Rackow**, Peter* (Hrsg.): Gerechte Strafe und legitimes Strafrecht, Festschrift für Manfred Maiwald zum 75. Geburtstag, Berlin 2010. Zitiert: *Bearbeiter*, in FS Maiwald, S.

***Bode**, Thomas/**Jakowczyk**, Michael/**Mrosk**, Martin/**Wrage**, Nikolaus:* Festschrift für Gerhard Wolf, Berlin 2019. Zitiert: *Bearbeiter*, in: FS Wolf, S.

***Bornemann**, Roland:* Der „Verbreitensbegriff" bei Pornografie in audiovisuellen Mediendiensten Straferweiternd im Internet und strafverkürzend im Rundfunk?, MMR 2012, 157–161.

***Boshmaf**, Yazan/**Beznosov**, Konstantin/**Ripeanu**, Matei:* Graph-based Sybil detection in social and information systems, in: *Özyer* (Hrsg.), IEEE/ACM International Conference on Advances in Social Networks Analysis and Mining (ASONAM 2013), 466–473. Zitiert: *Boshmaf/Beznosov/Ripeanu*, in: ASONAM 2013, S.

***Boshmaf**, Yazan/**Logothetis**, Dionysios/**Siganos**, Georgos/**Leria**, Jorge/**Lorenzo**, Jose/**Ripeanu**, Matei/**Beznosov**, Konstantin:* Integro: Leveraging Victim Prediction for Robust Fake Account Detection in OSNs, in: *Kirda* (Hrsg.), Proceedings of the Network and Distributed System Security Symposium (NDSS 2015), 1–15. Zitiert: *Boshmaf/Logothetis/Siganos u.a.*, in: NDSS 2015, S.

***Boshmaf**, Yazan/**Muslukhov**, Ildar/**Beznosov**, Konstantin/**Ripeanu**, Matei:* The Socialbot Network – When Bots Socialize for Fame and Money, in: *Zakon* (Hrsg.), Proceedings of the 27th Annual Computer Security Applications Conference – ACSAC '11, New York, USA 2011, S. 93–102. Zitiert: *Boshmaf/Muslukhov/Beznosov u.a.*, in: ACSAC 11, S.

***Boshmaf**, Yazan/**Muslukhov**, Ildar/**Beznosov**, Konstantin/**Ripeanu**, Matei*: Design and analysis of a social botnet, Computer Networks 57 (2013), 556–578.

***Bovet**, Alexandre/**Morone**, Flaviano/**Makse**, Hernán A.:* Validation of Twitter opinion trends with national polling aggregates: Hillary Clinton vs. Donald Trump, Sci Rep 8 (2018), 8673–8689.

***Brodowski**, Dominik/**Jahn**, Matthias:* Krise und Neuaufbau eines strafverfassungsrechtlichen Ultima Ratio-Prinzips, JZ 2016, 969–980.

***Brodowski**, Dominik:* Anonyme Ehrverletzungen in Internetforen: Ein Lehrstück strafrechtlicher (Fehl-) Regulierung, JR 2013, 513–523.

***Bumke**, Christian:* Relative Rechtswidrigkeit – Systembildung und Binnendifferenzierungen im Öffentlichen Recht, Tübingen 2004. Zitiert: *Bumke*, Relative Rechtswidrigkeit, S.

Bundesministerium der Justiz: Handbuch der Rechtsförmlichkeit, Empfehlungen zur Gestaltung von Rechtsvorschriften nach § 42 Absatz 4 der Gemeinsamen Geschäftsordnung der Bundesministerien, i.d.F. v. 22.9.2008. Zitiert: *Bundesministerium der Justiz*, Handbuch der Rechtsförmlichkeit, Rn.

***Büro für Technikfolgenabschätzung beim Deutschen Bundestag** (TAB):* Social Bots, Thesenpapier zum öffentlichen Fachgespräch »Social Bots – Diskussion und Validierung von Zwischenergebnissen« am 26. Januar 2017 im Deutschen Bundestag, Januar 2017. Zitiert: *TAB*, Thesenpapier, S.

——— Social Bots, TA-Vorstudie, April 2017. Zitiert: *TAB*, TA-Vorstudie, S.

***Calliess**, Christian/**Ruffert**, Matthias* (Hrsg.): EUV/AEUV – Das Verfassungsrecht der Europäischen Union mit Europäischer Grundrechtecharta, 5. Auflage, München 2016. Zitiert: *Bearbeiter*, in: Callies/Ruffert, Art. Rn.

***Ceffinato**, Tobias:* Zur Regulierung des Internet durch Strafrecht bei Hass und Hetze auf Onlineplattformen, ZStW 132 (2020), 544–563.

Čopić, *Hans:* Grundgesetz und politisches Strafrecht neuer Art – Untersuchungen zur Problematik der Verfassungsmäßigkeit der Tatbestände der §§ 88–98 (incl. § 86), 100d II, 100d III i.V.m. II, 123, 129 StGB, § 20 VereinsG und der Deliktsfolgen gemäß §§ 31–34, 37, 42e, 42m, 42l StGB im Falle ihrer Verknüpfung mit den vorgenannten politischen Straftatbeständen, Tübingen 1967. Zitiert: *Čopić*, Grundgesetz und politisches Strafrecht neuer Art, S.

Cottier, *Michelle*/**Estermann**, *Josef*/**Wrase**, *Michael* (Hrsg.): Wie wirkt Recht? – Ausgewählte Beiträge zum ersten gemeinsamen Kongress der deutschsprachigen Rechtssoziologie-Vereinigungen, Luzern 4.-6. September 2008, Baden-Baden 2010. Zitiert: *Bearbeiter*, in: Wie wirkt Recht?, S.

Cotton, *Ira W.*/**Greatorex**, *Frank S.:* Data structures and techniques for remote computer graphics, in: *American Federation of Information Processing Societies* (Hrsg.), Proceedings of the AFIPS Fall Joint Computing Conference 1968, Teil I, Band 33, San Francisco, USA 1968, S. 533–544. Zitiert: *Cotton/Greatorex*, in: AFIPS FJCC 1968, S.

Croon-Gestefeld, *Johanna:* Piketty und die Rechtswissenschaft im 21. Jahrhundert, JZ 2019, 340–346.

Dankert, *Kevin:* Verfälschung von Datenbeständen durch Social Bots, in: Big Data, S. 157–165.

Dannecker, *Christoph:* Zur Verfassungsmäßigkeit der verjährungsrechtlichen Anknüpfung an strafrechtliche Regelbeispiele der Steuerhinterziehung: Folgerichtigkeit als Verfassungsgebot für das Strafrecht?, NZWiSt 2014, 6–13.

Davis, *Clayton A.*/**Varol**, *Onur*/**Ferrara**, *Emilio*/**Flammini**, *Alessandro*/**Menczer**, *Filippo:* Botornot: A system to evaluate social bots, in: *International World Wide Web Conferences Steering Committee* (Hrsg.), Proceedings of the 25th International Conference Companion on World Wide Web, 2016, S. 273–274. Zitiert: *Davis/Varol/Ferrara u.a.*, in: ICC 2016, S.

Dencker, *Friedrich*/**Küper**, *Wilfried*/**Welp**, *Jürgen* (Hrsg.): Beiträge zur Rechtswissenschaft – Festschrift für Walter Stree und Johannes Wessels zum 70. Geburtstag, Heidelberg 1993. Zitiert: *Bearbeiter*, in: FS Stree/Wessels, S.

Derksen, *Roland:* Strafrechtliche Verantwortung für in internationalen Computernetzen verbreitete Daten mit strafbarem Inhalt NJW 1997, 1878–1885.

Dölling, *Dieter*/**Duttge**, *Gunnar*/**König**, *Stefan*/**Rössner**, *Dieter* (Hrsg.): Gesamtes Strafrecht – StGB, StPO, Nebengesetze, Handkommentar, 4. Auflage, Baden-Baden 2017. Zitiert: *Bearbeiter*, in: HandK-GStrR, § Gesetz Rn.

Dreier, *Thomas*/**Schulze**, *Gernot:* Urheberrechtsgesetz, Kommentar, 6. Auflage, München 2018. Zitiert: *Bearbeiter*, in: Dreier/Schulze, § Rn.

Drexl, *Josef:* Bedrohung der Meinungsvielfalt durch Algorithmen – wie weit reichen die Mittel der Medienregulierung?, ZUM 2017, 529–543.

Ebersbach, *Anja*/**Glaser**, *Markus*/**Heigl**, *Richard:* Social Web, 3. Auflage, Konstanz 2016. Zitiert: *Ebersbach/Glaser/Heigl*, Social Web, S.

Eichensehr, *Kristen E.:* The Law & Politics of Cyberattack Attribution, 67 UCLA L. Rev. 520 (2020), 522–598.

Eisele, *Jörg:* Der Kernbereich des Computerstrafrechts, Jura 2012, 922–924.

——— Reformbedürftigkeit des Schriftenbegriffs im StGB, in: FS Wolf, S. 151–165.

Elsaß, *Lennart*/***Labusga***, *Jan-Hendrik*/***Tichy***, *Rolf:* Löschungen und Sperrungen von Beiträgen und Nutzerprofilen durch die Betreiber sozialer Netzwerke. Rechtliche Möglichkeiten des Vorgehens vor dem Hintergrund von Hate Speech, Fake News und Social Bots, CR 2017, 234–241.

Ennuschat, *Jörg:* Wege zu besserer Gesetzgebung – sachverständige Beratung, Begründung, Folgenabschätzung und Wirkungskontrolle, DVBl 2004, 986–994.

Epping, *Volker*/***Hillgruber***, *Christian* (Hrsg.): Beck'scher Online-Kommentar zum Grundgesetz, 45. Edition, München 2020. Zitiert: *Bearbeiter*, in: BeckOK-GG, Art. Rn.

Ernst, *Stefan:* Das neue Computerstrafrecht, NJW 2007, 2661–2666.

——— Hacker und Computerviren im Strafrecht, NJW 2003, 3233–3239.

Ferrara, *Emilio*/***Varol***, *Onur*/***Davis***, *Clayton*/***Menczer***, *Filippo*/***Flammini***, *Alessandro:* The Rise of Social Bots, Commun. ACM 59 (2016), 96–104.

Fischer, *Thomas:* Die Eignung, den öffentlichen Frieden zu stören – Zur Beseitigung eines „restriktiven" Phantoms, NStZ 1988, 159–165.

——— Sind Behörden beleidigungsfähig? Zur Auslegung von § 194 Abs. 3, 4 StGB, JZ 1990, 68–75.

——— Strafgesetzbuch mit Nebengesetzen, Kommentar, 68. Auflage, München 2021. Zitiert: *Fischer*, § Rn.

Frank, *Erhard:* Strukturmerkmale der Schriftenverbreitungstatbestände des StGB, GA 1984, 452–471.

Freelon, *Deen:* Computational Research in the Post-API Age, Political Communication 2018, 35(4), 665–668.

Frisch, *Wolfgang:* Voraussetzungen und Grenzen staatlichen Strafens, NStZ 2016, 16–25.

Führ, *Martin:* Symbolische Gesetzgebung: verfassungswidrig?, KritV 2003, 5–21.

Funcke-Auffermann, *Niklas:* Symbolische Gesetzgebung im Lichte der positiven Generalprävention – Eine Untersuchung am Beispiel des 'Gesetzes zur Änderung der Vorschriften über die Straftaten gegen die sexuelle Selbstbestimmung und zur Änderung anderer Vorschriften' vom 27. Dezember 2003, Berlin 2010. Zitiert: *Funcke-Auffermann*, Symbolische Gesetzgebung, S.

Gaede, *Karsten:* Der Steuerbetrug – Eine Untersuchung zur Systematisierung der europäisierten Deliktsfamilie des Betruges und zur legitimen Reichweite des notwendig normgeprägten Betrugsunrechts der Steuerhinterziehung; zugleich ein Beitrag zum Verhältnis von Strafrecht und Verfassungsrecht, Baden-Baden 2016. Zitiert: *Gaede*, Der Steuerbetrug, S.

——— Sanktion durch Verfahren – Grenzen der Justizpflicht des Beschuldigten insbesondere in Wirtschaftsstrafverfahren, ZStW 129 (2018), 911–960.

——— Künstliche Intelligenz – Rechte und Strafen für Roboter? – Plädoyer für eine Regulierung künstlicher Intelligenz jenseits ihrer reinen Anwendung, Baden-Baden 2019. Zitiert: *Gaede*, Künstliche Intelligenz, S.

——— Abstrakt-generelle Duldungen im europäisierten Glückspielstrafrecht, Baden-Baden 2021. Zitiert: *Gaede*, Abstrakt-generelle Duldungen, S.

***Gärditz**, Klaus Ferdinand:* Demokratizität des Strafrechts und Ultima Ratio-Grundsatz, JZ 2016, 641–650.

——— Strafbegründung und Demokratieprinzip, Der Staat 49 (2010), 331–367.

***Gasser**, Lucas/**Kraatz**, Matthias:* Social Bots: Wegbereiter der Maschinokratie, VerfBlog 2017/1/16, abrufbar unter http://t1p.de/mnyk (zuletzt abgerufen am 26.02.2019).

***Gassner**, Kathi/**Seith**, Sebastian:* Ordnungswidrigkeitengesetz, Handkommentar, 2. Auflage, Baden-Baden 2020. Zitiert: *Bearbeiter*, in: Gassner/Seith, § Rn.

***Geppert**, Martin/**Schütz**, Raimund:* Beck'scher TKG-Kommentar, 4. Auflage, München 2013. Zitiert: *Bearbeiter*, in: Geppert/Schütz, § Rn.

***Goeckenjan**, Ingke:* Auswirkungen des 41. Strafrechtsänderungsgesetzes auf die Strafbarkeit des „Phishing", wistra 2009, 47–55.

***Gorodnichenko**, Yuriy/**Pham**, Tho/**Talavera**, Oleksandr:* Social media, sentiment and public opinions: Evidence from #Brexit and #USElection, Working Papers 2018-01, Swansea University School of Management.

***Grabitz**, Eberhard/**Hilf**, Meinhard/**Nettesheim**, Martin* (Hrsg.): Das Recht der Europäischen Union, Band I, EUV/AUEV, 71. EL, München 2020. Zitiert: *Bearbeiter*, in: Grabitz/Hilf/Nettesheim, Art. Rn.

***Grandjean**, Armelle:* Der Code als Gatekeeper: Vielfaltsicherung in Zeiten von Such- und Entscheidungsalgorithmen, Personalisierung und Fake-News, Tagungsbericht zu dem gleichnamigen Symposium des Instituts für Urheber- und Medienrecht am 28.4.2017, ZUM 2017, 565–572.

***Greco**, Luís:* Verfassungskonformes oder legitimes Strafrecht? – Zu den Grenzen einer verfassungsrechtlichen Orientierung der Strafrechtswissenschaft, in: Strafrecht und Verfassung, S. 13–36. Zitiert: *Greco*, in: Strafrecht und Verfassung, S.

***Gröseling**, Nadine/**Höfinger**, Frank Michael:* Computersabotage und Vorfeldkriminalisierung – Auswirkungen des 41. StrÄndG zur Bekämpfung der Computerkriminalität, MMR 2007, 626–630.

***Guilbeault**, Douglas:* Growing Bot Security: An Ecological View of Bot Agency. Automation, Algorithms, and Politics, IJOC 10 (2016), 5003–5021.

***Haack**, Stefan:* Verfassungshorizont und Taburaum, AöR 136 (2011), 365–401.

***Härtl**, Dominik:* Wahlstraftaten – Die §§ 107 ff. StGB im System des Rechts, Dissertation, München 2006. Zitiert: *Härtl*, Wahlstraftaten, S.

***Hassemer**, Winfried/**Kempf**, Eberhard/**Moccia**, Sergio* (Hrsg.): In dubio pro libertate – Festschrift für Klaus Volk zum 65. Geburtstag, München 2009. Zitiert: *Bearbeiter*, in: FS Volk, S.

——— Das Symbolische am symbolischen Strafrecht, in: FS Roxin (2001), S. 1001–1020.

——— Perspektiven einer neuen Kriminalpolitik, StV 1995, 483–490.

——— Symbolisches Strafrecht und Rechtsgüterschutz, NStZ 1989, 553–559.

——— Theorie und Soziologie des Verbrechens – Ansätze zu einer praxisorientierten Rechtsgutslehre, Frankfurt a. M. 1980. Zitiert: *Hassemer*, Theorie und Soziologie des Verbrechens, S.

***Hefendehl**, Roland/**Hörnle**, Tatjana/**Greco**, Luis* (Hrsg.): Streitbare Strafrechtswissenschaft – Festschrift für Bernd Schünemann zum 70. Geburtstag am 1. November 2014, Berlin 2014. Zitiert: *Bearbeiter*, in: FS Schünemann, S.

***Hefendehl**, Roland/**v. Hirsch**, Andrew/**Wohlers**, Wolfgang* (Hrsg.): Die Rechtsgutstheorie – Legitimationsbasis des Strafrechts oder dogmatisches Glasperlenspiel?, Baden-Baden 2003. Zitiert: *Bearbeiter*, in: Rechtsgutstheorie, S.

***Hefendehl**, Roland:* Der fragmentarische Charakter des Strafrechts, JA 2011, 401–406.

——— Mit langem Atem: Der Begriff des Rechtsguts. Oder: Was seit dem Erscheinen des Sammelbandes über die Rechtsgutstheorie geschah, GA 2007, 1–14.

***Hegelich**, Simon/**Thieltges**, Andree:* Falschinformationen und Manipulation durch Social Bots in sozialen Netzwerken, in: *Blätte*, u.a. (Hrsg.), Computational Social Science – Die Analyse von Big Data, Baden-Baden 2018, 357–378. Zitiert: *Hegelich/Thieltges*, in: Computational Social Science, S.

***Heger**, Martin:* Gleichheit und materielles Strafrecht, ZIS 2011, 402–415.

***Heinrich**, Bernd:* Die Strafbarkeit der unbefugten Vervielfältigung und Verbreitung von Standardsoftware, Berlin 1993. Zitiert: *Heinrich*, Vervielfältigung von Standardsoftware, S.

***Heinrich**, Manfred:* Die Verbreitung von Pornografie gemäß § 184 StGB – Teil 2 – Beiträge zum Medienstrafrecht – Teil 3, ZJS 2016, 297–315.

——— Zur Strafbarkeit des Verbreitens von Schriften im Internet, in: FS Schünemann, S. 597–610.

***Heintschel-Heinegg**, Bernd von* (Hrsg.): Beck'scher Online-Kommentar zum Strafgesetzbuch, 48. Edition, München 2020. Zitiert: *Bearbeiter*, in: BeckOK-StGB, § Rn.

***Heinze**, Christian:* Software als Schutzgegenstand des Europäischen Urheberrechts, JIPITEC 2 (2011), 97–113.

***Hellige**, Hans Dieter:* Paradigmenwandel der Computer-Bedienung aus technikhistorischer Perspektive – Krisen- und Innovationsphasen in der Mensch-Computer-Interaktion, in: *ders.* (Hrsg.), Mensch-Computer-Interface – Zur Geschichte und Zukunft der Computerbedienung, Bielefeld 2008, 11–92. Zitiert: *Hellige*, Krisen- und Innovationsphasen in der Mensch-Computer-Interaktion, S.

***Hernández Ramos**, Mario/**Heydt**, Volker:* Legislative Language and Style, in: Legislation in Europe, S. 129–143.

***Herold**, Helmut/**Lurz**, Bruno/**Wohlrab**, Jürgen:* Grundlagen der Informatik, 2. Auflage, München 2012. Zitiert: *Herold/Lurz/Wohlrab*, Grundlagen der Informatik, S.

***Herren**, Rüdiger/**Kienapfel**, Diethelm/**Müller-Dietz**, Heinz* (Hrsg.): Kultur, Kriminalität, Strafrecht – Festschrift für Thomas Würtenberger zum 70. Geburtstag am 7.10.1977, Berlin 1977. Zitiert: *Bearbeiter*, in: FS Würtenberger, S.

Hilgendorf, *Eric*/**Valerius**, *Brian:* Computer- und Internetstrafrecht, 2. Auflage, Würzburg/Bayreuth 2012. Zitiert: *Hilgendorf/Valerius*, Computer- und Internetstrafrecht, Rn.

Hilgendorf, *Eric:* Grundfälle zum Computerstrafrecht, JuS 1996, 509–512.

Hoffmann-Riem, *Wolfgang* (Hrsg.): Big Data – Regulative Herausforderungen, Baden-Baden 2018. Zitiert: *Bearbeiter*, in: Big Data, S.

Hoffmanns, *Sebastian:* Die „Lufthansa-Blockade" 2001 – eine (strafbare) Online-Demonstration?, ZIS 2012, 409–414.

Holznagel, *Bernd:* Phänomen „Fake News" – Was ist zu tun? – Ausmaß und Durchschlagskraft von Desinformationskampagnen, MMR 2018, 18–33.

Hong, *Mathias:* Apropos Künast-Fall – Das Bundesverfassungsgericht zum Schutz vor Beleidigungen im Netz, HRRS 2020, 490–496.

Hörnle, *Tatjana:* Grob anstößiges Verhalten – Strafrechtlicher Schutz von Moral, Gefühlen und Tabus, Frankfurt am Main 2005.

——— Pornographische Schriften im Internet: Die Verbotsnormen im deutschen Strafrecht und ihre Reichweite, NJW 2002, 1008–1013.

Howard, *Philip N.*/**Kollanyi**, *Bence*/**Woolley**, *Samuel C.:* Bots and Automation over Twitter during the Third U.S. Presidential Debate, COMPROP Data Memo 2016.4, Oxford, UK, 17.11.2016.

Howard, *Philip N.*/**Woolley**, *Samuel C.:* Political Communication, Computational Propaganda, and Autonomous Agents – Introduction. Automation, Algorithms, and Politics, IJOC 2016, 4882–4890.

Hwang, *Tim*/**Pearce**, *Ian*/**Nanis**, *Max:* Socialbots: Voices from the Fronts, interactions 19 (2012), 38–45.

Ihwas, *Saleh Ramadan:* Strafverfolgung in Sozialen Netzwerken – Facebook & Co. als moderne Ermittlungswerkzeuge, Baden-Baden 2014. Zitiert: Ihwas, Strafverfolgung in Sozialen Netzwerken, S.

Isaak, *Jim*/**Hanna**, *Mina J.:* User Data Privacy: Facebook, Cambridge Analytica, and Privacy Protection, Computer 51 (2018), 56–59.

Jahn, *Matthias*/**Brodowski**, *Dominik:* Das Ultima Ratio-Prinzip als strafverfassungsrechtliche Vorgabe zur Frage der Entbehrlichkeit von Straftatbeständen, ZStW 129 (2017), 363–381.

Jakobs, *Günther:* Beleidigung, in: FS Maiwald, S. 365–377.

——— Die Aufgabe des strafrechtlichen Ehrenschutzes, in: FS Jescheck, S. 627–644.

Joecks, *Wolfgang*/**Schmitz**, *Roland* (Hrsg.): Münchener Kommentar zum Strafgesetzbuch, Band III, §§ 80–184j, 3. Auflage, München 2017; Band IV, §§ 185–262, 3. Auflage, München 2017. Zitiert: *Bearbeiter*, in: MüKo-StGB, § Rn.

Jülicher, *Tim*/**Röttgen**, *Charlotte:* Bots im Kontext von Wirtschaftsrecht und Cybercrime, InTeR 2018, 15–19.

***Junck**, Robert:* Strafrechtliche Grenzen der Beeinflussung von Wählern im Wahlkampf – Ein Beitrag zur Dogmatik der §§ 108 bis 108b StGB unter Berücksichtigung von kriminologischen und kriminalpolitischen Aspekten, Hamburg 1995. Zitiert: *Junck*, Strafrechtliche Grenzen der Beeinflussung von Wählern im Wahlkampf, S.

***Karpen**, Ulrich* (Hrsg.): Gesetzgebungslehre – neu evaluiert, 2. Auflage, Baden-Baden 2008. Zitiert: *Karpen*, Gesetzgebungslehre, S.

***Karpen**, Ulrich/**Xanthaki**, Helen* (Hrsg.): Legislation in Europe – A comprehensive guide for scholars and practitioners, Oxford/Portland 2017. Zitiert: *Verfasser*, in: Legislation in Europe, S.

***Kaspar**, Johannes:* Verhältnismäßigkeit und Grundrechtsschutz im Präventionsstrafrecht, Baden-Baden 2014. Zitiert: *Kaspar*, Präventionsstrafrecht, S.

***Keller**, Tobias R./**Klinger**, Ulrike:* Social Bots in Election Campaigns: Theoretical, Empirical, and Methodological Implications, Political Communication 36 (2019), 171–189.

***Kersten**, Jens:* Anonymität in der liberalen Demokratie, JuS 2017, 193–203.

***Kindhäuser**, Urs/**Neumann**, Ulfrid/**Pfaeffgen**, Hans-Ullrich* (Hrsg.): Nomos Kommentar zum Strafgesetzbuch, Band II, §§ 80–231, 5. Auflage, Baden-Baden 2017; Band III, §§ 232–358, 5. Auflage, Baden-Baden 2017. Zitiert: *Bearbeiter*, in: NK-StGB, § Rn.

***Klußmann**, Niels:* Lexikon der Kommunikations- und Informationstechnik – Telekommunikation, Internet, Mobilfunk, Multimedia, Computer, E-Business, 2. Auflage, Heidelberg 2000. Zitiert: *Klußmann*, Lexikon der Kommunikations- und Informationstechnik, S.

***Kluth**, Winfried/**Krings**, Günter* (Hrsg.): Gesetzgebung – Rechtsetzung durch Parlamente und Verwaltungen sowie ihre gerichtliche Kontrolle, Heidelberg 2014. Zitiert: *Bearbeiter*, in: Gesetzgebung, § Rn.

***Kochheim**, Dieter:* Cybercrime und Strafrecht in der Informations- und Kommunikationstechnik, 2. Auflage, München 2018. Zitiert: *Kochheim*, Cybercrime, Rn.

***Kollanyi**, Bence:* Where Do Bots Come From? An Analysis of Bot Codes Shared on GitHub. Automation, Algorithms, and Politics, IJOC 10 (2016), 4931–4951.

***Knebel**, Sophie Victoria:* Die Drittwirkung der Grundrechte und -freiheiten gegenüber Privaten – Regulierungsmöglichkeiten sozialer Netzwerke, Baden-Baden 2018.

***Kretschmer**, Gerald:* Verfahrensweisen und Strukturprobleme der Gesetzesberatung im Bundestag, in: Gesetzgebungslehre, S. 167–177.

***Kreutzer**, Till:* Werbeblocker und Urheberrecht – Urheberrechtliche Zulässigkeit der Verwendung und des Vertriebs von Adblockern, MMR 2018, 639–644.

***Krischker**, Sven:* „Gefällt mir", „Geteilt", „Beleidigt"? – Die Internetbeleidigung in sozialen Netzwerken, JA 2013, 488–493.

***Kubiciel**, Michael:* Das Verbot von Online-Casinospielen aus verfassungs- und unionsrechtlicher Sicht, NVwZ 2018, 841–846.

——— Unionsrechtliche Anforderungen an die Rechtfertigung des Verbots von Online-Casinos, EuZW 2017, 494–500.

***Kudlich**, Hans/**Berberich**, Bernd:* Abstrakte Gefährdungsdelikte im Internet und die Anwendbarkeit deutschen Strafrechts, NStZ 2019, 633–638.

***Kühl**, Kristian/**Lackner**, Karl:* Strafgesetzbuch, Kommentar, 29. Auflage, München 2018. Zitiert: *Bearbeiter*, in: Lackner/Kühl, § Rn.

***Kuhlen**, Lothar:* Umweltstrafrecht – auf der Suche nach einer neuen Dogmatik, ZStW 105 (1993), 697–726.

***Kühn**, Philipp/**Koch**, Eberhard:* Webseiten als schutzfähiges Werk nach UrhG – Die urheberrechtliche Perspektive auf den Werbeblocker-Rechtsstreit, CR 2018, 648–654.

***Cirener**, Gabriele/ **Radtke**, Henning/ **Rissing-van Saan**, Ruth/**Rönnau**, Thomas/ **Schluckebier**, Wilhelm* (Hrsg.): Leipziger Kommentar zum Strafgesetzbuch, Band I, §§ 1–18 StGB, 13. Auflage, Berlin 2020; Band VII, §§ 80–121 StGB, 13. Auflage, Berlin 2021. Zitiert: *Bearbeiter*, in: LK-StGB, § Rn.

***Laufhütte**, Heinrich Wilhelm/**Rissing-van Saan**, Ruth/**Tiedemann**, Klaus* (Hrsg.): Leipziger Kommentar zum Strafgesetzbuch, Band VI, §§ 146–210 StGB, 12. Auflage, Berlin 2009; Band IX, 1. Teilband, §§ 263–266b StGB, 12. Auflage, Berlin 2012. Zitiert: *Bearbeiter*, in: LK-StGB, § Rn.

***Leitner**, Werner/**Rosenau**, Henning* (Hrsg.): Wirtschafts- und Steuerstrafrecht, Kommentar, Baden-Baden 2017. Zitiert: *Leitner/Rosenau*, § Gesetz Rn.

***Lenckner**, Theodor/**Winkelbauer**, Wolfgang:* Computerkriminalität – Möglichkeiten und Grenzen des 2. WiKG (III), CR 1986, 824–831.

***Lewke**, Christian:* „...aber das kann ich nicht tun!": Künstliche Intelligenz und ihre Beteiligung am öffentlichen Diskurs – Medien- und urheberrechtliche Implikationen, InTeR 2017, 207–216.

***Libertus**, Michael:* Rechtliche Aspekte des Einsatzes von Social Bots de lege lata und de lege ferenda, ZUM 2018, 20–26.

***Lindemann**, Michael/**Wachsmuth**, Ingmarie:* Anmerkungen zu BGH 1 StR 66/01 – Urt. v. 27.6.2001, JR 2002, 204–210.

***Lücke**, Jörg:* Die Allgemeine Gesetzgebungsordnung. Zu den verfassungsimmanenten Grundpflichten des Gesetzgebers und der verfassungsrechtlichen Notwendigkeit ihrer gesetzlichen Konkretisierung und Ausgestaltung, ZG 2001, 1–49.

***Maas**, Heiko:* Strategien gegen Hass, Lügen und Manipulationen im Netz, K&R 2017, Editorial.

***Mangoldt**, Hermann von/**Klein**, Friedrich/**Starck**, Christian:* Grundgesetz, Kommentar, Band 1, Präambel, Art. 1–19, 7. Auflage, München 2018. Zitiert: *Bearbeiter*, in: MKS, Art. Rn.

***Manssen**, Gerrit:* Staatsrecht II – Grundrechte, 17. Auflage, München 2020. Zitiert: *Manssen*, § Rn.

***Martini**, Mario:* Das allgemeine Persönlichkeitsrecht im Spiegel der jüngeren Rechtsprechung des Bundesverfassungsgerichts, JA 2009, 839–845.

***Matt**, Holger/**Renzikowski**, Joachim:* Strafgesetzbuch, Kommentar, 2. Auflage, München 2020. Zitiert: *Bearbeiter*, in: Matt/Renzikowski, § Rn.

***Maunz**, Theodor/**Dürig**, Günter (Begr.):* Grundgesetz-Kommentar, 92. Ergänzungslieferung, München 2020. Zitiert: *Bearbeiter*, in: Maunz/Dürig, Art. Rn.

***Meier**, Bernd-Dieter:* Kriminologie und Internet: ein ungeklärtes Verhältnis, in: Cybercrime und Cyberinvestigations, S. 93–118.

***Meinhardt**, Lars:* Überlegungen zur Interpretation von § 303a StGB, Pfaffenweiler 1991. Zitiert: *Meinhardt*, Überlegungen zur Interpretation von § 303a StGB, S.

***Meßerschmidt**, Klaus:* Gesetzgebungslehre zwischen Wissenschaft und Politik: Entwicklungstendenzen der Legisprudenz – Teil 1, ZJS 2008, 111–122.

——— Gesetzgebungslehre zwischen Wissenschaft und Politik: Entwicklungstendenzen der Legisprudenz – Teil 2, ZJS 2008, 224–232.

***Milker**, Jens:* »Social-Bots« im Meinungskampf – Wie Maschinen die öffentliche Meinung beeinflussen und was wir dagegen unternehmen können, ZUM 2017, 216–222.

——— Social-Bots: Gesetzgeberische Maßnahmen auf dem Prüfstand, InTeR 2017, 199–207.

***Mitsch**, Wolfgang* (Hrsg.): Karlsruher Kommentar zum OWiG, 5. Auflage, München 2018. Zitiert: *Bearbeiter*, in: KK-OWiG, § Rn.

***Montesquieu**, Charles Louis Secondat de:* Vom Geist der Gesetze, Stuttgart 1994. Zitiert: *Montesquieu*, Vom Geist der Gesetze, Buch Kap.

***Müller**, Georg/**Uhlmann**, Felix/**Hofstetter**, David:* Elemente einer Rechtssetzungslehre, 3. Auflage, Zürich 2013. Zitiert: *Müller/Uhlmann/Hofstetter*, Rechtssetzungslehre, Rn.

***Müller**, Heinrich/**Weichert**, Frank:* Vorkurs Informatik – Der Einstieg ins Informatikstudium, 4. Auflage, Wiesbaden 2015. Zitiert: *Müller/Weichert*, Vorkurs Informatik, S.

***Müller-Dietz**, Heinz:* Vom Wort der Gewalt und der Gewalt des Wortes, in: Herren, Rüdiger u.a. (Hrsg.), Kultur, Kriminalität, Strafrecht – Festschrift für Thomas Würtenberger zum 70. Geburtstag am 7.10.1977, Berlin 1977, 167–186. Zitiert: *Müller-Dietz*, in: FS Würtenberger, S.

***Münch**, Ingo von/**Kunig**, Philip:* Grundgesetz, Kommentar, Band 1, Präambel, Art. 1–69, 7. Auflage, München 2021. Zitiert: *Bearbeiter*, in: Münch/Kunig, Art. Rn.

***Murthy**, Dhiraj/**Powell**, Alison B./**Tinati**, Ramine/**Anstead**, Nick/**Carr**, Leslie/**Halford**, Susan J./**Weal**, Mark:* Bots and Political Influence – A Sociotechnical Investigation of Social Network Capital. Automation, Algorithms, and Politics, IJOC 10 (2016), 4952–4971.

***Neudert**, Lisa-Maria:* Computational Propaganda in Germany: A Cautionary Tale, Oxford Working Paper No. 2017.7.

***Neuhäuser**, Gert Armin:* Die „Kohärenz des Rechts" in der Rechtsprechung des Europäischen Gerichtshofs, des Bundesverfassungsgerichts und des Bundesverwaltungsgerichts, DÖV 2017, 925–932.

***Newig**, Jens:* Symbolische Gesetzgebung zwischen Machtausübung und gesellschaftlicher Selbsttäuschung, in: Wie wirkt Recht?, S. 301–322.

***Nobis**, Frank:* Strafrecht in Zeiten des Populismus, in: Räume der Unfreiheit, S. 9–49.

***Oermann**, Markus:* Gewährleistung der Möglichkeit internetbasierter Kommunikation, Baden-Baden 2018. Zitiert: *Oermann*, Gewährleistung internetbasierter Kommunikation, S.

***Oğlakcıoğlu**, Mustafa Temmuz:* „Haters gonna hate... (and lawmakers hopefully gonna make something else)" – Einige Anmerkungen zum Regierungsentwurf zur Bekämpfung der Hasskriminalität, ZStW 132 (2020), 521–543.

***Ostendorf**, Heribert/ **Frahm**, Lorenz Nicolai/ **Doege**, Felix:* Internetaufrufe zur Lynchjustiz und organisiertes Mobbing, NStZ 2012, 529–538.

***Paal**, Boris/**Hennemann**, Moritz:* Meinungsvielfalt im Internet – Regulierungsoptionen in Ansehung von Algorithmen, Fake News und Social Bots, ZRP 2017, 76–79.

——— Rechtspolitik im digitalen Zeitalter, ZRP 2017, 215–216.

***Pawlowski**, Tadeusz:* Begriffsbildung und Definition, Berlin/New York 1980. Zitiert: *Pawlowski*, Begriffsbildung und Definition, S.

***Piazena**, Martin:* Das Verabreden, Auffordern und Anleiten zur Begehung von Straftaten unter Nutzung der Kommunikationsmöglichkeiten des Internets, Berlin 2014. Zitiert: *Piazena*, Straftaten unter Nutzung des Internets, S.

***Pille**, Jens-Ullrich:* Meinungsmacht sozialer Netzwerke, Baden-Baden 2016. Zitiert: *Pille*, Meinungsmacht sozialer Netzwerke, S.

***Postill**, John:* Populism and social media: a global perspective, Media, Culture & Society 40 (5) 2018, 754–765.

***Prittwitz**, Cornelius:* Das Strafrecht: Ultima ratio, propria ratio oder schlicht strafrechtliche Prohibition?, ZStW 129 (2017), 390–400.

***Reinbacher**, Tobias:* Die „Weiterverbreitung" von Hate Speech in sozialen Medien – Fragen der Beteiligung an einer gemäß § 185 StGB strafbaren Beleidigung, JZ 2020, 558–63.

——— Social Bots aus strafrechtlicher Sicht, in: FG Digitalisierung, S. 457–474.

***Reinisch**, Leonhard* (Hrsg.): Die deutsche Strafrechtsreform: zehn Beiträge, München 1967. Zitiert: *Bearbeiter*, in: Die deutsche Strafrechtsreform, S.

***Rengier**, Rudolf:* Strafrecht – Allgemeiner Teil, 11. Auflage, München 2019. Zitiert: *Rengier*, Strafrecht AT, § Rn.

***Reuters Institute for the Study of Journalism**:* Digital News Report 2019, abrufbar unter https://t1p.de/otbx (zuletzt abgerufen am 30.9.2019).

***Roos**, Philipp/**Schumacher**, Philipp:* Botnetze als Herausforderung für Recht und Gesellschaft – Zombies außer Kontrolle?, MMR 2014, 377–383.

***Roxin**, Claus/**Greco**, Luís:* Strafrecht, Allgemeiner Teil, Band I, 5. Auflage, München 2020. Zitiert: *Roxin/Greco*, AT/I, § Rn.

***Roxin**, Claus:* Strafe und Strafzwecke in der Rechtsprechung des Bundesverfassungsgerichts, in: FS Volk, S. 601–616.

——— Zur Strafbarkeit des Geschwisterinzests, StV 2009, 544–550.

***Rückert**, Christian:* Fake News und Social Bots – Demokratieschutz durch Strafrecht?, in: Albrecht u.a. (Hrsg.), Strafrecht und Politik, 2018, S. 167–185. Zitiert: *Rückert*, in: Strafrecht und Politik, S.

***Rüthers**, Bernd/**Fischer**, Christian/**Birk**, Axel:* Rechtstheorie – mit Juristischer Methodenlehre, 10. Auflage, München 2018. Zitiert: *Rüthers/Fischer/Birk*, Rechtstheorie, § Rn.

***Saliger**, Frank/**Tsambikakis**, Michael:* Neutralisiertes Strafrecht, Baden-Baden 2017. Zitiert: Saliger/Tsambikakis, Neutralisiertes Strafrecht, S.

***Sangenstedt**, Christof:* Über die Herausforderungen "guter Umweltgesetzgebung" am Beispiel des Gesetzes zur Modernisierung des Rechts der Umweltverträglichkeitsprüfung, in: Greco, u.a. (Hrsg.), Systematik in Strafrechtswissenschaft und Gesetzgebung – Festschrift für Klaus Rogall zum 70. Geburtstag am 10. August 2018, Berlin 2018, S. 96–104. Zitiert: *Sangenstedt*, in: FS Rogall, S.

***Schäfer**, Gerhard/**Sander**, Günter M./**Gemmeren**, Gerhard van:* Praxis der Strafzumessung, 6. Auflage, München 2017. Zitiert: *Schäfer/Sander/Gemmeren*, Praxis der Strafzumessung, Teil Rn.

***Schmidt**, André:* Virtuelles Hausrecht und Webrobots, München 2011. Zitiert: *Schmidt*, Virtuelles Hausrecht und Webrobots, S.

***Schmitz**, Roland:* Ausspähen von Daten – § 202a StGB, JA 1995, 478–484.

***Schneider**, Hans:* Gesetzgebung, 3. Auflage, Heidelberg 2002. Zitiert: *Schneider*, Gesetzgebung, S.

***Schneider**, Hans-Jochen* (Hrsg.): Lexikon Informatik und Datenverarbeitung, Berlin, Boston 1998. Zitiert: *Bearbeiter*, in: Lexikon Informatik und Datenverarbeitung, Begriff, S.

***Schneider**, Uwe* (Hrsg.): Taschenbuch der Informatik, 7. Auflage, München 2012. Zitiert: *Bearbeiter*, in: Taschenbuch Informatik, S.

***Schönke**, Adolf/**Schröder**, Horst* (Hrsg.): Strafgesetzbuch, Kommentar, 30. Auflage, München 2019. Zitiert: *Bearbeiter*, in: Schönke/Schröder, § Rn.

***Schreckenberger**, Waldemar/**König**, Klaus/**Zeh**, Wolfgang (Hrsg.):* Gesetzgebungslehre – Grundlagen, Zugänge, Anwendung, Stuttgart 1986. Zitiert: *Bearbeiter*, in: Gesetzgebungslehre, S.

***Schröder**, Meinhard:* Rahmenbedingungen der staatlichen Regulierung von Social Bots, DVBl 2018, 465–472.

***Schulze-Fielitz**, Helmuth:* Wege, Umwege oder Holzwege zu besserer Gesetzgebung, JZ 2004, 862–871.

***Schumann**, Antje:* Ist die Ausfuhr von Computerspielen mit NS-Symbolen strafbar? – Bemerkungen zu § 86a Abs. 1 Nr. 2 StGB, MMR 2011, 440–443.

***Schünemann**, Bernd/**Achenbach**, Hans/**Bottke**, Wilfried* u.a.: Festschrift für Claus Roxin zum 70. Geburtstag am 15. Mai 2001, Berlin/New York 2001. Zitiert: *Bearbeiter*, in: FS Roxin (2001), S.

***Schuppert**, Gunnar Folke:* Governance und Rechtsetzung – Grundfragen einer modernen Regelungswissenschaft, Baden-Baden 2011. Zitiert: *Schuppert*, Governance und Rechtsetzung, S.

——— Gute Gesetzgebung – Bausteine einer kritischen Gesetzgebungslehre, ZG 2003 (Sonderheft).

***Schwerdtfeger**, Günther:* Optimale Methodik der Gesetzgebung als Verfassungspflicht, in: Festschrift für Hans Peter Ipsen zum siebzigsten Geburtstag, Tübingen 1977, S. 173–188.nZitiert: *Schwerdtfeger*, in: FS Ipsen, S.

***Seibel**, Mark:* Abgrenzung der „allgemein anerkannten Regeln der Technik" vom „Stand der Technik", NJW 2013, 3000–3004.

***Shao**, Chengcheng/**Ciampaglia**, Giovanni Luca/**Varol**, Onur/**Yang**, Kai-Cheng/ **Flammini**, Alessandro/**Menczer**, Filippo:* The spread of low-credibility content by social bots, Nature Communications 9 (2018), 4787.

***Sieber**, Ulrich:* Strafrechtliche Verantwortung für den Datenverkehr in internationalen Computernetzen (2), JZ 1996, 494–506.

***Sodan**, Helge/**Ziekow**, Jan:* Grundkurs Öffentliches Recht – Staats- und Verwaltungsrecht, 9. Auflage, München 2020. Zitiert: *Sodan/Ziekow*, § Rn.

***Spichale**, Kai:* API-Design, Praxishandbuch für Java- und Webservice Entwickler, Heidelberg 2017. Zitiert: *Spichale*, API-Design, S.

***Spindler**, Gerald/**Schuster**, Fabian:* Recht der elektronischen Medien, Kommentar, 4. Auflage, München 2019. Zitiert: *Bearbeiter*, in: Spindler/Schuster, § Gesetz Rn.

***Stächelin**, Gregor:* Strafgesetzgebung im Verfassungsstaat, Berlin 1997. Zitiert: *Stächelin*, Strafgesetzgebung, S.

***StatCounter.com**:* Marktanteile von Social-Media-Portalen in Deutschland von März 2019 bis Oktober 2019, zitiert nach de.statista.com, abrufbar unter https://t1p.de/y5ey (zuletzt abgerufen am 11.11.2019).

***Stegbauer**, Andreas:* Rechtsprechungsübersicht zu den Propaganda- und Äußerungsdelikten, NStZ 2008, 73-80.

***Stein**, Ulrich/**Greco**, Luís/**Jäger**, Christian/**Wolter**, Jürgen* (Hrsg.): Systematik in Strafrechtswissenschaft und Gesetzgebung – Festschrift für Klaus Rogall zum 70. Geburtstag am 10. August 2018, Berlin 2018. Zitiert: *Bearbeiter*, in: FS Rogall, S.

***Steinbach**, Armin:* Social Bots im Wahlkampf, ZRP 2017, 101–105.

——— Rationale Gesetzgebung, Tübingen 2017.

***Sternberg-Lieben**, Detlev/**Sternberg-Lieben**, Irene:* Vorsatz im Strafrecht, JuS 2012, 884–888.

***Stetter**, Franz:* Grundbegriffe der Theoretischen Informatik, Berlin/Heidelberg 1988. Zitiert: *Stetter*, Grundbegriffe Informatik, S.

***Stödter**, Rolf/**Thieme**, Werner* (Hrsg.): Hamburg, Deutschland, Europa: Beiträge zum deutschen und europäischen Verfassungs-, Verwaltungs- und Wirtschaftsrecht – Festschrift für Hans Peter Ipsen zum siebzigsten Geburtstag, Tübingen 1977. Zitiert: *Bearbeiter*, in: FS Ipsen, S.

Strafverteidigervereinigungen Organisationsbüro (Hrsg.): Räume der Unfreiheit – 42. Strafverteidigertag, Münster, 2.-4. März 2018, Berlin 2018. Zitiert: *Bearbeiter*, in: Räume der Unfreiheit, S.

***Stuckenberg**, Carl-Friedrich:* Rechtsgüterschutz als Grundvoraussetzung von Strafbarkeit?, ZStW 129 (2017), 349–362.

***Subrahmanian**, V. S./**Azaria**, Amos/**Durst**, Skylar/**Kagan**, Vadim/**Galstyan**, Aram/ **Lerman**, Kristina/**Zhu**, Linhong/**Ferrara**, Emilio/**Flammini**, Alessandro/**Menczer**, Filippo:* The DARPA Twitter Bot Challenge, Computer 49 (2016), 38–46.

***Thieltges**, Andree/**Papakyriakopoulos**, Orestis/**Serrano**, Juan Carlos Medina/**Hegelich**, Simon:* Effects of Social Bots in the Iran-Debate on Twitter, arXiv preprint 2018, arXiv:1805.10105.

***Tiedemann**, Klaus:* Der Entwurf eines Ersten Gesetzes zur Bekämpfung der Wirtschaftskriminalität, ZStW 87 (1975), 253–328.

——— Strafrecht in der Marktwirtschaft, in: FS Stree/Wessels, S. 527–544.

***Tiedemann**, Klaus/**Engelhart**, Marc:* Wirtschaftsstrafrecht, 5. Auflage, München 2017. Zitiert: *Tiedemann/Engelhart*, Wirtschaftsstrafrecht, § Rn.

***Varol**, Onur/**Davis**, Clayton A./**Menczer**, Filippo/**Flammini**, Alessandro:* Feature engineering for social bot detection, in: *Liu, Huan/u.a.* (Hrsg.), Feature Engineering for Machine Learning and Data Analytics, Boca Raton 2018, 311–334. Zitiert: *Varol/Davis/Menczer u.a.*, in: Feature Engineering, S.

***Varol**, Onur/**Ferrara**, Emilio/**Davis**, Clayton A./**Menczer**, Filippo/**Flammini**, Alessandro*: Online Human-Bot Interactions – Detection, Estimation, and Characterization, in: Proceedings of the Eleventh International AAAI Conference on Web and Social Media (ICWSM), 2017, 280–289. Zitiert: *Varol/Ferrara/Davis u.a.*, in: ICWSM 17, S.

***Vasilescu-Palermo**, Daria:* APIs and Copyright Protection – The Potential Impact on Software Compatibility in the Programming Industry, John Marshall Review of Intellectual Property Law 16 (2016), 153–171.

***Vedder**, Christoph/**Heintschel v. Heinegg**, Wolff* (Hrsg.): Europäisches Unionsrecht – EUV, AEUV, GRCh, EAGV, 2. Auflage, Baden-Baden 2018. Zitiert: *Bearbeiter*, in: Vedder/Heintschel v. Heinegg, Art. Rn.

***Vogel**, Joachim:* Strafgesetzgebung und Strafrechtswissenschaft – Überlegungen zu einer diskurstheoretischen Strafgesetzgebungslehre, in: FS Roxin (2001), S. 105–118.

***Vogler**, Theo/**Herrmann**, Joachim/**Krümpelmann**, Justus u.a.* (Hrsg.): Festschrift für Hans-Heinrich Jescheck zum 70. Geburtstag, Berlin 1985. Zitiert: *Bearbeiter*, in: FS Jescheck, S.

***Volkmann**, Viktor:* Hate Speech durch Social Bots – Strafrechtliche Zurechnung von Volksverhetzungen gemäß § 130 Abs. 1 StGB, MMR 2018, 58–63.

***Vosoughi**, Soroush/**Roy**, Deb/**Aral**, Sinan:* The spread of true and false news online, Science 359 (2018), 1146–1151.

***Wagner**, Claudia/**Mitter**, Silvia/**Körner**, Christian/**Strohmaier**, Markus:* When social bots attack: Modeling susceptibility of users in online social networks, in: Rowe u.a. (Hrsg.), Proceedings of the WWW'12 Workshop on „Making Sense of Microposts“ – Big things come in small packages, Lyon 2012, S. 41–48. Zitiert: *Wagner/Mitter/Körner u.a.*, in: WWW'12, S.

Walther, *Klaus:* Zur Anwendbarkeit der Vorschriften des strafrechtlichen Jugendmedienschutzes auf im Bildschirmtext verbreitete Mitteilungen, NStZ 1990, 523–526.

Wandtke, *Artur-Axel*/**Ohst**, *Claudia* (Hrsg.): Medienrecht Praxishandbuch, Band 4, Persönlichkeitsrecht und Medienstrafrecht, Berlin, Boston 2014. Zitiert: *Bearbeiter*, in: Persönlichkeitsrecht und Medienstrafrecht, Kap. Rn.

Wang, *Gang*/**Konolige**, *Tristan*/**Wilson**, *Christo*/**Wang**, *Xiao*/**Zheng**, *Haitao*/**Zhao**, *Ben Y.:* You Are How You Click: Clickstream Analysis for Sybil Detection, in: 22nd USENIX Security Symposium (USENIX Security 13), USA 2013, 241–256. Zitiert: *Wang/Konolige/Wilson/u.a.*, in: USENIX Security 13, S.

Wang, *Gang*/**Mohanlal**, *Manish*/**Wilson**, *Christo*/**Wang**, *Xiao*/**Metzger**, *Miriam*/**Zheng**, *Haitao*/**Zhao**, *Ben Y.:* Social Turing Tests: Crowdsourcing Sybil Detection, arXiv preprint 2012, arXiv:1205.3856.

Wessels, *Johannes*/**Beulke**, *Werner*/**Satzger**, *Helmut:* Strafrecht Allgemeiner Teil – Die Straftat und ihr Aufbau, 50. Auflage, Heidelberg 2020. Zitiert: *Wessels/Beulke/Satzger*, Strafrecht AT, Rn.

Wiacek, *Martin:* Strafbarkeit rechts motivierter Cyberkriminalität in sozialen Netzwerken, Baden-Baden 2019. Zitiert: *Wiacek*, Cyberkriminalität in sozialen Netzwerken, S.

Wiebe, *Andreas:* User Interfaces" und Immaterialgüterrecht. Der Schutz von Benutzungsoberflächen in den U. S.A. und in der Bundesrepublik Deutschland, GRUR Int. 1990, 21–35.

Wittig, *Petra:* Wirtschaftsstrafrecht, 5. Auflage, München 2020. Zitiert: *Wittig*, Wirtschaftsstrafrecht, § Rn.

Wohlers, *Wolfang:* Deliktstypen des Präventionsstrafrechts – zur Dogmatik „moderner“ Gefährdungsdelikte, Berlin 2000. Zitiert: *Wohlers*, Deliktstypen, S.

Wolter, *Jürgen* (Hrsg.): Systematischer Kommentar zum Strafgesetzbuch, Band I, §§ 1–93, Köln 2018; Band III, §§ 80–173, Köln 2019. Zitiert: *Bearbeiter*, in: SK-StGB, § Rn.

Woolley, *Samuel C.:* Automating power: Social bot interference in global politics, First Monday 21 (4/2016).

Zabel, *Benno:* Strafgesetzgebung und Strafgerechtigkeit – Aktuelle Herausforderungen für Kriminalpolitik, Wissenschaft und Rechtsprechung, ZRP 2016, 202–205.

Zakon, *Robert* (Hrsg.): Proceedings of the 27th Annual Computer Security Applications Conference – ACSAC '11, New York, USA 2011. Zitiert: *Bearbeiter*, in: ACSAC 11, S.

Zeh, *Wolfgang:* Gesetzgebung als Hemmnis für den Gesetzesvollzug, Leipzig 1995. Zitiert: *Zeh*, Gesetzesvollzug, S.

Zimmermann, *Frank:* NS-Propaganda im Internet, § 86a StGB und deutsches Strafanwendungsrecht – Zugleich Besprechung von BGH 3 StR 88/14 = HRRS 2014 Nr. 1113, HRRS 2015, 441–448.

Kolibri 360 GmbH
Ferdinand-Jühlke-Straße 7
99095 Erfurt, Deutschland
produktsicherheit@kolibri360.de